# ASPECTOS CONTROVERTIDOS DO COMPLIANCE NA ADMINISTRAÇÃO PÚBLICA

AUGUSTO NEVES DAL POZZO
RICARDO MARCONDES MARTINS

*Coordenadores*

# ASPECTOS CONTROVERTIDOS DO *COMPLIANCE* NA ADMINISTRAÇÃO PÚBLICA

1ª reimpressão

Belo Horizonte

2021

© 2020 Editora Fórum Ltda.

2021 1ª Reimpressão

É proibida a reprodução total ou parcial desta obra, por qualquer meio eletrônico, inclusive por processos xerográficos, sem autorização expressa do Editor.

## Conselho Editorial

Adilson Abreu Dallari
Alécia Paolucci Nogueira Bicalho
Alexandre Coutinho Pagliarini
André Ramos Tavares
Carlos Ayres Britto
Carlos Mário da Silva Velloso
Cármen Lúcia Antunes Rocha
Cesar Augusto Guimarães Pereira
Clovis Beznos
Cristiana Fortini
Dinorá Adelaide Musetti Grotti
Diogo de Figueiredo Moreira Neto (in memoriam)
Egon Bockmann Moreira
Emerson Gabardo
Fabrício Motta
Fernando Rossi
Flávio Henrique Unes Pereira
Floriano de Azevedo Marques Neto

Gustavo Justino de Oliveira
Inês Virgínia Prado Soares
Jorge Ulisses Jacoby Fernandes
Juarez Freitas
Luciano Ferraz
Lúcio Delfino
Marcia Carla Pereira Ribeiro
Márcio Cammarosano
Marcos Ehrhardt Jr.
Maria Sylvia Zanella Di Pietro
Ney José de Freitas
Oswaldo Othon de Pontes Saraiva Filho
Paulo Modesto
Romeu Felipe Bacellar Filho
Sérgio Guerra
Walber de Moura Agra

CONHECIMENTO JURÍDICO

Luís Cláudio Rodrigues Ferreira
Presidente e Editor

Coordenação editorial: Leonardo Eustáquio Siqueira Araújo
Aline Sobreira de Oliveira

Av. Afonso Pena, 2770 – 15º andar – Savassi – CEP 30130-012
Belo Horizonte – Minas Gerais – Tel.: (31) 2121.4900 / 2121.4949
www.editoraforum.com.br – editoraforum@editoraforum.com.br

Técnica. Empenho. Zelo. Esses foram alguns dos cuidados aplicados na edição desta obra. No entanto, podem ocorrer erros de impressão, digitação ou mesmo restar alguma dúvida conceitual. Caso se constate algo assim, solicitamos a gentileza de nos comunicar através do e-mail editorial@editoraforum.com.br para que possamos esclarecer, no que couber. A sua contribuição é muito importante para mantermos a excelência editorial. A Editora Fórum agradece a sua contribuição.

Dados Internacionais de Catalogação na Publicação (CIP) de acordo com a AACR2

| | |
|---|---|
| A838 | Aspectos controvertidos do compliance na Administração Pública/ Augusto Neves Dal Pozzo, Ricardo Marcondes Martins (Coord.).– 1. Reimpressão. Belo Horizonte : Fórum, 2020.<br><br>553 p.; 14,5cm x 21,5cm.<br>ISBN: 978-65-5518-044-2<br><br>1. Direito Administrativo. 2. Direito Empresarial. I. Dal Pozzo, Augusto Neves. II. Martins, Ricardo Marcondes. III. Título.<br><br>CDD: 341.3<br>CDU: 342.9 |

Elaborado por Daniela Lopes Duarte - CRB-6/3500

Informação bibliográfica deste livro, conforme a NBR 6023:2018 da Associação Brasileira de Normas Técnicas (ABNT):

DAL POZZO, Augusto Neves; MARTINS, Ricardo Marcondes (Coord.). *Aspectos controvertidos do compliance na Administração Pública*. 1. Reimpr. Belo Horizonte: Fórum, 2020. 553 p. ISBN 978-65-5518-044-2.

# SUMÁRIO

**APRESENTAÇÃO**
Augusto Neves Dal Pozzo, Ricardo Marcondes Martins..................15

## COMPLIANCE E REGULAÇÃO

**ASPECTOS CONCERNENTES AO *COMPLIANCE* E A QUESTÃO DA AUTORREGULAÇÃO REGULADA**
Augusto Neves Dal Pozzo ........................................................................19
    Introdução.................................................................................................19
1    Os primeiros passos do *compliance* no direito brasileiro......................20
2    O *compliance* e a autorregulação regulada..............................................24
    Conclusão.................................................................................................27
    Referências...............................................................................................28

## COMPLIANCE E GESTÃO ADMINISTRATIVA

**A TRANSPARÊNCIA E O SISTEMA DE GESTÃO DE *COMPLIANCE* NA ADMINISTRAÇÃO PÚBLICA**
Claudio Carneiro, Augusto Nepomuceno ........................................33
1    Introdução................................................................................................33
2    O constitucionalismo contemporâneo e as políticas de *compliance* (integridade)............................................................................................35
3    A importância do programa de integridade como ferramenta de efetividade e transparência ....................................................................40
4    Conclusão.................................................................................................45
    Referências...............................................................................................48

**OS PROGRAMAS DE *COMPLIANCE* ENQUANTO MECANISMOS ESSENCIAIS À EFETIVAÇÃO DA INTEGRIDADE PÚBLICA: UMA ABORDAGEM À LUZ DA NOVA GESTÃO PÚBLICA (*NEW PUBLIC MANAGEMENT*)**
Bruno Bartelle Basso ............................................................................51
    Introdução................................................................................................51
I    Administração Pública: do Estado Liberal ao Estado Democrático de Direito................................................................................................51

| II | A constitucionalização da Administração Pública e a nova gestão pública (*new public management*) | 56 |
|---|---|---|
| III | Programas de *compliance* no setor público | 61 |
| | Conclusão | 69 |
| | Referências | 69 |

## *COMPLIANCE* E GOVERNANÇA

### GOVERNANÇA E *COMPLIANCE* COMO VETORES DE CONDUÇÃO DE UMA NOVA ADMINISTRAÇÃO PÚBLICA
**Davi Valdetaro Gomes Cavalieri** ..................77

| | Introdução | 77 |
|---|---|---|
| 1 | Origem e conceito do termo "governança" | 78 |
| 2 | A governança na Administração Pública | 80 |
| 3 | *Compliance* público | 86 |
| | Considerações finais | 89 |
| | Referências | 90 |

## *COMPLIANCE* NA CONTRATAÇÃO ADMINISTRATIVA

### CONTRATAÇÃO PÚBLICA E PROGRAMAS DE *COMPLIANCE*: MAIS UMA FORMALIDADE OU EFETIVIDADE?
**Clóvis Alberto Bertolini de Pinho, Gabriel Morettini e Castella** ..................95

| 1 | Introdução | 95 |
|---|---|---|
| 2 | O impacto da corrupção no procedimento de contratação pública | 96 |
| 3 | Exigência de mecanismos de *compliance* em licitações e contratos administrativos | 99 |
| 3.1 | Leis estaduais sobre o assunto | 99 |
| 3.2 | Constitucionalidade da exigência | 101 |
| 4 | Sugestões de melhoria da exigência | 102 |
| 4.1 | Inclusão da previsão na Lei Geral de Licitações | 102 |
| 4.2 | Transformação dos programas de *compliance* em mera formalidade | 102 |
| 4.3 | Aumento dos custos dos contratados | 103 |
| 4.4 | Análise real da exigência – Obrigatoriedade a depender do caso, conforme o edital de licitação | 104 |
| 5 | A pertinência da segurança jurídica como baliza para o tema | 105 |
| 6 | Avaliação da efetividade dos mecanismos de *compliance* | 111 |
| 7 | Conclusões | 114 |
| | Referências | 116 |

### A NORMA ISO 37001 COMO FERRAMENTA DE APRIMORAMENTO DOS PROCESSOS DE COMPRAS E PROTEÇÃO DOS RECURSOS PÚBLICOS
**Roberta Volpato Hanoff, Thiago Henrique Nielsen** ..................119

| | | |
|---|---|---|
| 1 | Introdução | 119 |
| 2 | Administração Pública: noções elementares e princípios administrativos | 121 |
| 2.1 | Princípios administrativos | 122 |
| 3 | Compras públicas | 125 |
| 3.1 | Contratações diretas – Dispensas e inexigibilidades | 129 |
| 3.2 | Dos atos lesivos praticados pelos particulares em processos de compras públicas | 131 |
| 4 | ISO 37001:2016: da história ao escopo | 134 |
| 5 | A implementação da ABNT NBR ISO 37001:2017 (ISO 37001:2016) como ferramenta de aprimoramento dos processos de compras e proteção dos recursos públicos | 138 |
| 6 | Conclusão | 146 |
| | Referências | 147 |

## PROGRAMA DE *COMPLIANCE* E PREVENÇÃO A FRAUDES EM LICITAÇÕES
**Ana Flávia Azevedo Pereira** ..... 151

| | | |
|---|---|---|
| | Introdução | 151 |
| 1 | Concepção de fraude no arcabouço jurídico brasileiro | 152 |
| 1.1 | Lei de Licitações | 153 |
| 1.2 | Lei de Improbidade Administrativa | 155 |
| 2 | Concepção de fraude na Lei Anticorrupção | 156 |
| 2.1 | Tipos de fraude conforme a Lei Anticorrupção | 159 |
| 3 | Programa de *compliance* e prevenção a fraudes em licitações | 164 |
| 4 | Outras vantagens de um programa de *compliance* | 167 |
| | Conclusão | 171 |
| | Referências | 172 |

## DESAFIOS NA EXIGÊNCIA DE PROGRAMAS DE INTEGRIDADE EM LICITAÇÕES
**Lucas Aluísio Scatimburgo Pedroso** ..... 175

| | | |
|---|---|---|
| 1 | Introdução | 175 |
| 2 | O desafio de escolher uma estratégia | 177 |
| 3 | O desafio da juridicidade | 180 |
| 3.1 | As normas gerais de licitação e contratação (art. 22, XXVII, CF) e exigir apenas o indispensável (art. 37, XXI, CF) | 180 |
| 3.1.1 | A iniciativa privativa do chefe do Poder Executivo (art. 61, §1º, CF) | 184 |
| 3.2 | A DDI da Petrobras | 185 |
| 4 | Os desafios específicos no âmbito da contratação | 189 |
| 4.1 | A amplitude da exigência e o valor do contrato | 189 |
| 4.1.1 | Custos da implementação: quem paga? | 191 |
| 4.2 | A duração dos contratos e o prazo de implementação | 193 |
| 4.2.1 | Os contratos em vigor | 195 |
| 4.3 | O desafio de avaliar programas de integridade efetivos | 196 |

| | | |
|---|---|---|
| 4.3.1 | Quem avalia: o gestor do contrato? | 196 |
| 4.3.2 | Parâmetros de avaliação | 198 |
| 4.3.2.1 | Parâmetros para microempresas e empresas de pequeno porte | 200 |
| 4.3.3 | Autodeclaração, Certificação ISO 37.001, Pró-Ética e cadastros | 201 |
| 4.3.4 | A ampla defesa e o contraditório | 205 |
| 5 | Conclusão | 206 |

## A EXIGÊNCIA DE PROGRAMA DE *COMPLIANCE* EM LICITAÇÕES: UM ESTUDO SOBRE AS FINALIDADES LICITATÓRIAS E A COMPETÊNCIA PARA LEGISLAR SOBRE LICITAÇÃO

**Pedro da Cunha Ferraz** ............................................................................. 207

| | | |
|---|---|---|
| 1 | Introdução | 207 |
| 2 | Competência legislativa para estabelecer a exigência de programas de *compliance* em contratações administrativas | 211 |
| 2.1 | Caracterização da norma geral e da norma específica (ou especial) | 213 |
| 2.2 | O enquadramento da regra que exige programa de *compliance* na contratação pública como norma geral | 215 |
| 3 | A fase licitatória em que a exigência de *compliance* deve ser verificada | 217 |
| 3.1 | Como vem sendo exigido programa de *compliance* em licitações públicas | 217 |
| 3.2 | A contrafação administrativa em se exigir a implementação de programa de integridade como obrigação contratual | 219 |
| 3.3 | Objeções à exigência de *compliance* como requisito de habilitação | 223 |
| 4 | Os limites às finalidades extraeconômicas da licitação | 224 |
| 4.1 | O espaço da dita "função regulatória da licitação" e a sua incompatibilidade como fundamento para requisitos de habilitação | 225 |
| 5 | Conclusão | 228 |
| | Referências | 229 |

## *COMPLIANCE* E ESTATAIS

## *COMPLIANCE* NAS EMPRESAS ESTATAIS COMO INSTRUMENTO DE COMBATE À CORRUPÇÃO

**André Luiz dos Santos Nakamura** ............................................................ 233

| | | |
|---|---|---|
| 1 | A corrupção no Brasil | 233 |
| 2 | *Compliance* e sua aplicação na atuação das empresas estatais | 241 |
| 3 | Instrumentos de *compliance* na Lei nº 13.303/2016 | 243 |
| 3.1 | Código de conduta e integridade | 245 |
| 3.2 | Comitê de auditoria estatutário | 245 |
| 3.3 | Conselho fiscal | 246 |

| | | |
|---|---|---|
| 3.4 | Conselho de administração | 247 |
| 3.5 | Vedações de indicações para o conselho de administração e diretoria | 249 |
| 4 | Conclusões | 251 |
| | Referências | 251 |

## A LEI DAS ESTATAIS E OS PROGRAMAS DE *COMPLIANCE*
**Simone Zanotello de Oliveira** .................................................. 255

| | | |
|---|---|---|
| 1 | Introdução | 255 |
| 2 | O *compliance* nas estatais e a Lei Anticorrupção | 258 |
| 3 | A implantação do programa de *compliance* | 260 |
| 4 | O programa de *compliance* e a gestão de riscos | 264 |
| 4.1 | A matriz de risco nas contratações das estatais | 265 |
| 5 | Considerações finais | 268 |
| | Referências | 269 |

## *COMPLIANCE* E ADMINISTRAÇÃO PÚBLICA: TRANSAÇÕES COM PARTES RELACIONADAS EM EMPRESAS ESTATAIS
**Carolina Reis Jatobá Coêlho** ................................................... 271

| | | |
|---|---|---|
| | Introdução | 271 |
| 1 | Compreensão do conceito de *compliance* | 273 |
| 2 | Diretrizes de direito público e de *compliance* para identificação e política de transações com partes relacionadas em estatais | 280 |
| | Conclusão | 287 |
| | Referências | 288 |

## *COMPLIANCE* E TERCEIRO SETOR

## O *COMPLIANCE* NO TERCEIRO SETOR
**Pedro Luiz Ferreira de Almeida, João Victor Tavares Galil** ............ 293

| | | |
|---|---|---|
| | Introdução | 293 |
| 1 | *Compliance*: metodologia e efeitos jurídicos | 294 |
| 2 | Terceiro setor | 298 |
| 3 | *Compliance* e terceiro setor | 300 |
| 3.1 | O *compliance* como metodologia para cumprimento do MROSC | 301 |
| 3.2 | As duas fases de mentalidade nas leis de terceiro setor | 302 |
| 3.3 | A aplicação da Lei Anticorrupção ao terceiro setor | 303 |
| 3.4 | Questões caras ao programa de *compliance* no terceiro setor | 305 |
| 3.4.1 | Fase da proposta e da participação no chamamento público | 307 |
| 3.4.2 | Fase de celebração convenial | 308 |
| 3.4.3 | Fase de execução convenial | 310 |
| | Conclusões | 315 |
| | Referências | 316 |

## *COMPLIANCE* E CONCURSOS PÚBLICOS

### NOTAS A RESPEITO DA NECESSIDADE DE POLÍTICAS DE *COMPLIANCE* EM CONCURSOS PÚBLICOS
**Raphael Matos Valentim** ............321

1 Introdução............321
2 O procedimento licitatório como regulador de mercado e aliado do combate à corrupção............323
3 A problemática do regime de contratação das bancas examinadoras ............329
3.1 Contratação por dispensa *versus* idoneidade do procedimento ............330
4 A exigência de programas de *compliance* condicionada à natureza de contratação e sua aplicação às bancas examinadoras de concursos públicos ............334
5 Consolidação da ideia de que os programas de *compliance* são indispensáveis à contratação das bancas examinadoras............339
Referências............341

## *COMPLIANCE* NA LEI ANTICORRUPÇÃO

### *COMPLIANCE* E RESPONSABILIDADE DE PESSOAS JURÍDICAS
**Ricardo Marcondes Martins**............345

1 Breve introdução............345
2 Pessoa jurídica: ficção ou realidade?............346
3 Pessoa jurídica e vontade ............347
4 Pessoa jurídica e responsabilidade............350
4.1 Responsabilidade subjetiva da pessoa jurídica............352
4.2 Responsabilidade objetiva da pessoa jurídica............356
5 *Compliance* e responsabilização da pessoa jurídica............360
Referências ............362

### PROGRAMAS DE INTEGRIDADE COMO FATOR DE DOSIMETRIA NA IMPROBIDADE ADMINISTRATIVA
**José Roberto Pimenta Oliveira, Dinorá Adelaide Musetti Grotti**............365

1 Introdução............365
2 Sistema de responsabilização pela prática de atos de improbidade administrativa, com fundamento constitucional autônomo (art. 37, §4º, CF) ............366
3 Programa de integridade como fator de dosimetria de sanções aplicadas a pessoas jurídicas na improbidade administrativa ............378
3.1 O revigoramento jurídico-formal de programas de integridade no direito administrativo sancionador atual ............378

| | | |
|---|---|---|
| 3.2 | Os parâmetros do programa de integridade anticorrupção no Decreto nº 8.420 do Poder Executivo Federal | 383 |
| 3.2.1 | Observância dos parâmetros do Decreto nº 8.420/2015 no sancionamento de atos de improbidade de pessoas jurídicas, objeto de condenação judicial | 390 |
| 3.2.2 | Percentuais vinculados ao funcionamento regular e efetivo de programas de integridade, no cálculo de multa aplicável à pessoa jurídica nos termos do Decreto nº 8.420/2015 do Poder Executivo Federal | 392 |
| 4 | Conclusões | 394 |
| | Referências | 395 |

## COMPLIANCE COMO ELEMENTO DE COMBATE À CORRUPÇÃO NAS CONTRATAÇÕES PÚBLICAS
**Guillermo Glassman** ............................................................................ 399

| | | |
|---|---|---|
| 1 | Breve introdução | 399 |
| 2 | A importância dos programas de integridade no âmbito da Lei Anticorrupção | 401 |
| 3 | O que constitui um bom programa de integridade? | 403 |
| 4 | É possível alçar os programas de integridade à condição de requisito para a celebração de contratos administrativos? | 405 |
| 5 | *Compliance* não é panaceia para a solução dos problemas de corrupção | 408 |
| 6 | Um caminho viável para o avanço dos programas de integridade no âmbito das contratações públicas | 411 |
| 7 | Conclusões | 413 |
| | Referências | 414 |

## O COMPLIANCE EXIGIDO DAS MICROEMPRESAS (ME) E EMPRESAS DE PEQUENO PORTE (EPP) NA APLICAÇÃO DAS SANÇÕES ADMINISTRATIVAS DA LEI ANTICORRUPÇÃO, SOB UMA PERSPECTIVA DA PROPORCIONALIDADE DECORRENTE DE SUA NATUREZA E REGIME JURÍDICO
**André Melo Ferreira** ............................................................................. 419

| | | |
|---|---|---|
| I | Introdução | 419 |
| II | Do histórico do *compliance*, bem como sua exigência para dosimetria nas sanções administrativas da Lei nº 12.846/13 | 420 |
| III | Do regime jurídico constitucional e administrativo estabelecido às microempresas (ME) e empresas de pequeno porte (EPP) | 425 |
| IV | Do efetivo programa de *compliance* das ME e EPP e das empresas de grande porte e sua dicotomia implícita advinda do Princípio da Proporcionalidade decorrente do Ordenamento Jurídico Brasileiro, na aplicação de Sanções Administrativas | 427 |
| V | Conclusão | 432 |
| | Referências | 434 |

## ACORDO DE NÃO PERSECUÇÃO CIVIL

### REFLEXÕES SOBRE O ACORDO DE NÃO PERSECUÇÃO CÍVEL
**Rodrigo Bordalo** .................................................................................................. 439

| | | |
|---|---|---|
| 1 | Introdução .................................................................................................. | 439 |
| 2 | Progressiva superação normativa do paradigma .............................. | 440 |
| 2.1 | Evolução do direito positivo e as posições doutrinárias ................. | 440 |
| 2.2 | Entendimento das instituições jurídicas ............................................ | 444 |
| 2.3 | Entendimento da Procuradoria-Geral do Município de São Paulo ... | 446 |
| 3 | Lei Anticrime e alteração da Lei de Improbidade Administrativa .... | 447 |
| 4 | Regime jurídico do acordo de não persecução cível ........................ | 450 |
| 4.1 | Natureza jurídica ..................................................................................... | 450 |
| 4.2 | Legitimidade ............................................................................................ | 452 |
| 4.3 | Aspectos procedimentais ....................................................................... | 453 |
| 4.4 | O reconhecimento da prática de ato ímprobo ................................... | 454 |
| 4.5 | Colaboração do interessado ................................................................. | 455 |
| 4.6 | Negociação das sanções ........................................................................ | 456 |
| 5 | Conclusão ................................................................................................. | 457 |
| | Referências .............................................................................................. | 458 |

### *WHISTLEBLOWING*

### A EVOLUÇÃO DO *WHISTLEBLOWING* NO DIREITO BRASILEIRO E INTERNACIONAL: QUAIS OS PRINCIPAIS PONTOS DE UM SISTEMA EFETIVO?
**Valter Shuenquener de Araújo, Leonardo Vieira Xavier, Karolline Ferraz Pereira de Araújo** .......................................................................................... 463

| | | |
|---|---|---|
| 1 | Introdução ............................................................................................... | 463 |
| 2 | *Whistleblowing* e sua evolução histórica ........................................... | 464 |
| 2.1 | Definições e análises da comunidade internacional sobre o termo *whistleblower* ........................................................................................ | 466 |
| 3 | A distinção entre os institutos de delação premiada e do *whistleblowing* ......................................................................................... | 468 |
| 4 | Temas importantes para a solidez de um sistema favorável ao *whistleblower* ......................................................................................... | 469 |
| 4.1 | Da prevenção ao *whistleblower* contra retaliações diversas ........... | 470 |
| 4.2 | Incentivos à existência de programas de *compliance* e à averiguação de denúncias no setor privado .............................................................. | 472 |
| 4.3 | Da transparência governamental, liberdade de imprensa e livre circulação de informações ..................................................................... | 473 |
| 4.4 | Das recompensas (*rewards systems*) ................................................... | 476 |
| 4.5 | Da proteção da identidade do reportante .......................................... | 477 |
| 4.6 | Da análise flexível quanto à boa-fé dos *whistleblowers* .................. | 479 |
| 4.7 | Relativização do dever de lealdade e confidencialidade ................. | 481 |

| | | |
|---|---|---|
| 5 | A experiência internacional de sistemas *whistleblowing* | 482 |
| 5.1 | Estados Unidos da América | 482 |
| 5.2 | Canadá | 483 |
| 5.3 | União Europeia | 483 |
| 6 | O contexto brasileiro de proteção e incentivos aos reportantes | 484 |
| 6.1 | A retaliação constante aos reportantes | 484 |
| 6.2 | As *10 medidas contra a corrupção* | 485 |
| 6.3 | A Lei nº 13.608/2018 | 487 |
| 6.4 | O Pacote Anticrime | 488 |
| 6.5 | A Portaria nº 292/2019 e a proteção do reportante pela CGU | 490 |
| 7 | Conclusões | 491 |
| | Referências | 491 |

## *COMPLIANCE* NO PODER JUDICIÁRIO

### *COMPLIANCE* E JUDICIÁRIO: NOTAS SOBRE COMO APLICAR O CONCEITO À FUNÇÃO ADMINISTRATIVA A CARGO DOS TRIBUNAIS
**Alexandre Jorge Carneiro da Cunha Filho, Fábio Henrique Falcone Garcia** ............ 499

| | | |
|---|---|---|
| 1 | Introdução | 499 |
| 2 | *Compliance* – Conceito e sua vinculação ao bom exercício da função-alvo | 500 |
| 3 | Funções administrativas a cargo dos tribunais – Foco na atividade-meio | 502 |
| 3.1 | Riscos de desvios – Identificação | 503 |
| 3.2 | Construção de ambiente favorável à mitigação de riscos | 504 |
| 4 | Controle interno: estruturação e funcionamento conforme resoluções nºs 308 e 309 de 2020 do CNJ | 507 |
| 5 | Conselho Nacional de Justiça – Atuação coordenada com o controle interno | 513 |
| 6 | Conclusão | 516 |
| | Referências | 516 |

## *COMPLIANCE* E COVID-19

### IDENTIFICAÇÃO E MITIGAÇÃO DE RISCOS DE *COMPLIANCE* NAS RELAÇÕES ENTRE OS ENTES PÚBLICOS E AS EMPRESAS PRIVADAS DURANTE A PANDEMIA DA COVID-19
**Paula Lippi** ............ 521

| | | |
|---|---|---|
| 1 | Breve panorama da pandemia da Covid-19 no Brasil | 521 |
| 2 | *Compliance* | 523 |
| 2.1 | Definições e delimitações temáticas | 523 |

| | | |
|---|---|---|
| 2.2 | *Compliance* anticorrupção no Brasil | 525 |
| 3 | Fragilidade da atual situação de exceção e legislações aplicáveis | 527 |
| 4 | Identificação dos riscos de *compliance* durante a pandemia da Covid-19 | 530 |
| 4.1 | Fatores de risco | 530 |
| 4.1.1 | Contratações com dispensa de licitação e licitações | 531 |
| 4.1.2 | Requisições administrativas de bens e serviços | 534 |
| 4.1.3 | Doações | 535 |
| 4.1.4 | Prestadores de serviço e terceirizados | 536 |
| 4.2 | Reputação | 536 |
| 4.3 | Gradação do risco: impacto *vs.* probabilidade | 536 |
| 5 | Mitigação dos riscos de *compliance* | 537 |
| 5.1 | Mitigação pelas empresas | 537 |
| 5.2 | Mitigação pela Administração Pública | 540 |
| 6 | Conclusões | 543 |
| | Referências | 544 |
| SOBRE OS AUTORES | | 549 |

# APRESENTAÇÃO

Que a corrupção é um grave problema brasileiro, todos sabem. Todos que trabalham com a Administração Pública sabem o quanto é necessário avançar. O Brasil ainda é refém de sua histórica posição de clientelismo e patrimonialismo. Fraudes em licitação, superfaturamentos, propinas, numa palavra, corrupção, é algo infelizmente ainda disseminado nas administrações públicas do país.

Após a assinatura de vários tratados internacionais e densa pressão global, enunciou-se, no Brasil, a Lei Federal nº 12.846/13, a chamada Lei Anticorrupção, que prescreve, entre inúmeros regramentos, a responsabilização objetiva das pessoas jurídicas por atos lesivos à Administração Pública. Difundiu-se, então, a exigência dos programas de integridade (*compliance*) como prática de enorme densidade para evitar a ocorrência de atos corruptivos. Essa responsabilização, independentemente da culpa de seus dirigentes, tornou o *compliance* um tema de vanguarda, a merecer enorme atenção e aprofundamento prático e científico da comunidade jurídica e de todos que mantêm algum vínculo com a Administração Pública.

Apesar do reconhecimento generalizado da notável importância da temática, o assunto ainda é envolto em inúmeras controvérsias jurídicas. Muito já se escreveu sobre a necessidade de implementá-lo, no que ele consiste. Faltava, porém, um aprofundamento teórico para elucidação de diversas questões hermenêuticas que o assolam e que merecem maior desvelo interpretativo.

Com o intuito de suprir essa lacuna, reunimos vinte e oito juristas – doutores, mestres, especialistas e experientes profissionais – para examinar os mais diversos aspectos do *compliance* na Administração Pública. A obra inicia com o exame da adoção do *compliance* pela própria Administração; em seguida, examina aspectos atinentes ao *compliance* e a governança, o papel do *compliance* nas contratações públicas, nas empresas estatais, no terceiro setor, na Lei Anticorrupção, os acordos de não persecução civil, o *whistleblowing*, o *compliance* no Poder Judiciário e na pandemia do Covid-19. Esse brevíssimo panorama evidencia a amplitude da presente obra: o tema do *compliance* na Administração Pública é estudado com seriedade e afinco.

Após o exame percuciente dos trabalhos ora apresentados, estamos plenamente convencidos de que a obra contribuirá decisivamente para solucionar as dúvidas que permeiam esse imbricado tema e, com isso, conquistar maior efetividade na sua implementação. É um caminho seguro na tentativa contumaz e persistente de se erradicar ou, pelo menos, arrefecer a prática de atos de corrupção na esfera administrativa brasileira. É uma contribuição legítima em busca desse fundamental desiderato, que não pode jamais adormecer, empreendendo-se perquirição contínua na evidenciação transparente da coisa pública nacional, que atenda aos anseios de todos os concidadãos.

Resta-nos agradecer a todos os autores e autoras que acolheram nosso projeto e contribuíram incansavelmente com seus inexcedíveis trabalhos, e a Editora Fórum, inestimável casa do direito público brasileiro, que aceitou, com enorme entusiasmo, a sua publicação. Ao leitor, razão nuclear de todo esse esforço, o convite para que se junte a nós na implementação e na compreensão do *compliance* em prol de uma sociedade mais justa.

**Augusto Neves Dal Pozzo**
**Ricardo Marcondes Martins**

*COMPLIANCE* E REGULAÇÃO

# ASPECTOS CONCERNENTES AO *COMPLIANCE* E A QUESTÃO DA AUTORREGULAÇÃO REGULADA

AUGUSTO NEVES DAL POZZO

## Introdução

Até muito recentemente, poucos imaginavam o alcance e as repercussões que o tema do *compliance* causaria, como, de fato, causou, no direito brasileiro. Tratava-se de matéria que, no Brasil, inspirava, no máximo, algum interesse acadêmico, tendo-se, por base, referências majoritariamente colhidas na experiência estrangeira. Deveras, foi inicialmente em ambientes com maior complexidade corporativa e organizacional, ou seja, no contexto de uma nova ordem econômica institucional, que a temática do *compliance* ganhou forma no âmbito do direito.

Nos últimos anos, porém, o *compliance* tem se revelado um dos temas mais explorados no direito nacional. O instituto passou a estar presente nos mais diversos foros de discussão e tem sido, aos poucos, incrementado à legislação brasileira. Nesse sentido, ganhou projeção normativa que antes não possuía.

Mas o caso brasileiro apresenta algumas particularidades. O desafio nessa matéria parece ser maior em comparação a outros países. Afinal, criar um sistema institucional de *compliance* em um país cujas relações historicamente se constituíram sob uma base patrimonialista – e os negócios envolvendo a Administração Pública são repletos de exemplos desse comportamento – seria, efetivamente, um grande desafio.

Em um primeiro momento, pode parecer algo insignificante, porém, em uma perspectiva mais ampla, contribui sensivelmente para a compreensão das nuances das questões da disciplina no Brasil. A adoção de instrumentos de *compliance*, nesse contexto, indica uma nova perspectiva da história brasileira no combate a comportamentos desviantes de determinado padrão ético-moral, associada não tanto a uma perspectiva repressora, como de costume, mas, sim, a uma política eminentemente preventiva. O dado gera uma mudança drástica, pois passa a exigir, dos agentes atuantes nos mercados e da própria Administração Pública, uma lógica organizacional interna em suas estruturas até então muito pouco disciplinada – talvez apenas algumas empresas multinacionais, pela experiência em outros países, já contassem com algum conhecimento da matéria, embora, ante a realidade brasileira, nem sempre tivessem incorporado às estruturas em solo brasileiro a prática efetiva de mecanismos de integridade mais sólidos e eficazes.

Com efeito, o presente texto procurará refletir sobre alguns dos aspectos importantes do *compliance* no direito público brasileiro.

## 1 Os primeiros passos do *compliance* no direito brasileiro

O tema do *compliance* ganhou maior repercussão nos últimos anos no ordenamento jurídico brasileiro. Não obstante se possa buscar em algumas normas do passado referências a instrumentos de integridade,[1] a discussão mais efetiva acerca da temática está muito ligada a um momento muito particular do Brasil. Em suma, o tema ganha enorme atenção no país muito em função da deflagração de operações que desvendaram esquemas de corrupção de proporções inigualáveis, as

---

[1] Como anotam Renato de Mello Jorge Silveira e Eduardo Saad-Diniz, a primeira legislação brasileira a se referir à necessidade de agentes apresentarem programas de integridade administrativa interna foi aquela pertinente à lavagem de dinheiro. Lembram os autores: "Dando seguimento a uma tendência de caráter mundial e apregoada pelo GAFI, o Brasil aprovou, em 1998, sua primeira legislação contra a Lavagem de Dinheiro, a Lei n. 9.613/98. Além de se consagrar como uma legislação de segunda geração, prevendo originariamente um rol taxativo de delitos antecedentes à lavagem de ativos, ela cuidou, também, de estipular as pessoas sujeitas à lei (art. 9º); o dever de criação de sistema de identificação dos clientes e manutenção dos registros (art. 10) e o dever de comunicação de operações financeiras às autoridades financeiras (art. 11) e a derivada previsão de responsabilidade administrativa pelo descumprimento dos deveres (art. 12)" (SILVEIRA, Renato de Mello Jorge; SAAD-DINIZ, Eduardo. *Compliance, direito penal e Lei Anticorrupção*. São Paulo: Saraiva, 2015. p. 175-177).

quais demonstraram a todos a forma como se conduziram, historicamente, as relações estabelecidas entre grandes companhias e entidades da Administração Pública, sobretudo no mercado das obras públicas.

O contexto revelou que tanto companhias como a própria Administração Pública não contavam com sistemas de controles internos adequados para impedir a ocorrência de desvios ético-penais comprometedores da ordem jurídica nacional. Tinha-se a impressão, naquele momento, de que a existência de controles internos das entidades ou inexistiam ou eram absolutamente desmerecidos pelos agentes de cúpula. Grassava, de certo modo, a corrupção em função da sensação de impunidade.

Foi diante desse quadro, afora outras pressões oriundas da própria internacionalização da economia, com a finalidade de se exigir comprometimento com determinadas matérias a fim de melhorar a qualidade de investimentos – *vide* a questão ambiental e também os ambientes corporativos mais funcionais –, que foi editada a Lei nº 12.846/13, que logo foi alcunhada "Lei Anticorrupção". É sob essa nova lei que o temário do *compliance* ganha ainda mais repercussão no direito brasileiro, para além de uma importância restrita a certos círculos de entidades corporativas com elevado grau de organização interna e zelosas por determinado posicionamento associado a boas práticas. Curiosamente, então, o tema ingressa no direito em decorrência da falha dos agentes em atuarem segundo preceitos éticos, de tal modo que se reputou necessário legislar sobre o assunto, ao passo que, nos países desenvolvidos, o tema decorre, em grande parte, da consciência dos próprios agentes econômicos sobre seus benefícios para a saúde do próprio mercado.

Em estudo anterior, tivemos a oportunidade de nos manifestar acerca do *compliance* no texto da Lei Anticorrupção, destacando-o como instrumento de política corporativa útil ao combate de atos de abuso de poder e corrupção. Consignamos o seguinte naquela oportunidade, trata-se de

> [...] um instrumento de política corporativa que tem sido cada vez mais valorizado pelos mercados mais desenvolvidos e que tem o propósito de combater desvios de conduta nas organizações empresariais de maneira bastante ampla consiste no programa de integridade, conhecido e difundido por seu nome em língua inglesa: *compliance*. Em tradução livre, esta palavra significa conformidade, no caso, conformidade à uma política institucional estabelecida internamente pela organização empresarial com o propósito de mitigar a ocorrência de conflitos de agência e desvios

de conduta que envolvam a prática de atos de corrupção em sentido amplo, acima de tudo com o propósito de assegurar a preservação da integridade e do valor da empresa para seus acionistas e colaboradores, também conhecida como governança corporativa. Na esteira da consagrada experiência internacional, a Lei Anticorrupção dá especial destaque aos mecanismos de integridade das pessoas jurídicas como incentivo não apenas à mitigação das penas cabíveis em abstrato, mas, acima de tudo, como instrumento legislativo de política de incentivo ao *compliance* de maneira mais ampla.[2]

Ainda nesse sentido, Rodrigo Pironti Aguirre de Castro e Mirela Miró Ziliotto resumem as funções do *compliance*:

> Dentre suas diversas funções, as principais são (i) a criação de códigos de conduta e integridade que abranjam princípios, valores e missões da organização pública; (ii) a instituição de canal de denúncias que permita o recebimento de denúncias internas e externas relativas aos descumprimentos dos regulamentos internos do Poder Público e demais legislações aplicáveis; (iii) a instituição de mecanismos de gestão de riscos e de proteção, com a determinação de sanções em caso de descumprimento das regras criadas; e (iv) a realização de treinamentos periódicos, buscando-se a atualização contínua dos agentes públicos.[3]

De toda forma, o *compliance*, como instrumento de política a ser adotado pelas entidades corporativas, sobretudo aquelas que, de alguma forma, relacionam-se com a Administração Pública, não apresenta, apenas, uma ação acautelatória, mas, também, uma finalidade nitidamente probatória, que pode determinar o conteúdo da aferição de responsabilidades dessas entidades em dado processo. Pense-se na hipótese de uma empresa que possui um programa de integridade absolutamente bem estruturado e suficientemente claro para que seus funcionários atuem conforme os padrões lá estabelecidos. Evidentemente, se um agente dessa empresa escapa às regras de conformidade por alguma razão de ordem subjetiva, a empresa pode apresentar, em sua defesa, dados de sua estrutura organizacional interna que demonstrem

---

[2] DAL POZZO, Antonio Araldo; DAL POZZO, Augusto Neves; DAL POZZO, Beatriz Neves *et al*. *Lei Anticorrupção*: apontamentos sobre a Lei nº 12.846/2013. 2. ed. São Paulo: Contracorrente, 2015. p. 153.

[3] CASTRO, Rodrigo Pironti Aguirre de; ZILIOTTO, Mirela Miró. Compliance e a lógica do controle interno prevista no artigo 70 da Constituição da República de 1988: trinta anos de atualidade. *In*: DI PIETRO, Maria Sylvia Zanella; MOTTA, Fabrício (Coord.). *O direito administrativo nos 30 anos da Constituição*. Belo Horizonte: Fórum, 2018. p. 273.

que não admite comportamentos realizados pelo agente em seu nome, o que deve ser levado em consideração no caso de algum processo de natureza persecutória pelas entidades de controle – ou, ainda, a própria empresa poderia, preliminarmente, denunciar a atuação do agente que pratica alguma ilicitude em seu nome, imputando-lhe toda a responsabilidade pelo ilícito (é o que se convencionou chamar de *reverse whistleblowing*).[4]

Aliás, nesse sentido, o decreto que regulamenta a Lei nº 12.846/13 (Decreto Federal nº 8.420/2015), em seu art. 5º, §4º, menciona a possibilidade de uma pessoa jurídica apresentar, em sua defesa, a existência e o funcionamento de um programa de *compliance*, que será útil, em todo caso, para a dosimetria da eventual pena a ser aplicada. Há, sem dúvida, na adição dos mecanismos de *compliance* à realidade brasileira um dado que transforma a análise dogmática da atividade sancionatória (penal) do Estado. Trata-se de uma mudança de perspectiva oriunda da própria experiência moderna: confronta-se a tradicional ação estatal em matéria penal para uma espécie de "autorregulação regulada" que se sustenta sob o estabelecimento de formas de colaboração entre empresas, indivíduos e o Estado.[5] Conforme bem analisa Eduardo Saad-Diniz:

> Este novo modelo recebe reforço punitivo com a tendência à responsabilidade penal empresarial ou inclusive com formas de

---

[4] Segundo Arthur de Brito Gueiros Souza e outros autores: "Ao contrário do *whistleblower*, que comunica a prática de um fato reprovável por parte da empresa, no *reverse whistleblowing* se observará a empresa comunicando o comportamento de seu empregado, imputando-lhe toda a responsabilidade por um desvio ou ilícito, mesmo nos casos em que ele tenha atuado em nome e no interesse da corporação" (SOUZA, Artur de Brito Gueiros *et al*. Aspectos controvertidos dos acordos de leniência no direito brasileiro. *Revista de Estudos Jurídicos Unesp*, Franca, ano 20, n. 31, p. 165-197, jan/jun. 2017. Disponível em: http://seer.franca.unesp.br/index.php/estudosjuridicosunesp/index).

[5] Consoante ponderam Emerson Gabardo e Gabriel Morettini e Castella: "Fato é que a Lei 12.846/2013 revela uma importante mudança, expandindo os mecanismos punitivos para além do Direito penal. Nota-se relevante alteração normativa promovida pelo legislador, de modo que na lei anticorrupção reconheceu a existência de outros mecanismos mais adequados ao sistema jurídico-penal para atingir seus objetivos. Contudo, muito se discute sobre qual seria a real natureza dessa norma. Há alguns autores que afirmam que as consequências/sanções, suas extensões e gravidades são equiparadas às criminais, eis que para as pessoas jurídicas previstas na lei de crimes ambientais (Lei 9.605/98) as sanções são mais leves do que as instituídas pela lei anticorrupção. Entretanto, o peso simbólico das sanções administrativas também está presente no efeito preventivo. A atribuição de responsabilidade às empresas acaba por exigir o incremento do autoconhecimento de sua estrutura e o reforço dos mecanismos internos de controle de ilícitos" (GABARDO, Emerson; CASTELLA, Gabriel Morettini e. A nova Lei Anticorrupção e a importância do compliance para as empresas que se relacionam com a administração pública. *A&C – Revista de Direito Administrativo & Constitucional*, Belo Horizonte, ano 15, n. 60, p. 129-147, abr./jun. 2015).

responsabilização indireta, forjadas no marco do direito administrativo sancionador. Genericamente considerados, os programas de *compliance* podem ser entendidos como medidas para o reforço punitivo em uma melhor forma de gestão organizacional e potencial regulatório dos riscos sistêmicos. A transparência e a integridade comunicadas pelos programas de *compliance* devem renovar os estímulos à confiança do no mercado. Os novos mecanismos de controle para prevenção da criminalidade econômica ainda oscilam em torno do dilema regulatório *deter or comply*.[6]

Com efeito, é sobre os aspectos da chamada *autorregulação regulada* que incidem as maiores controvérsias envolvendo o *compliance*, sobretudo no que diz respeito a essa mudança de perspectiva do enfrentamento da disciplina: retraem-se os mecanismos de regulação estatal direta e entra em cena uma forma de autorregulação, na qual estão inseridos os programas de *compliance*.

## 2 O *compliance* e a autorregulação regulada

No Brasil, a discussão sobre outras formas de regulação que não a estatal ainda carece de estudos mais detidos. No âmbito do direito administrativo, as análises iniciaram há menos tempo, tendo-se em mira novas maneiras de composição estabelecidas entre o Estado e os agentes privados.[7] Vale dizer, há iniciada uma espécie de modelo de transição em que o Estado arrefeceria o monopólio da atividade regulatória –[8] e isso tem acontecido também em matéria de direito penal econômico, o qual, naturalmente, também trabalha fundado na noção de regulação.[9]

---

[6] SAAD-DINIZ, Eduardo. Novos modelos de responsabilidade empresarial: a agenda do direito penal corporativo. *In*: SAAD-DINIZ, Eduardo; ADACHI, Pedro Podboi; DOMINGUES, Juliana Oliveira (Org.). *Tendências em governança corporativa e compliance*. 1. ed. São Paulo: LiberArs, 2016. p. 97.

[7] Vide SILVA, Rodrigo Otávio Cruz e. As licenças compulsórias na interface entre propriedade intelectual e direito econômico. *Revista de Direito Público da Economia – RDPE*, Belo Horizonte, ano 15, n. 57, p. 205-231, jan./mar. 2017.

[8] Cf., nesse sentido, SILVA, Bruno Boquimpani. Autorregulação e direitos fundamentais. *Revista Brasileira de Estudos Constitucionais*, São Paulo, ano 6, n. 21, p. 157-180, jan./mar. 2012. p. 159.

[9] Cf. SIEBER, Ulrich. Programas de compliance no direito penal empresarial: um novo conceito para o controle da criminalidade econômica. Tradução de E. Saad-Diniz. *In*: OLIVEIRA, William Terra *et al*. (Org.). *Direito penal econômico*: estudos em homenagem aos 75 anos do Professor Klaus Tiedemann. São Paulo: LiberArs, 2013. p. 291.

É como sintetiza Luciano Anderson de Souza:

> Também por conta de toda a problemática de atribuição de fatos no contexto econômico que se desenvolve o tema da criminal *compliance*. Como alerta Silva Sánchez, a insegurança, característica do momento atual, autoriza que aparatos estatais fomentem parâmetros de vigilância ou de prevenção que têm características que vão além dos mecanismos penais tradicionais. Assim é que a estipulação de programas de cumprimento legal, cooperação, ou, simplesmente, regras de *compliance*, ensejam a adoção de medidas éticas e legais para a estrutura empresarial. São, frequentemente, estabelecidos e designados encarregados para a prevenção de eventos (*compliance* officer), que muitas vezes se mostram mais do que fomentadores, mas como responsáveis por tais práticas, assumindo verdadeira posição de garante, a qual pode facilmente ser também utilizada na seara penal. Essa, aliás, é uma preocupação ainda em aberto na dogmática penal, evidenciando como os contornos desta seara do direito deixam rapidamente seus aspectos tradicionais, alargando suas fronteiras ainda sem maior respaldo teórico seguro.[10]

A exigência de que as empresas que atuam em mercados competitivos disponham de programas de integridade parece se encaixar perfeitamente nessa perspectiva de autorregulação regulada. A análise é sintetizada por Ivó Coca Vila. Segundo o jurista espanhol:

> Então se define o Compliance como todo aquele conjunto de medidas a ser adotada por uma empresa para assegurar-se que, em sua atuação, não vá infringir o Direito. Entendido assim, os Programas de Cumprimento são a ferramenta fundamental para a positivação das medidas necessárias, mas em todo o caso, para atuar conforme um direito já dado, que, como não poderia ser de outra maneira, no âmbito do Direito penal, é público.[11]

Com efeito, a aposta no *compliance* como ferramenta útil no combate a violações da ordem jurídica se assenta na ideia de que, primeiro, confere-se, aos agentes do mercado – e à própria Administração Pública, que, cada vez mais, engaja-se na formatação de programas de integridade

---

[10] SOUZA, Luciano Anderson de. Passado e presente do direito penal econômico. *Revista Fórum de Direito Financeiro e Econômico – RFDFE*, ano 8, n. 9, mar./ago. 2016. Disponível em: https://www.forumconhecimento.com.br/periodico/143/314/2933. Acesso em: 10 jul. 2020.

[11] COCA VILA, Ivó. ¿Programas de cumplimiento como forma de autorregulação regulada? *In*: SILVA SÁNCHEZ, Jesús-María; FERNÁNDEZ, Raquel (Org.). *Criminalidad de empresa y compliance*. Prevención y reacciones corporativas. Barcelona: Atelier, 2013. p. 70.

para a melhor atuação de seus órgãos –, uma responsabilidade em estabelecer regras de ordem interna (autorregulação privada), mas que, de todo modo, deve ser balizada por normas de caráter cogente, concernentes à regulação promovida pelo Estado. Camila Mauss Becker resume bem essa proposta:

> No intuito de garantir a efetividade, a autorregulação regulada empresarial deve se dar a partir da geração de condições para que as corporações adotem, por meio da coordenação com as autoridades públicas, normas comportamentais em acordo com os regulamentos legais. Esse modelo consiste, portanto, em desenvolver uma maneira de regulação empresarial a partir de normas impostas pelo Estado e por ele fiscalizadas, no intuito de atribuir aos agentes econômicos uma espécie de autodisciplina na condução de suas atividades, enquanto uma nova vocação global do Direito.[12]

Mais adiante, a autora revela a importância do *compliance* nesse ambiente de autorregulação regulada:

> No contexto da autorregulação regulada, para o entendimento dos objetivos e valores reconhecidos pelo poder público e a fim de garantir uma cultura de conformidade do ente privado, necessário se faz a imposição de programas de *compliance*. Ou seja, a inteiração das estruturas privadas com os poderes públicos, por meio da autorregulação regulada, 'com espaços de trabalho no entorno aos Direito Fundamentais, à Economia, ao Sistema Financeiro e à gestão de riscos de origem tecnológica [...], mostram-se absolutamente aceitas por outras ramos da ciência jurídica e, hoje, também, pelo Direito Penal', estabelecido a partir de um novo viés, o preventivo. De modo que "não se fala mais, e unicamente, em atribuição de responsabilidade por ato cometido, mas de outra formulação lógica"; fala-se na criação de uma nova cultura empresarial, voltada ao estímulo das empresas em não cometer ilícitos, autogerindo-se a partir de premissas preventivas, com foco, inclusive, no criminal *compliance*.[13]

Portanto, evidencia-se a atual proposta de o instrumento do *compliance* funcionar como mecanismo de *autorregulação regulada*, na

---

[12] BECKER, Camila Mauss. *Compliance, autorregulação regulada e o sistema de responsabilidade penal da pessoa jurídica no direito penal brasileiro*. Dissertação (Mestrado) – Programa de Pós-Graduação em Ciências Criminais, PUCRS, 2018.

[13] BECKER, Camila Mauss. *Compliance, autorregulação regulada e o sistema de responsabilidade penal da pessoa jurídica no direito penal brasileiro*. Dissertação (Mestrado) – Programa de Pós-Graduação em Ciências Criminais, PUCRS, 2018.

medida em que a regulação é exercida, inicialmente, pelos próprios agentes regulados, dentro de suas estruturas internas, mas que deve ser inspirada por uma camada regulatória que é do próprio Estado. Fala-se, aqui, de *corregulação*. Veja-se que o precitado Decreto nº 8.420/2015 estabelece as linhas gerais que devem estar presentes em um programa de *compliance* em seu art. 42.[14]

## Conclusão

As discussões sobre o *compliance* no direito brasileiro ganharam complexidade nos tempos mais recentes. Trata-se de tema que, ademais disso, arrimou novas perspectivas em matérias cuja dogmática determinava um padrão específico de estudo. Com efeito, os debates sobre a relevância do *compliance* mexeram com as estruturas do direito penal clássico e do direito administrativo sancionador.

A ideia de que o *compliance* pode ser visto como um mecanismo de *autorregulação regulada* é um passo relevante para o avanço teórico da

---

[14] "Art. 42. Para fins do disposto no §4º do art. 5º, o programa de integridade será avaliado, quanto a sua existência e aplicação, de acordo com os seguintes parâmetros: I - comprometimento da alta direção da pessoa jurídica, incluídos os conselhos, evidenciado pelo apoio visível e inequívoco ao programa; II - padrões de conduta, código de ética, políticas e procedimentos de integridade, aplicáveis a todos os empregados e administradores, independentemente de cargo ou função exercidos; III - padrões de conduta, código de ética e políticas de integridade estendidas, quando necessário, a terceiros, tais como, fornecedores, prestadores de serviço, agentes intermediários e associados; IV - treinamentos periódicos sobre o programa de integridade; V - análise periódica de riscos para realizar adaptações necessárias ao programa de integridade; VI - registros contábeis que reflitam de forma completa e precisa as transações da pessoa jurídica; VII - controles internos que assegurem a pronta elaboração e confiabilidade de relatórios e demonstrações financeiros da pessoa jurídica; VIII - procedimentos específicos para prevenir fraudes e ilícitos no âmbito de processos licitatórios, na execução de contratos administrativos ou em qualquer interação com o setor público, ainda que intermediada por terceiros, tal como pagamento de tributos, sujeição a fiscalizações, ou obtenção de autorizações, licenças, permissões e certidões; IX - independência, estrutura e autoridade da instância interna responsável pela aplicação do programa de integridade e fiscalização de seu cumprimento; X - canais de denúncia de irregularidades, abertos e amplamente divulgados a funcionários e terceiros, e de mecanismos destinados à proteção de denunciantes de boa-fé; XI - medidas disciplinares em caso de violação do programa de integridade; XII - procedimentos que assegurem a pronta interrupção de irregularidades ou infrações detectadas e a tempestiva remediação dos danos gerados; XIII - diligências apropriadas para contratação e, conforme o caso, supervisão, de terceiros, tais como, fornecedores, prestadores de serviço, agentes intermediários e associados; XIV - verificação, durante os processos de fusões, aquisições e reestruturações societárias, do cometimento de irregularidades ou ilícitos ou da existência de vulnerabilidades nas pessoas jurídicas envolvidas; XV - monitoramento contínuo do programa de integridade visando seu aperfeiçoamento na prevenção, detecção e combate à ocorrência dos atos lesivos previstos no art. 52 da Lei n. 12.846, de 2013; e XVI - transparência da pessoa jurídica quanto a doações para candidatos e partidos políticos".

disciplina. De todo modo, a matéria ainda carece de um aprofundamento empírico mais efetivo, considerando, sobretudo, o quadro brasileiro. Há, ainda, na cena jurídica pátria, uma necessidade de adaptação à própria forma como se pensa o *compliance*.

Trata-se de um compromisso sério, de elevada carga de normatividade, e de um instrumento regulatório importante. A transformação do ambiente corporativo, que tanto se preza, passa necessariamente pela absorção dessas noções, mediante uma renovada cultura empresarial, em especial no tocante às empresas que travam emparceiramentos contratuais com o setor público. O caminho a se percorrer ainda é longo, mas grandes passos já foram dados.

## Referências

ARANHA, Marcio Iorio. As formas de autorregulação. *Jota*, 26 out. 2019. Disponível em: https://www.jota.info/opiniao-e-analise/artigos/as-formas-de-autorregulacao-26102019. Acesso em: 10 jul. 2020.

BECKER, Camila Mauss. *Compliance, autorregulação regulada e o sistema de responsabilidade penal da pessoa jurídica no direito penal brasileiro*. Dissertação (Mestrado) – Programa de Pós-Graduação em Ciências Criminais, PUCRS, 2018.

CASTRO, Rodrigo Pironti Aguirre de; ZILIOTTO, Mirela Miró. Compliance e a lógica do controle interno prevista no artigo 70 da Constituição da República de 1988: trinta anos de atualidade. *In*: DI PIETRO, Maria Sylvia Zanella; MOTTA, Fabrício (Coord.). *O direito administrativo nos 30 anos da Constituição*. Belo Horizonte: Fórum, 2018.

COCA VILA, Ivó. ¿Programas de cumplimiento como forma de autorregulación regulada? *In*: SILVA SÁNCHEZ, Jesús-María; FERNÁNDEZ, Raquel (Org.). *Criminalidad de empresa y compliance*. Prevención y reacciones corporativas. Barcelona: Atelier, 2013.

DAL POZZO, Antonio Araldo; DAL POZZO, Augusto Neves; DAL POZZO, Beatriz Neves *et al*. *Lei Anticorrupção*: apontamentos sobre a Lei nº 12.846/2013. 2. ed. São Paulo: Contracorrente, 2015.

GABARDO, Emerson; CASTELLA, Gabriel Morettini e. A nova Lei Anticorrupção e a importância do compliance para as empresas que se relacionam com a administração pública. *A&C – Revista de Direito Administrativo & Constitucional*, Belo Horizonte, ano 15, n. 60, p. 129-147, abr./jun. 2015.

SAAD-DINIZ, Eduardo. Novos modelos de responsabilidade empresarial: a agenda do direito penal corporativo. *In*: SAAD-DINIZ, Eduardo; ADACHI, Pedro Podboi; DOMINGUES, Juliana Oliveira (Org.). *Tendências em governança corporativa e compliance*. 1. ed. São Paulo: LiberArs, 2016.

SIEBER, Ulrich. Programas de compliance no direito penal empresarial: um novo conceito para o controle da criminalidade econômica. Tradução de E. Saad-Diniz. *In*: OLIVEIRA, William Terra *et al*. (Org.). *Direito penal econômico*: estudos em homenagem aos 75 anos do Professor Klaus Tiedemann. São Paulo: LiberArs, 2013.

SILVA, Bruno Boquimpani. Autorregulação e direitos fundamentais. *Revista Brasileira de Estudos Constitucionais*, São Paulo, ano 6, n. 21, p. 157-180, jan./mar. 2012.

SILVA, Rodrigo Otávio Cruz e. As licenças compulsórias na interface entre propriedade intelectual e direito econômico. *Revista de Direito Público da Economia – RDPE*, Belo Horizonte, ano 15, n. 57, p. 205-231, jan./mar. 2017.

SILVEIRA, Renato de Mello Jorge; SAAD-DINIZ, Eduardo. *Compliance, direito penal e Lei Anticorrupção*. São Paulo: Saraiva, 2015.

SOUZA, Artur de Brito Gueiros *et al*. Aspectos controvertidos dos acordos de leniência no direito brasileiro. *Revista de Estudos Jurídicos Unesp*, Franca, ano 20, n. 31, p. 165-197, jan/jun. 2017. Disponível em: http://seer.franca.unesp.br/index.php/estudosjuridicosunesp/index.

SOUZA, Luciano Anderson de. Passado e presente do direito penal econômico. *Revista Fórum de Direito Financeiro e Econômico – RFDFE*, ano 8, n. 9, mar./ago. 2016. Disponível em: https://www.forumconhecimento.com.br/periodico/143/314/2933. Acesso em: 10 jul. 2020.

---

Informação bibliográfica deste texto, conforme a NBR 6023:2018 da Associação Brasileira de Normas Técnicas (ABNT):

DAL POZZO, Augusto Neves. Aspectos concernentes ao compliance e a questão da autorregulação regulada. *In*: DAL POZZO, Augusto Neves; MARTINS, Ricardo Marcondes (Coord.). *Aspectos controvertidos do compliance na Administração Pública*. Belo Horizonte: Fórum, 2020. p. 19-29. ISBN 978-65-5518-044-2.

# *COMPLIANCE* E GESTÃO ADMINISTRATIVA

# A TRANSPARÊNCIA E O SISTEMA DE GESTÃO DE *COMPLIANCE* NA ADMINISTRAÇÃO PÚBLICA

CLAUDIO CARNEIRO
AUGUSTO NEPOMUCENO

## 1 Introdução

A um primeiro olhar, a expressão "transparência pública" pode remeter ao dever dos governos, em todas as suas esferas, de dar pleno acesso às informações para a sociedade. Contudo, o instituto vai além e, por isso, é previsto em diversos dispositivos da Constituição de 1988: inc. XXXIII do art. 5º, no inc. II do §3º do art. 37 e no §2º do art. 216. Daí se dizer que a transparência é uma ferramenta de estímulo ao controle pela sociedade das ações dos governos e da prática intitulada *accountability* social e, ao mesmo tempo, uma ferramenta de melhoria dos controles institucionais exercidos internamente pelos Estados, denominado *accountability* horizontal.

No âmbito infraconstitucional brasileiro foram editadas leis importantes, como exemplo, as leis ordinárias nº 12.527 (Lei de Acesso à Informação), nº 12.846/13 (Lei Anticorrupção), nº 13.303/16 (Lei das Estatais), a Lei Complementar nº 131/2009 (Lei da Transparência), a Lei nº 13.709/18 com a alteração da Lei nº 13.853/19, que introduz a Lei Geral de Proteção de Dados Pessoais (LGPD), entre outras.

Ante os grandes escândalos de corrupção que povoam as mídias de todo o planeta, o mundo vivencia a era da integridade, que vem se consolidando como um grande marco do século XXI. A relação entre o público e o privado passou a ser contaminada por interesses escusos que, infelizmente, se enraizaram em diversas instituições (públicas e privadas) como uma metástase e, por força desse triste cenário, medidas se mostraram necessárias e urgentes.

Voltando ao âmbito internacional, diversas normas da Organização Internacional de Normalização (Padronização) ou International Organization for Standardization (ISO) foram editadas, em destaque, a ISO 19.600, que trata do Sistema de Gestão de *Compliance*, e a ISO 37.001, que aborda o Sistema de Gestão Antissuborno.

De modo a combater esse pernóstico sistema de corrupção (e suborno) que se instalou no Brasil, o país passou a adotar modelos estrangeiros de integridade que passaram a fazer parte da realidade das instituições privadas e públicas. Ao mesmo tempo, passou-se a enxergar a governança como um dos elementos do tripé: governança, *risk assessment* e *compliance*.

A concepção de boa governança a que nos referimos deve ser tratada como verdadeiro direito fundamental, e não como mera recomendação ao administrador público, pois o mau governo, seja por escolhas equivocadas de seus administradores ou simplesmente por atos de corrupção, acaba por comprometer direitos assegurados em nossa Constituição Federal.

É notório que a influência de leis estrangeiras, como o FCPA (*Foreign Corrupt Practice Act*), é cada vez mais forte no Brasil, e o *compliance* (integridade), que traz em sua essência normas de boa governança, gerenciamento de riscos e combate à corrupção, deve ser considerado um importante instrumento para o avanço do constitucionalismo contemporâneo no país. Isto porque se busca ampliar os instrumentos de controle e conferir uma maior transparência da gestão dos recursos públicos e, com isso, aumentar a efetividade dos direitos fundamentais, em especial, os sociais, que exigem maior dispêndio de recursos públicos para sua efetivação.

É nesse cenário que se insere a transparência pública. A própria Controladoria-Geral da União (CGU) afirma que a transparência é o melhor antídoto contra a corrupção, uma vez que ela é um importante mecanismo indutor para que os gestores públicos ajam com responsabilidade.

Faz-se necessário, portanto, um investimento em rígidos programas de *compliance* (integridade) e, da mesma forma, buscar-se uma mudança comportamental por parte das empresas privadas e, prioritariamente, do Poder Público, de modo a mitigar e, até mesmo, evitar os atos de corrupção e de má gestão.

O Governo Federal, através da CGU, tem investido no modelo da Open Government Partnership (OGP) que significa parceria para governo aberto. Trata-se de uma iniciativa internacional que pretende difundir e incentivar globalmente práticas governamentais relacionadas à transparência dos governos, ao acesso à informação pública e à participação social.

O Brasil, como membro fundador da OGP, lançada em 20.9.2011, já implementou inúmeras iniciativas de governo aberto que estão em diferentes estágios de maturidade e, por isso, vem sendo reconhecido como protagonista no cenário internacional no que diz respeito ao tema.

As ações relativas à OGP são operacionalizadas por meio de um documento intitulado Plano de Ação Nacional, no qual cada país participante deve especificar quais são os seus compromissos perante a parceria e delimitar as estratégias para implementá-los. Da mesma forma, de modo a dar maior transparência à gestão pública e fortalecer a participação social na fiscalização dos gastos e investimentos, o Governo Federal criou o Portal da Transparência, que é um canal (*site*) mantido pela CGU pelo qual o cidadão pode acompanhar a utilização dos recursos federais arrecadados com impostos no fornecimento de serviços públicos à população, além de se informar sobre outros assuntos relacionados à Administração Pública Federal.

Percebe-se, portanto, o enfoque que vem sendo dado à transparência pública e à sua íntima relação com o *compliance* público.

## 2 O constitucionalismo contemporâneo e as políticas de *compliance* (integridade)

Desde já é importante delimitar alguns pontos que são abordados neste texto. Apesar de as normas internacionais não fazerem distinção entre as expressões *compliance* e *integridade*, vem se convencionando no Brasil que programas de integridade são voltados para a Administração Pública, enquanto programas de *compliance* são voltados para a iniciativa privada. Contudo, ambos podem ser perfeitamente usados como sinônimos, sobretudo no que se refere à finalidade para a qual foram criados.

Outro ponto que também merece recorte científico é que preferimos adotar a expressão *constitucionalismo contemporâneo*[1] em detrimento de *neoconstitucionalismo*. Isto porque, o prefixo "neo" significa novo, logo (neo)constitucionalismo seria um novo movimento constitucional, e entendemos que não estamos, até o presente momento, diante de uma completa ruptura do constitucionalismo anterior, daí preferirmos tratar de um constitucionalismo de transição do antigo para o novo – constitucionalismo contemporâneo.

Após essa brevíssima observação, é indiscutível que o mundo vive um novo momento constitucional, ao menos, um momento de transição entre o constitucionalismo contemporâneo e o neoconstitucionalismo (para alguns) ou entre o moderno e o pós-moderno (para outros). Independentemente da posição sobre o momento constitucional vigente, fato é que, em diversos países, como exemplo, Itália, Alemanha, Portugal e Espanha, as Constituições marcaram a ruptura com o autoritarismo, estabelecendo um compromisso com a paz,[2] especialmente no que se refere ao desenvolvimento e respeito aos direitos fundamentais e, numa visão mais ampla, os direitos humanos.

A relevância da temática guarda pertinência com a nova postura a ser adotada pela Administração Pública à luz de uma releitura constitucional, não havendo mais espaço para o discurso da simples observância da legalidade e do positivismo jurídico. Até porque um efetivo programa de integridade vai muito além da observância de normas jurídicas.

O grande marco do constitucionalismo contemporâneo[3] no Brasil foi a abertura democrática vivida em meados da década de 1980 e a elaboração da Constituição da República de 1988. A dignidade da pessoa humana passou a ser um dos elementos essenciais desse movimento constitucionalista, devendo ser assegurado pelos poderes públicos e pela própria sociedade. Da mesma forma o enaltecimento da força normativa da Constituição. As constituições citadas contêm amplos

---

[1] CARNEIRO, Claudio. *Neoconstitucionalismo e austeridade fiscal*: confronto constitucional-hermenêutico das cortes constitucionais do Brasil e de Portugal. Salvador: JusPodivm, 2017. p. 57.

[2] CARNEIRO, Claudio. Cultura de paz e cultura de compliance. *Galileu – Revista de Economia e Direito*, v. XX, n. 1, 2019. Disponível em: https://repositorio.ual.pt/handle/11144/4290. Acesso em: 17 mar. 2020.

[3] Preferimos usar a expressão *constitucionalismo contemporâneo* em detrimento de *neoconstitucionalismo*. A justificativa para tal pode ser melhor observada em nossa obra: CARNEIRO, Claudio. *Neoconstitucionalismo e austeridade fiscal*: confronto constitucional-hermenêutico das cortes constitucionais do Brasil e de Portugal. Salvador: JusPodivm, 2017.

catálogos de direitos fundamentais: "[...] lo que viene a suponer un marco muy renovado de relaciones entre el Estado y los ciudadanos, sobre todo por la profundidad y el grado de detalle de los postulados constitucionales que recongen tales derecho".[4] Para alguns autores,[5] esse novo movimento constitucional envolve fenômenos como a força normativa dos princípios, a rejeição do formalismo, a reaproximação entre o direito e a moral e a judicialização da política. Já para outros,[6] são características do neoconstitucionalismo a redescoberta dos princípios jurídicos (em especial a dignidade da pessoa humana), a expansão da jurisdição constitucional, com ênfase no surgimento de tribunais constitucionais, e o desenvolvimento de novos métodos e princípios na hermenêutica constitucional.

Como já dito, ao nosso sentir, a expressão *neoconstitucionalismo* deve significar uma ruptura, tanto com o positivismo como com o modelo de constitucionalismo liberal. Em razão disso, o direito deixaria de ser regulador para ser transformador.[7] Há, portanto, uma incompatibilidade paradigmática entre o novo constitucionalismo e o positivismo jurídico, nas suas mais variadas formas, e, nesse sentido, qualquer postura que, de algum modo, se enquadre nas características ou teses que sustentam o positivismo entraria na linha de colisão com esse (novo) tipo de constitucionalismo.[8]

Apesar das divergências sobre o referido movimento constitucional que não serão neste texto apreciadas por não serem o foco da abordagem, há que se considerar que a Constituição de 1988 sofre algumas críticas por parte da doutrina[9] e, aqui, para sermos sucintos, citaremos apenas duas. A primeira é o detalhismo de assuntos que não mereciam estar em um texto constitucional. A segunda diz respeito a alguns itens considerados inalcançáveis ou utópicos, inferindo que a Assembleia Constituinte, em alguns momentos, se afastou,

---

[4] CARBONELL, Miguel; GARCIA JARAMILLO, Leonardo. *El canon neoconstitucional*. Madri: Trota, 2010. p. 154.

[5] SARMENTO, Daniel. *Filosofia e teoria constitucional contemporânea*. Rio de Janeiro: Lumen Juris, 2009. p. 113.

[6] BARROSO, Luiz Roberto. *Interpretação e aplicação da Constituição*. São Paulo: Renovar, 2013. p. 48.

[7] STRECK, Lenio Luiz. *Verdade e consenso*. Constituição hermenêutica e teorias discursivas. Da possibilidade à necessidade de respostas corretas em direito. Rio de Janeiro: Lumen Juris, 2009. p. 8.

[8] STRECK, Lenio Luiz. *Jurisdição constitucional e hermenêutica*. Uma nova crítica do direito. 2. ed. Rio de Janeiro: Forense, 2014. p. 3.

[9] BARROSO, Luiz Roberto. *Interpretação e aplicação da Constituição*. São Paulo: Renovar, 2013. p. 47.

sobremaneira, do mundo dos fatos, ou seja, estabelecendo diretrizes intangíveis ou irrealizáveis.

Apesar de o art. 37 da Constituição de 1988 trazer princípios adstritos à Administração Pública, a integridade na concepção de transparência passa a integrar o consolidado rol de princípios constitucionais mencionados. Exatamente por isso que se deve abordar o programa de integridade e a boa governança pública à luz da Constituição de 1988 e, obviamente, interpretá-la com base no momento constitucional em que ela se encontra, isto é, o constitucionalismo contemporâneo. Ignorar o momento constitucional atual assemelha-se a determinar a confecção de uma vestimenta nova cujo modelo foi sucesso em décadas passadas.

Noutro giro, a rápida circulação das informações no mundo globalizado possibilitou que as mazelas desencadeadas pelos grandes escândalos de corrupção fossem o combustível necessário para que se desenvolvessem diversas normativas internacionais, entre as quais as normas da International Standardization Organization já citadas. Essas normas, cujo objetivo é estabelecer uma padronização internacional de processos e procedimentos, foram difundidas para vários países, nascendo então, os chamados sistemas de gestão de *compliance* e antissuborno que visam buscar a implantação e propagação de uma cultura sustentável de integridade.

A implementação do respectivo programa permite um efetivo combate à corrupção e ao suborno, pois, através da aplicação dos seus pilares e das suas ferramentas de gestão, permite-se um controle efetivo da Administração Pública e da iniciativa privada, que transita desde uma estrutura adequada de governança até a implantação de códigos e preceitos de ética para todo os *stakeholders*, passando pelo gerenciamento de riscos.

É inquestionável que a relação público-privada atual se mostrou vulnerável, pois permitiu que se desenvolvessem grandes esquemas fraudulentos, provocando desfalques incomensuráveis aos cofres públicos. Dessa forma, busca-se uma modificação efetiva do modelo atual e, para tanto, faz-se necessário a implantação de rotinas e procedimentos que permitam educar e controlar não somente pessoas, mas, especialmente, os procedimentos internos da organização. Significa dizer que, para além das leis e demais normas jurídicas, busca-se a implantação de sistemas de gestão que funcionem como um instrumento eficiente e eficaz para combater a corrupção e o suborno.

É cediço que a corrupção se prolifera de uma forma nefasta que ao fim acaba por afetar serviços públicos essenciais e, por que não dizer, a concretização de direitos fundamentais[10] conquistados depois de muitas lutas sociais ao longo da história, especialmente os sociais. Nesse contexto, a busca da boa governança carece de um modelo de gestão moderno que caminhe *pari passu* com a análise e o gerenciamento dos riscos inerentes ao estado da arte atual associado a modelos de transparência pública.

No quesito transparência, o Governo Federal editou o Decreto nº 9.690/2019, alterando a Lei de Acesso à Informação. Nesse sentido, temos a transparência ativa, que se refere às informações que devem estar obrigatoriamente divulgadas na internet, e a transparência passiva, que trata das informações que devem ser disponibilizadas quando solicitadas pelos cidadãos. Sobre a transparência ativa, a lei determina quais informações da organização devem estar disponibilizadas na internet, como exemplo, execuções orçamentárias e licitações realizadas. Por outro lado, se alguém quiser saber informações sobre a merenda da escola de seu filho e essa informação não estiver no portal da transparência, é possível entrar em contato com o serviço de informações ao cidadão (eletrônico ou presencial) e solicitar as informações sobre os dados desejados.

Vale dizer, ainda, que toda organização (expressão utilizada pelas normas ISO), ao pretender atingir os seus objetivos, se depara com "eventos", isto é, incidentes ou situações criadas através de fontes internas ou externas, que podem ter impacto negativo, positivo ou ambos. Os eventos que produzem impacto negativo acarretam risco, que, segundo o Coso[11] é a "possibilidade de um evento ocorrer e afetar negativamente a realização dos objetivos". Moeller[12] e Segal[13] afirmam que uma técnica utilizada para a identificação rápida do risco é o debate, isto é, juntar equipes de vários níveis ou unidades da instituição para identificá-lo e solucioná-lo.[14]

Assim, o mapeamento e o gerenciamento dos riscos são elementos fundamentais para a efetividade de um sistema de gestão.

---

[10] CARNEIRO, Claudio. Ainda é possível falar em direitos sociais?. *In*: VALENTE, Manuel Monteiro Guedes (Coord.). *Os desafios do direito do século XXI*. Coimbra: Almedina, 2019. p. 173.
[11] COSO. *Enterprise risk management* – Integrated framework comment. Disponível em: erm.coso.org.
[12] MOELLER, R. R. *Coso enterprise risk management*: establishing effective governance, risk, and compliance processes. 2. ed. [s.l.]: Wiley Corporate F&A, 2011. p. 35.
[13] SEGAL, S. *Corporate value of enterprise risk management*: the next step in business management. [s.l.]: Wiley Corporate F&A, 2011. p. 59.
[14] CARNEIRO, Claudio; SANTOS JUNIOR, Milton de Castro. *Compliance e boa governança (pública e privada)*. Curitiba: Juruá, 2018. p. 97.

## 3 A importância do programa de integridade como ferramenta de efetividade e transparência

A palavra considerada chave neste tópico é efetividade, pois é público e notório que no papel "tudo" é admissível. Dessa forma, a fim de que tenhamos políticas concretas e eficazes, mostra-se necessária a implantação efetiva de requisitos objetivos de um programa de *compliance*, a começar pelo mapeamento de risco e as políticas de *compliance* ligadas à Administração Pública. Significa dizer que não basta que o Poder Público exija da iniciativa privada que apresentem seus respectivos programas, mas que a própria Administração Pública dê o exemplo e aplique-o internamente. Esse é o ponto de partida e, diga-se de passagem, procedimento basilar para uma proposta de modificação cultural.

É bem verdade que a Constituição de República de 1988 teve um papel fundamental para o surgimento do arcabouço normativo infraconstitucional que vivenciamos atualmente. O §3º do art. 31 da Carta a que nos referimos trouxe a possibilidade de um relevante controle social ao definir que "as contas dos Municípios ficarão, durante sessenta dias, anualmente, à disposição de qualquer contribuinte, para exame e apreciação, o qual poderá questionar-lhes a legitimidade, nos termos da lei". Contudo, insistimos em afirmar que meras previsões normativas, ainda que de âmbito constitucional, não são suficientes para se alcançar a efetividade.

O avanço tecnológico (digital), que também vem marcando o século XXI, foi catapultado em 1989,[15] com a criação da rede mundial de computadores, ou seja, a internet. Significa dizer que o controle da Administração Pública foi sendo redirecionado por meio da tecnologia, pois as bases de dados sendo disponibilizadas na internet permitem análises rápidas e desburocratizadas. Assim, é impossível dissociar transparência pública da tecnologia e da revolução digital, daí porque o modelo de *compliance* atual perpassar também o novo regime de proteção de dados da internet importado do modelo europeu.

O modelo burocrático ideal surgiu como reação ao nepotismo e à corrupção, posturas típicas do patrimonialismo pré-capitalista e pré-democrático. Vale dizer que a Administração Pública, ao buscar adotar o modelo burocrático, apenas tomou como base a sua superioridade em relação ao anterior modelo patrimonialista. Contudo, no que se

---

[15] A rede mundial de computadores (*world wide web* – WWW) foi criada por Tim Berners-Lee em 12.3.1989.

refere ao quesito eficiência, este acabou não se mostrando ideal para um Estado em pleno desenvolvimento econômica-social.

Segundo Platt Neto,[16] a transparência implica a existência de diversas dimensões que devem ser analisadas simultaneamente: a) publicidade, entendida como a ampla divulgação das informações à população, por múltiplos meios de baixo custo, em tempo hábil para a tomada de decisões; b) compreensibilidade das informações, relacionada à apresentação visual, ao uso da linguagem simples e acessível, visando ao entendimento das informações pelos usuários; e c) utilidade para decisões, que se fundamenta na relevância das informações para os interesses dos usuários.

Em quase todos os escândalos divulgados envolvendo altos executivos e autoridades públicas, o dinheiro público foi o principal alvo e, com isso, a história mundial fez com que diversos países passassem a se preocupar também com aspectos relacionados à governança. Nesse contexto, várias organizações internacionais entraram em cena com o objetivo de promover a boa governança, como exemplo, o Banco Mundial e o Fundo Monetário Internacional (FMI).

No Brasil, a ideia de governança pública originou-se da governança corporativa (*corporate governance*). Segundo a Organização para Cooperação e Desenvolvimento Econômico, a governança corporativa é definida como o conjunto de relações entre a administração de uma empresa, seu conselho de administração, seus acionistas e outras partes interessadas. Significa dizer que é um conjunto de práticas que têm por objetivo regular a administração e o controle das instituições.

O Instituto Brasileiro de Governança Corporativa (IBGC) define governança corporativa como "o sistema pelo qual as organizações são dirigidas, monitoradas e incentivadas, envolvendo os relacionamentos entre proprietários, conselho de administração, diretoria e órgãos de controle". Conclui o IBGC que as boas práticas de governança corporativa "convertem princípios em recomendações objetivas, alinhando interesses com a finalidade de preservar e otimizar o valor da organização, facilitando seu acesso ao capital e contribuindo para a sua longevidade".

A legislação brasileira trouxe, como um de seus pilares, normas sobre a boa governança por parte da Administração Pública em todas

---

[16] PLATT NETO, Orion Augusto. Publicidade e transparência nas contas públicas: obrigatoriedade e abrangência desses princípios na administração pública brasileira. *Contabilidade Vista & Revista*, v. 18, n. 1, 2007. Disponível em: http://web.face.ufmg.br/face/revista/index.php/contabilidadevistaerevista/article/viewFile/320/313. Acesso em: 14 fev. 2020.

as esferas de Governo (federal, estadual e municipal). Como já visto, a expressão *governança* deriva do termo *governo*, e pode ter várias interpretações, dependendo do enfoque que lhe é dado. Dessa forma, deixamos consignado, desde já, que adotamos o contexto de governança, como observância das normas de boa conduta para a Administração Pública, bem como o respeito às medidas adotadas pelas leis para governar o país em questão dentro de uma política ética e de combate à corrupção, ao suborno e às irregularidades administrativas. Entre as principais características para se alcançar a ideia de boa governança, podemos citar, como exemplo, a integridade, a equidade, a responsabilidade dos gestores e da alta administração e, sobretudo, a transparência e a prestação de contas.

É possível afirmar, de forma bem resumida, que governança no setor público diz respeito a um conjunto de mecanismos práticos de controle que envolvem temas afetos à liderança, estratégia e informação com o objetivo de executar as quatro etapas: a) identificar as questões sensíveis; b) tratar os dados (informações) obtidos; c) redimensionar o sistema, corrigindo as falhas e implementando os modelos pendentes; d) realizar monitoramento periódico. As quatro fases elencadas visam à adequação dos instrumentos para a concretização de políticas públicas e à prestação de serviços de interesse da sociedade. Percebe-se, então, que a governança no setor público deve ser analisada sob algumas perspectivas que otimizarão o campo de observação e que vão proporcionar a eficácia no cumprimento das etapas a serem seguidas: a) a sociedade (destinatário) e Estado (agente); b) federalização – a implementação do *compliance* público[17] carece ser adaptada de acordo com a realidade dos entes federativos; c) órgãos estruturantes e entidades envolvidas no processo de gestão.

Percebe-se, portanto, que a publicidade dos atos de governo é um dos pilares do Estado Democrático de Direito consagrado na Constituição de 1988. Não por acaso, os incs. XIV e XXXIII, do art. 5º, da CF/88, asseguram o direito à informação e, portanto, o inserem no rol dos direitos e garantias fundamentais. Afinal, o acesso às informações dos órgãos públicos (em todas as esferas de poder) é fundamental para o aperfeiçoamento da máquina pública, tanto para o combate à corrupção e correção de abusos, quanto para o exercício da cidadania. Dessa

---

[17] CARNEIRO, Claudio. Compliance na Administração Pública. Uma necessidade para o Brasil. *Revista de Direito da Faculdade Guanambi*, v. 3, n. 1, 2016. Disponível em http://revistas.faculdadeguanambi.edu.br/index.php/Revistadedireito/article/view/103. Acesso em: 13 fev. 2020.

forma, conclui-se que a governança da informação está intimamente relacionada com questões públicas fundamentais.

Insistimos em afirmar que um dos requisitos da boa governança pública é a transparência dos atos de governo, que, por sua vez, trazem a reboque a prestação de contas e a geração de benefícios sociais – a *accountability* democrática. Quando nos referimos a governo, usamos o sentido lato, ou seja, envolvemos a Administração Pública direta e as estatais.[18] Afinal, um dos pontos mais debatidos na Lei das Estatais (Lei nº 13.303/16) consistiu na determinação de uma maior transparência na divulgação das informações relevantes.

Além da previsão citada, a Lei nº 13.303/16, também chamada de Estatuto das Estatais, traz (uma única vez) em seu texto a expressão integridade ao determinar que o estatuto social deverá prever a possibilidade de que a área de integridade se reporte diretamente ao conselho de administração em situações que haja suspeita do envolvimento do diretor-presidente em irregularidades ou quando este descumprir a obrigação de adotar medidas necessárias em relação à situação a ele relatada.

Atente-se que neste aspecto a Lei das Estatais caminhou no sentido de atribuir uma independência a esta área com intuito de desestimular possíveis comportamentos corruptivos e incentivar aplicação de políticas de integridade dentro das instituições. O Decreto nº 8.945/2016, regulamentador desta lei, dedicou-se às normas sobre governança das estatais, regulamentando o exercício da atividade fiscalizatória pelo Estado e pela sociedade.

A Lei Anticorrupção, a Lei das Empresas Estatais e tantos outros diplomas importantes criaram um microssistema anticorrupção, o qual caminha para a incorporação no público e no privado de normas que permitam a prevenção da corrupção e estimulem a criação de uma cultura de integridade, isto é, uma geração que tenha como meta a eficiência do aparelhamento público e privado e, consequentemente, permita uma transparência de seus gastos e objetivos almejados.

Com foco na Administração Pública, à luz desse cenário de integridade e de sistemas efetivos de gestão de *compliance*, surge uma importante ferramenta que se propõe a dar efetividade e transparência

---

[18] Vale lembrar que as empresas públicas, sociedades de economia mista e suas subsidiárias, apesar de serem classificadas como estatais, são pessoas jurídicas de direito privado. Dessa forma, em virtude do disposto no art. 173 da Constituição da República de 1988, todas as entidades privadas que explorem atividade econômica devem ter o mesmo tratamento e, por isso, as estatais com muito mais razão devem estar inseridas nas práticas de integridade.

às práticas anticorrupção, qual seja, o denominado *e-government*,[19] ou governo eletrônico. Esse instrumento é reconhecido como uma infraestrutura multifuncional entre os diferentes órgãos públicos e utiliza-se de forma intensiva da tecnologia da informação para aprimorar o controle público e o atendimento ao cidadão.

A citada ferramenta, que vem sendo utilizada pela Administração Pública interna e externa, mostra-se relevante e se destaca como meio de capacitação e redução da esfera de discricionariedade do administrador público, bem como permite uma organização estrutural das relações que a Administração Pública estabelece com os seus administrados.

Por conseguinte, tal mecanismo deve ser inserido como uma importante ferramenta na busca da transparência e se incorpora às políticas relacionadas ao *compliance* público. Isso porque alicerçará os princípios constitucionalmente insculpidos e delimitados à Administração Pública para que funcionem em conjunto, buscando uma boa governança e privilegiando a Constituição da República, dado que passa a atribuir um maior prestígio aos princípios, renovando a denominada teoria das fontes e assumindo o desenvolvimento da teoria dos direitos fundamentais.

Não há dúvidas de que alguns desafios serão encontrados pelo gestor público quando da implementação deste tipo de governo, já que, por se tratar de uma inovação, demandará uma reestruturação do *modus operandi* em conjunto com uma releitura do modelo cultural adotado pelos administrados. Passa-se, então, a se exigir uma otimização da Administração Pública para prestação dos serviços públicos como forma de garantia de qualidade e maior eficácia, o que importa em dizer que o Estado deverá buscar a utilização da tecnologia e de métodos adotados para alcançar a qualidade total quando da execução das atividades de sua responsabilidade.

Nesse contexto, é possível concluir que a eficiência administrativa está ligada ao fito de neutralidade, devendo o Estado valorar de forma igualitária todos seus administrados, utilizando-se para tal dos novos meios tecnológicos, pois estes tornam-se um instrumento de transparência administrativa e vinculação da Administração, prezando por uma sociedade uniforme no que tange aos direitos e oportunidades.

No que se refere à sua implementação e continuidade, considera-se a existência de um custo para esse fim, o qual poderá ser mitigado

---

[19] CARNEIRO, Claudio; NEPOMUCENO, Augusto. Programas de integridade como instrumento de boa governança pública: o FCPA e o U.K. BRIBERY como normas inspiradoras. *Juris Poiesis*, v. 22, n. 29, 2019.

diante da utilização de programas de integridade que transformem esse contexto propício à boa governança que se propõe nos ordenamentos supramencionados, privilegiando os princípios constitucionalmente insculpidos no art. 37, da Carta da República, em particular, eficiência, transparência e impessoalidade do gestor.

Para mais, ante a iminente necessidade de apurar e coibir os atos de corrupção, este mecanismo potencializa e consolida uma sistemática que dá maior ênfase à transparência pública no combate à corrupção e torna a prestação jurisdicional mais eficaz no que toca ao aspecto político e socioeconômico.

Ocorre que de nada adianta termos leis inspiradas nos modelos mais rígidos do mundo, sem que haja uma efetiva modificação cultural e institucional dos envolvidos, seja na esfera pública ou privada. Significa dizer que a Administração Pública, especialmente a direta (entes federativos), deve estar imbuída no sentido de ser pioneira quando na implementação dos referidos sistemas e engendrar todos os esforços possíveis para compor da melhor forma sua estrutura operacional. Afinal, para que se tenha o tipo penal relativo à corrupção, faz-se necessária a participação de um agente público. Nesse sentido, andou bem o Ministério da Transparência e Controladoria-Geral da União (CGU) que, por meio da Portaria nº 57/19, alterou a Portaria nº 1.089/18, que regulamentou os programas de integridade do Governo Federal e concedeu novo prazo para criação de programas anticorrupção nos órgãos federais.

Neste mesmo sentido, é louvável a atuação deste mesmo órgão na regulamentação de procedimentos relativos ao acesso e tratamento de documentos e informações eletrônicos, por meio da Portaria nº 1.335/2018, como o estabelecimento de procedimentos para acesso e utilização do Portal do Observatório da Despesa Pública, evidenciando a regulamentação e o estabelecimento em conjunto com as ferramentas de otimização para uma maior transparência e efetividade, pilares de uma boa governança.

## 4 Conclusão

O século XXI vem sendo marcado por duas grandes eras, a da integridade e da revolução digital. Talvez esse processo tenha sido fortemente acelerado por outro mais antigo, o da globalização, que passou a integrar economicamente diversos países em todo o mundo com uma velocidade alarmante. É oportuno destacar que os avanços tecnológicos, como exemplo, a internet e as redes sociais, imprimiram uma velocidade tão grande na propagação das informações e de eventos que ocorrem do outro lado do mundo, que acabam chegando em frações de segundos a todos os países, ou seja, a veiculação da informação (verdadeira ou falsa) se dá em tempo real.

Voltando no tempo, a partir do fim dos anos 1970, começou a surgir no país o estímulo ao debate público associado às iniciativas da sociedade civil e do Estado. Busca-se, portanto, superar o paradigma do sigilo (da falta de transparência) pelo da transparência, especialmente no setor público, que é o nosso foco de abordagem.

Diante do movimento de redemocratização intitulado constitucionalismo contemporâneo, a crítica ao sigilo e ao controle estatal dos fluxos de informação bem como a promoção de ideias relacionadas ao direito de consulta aos arquivos públicos começam a ganhar força.

As políticas públicas brasileiras relativas ao acesso à informação resultaram de um processo histórico de mudança de crenças e valores e de aprendizagem com as próprias políticas que se mostraram falhas ou ineficientes.

A partir da década de 90, iniciou-se a construção de um estado gerencial, voltado para o cidadão e suas necessidades, tentando quebrar a rigidez burocrática do aparelho administrativo para se aproximar da população. Já nos idos dos anos 2000, o sentido da boa governança enseja um maior controle social do Estado, a prevenção e o combate à corrupção, em ideias relativas ao direito à memória e à verdade, a direitos civis ou fundamentais e mesmo ao conhecimento histórico sobre o país.

Os avanços tecnológicos não vão parar por aqui e, portanto, ensejarão também novas formas de transparência pública e novos procedimentos de controle e de participação da sociedade que, talvez, por enquanto, sequer pensamos existir, pois a evolução tecnológica é surpreendente.

A exigência de adequação aos modelos internacionais de governança, *risk assessment* e *compliance* se apresenta como uma necessidade para o Brasil, seja no setor privado ou público. O instituto começa a fincar fortemente suas raízes no país, promovendo um ganho para a Administração Pública e para a sociedade. Vale ratificar, à guisa de conclusão, que não adotamos a concepção de integridade como normas de combate à corrupção em sentido estrito, mas sim, em sentido amplo, ou seja, de um sistema de gestão de *compliance* (integridade), conforme os rígidos padrões internacionais, que visam associar a boa governança ao gerenciamento de risco (e de continuidade) e ao combate a todas as práticas nocivas, como exemplo, fraude, evasão fiscal, infrações éticas e disciplinares, entre outras.

Um programa de integridade efetivo deve pautar-se, minimamente, em duas bases de sustentação. A primeira diz respeito à utilização de um sistema de gestão anticorrupção, que não tem a ver apenas com diplomas legais ou aspectos jurídicos, mas com estruturas e ferramentas gerenciais customizadas em relação ao escopo da organização. A segunda está atrelada ao ordenamento jurídico nacional e internacional e, sobretudo, ao texto constitucional pátrio. Dito de outra forma, ao se falar de integridade é importante interpretar as leis e as próprias normas constitucionais com um contexto amplo de constitucionalidade, ou seja, utilizando-se a hermenêutica constitucional sob a perspectiva do método sistemático, prevalecendo o conteúdo sobre a forma, os fins a que se destinam e o ideal a ser alcançado, analisando-se a Constituição de modo amplo e a concatenar os institutos para que seja possível vislumbrar esta Carta Magna com dispositivos correlacionados à mesma temática.

Ante a classificação quanto à finalidade da nossa Constituição, denota-se que a previsão das normas com políticas públicas e sociais perfaz-se em normas de eficácia limitada de caráter programático, vinculando-se aos já mencionados direitos de segunda dimensão e reivindicando uma atuação eficaz e direta da Administração Pública e das empresas privadas ao oportunizar o acesso a serviços e informações aos cidadãos, como ferramenta de controle da prestação de contas do governo e da participação democrática.

A efetividade constitucional permite uma redução da arbitrariedade do administrador público, outorgando às diretrizes internalizadas pelos ordenamentos que formam esse microssistema anticorrupção a finalidade de estabelecer um controle interno em conjunto com a boa governança, tendo como base o programa de *compliance* anticorrupção de forma a complementar as diretrizes das estatais e englobando a participação e o comprometimento das autoridades superiores do Governo para evidenciar um nítido e inequívoco apoio ao programa.

Com o objetivo de buscar essa efetividade a que nos referimos alhures e termos, de fato, um sistema íntegro de gestão que reflita na boa governança e na observância do movimento constitucional atual, surgiu uma série de normas infraconstitucionais inspiradas em modelos estrangeiros.

Diante de todo esse complexo contexto, espera-se, de maneira bastante otimista, que todos os poderes da República e, especialmente os novos governantes, estejam, de fato, comprometidos no exercício digno dos mandatos que lhes foram outorgados com o objetivo de administrar a coisa pública de forma eficiente e capaz. Afinal, a sociedade exige medidas mais eficazes no combate à corrupção, tornando-se, em razão do descaso do gestor público e privado, intolerante e meticulosa quando se trata do descaso com os recursos públicos e, sobretudo, com os direitos fundamentais assegurados na Constituição.

O objetivo final das normas de *compliance* é focar no resultado a ser atingido, ou seja, evitar os riscos decorrentes do cometimento de condutas *pessoais* ou *organizacionais* consideradas *ilícitas* ou *incoerentes* com princípios, missões, visão ou objetivos de cada empresa, observando as suas particularidades e o seu segmento de mercado.

Portanto, levando-se em consideração os diversos aspectos delineados, deve-se observar que os programas de integridade precisarão estar engajados com as políticas e boas práticas da Administração Pública, funcionando de maneira harmônica a garantir sua efetividade e transparência, características inerentes a quaisquer programas de integridade.

## Referências

BARROSO, Luiz Roberto. *Interpretação e aplicação da Constituição*. São Paulo: Renovar, 2013.

CARBONELL, Miguel; GARCIA JARAMILLO, Leonardo. *El canon neoconstitucional*. Madri: Trota, 2010.

CARNEIRO, Claudio. Ainda é possível falar em direitos sociais?. *In*: VALENTE, Manuel Monteiro Guedes (Coord.). *Os desafios do direito do século XXI*. Coimbra: Almedina, 2019.

CARNEIRO, Claudio. Compliance na Administração Pública. Uma necessidade para o Brasil. *Revista de Direito da Faculdade Guanambi*, v. 3, n. 1, 2016. Disponível em: http://revistas.faculdadeguanambi.edu.br/index.php/Revistadedireito/article/view/103.

CARNEIRO, Claudio. Cultura de paz e cultura de compliance. *Galileu – Revista de Economia e Direito*, v. XX, n. 1, 2019. Disponível em: https://repositorio.ual.pt/handle/11144/4290. Acesso em: 17 mar. 2020.

CARNEIRO, Claudio. *Neoconstitucionalismo e austeridade fiscal*: confronto constitucional-hermenêutico das cortes constitucionais do Brasil e de Portugal. Salvador: JusPodivm, 2017.

CARNEIRO, Claudio; MOTTA FILHO, Humberto Eustáquio C. *Compliance*: o Estado da Arte: regulações, práticas, experiências e propostas para o avanço da cultura da integridade no Brasil e no mundo. Curitiba: Instituto Memória, 2019.

CARNEIRO, Claudio; NEPOMUCENO, Augusto. Programas de integridade como instrumento de boa governança pública: o FCPA e o U.K. BRIBERY como normas inspiradoras. *Juris Poiesis*, v. 22, n. 29, 2019.

CARNEIRO, Claudio; SANTOS JUNIOR, Milton de Castro. *Compliance e boa governança (pública e privada)*. Curitiba: Juruá, 2018.

INSTITUTO BRASILEIRO DE GOVERNANÇA CORPORATIVA – IBGC. *Código das melhores práticas de governança corporativa.* 4. ed. São Paulo: IBGC, 2009. 73 p.

MOELLER, R. R. *Coso enterprise risk management*: establishing effective governance, risk, and compliance processes. 2. ed. [s.l.]: Wiley Corporate F&A, 2011.

PLATT NETO, Orion Augusto. Publicidade e transparência nas contas públicas: obrigatoriedade e abrangência desses princípios na administração pública brasileira. *Contabilidade Vista & Revista*, v. 18, n. 1, 2007. Disponível em: http://web.face.ufmg.br/face/revista/index.php/contabilidadevistaerevista/article/viewFile/320/313. Acesso em: 14 fev. 2020.

SARMENTO, Daniel. *Filosofia e teoria constitucional contemporânea.* Rio de Janeiro: Lumen Juris, 2009.

SEGAL, S. *Corporate value of enterprise risk management*: the next step in business management. [s.l.]: Wiley Corporate F&A, 2011.

STRECK, Lenio Luiz. *Jurisdição constitucional e hermenêutica.* Uma nova crítica do direito. 2. ed. Rio de Janeiro: Forense, 2014.

STRECK, Lenio Luiz. *Verdade e consenso.* Constituição hermenêutica e teorias discursivas. Da possibilidade à necessidade de respostas corretas em direito. Rio de Janeiro: Lumen Juris, 2009.

SUNSTEIN, Cass; HOLMES, Stephen. *The cost of rights*: why liberty depends on taxes. Nova Iorque: W.W. Norton & Company, 1999.

---

Informação bibliográfica deste texto, conforme a NBR 6023:2018 da Associação Brasileira de Normas Técnicas (ABNT):

CARNEIRO, Claudio; NEPOMUCENO, Augusto. A transparência e o sistema de gestão de compliance na Administração Pública. *In*: DAL POZZO, Augusto Neves; MARTINS, Ricardo Marcondes (Coord.). *Aspectos controvertidos do compliance na Administração Pública.* Belo Horizonte: Fórum, 2020. p. 39-49. ISBN 978-65-5518-044-2.

# OS PROGRAMAS DE *COMPLIANCE* ENQUANTO MECANISMOS ESSENCIAIS À EFETIVAÇÃO DA INTEGRIDADE PÚBLICA: UMA ABORDAGEM À LUZ DA NOVA GESTÃO PÚBLICA (*NEW PUBLIC MANAGEMENT*)

BRUNO BARTELLE BASSO

## Introdução

O presente artigo tem por objetivo tratar dos programas de *compliance* enquanto mecanismos essenciais à efetivação da integridade pública. Buscar-se-á, para tanto, abordar os diferentes modelos de "administração pública" existentes ao longo dos últimos três séculos, bem como o tema afeto à constitucionalização da Administração Pública, a fim de demonstrar a importância desse mecanismo à luz da nova gestão pública (*new public management*).

## I Administração Pública: do Estado Liberal ao Estado Democrático de Direito

A compreensão acerca do tema pressupõe, como raciocínio antecedente, uma visão histórica, ainda que abreviada, dos modelos de "administração pública" precursores ao atual. Alertamos, contudo, que não se trata de uma simples narrativa linear, tampouco, do reflexo de mera evolução temporal, mas, apenas, de um retrato, resumido, das principais características da Administração Pública ao longo dos últimos três séculos.

Para alguns doutrinadores, o vocábulo "administração" deriva de "*ad* (preposição) mais *ministro, as, are* (verbo), que significa servir, executar; para outros, vem de *ad manus trahere*, que envolve a ideia de direção ou de gestão. Nas duas hipóteses, há o sentido de relação de subordinação, hierarquia".[1]

De uma maneira ou de outra, é preciso consignar que existe na relação de administração uma "relação jurídica que se estrutura no influxo de uma finalidade cogente, cingindo o administrador ao cumprimento da finalidade, que lhe serve de parâmetro".[2]

> [Como] critério explicador, a relação de administração informa o direito positivo e fixa as pautas para interpretação de toda norma, de cada ato administrativo. Nela se vai encontrar o "sentido" – objeto de tanto cuidado de Recaséns Siches – do sistema do direito administrativo e de cada um de seus institutos, no clima republicano.[3]

O termo "administração pública", por sua vez, pode ser utilizado em vários sentidos:

> Administração Pública em sentido formal, é o conjunto de órgãos instituídos para consecução dos objetivos do Governo; em sentido material, é o conjunto das funções necessárias aos serviços públicos em geral; em acepção operacional, é o desempenho perene e sistemático, legal e técnico, dos serviços próprios do Estado ou por ele assumidos em benefício da coletividade. Numa visão global, a Administração é, pois, todo o aparelhamento do Estado preordenado à realização de serviços, visando à satisfação das necessidades coletivas.[4]

Comumente, é empregado "em sentido subjetivo, formal ou orgânico, designando os entes que exercem a atividade administrativa; em sentido objetivo, material ou funcional, designando a natureza da atividade exercida pelos referidos entes".[5]

---

[1] BANDEIRA DE MELLO, Oswaldo Aranha. *Princípios gerais de direito administrativo*. 3. ed. São Paulo: Malheiros, 2007. p. 59.
[2] LIMA, Ruy Cirne. *Princípios de direito administrativo*. São Paulo: RT, 1982. p. 51.
[3] ATALIBA, Geraldo. *República e Constituição*. 3. ed. São Paulo: Malheiros, 2011. p. 82.
[4] MEIRELLES, Hely Lopes. *Direito administrativo brasileiro*. 31. ed. São Paulo: Malheiros, 2005. p. 64-65.
[5] DI PIETRO, Maria Sylvia Zanella. *Direito administrativo*. 23. ed. São Paulo: Atlas, 2010. p. 49.

A Administração Pública do Estado Liberal vivia da "contraposição entre uma esfera de liberdade, por definição ilimitada, e uma esfera de atuação estadual, que era por princípio limitada",[6] cabendo a ela conservar uma conveniente distância dos cidadãos, a fim de se tornar "relativamente impermeável a interferências externas em sua atividade, quer dessas vindas, quer mesmo dos próprios administrados".[7]

A atuação administrativa, nesse período, restringia-se à "manutenção da ordem pública, da liberdade, da propriedade e da segurança individual",[8] caracterizando-se por ser "negativa quanto ao âmbito de sua atividade, contratual quanto à sua origem (contrato social) e formal do ponto de vista de ausência de finalidades próprias (negava-se ao Estado uma vontade própria, como, por exemplo, o bem-estar)".[9]

O modelo administrativo adotado nesse período era, nitidamente, impositivo, em razão da atuação unilateral por parte do Poder Público, podendo ser vista como uma verdadeira "administração agressiva",[10] pautada por uma posição de elevada superioridade em detrimento ao particular.

A organização administrativa apresentava-se como "unitária, uniforme, hierárquica, piramidal, monocrática, centralizada",[11] com o objetivo de manter um "poder ativo, constante e geral, para implantar a nova estrutura social após a Revolução",[12] evidenciando-se, assim, um resquício do absolutismo no Estado Liberal.

O modelo de administração pública no Estado Liberal era o de "administração-poder, por meio de atos típicos unilaterais susceptíveis de execução forçosa".[13] Em linhas gerais, era assim caracterizado:

---

[6] FORSTHOFF, Ernst. *Die Verwaltung als Leistungstraeger*. Stuttgart-Berlin: Hohlhammer, 1938. p. 42.
[7] MOREIRA NETO, Diogo de Figueiredo. *Mutações do direito administrativo*. São Paulo: Renovar, 2000. p. 10.
[8] HESPANHA, Antonio Manuel. Para uma teoria da historia institucional do Antigo Regime. *In*: HESPANHA, Antonio Manuel (Org.). *Poder e instituições na Europa do Antigo Regime*: colectânea de textos. Lisboa: Fundação Calouste Gulbenkian, 1988. p. 66-69.
[9] MONCADA, Luís Cabral de. *Direito económico*. 3. ed. Coimbra: Coimbra, 2000. p. 21.
[10] BACHOFF, Otto. Die Dogmatik des Werwaltungsrechts vor den Gegenwartsaufgaben der Verwaltung. *Veroeffentlichungen der Vereinigung der Deutschen Staatsrechtslehrer*, Berlin, 1972; BALEEIRO, Aliomar. *Direito tributário brasileiro*. 13. ed. Rio de Janeiro: Forense, 2015. p. 214.
[11] MEDAUAR, Odete. *O direito administrativo em evolução*. 3. ed. Brasília: Gazeta Jurídica, 2017. p. 142.
[12] GARCÍA DE ENTERRÍA, Eduardo. *Revolución francesa y administración contemporánea*. 2. ed. Madri: Taurus, 1981. p. 43.
[13] PAREJO ALFONSO, Luciano. Introducción: el surgimiento, desarrollo y consolidación del derecho administrativo. *In*: PAREJO ALFONSO, Luciano; JIMÉNEZ-BLANCO, Antônio; ORTEGA ÁLVAREZ, Luiz. *Manual de derecho administrativo*. Barcelona: Ariel, 1990. p. 12.

No que respeita às formas de atuação, por fazer do ato administrativo o seu modo quase exclusivo de agir; quanto à organização administrativa, por apresentar uma estrutura concentrada e centralizada; e relativamente à fiscalização dessa atividade, pelo sistema de justiça delegada.[14]

A não intervenção da Administração Pública e a separação radical entre Estado e sociedade, em que pese terem representado uma melhor garantia ao pleno desenvolvimento da liberdade política, resultou na "Administração por documentos, em que a preocupação com a legalidade (na verdade legalismo) deixa em segundo plano o aspecto de resultado ou de mérito".[15]

O absenteísmo inerente ao Estado Liberal provocou imensas injustiças no corpo social, desvelando, naturalmente, a insuficiência da postura administrativa no exercício do seu mister, de modo que a questão social e as crises cíclicas do capitalismo, dos finais do século XIX e início do século XX, "vieram colocar novos desafios ao poder político, chamando o Estado a desempenhar novas funções de tipo econômico e social".[16]

Tornava-se necessária a transformação do "Estado devedor em Estado administrativo, ou seja, impunha-se o objetivo de reapropriação do Estado (*repropriation des states*) ao revés do objetivo negativo de expropriação do expropriado".[17] Era preciso "abrir promessas de direitos econômicos, sociais e culturais, sem se colocar de lado o necessário respeito às liberdades e garantias individuais".[18]

A passagem do

> Estado garantidor ao Estado-providência responde ao duplo movimento de radicalização e de correção: radicalização como extensão e aprofundamento do Estado garantidor clássico; correção, no que diz respeito à necessidade de corrigir e compensar os efeitos de certo desentrosamento social.[19]

---

[14] SILVA, Vasco Manuel Pascoal Dias Pereira da. *Em busca do acto administrativo perdido*. Lisboa: Almedina, 1995. p. 39-40.
[15] GUARINO, Giuseppe. *Quale amministrazione?* Il dirito amministrativo degli anni "80". Milão: Giuffrè, 1985. p. 21.
[16] SILVA, Vasco Manuel Pascoal Dias Pereira da. *Para um contencioso administrativo dos particulares*: esboço de uma teoria subjectivista do recurso directo de anulação. Coimbra: Almedina, 1989. p. 41.
[17] HICKEL, Rudolf. Krisenprobleme des Verschuldeten Steuerstaats. In: HICKEL, Rudolf (Coord.). *Die Finanzkrise des Steuerstaats*. Frankfurt: Suhrkamp, 1976. p. 91.
[18] MIRANDA, Jorge. *Manual de direito constitucional*. 6. ed. Coimbra: Coimbra, 1997. t. I. p. 24.
[19] ZULETA PUCEIRO, Enrique. *Teoria del derecho*: uma introducción crítica. Buenos Aires: Depalma, 1987. p. 140-141.

Nascia o Estado-Providência, com caráter nitidamente assistencialista, "caracterizando-se pela assunção de tarefas pelo Estado, voltadas à entrega de prestações positivas de caráter social e ao intervencionismo na economia",[20] deixando a atividade administrativa de ser pura mantenedora da situação vigente, para se tornar realizadora das demandas coletivas.

A Administração Pública do Estado Social tornou-se efetivamente o centro das atividades estatais, invocando-se no lugar de um modelo agressivo e opressor outro constitutivo e prestador, passando o Poder Público a ser visto como o principal instrumento de concretização dos valores sociais.

A clássica separação entre Estado e sociedade desaparece, dando azo a um novo fenômeno de "intensivização dos direitos fundamentais pelo Estado prestador e pelo direito das prestações".[21] A Administração Pública assume uma "feição criadora, conformadora e constitutiva, ao contrário daquilo que era a satisfação dum pensamento meramente executivo, expresso na ideia de um Estado de direito formal".[22]

A atividade de administrar adquiriu um significado muito mais amplo, implicando verdadeira "intenção de reconstituição explícita do sentido e da coerência normativa e dogmático-sistemática do todo da ordem jurídica",[23] dando início à disjunção antropomórfica entre Administração Pública e governo, por meio da pulverização das competências administrativas entre os cidadãos.

No Estado Democrático de Direito, os ideais do modelo até então existente passaram a ser sopesados com os anseios do liberalismo, procurando-se "eliminar a insensibilidade do Estado Social com a questão financeira (reduzindo-se o intervencionismo estatal direto) e se acrescentar novas exigências para a garantia dos direitos fundamentais e sociais".[24]

No lugar da "Administração monológica, avessa à comunicação com a sociedade, erige-se uma Administração dialógica, paritária

---

[20] TORRES, Ricardo Lobo. *Tratado de direito constitucional financeiro e tributário*: constituição financeira, sistema tributário e estado fiscal. Rio de Janeiro: Renovar, 2009. v. 1. p. 520-547.
[21] HÄBERLE, Peter. Grundrechte im Leistungsstaat. *Veroeffentlichugen der Vereinigung der Deutschen Staatsrechsleher*, Berlin, 1971. p. 53.
[22] SILVA, Vasco Manuel Pascoal Dias Pereira da. *Em busca do acto administrativo perdido*. Lisboa: Almedina, 1995. p. 82.
[23] NEVES, Antônio Castanheira. *O instituto dos assentos e a função jurídica dos supremos tribunais*. Coimbra: Coimbra, 1993.
[24] TORRES, Ricardo Lobo. *Tratado de direito constitucional financeiro e tributário*: constituição financeira, sistema tributário e estado fiscal. Rio de Janeiro: Renovar, 2009. v. 1. p. 532-533.

e consensual; em lugar do Estado impositor, apresenta-se o Estado mediador",[25] sendo "decisiva para a maneira pela qual o público vê o mundo – particularmente, o mundo político – e seu próprio lugar nele".[26]

A Administração Pública começa a deixar, teoricamente, de ser "o direito de uma administração toda-poderosa, para passar a ser o direito dos particulares nas suas relações com a administração",[27] impondo, por um lado, a efetivação de valores claramente individuais e, por outro, a realização de valores coletivos.

Testemunha-se o surgimento de uma nova dimensão ou um novo âmbito da atividade administrativa, designada "administração prospectiva (Rivero, Nigro), prefigurativa (Nigro), constitutiva, planificadora (Tschira, Schmitt Glaeser, Brohm, Von Muench, Dirk Ehlers) ou infraestrutural (Faber, Parejo, Alfonso, Stober, M. Sudhof)".[28]

Muito mais do que um mero instrumento autoritário e coercitivo, a Administração Pública começa a se tornar um importante instrumento compositivo de interesses, caracterizando-se pela multilateralidade de relações e pelo alargamento da proteção jurídica subjetiva.

A questão central passa, portanto, pela possibilidade de redirecionamento a um modelo que busque não apenas atender às necessidades de conformação do sistema posto, mas que tenha como norte uma atuação estatal voltada à realização das demandas sociais, por meio de instrumentos eficientes e, acima de tudo, íntegros em sua inteireza.

## II A constitucionalização da Administração Pública e a nova gestão pública (*new public management*)

A Administração Pública, ao sustentar ao longo de séculos a necessidade de manter total independência em relação aos administrados,

---

[25] OLIVEIRA, Gustavo Justino de; SCHWANKA, Cristiane. A administração consensual como a nova face da Administração Pública no século XXI: fundamentos dogmáticos, formas de expressão e instrumentos de ação. *Revista de Direito do Estado*, Rio de Janeiro, n. 10, abr./jun. 2008. p. 276-277.
[26] CRENSON, Matthew A. Comment: contract, love, and character building. In: MARINI, Frank (Org.). *Toward a new public administration*: the minnowbrook perspective. São Francisco: Chandler, 1971. p. 83-88.
[27] SILVA, Vasco Manuel Pascoal Dias Pereira da. *Para um contencioso administrativo dos particulares*: esboço de uma teoria subjectivista do recurso directo de anulação. Coimbra: Almedina, 1989. p. 9.
[28] SILVA, Vasco Manuel Pascoal Dias Pereira da. *Em busca do acto administrativo perdido*. Lisboa: Almedina, 1995. p. 127.

por meio da adoção de práticas autoexecutórias, acabou criando em torno de si uma conveniente distância dos demais poderes e da própria sociedade, dando azo a um paradigma praticamente insuperável, no sentido de que "o interesse público é um interesse próprio da pessoa estatal, externo e contraposto aos dos cidadãos".[29]

A "aproximação quase absoluta entre direito e norma e sua rígida separação da ética não correspondiam ao estágio do processo civilizatório e às ambições dos que patrocinavam a causa da humanidade",[30] uma vez que se busca uma nova racionalidade jurídica "mais flexível e adaptável às contingências do que o direito coercitivo e sancionatório, próprio da modernidade".[31]

O ponto crucial da atual mudança, de uma "administração imperial para uma administração cidadã, situa-se no processo de constitucionalização da Administração Pública",[32] em que a administração passa a atuar "a serviço dos cidadãos, com o fim de promover as condições e o exercício de seus direitos".[33]

É nesse contexto que se pode falar em um verdadeiro processo de constitucionalização da Administração Pública, impondo-se a ela a tarefa de revisitar seus institutos, a partir da ótica constitucional, com o objetivo de potencializar os valores e os objetivos pretendidos pela sociedade.

O neoconstitucionalismo[34] se caracteriza pela supremacia constitucional, em especial pela "vinculação de princípios jurídicos que informam e conformam todo o ordenamento, reforça o caráter interpretativo da norma jurídica e tem como pano de fundo o respeito aos direitos humanos".[35]

---

[29] ALLEGRETTI, Umberto. *Amministrazione pubblica e costituzione*. Padova: Cedam, 1996. p. 4.
[30] BARROSO, Luís Roberto. Fundamentos teóricos e filosóficos do novo direito constitucional brasileiro (pós-modernidade, teoria crítica e pós-positivismo). *Revista Diálogo Jurídico*, Salvador, ano I, v. 1, n. 6, set. 2001. Disponível em: http://bibliotecadigital.fgv.br. Acesso em: 16 fev. 2018.
[31] SARMENTO, Daniel. Os direitos fundamentais nos paradigmas liberal, social e pós-social (pós-modernidade constitucional?). *In*: SAMPAIO, José Adércio Leite. *Crise e desafios da Constituição*: perspectivas críticas da teoria e das práticas constitucionais brasileiras. Belo Horizonte: Del Rey, 2003. p. 408.
[32] MOREIRA NETO, Diogo de Figueiredo. *Mutações do direito administrativo*. São Paulo: Renovar, 2000. p. 16.
[33] ALLEGRETTI, Umberto. *Amministrazione pubblica e costituzione*. Padova: Cedam, 1996. p. 245.
[34] Por todos: BECHO, Renato Lopes. *Filosofia do direito tributário*. São Paulo: Saraiva, 2009. Em sentido contrário: BULOS, Uadi Lammêgo. *Curso de direito constitucional*. São Paulo: Saraiva, 2011. p. 86.
[35] BECHO, Renato Lopes. *Responsabilidade tributária de terceiros*. São Paulo: Saraiva, 2014. p. 15.

Entre outros motivos, o neoconstitucionalismo foi propulsionado pelos seguintes aspectos: "a) falência do padrão normativo; b) influência da globalização; c) pós-modernidade; d) superação do positivismo clássico; e) centralidade dos direitos fundamentais; f) diferenciação qualitativa entre princípios e regras; g) revalorização do direito".[36]

No âmbito da constitucionalização da Administração Pública, ao menos três circunstâncias devem ser consideradas: "a) a existência de uma vasta quantidade de normas constitucionais voltadas para a disciplina da Administração; b) a sequência de transformações sofridas pelo Estado brasileiro nos últimos anos; e c) a influência dos princípios constitucionais sobre as categorias do direito administrativo".[37]

Em vez de "absolutizações incompatíveis com o pluralismo nuclearmente caracterizador dos Estados verdadeiramente democráticos, nos quais os princípios absolutos são usurpadores da soberania da Constituição como sistema",[38] a passagem da Constituição para o centro do ordenamento jurídico representou a "grande força motriz da mudança de paradigmas do direito administrativo na atualidade".[39]

Nesse novo modelo de organização administrativa, a participação popular não ficaria mais restrita aos mecanismos legais de acesso ao poder, mas, sobremodo, ampliada a todos os demais processos, notadamente, no auxílio da condução das decisões da Administração Pública.

A superação do modelo de Administração Pública autocrática deu início ao "surgimento e a multiplicação de novos, variados e ampliados sistemas híbridos, portanto, socioestatais, de produção do direito, bem como de correspondente controle policêntrico desses acrescentados valores da sociedade".[40]

A constitucionalização da Administração Pública procurou superar uma suposta "superioridade formal da Administração sobre o cidadão, considerado ainda como súdito, que deveria ceder ante a suposta superioridade dos interesses gerais geridos pela Administração".[41]

---

[36] AGRA, Walber de Moura. *Curso de direito constitucional*. 8. ed. Rio de Janeiro: Forense, 2014.

[37] BARROSO, Luís Roberto. Neoconstitucionalismo e constitucionalização do direito: o triunfo tardio do direito constitucional no Brasil. *Revista de Direito Constitucional e Internacional*, v. 15, n. 58, p. 129-173, jan./mar. 2007.

[38] FREITAS, Juarez. *O controle dos atos administrativos e os princípios fundamentais*. São Paulo: Malheiros, 2004. p. 45.

[39] BINENBOJM, Gustavo. *Uma teoria do direito administrativo*: direitos fundamentais, democracia e constitucionalização. Rio de Janeiro: Renovar, 2006. p. 69.

[40] MOREIRA NETO, Diogo de Figueiredo. *Novas mutações juspolíticas*: em memória de Eduardo García de Enterría – Jurista de dois mundos. Belo Horizonte: Fórum, 2016. p. 68.

[41] GARCÍA DE ENTERRÍA, Eduardo. *As transformações da justiça administrativa*: da sindicabilidade estrita à plenitude jurisdicional – Uma mudança de paradigma? Tradução de Fábio Medina Osório. Belo Horizonte: Fórum, 2010. p. 106-107.

A Administração Pública torna-se "menos autoritária, menos arrogante, menos intimidante, mais próxima do cidadão, mais eficiente, mais controlada e, portanto, mais humana, como requerem organizações políticas que incorporem valores pós-modernos",[42] valorizando, com primazia, o conteúdo dos preceitos constitucionais e não mais a legalidade ditada e imposta exclusivamente pelo Estado.

É razoável, portanto, afirmar que a constitucionalização da Administração Pública e a consequente

> renovação juspolítica sistemática proporcionada por esta expansão da juridicidade, ultrapassando o tradicional e concentrado, quando não autocrático e elitista, sistema moderno de produção da lei, veio possibilitar o surgimento e a multiplicação de novos, variados e ampliados sistemas pós-modernos de produção do Direito.[43]

Nasce, pois, a *nova gestão pública (new public management)*, cujas "raízes se encontram no conjunto de idéias em geral conhecido como reinvenção do governo, na ligação conceitual com a política pública e, em especial, com a perspectiva da *public choice* na teoria da administração pública"[44] e de uma nova e peculiar "governança dos interesses cometidos ao Estado – uma eficiência político-administrativa para atuar nas intrincadas relações multilaterais de nível global, as de nível regional e as bilaterais".[45]

Dá-se início à substituição do modelo baseado nas "regras (*rule-based accontability*) pelo modelo voltado para o resultado (*performance-based accontability*)",[46] de modo que os "empreendedores públicos passam a se dedicar a atingir objetivos públicos substantivos, ao invés de se concentrar estritamente no controle dos recursos públicos gastos

---

[42] MOREIRA NETO, Diogo de Figueiredo. *Poder, direito e Estado*: o direito administrativo em tempos de globalização – In memoriam de Marcus Juruena Villela Souto. Belo Horizonte: Fórum, 2011. p. 72.

[43] MOREIRA NETO, Diogo de Figueiredo. *Poder, direito e Estado*: o direito administrativo em tempos de globalização – In memoriam de Marcus Juruena Villela Souto. Belo Horizonte: Fórum, 2011. p. 88.

[44] DENHARDT, Robert B. *Teorias da Administração Pública*. Tradução de Francisco G. Heidemann. São Paulo: Cengage Learning, 2015. p. 198.

[45] MOREIRA NETO, Diogo de Figueiredo. *Quatro paradigmas do direito administrativo pós-moderno*. Belo Horizonte: Fórum, 2011. p. 104.

[46] PEREZ, Caio Frederico Fonseca Martinez. *Burocracia estável e o princípio da eficiência na Administração Pública brasileira*. Tese (Doutorado em Direito) – Faculdade de Direito, Universidade de São Paulo, São Paulo, 2016. p. 62.

para executar tarefas (*work better and cost less*)".[47] As ideias começam a ser expressadas na linguagem do "racionalismo econômico",[48] passando-se a ter como parâmetros

> a descentralização do ponto de vista político, transferindo-se recursos e atribuições para os níveis políticos regionais e locais; a descentralização administrativa, por meio da delegação de autoridade aos administradores públicos, transformados em gerentes cada vez mais autônomos; organizações com poucos níveis hierárquicos, ao invés de piramidais; pressuposto da confiança limitada e não da desconfiança total; controle a posteriori, ao invés do controle rígido, passo a passo, dos processos administrativos; e Administração voltada para o atendimento ao cidadão, ao invés de autorreferida.[49]

A Administração Pública apresenta-se, pois, como interlocutora junto dos diversos

> grupos de interesses econômicos, sociais e culturais existentes na sociedade, encontrando-se a legitimidade das suas próprias decisões normativas e não normativas num procedimento negocial visando obter o consenso dos "parceiros sociais" que, implementando uma política de "concertação social", traduzem, deste modo, uma nova visão orgânica da sociedade, qualificada já de "democracia neocorporativa" ou de "neocorporativismo".[50]

Essa "nova posição do indivíduo, amparada no desenvolvimento do discurso dos direitos fundamentais, demandou a alteração do papel tradicional da Administração Pública"[51] e a reconstrução de seus alicerces estruturantes, buscando-se implementar mecanismos que valorizassem não apenas a eficiência e a transparência, mas, notadamente, a integridade pública.

---

[47] OSBORNE, David; GAEBLER, Ted. *Reiventing government*. Reading: Addison-Wesley, 1997. p. 140-141.
[48] HOOD, Christopher. The new public management in the 1980's. *Public Administration Review*, v. 58, n. 3, p. 189-193, maio/jun. 1998.
[49] PEREIRA, Luiz Carlos Bresser. Da Administração Pública burocrática à gerencial. In: PEREIRA, Luiz Carlos Bresser; SPINK, Peter Kevin (Org.). *Reforma do Estado e Administração Pública gerencial*. 7. ed. Rio de Janeiro: Editora FGV, 2006. p. 243.
[50] OTERO, Paulo. *Legalidade e Administração Pública*: o sentido da vinculação administrativa à juridicidade. Coimbra: Almedina, 2017. p. 140.
[51] BAPTISTA, Patrícia Ferreira. *Transformações do direito administrativo*. Rio de Janeiro: Renovar, 2003. p. 129.

## III Programas de *compliance* no setor público

Os programas de *compliance* no setor púbico representam uma das principais exigências da sociedade contemporânea em relação à nova gestão pública (*new public management*). É que não basta mais uma gestão *eficiente*. É necessária uma gestão íntegra.

*Compliance*, do ponto de vista etimológico, nada mais é que um "substantivo que significa concordância com o que é ordenado".[52] Essa noção, contudo, é muito restrita e pouco esclarecedora ante o que ela, verdadeiramente, representa.

Na realidade, *compliance* é um "conjunto de mecanismos destinados ao cumprimento de normas legais e regulamentares, políticas e diretrizes estabelecidas para o negócio e para as atividades da organização",[53] capaz de "promover uma cultura organizacional que estimule a conduta ética e o compromisso com o cumprimento da lei".[54]

Diz respeito, portanto, ao "conjunto de ações a serem adotadas no ambiente corporativo para que se reforce a anuência da empresa à legislação vigente, de modo a prevenir a ocorrência de infrações ou, já tendo ocorrido o ilícito, propiciar o imediato retorno ao contexto de normalidade e legalidade".[55]

Em outras palavras, o *compliance* representa um "conjunto de medidas internas que permite prevenir ou minimizar os riscos de violação às leis decorrentes de atividade praticada por um agente econômico e de qualquer um de seus sócios ou colaboradores".[56]

Assim, *compliance* deve ser "entendido em sentido amplo, como a busca permanente de coerência entre aquilo que se espera de uma organização – respeito a regras, propósito, valores e princípios que constituem sua identidade – e o que ela de fato pratica no dia a dia".[57]

---

[52] OXFORD. *Dictionary of law*. 3. ed. Londres: Peter Collin, 2000. p. 72.
[53] ABNT – ASSOCIAÇÃO BRASILEIRA DE NORMAS TÉCNICAS. *ISO 19600* – Sistema de gestão de compliance. Rio de Janeiro: ABNT, 2014, nota brasileira do item 3.17.
[54] U.S. DEPARTMENT OF JUSTICE CRIMINAL DIVISION. *Evaluation of corporate compliance programs guidance*. 2019. §8B2.1, p. 517.
[55] FRAZÃO, Ana. Programa de compliance e critérios de responsabilização de pessoas jurídicas por ilícitos administrativos. *In*: ROSSETI, Maristela Abla; PITTA, André Grunspun (Coord.). *Governança corporativa*: avanços e retrocessos. São Paulo: Quartier Latin, 2017. p. 42.
[56] CADE – CONSELHO ADMINISTRATIVO DE DEFESA ECONÔMICA. *Guia programas de compliance*. Disponível em: http://www.cade.gov.br/acesso-a-informacao/publicacoes-institucionais/guias_do_Cade/guia-compliance-versao-oficial.pdf. Acesso em: 24 abr. 2020.
[57] IBGC – INSTITUTO BRASILEIRO DE GOVERNANÇA CORPORATIVA. *Compliance à luz da governança corporativa*. São Paulo: IBGC, 2017. Série IBGC Orienta. p. 8

Em outras palavras: é a demonstração efetiva do *walk the talk*[58] não apenas pela Alta Administração, mas por todos agentes de governança[59] e demais partes interessadas[60] da organização.

Os programas de *compliance*, por sua vez, consistem,

> no âmbito de uma pessoa jurídica, no conjunto de mecanismos e procedimentos internos de integridade, auditoria e incentivo à denúncia de irregularidades e na aplicação efetiva de códigos de ética e de conduta, políticas e diretrizes com objetivo de detectar e sanar desvios, fraudes, irregularidades e atos ilícitos praticados contra a administração pública, nacional ou estrangeira.[61]

Na nova gestão pública (*new public management*), contudo, não basta apenas a implementação formal de um programa de *compliance*. É preciso a transformação cultural, por meio de um sistema efetivo de integridade pública, baseado na *ética*, na *transparência* e na *eficiência*.

É que a grande dificuldade não está, propriamente, na elaboração de manuais, cartilhas ou documentos relacionados ao código de conduta ou às políticas de *compliance* da organização, mas, sim, na busca contínua pela comunicação e transmissão efetiva dos seus valores a todos os *stakeholders*.

E, para tanto, não há outro caminho senão por meio do desenvolvimento da governança corporativa, afinal "uma deliberação ética é aquela que considera, em todo processo de tomada de decisão, tanto a identidade da organização como os impactos das decisões sobre o

---

[58] Cf. U.S.S.G. §8B2.1(b)(2)(A)-(C) ("the company's 'governing authority shall be knowledgeable about the content and operation of the compliance and ethics program and shall exercise reasonable oversight' of it; '[h]igh-level personnel [...] shall ensure that the organization has an effective compliance and ethics program' (emphasis added)") (U.S. DEPARTMENT OF JUSTICE CRIMINAL DIVISION. *Evaluation of corporate compliance programs guidance*. 2019).

[59] "Indivíduos e órgãos envolvidos no sistema de governança, tais como: sócios, administradores, conselheiros fiscais, auditores, conselho de administração, conselho fiscal etc." (IBGC – INSTITUTO BRASILEIRO DE GOVERNANÇA CORPORATIVA. *Código das melhores práticas de governança corporativa*. 5. ed. São Paulo: IBGC, 2015. p. 13, nota de rodapé).

[60] "Qualquer pessoa, entidade ou sistema que afeta ou é afetado pelas atividades de uma organização" (IBGC – INSTITUTO BRASILEIRO DE GOVERNANÇA CORPORATIVA. *Código das melhores práticas de governança corporativa*. 5. ed. São Paulo: IBGC, 2015. p. 14, nota de rodapé).

[61] BRASIL. *Lei n. 12.846, de 1º de agosto de 2013*. Dispõe sobre a responsabilização administrativa e civil de pessoas jurídicas pela prática de atos contra a administração pública, nacional ou estrangeira, e dá outras providências. Disponível em: http://www.planalto.gov.br/ccivil_03/_ato2011-2014/2013/lei/l12846.htm. Acesso em: 24 abr. 2020.

conjunto de suas partes interessadas, a sociedade em geral e o meio ambiente, visando ao bem comum".[62]

É preciso, na realidade, converter

> princípios básicos em recomendações objetivas, alinhando interesses com a finalidade de preservar e otimizar o valor econômico de longo prazo da organização, facilitando seu acesso a recursos e contribuindo para a qualidade da gestão da organização, sua longevidade e o bem comum.[63]

A integridade implica a

> exata correspondência entre os relevantes valores morais e a realização desses valores no momento em que, diante das situações-problema do dia a dia, uma escolha é reclamada a fim de que uma ação ou uma omissão sejam realizadas. A integridade, já por esse aspecto, se diferencia da ética: enquanto esta traz conotações mais filosóficas e intangíveis, a primeira se preocupa mais com o comportamento diário das pessoas e com o processo de tomada de decisões.[64]

A integridade pressupõe "uma consistência interna e externa de virtudes que impede a prática de atos incoerentes ou conflitantes com a postura pessoal abertamente assumida, ou seja, funciona em sentido oposto à hipocrisia".[65]

Nesse sentido, uma pessoa – seja ela física ou jurídica – íntegra é

> aquela que não está dividida, ou seja, é uma pessoa completa, com inteireza de caráter, com todas as suas peças funcionando bem e realizando as funções esperadas, sempre de acordo com os mesmos padrões éticos, independente das circunstâncias, seja em um ambiente público ou em um ambiente estritamente privado.[66]

---

[62] IBGC – INSTITUTO BRASILEIRO DE GOVERNANÇA CORPORATIVA. *Código das melhores práticas de governança corporativa*. 5. ed. São Paulo: IBGC, 2015. p. 17.
[63] IBGC – INSTITUTO BRASILEIRO DE GOVERNANÇA CORPORATIVA. *Código das melhores práticas de governança corporativa*. 5. ed. São Paulo: IBGC, 2015. p. 20.
[64] ZENKNER, Marcelo. *Integridade governamental e empresarial* – Um espectro da repressão e da prevenção à corrupção no Brasil e em Portugal. Belo Horizonte: Fórum, 2019. p. 46.
[65] LUCAITES; CONDIT; CAUDILL. *Contemporary rhetorical theory*: a reader. New York: Guilford Press, 1997. p. 92.
[66] ZENKNER, Marcelo. *Integridade governamental e empresarial* – Um espectro da repressão e da prevenção à corrupção no Brasil e em Portugal. Belo Horizonte: Fórum, 2019. p. 47.

É da essência da integridade, portanto, a impossibilidade injustificada de abertura de exceções.

Sob essas lentes, "uma pessoa só pode ser considerada íntegra quando, mesmo possuindo poder e estando livre de qualquer punição, age com base na moral, na virtude e na justiça, ou seja, age simplesmente com motivação pelo dever".[67] É que, de fato, não há "meia verdade".

A integridade é, assim, um dos pilares das estruturas políticas, econômicas e sociais e, portanto, essencial ao bem-estar econômico e social e à prosperidade dos indivíduos e das sociedades como um todo.

Ela é vital para a "governança pública, salvaguardando o interesse público e reforçando valores fundamentais como o compromisso com uma democracia pluralista baseada no estado de direito e no respeito dos direitos humanos".[68]

Sob essas luzes, a integridade pública "deve ser entendida como o conjunto de arranjos institucionais que visam a fazer com que a Administração Pública não se desvie de seu objetivo precípuo: entregar os resultados esperados pela população de forma adequada, imparcial e eficiente".[69]

O conceito de integridade pública representa um "estado ou condição de um órgão ou entidade pública 'completo, inteiro, são'. Em outras palavras, pode-se dizer que há uma atuação imaculada e sem desvios, conforme os princípios e valores que devem nortear a atuação da Administração Pública".[70]

Integridade pública refere-se ao "alinhamento consistente e à adesão de valores, princípios e normas éticas comuns para sustentar e priorizar o interesse público sobre os interesses privados no setor público".[71]

---

[67] ZENKNER, Marcelo. *Integridade governamental e empresarial* – Um espectro da repressão e da prevenção à corrupção no Brasil e em Portugal. Belo Horizonte: Fórum, 2019. p. 53.

[68] OCDE. *Integridade pública*: uma estratégia contra a corrupção. Disponível em: https://www.oecd.org/gov/ethics/integrity-recommendation-brazilian-portuguese.pdf. Acesso em: 24 abr. 2020.

[69] CGU – CONTROLADORIA-GERAL DA UNIÃO. *Guia de integridade pública* – Orientações para a Administração Pública Federal: direta, autárquica e fundacional. Disponível em: https://www.gov.br/cgu/pt-br/centrais-de-conteudo/publicacoes/etica-e-integridade/arquivos/guia-de-integridade-publica.pdf/view. Acesso em: 24 abr. 2020.

[70] CGU – CONTROLADORIA-GERAL DA UNIÃO. *Manual para implementação de programas de integridade*: orientações para o setor público. Disponível em: https://www.gov.br/cgu/pt-br/centrais-de-conteudo/publicacoes/etica-e-integridade/arquivos/manual_profip.pdf. Acesso em: 24 abr. 2020.

[71] OCDE. *Integridade pública*: uma estratégia contra a corrupção. Disponível em: https://www.oecd.org/gov/ethics/integrity-recommendation-brazilian-portuguese.pdf. Acesso em: 24 abr. 2020.

Como se vê, a integridade pública pressupõe uma "boa administração", por meio de uma gestão *ética* baseada, especialmente, na *eficiência administrativa*.

> [No] domínio público, uma atitude ética é também uma atitude íntegra, a atitude individual externa e interiormente ética que, apesar de constrangida, não é limitada por qualquer ordem ou dever, nem reduzida ao fazer, sendo, portanto, acrescida pelo ser, essa especial virtude que Aristóteles designava por "sabedoria prática".[72]

Uma *gestão ética* pressupõe um sistema de integridade pública coerente e abrangente, que deve

> Demonstrar compromisso nos mais altos níveis políticos e administrativos do setor público para aumentar a integridade pública e reduzir a corrupção; Esclarecer responsabilidades institucionais em todo o setor público para fortalecer a eficácia do sistema de integridade pública; Desenvolver uma abordagem estratégica para o setor público que se baseie em evidências e vise atenuar os riscos de integridade pública; Definir altos padrões de conduta para funcionários públicos; Promover uma cultura de integridade pública à toda a sociedade, em parceria com o setor privado, com a sociedade civil e com os indivíduos; sociedade Investir em liderança de integridade para demonstrar o compromisso da organização do setor público com a integridade; Promover um setor público profissional, baseado em mérito, dedicado aos valores do serviço público e à boa governança; Fornecer informações suficientes, treinamento, orientação e conselhos em tempo hábil para que os funcionários públicos apliquem padrões de integridade pública no local de trabalho; Apoiar uma cultura organizacional aberta no setor público que responda a preocupações de integridade; Aplicar um quadro de gestão de riscos e controle interno para salvaguardar a integridade nas organizações do setor público; Certificar que os mecanismos de cumprimento proporcionem respostas adequadas a todas as violações suspeitas de padrões de integridade pública por parte de funcionários públicos e todos os outros envolvidos nas violações; Reforçar o papel da fiscalização e controle externo no sistema de integridade pública; e Incentivar a transparência e o envolvimento das partes interessadas em todas as etapas do processo político e do ciclo político para promover a prestação de contas e o interesse público.[73]

---

[72] ROLO, Nuno Miguel Cunha. Ética e gestão da ética na Administração Pública portuguesa. *In*: ZENKNER, Marcelo; CASTRO, Rodrigo Pironti Aguirre de. *Compliance no setor público*. Belo Horizonte: Fórum, 2020. p. 279.

[73] OCDE. *Integridade pública*: uma estratégia contra a corrupção. Disponível em: https://www.oecd.org/gov/ethics/integrity-recommendation-brazilian-portuguese.pdf. Acesso em: 24 abr. 2020.

A *eficiência*, por sua vez, "não é propriamente um princípio, na medida em que não estabelece um estado autônomo de coisas que deve ser realizado. Ela prescreve, em vez, disso, o modo de realização de outros objetos".[74]

Enquanto postulado, apenas "estrutura a utilização de outras normas ou, em outras palavras, tão somente estabelece os critérios de aplicação dos princípios e das regras".[75] É ela que "baliza o modo como a Administração Pública deve atingir os seus fins e qual deve ser a intensidade da relação entre as medidas que adota e os fins que persegue",[76] representando uma "faceta da boa administração do Direito italiano".[77]

A eficiência se apresenta, assim, como "modo de organizar, estruturar e disciplinar a Administração Pública, também com o mesmo objetivo de alcançar os melhores resultados na prestação do serviço público".[78]

Como se viu, "no momento em que a Administração Pública deixou de lado o modelo liberal para assumir uma função prestadora de direitos, a eficaz realização desses direitos passou a ser questão fundamental".[79]

Converteu-se uma gestão da máquina pública, preocupada, exclusivamente, com o garantismo jurídico, para uma gestão administrativa que atendesse às necessidades de conformação do modelo geral, mas que ainda tivesse como norte uma atuação direcionada ao atendimento das necessidades sociais, ou seja, que tivesse a eficiência como postulado.[80]

Ao Estado Democrático de Direito (eficiente), nesse contexto, não basta mais, para sua legitimação, a origem democrática do poder, mas é necessário que, "embora com os meios limitados disponíveis, a

---

[74] Sobre essa questão, em pormenor: ÁVILA, Humberto Bergmann. *Teoria dos princípios*: da definição à aplicação dos princípios jurídicos. 17. ed. São Paulo: Malheiros, 2016.

[75] ÁVILA, Humberto Bergmann. *Teoria dos princípios*: da definição à aplicação dos princípios jurídicos. 17. ed. São Paulo: Malheiros, 2016. p. 179.

[76] ÁVILA, Humberto Bergmann. *Sistema constitucional tributário*. 5. ed. São Paulo: Saraiva, 2012. p. 505.

[77] BANDEIRA DE MELLO, Celso Antônio. *Curso de direito administrativo*. 28. ed. São Paulo: Malheiros, 2011. p. 122.

[78] DI PIETRO, Maria Sylvia Zanella. *Direito administrativo*. 23. ed. São Paulo: Atlas, 2010. p. 83.

[79] BAPTISTA, Patrícia Ferreira. *Transformações do direito administrativo*. Rio de Janeiro: Renovar, 2003. p. 22-23.

[80] BATISTA JÚNIOR, Onofre Alves. *Transações administrativas*: um contributo ao estudo do contrato administrativo como mecanismo de prevenção e terminação de litígios e como alternativa à atuação administrativa autoritária, no contexto de uma administração pública mais democrática. São Paulo: Quartier Latin, 2007. p. 96-97.

Administração Pública obtenha resultado eficiente, satisfazendo com eficácia as necessidades sociais".[81]

Nos Estados contemporâneos, a eficiência é um imperativo constitucional. No Brasil, muito embora o postulado tenha sido expressamente previsto na redação original da Constituição Federal de 1998,[82] foi apenas por meio da Emenda Constitucional nº 19, de 4.6.1998,[83] que a "eficiência passou a ser de observância obrigatória pela Administração Pública, em especial diante do desmonte do aparelho estatal e do desprestígio de sua burocracia".[84]

O princípio da eficiência não é, propriamente, um conceito jurídico, mas econômico-administrativo.

> [Ela] não qualifica normas; qualifica atividades. A dificuldade, assim, está em transpor para a atividade administrativa uma noção típica da atividade econômica, que leva em conta a relação *input/output* (insumo/produto), o que, no mais das vezes, não é possível aferir na prestação do serviço público, onde nem sempre há um *output* (produto) identificável, nem existe *input* no sentido econômico.[85]

---

[81] PAREJO ALFONSO, Luciano. La eficacia como principio jurídico de la actuación de la administración pública. *Revista Documentación Administrativa*, Madrid, n. 218-219, abr./set. 1989. p. 16.

[82] "Art. 74. Os Poderes Legislativo, Executivo e Judiciário manterão, de forma integrada, sistema de controle interno com a finalidade de: [...] II - comprovar a legalidade e avaliar os resultados, quanto à eficácia e *eficiência*, da gestão orçamentária, financeira e patrimonial nos órgãos e entidades da administração federal, bem como da aplicação de recursos públicos por entidades de direito privado; [...]. Art. 126. Para dirimir conflitos fundiários, o Tribunal de Justiça designará juízes de entrância especial, com competência exclusiva para questões agrárias. Parágrafo único. Sempre que necessário à *eficiente* prestação jurisdicional, o juiz far-se-á presente no local do litígio; [...]. Art. 144. A segurança pública, dever do Estado, direito e responsabilidade de todos, é exercida para a preservação da ordem pública e da incolumidade das pessoas e do patrimônio, através dos seguintes órgãos: [...] §7º A lei disciplinará a organização e o funcionamento dos órgãos responsáveis pela segurança pública, de maneira a garantir a eficiência de suas atividades" (Constituição da República Federativa do Brasil de 1988).

[83] "Art. 3º O *caput*, os incisos I, II, V, VII, X, XI, XIII, XIV, XV, XVI, XVII e XIX e o §3º do art. 37 da Constituição Federal passam a vigorar com a seguinte redação, acrescendo-se ao artigo os §§7º a 9º: Art. 37. A administração pública direta e indireta de qualquer dos Poderes da União, dos Estados, do Distrito Federal e dos Municípios obedecerá aos princípios de legalidade, impessoalidade, moralidade, publicidade e eficiência e, também, ao seguinte [...]" (BRASIL. *Emenda Constitucional n. 19, de 4 de junho de 1998*. Modifica o regime e dispõe sobre princípios e normas da Administração Pública, servidores e agentes políticos, controle de despesas e finanças públicas e custeio de atividades a cargo do Distrito Federal, e dá outras providências. Disponível em: http://www.planalto.gov.br/ccivil_03/constituicao/Emendas/Emc/emc19.htm#art3. Acesso em: 16 nov. 2017).

[84] BRASIL. *Exposição de Motivos Ministerial n. 49, de 18 de agosto de 1995*. Disponível em: http://www.stf.jus.br/arquivo/biblioteca/pec/EmendasConstitucionais/EC19/Camara/EC019_cam_23081995_ini.pdf. Acesso em: 16 nov. 2017.

[85] SILVA, José Afonso da. *Curso de direito constitucional positivo*. São Paulo: Malheiros, 2011. p. 672.

Para a ciência econômica, "eficiência significa a exploração dos recursos econômicos de tal forma que este valor – satisfação humana é medida pela disposição agregada de pagar por estes bens e serviços – é maximizado".[86] Em outras palavras: "a eficiência econômica irá possuir o sentido de maximização de determinados bens sociais eleitos como sendo de significativa importância".[87]

A ciência administrativa, por sua vez, define eficiência como a "relação que trata do desempenho ou da produtividade em função dos recursos disponíveis".[88] É, nesse sentido:

> a melhor maneira (*the best way*) pela qual as coisas devem ser feitas ou executadas (métodos), a fim de que os recursos (pessoas, máquinas, matérias-primas) sejam aplicados da forma mais racional possível. Ela se preocupa com os métodos e procedimentos mais indicados que precisam ser devidamente planejados e organizados a fim de assegurar a otimização da utilização dos recursos disponíveis.[89]

A ciência jurídica, de outro modo, a fim de concretizar a eficiência, exige que a "atividade administrativa seja exercida com presteza, perfeição e rendimento funcional",[90] podendo "ora se relacionar ao modo pelo qual se processa o desempenho da atividade administrativa",[91] ora ao "modo de atuação do agente público",[92] ou mesmo à "promoção de forma satisfatória dos fins em termos quantitativos, qualitativos e probabilísticos".[93] É ela, na realidade, a "condição de legitimação para se perseguir resultados de interesse coletivo",[94] razão porque se exige dela a "promoção satisfatória dos fins atribuídos à Administração Pública".[95]

---

[86] POSNER, Richard. *Economic analysis of law*. New York: Aspen Law e Business, 1977.
[87] CALIENDO, Paulo. *Direito tributário e análise econômica do direito*. Rio de Janeiro: Elsevier, 2009. p. 71.
[88] NOHARA, Irene Patrícia. *Reforma administrativa e burocracia*: impacto da eficiência na configuração do direito administrativo brasileiro. São Paulo: Atlas, 2012. p. 191-192.
[89] CHIAVENATO, Idalberto. *Administração de recursos humanos*: fundamentos básicos. Barueri: Manole, 2009. p. 89-91.
[90] MEIRELLES, Hely Lopes. *Direito administrativo brasileiro*. 31. ed. São Paulo: Malheiros, 2005. p. 96.
[91] CARVALHO FILHO, José dos Santos. *Manual de direito administrativo*. 25. ed. Rio de Janeiro: Lumen Juris, 2010. p. 34.
[92] DI PIETRO, Maria Sylvia Zanella. *Direito administrativo*. 23. ed. São Paulo: Atlas, 2010. p. 83.
[93] ÁVILA, Humberto Bergmann. *Sistema constitucional tributário*. 5. ed. São Paulo: Saraiva, 2012. p. 505.
[94] COSTA, Regina Helena. *Praticabilidade e justiça tributária*: exequibilidade de lei tributária e direitos do contribuinte. São Paulo: Malheiros, 2007. p. 147.
[95] ÁVILA, Humberto Bergmann. *Sistema constitucional tributário*. 5. ed. São Paulo: Saraiva, 2012. p. 510.

O postulado da eficiência possui uma "natureza bipotencial, uma vez que volta sua ação jurídica tanto para a ação instrumental realizada (meio), como para o resultado por ela obtido (fim)".[96]

A eficiência seria, nesse sentido um corolário do devido processo legal – do qual se extrai que o processo, para ser efetivo, "há de ser capaz de flexibilizar-se, adaptar-se ou adequar-se às peculiaridades de cada situação concreta, prestando tutela jurisdicional diferenciada e sendo, enfim, *eficiente*".[97]

Em essência, a "eficiência provoca, para a Administração Pública, um dever positivo de atuação otimizada, considerando-se os resultados da atividade exercida, bem como a adequação da relação entre os meios e os fins que se pretende alcançar".[98] É ela, em síntese, o verdadeiro componente valorativo para a "boa administração".

A par dessas premissas, entendemos que a implementação efetiva de programas de *compliance* no setor público torna-se condição essencial para promover uma gestão *eficiente* e *íntegra*, com foco no desenvolvimento dos pilares de sustentação da nova gestão pública (*new public management*).

## Conclusão

Ao longo do presente ensaio, procuramos demonstrar a essencialidade dos programas de *compliance* como mecanismos de efetivação à integridade pública. Para tanto, buscamos destacar que a nova gestão pública (*new public management*) exige, especialmente, o desenvolvimento de uma gestão *eficiente* e *íntegra* em sua inteireza, por meio da transformação cultural da organização.

## Referências

ABNT – ASSOCIAÇÃO BRASILEIRA DE NORMAS TÉCNICAS. *ISO 19600* – Sistema de gestão de compliance. Rio de Janeiro: ABNT, 2014.

---

[96] BATISTA JÚNIOR, Onofre Alves. *Transações administrativas*: um contributo ao estudo do contrato administrativo como mecanismo de prevenção e terminação de litígios e como alternativa à atuação administrativa autoritária, no contexto de uma administração pública mais democrática. São Paulo: Quartier Latin, 2007. p. 99.

[97] BATISTA JÚNIOR, Onofre Alves. *Transações administrativas*: um contributo ao estudo do contrato administrativo como mecanismo de prevenção e terminação de litígios e como alternativa à atuação administrativa autoritária, no contexto de uma administração pública mais democrática. São Paulo: Quartier Latin, 2007. p. 77.

[98] MONCADA, Luís Cabral de. *Direito público e eficácia*. Lisboa: Pedro Ferreira, 1997. p. 19.

AGRA, Walber de Moura. *Curso de direito constitucional*. 8. ed. Rio de Janeiro: Forense, 2014.

ALLEGRETTI, Umberto. *Amministrazione pubblica e costituzione*. Padova: Cedam, 1996.

ATALIBA, Geraldo. *República e Constituição*. 3. ed. São Paulo: Malheiros, 2011.

ÁVILA, Humberto Bergmann. *Sistema constitucional tributário*. 5. ed. São Paulo: Saraiva, 2012.

ÁVILA, Humberto Bergmann. *Teoria dos princípios*: da definição à aplicação dos princípios jurídicos. 17. ed. São Paulo: Malheiros, 2016.

BACHOFF, Otto. Die Dogmatik des Werwaltungsrechts vor den Gegenwartsaufgaben der Verwaltung. *Veroeffentlichungen der Vereinigung der Deutschen Staatsrechtslehrer*, Berlin, 1972.

BALEEIRO, Aliomar. *Direito tributário brasileiro*. 13. ed. Rio de Janeiro: Forense, 2015.

BANDEIRA DE MELLO, Celso Antônio. *Curso de direito administrativo*. 28. ed. São Paulo: Malheiros, 2011.

BANDEIRA DE MELLO, Oswaldo Aranha. *Princípios gerais de direito administrativo*. 3. ed. São Paulo: Malheiros, 2007.

BAPTISTA, Patrícia Ferreira. *Transformações do direito administrativo*. Rio de Janeiro: Renovar, 2003.

BARROSO, Luís Roberto. Fundamentos teóricos e filosóficos do novo direito constitucional brasileiro (pós-modernidade, teoria crítica e pós-positivismo). *Revista Diálogo Jurídico*, Salvador, ano I, v. 1, n. 6, set. 2001. Disponível em: http://bibliotecadigital.fgv.br. Acesso em: 16 fev. 2018.

BARROSO, Luís Roberto. Neoconstitucionalismo e constitucionalização do direito: o triunfo tardio do direito constitucional no Brasil. *Revista de Direito Constitucional e Internacional*, v. 15, n. 58, p. 129-173, jan./mar. 2007.

BATISTA JÚNIOR, Onofre Alves. *Transações administrativas*: um contributo ao estudo do contrato administrativo como mecanismo de prevenção e terminação de litígios e como alternativa à atuação administrativa autoritária, no contexto de uma administração pública mais democrática. São Paulo: Quartier Latin, 2007.

BECHO, Renato Lopes. *Filosofia do direito tributário*. São Paulo: Saraiva, 2009.

BECHO, Renato Lopes. *Responsabilidade tributária de terceiros*. São Paulo: Saraiva, 2014.

BINENBOJM, Gustavo. *Uma teoria do direito administrativo*: direitos fundamentais, democracia e constitucionalização. Rio de Janeiro: Renovar, 2006.

BRASIL. *Emenda Constitucional n. 19, de 4 de junho de 1998*. Modifica o regime e dispõe sobre princípios e normas da Administração Pública, servidores e agentes políticos, controle de despesas e finanças públicas e custeio de atividades a cargo do Distrito Federal, e dá outras providências. Disponível em: http://www.planalto.gov.br/ccivil_03/constituicao/Emendas/Emc/emc19.htm#art3. Acesso em: 16 nov. 2017.

BRASIL. *Exposição de Motivos Ministerial n. 49, de 18 de agosto de 1995*. Disponível em: http://www.stf.jus.br/arquivo/biblioteca/pec/EmendasConstitucionais/EC19/Camara/EC019_cam_23081995_ini.pdf. Acesso em: 16 nov. 2017.

BRASIL. *Lei n. 12.846, de 1º de agosto de 2013*. Dispõe sobre a responsabilização administrativa e civil de pessoas jurídicas pela prática de atos contra a administração pública, nacional ou estrangeira, e dá outras providências. Disponível em: http://www.planalto.gov.br/ccivil_03/_ato2011-2014/2013/lei/l12846.htm. Acesso em: 24 abr. 2020.

BULOS, Uadi Lammêgo. *Curso de direito constitucional*. São Paulo: Saraiva, 2011.

CADE – CONSELHO ADMINISTRATIVO DE DEFESA ECONÔMICA. *Guia programas de compliance*. Disponível em: http://www.cade.gov.br/acesso-a-informacao/publicacoes-institucionais/guias_do_Cade/guia-compliance-versao-oficial.pdf. Acesso em: 24 abr. 2020.

CALIENDO, Paulo. *Direito tributário e análise econômica do direito*. Rio de Janeiro: Elsevier, 2009.

CARVALHO FILHO, José dos Santos. *Manual de direito administrativo*. 25. ed. Rio de Janeiro: Lumen Juris, 2010.

CGU – CONTROLADORIA-GERAL DA UNIÃO. *Guia de integridade pública* – Orientações para a Administração Pública Federal: direta, autárquica e fundacional. Disponível em: https://www.gov.br/cgu/pt-br/centrais-de-conteudo/publicacoes/etica-e-integridade/arquivos/guia-de-integridade-publica.pdf/view. Acesso em: 24 abr. 2020.

CGU – CONTROLADORIA-GERAL DA UNIÃO. *Manual para implementação de programas de integridade*: orientações para o setor público. Disponível em: https://www.gov.br/cgu/pt-br/centrais-de-conteudo/publicacoes/etica-e-integridade/arquivos/manual_profip.pdf. Acesso em: 24 abr. 2020.

CHIAVENATO, Idalberto. *Administração de recursos humanos*: fundamentos básicos. Barueri: Manole, 2009.

COSTA, Regina Helena. *Praticabilidade e justiça tributária*: exequibilidade de lei tributária e direitos do contribuinte. São Paulo: Malheiros, 2007.

CRENSON, Matthew A. Comment: contract, love, and character building. *In*: MARINI, Frank (Org.). *Toward a new public administration*: the minnowbrook perspective. São Francisco: Chandler, 1971.

DENHARDT, Robert B. *Teorias da Administração Pública*. Tradução de Francisco G. Heidemann. São Paulo: Cengage Learning, 2015.

DI PIETRO, Maria Sylvia Zanella. *Direito administrativo*. 23. ed. São Paulo: Atlas, 2010.

FORSTHOFF, Ernst. *Die Verwaltung als Leistungstraeger*. Stuttgart-Berlin: Hohlhammer, 1938.

FRAZÃO, Ana. Programa de compliance e critérios de responsabilização de pessoas jurídicas por ilícitos administrativos. *In*: ROSSETI, Maristela Abla; PITTA, André Grunspun (Coord.). *Governança corporativa*: avanços e retrocessos. São Paulo: Quartier Latin, 2017.

FREITAS, Juarez. *O controle dos atos administrativos e os princípios fundamentais*. São Paulo: Malheiros, 2004.

GARCÍA DE ENTERRÍA, Eduardo. *As transformações da justiça administrativa*: da sindicabilidade estrita à plenitude jurisdicional – Uma mudança de paradigma? Tradução de Fábio Medina Osório. Belo Horizonte: Fórum, 2010.

GARCÍA DE ENTERRÍA, Eduardo. *Revolución francesa y administración contemporánea*. 2. ed. Madri: Taurus, 1981.

GUARINO, Giuseppe. *Quale amministrazione?* Il diritto amministrativo degli anni "80". Milão: Giuffrè, 1985.

HÄBERLE, Peter. Grundrechte im Leistungsstaat. *Veroeffentlichungen der Vereinigung der Deutschen Staatsrechleher*, Berlin, 1971.

HESPANHA, Antonio Manuel. Para uma teoria da historia institucional do Antigo Regime. In: HESPANHA, Antonio Manuel (Org.). *Poder e instituições na Europa do Antigo Regime*: colectânea de textos. Lisboa: Fundação Calouste Gulbenkian, 1988.

HICKEL, Rudolf. Krisenprobleme des Verschuldeten Steuerstaats. In: HICKEL, Rudolf (Coord.). *Die Finanzkrise des Steuerstaats*. Frankfurt: Suhrkamp, 1976.

HOOD, Christopher. The new public management in the 1980's. *Public Administration Review*, v. 58, n. 3, p. 189-193, maio/jun. 1998.

IBGC – INSTITUTO BRASILEIRO DE GOVERNANÇA CORPORATIVA. *Código das melhores práticas de governança corporativa*. 5. ed. São Paulo: IBGC, 2015.

IBGC – INSTITUTO BRASILEIRO DE GOVERNANÇA CORPORATIVA. *Compliance à luz da governança corporativa*. São Paulo: IBGC, 2017. Série IBGC Orienta.

LIMA, Ruy Cirne. *Princípios de direito administrativo*. São Paulo: RT, 1982.

LUCAITES; CONDIT; CAUDILL. *Contemporary rhetorical theory*: a reader. New York: Guilford Press, 1997.

MEDAUAR, Odete. *O direito administrativo em evolução*. 3. ed. Brasília: Gazeta Jurídica, 2017.

MEIRELLES, Hely Lopes. *Direito administrativo brasileiro*. 31. ed. São Paulo: Malheiros, 2005.

MIRANDA, Jorge. *Manual de direito constitucional*. 6. ed. Coimbra: Coimbra, 1997. t. I.

MONCADA, Luís Cabral de. *Direito económico*. 3. ed. Coimbra: Coimbra, 2000.

MONCADA, Luís Cabral de. *Direito público e eficácia*. Lisboa: Pedro Ferreira, 1997.

MOREIRA NETO, Diogo de Figueiredo. *Mutações do direito administrativo*. São Paulo: Renovar, 2000.

MOREIRA NETO, Diogo de Figueiredo. *Novas mutações juspolíticas*: em memória de Eduardo García de Enterría – Jurista de dois mundos. Belo Horizonte: Fórum, 2016.

MOREIRA NETO, Diogo de Figueiredo. *Poder, direito e Estado*: o direito administrativo em tempos de globalização – In memoriam de Marcus Juruena Villela Souto. Belo Horizonte: Fórum, 2011.

MOREIRA NETO, Diogo de Figueiredo. *Quatro paradigmas do direito administrativo pós-moderno*. Belo Horizonte: Fórum, 2011.

NEVES, Antônio Castanheira. *O instituto dos assentos e a função jurídica dos supremos tribunais*. Coimbra: Coimbra, 1993.

NOHARA, Irene Patrícia. *Reforma administrativa e burocracia*: impacto da eficiência na configuração do direito administrativo brasileiro. São Paulo: Atlas, 2012.

OCDE. *Integridade pública*: uma estratégia contra a corrupção. Disponível em: https://www.oecd.org/gov/ethics/integrity-recommendation-brazilian-portuguese.pdf. Acesso em: 24 abr. 2020.

OLIVEIRA, Gustavo Justino de; SCHWANKA, Cristiane. A administração consensual como a nova face da Administração Pública no século XXI: fundamentos dogmáticos, formas de expressão e instrumentos de ação. *Revista de Direito do Estado*, Rio de Janeiro, n. 10, abr./jun. 2008.

OSBORNE, David; GAEBLER, Ted. *Reiventing government*. Reading: Addison-Wesley, 1997.

OTERO, Paulo. *Legalidade e Administração Pública*: o sentido da vinculação administrativa à juridicidade. Coimbra: Almedina, 2017.

OXFORD. *Dictionary of law*. 3. ed. Londres: Peter Collin, 2000.

PAREJO ALFONSO, Luciano. Introducción: el surgimiento, desarrollo y consolidación del derecho administrativo. *In*: PAREJO ALFONSO, Luciano; JIMÉNEZ-BLANCO, Antônio; ORTEGA ÁLVAREZ, Luiz. *Manual de derecho administrativo*. Barcelona: Ariel, 1990.

PAREJO ALFONSO, Luciano. La eficacia como principio jurídico de la actuación de la administración pública. *Revista Documentación Administrativa*, Madrid, n. 218-219, abr./set. 1989.

PEREIRA, Luiz Carlos Bresser. Da Administração Pública burocrática à gerencial. *In*: PEREIRA, Luiz Carlos Bresser; SPINK, Peter Kevin (Org.). *Reforma do Estado e Administração Pública gerencial*. 7. ed. Rio de Janeiro: Editora FGV, 2006.

PEREZ, Caio Frederico Fonseca Martinez. *Burocracia estável e o princípio da eficiência na Administração Pública brasileira*. Tese (Doutorado em Direito) – Faculdade de Direito, Universidade de São Paulo, São Paulo, 2016.

POSNER, Richard. *Economic analysis of law*. New York: Aspen Law e Business, 1977.

ROLO, Nuno Miguel Cunha. Ética e gestão da ética na Administração Pública portuguesa. *In*: ZENKNER, Marcelo; CASTRO, Rodrigo Pironti Aguirre de. *Compliance no setor público*. Belo Horizonte: Fórum, 2020.

SARMENTO, Daniel. Os direitos fundamentais nos paradigmas liberal, social e pós-social (pós-modernidade constitucional?). *In*: SAMPAIO, José Adércio Leite. *Crise e desafios da Constituição*: perspectivas críticas da teoria e das práticas constitucionais brasileiras. Belo Horizonte: Del Rey, 2003.

SILVA, José Afonso da. *Curso de direito constitucional positivo*. São Paulo: Malheiros, 2011.

SILVA, Vasco Manuel Pascoal Dias Pereira da. *Em busca do acto administrativo perdido*. Lisboa: Almedina, 1995.

SILVA, Vasco Manuel Pascoal Dias Pereira da. *Para um contencioso administrativo dos particulares*: esboço de uma teoria subjectivista do recurso directo de anulação. Coimbra: Almedina, 1989.

TORRES, Ricardo Lobo. *Tratado de direito constitucional financeiro e tributário*: constituição financeira, sistema tributário e estado fiscal. Rio de Janeiro: Renovar, 2009. v. 1.

U.S. DEPARTMENT OF JUSTICE CRIMINAL DIVISION. *Evaluation of corporate compliance programs guidance*. 2019.

ZENKNER, Marcelo. *Integridade governamental e empresarial* – Um espectro da repressão e da prevenção à corrupção no Brasil e em Portugal. Belo Horizonte: Fórum, 2019.

ZULETA PUCEIRO, Enrique. *Teoria del derecho*: uma introducción crítica. Buenos Aires: Depalma, 1987.

---

Informação bibliográfica deste texto, conforme a NBR 6023:2018 da Associação Brasileira de Normas Técnicas (ABNT):

BASSO, Bruno Bartelle. Os programas de compliance enquanto mecanismos essenciais à efetivação da integridade pública: uma abordagem à luz da nova gestão pública (new public management). *In*: DAL POZZO, Augusto Neves; MARTINS, Ricardo Marcondes (Coord.). *Aspectos controvertidos do compliance na Administração Pública*. Belo Horizonte: Fórum, 2020. p. 51-73. ISBN 978-65-5518-044-2.

*COMPLIANCE* E GOVERNANÇA

# GOVERNANÇA E *COMPLIANCE* COMO VETORES DE CONDUÇÃO DE UMA NOVA ADMINISTRAÇÃO PÚBLICA

DAVI VALDETARO GOMES CAVALIERI

## Introdução

Em classificação publicada no começo do ano de 2020, o Brasil obteve 35 pontos e caiu para a preocupante 106ª posição no Índice de Percepção da Corrupção, *ranking* de 180 países e territórios elaborado pela Transparência Internacional (2020). A escala do IPC vai de zero a 100, na qual zero significa que o país é percebido como altamente corrupto, enquanto 100 significa que o país é percebido como muito íntegro.

Como bem apontado por Silva (2000), o fenômeno da corrupção geralmente vem acompanhado por estruturas institucionais ineficientes, as quais contribuem para diminuir a efetividade dos investimentos públicos e privados.

No caso do Brasil, por conseguinte, o complexo panorama acima apontado resulta numa consequência comum e deletéria nos cidadãos e nos investidores: ambos não confiam no país – seja nas instituições, nos detentores de poder, nas empresas públicas e privadas etc.

Nesse contexto, de que forma promover uma (re)aproximação entre Poder Público e sociedade? Como fomentar a participação popular na formulação de políticas públicas? De que maneira reestruturar o ambiente organizacional público e, assim, recuperar a confiança perdida?

É possível que sejam evitados, mitigados e reparados os riscos, os erros e as fraudes que tanto refletem negativamente na sociedade e na reputação das organizações brasileiras?

Para tentar responder a estas indagações, propõe-se neste trabalho o desenvolvimento de um estudo da governança pública e do *compliance*, procurando investigar de que forma podem se constituir como um instrumento de transformação positiva na gestão governamental para a consolidação de uma Nova Administração Pública.

## 1 Origem e conceito do termo "governança"

Governança é, sem dúvida, um termo cada vez mais difundido no âmbito das organizações, sejam elas públicas, privadas ou do terceiro setor. Possui múltipla aplicação, mas pode assumir diferentes acepções de acordo com o contexto em que é inserido e do enfoque a ser considerado (MESSA, 2019).

No sentido relacionado à gestão empresarial, o termo "governança corporativa" é entendido como o conjunto de práticas e estruturas administrativas das corporações, com o objetivo de alocar os recursos de forma eficiente, separar a estrutura da propriedade e do controle, assegurando que os executivos e conselhos de administração atuem em consonância com os interesses dos *stakeholders* (MESSA, 2019).

Nessa linha, de acordo com o Instituto Brasileiro de Governança Corporativa (2015, p. 20), o termo pode ser conceituado da seguinte maneira:

> [...]o sistema pelo qual as empresas e demais organizações são dirigidas, monitoradas e incentivadas, envolvendo os relacionamentos entre sócios, conselho de administração, diretoria, órgãos de fiscalização e controle e demais partes interessadas. As boas práticas de governança corporativa convertem princípios básicos em recomendações objetivas, alinhando interesses com a finalidade de preservar e otimizar o valor econômico de longo prazo da organização, facilitando seu acesso a recursos e contribuindo para a qualidade da gestão da organização, sua longevidade e o bem comum.

O *Governança europeia – Um livro branco* (COMISSÃO DAS COMUNIDADES EUROPEIAS, 2001) conceitua governança como o conjunto de regras, processos e práticas que dizem respeito à qualidade do exercício do poder no nível europeu, essencialmente no que se refere à responsabilidade, transparência, coerência, eficiência e eficácia.

O Banco Mundial, por sua vez, atrela o conceito de governança às causas da corrupção, ao estabelecer que esta é um dos produtos de uma governança frágil. Define, ainda, que a governança é a maneira por meio da qual os agentes e instituições públicas adquirem e exercem sua autoridade para o provimento de bens e serviços públicos, incluindo a oferta de serviços essenciais, infraestrutura e um ambiente favorável ao investimento.

Relativamente à origem da governança, o *Referencial básico de governança* elaborado pelo Tribunal de Contas da União (2014, p. 11-12) traz um interessante histórico:

> Embora o termo governança date de idades remotas, o conceito e a importância que atualmente lhe são atribuídos foram construídos nas últimas três décadas, inicialmente nas organizações privadas. De acordo com Berle e Means (1932), que desenvolveram um dos primeiros estudos acadêmicos tratando de assuntos correlatos à governança, é papel do Estado regular as organizações privadas. Nessa mesma linha, em 1934 foi criada, nos Estados Unidos, a US Securities and Exchange Comission, organização que, ainda hoje, no contexto americano, é responsável por proteger investidores; garantir a justiça, a ordem e a eficiência dos mercados e facilitar a formação de capital.
>
> Anos depois, no começo da década de 90, momento histórico marcado por crises financeiras, o Banco da Inglaterra criou uma comissão para elaborar o Código das Melhores Práticas de Governança corporativa, trabalho que resultou no Cadbury Report. Em 1992, o Committee of Sponsoring Organizations of the Treadway Commission – COSO publicou o Internal control – integrated framework. Anos mais tarde, em 2002, depois de escândalos envolvendo demonstrações contábeis fraudulentas ratificadas por empresas de auditorias, publicou-se, nos Estados Unidos, a Lei Sarbanes-Oxley, cujo objetivo era melhorar os controles para garantir a fidedignidade das informações constantes dos relatórios financeiros. No mesmo ano, com vistas a apoiar a investigação independente e induzir à melhoria da governança, fundou-se o European Corporate Governance Institute – ECGI. Em 2004, o COSO publicou o Enterprise risk management – integrated framework, documento que ainda hoje é tido como referência no tema gestão de riscos.
>
> Nos anos que se seguiram, dezenas de países passaram a se preocupar com aspectos relacionados à governança e diversos outros códigos foram publicados. Atualmente, o G8 (reunião dos oito países mais desenvolvidos) e organizações como o Banco Mundial, o Fundo Monetário Internacional – FMI e a Organização para Cooperação e Desenvolvimento Econômico – OCDE dedicam-se a promover a governança (ECGI, 2013).

No Brasil, o crescente interesse pelo tema não é diferente. Tanto no setor privado quanto no público, existem iniciativas de melhoria da governança, as quais se relacionam e se complementam.

Em 2001, publicou-se um panorama sobre a governança corporativa no Brasil (MCKINSEY; KORN/FERRY, 2001). No mesmo ano, a Lei 10.303/2001 alterou a 6.404/1976, das sociedades por ações, e buscou reduzir riscos ao investidor minoritário, assim como garantir sua participação no controle da empresa. Em 2002, a Comissão de Valores Mobiliários – CVM também publicou recomendações sobre governança. O Instituto Brasileiro de Governança Corporativa – IBGC, desde então, lançou novas versões (2004 e 2009) do Código das melhores práticas de governança corporativa, documento que define quatro princípios básicos de governança aplicáveis ao contexto nacional: transparência, equidade, prestação de contas e responsabilidade corporativa.

Segundo o IBGC, apesar de o código ter sido desenvolvido, primariamente, com foco em organizações empresariais, ao longo daquele documento foi utilizado o termo "organizações", a fim de torná-lo o mais abrangente possível e adaptável a outros tipos de organizações, como Terceiro Setor, cooperativas, estatais, fundações e órgãos governamentais, entre outros.

Com efeito, fica claro que a governança não está unicamente ligada ao âmbito empresarial, à iniciativa privada, razão pela qual o próprio IBCG passou a utilizar o termo "organizações". Amplia-se o raio de abrangência do conceito, por conseguinte, para adaptá-lo à Administração Pública direta e indireta, bem como ao terceiro setor, esferas em que a governança corporativa possui incidência fundamental e vem sendo cada vez mais utilizada.

Nesse sentido, Alves (2001) estabelece uma acepção difusa para o conceito de governança corporativa, aplicando a métodos de gestão da empresa, a meios de preservação do meio ambiente, bem como a formas de combate ao suborno e à corrupção de servidores públicos.

Independentemente de tal caráter difuso, há um ponto de partida comum: a busca pelo aperfeiçoamento do comportamento das pessoas e das instituições.

## 2 A governança na Administração Pública

Conforme visto anteriormente, e muito bem salientado por Furlan (2005), embora as práticas de governança sejam essencialmente distintas no Estado e nas empresas, consiste em equívoco afirmar que tais práticas, na relação entre os setores público e privado, estariam adstritas a universos paralelos, pois há uma crescente ampliação dos pontos de convergência e o objetivo é fundamentalmente comum.

Nos dizeres de Nardes, Altounian e Vieira (2018), governança aplicada ao setor público, ou simplesmente governança pública, pode ser entendida como a capacidade que os governos têm de avaliar, direcionar e monitorar a gestão das políticas e serviços públicos, objetivando o efetivo atendimento das necessidades e demandas da população.

Maria da Glória Garcia (2009), por sua vez, entende a governança pública como um método procedimental da atividade estatal apto a estimular ou a incitar a criatividade governativa pública, propiciando o surgimento de soluções mais adequadas para as questões práticas e problemáticas do cotidiano, com uma maior proximidade com a sociedade.

No âmbito internacional, Mello (2006) explica as diferentes ênfases dadas pelos países precursores à implementação do processo de governança pública. Na Austrália, os princípios se focaram nos aspectos relativos ao ambiente administrativo, monitoramento e responsabilidade de prestar contas. No Canadá, a ênfase dada se refere à transparência, à responsabilidade de prestar contas, à responsabilidade fiscal e à conduta ética do governo. Nos Estados Unidos, o princípio básico é a democratização das instituições políticas da nação, sob o prisma de *good governance* no modo em que as organizações são controladas e dirigidas. Na Nova Zelândia, a ênfase ocorreu com metas fiscais que culminaram na aprovação da Lei de Responsabilidade Fiscal do país. Finalmente, na Inglaterra, a ênfase está baseada nos princípios gerais de governança: transparência, integridade e responsabilidade de prestar contas.

No Brasil, a inserção do conceito de governança foi influenciada pelas mudanças e tendências do mundo corporativo, especialmente a partir das privatizações e da abertura do mercado nacional nos anos 1990 e do próprio movimento de Reforma Administrativa que resultou na consolidação da eficiência no rol de princípios jurídico-constitucionais da Administração Pública.

Nos dias atuais, a governança pública teve sua dimensão amplificada para constituir um vetor de condução da gestão pública, na formulação e execução das políticas públicas no país. Objetiva uma prestação de serviços qualitativa à sociedade, em atendimento aos princípios da Administração Pública, às leis e aos regulamentos.

Nesse sentido, Guy Peters (2012) desdobra a governança pública em quatro componentes gerais: a) a eleição de objetivos coletivos e legítimos pela sociedade; b) o estabelecimento de coerência e coordenação na concepção e na gestão de políticas públicas; c) a disponibilidade de condições apropriadas para implementação das políticas públicas, em que se pode contemplar a capacidade interna da burocracia estatal e a articulação do Estado com atores não governamentais em geral; d) a efetivação de processos de aprendizado contínuo e de *accountability*, englobando o acesso à informação de desempenho e formas de responsabilização dos gestores perante a sociedade.

Matias-Pereira (2010), por sua vez, ensina que o processo de governança pública se traduz em um conceito essencialmente democrático que, para se tornar efetivo, requer uma democracia participativa, em que o Estado forneça instrumentos para que haja um controle efetivo da Administração Pública pela sociedade civil.

Zenkner (2019) argumenta que, para que a democracia tenha qualidade, é preciso que a população se sinta participante e responsável pela manutenção de um bom ambiente social. Os objetivos do país somente poderão ser alcançados se for permitida a efetiva participação da população, pois todos precisam se sentir inseridos na sociedade e ter confiança na aplicação das normas fundamentais, com a certeza de que suas opiniões serão levadas em consideração na formulação das políticas públicas de modo geral.

Como se observa, a participação e o controle social podem, portanto, ser determinantes para a eficiência de um governo. O exercício de uma boa governança assume um papel ainda mais relevante, pois o cidadão estará mais interessado e participativo quando os ocupantes de cargos públicos demonstrarem integridade em todas as suas ações e decisões (ZENKNER, 2019).

Nessa mesma linha, Messa (2019, p. 212) associa uma Administração Pública compartilhada à consolidação de uma democracia:

> Quando temos uma Administração Pública compartilhada, em que os cidadãos se tornam recurso na gestão pública para a solução dos problemas que afetam a comunidade, maior numa articulação das dimensões econômico-financeira, institucional-administrativa e sociopolítica da Gestão Pública, coopera-se para a consolidação de uma democracia.

Um exemplo prático dessa nova tendência na Administração Pública é a crescente oferta de serviços públicos digitais e a expansão dos canais de comunicação virtuais entre Poder Público e cidadãos. Essa "Administração Digital" se justifica por uma demanda social, haja vista a imperiosidade do atendimento de qualidade de forma a ampliar a confiança na atuação administrativa, e também por exigência democrática, uma vez que a estrutura digital permite um melhor acompanhamento da gestão pública, com fiscalização cidadã, proteção de dados pessoais e menor fragmentação da Administração Pública na interação com a sociedade.

Destaca-se, ainda, que as audiências públicas vêm se tornando um instrumento muito utilizado pelos órgãos públicos brasileiros para a prática de um diálogo com os diversos atores sociais, e devem ser cada vez mais utilizadas, divulgadas, e a sua participação estimulada.

A governança pública, como se observa, está vinculada ao propósito de criar na Administração um ambiente seguro e transparente para a formulação e implementação de políticas públicas em prol da sociedade. O gestor público necessita estar em sintonia com os anseios da população, enquanto esta deve exercer o controle social sobre os atos do Poder Público e participar efetivamente da implementação das políticas que venham a atender aos seus anseios.

Em termos normativos, diante da necessidade de adaptação dos institutos do direito administrativo à nova realidade de gestão, a governança pública passou a ser gradativamente inserida no ordenamento jurídico.

Nesse sentido, é possível estabelecer como marco legal da governança pública no Brasil o advento da Lei Federal nº 12.846, de 1º.8.2013, popularmente conhecida como Lei Anticorrupção, que trouxe importantes inovações no que tange à responsabilização de pessoas jurídicas e também de pessoas físicas pela prática de atos ilícitos (BRASIL, 2013).

Com a referida lei, as práticas de governança corporativa receberam um poderoso estímulo, além de ter elevado o seu *status* no combate à corrupção. Isso porque, além da questão da responsabilização por atos lesivos à Administração Pública, foram previstas medidas com o objetivo de estimular os cidadãos e as empresas brasileiras a praticarem atos pautados na ética e na probidade, seja nas relações privadas, seja nos contratos celebrados com o Poder Público.

Ademais, é importante consignar a previsão expressa do art. 7º, VIII, da Lei Anticorrupção, no sentido de que a existência de mecanismos e procedimentos internos de integridade (programas de *compliance*), auditoria e incentivo à denúncia de irregularidades e a aplicação efetiva de códigos de ética e de conduta no âmbito da pessoa jurídica, será tida como circunstância atenuante na aplicação de sanções por atos lesivos à Administração Pública nacional ou estrangeira (BRASIL, 2013).

Fica claro, portanto, que a governança corporativa passou a ser tratada pela legislação como um instrumento fundamental para as empresas que celebram contratos com a Administração Pública, tanto no que tange à prevenção de irregularidades, quanto no tocante à atenuação de penalidades que eventualmente lhe sejam aplicadas com base nos dispositivos nela contidos.

No âmbito da Administração Pública federal, o Decreto nº 9.203, de 22.11.2017, estabelece, de forma mais ampla, a política de governança da Administração Pública Federal direta, autárquica e fundacional. Consoante bem explica Irene Patrícia Nohara (2020), o referido decreto marca a intensificação de um movimento que articula a governança pública com o direito administrativo, trazendo diretrizes voltadas ao desempenho da função administrativa. De acordo com a norma, a governança pública consiste em um "conjunto de mecanismos de liderança, estratégia e controle postos em prática para avaliar, direcionar e monitorar a gestão, com vistas à condução de políticas públicas e à prestação de serviços de interesse da sociedade" (BRASIL, 2017).

Alinhando-se ao referido decreto, a Advocacia-Geral da União (AGU) instituiu, por meio da Portaria nº 414, de 19.12.2017, um sistema de governança para o aperfeiçoamento da gestão interna, com foco em capacidade de resposta, integridade, confiabilidade, melhoria regulatória, prestação de contas, responsabilidade e transparência. Entre os objetivos estão a simplificação administrativa, a modernização da gestão pública e a integração dos serviços públicos, além da busca de soluções inovadoras para lidar com a limitação de recursos públicos. De acordo com o órgão, o novo sistema também procura promover a integração entre diferentes níveis e esferas do setor público, com o objetivo de gerar, preservar e entregar resultados para a sociedade, com a incorporação de padrões elevados de conduta (AGU, 2017).

Importante registrar que a AGU vem desempenhando importante papel na construção de uma cultura pautada nos valores de governança pública, seja por meio da expedição de orientações, seja pela determinação de ações alinhadas com o aumento da transparência, gestão adequada de recursos, adoção de mecanismos de punição de agentes públicos por desvios e estreitamento do relacionamento do Estado com a população. Com a adoção de tais medidas, espera-se uma maior proteção da Administração Pública contra riscos de corrupção, além de uma melhor prestação de serviços à sociedade – destinatária final dos serviços públicos.

Também é digno de registro o surgimento da Lei nº 13.303/2016, que estabeleceu regras jurídicas para as empresas públicas, as sociedades de economia mista e suas subsidiárias. O referido diploma normativo estabelece, de forma expressa, que o estatuto das empresas estatais deverá observar regras de governança corporativa, de transparência e de estruturas, práticas de gestão de riscos e de controle interno, composição da administração e, havendo acionistas, mecanismos para sua proteção (BRASIL, 2016).

Trata-se, portanto, de outro diploma legal relevante, na medida em que consolida a obrigatoriedade de adoção das boas práticas de governança no âmbito das empresas estatais.

Pela atualidade do tema da proteção de dados pessoais, importante se faz mencionar a instituição do conceito de governança de dados, ou governança digital, que pode ser definida como a estruturação dos processos e políticas internas com o objetivo de conferir proteção dos dados pessoais, sendo responsável por gerir os princípios de organização e controle de dados e informações. Trata-se, portanto, de um ramo da governança voltado especificamente para a seara da proteção de dados pessoais, com o desiderato comum de promover ações alinhadas ao interesse público, com uma melhor e mais eficiente condução de políticas públicas e de prestação dos serviços à sociedade.

No Brasil, antes mesmo do advento da Lei Geral de Proteção de Dados Pessoais (LGPD), o Decreto nº 8.638, de 15.1.2016, instituiu a Política de Governança Digital no âmbito dos órgãos e das entidades da Administração Pública Federal direta, autárquica e fundacional (BRASIL, 2016).

Com o advento da LGPD, a governança de dados recebeu tratamento expresso em seu art. 50, que prevê a formulação de regras de boas práticas e de governança que estabeleçam as condições de organização, o regime de funcionamento, os procedimentos, incluindo reclamações e petições de titulares, as normas de segurança, os padrões técnicos, as obrigações específicas para os diversos envolvidos no tratamento, as ações educativas, os mecanismos internos de supervisão e de mitigação de riscos e outros aspectos relacionados ao tratamento de dados pessoais (BRASIL, 2018).

Estabelecido o marco legal, é preciso salientar que as inovações normativas possuem importância, mas, por si só, não são capazes de resolver os problemas institucionais que assolam o país. Isso porque a governança aplicada ao setor público vai muito além de uma mudança legislativa, institucional ou na forma de gestão: trata-se de uma mudança comportamental e de mentalidade de toda uma sociedade, à luz dos preceitos da governança pública como participação social, transparência e confiança.

E mais: o momento atual requer a deflagração de um processo positivo de reestruturação de todo o ambiente organizacional, que passa necessariamente pela consolidação da cultura do *compliance* nas instituições brasileiras.

## 3 *Compliance* público

O termo *compliance* pode ser traduzido como conformidade, obediência, cumprimento, adequação. Nas relações institucionais, relaciona-se à conformidade às normas, às leis e aos regulamentos aplicáveis a determinada atividade, bem como ao que se espera em termos de padrões éticos e morais.

No ordenamento jurídico brasileiro, o conceito de *compliance* veio com a edição do Decreto nº 8.420/2015, que, em seu art. 41, define-o como sendo o conjunto de mecanismos e procedimentos internos de integridade, auditoria e incentivo à denúncia de irregularidades e de aplicação efetiva de códigos de ética e de conduta, políticas e diretrizes com objetivo de detectar e sanar desvios, fraudes, irregularidades e atos ilícitos praticados contra a Administração Pública, nacional ou estrangeira.

Nesse sentido, os programas de *compliance*, como bem define Cueva (CUEVA; FRAZÃO, 2020), são instrumentos de governança tendentes a garantir que as políticas públicas sejam elaboradas e executadas com maior eficiência. No âmbito da Administração Pública, tais programas devem ser voltados para uma mudança cultural e comportamental, por meio de padrões de conduta a serem observados por todos os agentes públicos, prevenindo a ocorrência de situações de quebra de integridade.

Busca-se, portanto, por meio da implementação dos referidos programas na Administração Pública, uma atuação pautada na ética, na probidade e no interesse público. Para tanto, o programa de *compliance* deve zelar pelo fiel cumprimento das exigências legais e pela conduta íntegra dos agentes públicos, prevenir a ocorrência de fraudes, fortalecer os canais de denúncia, além de assessorar permanentemente o processo de gestão de riscos, auxiliando na atualização das matrizes e do processo como um todo.

Além disso, o programa de *compliance* deve promover ações de integridade para difundir a ética em todo o ambiente organizacional, fortalecer o diálogo e as relações humanas, entre outras medidas que têm o poder de contribuir para uma transformação institucional pautada na cultura da integridade.

Com efeito, a Controladoria-Geral da União, por meio da Portaria nº 57/2019, estabeleceu orientações para que os órgãos e as entidades da

Administração Pública Federal direta, autárquica e fundacional adotem procedimentos para a estruturação, a execução e o monitoramento de seus programas de integridade.

Em que pese a existência da referida norma, a estruturação de programas de *compliance* ainda é incipiente na Administração Pública Federal direta. De que maneira, então, devem ser implementados?

A própria Portaria nº 57/2019 estabelece três fases para implantação do programa. Na primeira fase, os órgãos e as entidades devem constituir uma unidade de gestão da integridade, à qual será atribuída competência para: 1) coordenação da estruturação, execução e monitoramento do programa de integridade; 2) orientação e treinamento dos servidores com relação aos temas atinentes ao programa de integridade; e 3) promoção de outras ações relacionadas à implementação do programa de integridade, em conjunto com as demais unidades do órgão ou entidade. A segunda fase consiste na aprovação do programa, enquanto a terceira está relacionada à execução e monitoramento.

Ainda, um programa de *compliance* deve ser estruturado em pilares, que são linhas mestras simples, fortes e abrangentes para sustentar o próprio programa e o sucesso de sua aplicação prática. Em termos mais práticos, reputa-se que um programa de *compliance*, no âmbito da Administração Pública, pode perfeitamente ser realizado com base no modelo de cinco pilares fundamentais sugerido também pela CGU para empresas privadas, haja vista a necessária ampliação dos pontos de convergência entre o público e o privado. Nesse sentido, sugere-se, de forma sucinta, a implementação de acordo com os seguintes elementos:

1º – *Comprometimento e apoio da alta direção* (*tone from the top*): o exemplo deve vir "de cima". O comprometimento e o apoio do alto escalão do Poder Executivo são condições indispensáveis e permanentes para o fomento a uma cultura ética e de respeito ao ordenamento jurídico, bem como para a aplicação efetiva do próprio programa de *compliance*.

2º – *Instância responsável pelo programa de compliance*: é necessária a criação de um órgão responsável pelo programa, com a designação de servidor capacitado para o cargo de *compliance officer*, com autonomia, independência, imparcialidade, recursos materiais, humanos e financeiros – dentro dos limites administrativos e orçamentários – para o pleno funcionamento, com possibilidade de acesso direto, quando necessário, ao alto escalão do Poder Público. O profissional deverá mostrar-se com conhecimento adequado para o exercício da função seja nos aspectos técnicos do *compliance*, seja no cotidiano da Administração, incluindo processos, pessoas, estratégias, desafios, entre outros. Além da qualificação, deverá ter um perfil que lhe permita agir proativamente e, no desempenho diário, seja reconhecido, respeitado, tenha boa capacidade de comunicação e convencimento, além da capacidade de relacionar-se com propriedade em todos os níveis hierárquicos.

3º – *Gestão de riscos*: é necessário que o programa de *compliance* esteja alinhado com o planejamento e a gestão estratégica da Administração. Identificados os riscos de eventuais violações e fraudes, o *compliance* promoverá uma atuação preventiva juntamente com a gestão de riscos, contribuindo para a implementação de medidas mitigadoras para manter o setor público protegido e menos suscetível a desvios de conduta em seu quadro de pessoal.

4º – *Estruturação das regras e instrumentos*: com base no conhecimento do perfil e riscos avaliados, deve-se elaborar ou atualizar o código de ética ou de conduta e as regras, as políticas e os procedimentos de prevenção de irregularidades; desenvolver mecanismos de detecção ou reportes de irregularidades (fortalecimento das ouvidorias). Para uma ampla e efetiva divulgação do programa de *compliance*, deve-se também elaborar plano de comunicação e capacitação com estratégias e treinamentos específicos para o quadro de pessoal.

5º – *Estratégias de monitoramento contínuo*: é necessário definir procedimentos de verificação da aplicabilidade do programa de *compliance* e criar mecanismos para que as deficiências encontradas possam realimentar continuamente seu aperfeiçoamento e atualização. É preciso garantir também que o programa atue de maneira integrada com outras áreas correlacionadas, como recursos humanos, procuradoria, órgãos de controle interno, contabilidade e finanças.

Tal programa, contudo, não pode ser uma mera formalidade. Para que isto não ocorra, é importante que os cincos pilares acima mencionados sejam fielmente executados, e que o programa conte com indicadores idôneos de qualidade e desempenho.

A implementação de um programa sólido fará com que a Administração Pública esteja em *compliance*. Estar em *compliance* significa mais do que estar em conformidade com a legislação, pois, como bem explicam Éryta Karl e Rodrigo Pironti (2019), a conformidade com a lei é pressuposto lógico de um Estado de Direito, em que as normas são positivadas e norteadas pelo postulado da legalidade. Estar em *compliance* transcende o direito positivo e deve ser compreendido como um verdadeiro compromisso social em prol da moralidade administrativa e da prestação de um serviço público de excelência.

## Considerações finais

A partir das reflexões trazidos ao longo do presente trabalho, é possível observar que a governança e o *compliance* tiveram o seu nascedouro no setor privado e, agora, servem de inspiração para a gestão pública, objetivando um desenvolvimento pautado em valores como ética, transparência, sustentabilidade, probidade, entre outros.

Para a consecução de tal desiderato, é necessária uma mudança de mentalidade que vai além da inserção de institutos no ordenamento jurídico brasileiro, pois, como visto, a governança pública e o *compliance* já se encontram devidamente positivados no país. A aplicação de tais instrumentos no setor público requer uma mudança cultural. Trata-se de uma transformação a ser implementada na sociedade como um todo. Consiste numa mudança comportamental a ser exercida por cada cidadão, detentor ou não de poder, concentrando os esforços necessários para a construção de uma Administração mais próxima da sociedade, numa democracia que não seja meramente representativa, mas que permita aos cidadãos uma maior interatividade com a atividade administrativa e seus processos deliberativos e decisórios.

Sabe-se que a cultura da participação popular demanda, além de esforço, tempo para ser implementada, sobretudo em países em que é alto o grau de desconfiança em relação às instituições e gestores públicos. Dessa forma, o Poder Público precisa estimular o exercício da cidadania e oportunizar uma maior participação popular, por meio da realização de um número maior de audiências públicas, de oferta de serviços públicos e canais de comunicação digitais, bem como de publicações que descrevam os momentos em que a população poderá deliberar sobre as políticas públicas em formulação.

O *compliance* assume função primordial para, entre outras medidas, prevenir a ocorrência de fraudes e promover ações de integridade em todo o ambiente organizacional. Embora existam normas e orientações nesse sentido, os programas de *compliance* na Administração Pública Federal direta ainda são incipientes e carecem de uma maior mobilização para serem estruturados de acordo com as etapas e os pilares recomendados pela Controladoria-Geral da União.

Numa sociedade atualmente descrente, a introdução – e a consolidação – da governança e do *compliance* têm o poder de promover uma verdadeira transformação da gestão pública, com uma inédita interação entre Poder Público e cidadãos, focada na solução de problemas sociais e na construção de um futuro próspero.

A obtenção de resultados concretos neste processo de transformação requer, portanto, que Poder Público e sociedade caminhem juntos na construção de uma Nova Administração Pública, constituída por uma gestão compartilhada e democratizante.

Assim, poderá haver a gradativa retomada da confiança nas instituições e nos detentores de poder, bem como uma redução nos índices de corrupção que atualmente colocam o Brasil em posição desfavorável no cenário mundial.

## Referências

ADVOCACIA-GERAL DA UNIÃO. *Portaria nº 414, de 19 de dezembro de 2017*. Disponível em: http://www.lex.com.br/legis_27591147_PORTARIA_N_414_DE_19_DE_DEZEMBRO_DE_2017.aspx. Acesso em: 20 jan. 2020.

ALVES, L. E. S. Governança e cidadania empresarial. *Revista de Administração de Empresas*, São Paulo, v. 41, n. 4, p. 78-86, out./dez. 2001.

BRASIL. *Decreto nº 9.203, de 22 de novembro de 2017*. 2017. Disponível em: http://www.planalto.gov.br/ccivil_03/_ato2015-2018/2017/decreto/D9203.htm. Acesso em: 20 jan. 2020.

BRASIL. *Lei Federal nº 12.846, de 1º de agosto de 2013*. 2013. Disponível em: http://www.planalto.gov.br/ccivil_03/_ato2011-2014/2013/lei/l12846.htm. Acesso em: 20 jan. 2020.

BRASIL. *Lei Federal nº 13.303/2016*. 2016. Disponível em: http://www.planalto.gov.br/ccivil_03/_ato2015-2018/2016/lei/l13303.htm. Acesso em: 20 jan. 2020.

CASTRO, Rodrigo Pironti Aguirre de; KARL, Éryta Dallete Fernandes. Aspectos de implantação de programas de integridade nos escritórios de advocacia. *Conjur*, 26 jun. 2019. Disponível em: https://www.conjur.com.br/2019-jun-26/opiniao-programas-integridade-escritorios-advocacia. Acesso em: 6 maio 2020.

CUEVA, Ricardo Villas Bôas; FRAZÃO, Ana (Coord.). *Compliance*: perspectivas e desafios dos programas de conformidade. Belo Horizonte: Fórum, 2020.

COMISSÃO DAS COMUNIDADES EUROPEIAS. *Governança europeia* – Um livro branco. 2001. Disponível em: http://eur-lex.europa.eu/legal-content/PT/TXT/?uri=URISERV%3Al10109. Acesso em: 15 nov. 2019.

CONTROLADORIA-GERAL DA UNIÃO. *Instrução Normativa Conjunta MP/CGU 01/16*. 2016. Disponível em: https://www.cgu.gov.br/sobre/legislacao/arquivos/instrucoes-normativas/in_cgu_mpog_01_2016.pdf. Acesso em: 15 jan. 2020.

FURLAN, L. F. A governança pública evolui e busca maior transparência. *In*: INSTITUTO BRASILEIRO DE GOVERNANÇA CORPORATIVA – IBGC. *Uma década de governança corporativa*: história do IBGC, marcos e lições de experiência. São Paulo: Saraiva, 2005.

GARCIA, Maria da Glória. *Direito das políticas públicas*. Coimbra: Almedina, 2009.

GIOVANINI, Wagner. Programas de compliance e anticorrupção: importância e elementos essenciais. *In*: SOUZA, Jorge Munhós de; QUEIROZ, Ronaldo Pinheiro de (Org.). *Lei Anticorrupção e temas de compliance*. 2. ed. Salvador: JusPodivm, 2017.

INSTITUTO BRASILEIRO DE GOVERNANÇA CORPORATIVA. *Código das melhores práticas de governança corporativa*. 5. ed. São Paulo: IBGC, 2015.

INSTITUTO DOS AUDITORES INTERNOS DO BRASIL. *Estatuto Social do IIA Brasil*. Disponível em: https://iiabrasil.org.br//iiabrasil/estatuto-social-do-iia-brasil. Acesso em: 15 jan. 2020.

MARTINS, Higia. A implementação de medidas de governança corporativa trazidas pela Lei nº 13.303/2016 e principais impactos nas empresas estatais de menor porte. *Revista de Direito Público da Economia – RDPE*, Belo Horizonte, ano 16, n. 61, p. 93-118, jan./mar. 2018.

MATIAS-PEREIRA, J. *Governança no setor público*. São Paulo: Atlas, 2010.

MELLO, G. R. *Governança corporativa no setor público brasileiro*. 2006. 119 f. Dissertação (Mestrado em Ciências Contábeis) – Faculdade de Economia, Administração e Contabilidade, Universidade de São Paulo, São Paulo, 2006.

MESSA, Ana Flávia. *Transparência, compliance e práticas anticorrupção na Administração Pública*. São Paulo: Almedina, 2019.

NARDES, João Augusto Ribeiro; ALTOUNIAN, Cláudio Sarian; VIEIRA, Luis Afonso Gomes. *Governança pública*: o desafio do Brasil. 3. ed. rev. e atual. Belo Horizonte: Fórum, 2018.

NOHARA, Irene Patrícia. Governança pública e gestão de riscos: transformações no Direito Administrativo. *In*: PAULA, Marco Aurélio Borges de; CASTRO, Rodrigo Pironti Aguirre de (Coord.). *Compliance, gestão de riscos e combate à corrupção*: integridade para o desenvolvimento. 2. ed. Belo Horizonte: Fórum, 2020.

PETERS, Guy. Governance and sustainable development policies. *In*: ORGANIZAÇÃO DAS NAÇÕES UNIDAS (ONU). *Conferência das Nações Unidas sobre Desenvolvimento Sustentável – Rio+20*, Rio de Janeiro, 2012.

TRANSPARÊNCIA INTERNACIONAL BRASIL. *Índice de Percepção da Corrupção 2018*. 2018. Disponível em: https://ipc2018.transparenciainternacional.org.br/. Acesso em: 15 nov. 2019.

TRIBUNAL DE CONTAS DA UNIÃO. *Referencial básico de governança aplicável a órgãos e entidades da Administração Pública*. Versão 2. Brasília: TCU, Secretaria de Planejamento, Governança e Gestão, 2014.

WORLD BANK. *Strengthening World Bank Group engagement on governance and anticorruption*. Washington: The World Bank, 2007. Disponível em: http://www1.worldbank.org/publicsector/anticorrupt/corecourse2007/GACMaster.pdf. Acesso em: 15 nov. 2019.

ZENKNER, Marcelo. *Integridade governamental e empresarial*: um espectro da repressão e da prevenção à corrupção no Brasil e em Portugal. Belo Horizonte: Fórum, 2019.

---

Informação bibliográfica deste texto, conforme a NBR 6023:2018 da Associação Brasileira de Normas Técnicas (ABNT):

CAVALIERI, Davi Valdetaro Gomes. Governança e compliance como vetores de condução de uma Nova Administração Pública. *In*: DAL POZZO, Augusto Neves; MARTINS, Ricardo Marcondes (Coord.). *Aspectos controvertidos do compliance na Administração Pública*. Belo Horizonte: Fórum, 2020. p. 77-92. ISBN 978-65-5518-044-2.

# *COMPLIANCE* NA CONTRATAÇÃO ADMINISTRATIVA

# CONTRATAÇÃO PÚBLICA E PROGRAMAS DE *COMPLIANCE*: MAIS UMA FORMALIDADE OU EFETIVIDADE?[1]

CLÓVIS ALBERTO BERTOLINI DE PINHO
GABRIEL MORETTINI E CASTELLA

## 1 Introdução

O tema do *compliance* adquiriu muita relevância desde o ano de 2013, com a edição da então denominada Lei Anticorrupção (Lei nº 12.846/2013). A referida norma estabeleceu pesadas sanções administrativas para as pessoas jurídicas que estejam envolvidas em atos prejudiciais à Administração Pública, especialmente no que tange a licitações e contratos. Ao mesmo passo, a Lei Anticorrupção prescreve que é possível atenuar o pesado regime de sanções a partir da demonstração por parte das empresas investigadas do funcionamento de programas de integridade e mecanismos de controle de riscos (cf. art. 7º, parágrafo único, da Lei nº 12.846/2013).

Com os desdobramentos diversos de operações policiais, que desvendaram uma série de crimes complexos, envolvendo os procedimentos licitatórios e a celebração de contratos públicos, a exigência

---

[1] Este artigo contou com o auxílio na pesquisa do acadêmico em Direito da Universidade Federal do Paraná Giovanny Padovam Ferreira.

de boas práticas passou a ser avaliada pelo próprio mercado de contratação pública como de suma importância para as compras que a Administração Pública venha a realizar.

O presente artigo tem como principal objetivo trazer algumas contribuições para o tema da inserção dos programas de *compliance* no sistema de contratação pública brasileiro. Nesse sentido, em um primeiro momento, o artigo fará algumas considerações sobre o tema da corrupção no âmbito da Administração Pública e seus impactos no âmbito do mercado da contratação pública em geral. Para, em um segundo momento, realizar algumas ponderações sobre a exigência de programas de *compliance* no âmbito de procedimentos licitatórios e da execução de contratos públicos, como já ocorre em diversos estados brasileiros.

Por fim, o artigo faz algumas sugestões de melhoria para a avaliação dos mecanismos de *compliance* no âmbito das contratações públicas, como forma de garantir maior segurança jurídica aos contratados da Administração Pública, de modo a não transformar a exigência dos instrumentos de integridade em mera exigência burocrática no âmbito de procedimentos licitatórios promovidos pelo Poder Público.

## 2 O impacto da corrupção no procedimento de contratação pública

O procedimento de contratação pública é apontado como uma das principais formas de propagação e ocorrência do estímulo da corrupção. Não se pode refutar imediatamente a concepção geralmente apontada na sociedade de que os negócios com o Poder Público envolvem em grande medida acertos com corrupção.

Como a Administração Pública é obrigada a celebrar contratos para que possa manter a regularidade de suas atividades,[2] o procedimento de contratação pública possui muita relevância para que a

---

[2] Thiago Lima Breus defende a existência de um verdadeiro governo por meio de contratos. A atividade administrativa, nos dias de hoje, consiste na celebração dos mais diversos contratos para a manutenção das suas atividades. Nas palavras do autor: "O objetivo do ato de contratar consiste em atender fins públicos perseguidos no exercício de uma determinada função administrativa. Deste modo, as peculiaridades e as necessidades relacionadas à persecução de tais fins e ao exercício da função estatal são determinantes das características do contrato que se tenha em vista" (BREUS, Thiago Lima. *Contratação pública estratégica*. São Paulo: Almedina, 2020. p. 117). Ou mesmo, há aqueles que defendem a existência de um verdadeiro governo por meio de contratos, cf. GONÇALVES, Pedro Costa. *Direito dos contratos públicos*. Coimbra: Almedina, 2016. p. 13-17.

corrupção se manifeste nesse âmbito. Isso porque tanto o contratado como o agente público podem vislumbrar oportunidades para o ganho privado, com a concessão e utilização dos benefícios em prejuízo da Administração Pública.[3]

Em primeiro lugar, o volume de recursos que o Estado deve administrar é gigantesco, o que favorece a existência de diversos grupos de pressão para a manifestação da corrupção.[4] Em segundo lugar, a Administração Pública brasileira está obrigada por força constitucional a realizar o procedimento de licitação pública,[5] que nada mais é do que o procedimento administrativo que busca a aquisição de determinado bem ou serviço pelo menor custo, ou a concessão de determinado serviço público à iniciativa privada.[6]

No âmbito brasileiro, a estrutura geral da contratação pública é exposta na Lei nº 8.666/1993 (Lei Geral de Licitações – LGL), que é exaustiva em ritos e procedimentos específicos para a aquisição de bens e serviços por parte da Administração Pública. Ou seja, quando da edição da Lei Geral de Licitações, no ano de 1993, acreditava-se que a utilização de uma estrutura ritualística seria capaz de minimizar os desvios de conduta.

A prática administrativa demonstrou-se completamente oposta. Conforme observa André Rosilho, a tendência adotada pela Lei

---

[3] ROSE-ACKERMAN, Susan; PALIFKA, Bonnie. *Corruption and government*: causes, consequences, and reform. 2. ed. Cambridge: Cambridge University Press, 2016. p. 99. O mesmo raciocínio é apresentado em PINHO, Clóvis Alberto Bertolini de. *Corrupção e Administração Pública no Brasil*: combate administrativo e a Lei nº 12.846/2013 (Lei Anticorrupção). São Paulo: Almedina, 2020. p. 36.

[4] A mero título de exemplo, o orçamento da União Federal, no ano de 2020, somente para a realização de despesas fiscais e previdenciárias é R$3.565.520.100.068,00 (três trilhões, quinhentos e sessenta e cinco bilhões, quinhentos e vinte milhões, cem mil, sessenta e oito reais), conforme o art. 2º, da Lei Orçamentária Anual (Lei nº 13.978/2020), o que demonstra o grande volume de recursos administrados pelo Poder Público brasileiro.

[5] "Art. 37. A administração pública direta e indireta de qualquer dos Poderes da União, dos Estados, do Distrito Federal e dos Municípios obedecerá aos princípios de legalidade, impessoalidade, moralidade, publicidade e eficiência e, também, ao seguinte: [...] XXI - ressalvados os casos especificados na legislação, as obras, serviços, compras e alienações serão contratados mediante processo de licitação pública que assegure igualdade de condições a todos os concorrentes, com cláusulas que estabeleçam obrigações de pagamento, mantidas as condições efetivas da proposta, nos termos da lei, o qual somente permitirá as exigências de qualificação técnica e econômica indispensáveis à garantia do cumprimento das obrigações".

[6] Na definição de Marçal Justen Filho: "A licitação é um procedimento administrativo disciplina por lei e por um ato administrativo prévio, que determina critérios objetivos visando a seleção da proposta de contratação mais vantajosa e a promoção do desenvolvimento nacional sustentável, com a observância do princípio da isonomia, conduzido por um órgão dotado de competência específica" (JUSTEN FILHO, Marçal. *Curso de direito administrativo*. 9. ed. São Paulo: RT, 2013. p. 494).

nº 8.666/1993 é a criação de um "gestor boca da lei", em que se pudesse limitar, cada vez mais, o poder discricionário do agente público, de forma a sucumbir qualquer oportunidade para a ocorrência da corrupção.[7]

Em que pese a existência de outros procedimentos licitatórios, como os existentes na Lei de Concessão de Serviços Públicos (Lei nº 8.987/1995), na Lei de Parcerias Público-Privadas (PPP), no Regime Diferenciado de Contrações (RDC) e, mais recentemente, na Lei de Empresas Estatais (Lei nº 13.303/2016),[8] o procedimento formalista adotado pelos procedimentos licitatórios ainda permanece.

Não se está a afirmar que a inexistência de ritos e procedimentos diminuirá a manifestação da corrupção no âmbito da contratação pública. No entanto, a existência de ritos extremamente burocráticos fez com que a corrupção se manifestasse, justamente, nas exigências restritivas que viessem a ser impostas, de modo a facilitar ou direcionar a licitação para determinado concorrente.

Como forma, justamente, de combater a manifestação da corrupção no âmbito dos procedimentos licitatórios e na execução dos contratos públicos, a Lei Anticorrupção (Lei nº 12.846/2013) veio a preencher diversas lacunas existentes no ordenamento jurídico, como se verificará a seguir.

---

[7] ROSILHO, André Janjácomo. *Qual é o modelo legal das licitações no Brasil?* As reformas legislativas federais no sistema de contratações públicas. Dissertação (Mestrado em Direito e Desenvolvimento) – Escola de Direito de São Paulo, Fundação Getúlio Vargas, São Paulo, 2011. p. 14. Disponível em: https://bibliotecadigital.fgv.br/dspace/bitstream/handle/10438/8824/20111018%20-%20Vers%C3%A3o%20Final%20Disserta%C3%A7%C3%A3o%20%28dep%C3%B3sito%29%20.pdf. Acesso em: 9 set. 2020.

[8] Sobre o tema, um dos autores já teve a oportunidade de escrever: "Os dispositivos do regime de contratação e licitação da Lei nº 13.303/2016 congregam soluções que se devem ao regime concorrencial adotado por algumas empresas estatais. Não seria razoável que sociedades de economia mista, como a Petrobras, o Banco do Brasil, entre outras, que possuem papel relevante na economia brasileira, tivessem que realizar licitações para suas atividades mais ordinárias e inerentes aos seus objetos sociais" (PINHO, Clóvis Alberto Bertolini de. Considerações sobre um ano de vigência do Sistema de Contratação na Lei de Empresas Estatais (Lei nº 13.303/2016). *Revista de Contratos Públicos – RCP*, Belo Horizonte, ano 6, n. 11, p. 35-54, mar./ago. 2017. p. 37). Sobre a efetividade dos mecanismos de contratação pública da Lei de Empresas Estatais para a contenção da corrupção, cf. PINHO, Clóvis Alberto Bertolini de; RIBEIRO, Marcia Carla Pereira. Corrupção e compliance nas empresas públicas e sociedades de economia mista: racionalidade das disposições da Lei de Empresas Estatais (Lei nº 13.303/2016). *Revista de Direito Administrativo*, Rio de Janeiro, v. 277, n. 1, jan./abr. 2018. p. 261-267.

## 3 Exigência de mecanismos de *compliance* em licitações e contratos administrativos

Como mencionado brevemente no tópico anterior, no âmbito da Administração Pública brasileira, diversos entes federativos exigem de seus contratados a existência de mecanismos de *compliance* como condição para a celebração de um contrato público.

De tal modo, analisam-se as especificidades dos mecanismos estaduais que disciplinam de maneira inovadora a relação entre contratos públicos e programas de *compliance* (ou integridade).

### 3.1 Leis estaduais sobre o assunto

As leis estaduais que foram pioneiras a respeito do tema foram normas dos estados do Rio de Janeiro e do Distrito Federal que editaram leis que passaram a exigir programas de *compliance* para a celebração de contratos com a Administração Pública estadual.

Observa-se que a lei estadual fluminense e a distrital são muito similares, tanto em sua redação como em suas disposições, ao se estabelecer que a existência de programas de *compliance* configura um dos requisitos necessários para que o contratado possa realizar a assinatura do contrato com a Administração Pública.

A partir dos preceitos da legislação fluminense (Lei estadual nº 7.752/2017), para que os contratados possam assinar contratos administrativos com o estado (somente nos casos acima de R$1,5 milhão para obras e serviços de engenharia ou R$650 mil, nos casos de compras e prestações de serviços por período superior a seis meses), será necessário que os particulares possuam programas de *compliance*.

Por sua vez, a Lei distrital nº 6.112/2018 prescreve a obrigatoriedade da implantação ou existência de programa de integridade para todas as contratações administrativas – seja na forma de convênio, consórcio, concessão ou PPP – cujo valor seja igual ou superior ao da licitação na modalidade tomada de preço, estimado entre R$80 mil e R$650 mil e com duração igual ou superior a 180 (cento e oitenta) dias.

Além dos novos contratos a serem celebrados, a Lei distrital nº 6.112/2018 também se aplica aos contratos em vigor, com prazo de duração superior a 12 (doze) meses e aos contratos celebrados com ou sem dispensa de licitação, desde que atendidos os requisitos de valor estabelecidos no art. 1º da lei distrital.

Tanto na lei distrital quanto fluminense, os programas de *compliance* a serem implantados devem prever mecanismos e procedimentos de integridade, auditoria, controle e incentivo a denúncias de irregularidades, de acordo com a própria legislação federal e regulamentações no tema (cf. art. 7º, parágrafo único, da Lei nº 12.846/2013, art. 42, do Decreto Presidencial nº 8.420/2015 e Portaria CGU nº 909/2015).

Destaca-se que mesmo que as leis mencionadas não venham a estabelecer a existência de programas de *compliance* como requisito de habilitação ou de participação na licitação, todavia, na fase de assinatura contratual, a exigência acaba por privilegiar, inegavelmente, as empresas que já possuam tais mecanismos de integridade, normalmente grandes empresas, em prejuízo ao preceito de competividade nos procedimentos de contratação pública.

Discussão similar ocorreu na exigência de certificação da ISO 9001 como condição de habilitação em licitações. O Tribunal de Contas da União entendeu que tal exigência seria indevida, por violar a competividade do certame.[9]

A implementação de programas de *compliance* (até mesmo pela novidade do tema envolvendo a Administração Pública) exige recursos e profissionais capacitados, o que poderá restringir o número de empresas que tenham efetivas condições de celebrar contratos administrativo.

Compreende-se que a exigência de programas de *compliance* deve ser vista sempre com bons olhos, sobretudo por exigir uma postura ativa dos entes privados perante a Administração Pública. Em momento algum se está a defender a irrelevância de tais programas; porém, a mera exigência, sem a definição ou obrigação da existência de programas de integridade efetivos, também não contribui com os propósitos de combate à corrupção.[10]

---

[9] "Afastar os participantes não certificados reduz a possibilidade de alcance da melhor proposta para a Administração, sem que haja justificativa razoável para tanto. Por outro lado, não há óbice para a utilização do aludido certificado para atribuir pontuação à licitante, o que permite reconhecer seu diferencial em relação a outras que não comprovaram a adequação de seu sistema de produção aos critérios de qualidade estabelecidos nas normas pertinentes" (BRASIL. Tribunal de Contas da União. *Acórdão nº 1085/2011 – Plenário*. TC-007.924/2007-0. Rel. Min. José Múcio, j. 27.4.2011).

[10] Nesse mesmo sentido se inclina Carla Veríssimo, que compreende que a mera exigência de programas de *compliance* sem o compromisso de efetividade não contribui com os objetivos de combate à corrupção, devendo o Estado regular somente suas estruturas mínimas de funcionamento: "Para que um programa [de] compliance possa contribuir para a conformidade com as leis e repercutir favoravelmente na responsabilização da pessoa jurídica e das pessoas físicas, ele deve ser efetivo. Numa ótica de autorregulação regulada, não cabe determinação minudente por parte do Estado sobre como devem ser esses programas. Isso além de não ser possível, não seria igualmente recomendável. Apenas estruturas fundamentais devem ser indicadas na legislação" (VERÍSSIMO, Carla. *Compliance*: incentivo à adoção de medidas anticorrupção. São Paulo: Saraiva, 2017. p. 272-273).

## 3.2 Constitucionalidade da exigência

Mesmo que haja argumentações quanto aos inegáveis avanços na postura proativa tomada por ambos os entes federativos, compreende-se que ainda existem alguns pontos obscuros na exigência de programas de *compliance* para a assinatura de contratos administrativos, especialmente do ponto de vista constitucional e do direito contratual público, que merecem maior debate e reflexão.

Há autores que defendem a absoluta constitucionalidade da exigência por estar em absoluta consonância com os princípios da contratação pública, conforme o art. 3º, da Lei nº 8.666/1993. Assim afirmam os defensores: "a exigência vai ao encontro das diretivas básicas da Lei Geral de Licitações que, como norma geral, privilegia os princípios da moralidade e da probidade".[11]

Respeitosamente, o ponto defendido pelos referidos autores é demasiadamente reducionista da complexidade da matéria. O principal ponto que merece destaque é que a imposição para a assinatura do contrato administrativo, por parte de ente federativo estadual e distrital, é inconstitucional. Isso porque há violação expressa à competência privativa da União para dispor sobre normas gerais de licitações e contratos (art. 22, XXVII, da Constituição Federal).[12] Inegavelmente, lei estadual criou uma condição especial para a assinatura de contrato administrativo, o que, em nosso modo de ver, acaba por criar restrição que somente poderia se veicular por meio de norma geral, de competência privativa da União.[13]

Conforme já definiu o Supremo Tribunal Federal, lei do Distrito Federal que impunha restrição à contratação de empresas que realizassem discriminação na mão de obra ensejou reconhecimento de inconstitucionalidade.[14]

---

[11] CASTRO, Rodrigo Pironti Aguirre de; ZILIOTTO, Mirela Miró. *Compliance nas contratações públicas*: exigência e critérios normativos. Belo Horizonte: Fórum, 2019. p. 42.

[12] "Art. 22. Compete privativamente à União legislar sobre: [...] XXVII - normas gerais de licitação e contratação, em todas as modalidades, para as administrações públicas diretas, autárquicas e fundacionais da União, Estados, Distrito Federal e Municípios, obedecido o disposto no art. 37, XXI, e para as empresas públicas e sociedades de economia mista, nos termos do art. 173, §1º, III".

[13] Nesse sentido, as mesmas críticas foram sintetizadas por SCHRAMM, Fernanda Santos. *O compliance como instrumento de combate à corrupção no âmbito das contratações públicas*. Dissertação (Mestrado em Direito) – Programa de Pós-Graduação em Direito (PPGD), Universidade Federal de Santa Catarina (UFSC), Florianópolis, 2018. p. 379-380. Disponível em: https://repositorio.ufsc.br/bitstream/handle/123456789/190091/PDPC1368-D.pdf?sequence=-1&isAllowed=y.

[14] "O dispositivo atacado estabelece um critério a ser observado de modo geral nos contratos administrativos do Governo do Distrito Federal, vale dizer, que não especifica tampouco

De igual modo, destaca-se que as leis comentadas estabelecem critérios aplicáveis a todos aqueles que desejam celebrar contratos com suas respectivas administrações, violando, ainda que em tese, o art. 22, XXVII, da Constituição Federal, por infringir a competência privativa da União para legislar sobre normas gerais de licitações e contratação.

## 4 Sugestões de melhoria da exigência

A partir do que se demonstrou a seguir, as atuais leis estaduais ou distritais que versam sobre a exigência de programas de *compliance* possuem diversos pontos falhos. Como forma de trazer maiores subsídios à pertinência da relação entre *compliance* e contratação pública, algumas sugestões de melhoria são trazidas a seguir.

### 4.1 Inclusão da previsão na Lei Geral de Licitações

O primeiro passo para a incrementação da exigência de programas de *compliance* para a assinatura de determinado contrato administrativo é que a Lei Geral de Licitações passe a contemplar tal exigência, sob pena de inconstitucionalidade, por violação expressa ao art. 22, XXVII, da Constituição Federal.

O primeiro passo na mudança da relação entre os mecanismos de *compliance* com os procedimentos de contratação pública está na necessidade de que a Lei nº 8.666/1993 passe a contemplar tal exigência, o que impede que os demais entes federativos possam exigir tal providência.

### 4.2 Transformação dos programas de *compliance* em mera formalidade

Em segundo lugar, ao se estabelecer mecanismos de *compliance* como meramente obrigatórios, como um mero requisito para a assinatura contratual, há inegável risco de os mecanismos de *compliance* dos licitantes tornarem-se mera exigência formal ou burocrática para a assinatura do contrato.

Como visto, programas de *compliance* devem ter antes o desígnio da efetividade do que o da obrigatoriedade. Ao invés de se exigir do

---

destaca tema capaz de retirar-lhe a abstração, a generalidade e impessoalidade: também nãos e trata de norma especial, atinente a particularidades da orientação local – mas, sim, de normal geral de incapacitação para licitar" (BRASIL. Supremo Tribunal Federal. ADI 3.670. Rel. Min. Sepúlveda Pertence, j. 2.4.2007, P. *Diário da Justiça*, 18 maio 2007).

contratado a mera existência do programa, muito mais prudente seria que houvesse a definição de mecanismos adotados pelo próprio mercado como parte da avaliação dos programas de *compliance*.

## 4.3 Aumento dos custos dos contratados

Mesmo que haja um enorme esforço para que as micro e pequenas empresas também venham a adotar práticas de integridade, compreende-se que ainda é muito custosa a implementação de um programa de *compliance* no Brasil. Como demonstrado a partir das sanções já aplicadas a título da Lei Anticorrupção, o perfil das empresas sancionadas é de pequeno ou médio porte, o que, em tese, prejudicaria e restringiria o mercado de contratação pública àquelas empresas que tivessem condições econômicas de implementar programas de *compliance*.

Entende-se que a imposição da obrigatoriedade de implantação de programas de *compliance* para os contratos já vigentes, especialmente no caso do Distrito Federal,[15] poderá ter reflexos diretos no próprio equilíbrio econômico-financeiro do contrato. Ao se exigir a existência de programas de integridade, o contratado terá que dispender recursos para atender a uma exigência criada pela Administração Pública, equiparando-se, ao que tudo indica, a um fato do príncipe.[16]

Além disso, entende-se que, caso comprovado pelo contratado os custos para a implementação de um programa de *compliance*, por estrita observância à exigência criada pela Administração Pública, esta deverá recompor os custos realizados pelo particular para o atendimento das requisições do Poder Público, de modo a reequilibrar as condições da proposta (art. 37, XXI, da Constituição Federal).[17]

---

[15] Assim dispôs a Lei Distrital nº 6.112/2018: "Art. 2º Aplica-se o disposto nesta Lei: [...] II - aos contratos em vigor com prazo de duração superior a 12 meses".

[16] Na lição de José Cretella Júnior: "a teoria jurídica que procura explicar em que se fundamenta a responsabilidade pecuniária da Administração quando, em virtude de medidas por esta tomadas e que oneram sobremaneira a execução do contrato por parte do particular, está o Estado obrigado a indenizar, recebe o nome de teoria do fato do príncipe" (CRETELLA JÚNIOR, José. Teoria do "fato do príncipe". *Revista de Direito Administrativo*, Rio de Janeiro, v. 75, 1964. p. 30).

[17] Destaca-se que isso restou expressamente ressalvado na norma fluminense, em grave violação ao equilíbrio econômico-financeiro do contrato: "Art. 5º A implantação do Programa de Integridade no âmbito da pessoa jurídica dar-se-á no prazo de 180 (cento e oitenta) dias corridos, a partir da data de celebração do contrato. [...] §2º Para efetiva implantação do Programa de Integridade, os custos/despesas resultantes correrão à conta da empresa contratada, não cabendo ao órgão contratante o seu ressarcimento".

## 4.4 Análise real da exigência – Obrigatoriedade a depender do caso, conforme o edital de licitação

Entende-se que seria muito mais adequada a utilização dos programas de *compliance* como um critério para a pontuação das propostas, quando da utilização do tipo de licitação "melhor técnica" ou "técnica e preço" (art. 46, §1º, I, da Lei nº 8.666/1993), e não como uma condicionante à assinatura contratual.

Assim, incumbe à Administração Pública a análise da real necessidade de programas de *compliance* a depender da complexidade do objeto que está sendo licitado. Evidentemente, um contrato de concessão de serviços públicos, como uma rodovia, iria necessitar que a concessionária contratada seguisse boas práticas de integridade, por conta do número de investimentos necessários e a ampla duração desses contratos.

O Substitutivo da Câmara dos Deputados ao Projeto de Lei nº 1.292-F de 1885 do Senado Federal, que visa alterar a atual Lei nº 8.666/1993, prescreve que o edital de licitação poderá prever a obrigatoriedade de implantação de mecanismos de *compliance* por parte do contratado da Administração Pública.

A proposta tem a seguinte redação:

> Nas contratações de obras, serviços e fornecimentos de grande vulto, o edital deverá prever a obrigatoriedade de implantação de programa de integridade pelo licitante vencedor, no prazo de 6 (seis) meses, contado da celebração do contrato, conforme regulamento que disporá sobre as medidas a serem adotadas, a forma de comprovação e as penalidades pelo seu descumprimento.[18]

Nesse sentido, acredita-se que a previsão da proposta legislativa de alteração da Lei nº 8.666/1993 segue exatamente o que se compreende como uma boa exigência para os mecanismos de *compliance* em procedimentos de contratação pública. Ao invés de se exigir automaticamente a existência do programa de integridade como requisito para a assinatura do contrato, seria mais benéfico à Administração Pública a avaliação caso a caso da real necessidade da exigência de adoção de práticas de *compliance* por parte do contratado.

---

[18] Art. 25, §4º (BRASIL. Câmara dos Deputados. *Projeto de Lei nº 1.292/1995*. Brasília: Câmara dos Deputados. Disponível em: https://www.camara.leg.br/proposicoesWeb/fichadetramitacao?idProposicao=16526).

## 5 A pertinência da segurança jurídica como baliza para o tema

Como visto acima, muitas são as iniciativas similares às das legislações do estado do Rio de Janeiro e do Distrito Federal, porém, assim como as normas mencionadas, sobra otimismo e boa intenção, mas ainda falta reflexão. Antes de aprofundar a discussão sobre a aplicabilidade do tema, necessário pontuar que ambos os autores já manifestaram o apreço à matéria e a pertinência do aprofundamento no estudo,[19] tanto é assim que buscam no presente texto demonstrar os diversos aspectos nebulosos que podem comprometer a própria relevância e eficácia do *compliance* nas contratações públicas. Não se defende a absoluta proibição ou não aplicação dos mecanismos de integridade nos procedimentos licitatórios ou públicos, mas o enfrentamento das diferentes hipóteses que se apresentaram e apresentarão, com a vigência de diferentes normas sobre a matéria.

Nessa linha, observa-se que a exigência de mecanismos de *compliance* nos contratos públicos impõe como consequência diferentes obrigações às partes contraentes, e, ao que nos parece, nenhuma das normas até então vigentes buscou conceituar. Embora a intenção seja ótima, surgem certos questionamentos: quem irá avaliar o programa de integridade? Será a comissão de licitação, ou, então, no âmbito de uma concessionária de serviço público, a agência reguladora? Poderá esta estabelecer regras específicas para o setor, ante a obrigação especial de sujeição? E durante a continuidade do contrato, será o gestor do contrato? Ele possui qualificação para isso? Poderão os agentes públicos avaliar a efetividade de um programa de forma subjetiva? Como estabelecer um marco temporal para sancionar a pessoa jurídica?

De igual modo, a enxurrada de proposições legislativas sobre o tema, ainda que bem-intencionadas, podem servir justamente de estímulo à corrupção, isso porque, ao iniciar a vigência, as diferentes normas serão acompanhas de diferentes decisões administrativas e judiciais, nos diversos entes federativos, o que evidencia a tendência ao enfraquecimento do *compliance* em um sistema desconexo e incoerente de combate e prevenção à corrupção nas contratações públicas.[20]

---

[19] PINHO, Clóvis Alberto Bertolini de. É preciso cautela ao exigir compliance em contrato público. *Consultor Jurídico*, São Paulo, 18 fev. 2018. Disponível em: https://www.conjur.com.br/2018-fev-18/clovis-pinho-preciso-cautela-compliance-contrato-publico. Acesso em: 14 maio 2020 e CASTELLA, Gabriel Morettini. Clausulas anticorrupção e as novas exigências de programas de integridade para as contratações públicas. *Revista Zênite ILC – Informativo de Licitações e Contratos*, Curitiba, n. 293, jul. 2018. p. 690-694.

[20] Sobre o tema, SCHRAMM, Fernanda Santos. *O compliance como instrumento de combate à corrupção no âmbito das contratações públicas*. Dissertação (Mestrado em Direito) –

Nessa medida, com a vigência da Lei nº 13.655/2018, constata-se o dever de primar pela segurança jurídica. Em outras oportunidades, manifestamos a preocupação em enfrentar as seguintes indagações: (a) Como o agente privado deve orientar sua conduta?; (b) Quem é a autoridade competente para regulamentar novos critérios de avaliação de programas de integridade?; (c) Estados e municípios podem inovar na definição dos parâmetros para avaliação?; (d) Estaria a autoridade sancionadora vinculada a tais critérios para realização do julgamento sobre a qualidade do programa implementado ou revisado?; (e) O que muda com a celebração da leniência?; (f) Em que medida a Lei nº 13.655/2018 impacta os processos de responsabilização de pessoas jurídicas?[21]

Desse modo, cientes da necessidade de aprofundamento no estudo, passamos a discorrer, brevemente, sobre a relevância do estudo da segurança jurídica como alicerce para enfrentar as hipóteses às quais se pretende responder no presente texto.

Pressuposto para garantia de condições de estabilidade entre indivíduos e o Estado, na medida em que limita mas não elimina a autoridade do Poder Público, a segurança jurídica atua como parte da estrutura que permite aos administrados[22] "viver mais tranquilos no seu espaço de liberdade".[23] No entanto, como a segurança é valor, e, por consequência, dotada de subjetividade, sua aplicabilidade implica um

---

Programa de Pós-Graduação em Direito (PPGD), Universidade Federal de Santa Catarina (UFSC), Florianópolis, 2018. Disponível em: https://repositorio.ufsc.br/bitstream/handle/123456789/190091/PDPC1368-D.pdf?sequence=-1&isAllowed=y. Acesso em: 14 maio 2020 e PINHO, Clóvis Alberto Bertolini de. *Corrupção e Administração Pública no Brasil*: combate administrativo e a Lei nº 12.846/2013 (Lei Anticorrupção). São Paulo: Almedina, 2020.

[21] Sobre o tema, cf. BIANCHI, Bruno; CASTELLA, Gabriel Morettini e. Programas de integridade e as alterações promovidas pela lei nº 13.655/2018 na LINDB: a segurança jurídica como elemento de eficácia no combate e prevenção à corrupção. *In*: VALIATI, Thiago Priess; HUNGARO, Luis Alberto; CASTELLA, Gabriel Morettini e (Coord.). *A lei de introdução e o direito administrativo brasileiro*. Rio de Janeiro: Lumen Juris, 2019. p. 435-463.

[22] Como leciona Humberto Ávila: "aqui se manifesta com toda a gravidade o problema –, se o cidadão não sabe pelo que esperar, não consegue prever; e, se não consegue prever, não consegue orientar-se pelo Direito. Se isso ocorre, a segurança do passado cobra o custo da insegurança do futuro. No Estado de Direito, porém, os cidadãos devem poder legitimamente esperar que as normas inconstitucionais sejam declaradas como tais e que essa declaração suponha a sua efetiva expulsão do ordenamento jurídico" (ÁVILA, Humberto. *Teoria da segurança jurídica*. 3. ed. São Paulo: Malheiros, 2014. p. 175).

[23] COUTO E SILVA, Almiro. Princípio da segurança jurídica no direito administrativo brasileiro. *In*: CAMPILONGO, Celso Fernandes; GONZAGA, Álvaro de Azevedo; FREIRE, André Luiz (Coord.). *Enciclopédia jurídica da PUC-SP* – Tomo: Direito administrativo e constitucional. São Paulo: Pontifícia Universidade Católica de São Paulo, 2017. Disponível em: https://enciclopediajuridica.pucsp.br/verbete/17/edicao-1/principio-da-seguranca-juridica-no-direito-administrativo-brasileiro. Acesso em: 14 maio 2020.

paradoxo com o que se propõe.[24] Por isso, Humberto Ávila utiliza como ponto de partida para a análise da segurança jurídica a insegurança.

Para parte da doutrina, o atual nível da insegurança jurídica encontrava-se em um dos piores níveis.[25] Atribui-se a culpa para este cenário de incerteza a diversos fatores, como o caos no Poder Legiferante ao exercer sua atividade de forma despreocupada com a coerência do ordenamento, a instabilidade das decisões judiciais, a complexidade e a obscuridade de textos e exposições doutrinárias.[26]

Ao observar este cenário, Humberto Ávila identificou a vagueza e a parcialidade de apenas se conceituar a segurança jurídica e ressaltar a sua importância no cenário jurídico nacional. O referido autor aponta para a problemática da pesquisa da segurança jurídica unicamente com ênfase na proteção da confiança, ou por vezes com enfoque na determinação conceitual da sua hipótese de incidência; ou, também, como um ideal de previsibilidade e, ainda, como a soma de várias partes, como a associação de garantias de legalidade, irretroatividade e anterioridade.[27] Logo, Humberto Ávila ressalta que "o estudo da segurança jurídica, desse modo, não proporciona segurança alguma para a sua aplicação", o que, por consequência, "não seria satisfatório para se resolver o problema da insegurança *atual*".[28]

Assim, passa-se a construir um método que pretende, de forma progressiva, reduzir a sua indeterminação, de maneira a atribuir certo grau de operacionalidade prática. Com isso, apresentar-se-á a indicação de comportamentos, por meio dos quais se contribuirá para a realização dos fins a que o princípio da segurança jurídica visa atingir.[29] No entanto, é importante ressaltar que a proposta apresentada por Humberto Ávila não intenta buscar um grau de certeza absoluta, mas um método capaz de reduzir o nível de certeza relativa.[30]

---

[24] BORGES, José Souto Maior. O princípio da segurança jurídica na criação e aplicação cio tributo. *RDDT*, São Paulo, n. 22, 1997 e ATALIBA, Geraldo. *República e Constituição*. 3. ed. São Paulo: Malheiros, 2011. p. 182.
[25] ÁVILA, Humberto. *Teoria da segurança jurídica*. 3. ed. São Paulo: Malheiros, 2014. p. 39.
[26] ÁVILA, Humberto. *Teoria da segurança jurídica*. 3. ed. São Paulo: Malheiros, 2014. p. 39.
[27] ÁVILA, Humberto. *Teoria da segurança jurídica*. 3. ed. São Paulo: Malheiros, 2014. p. 70.
[28] ÁVILA, Humberto. *Teoria da segurança jurídica*. 3. ed. São Paulo: Malheiros, 2014. p. 70.
[29] ATALIBA, Geraldo. *República e Constituição*. 3. ed. São Paulo: Malheiros, 2011. p. 167.
[30] "Trata-se, na verdade, apenas da questão de saber até que ponto a tentativa de atingir a segurança jurídica pode e deve ser racionalmente feita por meio de previsível determinação, de uma questão de medida, portanto" (RÜMELIN, Max. *Die Rechtssicherheit*. Tübingen: Mohr Siebeck, 1924. p. 60 *apud* ÁVILA, Humberto. *Teoria da segurança jurídica*. 3. ed. São Paulo: Malheiros, 2014).

Dessa forma, para combater a insegurança jurídica serão delimitados critérios gerais com ênfase na aplicação de um ordenamento jurídico cognoscível, confiável e calculável, como premissa para realização de ações estatais e garantia de direitos fundamentais.[31]

Nesse sentido, para que se possa reduzir o grau de subjetividade na esfera subjetiva de incidência da segurança jurídica ligada à ação no tempo, é que se destaca a relevância do estudo de modo que possa prescrever as condutas a serem empregadas para que o direito sirva como garantia de direitos ao particular, atuando como instrução de proteção[32] e também de orientação à atuação da autoridade estatal.

No Brasil, como leciona Almiro do Couto e Silva, foi somente no final do século XX e na primeira década deste século que se passou a reconhecer o princípio da proteção à confiança como norma constitucional, na legislação federal e na jurisprudência do Supremo Tribunal Federal. Segundo o autor, extrai-se de três leis da União, relacionadas com a segurança jurídica, a específica dedicação à proteção da confiança.

São elas: a Lei nº 9.784/1999, que dispôs sobre o processo administrativo no âmbito da Administração Federal (arts. 2º e 54), a Lei nº 9.868/1999, que estabeleceu normas sobre a ação declaratória de constitucionalidade e a ação direta de inconstitucionalidade (art. 27) e a Lei nº 9.882/1999, que instituiu a arguição de descumprimento de preceito fundamental (art. 11).[33]

Em relação à Lei nº 9.784/1999 (Lei de Processo Administrativo Federal), é possível notar que o legislador se preocupou em definir a segurança jurídica entre os princípios a que se submete a Administração Pública, no que Almiro do Couto Silva denomina "uma versão ampliada do elenco consignado no art. 37º da Constituição Federal".[34]

---

[31] RÜMELIN, Max. *Die Rechtssicherheit*. Tübingen: Mohr Siebeck, 1924. p. 73 *apud* ÁVILA, Humberto. *Teoria da segurança jurídica*. 3. ed. São Paulo: Malheiros, 2014.

[32] RÜMELIN, Max. *Die Rechtssicherheit*. Tübingen: Mohr Siebeck, 1924. p. 73 *apud* ÁVILA, Humberto. *Teoria da segurança jurídica*. 3. ed. São Paulo: Malheiros, 2014.

[33] COUTO E SILVA, Almiro. Princípio da segurança jurídica no direito administrativo brasileiro. *In*: CAMPILONGO, Celso Fernandes; GONZAGA, Álvaro de Azevedo; FREIRE, André Luiz (Coord.). *Enciclopédia jurídica da PUC-SP* – Tomo: Direito administrativo e constitucional. São Paulo: Pontifícia Universidade Católica de São Paulo, 2017. Disponível em: https://enciclopediajuridica.pucsp.br/verbete/17/edicao-1/principio-da-seguranca-juridica-no-direito-administrativo-brasileiro. Acesso em: 14 maio 2020.

[34] COUTO E SILVA, Almiro. Princípio da segurança jurídica no direito administrativo brasileiro. *In*: CAMPILONGO, Celso Fernandes; GONZAGA, Álvaro de Azevedo; FREIRE, André Luiz (Coord.). *Enciclopédia jurídica da PUC-SP* – Tomo: Direito administrativo e constitucional. São Paulo: Pontifícia Universidade Católica de São Paulo, 2017. Disponível em: https://enciclopediajuridica.pucsp.br/verbete/17/edicao-1/principio-da-seguranca-juridica-no-direito-administrativo-brasileiro. Acesso em: 14 maio 2020.

Chama a atenção o disposto no art. 2º, inc. XIII, e parágrafo único, inc. XIII da Lei nº 9.784/1999, em que se veda a aplicação a fatos pretéritos de nova interpretação da norma jurídica, o que com a vigência da Lei nº 13.655/2018 passou a se tornar regra geral.

O princípio da proteção da confiança se refere à espécie do princípio da segurança jurídica, na medida em que enfatiza uma norma objetiva, enquanto o princípio da segurança jurídica diz respeito ao ordenamento jurídico. Além disso, no âmbito pessoal, enquanto o princípio da segurança jurídica representa uma norma objetiva, não necessariamente vinculada a um sujeito específico, o princípio da confiança legítima protege o interesse de uma pessoa específica.[35]

O princípio da confiança legítima deve incidir para inibir hipóteses em que a recomendação de determinada conduta, como exemplo, a definição de um pressuposto de garantia da efetividade de um programa de integridade, não seja desconsiderada caso ocorra uma imprevisível mudança de entendimento na data da avaliação do programa, impedindo que se possa desconsiderar o critério anterior. Em outra hipótese, o princípio da confiança legítima atua como garantia de que o marco temporal para sancionar a pessoa jurídica não seja estabelecido de maneira diversa da que impõe o contrato, cabendo à autoridade responsável pela avaliação do programa relacionar a suspeita de prática de um ilícito às diferentes etapas de implementação do programa de *compliance*. Atos motivados sem a devida ponderação com o contexto fático em que se situam os envolvidos poderão estar sujeitos à nulidade.

Ao observar este cenário, o princípio da confiança se destaca como aspecto da segurança jurídica a ser observado como condição de validade dos atos administrativos e judiciais. Posto isso, caberá à autoridade responsável por aferir a efetividade de um programa de integridade ponderar, no caso concreto, o grau de proteção à segurança jurídica.[36]

---

[35] COUTO E SILVA, Almiro. Princípio da segurança jurídica no direito administrativo brasileiro. *In*: CAMPILONGO, Celso Fernandes; GONZAGA, Álvaro de Azevedo; FREIRE, André Luiz (Coord.). *Enciclopédia jurídica da PUC-SP* – Tomo: Direito administrativo e constitucional. São Paulo: Pontifícia Universidade Católica de São Paulo, 2017. Disponível em: https://enciclopediajuridica.pucsp.br/verbete/17/edicao-1/principio-da-seguranca-juridica-no-direito-administrativo-brasileiro. Acesso em: 14 maio 2020.

[36] Humberto Ávila apresenta 7 (sete) regras para mensuração do grau de confiança a um ato normativo: "A primeira estaria ligada ao grau de proteção de tal princípio, o que se evidenciaria por meio da maior presença de elementos normativos pertinentes às situações de fato, como em situações em que: quanto maior for o grau de vinculação da norma ao ato, maior deve ser a confiança nele depositada". Outra situação apresentada

Assim, pode-se afirmar que o princípio da proteção da confiança envolve, para a sua configuração, ao menos quatro pressupostos: (1) a existência de uma base de confiança; (2) uma confiança nessa base; (3) a prática de condutas que garantam a confiança na base que a gerou; e, quando houver a (4) tentativa da sua frustração por ato posterior e contraditório do Poder Público.[37]

Dessa maneira, para que se possa reduzir o grau de subjetividade na interpretação das diferentes normas que estabelecem os programas de *compliance* como condição para contratar com a Administração Pública, deve o intérprete analisar os pressupostos para configuração do princípio da proteção da confiança. Além disso, os parâmetros apresentados por Humberto Ávila devem ser aplicados concomitantemente aos dispositivos da Lei nº 13.655/2018.

De igual modo, como a Lei nº 13.655/2018 trouxe novos elementos de validade, e isso é realmente caro no âmbito contratual e sancionador, é, portanto, imperioso que os novos parâmetros sejam analisados sob o regime em que se inserem as diferentes normas que passaram a estabelecer os programas de *compliance* como condição para contratar com a Administração Pública.

---

pelo autor se refere a aparência de legitimidade do ato: "quanto maior for o grau de aparência de legitimidade do ato, maior deve ser a proteção da confiança nele posta". Em relação às hipóteses de modificabilidade, sugere o autor que: "quanto maior for o grau de permanência do ato, maior deve ser a proteção da confiança a ele atribuída". Com relação à efetividade da situação posta, seja um ato administrativo seja norma, sugere o autor que, "quanto maior o grau de realização da finalidade subjacente à regra supostamente violada, tanto maior deve ser a proteção dos efeitos do ato inquinado de ilegal". Em relação às hipóteses de modificação, sugere o autor que, "quanto maior for o grau de permanência do ato, maior deve ser a proteção da confiança a ele atribuída". Com relação à efetividade da situação posta, seja um ato administrativo seja norma, sugere o autor que, "quanto maior o grau de realização da finalidade subjacente à regra supostamente violada, tanto maior deve ser a proteção dos efeitos do ato inquinado de ilegal". O autor Humberto Ávila ainda cita quatro outras hipóteses dentro desta primeira regra, como nos casos de indução, em que, "quanto maior o grau de indução decorrente do ato, maior deve ser a proteção merecida pela confiança com base nele exercida", no caso de individualidade em que "quanto maior for o grau de proximidade do ato, maior deve ser a proteção da confiança nele depositada", e aqui merece destaque, isso porque o princípio da proteção da confiança tem como uma das principais características assegurar que relações jurídicas específicas sejam cumpridas de acordo com o que foi previamente definido. Outro ponto destacado pelo autor diz respeito à onerosidade, de modo que, "quanto maior for o grau de onerosidade do ato, maior deve ser a proteção da confiança nele recaída", o que nos parece fazer muito sentido, principalmente por exigir a contraprestação de uma parte sem a devida garantia de cumprimento do que foi estabelecido. Encerra a exposição sobre a primeira regra, ao tratar da durabilidade, na medida em que entende que, "quanto mais duradoura no tempo for a eficácia temporal do ato, maior proteção merece a confiança nele depositada (ÁVILA, Humberto. *Teoria da segurança jurídica*. 3. ed. São Paulo: Malheiros, 2014).

[37] ÁVILA, Humberto. *Teoria da segurança jurídica*. 3. ed. São Paulo: Malheiros, 2014. p. 360.

Deste modo, para compreender e influenciar a aplicação da segurança jurídica como baliza para a avaliação da efetividade dos mecanismos de *compliance*, necessário o estudo sobre as diferentes hipóteses a serem enfrentadas nas contratações públicas, conforme descrito no próximo tópico.

## 6 Avaliação da efetividade dos mecanismos de *compliance*

A análise sobre a eficiência do programa de integridade nas contratações públicas percorre diferentes hipóteses. Este texto limita-se à análise dos seguintes pontos: Poderá a comissão de licitação, ou então, no âmbito de uma concessionária de serviço público, a agência reguladora, definir os critérios para a avaliação da efetividade dos mecanismos de *compliance*? Poderá haver regras específicas para o setor, ante a obrigação especial de sujeição? Durante a continuidade do contrato, será o gestor do contrato? Ele possui qualificação para isso? Poderão os agentes públicos avaliar a efetividade de um programa de forma subjetiva? Como estabelecer um marco temporal para sancionar a pessoa jurídica?

De igual modo, a relevância no estudo do tema não se limita à simples definição da efetividade ou não de um programa de integridade, mas às diferentes consequências que a conclusão da autoridade competente poderá impor. Isso ocorre porque ao se ponderar a eficiência do programa de integridade, poderá se verificar: 1) a possibilidade de a pessoa jurídica comprovar a ausência de culpabilidade na prática de um ato lesivo imputado; 2) a capacidade de a pessoa jurídica comprovar o rompimento de nexo causal quando interromper a prática de um ato lesivo; 3) em que medida o programa foi capaz de evitar o ilícito.

Nessa medida, o princípio da segurança jurídica apoia também a autoridade julgadora, isso porque será por meio de critérios objetivos que poderá excluir, aplicar ou não uma sanção, na medida em que o programa de integridade comprovar sua eficiência.[38] Entre as normas

---

[38] Sobre a relevância de o programa de integridade ser efetivo, importante o apontamento de Fernanda Schramm, ao mencionar o acordo de leniência celebrado no âmbito da Operação Lava Jato entre o Ministério Público Federal e a JEF Investimento S.A.: após a celebração do acordo de leniência, o Ministério Público Federal emitiu uma nota explicativa esclarecendo os parâmetros utilizados no cálculo da multa imposta à empresa. Na oportunidade, consignou que "apesar de a colaboradora já possuir anteriormente um programa de *compliance*, decidiu-se não aplicar o abatimento previsto no inciso V do artigo 18 em razão da ineficácia de tal programa que não impediu o cometimento de ilícitos por parte dos agentes da colaboradora" (SCHRAMM, Fernanda Santos. *O compliance como*

estaduais que passaram a exigir a implementação de programas de *compliance*, especialmente a do estado do Rio de Janeiro, depreende-se considerável influência do art. 42 do Decreto nº 8.420/2015, que estabeleceu, através de um rol taxativo, os parâmetros para avaliação dos programas de integridade no âmbito da Lei nº 12.846/2013.

Como forma de facilitar o acesso e o controle aos parâmetros de avaliação, a Controladoria-Geral da União disponibiliza um manual e uma planilha em que são apresentados os critérios de avaliação e o cálculo da nota final,[39] medida esta que ainda carece de regulamentação específica nos entes da Federação. No entanto, enquanto pendente de regulamentação, cabe aos entes federativos adotar os critérios existentes no Decreto Presidencial nº 8.420/2015, como pressuposto de validade enunciado no art. 30, da Lei nº 13.655/2018 (Lei de Introdução às Normas do Direito brasileiro).

Ao observar este cenário, parece adequado ao julgador que, com fundamento na Lei nº 13.655/2018, avalie se na época em que os atos foram praticados o programa de integridade existente seria capaz de evitar o ato lesivo. Ainda, deverá verificar a eficiência por meio dos critérios que eram exigidos na época dos fatos em relação ao programa aplicado naquele tempo, como pressuposto de validade e segurança jurídica. Evita-se assim que, com base em mudança posterior de orientação geral, declarem-se inválidas situações plenamente constituídas.

Assim, observa-se que o peso simbólico das sanções também está presente no efeito preventivo da legislação. A atribuição de responsabilidade às empresas acaba por exigir o conhecimento de questões ligadas à sua estrutura e mecanismos internos de controle de ilícitos de todo o grupo econômico e até mesmo além dele. Neste ponto é que se insurge quanto à possibilidade de uma comissão de licitação, ou então no âmbito de uma concessionária de serviço público a agência reguladora, definir os critérios para a avaliação da efetividade dos mecanismos de *compliance*.

Para a aferição da efetividade de um programa de integridade, nos parece que, a exemplo do que fez a União no âmbito da Lei

---

*instrumento de combate à corrupção no âmbito das contratações públicas*. Dissertação (Mestrado em Direito) – Programa de Pós-Graduação em Direito (PPGD), Universidade Federal de Santa Catarina (UFSC), Florianópolis, 2018. Disponível em: https://repositorio.ufsc.br/bitstream/handle/123456789/190091/PDPC1368-D.pdf?sequence=-1&isAllowed=y. Acesso em: 14 maio 2020).

[39] BRASIL. Controladoria-Geral da União. *Manual prático de avaliação de programa de integridade em PAR*. Brasília: CGU, 2018. Disponível em: https://www.gov.br/cgu/pt-br/centrais-de-conteudo/publicacoes/etica-e-integridade/arquivos/manual-pratico-integridade-par.pdf.

nº 12.846/2013 (Decreto Presidencial nº 8.420/2015 – art. 42, §§2º e 3º), deverão os estados definir, de acordo com as respectivas estruturas, procedimentos uniformes para análise dos programas de integridade

É fundamental que se realize a capacitação dos agentes públicos responsáveis pela aferição de qualidade de um programa de integridade, cabendo às controladorias estaduais o controle da validade dos atos. Assim, poderá, durante a continuidade do contrato, o gestor do contrato avaliar a efetividade de um programa de *compliance*.

Quanto ao âmbito de uma concessionária de serviço público, parece-nos adequado a agência reguladora definir os critérios para a avaliação da efetividade dos mecanismos de *compliance* no âmbito da relação especial de sujeição[40] que estabelece com o particular. No entanto, a definição dos critérios a serem avaliados deverá estar atrelada ao prévio estudo de impacto regulatório[41] e em convergência com as orientações gerais definidas pelo estado. Necessário destacar que, para a configuração do princípio da proteção da confiança, é necessário que o ato definidor dos padrões de validação seja previamente publicizado, sob pena de nulidade.

Ao responder às referidas hipóteses, constata-se que não parece legítima, sob o aspecto da validade do ato, a possibilidade de agentes públicos avaliarem a efetividade de um programa de forma subjetiva. Defender o contrário, por óbvio, poderá comprometer toda a estrutura que envolve a necessidade de observância da segurança jurídica.

Por fim, quanto à definição no estabelecimento de um marco temporal para sancionar a pessoa jurídica, parece-nos que a resposta para referida hipótese está ligada a dois pontos: (1) a necessidade de regulamentação e atualização dos critérios para aferição dos programas de integridade, como condição de eficiência de tal instrumento;[42] (2) o descobrimento da prática de um ilícito ou descumprimento contratual sujeito à sanção.

---

[40] ZOCKUN, Maurício; ZOCKUN, Carolina Zancaner. A relação de sujeição especial no direito brasileiro. *A&C – Revista de Direito Administrativo & Constitucional*, Belo Horizonte, ano 19, n. 77, p. 121-137, jul./set. 2019.

[41] Cf. art. 6º, da Lei nº 13.848/2019.

[42] "Pensemos que, posteriormente à promulgação de lei nacional, fosse descoberta nova frente de corrupção anteriormente não identificada ou até mesmo inexistente e que, em razão dessa descoberta, se tornaria necessária a inclusão de novo parâmetro para programa de integridade, *v.g.*, que envolvesse nova tecnologia da informação. O trâmite para aprovação de uma nova lei demandaria um tempo incompatível com a dinâmica exigida por um programa de integridade e inerente a ele" (LIMA, Ana Julia Andrade Vaz de. *Programa de Integridade e Lei 12.846/2013*: o compliance na Lei Anticorrupção brasileira. Rio de Janeiro: Lumen Juris, 2018).

Em vista disso, tem-se que a autoridade competente deverá, em consonância com o disposto no art. 24 da Lei nº 13.655/2018, considerar as orientações gerais da época, sendo vedado que, com base em mudança posterior de orientação geral, declarem-se inválidas situações plenamente constituídas.[43] Ou seja, dever-se-á julgar o ato com fundamento nas circunstâncias fáticas e normativas impostas à época da prática do caso concreto e não da instauração do procedimento de aferição do programa de integridade.

De maneira diversa à apresentada acima está a prática de crimes continuados, como a prática de um ato ilícito que se perpetua no tempo e a pessoa jurídica não atualizou os padrões de efetividade exigidos pelas autoridades competentes. No entanto, deverá o agente público possuir a devida capacidade técnica para diferenciar as circunstâncias a serem enfrentadas em cada caso concreto.

Assim, evidencia-se a complexidade do tema que, embora esteja repleto de boas intenções, ainda carece de aprofundamento. Em outras palavras, observa-se que o legislador está buscando prestigiar, no âmbito da Administração Pública, a adoção de novas práticas com uma ferramenta que, se mal utilizada, poderá cair em desuso ou, até, se tornar um meio para o fomento do encobrimento da prática de ilícitos, ante sua plausível inefetividade.

## 7 Conclusões

Ante todo o exposto, as seguintes conclusões sobre a relação entre *compliance* e contratação pública podem ser apresentadas:

1. Os procedimentos de licitação e de execução de contratos públicos possuem muita importância para o tema da corrupção, pois é no âmbito destes procedimentos que muitos atos de corrupção são gestados e perpetrados, em prejuízo à Administração Pública.
2. A Lei Anticorrupção (Lei nº 12.846/2013) buscou preencher uma lacuna legislativa no que tange à punição de pessoas jurídicas no caso de prejuízos à Administração Pública, com a imposição de uma responsabilidade objetiva, independentemente da comprovação de dolo ou culpa.

---

[43] BIANCHI, Bruno; CASTELLA, Gabriel Morettini e. Programas de integridade e as alterações promovidas pela lei nº 13.655/2018 na LINDB: a segurança jurídica como elemento de eficácia no combate e prevenção à corrupção. *In*: VALIATI, Thiago Priess; HUNGARO, Luis Alberto; CASTELLA, Gabriel Morettini e (Coord.). *A lei de introdução e o direito administrativo brasileiro*. Rio de Janeiro: Lumen Juris, 2019. p. 435-463.

3. Ao mesmo passo que a Lei Anticorrupção estabeleceu um forte regime de responsabilização, o seu art. 7º, parágrafo único, prevê que a existência de mecanismos de integridade ou *compliance* poderia ser levada em consideração na aplicação de sanções administrativas.
4. Muito embora a exigência seja louvável, compreende-se que a mera imposição da existência de programa de *compliance* para a assinatura de um contrato público é medida de constitucionalidade duvidosa. Ademais, percebe-se que a imposição de mera obrigatoriedade poderá prejudicar as pequenas e médias empresas, que teriam maiores dificuldades para assinar contratos públicos.
5. Como forma de conferir maior efetividade à exigência de programas de *compliance* no âmbito das contratações públicas, foram sugeridas as seguintes medidas: a) a inclusão da medida na Lei Geral de Licitações, de modo a permitir que os demais entes federativos possam exigir programas de *compliance* sem recair em inconstitucionalidade; b) ao invés de se exigir a obrigatoriedade dos programas de *compliance*, sugeriu-se que a efetividade do funcionamento dos programas de *compliance* fosse avaliada, e não apenas a sua existência formal; c) a imposição de programas de *compliance* pode ensejar custos desnecessários ao contratado, o que poderá levar a Administração Pública a recompor o equilíbrio econômico-financeiro do contrato; d) a avaliação da Administração Pública da real necessidade para o objeto contratual da existência de um programa de *compliance*, cabendo ao gestor público a definição de quando efetivamente seria possível a existência de programas de *compliance*.
6. Há diversos empecilhos fáticos ainda não respondidos sobre a exigência de mecanismos de *compliance* no âmbito dos procedimentos de contratação pública brasileira, que demanda a real análise de segurança jurídica, conforme o art. 30, da Lei de Introdução às Normas do Direito brasileiro.
7. É preciso definir, no âmbito de cada um dos entes federativos, procedimentos de preceitos basilares para a correta avaliação dos programas de *compliance* por parte das empresas contratadas pelo Poder Público brasileiro, sob pena de violação aos preceitos da confiança e da segurança jurídica.
8. A adequada avaliação de um programa de *compliance* poderá implicar: a) a possibilidade de a pessoa jurídica comprovar

a ausência de culpabilidade na prática de um ato lesivo imputado; b) a capacidade de a pessoa jurídica comprovar o rompimento de nexo causal quando interromper a prática de um ato lesivo; c) em que medida o programa foi capaz ou não de evitar o ilícito.

## Referências

ATALIBA, Geraldo. *República e Constituição*. 3. ed. São Paulo: Malheiros, 2011.

ÁVILA, Humberto. *Teoria da segurança jurídica*. 3. ed. São Paulo: Malheiros, 2014.

BIANCHI, Bruno; CASTELLA, Gabriel Morettini e. Programas de integridade e as alterações promovidas pela lei nº 13.655/2018 na LINDB: a segurança jurídica como elemento de eficácia no combate e prevenção à corrupção. *In*: VALIATI, Thiago Priess; HUNGARO, Luis Alberto; CASTELLA, Gabriel Morettini e (Coord.). *A lei de introdução e o direito administrativo brasileiro*. Rio de Janeiro: Lumen Juris, 2019.

BORGES, José Souto Maior. O princípio da segurança jurídica na criação e aplicação cio tributo. *RDDT*, São Paulo, n. 22, 1997.

BRASIL. Câmara dos Deputados. *Projeto de Lei nº 1.292/1995*. Brasília: Câmara dos Deputados. Disponível em: https://www.camara.leg.br/proposicoesWeb/fichadetramit acao?idProposicao=16526.

BRASIL. Controladoria-Geral da União. *Manual prático de avaliação de programa de integridade em PAR*. Brasília: CGU, 2018. Disponível em: https://www.gov.br/cgu/pt-br/centrais-de-conteudo/publicacoes/etica-e-integridade/arquivos/manual-pratico-integridade-par.pdf.

BRASIL. Supremo Tribunal Federal. ADI 3.670. Rel. Min. Sepúlveda Pertence, j. 2.4.2007, P. *Diário da Justiça*, 18 maio 2007.

BRASIL. Tribunal de Contas da União. *Acórdão nº 1085/2011 – Plenário*. TC-007.924/2007-0. Rel. Min. José Múcio, j. 27.4.2011.

BREUS, Thiago Lima. *Contratação pública estratégica*. São Paulo: Almedina, 2020.

CASTELLA, Gabriel Morettini. Clausulas anticorrupção e as novas exigências de programas de integridade para as contratações públicas. *Revista Zênite ILC – Informativo de Licitações e Contratos*, Curitiba, n. 293, jul. 2018.

CASTRO, Rodrigo Pironti Aguirre de; ZILIOTTO, Mirela Miró. *Compliance nas contratações públicas*: exigência e critérios normativos. Belo Horizonte: Fórum, 2019.

COUTO E SILVA, Almiro. Princípio da segurança jurídica no direito administrativo brasileiro. *In*: CAMPILONGO, Celso Fernandes; GONZAGA, Álvaro de Azevedo; FREIRE, André Luiz (Coord.). *Enciclopédia jurídica da PUC-SP* – Tomo: Direito administrativo e constitucional. São Paulo: Pontifícia Universidade Católica de São Paulo, 2017. Disponível em: https://enciclopediajuridica.pucsp.br/verbete/17/edicao-1/principio-da-seguranca-juridica-no-direito-administrativo-brasileiro. Acesso em: 14 maio 2020.

CRETELLA JÚNIOR, José. Teoria do "fato do príncipe". *Revista de Direito Administrativo*, Rio de Janeiro, v. 75, 1964.

GONÇALVES, Pedro Costa. *Direito dos contratos públicos*. Coimbra: Almedina, 2016.

JUSTEN FILHO, Marçal. *Curso de direito administrativo*. 9. ed. São Paulo: RT, 2013.

LIMA, Ana Julia Andrade Vaz de. *Programa de Integridade e Lei 12.846/2013*: o compliance na Lei Anticorrupção brasileira. Rio de Janeiro: Lumen Juris, 2018.

PINHO, Clóvis Alberto Bertolini de. Considerações sobre um ano de vigência do Sistema de Contratação na Lei de Empresas Estatais (Lei nº 13.303/2016). *Revista de Contratos Públicos – RCP*, Belo Horizonte, ano 6, n. 11, p. 35-54, mar./ago. 2017.

PINHO, Clóvis Alberto Bertolini de. *Corrupção e Administração Pública no Brasil*: combate administrativo e a Lei nº 12.846/2013 (Lei Anticorrupção). São Paulo: Almedina, 2020.

PINHO, Clóvis Alberto Bertolini de. É preciso cautela ao exigir compliance em contrato público. *Consultor Jurídico*, São Paulo, 18 fev. 2018. Disponível em: https://www.conjur.com.br/2018-fev-18/clovis-pinho-preciso-cautela-compliance-contrato-publico. Acesso em: 14 maio 2020.

PINHO, Clóvis Alberto Bertolini de; RIBEIRO, Marcia Carla Pereira. Corrupção e compliance nas empresas públicas e sociedades de economia mista: racionalidade das disposições da Lei de Empresas Estatais (Lei nº 13.303/2016). *Revista de Direito Administrativo*, Rio de Janeiro, v. 277, n. 1, jan./abr. 2018.

ROSE-ACKERMAN, Susan; PALIFKA, Bonnie. *Corruption and government*: causes, consequences, and reform. 2. ed. Cambridge: Cambridge University Press, 2016.

ROSILHO, André Janjácomo. *Qual é o modelo legal das licitações no Brasil?* As reformas legislativas federais no sistema de contratações públicas. Dissertação (Mestrado em Direito e Desenvolvimento) – Escola de Direito de São Paulo, Fundação Getúlio Vargas, São Paulo, 2011. Disponível em: https://bibliotecadigital.fgv.br/dspace/bitstream/handle/10438/8824/20111018%20-%20Vers%C3%A3o%20Final%20Disserta%C3%A7%C3%A3o%20%28dep%C3%B3sito%29%20.pdf. Acesso em: 9 set. 2020.

SCHRAMM, Fernanda Santos. *O compliance como instrumento de combate à corrupção no âmbito das contratações públicas*. Dissertação (Mestrado em Direito) – Programa de Pós-Graduação em Direito (PPGD), Universidade Federal de Santa Catarina (UFSC), Florianópolis, 2018. Disponível em: https://repositorio.ufsc.br/bitstream/handle/123456789/190091/PDPC1368-D.pdf?sequence=-1&isAllowed=y. Acesso em: 14 maio 2020.

VERÍSSIMO, Carla. *Compliance*: incentivo à adoção de medidas anticorrupção. São Paulo: Saraiva, 2017.

ZOCKUN, Maurício; ZOCKUN, Carolina Zancaner. A relação de sujeição especial no direito brasileiro. *A&C – Revista de Direito Administrativo & Constitucional*, Belo Horizonte, ano 19, n. 77, p. 121-137, jul./set. 2019.

---

Informação bibliográfica deste texto, conforme a NBR 6023:2018 da Associação Brasileira de Normas Técnicas (ABNT):

PINHO, Clóvis Alberto Bertolini de; CASTELLA, Gabriel Morettini e. Contratação pública e programas de compliance: mais uma formalidade ou efetividade? *In*: DAL POZZO, Augusto Neves; MARTINS, Ricardo Marcondes (Coord.). *Aspectos controvertidos do compliance na Administração Pública*. Belo Horizonte: Fórum, 2020. p. 95-117. ISBN 978-65-5518-044-2.

# A NORMA ISO 37001 COMO FERRAMENTA DE APRIMORAMENTO DOS PROCESSOS DE COMPRAS E PROTEÇÃO DOS RECURSOS PÚBLICOS

ROBERTA VOLPATO HANOFF
THIAGO HENRIQUE NIELSEN

## 1 Introdução

O direito administrativo pode ser conceituado como o "conjunto de normas e princípios que, visando sempre ao interesse público, regem as relações jurídicas entre as pessoas e órgãos do Estado e entre este e as coletividades a que devem servir".[1]

No tocante às compras públicas, para que a Administração alcance o interesse público,[2] ela necessita realizar contratações de bens e serviços fornecidos por terceiros para a realização de obras, fornecimento

---

[1] CARVALHO FILHO, José dos Santos. *Manual de direito administrativo*. 33. ed. rev., atual. e ampl. São Paulo: Atlas, 2019. p. 81.

[2] No que tange ao tema, elucida Celso Antônio Bandeira de Mello no sentido de que: "Ao se pensar em interesse público, pensa-se, habitualmente, em uma categoria *contraposta à de interesse privado, individual*, isto é, ao interesse pessoal de cada um. Acerta-se em dizer que se constitui no *interesse do todo*, ou seja, *do próprio conjunto social*, assim como acerta-se também em sublinhar que não se confunde com a somatória dos interesses individuais, peculiares de cada qual" (BANDEIRA DE MELLO, Celso Antônio. *Curso de direito administrativo*. 30. ed. rev. e atual. São Paulo: Malheiros, 2013).

de bens, prestação e execução de serviços públicos, entre outras situações. Com isso, surgiu a licitação.

Através desse procedimento administrativo, criado, em tese, com a intenção de mitigar os riscos de fraudes e corrupção envolvidos, a Administração Pública possibilita a diversos interessados o oferecimento de propostas com vistas a selecionar a que melhor se adeque ao interesse público almejado em determinada aquisição ou contratação pública.

De todo modo, por vezes é autorizada aos gestores públicos a realização de compras diretas, sem licitação. Como veremos, tanto nas licitações quanto nas contratações diretas, a Administração Pública (e os gestores públicos) é adstrita a observar diversos princípios administrativos que, implícita ou expressamente, constam inseridos no ordenamento jurídico brasileiro.

Os princípios expressos estão disciplinados no *caput* do art. 37 da Constituição Federal de 1988, constituindo verdadeiras diretrizes fundamentais à Administração Pública. Já os implícitos, apesar de não erigidos à Carta Magna, derivam do nosso regime jurídico, estando textualmente elencados no art. 2º, da Lei Federal nº 9.784/1999.

No que tange aos processos de aquisições e contratações públicas, além dos princípios gerais do direito administrativo, a Administração Pública deve respeitar alguns princípios específicos, quais sejam: legalidade, igualdade, moralidade e probidade; ademais, deve pautar seus atos nos mais elevados padrões éticos e morais, de lealdade e boa-fé.

Mais recentemente, com a entrada em vigor da Lei nº 12.846/2013 (também conhecida como Lei Anticorrupção), do Decreto nº 8.420/2015 e, após, da nova Lei das Estatais (Lei nº 13.303/2016), os fornecedores de produtos e serviços da Administração Pública direta, indireta e das estatais já sentem na pele a diferença de postura que lhes é exigida, não só no que se refere ao trato com os agentes públicos em sentido amplo (formas de abordagem e contato, concessão de brindes e hospitalidades etc.), mas, sobretudo, no âmbito de licitações e contratos, ante a imposição, por parte de alguns entes da Federação, de implementação de sistemas de *compliance* como requisito a concorrer e contratar.

E é justamente nesse cenário que a norma ISO 37001:2016, de Sistemas de Gestão Antissuborno, adquire especial protagonismo, mormente quando observada sob a perspectiva da Controladoria-Geral da União e dos estados, Advocacia-Geral da União, Ministério Público Federal, e, sobretudo, do Poder Judiciário; que já vêm incluindo a certificação desse *standard* como obrigação às empresas signatárias de acordos de leniência celebrados no âmbito das grandes operações de combate à corrupção deflagradas nos últimos anos.

A norma ISO 37001:2016 exige a implementação de diversos processos e controles internos, como a avaliação de riscos de suborno das organizações e controles financeiros e não financeiros relacionados ao gerenciamento dos riscos de corrupção envolvidos nas contratações e aquisições públicas, mostrando-se como um forte aliado dos gestores públicos na observância dos princípios administrativos inerentes às funções que desempenham e na proteção dos recursos públicos que gerenciam.

Trazidos todos esses elementos à análise, importa perquirir como um sistema de *compliance* implementado com base na ISO 37001:2016 é capaz de auxiliar o combate à corrupção e ao suborno, além de contribuir ao aprimoramento dos processos de compras realizados pela Administração Pública (tanto em licitações quanto em contratações diretas) e auxiliar a proteção dos recursos públicos.

## 2 Administração Pública: noções elementares e princípios administrativos

A expressão "administração pública" possui basicamente dois sentidos: a) formal (subjetivo ou orgânico) e b) material (objetivo ou funcional).[3]

No que tange ao primeiro, observa-se que a expressão "administração pública" designa os entes que exercem a atividade administrativa, ou seja, os órgãos e agentes públicos e as pessoas jurídicas responsáveis por exercer a função administrativa. Como exemplo, citam-se, entre outros, as empresas públicas, as sociedades de economia mista e as autarquias.

Já no que concerne ao sentido material, verifica-se que a expressão guarda relação com a atividade exercida pelos entes, sendo, portanto, a própria função administrativa. Aqui, inclui-se o serviço público, a regulação e a polícia administrativa, entre outros.

De todo modo, para uma melhor compreensão do tema, passa-se agora à distinção entre administração pública (em sentido estrito) e governo. Para tanto, necessária se faz a identificação das três funções do Estado, quais sejam: a) legislativa; b) executiva; e c) jurisdicional.

A função legislativa determina regras gerais e abstratas (leis), já as outras duas aplicam a lei aos casos concretos. Nesse sentido, verifica-se

---

[3] DI PIETRO, Maria Sylvia Zanella. *Direito administrativo*. 31. ed. rev., atual. e ampl. Rio de Janeiro: Forense, 2018. p. 118.

que a função executiva aplica a lei "mediante atos concretos voltados para a realização dos fins estatais, de satisfação das necessidades coletivas". Já a função jurisdicional assim o faz, "mediante solução de conflitos de interesses e aplicação coativa da lei, quando as partes não o façam espontaneamente".[4]

No que se refere a governo, ou melhor, à função política ou de governo, observa-se que esta "implica uma atividade de ordem superior referida à direção suprema e geral do Estado em seu conjunto e em sua unidade, dirigida a determinar os fins da ação do Estado, a assinalar as diretrizes para as outras funções, buscando a unidade da soberania estatal".[5]

Como o objetivo, por ora, não é esgotar o assunto, mas, sim, fornecer uma visão inicial sobre o que vem a ser a expressão "administração pública", passa-se à análise dos princípios do direito administrativo.

## 2.1 Princípios administrativos

De forma inicial, verifica-se que a Constituição Federal de 1988 inovou ao fazer menção expressa em seu art. 37 aos princípios a serem observados por toda a Administração Pública (direta e indireta). A estes a doutrina denomina "princípios expressos", haja vista sua previsão constitucional. São eles: legalidade, impessoalidade, moralidade, publicidade e eficiência.

Como bem salienta Carvalho Filho,[6] os princípios expressos revelam "as diretrizes fundamentais da Administração, de modo que só se poderá considerar válida a conduta administrativa se estiver compatível com eles".

Além dos *expressos*, há, ainda, os chamados *princípios implícitos*, que apesar de não estarem previstos no *caput*, do art. 37, da CF/88, precisam ser igualmente observados pela Administração, sendo eles: finalidade, motivação, proporcionalidade, razoabilidade, ampla defesa, contraditório, segurança jurídica e supremacia do interesse público.

Embora não mencionados pela Constituição Federal de 1988, os princípios implícitos derivam do nosso regime jurídico e estão textualmente elencados no art. 2º, da Lei Federal nº 9.784/1999.

---

[4] DI PIETRO, Maria Sylvia Zanella. *Direito administrativo*. 31. ed. rev., atual. e ampl. Rio de Janeiro: Forense, 2018. p. 119.

[5] ALESSI, 1970 *apud* DI PIETRO, Maria Sylvia Zanella. *Direito administrativo*. 31. ed. rev., atual. e ampl. Rio de Janeiro: Forense, 2018. p. 119.

[6] CARVALHO FILHO, José dos Santos. *Manual de direito administrativo*. 33. ed. rev., atual. e ampl. São Paulo: Atlas, 2019. p. 93.

Em relação à lei em comento, bem salientam Lopes Meirelles e Burle Filho no seguinte sentido:

> [...] tal norma, muito embora de natureza federal, tem verdadeiro conteúdo de normas gerais da atividade administrativa não só da União, mas também dos Estados e Municípios. Convém observar que a Constituição/88 não se referiu expressamente ao *princípio da finalidade*, mas admitiu sob a denominação de *princípio da impessoalidade* (art. 37).[7]

Observa-se que, apesar de esses princípios não constarem expressamente no texto constitucional, eles são de observância constante e obrigatória pela Administração Pública.

Dessa forma, tanto os princípios expressos, quanto implícitos, constituem os padrões nos quais todos aqueles que exercem o poder público devem pautar suas ações e condutas. Além disso, de acordo com a doutrina, os princípios administrativos constituem "os fundamentos da ação administrativa, ou, por outras palavras, os sustentáculos da atividade pública. Relegá-los é desvirtuar a gestão dos negócios públicos e olvidar o que há de mais elementar para a boa guarda e zelo dos interesses sociais".[8]

De todos os princípios citados, é certo que o princípio da legalidade é a diretriz precípua da conduta dos agentes públicos. Por ele, a Administração Pública só pode fazer o que está permitido/autorizado por lei, pois, caso contrário, a atividade administrativa será ilícita.

Porém, como o objetivo central do presente trabalho é abordar os processos de compras e a proteção dos recursos públicos, iremos nos ater aos princípios que guardam maior relação com a matéria, como o princípio da moralidade e da impessoalidade.

De acordo com Carvalho Filho,[9] pelo princípio da moralidade, o administrador público deve pautar seus atos e condutas por preceitos éticos, devendo este, não apenas

> [...] averiguar os critérios de conveniência, oportunidade e justiça em suas ações, mas também distinguir o que é honesto do que é desonesto. Acrescentamos que tal forma de conduta deve existir não somente nas

---

[7] MEIRELLES, Hely Lopes; BURLE FILHO, José Emmanuel. *Direito administrativo brasileiro*. 42. ed. atual. São Paulo: Malheiros, 2016. p. 91. Grifos no original.
[8] MEIRELLES, Hely Lopes; BURLE FILHO, José Emmanuel. *Direito administrativo brasileiro*. 42. ed. atual. São Paulo: Malheiros, 2016. p. 91.
[9] CARVALHO FILHO, José dos Santos. *Manual de direito administrativo*. 33. ed. rev., atual. e ampl. São Paulo: Atlas, 2019. p. 95.

relações entre a Administração e os administrados em geral, como também internamente, ou seja, na relação entre a Administração e os agentes públicos que a integram.

Assim, não restam dúvidas de que a moralidade, ou moralidade administrativa, como alguns autores se referem a esse princípio, é pressuposto de validade de todo e qualquer ato da Administração Pública.

O gestor público, como ser humano provido da capacidade de decidir seus atos, deve, indispensavelmente, saber diferenciar o "bem" do "mal" e pautar suas condutas e decisões em fundamentos éticos. Desse modo, o administrador "não terá que decidir somente entre o legal e o ilegal, o justo e o injusto, o conveniente e o inconveniente, o oportuno do inoportuno, mas também entre o honesto e o desonesto".[10]

Constata-se que o princípio em análise está associado ao conceito de bom administrador, no sentido que este precisa não apenas conhecer a lei, mas, também, os princípios éticos que regem a função administrativa que desempenha. Assim, verifica-se que pretendeu o constituinte coibir a imoralidade na Administração Pública.[11]

Alguns autores, como Maria Sylvia Zanella Di Pietro, entendem pela forte aproximação entre o princípio da boa-fé e os princípios da segurança jurídica (princípio implícito citado acima) e da proteção à confiança. Não focaremos aqui nos dois últimos, mas, sim, no primeiro, que encontra previsão expressa na já mencionada Lei nº 9.784/1999,[12] mas que também pode ser implicitamente extraído do princípio da moralidade visto acima, bem como da probidade administrativa.

Como bem salienta Di Pietro,[13] "O princípio da boa-fé abrange um *aspecto objetivo*, que diz respeito à conduta leal, honesta, e um *aspecto subjetivo*, que diz respeito à crença do sujeito de que está agindo corretamente. Se a pessoa sabe que a atuação é ilegal, ela está agindo de má-fé". Desse modo, constata-se que a boa-fé deve permear toda e qualquer atuação do gestor público.

---

[10] MEIRELLES, Hely Lopes; BURLE FILHO, José Emmanuel. *Direito administrativo brasileiro*. 42. ed. atual. São Paulo: Malheiros, 2016. p. 93.

[11] CARVALHO FILHO, José dos Santos. *Manual de direito administrativo*. 33. ed. rev., atual. e ampl. São Paulo: Atlas, 2019. p. 96.

[12] Lei nº 9.784/1999: "Art. 2º A Administração Pública obedecerá, dentre outros, aos princípios da legalidade, finalidade, motivação, razoabilidade, proporcionalidade, moralidade, ampla defesa, contraditório, segurança jurídica, interesse público e eficiência. Parágrafo único. Nos processos administrativos serão observados, entre outros, os critérios de: [...] IV - atuação segundo padrões éticos de probidade, decoro e boa-fé".

[13] DI PIETRO, Maria Sylvia Zanella. *Direito administrativo*. 31. ed. rev., atual. e ampl. Rio de Janeiro: Forense, 2018. p. 155.

Outro princípio relacionado ao cerne da questão é o da impessoalidade. Este, bem como o da moralidade, consta expressamente no *caput*, do art. 37, da Constituição Federal de 1988, e pode ser associado à finalidade pública que deve nortear a atividade administrativa.

Nesse passo, em respeito ao princípio da impessoalidade, a Administração Pública deve voltar-se, sempre e unicamente, ao interesse público, impedindo, por consequência, que indivíduos e instituições sejam favorecidos ou prejudicados em detrimento de outros.[14]

## 3 Compras públicas

Como sabemos, para que a Administração Pública alcance o interesse público, ela necessita utilizar-se de bens e serviços fornecidos por terceiros para a realização de obras, fornecimento de bens, prestação e execução de serviços públicos, entre outros.

Como bem salienta Carvalho Filho:[15]

> Não poderia a lei deixar ao exclusivo critério do administrador a escolha das pessoas a serem contratadas, porque, fácil é prever, essa liberdade daria margem a escolhas impróprias, ou mesmo a concertos escusos entre alguns administradores públicos inescrupulosos e particulares, com o que prejudicada, em última análise, seria a Administração Pública, gestora dos interesses coletivos.

Assim surgiu a licitação, para, em tese, mitigar os riscos de fraudes e corrupção envolvidos nas aquisições e contratações públicas. Dizemos "em tese", pois dia após dia surgem casos de arranjos indevidos e ilegais, como cartéis, conluios, superfaturamento de contratos, dispensa de licitações sem previsão legal, entre tantos outros.

Através da licitação, a Administração Pública possibilita que diversos interessados, pessoas físicas ou jurídicas, a depender do objeto, ofereçam propostas, para, então, analisar, avaliar e escolher a que se mostre mais vantajosa à Administração.

No que concerne aos princípios básicos dos certames licitatórios, o art. 3º da Lei de Licitações[16] preceitua:

---

[14] CARVALHO FILHO, José dos Santos. *Manual de direito administrativo*. 33. ed. rev., atual. e ampl. São Paulo: Atlas, 2019. p. 94.

[15] CARVALHO FILHO, José dos Santos. *Manual de direito administrativo*. 33. ed. rev., atual. e ampl. São Paulo: Atlas, 2019. p. 380.

[16] Lei nº 8.666, de 21.6.1993.

A licitação destina-se a garantir a observância do princípio constitucional da isonomia, a seleção da proposta mais vantajosa para a administração e a promoção do desenvolvimento nacional sustentável e será processada e julgada em estrita conformidade com os princípios básicos da legalidade, da impessoalidade, da moralidade, da igualdade, da publicidade, da probidade administrativa, da vinculação ao instrumento convocatório, do julgamento objetivo e dos que lhes são correlatos.

Desse modo, verifica-se que, além dos princípios gerais do direito administrativo, o procedimento licitatório deverá respeitar diversos outros princípios específicos. Com o intuito de elucidar a questão, abordaremos a seguir os que guardam maior relação com o tema central do trabalho.

Primeiramente, observa-se o princípio da legalidade, que encontra definição no art. 4º, da Lei nº 8.666/1993, e garante a todos o direito público subjetivo de participar de procedimentos licitatórios que obedeçam aos preceitos legais em sua integralidade.

Como visto alhures, o princípio da legalidade é tido como o princípio basilar de toda a atividade administrativa e, no tocante às licitações, exige que a Administração Pública (e o gestor público) escolha a modalidade certa e informe os critérios seletivos de forma clara, bem como realize dispensas de licitação somente quando a lei autorizar, analise com atenção os requisitos de habilitação e siga todos os passos prescritos na lei.[17]

Já o princípio da igualdade impede qualquer espécie de discriminação entre os licitantes, estando intimamente ligado ao princípio da impessoalidade citado alhures. O princípio em questão é ferido quando, por exemplo, o administrador inclui cláusulas restritivas, direcionando o objeto da licitação a determinado participante.

De todo modo, como bem salienta Carvalho Filho,[18] com base no entendimento de Ivan Rigolin, a igualdade "é de expectativa, porque todos têm, em princípio, iguais expectativas de contratar com a Administração". Assim, os licitantes somente deverão ser afastados após o instrumento convocatório, caso não preencham os requisitos do edital.

Nesse momento, insta salientar que a exigência de programas de integridade (ou de *compliance*) em editais públicos não tem o condão de

---

[17] CARVALHO FILHO, José dos Santos. *Manual de direito administrativo*. 33. ed. rev., atual. e ampl. São Paulo: Atlas, 2019. p. 389.
[18] CARVALHO FILHO, José dos Santos. *Manual de direito administrativo*. 33. ed. rev., atual. e ampl. São Paulo: Atlas, 2019. p. 380.

ferir o princípio em comento ou qualquer outro princípio administrativo, pois o que se busca, com essa exigência, é a mitigação dos riscos de corrupção envolvidos em contratações e aquisições públicas, e a consecução de relações público-privadas mais éticas, íntegras e transparentes.

No que tange aos princípios da moralidade e probidade administrativa, verifica-se que estes não apresentam maiores especificidades no tocante às licitações públicas, mas deverão ser igualmente observados pela Administração em todos os seus procedimentos licitatórios. Nas palavras de Maria Sylvia Zanella Di Pietro:[19]

> Quando se exige probidade ou moralidade administrativa, isso significa que não basta a legalidade formal, restrita, da atuação administrativa, com observância da lei; é preciso também a observância de princípios éticos, de lealdade, de boa-fé, de regras que assegurem a boa administração e a disciplina interna na Administração Pública.

Dessa forma, no que concerne às licitações públicas, são sempre exigidos padrões éticos e morais, de lealdade e boa-fé dos agentes em todas as etapas do procedimento administrativo.

Em relação ao princípio da moralidade administrativa, vale destacar, ainda, que a sua inserção na Constituição Federal de 1988 se deu pela preocupação com a ética na Administração e o combate à corrupção e à impunidade no setor público. Isso porque, até a promulgação da Carta Magna atual, a improbidade administrativa era tida como infração apenas aos agentes políticos. Os demais somente eram punidos pelo enriquecimento ilícito decorrente do exercício do cargo público. De todo modo, com a inclusão do princípio da moralidade pela Constituição Federal de 1988, a imposição da moralidade foi estendida à toda a Administração, sendo aplicável, portanto, a todos os agentes públicos e abrangendo não apenas os casos de enriquecimento ilícito.[20]

Nesse sentido, importante ressaltar que os atos de improbidade administrativa estão disciplinados na Lei nº 8.429/1992,[21] que prevê, entre outras sanções, o ressarcimento integral do dano, nos casos de

---

[19] DI PIETRO, Maria Sylvia Zanella. *Direito administrativo*. 31. ed. rev., atual. e ampl. Rio de Janeiro: Forense, 2018. p. 1099.

[20] DI PIETRO, Maria Sylvia Zanella. *Direito administrativo*. 31. ed. rev., atual. e ampl. Rio de Janeiro: Forense, 2018. p. 1100.

[21] Além disso, enuncia o art. 37, §4º, da Constituição Federal de 1988, que: "Os atos de improbidade administrativa importarão a suspensão dos direitos políticos, a perda da função pública, a indisponibilidade dos bens e o ressarcimento ao erário, na forma e gradação previstas em lei, sem prejuízo da ação penal cabível".

lesão ao patrimônio público por ação ou omissão, dolosa ou culposa, do agente ou de terceiro, bem como o perdimento dos bens ou valores acrescidos ao patrimônio destes.

Além disso, os atos de improbidade disciplinados pela lei não são apenas os que importem em enriquecimento ilícito ou causem lesão ao erário, mas, também, aqueles que decorrem de concessão ou aplicação indevida de benefício financeiro ou tributário e os que atentem contra os princípios da Administração Pública.

Em relação a estes últimos, Maria Sylvia Zanella Di Pietro[22] salienta:

> [...] alguns são definidos especificamente em sete incisos; mas o *caput* deixa as portas abertas para a inserção de qualquer ato que atente contra "os princípios da administração pública ou qualquer ação ou omissão que viole os deveres de honestidade, imparcialidade, legalidade e lealdade às instituições". Vale dizer que a lesão ao princípio da moralidade ou a qualquer outro princípio imposto à Administração Pública constitui uma das modalidades de ato de improbidade. Para ser ato de improbidade, não é necessária a demonstração da ilegalidade do ato, basta demonstrar a lesão à moralidade administrativa.

Dessa feita, mesmo que o agente público responsável pelo ato de improbidade não tenha praticado conduta que importe em enriquecimento ilícito ou cause lesão ao erário, mas, sim, pratique ato que atente contra os princípios da Administração Pública, como a lesão à moralidade administrativa, ele estará implicado nas penalidades da Lei de Improbidade, independentemente das sanções penais, civis e administrativas previstas em legislação específica, podendo sofrer, isolada ou cumulativamente, penalidades como: a perda da função pública; a suspensão dos direitos políticos por até 5 (cinco) anos e o pagamento de multa civil de até 100 (cem) vezes o valor da sua remuneração como agente público.

No que tange aos prefeitos, importante observar o Decreto-Lei nº 201/1967, que trata sobre os crimes de responsabilidade e infrações político-administrativas praticadas pelos chefes do Executivo municipal. Dessa forma, pelo texto legal, entre diversas outras hipóteses, caso o gestor municipal venha a apropriar-se de rendas públicas ou desviar rendas ou verbas públicas em proveito próprio ou alheio, poderá se ver

---

[22] DI PIETRO, Maria Sylvia Zanella. *Direito administrativo*. 31. ed. rev., atual. e ampl. Rio de Janeiro: Forense, 2018. p. 1101. Grifos no original.

incurso tanto nas penas da Lei de Improbidade, quanto nas penalidades atinentes ao descumprimento do decreto-lei em análise.[23]

Vistos os princípios gerais do direito administrativo, bem como os específicos relativos aos procedimentos licitatórios, passemos a analisar as dispensas e inexigibilidades de licitação.

## 3.1 Contratações diretas – Dispensas e inexigibilidades

De forma excepcional, a Constituição Federal[24] permite à Administração Pública contratar obras e serviços sem a realização de processo licitatório, as chamadas "dispensas de licitação". A matéria encontra regulamentação na Lei nº 8.666/1993, também conhecida como Lei de Licitações, que elenca, em seu art. 24, diversas hipóteses que, por sua ritualística, não se compatibilizam com a demora do procedimento licitatório.

Nas dispensas de licitação, portanto, o procedimento poderia ser realizado, porém, pela especificidade da demanda objeto de contratação, o legislador optou por não o considerar obrigatório.

De forma diversa ocorre nas inexigibilidades, pois, nesses casos, há inviabilidade de competição, que poderá ocorrer nas seguintes hipóteses: a) pela aquisição de materiais, equipamentos, ou gêneros que só possam ser fornecidos por produtor, empresa ou representante comercial exclusivo; b) pela contratação de serviços técnicos, de natureza singular, com profissionais ou empresas de notória especialização; ou c) pela contratação de profissional de qualquer setor artístico.

Além disso, como bem salienta José dos Santos Carvalho Filho,[25] em relação ao tema, existem dois aspectos que merecem ser considerados:

> O primeiro diz respeito à *excepcionalidade*, no sentido de que as hipóteses previstas no art. 24 traduzem situações que fogem à regra geral, e só por

---

[23] Em recente julgado, o Supremo Tribunal Federal – STF "decidiu que o julgamento de prefeito municipal por crime de responsabilidade não impede sua responsabilização civil pelos mesmos atos de improbidade administrativa. Por unanimidade, os ministros entenderam que, como as instâncias penal e civil são autônomas, a responsabilização nas duas esferas não representa duplicidade punitiva imprópria" (RE nº 976.566. Disponível em: http://www.stf.jus.br/portal/cms/verNoticiaDetalhe.asp?idConteudo=424602&caixaBusca=N).

[24] Art. 37, inc. XXI, da Constituição Federal de 1988.

[25] CARVALHO FILHO, José dos Santos. *Manual de direito administrativo*. 33. ed. rev., atual. e ampl. São Paulo: Atlas, 2019. p. 397. Grifos no original.

essa razão se abriu a fenda no princípio da obrigatoriedade. O outro diz respeito à *taxatividade* das hipóteses. Daí a justa advertência de que os casos enumerados pelo legislador são taxativos, não podendo, via de consequência, ser ampliados pelo administrador. Os casos legais, portanto, são os únicos cuja dispensa de licitação o legislador considerou mais conveniente ao interesse público.

Assim, observa-se que não há margem de discricionariedade para atuação do administrador quando se tratar de dispensa de licitação, haja vista as hipóteses serem taxativas, ou seja, somente poderão ocorrer nos casos expressamente previstos na legislação.

De todo modo, a contratação direta (sem a realização de licitação) "não é sinônimo de contratação informal, não podendo a Administração contratar quem quiser, sem as devidas formalidades, o que é denominado procedimento de justificação, previsto no art. 26 da lei".[26] Dessa forma, constata-se que o legislador, a fim de impedir a utilização indevida das hipóteses autorizadoras de contratação direta, exige o cumprimento de determinados requisitos pelos administradores públicos.

Em relação a esse ponto, Fernanda Marinela[27] ainda salienta:

> Na etapa interna do procedimento, a Administração deve: identificar a necessidade, fixar o objeto e definir recursos orçamentários, o que acontecerá independentemente da realização ou não do procedimento licitatório. Em seguida, o administrador deverá não apenas justificar a presença dos pressupostos da ausência de licitação, com a respectiva documentação, como também apresentar o fundamento da escolha de um determinado contratante e de uma específica proposta. Essas circunstâncias devem ser comunicadas à autoridade superior em três dias, para que essa autoridade realize a ratificação e a publicação na imprensa oficial no prazo de cinco dias, como condição de eficácia do ato.

Assim, verifica-se que, na quase totalidade das hipóteses de contratações diretas, o gestor público precisa justificar, de forma detalhada e documentada, a existência de pressupostos autorizadores da dispensa ou inexigibilidade de licitação, em observância ao princípio da motivação dos atos administrativos, além da necessária fundamentação

---

[26] MARINELA, Fernanda. *Direito administrativo*. 12. ed. São Paulo: Saraiva, 2018. p. 445-446.
[27] MARINELA, Fernanda. *Direito administrativo*. 12. ed. São Paulo: Saraiva, 2018. p. 446.

da razão de escolha de determinada proposta. As exceções ficam para as hipóteses de dispensa pelo critério de valor.[28]

De todo modo, como bem destaca Carvalho Filho,[29] "a avaliação das hipóteses de dispensa de licitação é reservada à autoridade administrativa, que, em compensação, assume a consequência pela má aplicação do Estatuto". Caso a contratação direta ocorra sem observância aos requisitos autorizadores de dispensa ou inexigibilidade, ou, se a contratação direta se realizar sem a devida fundamentação, o gestor poderá vir a responder pelo crime previsto no art. 89, da Lei nº 8.666/1993.[30]

## 3.2 Dos atos lesivos praticados pelos particulares em processos de compras públicas

É cediço que não apenas os gestores públicos concorrem na responsabilidade pela transparência e probidade dos processos de compras públicas, como, também, os particulares.

Do mesmo modo em que o direito administrativo se ocupa de ditar os princípios e leis que regem a conduta dos agentes públicos em licitações e contratos, o Código Penal Brasileiro[31] e, mais recentemente, a Lei nº 12.846/2013[32] (também conhecida como Lei Anticorrupção, em vigor desde janeiro de 2014) visam a combater, prevenir e reprimir atos lesivos à Administração Pública, nacional ou estrangeira, praticados por

> sociedades empresárias e às sociedades simples, personificadas ou não, independentemente da forma de organização ou modelo societário adotado, bem como a quaisquer fundações, associações de entidades ou pessoas, ou sociedades estrangeiras, que tenham sede, filial ou representação no território brasileiro, constituídas de fato ou de direito, ainda que temporariamente. (Art. 1º, parágrafo único)

Especialmente no que toca aos atos lesivos à Administração Pública, o art. 5º desse diploma cuida de descrevê-los como os que

---

[28] Art. 24, incs. I e II, da Lei nº 8.666, de 21.6.1993.
[29] CARVALHO FILHO, José dos Santos. *Manual de direito administrativo*. 33. ed. rev., atual. e ampl. São Paulo: Atlas, 2019. p. 398.
[30] Lei nº 8.666/1993: "Art. 89. Dispensar ou inexigir licitação fora das hipóteses previstas em lei, ou deixar de observar as formalidades pertinentes à dispensa ou à inexigibilidade: Pena – detenção, de 3 (três) a 5 (cinco) anos, e multa".
[31] Decreto-Lei nº 2.848, de 7.12.1940.
[32] Lei nº 12.846, de 1º.8.2013.

atentem contra o patrimônio público nacional ou estrangeiro, contra princípios da Administração Pública ou contra os compromissos internacionais assumidos pelo Brasil; e, em seus incisos, apresenta o rol das condutas vedadas:

> *I - prometer, oferecer ou dar, direta ou indiretamente, vantagem indevida a agente público, ou a terceira pessoa a ele relacionada;*
> II - comprovadamente, financiar, custear, patrocinar ou de qualquer modo subvencionar a prática dos atos ilícitos previstos nesta Lei;
> III - comprovadamente, utilizar-se de interposta pessoa física ou jurídica para ocultar ou dissimular seus reais interesses ou a identidade dos beneficiários dos atos praticados;
> *IV - no tocante a licitações e contratos:*
> *a) frustrar ou fraudar, mediante ajuste, combinação ou qualquer outro expediente, o caráter competitivo de procedimento licitatório público;*
> *b) impedir, perturbar ou fraudar a realização de qualquer ato de procedimento licitatório público;*
> *c) afastar ou procurar afastar licitante, por meio de fraude ou oferecimento de vantagem de qualquer tipo;*
> *d) fraudar licitação pública ou contrato dela decorrente;*
> *e) criar, de modo fraudulento ou irregular, pessoa jurídica para participar de licitação pública ou celebrar contrato administrativo;*
> *f) obter vantagem ou benefício indevido, de modo fraudulento, de modificações ou prorrogações de contratos celebrados com a administração pública*, sem autorização em lei, no ato convocatório da licitação pública ou nos respectivos instrumentos contratuais; ou
> *g) manipular ou fraudar o equilíbrio econômico-financeiro* dos contratos celebrados com a administração pública;
> *V - dificultar atividade de investigação ou fiscalização de órgãos, entidades ou agentes públicos*, ou intervir em sua atuação, inclusive no âmbito das agências reguladoras e dos órgãos de fiscalização do sistema financeiro nacional. (Grifos nossos)

Ao passo que o art. 6º pontua as penalidades civis e administrativas a serem aplicadas àqueles que infringirem a lei, o art. 7º, por seu turno, preconiza que na dosimetria das sanções deverá ser considerada, entre as possíveis condições atenuantes, "a existência de mecanismos e procedimentos internos de integridade, auditoria e incentivo à denúncia de irregularidades e a aplicação efetiva de códigos de ética e de conduta no âmbito da pessoa jurídica" (inc. VIII) – ou seja, a existência de um sistema de *compliance* efetivo.

No aspecto, a regulamentar a Lei nº 12.846/2013, foi publicado o Decreto nº 8.420/2015,[33] que, em seu art. 42, elenca os componentes considerados indispensáveis à avaliação da existência e adequada operacionalização de um sistema de gestão de *compliance*, para fins de atenuação das penalidades aplicadas ao sujeito de direito privado que atentar contra a integridade dos recursos públicos.

Fato é que, com o advento da Lei Anticorrupção brasileira, do Decreto nº 8.420/2015 e, posteriormente, da nova Lei das Estatais (Lei nº 13.303/2016),[34] os fornecedores de produtos e serviços da Administração Pública direta, indireta e das estatais já percebem que não haverá leniência com aqueles que, intencionalmente, agirem em prejuízo aos recursos públicos, sobrepujando interesses particulares. Referidos diplomas cuidam de gerenciar as posturas de todos os que, de alguma forma, interagem com o Poder Público, influenciando a adoção de cautelas – não apenas em sentido amplo (formas de abordagem e contato, concessão de brindes e hospitalidades etc.), mas, sobretudo, no âmbito de licitações e contratos, ante a imposição, por parte de alguns entes da Federação, de implementação de sistemas de *compliance* como requisito a concorrer e contratar.[35]

Nesse diapasão, vem assumindo merecido protagonismo, como ferramenta de implementação e manutenção de um sistema de *compliance* de prevenção à corrupção e ao suborno, a norma ISO 37001:2016.

O *standard*, de aderência voluntária como as demais normas técnicas de gestão emanadas da ISO, exige a implementação de diversos processos e controles internos ao gerenciamento dos riscos de corrupção e suborno envolvidos nas contratações e aquisições públicas, mostrando-se como um forte aliado dos gestores públicos na observância dos princípios administrativos inerentes às funções que desempenham e na proteção dos recursos públicos que gerenciam.

Superado, então, esse necessário introito legal e principiológico, cabe avançar à análise de como um sistema de *compliance* implementado com base na NBR ISO 37001:2016, de Sistema de Gestão Antissuborno, é capaz de auxiliar no combate à corrupção e ao suborno, contribuindo com o aprimoramento dos processos de compras realizados pela

---

[33] Decreto nº 8.420, de 18.3.2015.
[34] Lei nº 13.303, de 30.6.2016.
[35] Como exemplo, cita-se: a) Lei nº 7.753/2017, do Governo do Rio de Janeiro; b) Lei nº 6.112/2018, do Governo do Distrito Federal; c) Lei nº 4.730/2018, do Governo do Amazonas; d) Lei nº 15.228/2018, do Governo do Rio Grande do Sul; e e) Lei nº 20.489/2019, do Governo de Goiás.

Administração Pública (tanto em licitações quanto em contratações diretas) e, ao mesmo tempo, protegendo os recursos públicos.

## 4 ISO 37001:2016: da história ao escopo

A International Organization for Standardization – ISO[36] publicou, em outubro de 2016, a norma ISO 37001:2016,[37] de requisitos para um sistema de *compliance* com foco em gestão antissuborno. Toda sua estrutura foi feita para estabelecimento, implementação, manutenção, análise crítica e melhoria de um sistema de gerenciamento de riscos de suborno.

Muito embora, em primeira e superficial análise, seja possível interpretar o termo "suborno" em seu sentido estrito, na prática, a norma o invoca de maneira ampla, visando a abarcar não apenas as diversas conceituações atribuídas ao tipo penal pelo ordenamento jurídico internacional, como, também, a *corrupção* – como definida, por exemplo, no FCPA (*Foreign Corrupt Practices Act*, a lei anticorrupção norte-americana) e, no Brasil, pelo Código Penal e pela Lei Anticorrupção Empresarial (Lei nº 12.846/2013).

Nos termos da referida norma, define-se *suborno*:

> [...] oferta, promessa, doação, aceitação ou solicitação de uma vantagem indevida de qualquer valor (que pode ser financeiro ou não financeiro), direta ou indiretamente, e independente de localização (ões), em violação às leis aplicáveis, como um incentivo ou recompensa para uma pessoa que está agindo ou deixando de agir em relação ao desempenho das suas obrigações.

A ISO desenvolveu o *standard* 37001 para fornecer orientação antissuborno e anticorrupção a organizações do setor público ou privado, com ou sem fins lucrativos, independentemente da jurisdição onde estejam sediadas, permitindo que os controles internos e planos de ação implementados com esta finalidade sejam verificados

---

[36] Tanto a ISO 37001:2016 quanto as demais normas publicadas por essa organização são passíveis de aquisição através de *site* dedicado: https://www.iso.org/home.html; ou, no Brasil, no *site* da ABNT, através do *hiperlink*: http://www.abnt.org.br/normalizacao/lista-de-publicacoes/normas-iso-e-iec-publicadas/category/271-2019.

[37] A ISO 37001 foi publicada em todo o mundo no ano de 2016, porém, no Brasil, a norma foi traduzida e publicada pela Associação Brasileira de Normas Técnicas – ABNT, no ano de 2017, sendo denominada ABNT NBR ISO 37001:2017. Por esta razão, constará deste trabalho, por vezes, menção a 2016 e a 2017.

periodicamente, por auditores independentes, e acreditados através de processo de certificação.

A norma nasceu de uma reunião realizada em Londres, em junho de 2013, tendo o seu escopo e título validados pelo ISO Technical Management Board em setembro de 2013. Foi criado, então, o ISO PC 278 Anti-Bribery Management Systems (Sistemas de Gestão Antissuborno).[38]

A primeira reunião oficial aconteceu em Madri, em março de 2014, onde foram tomadas duas importantes decisões: a) usar como base a norma britânica BS 10500, que trata de um sistema de gestão antissuborno; e b) adotar a mesma estrutura das normas de sistemas de gestão da ISO, a exemplo da ISO 9001 (de sistema de gestão da qualidade), para tornar compatíveis os vários sistemas de gestão das normas ISO, facilitando, assim, a sua implantação de forma integrada aos padrões de conformidade já aculturados nas organizações e, consequentemente, recrudescendo sua arquitetura de governança.

Para a consolidação da norma, foram realizadas mais quatro reuniões em Miami, Paris, Kuala Lumpur e México, sendo esta última na semana de 31.5.2016 a 2.6.2016, contando com a presença de 65 *experts* de 33 países.

Agora, definitivamente publicada e difundida, tem-se por manifesto que a ISO 37001:2016 fornece às organizações requisitos e orientações para estabelecer, implementar, manter e melhorar seus sistemas de gerenciamento antissuborno. De acordo com a ISO, esse sistema é "projetado para instilar uma cultura antissuborno dentro de uma organização e implementar controles apropriados, o que por sua vez aumentará a chance de detectar suborno e reduzirá sua incidência em primeiro lugar".[39]

O padrão trata de suborno em diferentes contextos que podem afetar uma organização, incluindo suborno da pessoa jurídica, seus colaboradores e parceiros de negócio, bem como dos membros que integram sua alta cúpula de gestão.

A ISO 37001:2016 exige das organizações a adoção de uma série de medidas a prevenir, detectar e responder ao risco de suborno.

---

[38] INTERNATIONAL ORGANIZATION FOR STANDARDIZATION. *ISO publishes powerful new tool to combat bribery*. Disponível em: https://www.iso.org/news/2016/10/Ref2125.html. Acesso em: 3 maio 2020.

[39] INTERNATIONAL ORGANIZATION FOR STANDARDIZATION. *ISO 37001 anti-bribery management systems*. Disponível em: https://www.iso.org/iso/iso_37001_anti_bribery_mss.pdf. Acesso em: 3 maio 2020.

Os requisitos impostos pela ISO 37001:2016 se enquadram em *seis grandes categorias*: a) contexto da organização; b) liderança; c) planejamento; d) suporte; e) operação; f) avaliação de desempenho e melhoria contínua.[40]

Em apertadíssima síntese, esses requisitos incluem:

• *Contexto da organização*
– determinar as questões externas e internas relevantes ao seu sistema de gerenciamento antissuborno;
– compreender as necessidades e expectativas das partes interessadas;
– determinar o escopo do sistema de gerenciamento antissuborno; e
– realizar uma avaliação de risco de suborno.

• *Liderança*
– um corpo diretivo e a alta gerência que "demonstram liderança e comprometimento com relação ao sistema de gerenciamento antissuborno", realizando determinadas ações, incluindo "garantir a integração dos requisitos do sistema de gerenciamento antissuborno nos processos da organização" e implantar recursos adequados;
– adotar uma política antissuborno que atenda a critérios específicos; e
– nomear um funcionário para supervisionar a conformidade com a política antissuborno.

---

[40] Para este item, a norma utiliza o ciclo PDCA, cuja sigla sintetiza *plan, do, check* e *act* (ou seja, *planejar, fazer, verificar* e *agir*). De acordo com o *Guide to the CICS commonbody of knowledge* (*Guia de especialistas em controles internos certificados pelo Internal Control Institute*): "O PDCA tornou-se popular pelo Dr. W. Edwards Deming, que é considerado por muitos como o pai do controle de qualidade moderno, no entanto, ele sempre se refere a ele como o 'ciclo de Shewhart'. [...] O conceito de PDCA baseia-se no método científico, desenvolvido a partir do trabalho de Francis Bacon (Novum Organum, 1620). Um princípio fundamental do método científico e do PDCA é a interação, uma vez que uma hipótese é confirmada (ou negada), e a execução do ciclo novamente vai ampliar o conhecimento adiante. Repetir o ciclo PDCA pode trazer-nos mais perto do objetivo, geralmente o perfeito funcionamento e o resultado correto no final. [...] O ciclo começa pelo planejamento, em seguida a ação ou conjunto de ações planejadas são executadas, checa-se o que foi feito, se estava de acordo com o planejado, constantemente e repetidamente (ciclicamente) e toma-se uma ação para eliminar ou ao menos mitigar defeitos no produto ou na execução. [...]" (Tradução em português por: INTERNAL CONTROL INSTITUTE BRASIL. *Guia de especialistas em controles internos certificados pelo Internal Control Institute*. São Paulo: Internal Control Institute Brasil – CrossOver Consulting & Auditing, 2020. p. 6). No caso das normas de sistemas de gestão, como a ISO 37001:2016, a checagem, para fins de avaliação de desempenho e ações de melhoria, se dá através das auditorias internas periódicas, auditorias de certificação, manutenção de certificação e recertificação – especificamente, dos requisitos 9 em diante.

- *Planejamento*
  - abordar riscos e oportunidades identificados; e
  - estabelecer objetivos mensuráveis e fazer planos para alcançá-los.
- *Suporte*
  - determinar e fornecer recursos adequados;
  - examinar e treinar funcionários;
  - comunicar interna e externa; e
  - criar e atualizar a documentação.
- *Operação*
  - realizar avaliações de risco em projetos e parceiros de negócios;
  - implementar controles financeiros e comerciais;
  - implementar procedimentos relativos a presentes, hospitalidade, doações e benefícios semelhantes; e
  - adotar procedimentos de relatório e investigação.
- *Avaliação de desempenho e melhoria contínua*
  - adotar medidas para monitorar e avaliar o desempenho do sistema;
  - realizar auditorias internas;
  - realizar análises pela alta gerência e pela função de conformidade antissuborno do sistema; e
  - implementar ações corretivas e melhorias contínuas.

Além de listar os requisitos a serem obedecidos, a norma também fornece orientação prática e detalhada sobre os tipos de ações que uma organização pode executar para implementá-los – abordando, por exemplo, como uma organização pode realizar a análise crítica de contexto organizacional, conduzir a avaliação de riscos de suborno necessária à definição da arquitetura e escopo do sistema de gestão antissuborno, além de mecanismos de controle e monitoramento dos terceirizados e parceiros do negócio.

Por fim, vale destacar que, conforme já antecipado, a ISO 37001:2016 é certificável. Noutros termos, é dizer que, ao final da implementação, um organismo certificador poderá ser chamado à organização para realizar auditoria externa e atestar o funcionamento do sistema, conferindo-lhe, quando for o caso, o selo de acreditação internacional.

Trazidos todos esses elementos à análise, é insofismável que a composição do sistema de *compliance* antissuborno padrão ISO 37001:2016 o torna instrumento efetivo de transparência e confiabilidade às autoridades, investidores, acionistas, fornecedores, colaboradores e sociedade em geral, patrocinando um ambiente altamente íntegro e ético ao relacionamento público e privado entabulado em toda a parte.

Especificamente no que toca ao Brasil, os predicados e a potência da ABNT NBR ISO 37001:2017 (ISO 37001:2016) ganham óbvia relevância quando observados através das lentes da Controladoria-Geral da União e dos estados, Advocacia-Geral da União, Ministério Público Federal, e, sobretudo, do Poder Judiciário, que já vêm incluindo a certificação dessa norma como obrigação às empresas signatárias de acordos de leniência[41] celebrados no âmbito das grandes operações de combate à corrupção deflagradas nos últimos anos.

## 5 A implementação da ABNT NBR ISO 37001:2017 (ISO 37001:2016) como ferramenta de aprimoramento dos processos de compras e proteção dos recursos públicos

A partir do cotejo dos princípios administrativos e, em particular, daqueles que norteiam as compras públicas – quais sejam, legalidade, igualdade, moralidade e probidade –, com os requisitos da ABNT NBR ISO 37001:2017, conclui-se, sem demasiados esforços, que estes servem à instrumentalização e efetivação daqueles, principalmente no que se refere ao planejamento e operação do sistema de gestão antissuborno:

a) mapeamento e avaliação de riscos no âmbito da Administração Pública,[42] sendo estes inerentes aos seus processos de gestão,

---

[41] A título de exemplificação, citam-se os acordos de leniência firmados pela Andrade Gutierrez (BRASIL. Controladoria-Geral da União. *CGU e AGU assinam acordo de leniência de R$ 1,49 bilhão com a Andrade Gutierrez*. Disponível em: https://www.gov.br/cgu/pt-br/assuntos/noticias/2018/12/cgu-e-agu-assinam-acordo-de-leniencia-de-r-1-49-bilhao-com-a-andrade-gutierrez. Acesso em: 2 maio 2020); Braskem S.A. (BRASIL. Controladoria-Geral da União. Advocacia-Geral da União. *Acordo de leniência firmado entre a Controladoria-Geral da União (CGU), a Advocacia-Geral da União (AGU) e a Braskem S.A.* Disponível em: https://www.gov.br/cgu/pt-br/assuntos/responsabilizacao-de-empresas/lei-anticorrupcao/acordo-leniencia/acordos-firmados/braskem.pdf. Acesso em: 2 maio 2020); Grupo J&F (MINISTÉRIO PÚBLICO FEDERAL. *Acordo de leniência*. Disponível em: http://www.mpf.mp.br/df/sala-de-imprensa/docs/acordo-leniencia. Acesso em: 2 maio 2020), Nova Participações S.A., antigo Grupo Engevix (BRASIL. Controladoria-Geral da União. *CGU e AGU assinam acordo de leniência com nova participações S.A*. Disponível em: https://www.gov.br/cgu/pt-br/assuntos/noticias/2019/11/cgu-e-agu-assinam-acordo-de-leniencia-com-nova-participacoes-s-a. Acesso em: 2 maio 2020) etc.

[42] A ABNT NBR ISO 37001:2017 utiliza a terminologia "agente público" ao fazer menção à Administração Pública e tudo que, de modo geral, lhe é relacionado; consignando em seu glossário, item 3.27, a respectiva conceituação: "Agente Público – Pessoa detentora de cargo legislativo, administrativo ou judicial, seja por nomeação, eleição ou sucessão, ou qualquer pessoa que exerça uma função pública, inclusive para um órgão público ou uma empresa pública, ou qualquer agente ou oficial de uma organização pública nacional ou internacional, ou qualquer candidato a cargo público".

ou oriundos dos terceiros contratados (os quais, conforme se verá, a ISO denomina *parceiros de negócio*);
b) abordagem de riscos aos parceiros de negócio, identificando-se em seus objetos sociais, estruturas organizacionais e modelos de negócio, as vulnerabilidades que podem afetar a Administração Pública; e
c) a implementação de controles financeiros e comerciais – neste aspecto, merecem realce a política antissuborno e a que regulamenta a oferta e o recebimento de presentes, hospitalidades, doações e benefícios semelhantes.

Como pressuposto a adentrar no processo de identificação e tratamento de riscos de suborno nas compras públicas, com vistas à concretização dos princípios que devem regê-las, cumpre discorrer brevemente acerca do conceito atribuído pelo *standard* 37001:2017 ao parceiro de negócio. Com efeito, extrai-se de seu item 3.26:

> 3.26
> *Parceiro de negócio*
> *Parte externa com a qual a organização tem, ou planeja estabelecer, alguma forma de relacionamento de negócio*
> Nota 1 de entrada: *Parceiro de negócio inclui, mas não está limitado,* a clientes, joint ventures, parceiros de joint ventures, parceiros de consórcio, provedores *terceirizados, contratados, consultores, subcontratados, fornecedores,* vendedores, conselheiros, agentes, distribuidores, representantes, intermediários e investidores. *Esta definição é deliberadamente ampla e convém que seja interpretada em consonância com o perfil de risco de suborno da organização, para que seja aplicada aos parceiros de negócio que possam razoavelmente expor a organização a riscos de suborno.* [...]. (Grifos nossos)

Desse item da norma, merece destaque, e norteará significativamente o desenvolvimento deste capítulo, a *Nota 2*, a qual observa que os parceiros de negócio sempre apresentam diferentes tipos e graus de risco de suborno, e uma organização, por sua vez, terá diferentes graus de capacidade de influenciar os diferentes tipos de parceiro de negócio na prática deste ilícito. Portanto, é fundamental compreender e categorizar, sempre, os diferentes tipos de parceiro de negócio, bem como os riscos que a interação com cada um deles acarreta, estabelecendo-se os controles internos correlatos.

Já através dessa ressalva do item 3.26 da norma ISO, é possível perceber em quais etapas do processo de compras a Administração

Pública, via de regra, acaba por vulnerabilizar seus recursos, expondo-se a riscos de fraudes como corrupção e suborno.

Não está sedimentada, no âmbito da gestão pública, a *cultura* de condicionar a contratação de um parceiro de negócio à prévia análise crítica e validação de seu contexto organizacional, levando-se em conta aspectos como:
a) sua localização, setores em que atua e posicionamento no mercado;
b) natureza, escala e complexidade de suas operações, até para que se compreenda com que tipos de pessoas (físicas ou jurídicas, com ou sem envolvimento político) a empresa costuma se relacionar;
c) modelo de negócio, quadro societário e organograma dos membros que compõem sua alta administração (conselho de administração, quando houver, e executivos); e
d) sua integridade e reputação de mercado, assim como de seus sócios e dirigentes.

Esse, possivelmente, seja o maior desafio da Administração Pública em implementar, de modo efetivo, os requisitos da ABNT *NBR ISO 37001:2017 (norma de aderência voluntária)*, porque, mesmo sem utilizarmos este padrão internacional como critério à análise das irregularidades que costumeiramente sucedem nas compras públicas, salta aos olhos a dificuldade – para não dizer resistência – de os gestores contratarem respeitando aqueles princípios que, já explicados à saciedade anteriormente, decorrem da *Constituição Federal, do Decreto-Lei nº 201/1967 e das leis nºs 8.429/1992 e 8.666/1993 (ou seja, de normas cogentes, cujo descumprimento autoriza sua responsabilização civil e penal).*

Aliás, sem qualquer intenção de aprofundamento neste ponto, urge ponderar que a tríade -"prevenção, detecção e resposta", ínsita a qualquer sistema de governança e *compliance*, não funciona de forma efetiva e sistêmica em se tratando da Administração Pública brasileira, graças à debilidade da cultura ética em suas estruturas organizacionais, sentida na tomada de decisões, muitas vezes, desalinhadas da legalidade, moralidade e supremacia do interesse público, mas, por outro lado, servientes a estratégias de cunho pessoal, financeiro e, principalmente, político dos administradores públicos, de outros colegas de partido, apoiadores de campanha, familiares e amigos.

Para que se possa falar em *compliance* e gestão antissuborno implementados e legitimamente patrocinados por agentes públicos, é imprescindível que o "tom do topo" seja isento de conflitos de interesse político[43] e priorize três pilares básicos: a) *a conformidade legal absoluta*; b) *o atendimento às expectativas das partes interessadas* (aqui compreendidas a população e as instituições fiscalizadoras e sancionadoras); e c) *a proteção inexorável dos recursos públicos* (que já é, pelo quanto se remonta da teoria geral da administração, responsabilidade de controle interno de todo e qualquer gestor).[44]

Como forma de edificação desses pilares, a Administração Pública, anuindo com os requisitos da ABNT NBR ISO 37001:2017, deve, a teor do item 4.5.1 da norma, realizar regularmente o processo de avaliação de riscos de suborno – identificando-os, avaliando-os e priorizando-os –, ao mesmo tempo em que afere a adequação e eficácia dos controles internos existentes para mitigá-los.

Uma outra postura a ser adotada, para fins de atenuação dos riscos de suborno, é o estabelecimento, por parte dos membros da cúpula executiva da Administração Pública, de uma política antissuborno, a qual, por força do item 5.2 da norma, deverá obrigar agentes públicos e privados a assumirem reciprocamente o compromisso de não praticarem esse ilícito,[45] além de encorajá-los a reportarem às autoridades responsáveis toda e qualquer irregularidade a que tiverem conhecimento, e que possa comprometer a lisura de processos de compra.

De acordo com o padrão ABNT NBR ISO 37001:2017, a política antissuborno também deve:

- estar disponível como informação documentada;
- ser comunicada nos idiomas apropriados dentro da organização e também para os parceiros de negócio que representem mais do que um baixo risco de suborno;
- estar disponível para as partes interessadas pertinentes, conforme apropriado.

Ademais da política, a Administração Pública deve planejar, implementar, analisar criticamente e controlar os processos de gestão

---

[43] De acordo com o item 3.29 da ABNT NBR ISO 37001:2017, conflito de interesse é a "situação onde os negócios, finanças, famílias, interesses políticos ou pessoais podem interferir no julgamento de pessoas no exercício das suas obrigações para a organização".

[44] MOTTA, Fernando. *Teoria geral da administração*. São Paulo: Pioneira, 1998. p. 125.

[45] No aspecto, a norma, no item 8.7, também salienta o dever das organizações de regulamentarem a oferta de brindes, presentes, hospitalidades, doações e outros benefícios: "A organização deve implementar procedimentos que sejam concebidos para prevenir a oferta, fornecimento ou aceitação de presentes, hospitalidade, doações e benefícios similares onde a oferta, fornecimento ou aceitação são ou poderiam ser razoavelmente percebidos como suborno".

e procedimentos operacionais que estejam diretamente ligados às contratações públicas, mediante a adoção de posturas e ferramentas que protejam tanto as etapas comerciais[46] quanto as financeiras.[47]

Como principal controle, a norma impõe a *due diligence*, definindo-a como um "processo para aprofundar a avaliação da natureza e extensão dos riscos de suborno e ajudar as organizações a tomar decisões em relação a transações, projetos, atividades, parceiros de negócio e pessoal específico".[48]

Consoante o item 8.2 da ABNT NBR ISO 37001:2017, todas as vezes em que uma organização, em sua avaliação de riscos de suborno, compreender que, para determinados parceiros de negócio, há pontos de alerta que demandem averiguação pormenorizada e tratamento dedicado, deverá diligenciar informações e evidências que melhor lhe direcionem nos testes dos controles internos e, se for o caso, na implementação de ações internas complementares ao seu fortalecimento:

> *8.2 Due diligence*
> *Quando o processo de avaliação dos riscos de suborno da organização, como realizado em 4.5, avaliar mais do que um baixo risco de suborno em relação a:*
> *a) categorias específicas de transações, projetos ou atividades,*
> *b) relacionamentos planejados ou em andamento* com categorias específicas de parceiros de negócio, ou
> *c) categorias específicas de pessoal em determinadas posições, a organização deve avaliar a natureza e a extensão do risco de suborno em relação a transações, projetos, atividades, parceiros de negócio e pessoal específicos, que se encontram dentro destas categorias. Este processo de avaliação deve incluir qualquer due diligence necessária para obter informação suficiente para avaliar o risco de suborno. A due diligence deve ser atualizada em uma frequência definida para que as alterações e novas informações possam ser levadas em consideração apropriadamente.* (Grifos nossos)

A *due diligence*, segundo Assi, "serve como uma avaliação histórica, para ajudar a levantar irregularidades e desvios que não sejam aparentes na atividade empresarial exercida por aquele que você está considerando contratar".[49]

---

[46] Do item 8.4: "Controles não financeiros – A organização deve implementar controles não financeiros que gerenciem os riscos de suborno em áreas como compras, operação, vendas, comercial, recursos humanos, atividades legais e regulatórias".
[47] Do item 8.3: "Controles financeiros – A organização deve implementar controles financeiros que gerenciem os riscos de suborno".
[48] Definição constante do item 3.30 do glossário do *standard*.
[49] ASSI, Marcos; HANOFF, Roberta Volpato. *Compliance*: como implementar. São Paulo: Trevisan, 2018. p. 72.

Ainda de acordo com o autor, para avaliar e classificar os parceiros de negócio, as principais diligências a serem feitas são no sentido de apurar:[50]
- se há, realmente, necessidade de contratação;
- quem seriam os potenciais contratados;
- se os potenciais contratados têm uma formatação societária válida e estão inscritos em CNAE condizentes com seus objetos sociais, além de sua existência não ser meramente "de fachada";
- quem são os sócios e/ou dirigentes dos potenciais contratados (se têm residência fixa, se estão regulares perante a Justiça, a Polícia, a Previdência e o Fisco);
- as formas como os negócios dos potenciais contratados estão estruturados;
- se os preços ofertados à contratação são compatíveis com o objeto e com as métricas normais de mercado;
- se não há relação, direta ou indireta, entre os potenciais contratados e alguém inserido no processo de compra, delineando conflito de interesse e, por conseguinte, eivando de irregularidades as contratações;
- se os potenciais contratados costumam terceirizar suas atividades;
- qual o histórico e o nível de interação entre os potenciais contratados e a Administração Pública;
- se os potenciais contratados costumam fazer doações políticas;
- se têm histórico de envolvimento em casos de corrupção;
- se têm funcionários ou ex-funcionários públicos em seus quadros de colaboradores ou nos organogramas de gestão;
- se recebem alguma forma de incentivo fiscal ou financiamento público.

Por fim, Assi assinala que, quanto maior o risco que os parceiros de negócio representarem a dada organização, mais criterioso há de ser o processo de *due diligence*, podendo contemplar, além do preenchimento de formulários e pesquisas em bancos de dados, visitas *in loco* na sede e unidades operacionais (auditorias "de segunda parte"), como meio de confirmação dos dados inicialmente obtidos.[51]

---

[50] ASSI, Marcos; HANOFF, Roberta Volpato. *Compliance*: como implementar. São Paulo: Trevisan, 2018. p. 72-73; 80.
[51] ASSI, Marcos; HANOFF, Roberta Volpato. *Compliance*: como implementar. São Paulo: Trevisan, 2018. p. 74.

No que tange ao processo de *due diligence*, observa-se que a Administração Pública acaba por atender aos requisitos 8.2 e seguintes da norma no momento em que exige dos licitantes diversos documentos a comprovar sua habilitação jurídica, qualificação técnica e econômico-financeira, bem como quanto à regularidade fiscal e trabalhista e ao cumprimento do disposto no inc. XXX, do art. 7º, da Constituição Federal de 1988, que trata sobre a proibição de trabalho noturno, perigoso ou insalubre a menores de dezoito anos e de qualquer trabalho a menores de dezesseis anos, salvo na condição de aprendiz, a partir de quatorze anos.

Além disso, com o intuito de impedir a contratação de empresas inidôneas, com restrição de participação em licitações ou punidas por atos lesivos à Administração Pública (como atos de corrupção), poderá o gestor público adotar a consulta obrigatória ao *Cadastro Nacional de Empresas Inidôneas e Suspensas – CEIS* e ao *Cadastro Nacional de Empresas Punidas – CNEP*, na etapa de habilitação dos processos licitatórios. Com isso, evita-se a participação e a consequente contratação de empresas envolvidas em atos de corrupção ou punidas por ilícitos envolvendo compras públicas e promove-se a transparência da gestão pública realizada.

De todo modo, como visto alhures, para contratações diretas (sem a realização de licitação), o administrador público precisará realizar a necessária justificação, consistente na demonstração detalhada e documentada dos pressupostos autorizadores da dispensa ou inexigibilidade de licitação. Nestes casos, a fim de atendimento ao requisito 8.2 da norma ISO, a Administração Pública deverá implementar processos de *due diligence* para que sejam realizados de forma proativa e mediante a supervisão dos gestores diretamente responsáveis.

Em estabelecendo o controle dessa forma, conseguirá mitigar satisfatoriamente os riscos de contratação direta de pessoas físicas ou jurídicas inidôneas e envolvidas em atos de corrupção, além de se manter em estrita obediência às leis e princípios que regem o direito administrativo e as licitações públicas.

Ademais de processos de *due diligence*, a ABNT NBR ISO 37001:2017, nos itens 8.5 e 8.5.2, dispõe que as organizações contratantes devem determinar aos parceiros de negócio a implementação e o monitoramento contínuo de seus próprios controles antissuborno.

Especificamente no que toca a esses requisitos, não é difícil traçar um paralelo com a Administração Pública e os movimentos legislativos que já vêm acontecendo em alguns estados e municípios de nosso país, além do Distrito Federal, no sentido de exigir das empresas privadas a implantação de sistema de *compliance* como condição a participarem dos processos de compras. Embora estas iniciativas não estejam acontecendo de forma coordenada, tampouco em mesma cadência, denotam o interesse público em privilegiar a contratação de organizações que tenham como valor e cultura agir com integridade, combatendo a corrupção e o suborno e, com isto, concorrendo à salvaguarda dos recursos públicos.

Como últimos requisitos da ABNT NBR ISO 37001:2017 estão os que estabelecem o canal de denúncias e o procedimento de investigações de reportes de suborno (8.9 e seguintes).

No caso da Administração Pública, o canal serviria a que, sempre que se tiver notícia de que um agente público, ou pessoa jurídica de direito privado, violou leis e políticas internas de prevenção à corrupção e ao suborno, haja o devido reporte, acompanhado dos elementos de prova que estiverem em posse do denunciante, para fins de apuração e aplicação das sanções pertinentes.

De acordo com o *standard* 37001, o canal de denúncia e o respectivo rito de apurações deverão encorajar a quem possa interessar ao levantamento de preocupações merecedoras de verificação, e que, se não forem imediatamente detectadas e estancadas, podem submeter a prejuízos os recursos públicos e privados em jogo:

> 8.9 Levantando preocupações
> A organização deve implementar procedimentos que:
> a) incentivem e permitam que o pessoal relate de boa-fé, ou com base em uma tentativa razoável de convicção, suspeita ou real de suborno, ou qualquer violação ou fragilidade fraqueza do sistema de gestão antissuborno para a função de *compliance* antissuborno ou ao pessoal apropriado (seja diretamente ou por meio de uma terceira parte apropriada);
> b) exceto na extensão necessária para avançar em uma investigação, requeiram que a organização trate os relatos de forma confidencial para proteger a identidade de quem relatou e de outros envolvidos ou mencionados no relato;
> c) permitam o relato de forma anônima;
> d) proíbam retaliação e protejam aqueles que façam o relato da retaliação, após eles, de boa-fé ou com base em uma convicção razoável, terem levantado ou relatado uma preocupação sobre uma tentativa de suborno, real ou suspeita, ou violação da política antissuborno ou do sistema de gestão antissuborno;
> e) permitam que o pessoal receba orientações de pessoa apropriada sobre o que fazer, se confrontado com uma preocupação ou situação que possa envolver suborno.

A organização deve assegurar que todo o pessoal esteja ciente dos procedimentos de relato e seja capaz de usá-los, e esteja ciente dos seus direitos e proteções nos termos dos procedimentos.

# 6 Conclusão

A Administração Pública, nos processos de aquisições e contratações, deve respeitar os princípios e leis de direito administrativo (notadamente a Lei nº 8.666/1993), bem como pautar seus atos de gestão na ética, lealdade e boa-fé.

De igual modo, os particulares, ao celebrarem contratos públicos, também têm suas condutas sujeitas ao Código Penal brasileiro e à Lei nº 12.846/2013 (regulamentada pelo Decreto nº 8.420/2015), que objetivam combater, prevenir e reprimir atos lesivos à Administração Pública e, especificamente no que toca à Lei Anticorrupção, fomentar a cultura de integridade nas organizações, na medida em que salientam a importância da implementação de sistemas de *compliance* para prevenção, detecção e resposta a atos de corrupção.

Em que pese a Administração Pública e, mesmo, os particulares possam lançar mão das disposições legais vigentes no país para aprimoramento de seus procedimentos e controles internos antifraudes e, especialmente, anticorrupção, a norma ISO 37001:2016 (traduzida no Brasil como ABNT NBR ISO 37001:2017) surge como ferramenta cujos resultados práticos mostram-se mais efetivos à proteção dos processos de compras e, consequentemente, dos recursos públicos.

E isso porque, para além de determinar nominalmente os alicerces de um sistema de gestão de *compliance* antissuborno (e suborno, aqui, em sentido amplo, como visto anteriormente), a ISO 37001 fornece etapas concretas e necessárias a que gestores consigam atingir, de modo eficaz e periodicamente mensurável, seus objetivos de prevenção de riscos de corrupção e suborno.

Noutros termos, a norma não somente elenca requisitos a serem fielmente obedecidos quando da implementação do sistema, como, também, sugere métodos práticos à transformação da cultura organizacional, engajamento de lideranças e pessoal, avaliações de risco, *due diligences*, canal de denúncias e investigações internas, além de procedimentos de teste e revisão, conduzindo à melhoria contínua e ao fortalecimento da conformidade nos atos de gestão.

Isso posto, a despeito da evidente sobreposição das leis e decretos em detrimento da norma ISO 37001:2016 (*standard* de viés técnico cuja aderência é opcional), esta última, ao exigir a implementação de diversos controles internos, financeiros e não financeiros, diretamente integrados aos processos de gestão, e demandar monitoramento constante (além de auditoria independente, para fins de verificação e certificação), destaca-se como valioso instrumento à mitigação de riscos de corrupção e suborno inerentes às contratações e aquisições públicas, servindo de indutora aos gestores públicos na observância dos princípios administrativos intrínsecos às funções que desempenham e na proteção dos recursos públicos que gerenciam.

## Referências

ASSI, Marcos; HANOFF, Roberta Volpato. *Compliance*: como implementar. São Paulo: Trevisan, 2018.

ASSOCIAÇÃO BRASILEIRA DE NORMAS TÉCNICAS. *NBR ISO 37001:2017* – Sistemas de gestão de antissuborno – Requisitos com orientações para uso. Rio de Janeiro: ABNT, 2017.

ASSOCIAÇÃO BRASILEIRA DE NORMAS TÉCNICAS. *Normalização*. Disponível em: http://www.abnt.org.br/normalizacao/lista-de-publicacoes/normas-iso-e-iec-publicadas/category/271-2019. Acesso em: 2 maio 2020.

BANDEIRA DE MELLO, Celso Antônio. *Curso de direito administrativo*. 30. ed. rev. e atual. São Paulo: Malheiros, 2013.

BRASIL. [Constituição (1988)]. *Constituição da República Federativa do Brasil, promulgada em 5 de outubro de 1988*. Brasília, out. 1988. Disponível em: http://www.planalto.gov.br/ccivil_03/constituicao/constituicaocompilado.htm. Acesso em: 3 maio 2020.

BRASIL. Controladoria-Geral da União. Advocacia-Geral da União. *Acordo de leniência firmado entre a Controladoria-Geral da União (CGU), a Advocacia-Geral da União (AGU) e a Braskem S.A*. Disponível em: https://www.gov.br/cgu/pt-br/assuntos/responsabilizacao-de-empresas/lei-anticorrupcao/acordo-leniencia/acordos-firmados/braskem.pdf. Acesso em: 2 maio 2020.

BRASIL. Controladoria-Geral da União. *CGU e AGU assinam acordo de leniência com nova participações S.A*. Disponível em: https://www.gov.br/cgu/pt-br/assuntos/noticias/2019/11/cgu-e-agu-assinam-acordo-de-leniencia-com-nova-participacoes-s-a. Acesso em: 2 maio 2020.

BRASIL. Controladoria-Geral da União. *CGU e AGU assinam acordo de leniência de R$ 1,49 bilhão com a Andrade Gutierrez*. Disponível em: https://www.gov.br/cgu/pt-br/assuntos/noticias/2018/12/cgu-e-agu-assinam-acordo-de-leniencia-de-r-1-49-bilhao-com-a-andrade-gutierrez. Acesso em: 2 maio 2020.

BRASIL. *Decreto nº 8.420, de 18 de março de 2015*. Regulamenta a Lei nº 12.846, de 1º de agosto de 2013, que dispõe sobre a responsabilização administrativa de pessoas jurídicas pela prática de atos contra a administração pública, nacional ou estrangeira e dá outras providências. Brasília, mar. 2015. Disponível em: http://www.planalto.gov.br/ccivil_03/_ato2015-2018/2015/decreto/d8420.htm. Acesso em: 2 maio 2020.

BRASIL. *Decreto-Lei nº 2.848, de 7 de dezembro de 1940*. Código Penal. Rio de Janeiro, dez. 1940. Disponível em: http://www.planalto.gov.br/ccivil_03/decreto-lei/del2848compilado.htm. Acesso em: 2 maio 2020.

BRASIL. *Decreto-Lei nº 201, de 27 de fevereiro de 1967*. Dispõe sobre a responsabilidade dos prefeitos e vereadores, e dá outras providências. Brasília, fev. 1967. Disponível em: http://www.planalto.gov.br/ccivil_03/Decreto-Lei/Del0201.htm. Acesso em: 3 maio 2020.

BRASIL. *Lei nº 12.846, de 1º de agosto de 2013*. Dispõe sobre a responsabilização administrativa e civil de pessoas jurídicas pela prática de atos contra a administração pública, nacional ou estrangeira, e dá outras providências. Brasília, ago. 2013. Disponível em: http://www.planalto.gov.br/ccivil_03/_ato2011-2014/2013/lei/l12846.htm. Acesso em: 2 maio 2020.

BRASIL. *Lei nº 13.303, de 30 de junho de 2016*. Dispõe sobre o estatuto jurídico da empresa pública, da sociedade de economia mista e de suas subsidiárias, no âmbito da União, dos Estados, do Distrito Federal e dos Municípios. Brasília, jun. 2016. Disponível em: http://www.planalto.gov.br/ccivil_03/_ato2015-2018/2016/lei/l13303.htm. Acesso em: 3 maio 2020.

BRASIL. *Lei nº 8.666, de 21 de junho de 1993*. Regulamenta o art. 37, inciso XXI, da Constituição Federal, institui normas para licitações e contratos da Administração Pública e dá outras providências. Brasília, jun. 1993. Disponível em: http://www.planalto.gov.br/ccivil_03/leis/l8666cons.htm. Acesso em: 2 maio 2020.

BRASIL. *Lei nº 9.784, de 29 de janeiro de 1999*. Regula o processo administrativo no âmbito da administração pública federal. Brasília, jan. 1999. Disponível em: http://www.planalto.gov.br/ccivil_03/leis/l9784.htm. Acesso em: 2 maio 2020.

BRASIL. Supremo Tribunal Federal. *Julgamento de prefeito por crime de responsabilidade não impede instauração de ação de improbidade*. Disponível em: http://www.stf.jus.br/portal/cms/verNoticiaDetalhe.asp?idConteudo=424602&caixaBusca=N. Acesso em: 2 maio 2020.

CARVALHO FILHO, José dos Santos. *Manual de direito administrativo*. 33. ed. rev., atual. e ampl. São Paulo: Atlas, 2019.

DI PIETRO, Maria Sylvia Zanella. *Direito administrativo*. 31. ed. rev., atual. e ampl. Rio de Janeiro: Forense, 2018.

INTERNAL CONTROL INSTITUTE BRASIL. *Guia de especialistas em controles internos certificados pelo Internal Control Institute*. São Paulo: Internal Control Institute Brasil – CrossOver Consulting & Auditing, 2020.

INTERNATIONAL ORGANIZATION FOR STANDARDIZATION. *Home*. Genebra, 2020. Disponível em: https://www.iso.org/home.html. Acesso em: 2 maio 2020.

INTERNATIONAL ORGANIZATION FOR STANDARDIZATION. *ISO 37001 anti-bribery management systems*. Disponível em: https://www.iso.org/iso/iso_37001_anti_bribery_mss.pdf. Acesso em: 3 maio 2020.

INTERNATIONAL ORGANIZATION FOR STANDARDIZATION. *ISO publishes powerful new tool to combat bribery*. Disponível em: https://www.iso.org/news/2016/10/Ref2125.html. Acesso em: 3 maio 2020.

MARINELA, Fernanda. *Direito administrativo*. 12. ed. São Paulo: Saraiva, 2018.

MEIRELLES, Hely Lopes; BURLE FILHO, José Emmanuel. *Direito administrativo brasileiro*. 42. ed. atual. São Paulo: Malheiros, 2016.

MINISTÉRIO PÚBLICO FEDERAL. *Acordo de leniência*. Disponível em: http://www.mpf.mp.br/df/sala-de-imprensa/docs/acordo-leniencia. Acesso em: 2 maio 2020.

MOTTA, Fernando. *Teoria geral da administração*. São Paulo: Pioneira, 1998.

---

Informação bibliográfica deste texto, conforme a NBR 6023:2018 da Associação Brasileira de Normas Técnicas (ABNT):

HANOFF, Roberta Volpato; NIELSEN, Thiago Henrique. A norma ISO 37001 como ferramenta de aprimoramento dos processos de compras e proteção dos recursos públicos. *In*: DAL POZZO, Augusto Neves; MARTINS, Ricardo Marcondes (Coord.). *Aspectos controvertidos do compliance na Administração Pública*. Belo Horizonte: Fórum, 2020. p. 119-149. ISBN 978-65-5518-044-2.

# PROGRAMA DE *COMPLIANCE* E PREVENÇÃO A FRAUDES EM LICITAÇÕES

ANA FLÁVIA AZEVEDO PEREIRA

## Introdução

Contratar com a Administração Pública é um empreendimento complexo que oferece recompensas financeiras, certo grau de estabilidade econômica e um campo minado de riscos para as empresas que ousam empreendê-lo. O maior desafio é permanecer em conformidade com as regras aplicáveis, como a Lei de Licitações (Lei Federal nº 8.666/1993), a Lei de Improbidade Administrativa (Lei Federal nº 8.429/1992 – LIA) e, mais recentemente, a Lei Anticorrupção (Lei Federal nº 12.846/2013).

A Lei Anticorrupção preencheu uma série de lacunas há muito identificadas no ordenamento jurídico brasileiro acerca do combate a fraudes em procedimentos licitatórios. Em primeiro lugar, a lei prevê responsabilização, nas esferas administrativa e civil, das pessoas jurídicas que praticam atos lesivos contra a Administração Pública independentemente do êxito na licitação. Em segundo lugar, a Lei Anticorrupção prevê a responsabilidade objetiva sem necessidade de aferir dolo ou culpa. Em terceiro lugar, se aplica a todos os atos de corrupção praticados contra governos nacionais ou estrangeiros.

Diante dessa teia sancionatória, do recrudescimento das sanções por fraude a licitações, e da mobilização de órgãos de fiscalização e controle em prol do combate à corrupção – principalmente a partir da deflagração da Operação Lava Jato, somaram-se motivos para que as empresas passassem a se preocupar mais em prevenir a prática de atos de corrupção, especialmente no tocante a licitações.

Uma das principais medidas preventivas adotadas pelas empresas é a criação, a implementação e a atualização das normas e procedimentos internos sintetizados em um programa de *compliance*. Além do caráter preventivo de fraudes e mitigador de riscos de sanção, o programa de *compliance* apresenta outras duas grandes vantagens: redução da severidade das sanções e ganho de vantagem competitiva em procedimentos licitatórios.

Quanto ao primeiro, a empresa que possui um programa de *compliance* efetivo em vigor e é alvo de aplicação de multa prevista na Lei Anticorrupção tem a possibilidade de reduzi-la ou poderá até mesmo celebrar um acordo de leniência que preveja sua implementação ou aprimoramento. Quanto ao segundo, a empresa pode obter vantagem competitiva nos processos licitatórios que estabeleçam atestados de idoneidade como requisito para credenciamento do licitante no certame ou habilitação das propostas classificadas. Atualmente há diversas bases de dados nos níveis federal, estadual e até municipal que emitem certidões negativas certificando se empresas e indivíduos constam nos cadastros de inidôneos, inabilitados, suspensos temporariamente de licitar, condenados por ato de improbidade administrativa ou pela Lei Anticorrupção.

O objetivo do presente artigo é apresentar o tratamento dado às fraudes em licitações pela Lei de Licitações e Lei de Improbidade Administrativa. O tópico seguinte focará nas hipóteses de fraude descritas na Lei Anticorrupção, apresentando exemplos. Num terceiro momento será demonstrado de que forma políticas internas devem ser desenhadas para mitigar os riscos envolvidos na participação em licitações e quais são os sinais de alertas de fraude que se deve ter em mente durante o procedimento licitatório. Por fim, serão demonstradas as vantagens adicionais de se adotar um programa de *compliance* efetivo: a capacidade de mitigar danos em casos de aplicação de sanções e de gerar vantagens competitivas em processos licitatórios.

## 1 Concepção de fraude no arcabouço jurídico brasileiro

O arcabouço legal brasileiro sobre fraudes em licitações inclui sanções penais, cíveis e administrativas que atingem tanto o agente público quanto a pessoa física ou jurídica. Para definir o que é fraude, pode-se recorrer às definições técnicas das entidades normatizadoras de auditorias. Para o American Institute of Certified Public Accountants, fraude é qualquer ato ou omissão intencional concebido para enganar os outros, resultando em perdas para a vítima e/ou em ganho para o autor.[1] Para o International Auditing and Assurance Standards Board (IAASB), conforme a norma ISA 240, fraude é um ato intencional praticado por um ou mais indivíduos, entre gestores, responsáveis pela governança, empregados ou terceiros, envolvendo o uso de falsidade para obter uma vantagem injusta ou ilegal.[2] O Conselho Federal de Contabilidade, num esforço de convergência das normas brasileiras com os padrões internacionais e com autorização da IAASB, traduziu a ISA 240 e elaborou a Norma Brasileira de Contabilidade para Auditoria Independente de Informação Contábil Histórica NBC-TA nº 240.[3]

Estipulado o conceito de fraude, a seguir serão apresentados os aspectos mais relevantes da Lei de Licitações e da Lei de Improbidade acerca de fraude a licitações.

## 1.1 Lei de Licitações

A Lei de Licitações estabelece regras e princípios gerais sobre procedimentos de aquisições públicas e contratos para a Administração Pública direta, abarcando União, estados, Distrito Federal e municípios, e também a Administração Pública indireta. O objeto é selecionar a proposta mais vantajosa para o órgão público em ambiente competitivo e isonômico. Além disso, qualquer procedimento de licitação deve ser planejado, executado e decidido estritamente de acordo com os princípios constitucionais que regem a Administração Pública, com as regras licitatórias e com objetividade.[4]

---

[1] AICPA – AMERICAN INSTITUTE OF CERTIFIED PUBLIC ACCOUNTANTS. *Managing the business risk of fraud*: a practical guide. Durham: AICPA, [s.d.]. p. 6. Disponível em: https://www.acfe.com/uploadedfiles/acfe_website/content/documents/managing-business-risk.pdf. Acesso em: 24 maio 2020.

[2] IAASB – INTERNATIONAL AUDITING AND ASSURANCE STANDARDS BOARD. *ISA 240 (International Standard on Auditing 240)*. The auditor's responsibilities relating to fraud in na audit of financial statements. p. 159. Disponível em: https://www.ifac.org/system/files/downloads/a012-2010-iaasb-handbook-isa-240.pdf. Acesso em: 24 maio 2020.

[3] CFC – CONSELHO FEDERAL DE CONTABILIDADE. *Resolução CFC nº 1.203/2009, aprova a NBC TA 200* – Objetivos gerais do auditor independente e a condução da auditoria em conformidade com normas de auditoria. 2009. Disponível em: http://www.oas.org/juridico/portuguese/mesicic3_bra_res1203.pdf. Acesso em: 24 maio 2020.

[4] DIAS, Jefferson Aparecido; MACHADO, Pedro Antonio de Oliveira. Atos de corrupção relacionados com licitações e contratos. *In*: MUNHÓS, Jorge (Org.). *Lei Anticorrupção e temas de compliance*. Salvador: JusPodivm, 2016. p. 82.

No curso do processo licitatório, indivíduos e entes que participaram de atividades vinculadas às fases preparatórias do certame podem ser proibidos de participar da fase de apresentação de propostas para garantir a integridade do processo de licitação. Caso contrário, esses indivíduos ou entes ganhariam vantagem ou privilégio no processo de licitação e quebrariam a isonomia e a natureza competitiva do procedimento.[5] A proibição se estende à participação indireta no processo de licitação. O participante do processo de licitação não pode ter nenhuma relação técnica, comercial, econômica, financeira ou trabalhista com o autor do projeto ou seu empregador. Essa é uma das razões a justificar a previsão da alínea "e", do inc. IV do art. 5º da Lei Anticorrupção, que definiu como ato lesivo à Administração Pública criar, de modo fraudulento ou irregular, pessoa jurídica para participar de licitação pública ou celebrar contrato administrativo.

Ademais, licitantes ou contratados, empresas e profissionais, podem ser sancionados pela Lei de Licitações caso: (i) tenham sofrido condenação definitiva por praticarem, por meios dolosos, fraude fiscal no recolhimento de quaisquer tributos; (ii) tenham cometido atos ilícitos com o objetivo de frustrar os objetivos da licitação; ou (iii) não tenham boa reputação para firmar contrato com a Administração Pública devido à prática de outros atos ilícitos (art. 88).

Para tais hipóteses a Lei de Licitações prevê como sanção a suspensão temporária ou a declaração de inidoneidade para licitar ou contratar com a Administração Pública enquanto perdurarem os motivos determinantes da punição ou até que seja promovida a reabilitação, que será concedida após o ressarcimento dos prejuízos causados e depois de decorrido o prazo da suspensão.

Ocorre que as fraudes mais graves contra as licitações foram tratadas pela Lei de Licitações como crimes e, portanto, não geram responsabilização das pessoas jurídicas beneficiadas por tais atos. Essa lacuna foi superada pela Lei Anticorrupção, que reproduziu praticamente *ipsis litteris* a redação dos crimes da Lei de Licitações. A diferença entre as duas leis é que na Lei de Licitações punem-se os indivíduos que agiram intencionalmente, ou seja, há responsabilidade subjetiva. Por outro lado, a Lei Anticorrupção pune as pessoas jurídicas nas esferas administrativa e civil e não exige demonstração de dolo ou culpa.[6]

---

[5] MAGALHÃES, João Marcelo Rego. Política de integridade pública em licitações. *Revista Controle do TCE Ceará*, v. 12, n. 2, p. 14-47, jul./dez. 2014. p. 23.

[6] DIAS, Jefferson Aparecido; MACHADO, Pedro Antonio de Oliveira. Atos de corrupção relacionados com licitações e contratos. In: MUNHÓS, Jorge (Org.). *Lei Anticorrupção e temas de compliance*. Salvador: JusPodivm, 2016. p. 92.

## 1.2 Lei de Improbidade Administrativa

A Lei de Improbidade Administrativa pune agentes públicos pela prática de atos que impliquem (i) aferimento de vantagem patrimonial indevida em razão do exercício de atividade na Administração Pública direta e indireta, importando em enriquecimento ilícito do agente público ou de terceiro beneficiário do ato praticado (art. 9º); (ii) perda, desvio, apropriação ou dilapidação dos bens que ensejem lesão ao Erário (art. 10); e/ou (iii) violação aos deveres de honestidade, imparcialidade, legalidade, e lealdade às instituições, o que atenta contra os princípios reconhecidos da Administração Pública (art. 11).

A prática de tais atos pode resultar nas seguintes sanções para o agente público: (i) ressarcimento integral do dano causado, se tal dano ocorreu; (ii) perda da função pública; (iii) suspensão de direitos políticos; (iv) multa civil proporcional ao (iv.a) valor da riqueza adicionada (no caso de enriquecimento ilícito); (iv.b) dano causado (em caso de perda para o Erário); ou (iv.c) remuneração percebida pelo agente público (em caso de violação aos princípios da Administração Pública); e (v) proibição de contratar com a Administração Pública ou de receber benefícios ou incentivos fiscais ou de crédito, direta ou indiretamente por um período que varia de acordo com a hipótese: (v.a) dez anos para o caso de enriquecimento ilícito; (v.b) cinco anos para o caso de dano ao erário; ou (v.c) três anos para o caso de violação dos princípios da Administração Pública. Caberá ainda uma sexta sanção ao agente público, caso o ato de improbidade praticado tenha resultado em enriquecimento ilícito ou dano ao erário: a perda de bens ou quantias adicionadas ilegalmente à riqueza do agente público.

O art. 3º da LIA possibilita a submissão de pessoas jurídicas ao regime e sanções previstas na lei, pois a expressão "mesmo não sendo agente público" não faz qualquer distinção entre pessoas físicas e jurídicas, o que permite concluir que as pessoas jurídicas também estão sujeitas às sanções. Pessoas jurídicas podem ser sancionadas desde que induzam ou concorram para a prática do ato de improbidade ou dele se beneficiem sob qualquer forma, direta ou indiretamente.

Contudo, só se aplicam às pessoas jurídicas as sanções compatíveis com as suas peculiaridades, quais sejam: (i) perda dos valores acrescidos ilicitamente ao seu patrimônio (art. 6º); (ii) multa civil (art. 12); (iii) reparação do dano causado, desde que estejam presentes os requisitos necessários (art. 5º); e (iv) proibição de contratar com o Poder Público ou dele receber benefícios ou incentivos fiscais ou creditícios, direta ou indiretamente, ainda que por intermédio de pessoa jurídica da qual seja sócia majoritária (art. 12).[7]

No entanto, essa submissão apresenta algumas limitações. A primeira delas é a necessidade de comprovação de que ato de improbidade foi praticado por agente público, pois os terceiros envolvidos só são responsabilizados caso se beneficiem de ato praticado por agente público.[8] Desse modo, sem a comprovação da participação intencional do agente público na prática do ato de improbidade não há como responsabilizar a pessoa jurídica.[9]

A segunda é a necessidade de comprovação de dolo ou culpa dos envolvidos, pois a responsabilidade pelos atos é subjetiva e tal nível probatório torna mais difícil alcançar a sanção da empresa.[10] Ainda vale lembrar que, diferente da Lei Anticorrupção, a LIA não sanciona por condutas praticadas contra a Administração Pública estrangeira.

Assim, a Lei Anticorrupção inovou ao responsabilizar objetivamente as pessoas jurídicas. Ressalte-se que as sanções da Lei Anticorrupção podem ser aplicadas independentemente e não afetam os processos de responsabilização e aplicação de penalidades decorrentes de ato de improbidade administrativa e atos ilícitos alcançados pela Lei de Licitações (art. 30).

No próximo capítulo serão apresentados os aspectos mais relevantes da Lei Anticorrupção acerca de fraude a licitações.

## 2 Concepção de fraude na Lei Anticorrupção

A Lei Anticorrupção estabelece no art. 5º, inc. IV, os atos lesivos relativos a licitações públicas que podem ensejar responsabilização objetiva de pessoa jurídica e trata basicamente de hipóteses de fraude no procedimento licitatório.

---

[7] GARCIA, Emerson; ALVES, Rogério Pacheco. *Improbidade administrativa*. 6. ed. Rio de Janeiro: Lumen Juris, 2011. p. 269.
[8] REsp nº 1.405.748/RJ. Rel. Min. Marga Tessler (Juíza Federal convocada do TRF 4ª Região). Rel. p/ Acórdão Min. Regina Helena Costa, Primeira Turma, j. 21.5.2015. *DJe*, 17 ago. 2015.
[9] HENRIQUES FILHO, Tarcísio. Licitação e compliance. *In*: OLIVEIRA, Luis Gustavo Miranda de (Org.). *Compliance e integridade*: aspectos práticos e teóricos. Belo Horizonte: D'Plácido, 2017. p. 185.
[10] HENRIQUES FILHO, Tarcísio. Licitação e compliance. *In*: OLIVEIRA, Luis Gustavo Miranda de (Org.). *Compliance e integridade*: aspectos práticos e teóricos. Belo Horizonte: D'Plácido, 2017. p. 188.

Via de regra, são requisitos para a responsabilidade civil objetiva três elementos: a conduta (ação ou omissão), o resultado (dano) e o nexo de causalidade. É importante ter em conta também a obtenção de benefício ou atendimento de interesse, exclusivo ou não, da pessoa jurídica. No tocante a licitações, é importante discorrer também sobre a fraude, o modo fraudulento utilizado pela pessoa natural para frustrar, impedir ou perturbar a licitação.

Em primeiro lugar, é preciso comprovar que um ato lesivo foi praticado.[11] A Lei Anticorrupção menciona como possíveis agentes dessa conduta os dirigentes e administradores da pessoa jurídica e também qualquer pessoa natural, autora, coautora ou partícipe do ato ilícito. Dessa forma, quaisquer terceiros agindo em interesse ou benefício da pessoa jurídica que pratiquem ato lesivo ensejarão a responsabilização da pessoa jurídica.

A responsabilização da pessoa jurídica e das pessoas naturais envolvidas na prática do ato lesivo é independente e os dirigentes ou administradores somente serão responsabilizados na medida da sua culpabilidade. Portanto, não é condição para condenação da pessoa jurídica que as pessoas físicas respondam judicial ou administrativamente ou também tenham sido condenadas. Nesse ponto, cabe ressaltar, a Lei Anticorrupção é bastante diferente da LIA, que estipula punições ao terceiro beneficiário de ato de improbidade apenas quando o agente público tiver, comprovadamente, agido ou se omitido por dolo ou culpa.

Esse ponto leva a outro requisito: para que haja responsabilização e sanção, é preciso constatar o dano, o resultado lesivo da conduta. Para a consumação dos atos lesivos de fraude à licitação ou contrato descritos na Lei Anticorrupção não é necessário materializar um prejuízo patrimonial. Condutas que produzem outros tipos de dano, como exemplo, a violação aos princípios constitucionais da legalidade, impessoalidade, moralidade, publicidade e eficiência da Administração Pública, e aquelas que levam à quebra dos deveres do agente público de honestidade, imparcialidade, legalidade e lealdade às instituições também configuram ato lesivo à Administração Pública.

Por exemplo, "frustrar ou fraudar, mediante ajuste, combinação ou qualquer outro expediente, o caráter competitivo de procedimento licitatório público" prescinde da existência comprovada de prejuízo ao erário, haja vista que o dano se revela pela simples quebra do

---

[11] SANTOS, José Anacleto Abduch; BERTONCINI Mateus; CUSTÓDIO FILHO, Ubirajara. *Comentários à Lei 12.846/2013* – Lei Anticorrupção. 1. ed. São Paulo: Revista das Tribunais, 2014. p. 118.

caráter competitivo entre os licitantes interessados em contratar que, pressupõe-se, acabará acarretando também um dano patrimonial.[12]

Outro requisito a ser considerado para responsabilização da pessoa jurídica é o nexo de causalidade entre a conduta praticada e o resultado lesivo à Administração Pública, seja em razão de violação aos princípios e deveres aplicáveis, seja devido à lesão ao erário. Assim, é preciso demonstrar que a conduta praticada ao menos atentou contra a Administração Pública, independentemente de ter se revertido em benefício concreto à pessoa jurídica.

A Lei Anticorrupção cria uma particularidade ao considerar ainda um quarto elemento para que as pessoas jurídicas sejam responsabilizadas objetivamente: os atos lesivos terem sido praticados em seu interesse ou benefício, exclusivo ou não. Para os casos de fraude a licitações e contratos, benefício é o ganho obtido pela pessoa jurídica, mesmo que sem valoração financeira e ainda que obtido indiretamente. O ganho pode ocorrer mesmo sem lesão ao erário, desde que a pessoa jurídica esteja se beneficiando. Já interesses são preferências individuais em diversas esferas, financeira, de negócios, política, de entidade de classe ou ramo de indústria.[13]

Outro ponto importante a ser mencionado é que para haver responsabilização o ato lesivo não precisa ter se consumado e o interesse ou benefício não precisa ter sido de fato auferido.[14] Mesmo nos casos em que o ato ilícito não se consumou e a pessoa jurídica não auferiu vantagem ou benefício, haverá responsabilização.[15] Por exemplo, a fraude pode ocorrer em conluio com vários licitantes, mas caso ainda assim outro licitante não envolvido na fraude ganhe a licitação, o agente terá praticado a fraude sem que a pessoa jurídica tenha se beneficiado dela, mas ainda assim a pessoa jurídica envolvida na fraude será sancionada.

---

[12] Assim entendeu o Superior Tribunal de Justiça, conforme coletânea de julgados apresentados na edição nº 134 da *Jurisprudência em Teses* com o tema "Dos crimes da Lei de Licitação" publicada em outubro de 2019 (JURISPRUDÊNCIA em Teses trata de crimes da Lei de Licitações. *STJ*, 7 out. 2019. Disponível em: http://www.stj.jus.br/sites/portalp/Paginas/Comunicacao/Noticias/Jurisprudencia-em-Teses-trata-de-crimes-da-Lei-de-Licitacoes.aspx. Acesso em: 24 maio 2020).

[13] Para conhecer mais, basta consultar BRASIL. Tribunal de Contas da União. *Referencial de combate à fraude e à corrupção*. Brasília: TCU, 2018.

[14] SANTOS, José Anacleto Abduch; BERTONCINI Mateus; CUSTÓDIO FILHO, Ubirajara. *Comentários à Lei 12.846/2013 – Lei Anticorrupção*. 1. ed. São Paulo: Revista das Tribunais, 2014. p. 118.

[15] A Portaria nº 430, de 8.10.2018, condenou a empresa THN Fabricação de Auto Peças Brasil por tentativa de suborno a funcionário da Receita Federal Brasileira (PÁDUA, Luciano; PIMENTA, Guilherme. Receita Federal condena primeira empresa com base na Lei Anticorrupção. *Jota*, 15 out. 2018. Disponível em: https://www.jota.info/justica/receita-federal-lei-anticorrupcao-15102018).

Além disso, o art. 7º, inc. III da Lei Anticorrupção diferencia ato lesivo consumado e tentado apenas para fins da aplicação das sanções. A título de exemplo, o Decreto Regulamentador da Lei Anticorrupção em nível federal (Decreto nº 8.420/2015 – Decreto Regulamentador) prevê que a não consumação da infração reduz o valor da multa em 1% (art. 18, inc. I). Assim, reduz-se a sanção aplicável para a hipótese em que, embora a conduta tenha causado dano à Administração Pública (caso contrário não haveria responsabilização e muito menos sanção), o ato lesivo não se consumou.

Também vale lembrar que, no tocante a licitações e contratos, as condutas listadas na Lei Anticorrupção foram retiradas dos crimes contidos na Lei de Licitações, que são crimes formais, que não dependem de resultado naturalístico para consumação.[16]

## 2.1 Tipos de fraude conforme a Lei Anticorrupção

No que diz respeito à licitação pública e compras governamentais, a Lei Anticorrupção define hipóteses taxativas de atos ilícitos contra órgãos da administração pública nacional ou estrangeira que serão detalhadas a seguir. Conhecer o que cada hipótese abarca, em termos conceituais e práticos, é útil porque permite customizar melhor as políticas internas e procedimentos e facilita a identificação de eventuais sinais de alerta numa situação real.

Entre as hipóteses de fraude à licitação há três cláusulas gerais que definem o que constitui ato lesivo à Administração Pública nesse contexto: "a) frustrar ou fraudar, mediante ajuste, combinação ou qualquer outro expediente, o caráter competitivo de procedimento licitatório público"; "b) impedir, perturbar ou fraudar a realização de qualquer ato de procedimento licitatório público"; e "d) fraudar licitação pública ou contrato dela decorrente".

A alínea "a" se assemelha ao art. 90 da Lei de Licitações. Vale ressaltar que esta hipótese não se confunde com a alínea "c". A conduta prevista na alínea "a" é fraude na medida em que os concorrentes que participam do processo licitatório agem conjuntamente para mitigar o seu caráter competitivo; enquanto a conduta da alínea "c" impede que a concorrência seja eficaz ao reduzir o número de concorrentes de forma fraudulenta.

---

[16] NUCCI, Guilherme de Souza. *Leis penais e processuais penais comentadas*. Rio de Janeiro: Forense, 2018. p. 634-657.

São exemplos de condutas enquadráveis na alínea "a": (i) direcionamento; (ii) conluio; e (iii) redução de competitividade. Não é necessário que todos os aspectos do processo de licitação sejam fraudados, basta que o caráter competitivo seja mitigado com a prática do ato.

Direcionamento é quando há desvio de licitação, quando o agente público age para que uma empresa específica ganhe o processo licitatório. Por exemplo, o agente público pode introduzir cláusulas no edital para garantir a contratação de um participante em particular.[17] Isso prejudica o propósito da Lei de Licitações de promover uma concorrência real.

Já o conluio pode ocorrer de várias formas, sendo as mais comuns (ii.a) a manipulação de propostas e lances, (ii.b) os cartéis e (ii.c) a fixação de preços. A manipulação de lances e propostas ocorre quando concorrentes fazem conluio para aumentar os preços das propostas e dos lances e simularem a vantajosidade de uma proposta específica. Os concorrentes definem com antecedência que empresa vai oferecer o preço mais baixo, que ganhará determinado certame e que se compromete a perder outra licitação em favor de outra empresa. Ou seja, as empresas definem os preços e condições para ambas ou várias licitações.[18]

O risco de tal prática aumenta quando há apenas alguns poucos fornecedores que podem oferecer o serviço, por exemplo, um oligopólio em um setor altamente especializado; ou quando o projeto é dispendioso e o fornecedor deve fazer um investimento mensurável para ganhá-lo, por exemplo, grandes projetos de infraestrutura. Para que ocorra a manipulação de propostas e lances não é necessário que todos os licitantes participem no conluio. A manipulação envolve a combinação de várias condutas: fixação de preços, conluio e cartel.

Cartel é o acordo secreto ou conluio entre empresas para cometer atos ilícitos ou fraudes. Os cartéis normalmente envolvem compartilhamento de informações concorrencialmente sensíveis para que as empresas definam conjuntamente as estratégias de preços, a divisão territorial de atuação, cotas de produção, entre outros. Dessa forma, as licitações são transformadas em um mercado, um nicho de atuação, e as empresas o manipulam conforme seus interesses particulares e em detrimento do interesse público e dos destinatários finais da contratação

---

[17] JUSTEN FILHO, Marçal. *Comentários à Lei de Licitações e Contratos Administrativos*. 16. ed. São Paulo: Dialética, 2014. p. 1178.
[18] DIAS, Jefferson Aparecido; MACHADO, Pedro Antonio de Oliveira. Atos de corrupção relacionados com licitações e contratos. *In*: MUNHÓS, Jorge (Org.). *Lei Anticorrupção e temas de compliance*. Salvador: JusPodivm, 2016. p. 92.

pública. Um cartel existe quando empresas interessadas em contratos com a Administração Pública negociam acordos entre si para decidir o resultado de um processo de licitação. Ao combinar sua estratégia, elas evitam a concorrência real, o que poderia levá-las, por exemplo, a fechar um contrato a preços mais baixos.

A fixação de preços é o conluio entre concorrentes para elevar o preço e ganhar margem de lucro nas propostas superior à que provavelmente obteriam caso a concorrência atuasse livremente. Não é necessário que os concorrentes concordem em cobrar exatamente o mesmo preço, nem que todos os concorrentes de determinado setor participem do conluio. A fixação de preços pode assumir muitas formas e qualquer acordo que restrinja a concorrência de preços pode violar as leis de concorrência aplicáveis e constituir fraude.

A redução de competitividade ocorre quanto concorrentes interagem e trocam informações entre si antes, durante e depois dos processos de licitação. Inclui acordos formais ou contatos esporádicos entre concorrentes ou até menção a um concorrente sobre a participação ou não de outro concorrente em processo de licitação, o que pode influenciar a decisão do primeiro em participar ou não da licitação.

A alínea "b" se assemelha tanto ao art. 89 quanto ao art. 93 da Lei de Licitações. Trata-se de atos que podem impedir ou atrasar a contratação pela Administração Pública, como não apresentar os documentos solicitados pela Administração Pública, independentemente da demonstração de má-fé da empresa; ou jogo de influência, quando a pessoa jurídica usa sua rede de influência para alterar o edital, o curso ou o resultado da licitação.

Por exemplo, segundo os delatores Emílio Odebrecht e Henrique Serrano Valladares, após conclusão da licitação da Usina Hidrelétrica de Jirau em Rondônia, a Odebrecht estava convicta de que a empresa Suez teria vencido a licitação de forma irregular e, para tentar barrar a contratação, teria apelado, em vão, ao Ex-Presidente Luiz Inácio Lula da Silva (PT), e depois teria pago R$5,5 milhões em espécie ao Senador Edison Lobão (PMDB-MA) para que ele interferisse junto ao Governo Dilma. Outra estratégia da Odebrecht foi contar com o apoio do então Deputado Federal Eduardo Cunha (PMDB-RJ) para atacar representantes do governo durante audiência na Câmara sobre as obras da usina.[19]

---

[19] MORENO, Ana Carolina. Cartel, direcionamento, propina... Delações mostram como Odebrecht e políticos 'driblaram' a Lei de Licitações. *G1*, 5 maio 2017.

A alínea "d" se assemelha ao art. 96 da Lei de Licitações e diz respeito, de maneira genérica, à fraude em licitação pública ou contrato dela decorrente. O art. 96 traz pistas sobre o que se pretendeu sancionar com tal dispositivo: a elevação arbitrária de preços; a venda de mercadoria falsificada ou deteriorada; a entrega de mercadoria fora das especificações contratadas; o fornecimento de mercadoria alterada na sua substância, qualidade ou quantidade; proposta ou execução de contrato injustamente mais onerosa.

Avançando sobre as hipóteses específicas de fraude à licitação, a alínea "c" se assemelha ao art. 95 da Lei de Licitações.[20] Vale lembrar que esta hipótese não se confunde com a alínea "a". A alínea "a" mitiga o caráter competitivo da licitação ao simular, em conjunto com outros agentes, que ela existe; enquanto a alínea "c" trata da redução do número de concorrentes de forma fraudulenta, para que a concorrência no processo licitatório não exista. A retirada dos concorrentes do processo de licitação deve estar relacionada a uma fraude ou ao oferecimento de vantagens a um concorrente para precipitar sua saída da licitação.[21]

A alínea "e" está relacionada ao art. 97 da Lei de Licitações. Uma empresa declarada inapta tem o dever de se abster de participar de contratos públicos. No entanto, uma empresa pode induzir a Administração Pública a erro para que seja admitida no processo de licitação ao criar uma empresa de fachada apenas para que a empresa real permaneça desconhecida. A simples criação fraudulenta da empresa com o intuito de participar de licitação pública ou celebrar contrato administrativo já constitui um ato lesivo, não é necessário que a empresa de fachada pratique qualquer outro ato.[22] Também se enquadra nessa alínea o envio de documentos ou declarações falsos.

Ressalte-se que não há crime em participar de licitação quando a sanção ainda está sendo discutida administrativamente ou judicialmente, ou a empresa recebeu uma ordem temporária para participar, ainda que esta seja revogada posteriormente.[23]

---

[20] Tal alínea também se assemelha ao art. 36 da Lei de Defesa da Concorrência (Lei nº 12.529/2011).

[21] JUSTEN FILHO, Marçal. *Comentários à Lei de Licitações e Contratos Administrativos*. 16. ed. São Paulo: Dialética, 2014. p. 1178.

[22] DIAS, Jefferson Aparecido; MACHADO, Pedro Antonio de Oliveira. Atos de corrupção relacionados com licitações e contratos. In: MUNHÓS, Jorge (Org.). *Lei Anticorrupção e temas de compliance*. Salvador: JusPodivm, 2016. p. 96.

[23] JUSTEN FILHO, Marçal. *Comentários à Lei de Licitações e Contratos Administrativos*. 16. ed. São Paulo: Dialética, 2014. p. 1185.

A alínea "f" se assemelha ao art. 92 da Lei de Licitações. Benefícios e vantagens só podem ser concedidos a empreiteiros se previsto pela legislação, edital de licitação ou contrato. A concessão de vantagens indevidas, incluindo a extensão contratual, é um crime. Também é crime conceder benefícios aos contratados sem os requisitos necessários, mesmo que legalmente previstos.[24]

Enquadram-se nessa hipótese os esquemas de superfaturamento. Superfaturamento é uma fraude financeira em que uma empresa recebe pelo produto ou serviço valores mais altos que o preço de mercado. Uma manobra usada é conhecida como "jogo de planilhas" em que diversos componentes da lista de insumos e serviços são alterados sem justificativa técnica plausível, gerando majoração indevida no preço. É possível que o agente público aprovador da despesa esteja envolvido e tenha recebido uma vantagem indevida. Em alguns casos, parte do valor superfaturado é transferida para os agentes públicos.

Também pode haver fraude na celebração de aditivos contratuais, mesmo quando a licitação tenha ocorrido dentro das regras, pois, embora a lei seja muito rigorosa para celebrar contratos, é muito permissiva para fazer ajustamentos.[25] Assim, aditivos contratuais podem ser negociados para aumentar o valor do contrato injustificadamente, reajustar prazos e condições de cumprimento do contrato em detrimento do interesse público.

Por fim, a alínea "g" não possui equivalente na Lei de Licitações e diz respeito à manipulação do equilíbrio econômico-financeiro dos contratos para obtenção de vantagem financeira indevida em detrimento da Administração. Pode envolver modificações nas condições de execução do contrato, no nível de exigência de qualidade, prorrogações de prazos, entre outras. Ocorre também nos contratos de concessão de serviços públicos, como rodovias, transporte público, saneamento básico e energia, em que são previstas tarifas aos usuários calculadas com base no cronograma de entrega de obras e melhorias na qualidade dos serviços. Se a concessionária frauda os relatórios de fiscalização da qualidade do serviço público para assim não sofrer sanção e redução no valor da tarifa cobrada, estará manipulando o equilíbrio econômico-financeiro do contrato.

---

[24] JUSTEN FILHO, Marçal. *Comentários à Lei de Licitações e Contratos Administrativos*. 16. ed. São Paulo: Dialética, 2014. p. 1180.

[25] MORENO, Ana Carolina. Cartel, direcionamento, propina... Delações mostram como Odebrecht e políticos 'driblaram' a Lei de Licitações. *G1*, 5 maio 2017.

## 3 Programa de *compliance* e prevenção a fraudes em licitações

Diante de tamanha variedade de condutas que constituem atos lesivos à Administração Pública e podem levar a sanções das empresas na esfera civil e administrativa, a elaboração e implementação de um programa de *compliance* tornam-se indispensáveis para a sobrevivência das empresas em longo prazo.

O código de conduta traz orientações gerais sobre como interagir com colegas de trabalho, fornecedores e prestadores de serviços, concorrentes e, principalmente agentes públicos. Para as empresas que participam de licitações públicas, é essencial que haja uma política específica que aprofunde e detalhe as condutas esperadas em contextos corriqueiros e também em situações adversas. Além disso, é adequado que a política apresente ao colaborador possíveis sinais de alerta, para que se antecipe a situações de risco e esteja preparado para lidar com elas.

O primeiro passo é estipular as regras gerais, vedando ao colaborador praticar qualquer ato que tenha por objetivo frustrar ou fraudar o caráter competitivo de procedimento licitatório em qualquer de suas fases, buscar afastar concorrente licitante ou qualquer outra prática proibida por lei. Deve-se instruir os colaboradores a recusar qualquer solicitação de vantagem indevida ou qualquer proposta de conluio para fraudar, manipular ou frustrar procedimento licitatório ou seu caráter competitivo, sejam elas feitas por agentes públicos ou concorrentes.

Em segundo lugar, caso seja estritamente necessário se reunir ou interagir com agente público ou concorrente, é importante deixar claro o propósito e o assunto da comunicação e formalizá-la por escrito por meio de *e-mail* ou ata de reunião, que deverão ser arquivados adequadamente. Tais comunicações devem ter caráter profissional e técnico e recomenda-se que participem pelo menos dois colaboradores e/ou representantes da empresa.

Em terceiro lugar, os colaboradores, terceiros e até mesmo agentes públicos e demais cidadãos devem ter orientação expressa sobre como reportar a ocorrência de situações que podem configurar a prática das condutas vedadas pela empresa e que envolvam seus colaboradores ou representes. É indispensável assegurar ao reportante dos fatos que ele não sofrerá represálias e poderá ter sua identidade preservada, se assim preferir.

Além das regras gerais, algumas condutas podem ser estipuladas conforme a etapa do procedimento licitatório. Por exemplo, nas interações prévias ao lançamento de um edital de licitação, momento em que a Administração Pública quer cotar preços e serviços no mercado, é essencial que toda interação seja clara e transparente e não se discutam premissas contratuais para que a comunicação não ganhe conotação de direcionamento de edital.

Por isso é recomendado que antes de enviar qualquer material para a entidade pública, verifique-se se há permissão legal ou um aviso convocatório autorizando o agente público a solicitar a informação. Além disso, a solicitação deverá ser respondida de maneira formal ao *e-mail* oficial do agente público e deverá conter, preferencialmente, apenas informações públicas da empresa.

Ainda nessa fase prévia, caso haja necessidade de elaboração de estudos técnicos preliminares e projetos básicos e executivos, recomenda-se aderir estritamente às questões técnicas e processuais envolvidas. A empresa deve abster-se de desenvolver tratativas, formais ou informais, com o órgão público visando a assegurar que os estudos apresentados sejam vencedores ou garantir que a empresa vença o processo licitatório resultante dos estudos apresentados. Deve ser vedado na política usar meios fraudulentos ou realizar atos ilegais para vencer as futuras propostas resultantes dos estudos apresentados, levando em consideração a própria vedação do art. 9º da Lei de Licitações.

Já durante o procedimento licitatório propriamente dito, é importante que a política estipule quais departamentos internos serão envolvidos na tomada de cada decisão pertinente à participação da empresa no certame. Há empresas que centralizam a participação em licitações em um departamento, responsável por (i) comunicar-se com o órgão licitante para apresentar documentação, esclarecer dúvidas ou solicitar informações sobre a licitação; (ii) decidir conjuntamente com a área comercial e financeira sobre o interesse comercial e a vantajosidade econômica de participar; (iii) decidir com apoio da área jurídica sobre a impugnação a itens do edital, apresentação de recursos ou ajuizamento de ações contra decisões administrativas tomadas ao longo da licitação, entre outras medidas jurídicas.

É importante deixar claro na política que as áreas comercial e financeira pautarão os preços com base em análises técnicas e objetivas e conforme estipulado pelos departamentos internos envolvidos. É necessária uma alçada de aprovação de preços que exija, de preferência, pelo menos dois responsáveis assinando juntos. Deve ser mantido registro de todo o processo de estipulação de preço, deixando claro os critérios utilizados.

Caso a estratégia da empresa para participação em licitações envolva o uso de terceiros, como representantes de vendas, é ainda mais importante garantir que as propostas no procedimento licitatório estão adequadas aos preços mínimos e máximos estipulados pela empresa para o certame. Nesse caso, o monitoramento da participação no procedimento licitatório deve ser ainda mais criterioso, para evitar que o terceiro pratique ato lesivo que ao final imputará responsabilidade à empresa, pela sua condição de interessada ou beneficiada pela licitação, ainda que indiretamente.

Outra situação sensível é a contratação direta nas hipóteses de dispensa e de inexigibilidade de licitação. A Lei de Licitações prevê procedimentos específicos a serem seguidos e, embora seja dever da Administração Pública observá-los, cabe à empresa mitigar riscos participando apenas quando o órgão público comprovar que cumpriu os requisitos legais. Assim, caberá ao departamento jurídico interno analisar se a venda está adequadamente enquadrada nas hipóteses legais previstas nos arts. 24 e 25 da Lei de Licitações.

Também é preciso orientar os colaboradores quanto às situações que impõem ajuste contratual para manter o equilíbrio econômico-financeiro no contrato administrativo e restabelecer a justa remuneração pelo serviço prestado ou produto fornecido. Essas situações ocorrem quando fatos imprevisíveis, ou previsíveis de consequências incalculáveis, retardam ou impedem a execução do ajustado e também quando eventos de força maior, caso fortuito ou fato do príncipe configuram álea econômica extraordinária e extracontratual.

A política interna deverá orientar que situações de realinhamento de preço somente deverão ocorrer quando existir motivo legal e fático. Também deve ser vedado aos colaboradores fraudar obrigações contratuais visando a receber remuneração injusta pelo serviço prestado ou produto fornecido. Independentemente da situação financeira em que se encontre a empresa e quão pressionado o colaborador se sinta em trazer resultado e aumentar o faturamento ou lucratividade da empresa, a manipulação ou fraude no equilíbrio econômico-financeiro do contrato é ato lesivo contra a Administração Pública.

Ademais, com o intuito de prevenir o colaborador e prepará-lo para lidar com situações adversas, é importante apresentá-lo a alguns possíveis sinais de alerta para fraudes.[26] Um sinal de alerta não

---

[26] BRASIL. Tribunal de Contas da União. *Referencial de combate à fraude e à corrupção*. Brasília: TCU, 2018. p. 149-150.

necessariamente é uma fraude, mas apenas fornece possíveis sinais para uma fraude.

São sinais de alerta sobre conluio entre licitantes: (i) evidência ou indício de relação estreita entre licitantes; (ii) existência de poucos competidores no setor; (iii) todas as propostas apresentam valores bem acima do orçamento da licitação; (iv) apenas um licitante atende às especificações e os demais apresentam propostas falhas ou empresas esperadas não dão lances; (v) existência de um padrão nos lances vencedores e perdedores ou até mesmo propostas com redação e erros de português similares; (vi) vencedor da licitação subcontrata licitante perdedor.

São sinais de alerta sobre conluio entre órgão público e licitante: (i) a equipe responsável pelas licitação tem relação com o licitante vencedor; (ii) o licitante oferece presentes ou benefícios para funcionários do órgão público; (iii) especificação da licitação é muito semelhante às características do produto do licitante vencedor; (iv) especificação do contrato altera após o licitante favorecido ser contratado; (v) licitante é desqualificado sem razão motivada; (vi) contrato é adjudicado à empresa desconhecida, sem experiência ou reconhecimento no setor ou cujo objeto social não possui relação com o objeto do contrato; (vii) licitantes perdedores manifestam-se publicamente contra a licitação.

São sinais de alerta sobre execução contratual fraudulenta: (i) aceite de faturas sem a fiscalização adequada da execução do contrato; (ii) modelo do contrato deixa margem para manipulação da medição da execução do contrato; (iii) excesso de lucro ou falta de transparência da margem líquida; (iv) evidência de baixo desempenho do contratado por meio de dados públicos, denúncias, pesquisa de satisfação ou notícias; (v) sanções não são aplicadas mesmo com o baixo desempenho; e (vi) pouco contato entre contratante e contratado.

## 4 Outras vantagens de um programa de *compliance*

Vem crescendo entre os órgãos públicos a preocupação em garantir a integridade, pois a Administração Pública também tem interesse em evitar a prática de atos lesivos contra si. Assim, é natural que o nível de exigência dos órgãos públicos com relação aos participantes das licitações cresça.

O TCU já orientou que órgãos licitantes consultem a Lista de Inidôneos e Inabilitados do TCU, o Cadastro Nacional de Condenações Cíveis por Ato de Improbidade Administrativa e Inelegibilidade

(CNIA) do Conselho Nacional de Justiça e o Cadastro Nacional de Empresas Inidôneas e Suspensas (CEIS) da Controladoria-Geral da União (CGU).[27] A Lei Anticorrupção também instituiu o Cadastro Nacional de Empresas Punidas (CNEP), a ser alimentado pelos órgãos ou entidades dos poderes Executivo, Legislativo e Judiciário de todas as esferas de governo, que apresenta a relação de empresas punidas pela Lei Anticorrupção.

Ademais, é preciso promover ações positivas em indivíduos e empresas que buscam fazer negócios com a Administração Pública, incentivando-os a agir com integridade nas compras públicas por meio de boas práticas e cultura ética e não apenas pelo medo da sanção. É razoável se esperar que uma empresa que possua programa de *compliance* tenha uma cultura ética mais forte e esteja mais apta a impedir, fazer cessar e mitigar os danos oriundos da prática de atos lesivos à Administração Pública.

Essa é uma das razões pelas quais leis estão tornando obrigatória a implantação de programas de *compliance* nas empresas que contratam com Administração Pública.[28] Ao agir assim, incentiva-se a adesão dos particulares que querem licitar ao princípio da moralidade que rege a própria Administração Pública. Essa estratégia de fomento é utilizada para incentivar microempresas, empresas de pequeno porte, produtos manufaturados e serviços nacionais (art. 3º, §5º e art. 5º-A da Lei de Licitações).

Outras iniciativas no mesmo sentido tramitam no Senado, como o PSL nº 303/2016, projeto de lei que prevê estratégias de integridade para a Administração Pública com foco principalmente em compras públicas (Capítulo II, Seção VII e todo Capítulo III). O projeto estabelece a adoção de mecanismos de integridade em cada fase da licitação, como verificação de antecedentes, cruzamento de dados, e adoção de cláusula contratual anticorrupção.[29]

---

[27] Conforme Acórdão nº 1.793/2011 – Plenário e Acórdão nº 2.218/2011 – Plenário.

[28] Nos estados, *vide* Lei nº 4.730/18 do Amazonas; Projeto de Lei nº 22.614/17 da Bahia; Lei nº 6.112/18 do Distrito Federal; Lei nº 10.793/17 do Espírito Santo; Lei nº 20.489/19 e Proposição nº 2019006311 de Goiás; Projeto de Lei nº 1.198/19 e Projeto de Lei nº 5.227/18 de Minas Gerais; Lei nº 16.722/19 de Pernambuco; Lei nº 7.753/17 do Rio de Janeiro; Projeto de Lei nº 315/19 de Rondônia; Projeto de Lei nº 0262.0/2019 de Santa Catarina; Projeto de Lei nº 498/18 de São Paulo; Projeto de Lei nº 12/18 do Tocantins. Nas capitais, *vide* Projeto de Lei nº 289/19 de Fortaleza; Projeto de Lei nº 236/2018 de Goiânia; Projeto de Lei nº 847/19 de Belo Horizonte; Projeto de Lei nº 19/18 de Porto Alegre; Lei nº 1.928/18 de Boa Vista; Projeto de Lei nº 17987/19 de Florianópolis.

[29] FONSECA, Antonio. Integridade e políticas de compras públicas no PLS nº 303/2016: moderno controle administrativo fundado na ética e no risco. *In*: CASTRO, Rodrigo

Em outubro de 2019 a Câmara dos Deputados encaminhou ao Senado o PL nº 1292/1995, que cria a nova Lei de Licitações e traz algumas inovações: impõe que os editais prevejam a obrigação aos contratantes de implantar programa de *compliance* num prazo de seis meses da celebração do contrato e inclui o desenvolvimento de programa de *compliance* como hipótese de desempate de propostas, como sanção por infração administrativa e como condição para reabilitação do licitante.

Também estão se multiplicando no Brasil leis que determinam a inclusão de cláusulas anticorrupção nos contratos públicos, como é o caso do Decreto nº 13.159/17 da capital Campo Grande e o Decreto nº 56.633/15 do município de São Paulo. Por sua vez, a Lei nº 10.744/18 do Mato Grosso dispõe sobre a obrigatoriedade de assinatura de termo anticorrupção e tramita na Assembleia Legislativa do Estado do Amazonas o Projeto de Lei nº 320/19, que obriga os contratados a utilizarem seguro-garantia contra a prática de atos de corrupção na execução de contratos públicos ("seguro anticorrupção").

A inclusão de tais cláusulas contratuais nos contratos públicos possui diversas consequências jurídicas, pois a prática de ato de corrupção se torna hipótese de quebra de contrato e passa ensejar rescisão contratual e aplicação de multa por descumprimento. Nesse caso, a empresa que não possuir programa de *compliance* apto a prevenir tais condutas terá não apenas que arcar com as sanções contratuais, administrativas e judiciais como ainda correrá o risco de perder importante fonte de receita.

Dessa forma, restou evidente a vantagem competitiva que a existência de um programa de *compliance* representa para as empresas que desejam contratar com a Administração Pública.

Embora o papel primordial do programa de *compliance* seja prevenir a prática de irregularidades, ele passa a ter um terceiro papel caso a empresa seja punida: mitigar os danos causados à empresa devido à aplicação de sanções em decorrência da prática de atos lesivos.

A Lei Anticorrupção já previu redução na multa administrativa devido à existência de um programa de *compliance*. Vale lembrar que a Lei Anticorrupção se aplica aos poderes Executivo, Legislativo e Judiciário em todos os níveis, federal, estadual e municipal. A autoridade máxima de cada órgão ou entidade tem competência para instaurar e julgar o processo administrativo para apuração da responsabilidade de

---

Pironti Aguirre de (Org.). *Compliance, gestão de riscos e combate à corrupção*. Belo Horizonte: Fórum, [s.d.]. p. 225.

pessoa jurídica e, para fins de fixação da multa, considerará a existência de um programa de *compliance*.

A título de exemplo, no nível federal, o decreto regulamentador estabeleceu a redução da multa de 1 a 4% para a pessoa jurídica que comprovar que possui e aplica um programa de *compliance* dentro dos parâmetros estabelecidos. De acordo com o decreto regulamentador são parâmetros para determinar a existência, o funcionamento e a eficácia do programa de *compliance*: o comprometimento da alta direção; a realização de treinamentos periódicos; a análise periódica de riscos; a existência de canais de denúncias, entre outros. Para avaliar o programa de *compliance*, o decreto regulamentador também leva em conta o porte e especificidades da empresa; a área de negócios; o país de operação; o número de empresas que fazem parte do grupo econômico; o número de funcionários e a complexidade da hierarquia interna.

Diversos estados e capitais também regulamentaram a Lei Anticorrupção nas suas esferas de competência, concretizando a relevância de um programa de *compliance* efetivo para fins de redução do valor da multa discutida em processos administrativos de responsabilização no âmbito de cada um desses entes.[30]

O programa de *compliance* também é útil para mitigar os danos na hipótese de celebração de acordos de leniência. A Lei Anticorrupção chegou até a prever como condição para celebração de acordo de leniência que a pessoa jurídica se comprometesse a implementar ou a melhorar os mecanismos internos de integridade, auditoria, incentivo às denúncias de irregularidades e à aplicação efetiva de código de ética e de conduta. Contudo, tal dispositivo tinha sido inserido na lei por meio da Medida Provisória nº 703/2015, que perdeu a vigência em 29.5.2016.

Atualmente apenas o decreto regulamentador estipula que o acordo de leniência conterá cláusula que verse sobre adoção, aplicação

---

[30] Nos estados, *vide* Decreto nº 48.326/16 de Alagoas; Decreto nº 37.770/17 do Amazonas; Projeto de Lei nº 26/19 do Ceará; Decreto nº 37.296/16 do Distrito Federal; Lei nº 19.154/15 de Goiás; Decreto nº 31.251/15 do Maranhão; Decreto nº 522/16 do Mato Grosso; Decreto nº 14.890/17 do Mato Grosso do Sul; Decreto nº 46.782/15 de Minas Gerais; Decreto nº 2.289/18 do Pará; Decreto nº 38.308/18 da Paraíba; Decreto nº 10.271/14 do Paraná; Decreto nº 48.856/18 de Pernambuco; Decreto nº 46.366/18 do Rio de Janeiro; Decreto nº 25.177/15 do Rio Grande do Norte; Lei nº 15.228/18 do Rio Grande do Sul; Decreto nº 23.907/19 de Rondônia; Decreto nº 1.106/17 de Santa Catarina; Decreto nº 60.106/14 de São Paulo; Decreto nº 4.954/13 do Tocantins. Nas capitais, *vide* Decreto nº 948/2014 de Boa Vista; Projeto de Lei nº 453/15 de Salvador; Projeto de Lei nº 109/18 de Fortaleza; Decreto nº 16.522/15 de Vitória; Lei nº 9.796/16 de Goiânia; Decreto nº 13.377/17 de Campo Grande; Decreto nº 16.954/18 de Belo Horizonte; Decreto nº 95.020/19 de Belém; Decreto nº 9.281/19 de João Pessoa; Projeto de Lei nº 8/17 de Recife; Decreto nº 20.131/18 de Porto Alegre; Decreto nº 15.354/18 de Porto Velho; Decreto nº 57.137/16 de São Paulo; Projeto de Lei nº 26/18 de Aracaju.

ou aperfeiçoamento de programa de *compliance*. Da mesma forma, estados e municípios também têm competência para celebrar acordos de leniência em suas respectivas esferas sancionatórias e podem determinar que o acordo contenha cláusula vinculando a empresa a adotar, aplicar ou aperfeiçoar o programa de integridade, conforme os parâmetros estipulados pela lei ou decreto aplicável.

## Conclusão

A partir da entrada em vigor da Lei Anticorrupção, a Lei de Licitações e a Lei de Improbidade Administrativa ganharam relevante reforço no combate aos atos ilícitos praticados contra a Administração Pública. A Lei Anticorrupção deu especial importância à prática de atos lesivos no tocante a licitações e contratos e permitiu responsabilizar pessoas jurídicas sem necessidade de se apurar a culpa ou dolo dos indivíduos envolvidos.

O presente artigo demonstrou que os três diplomas legais se inter-relacionam, na medida em que a Lei Anticorrupção autoriza que, a despeito da aplicação das sanções nela previstas, os processos de responsabilização decorrentes da Lei de Licitações e da LIA não são afetados. Além disso, a Lei Anticorrupção complementa a Lei de Licitações, pois responsabiliza as pessoas jurídicas pelas condutas que na Lei de Licitações são crimes e, portanto, permitiam a aplicação de sanção apenas às pessoas físicas. A LIA também é complementada, já que para a Lei Anticorrupção o particular é responsabilizado em qualquer hipótese e não apenas quando induz ou concorre para a prática do ato de improbidade, de forma que não é preciso que um agente público esteja envolvido e muito menos que tenha agido com dolo ou culpa para beneficiar o particular.

Também foram tecidas considerações acerca dos elementos necessários para a responsabilização objetiva da pessoa jurídica: conduta, dano e nexo de causalidade, além do interesse ou benefício pretendido, que pode ter sido ou não alcançado. Esse tópico detalhou, ainda, as hipóteses que constituem atos lesivos no bojo de processos licitatórios.

Por fim, foram apresentadas recomendações ao programa de *compliance* e foram indicados quais aspectos centrais devem ser abordados nas políticas internas para prevenir a prática de atos lesivos no tocante a licitações. Apresentaram-se também vantagens adicionais à implementação de um programa de *compliance*, quais sejam, remediar os danos causados caso eventualmente sejam aplicadas sanções pela prática de tais atos e ganhar vantagem competitiva em processos licitatórios que considerem o programa de *compliance*.

## Referências

AICPA – AMERICAN INSTITUTE OF CERTIFIED PUBLIC ACCOUNTANTS. *Managing the business risk of fraud*: a practical guide. Durham: AICPA, [s.d.]. Disponível em: https://www.acfe.com/uploadedfiles/acfe_website/content/documents/managing-business-risk.pdf. Acesso em: 24 maio 2020.

ALVES, Joyce Ruiz Rodrigues. Licitações públicas, investigações e a Lei da Empresa Limpa. *LEC*, 16 fev. 2016. Disponível em: http://www.lecnews.com/artigos/2016/02/16/licitacoes-publicas-investigacoes-e-a-lei-da-empresa-limpa/. Acesso em: 24 maio 2020.

BANDEIRA DE MELLO, Celso Antônio. *Curso de direito administrativo*. 21. ed. São Paulo: Malheiros, 2006.

BRASIL. Tribunal de Contas da União. *Referencial de combate à fraude e à corrupção*. Brasília: TCU, 2018.

CFC – CONSELHO FEDERAL DE CONTABILIDADE. *Resolução CFC nº 1.203/2009, aprova a NBC TA 200 – Objetivos gerais do auditor independente e a condução da auditoria em conformidade com normas de auditoria.* 2009. Disponível em: http://www.oas.org/juridico/portuguese/mesicic3_bra_res1203.pdf. Acesso em: 24 maio 2020.

DIAS, Jefferson Aparecido; MACHADO, Pedro Antonio de Oliveira. Atos de corrupção relacionados com licitações e contratos. *In*: MUNHÓS, Jorge (Org.). *Lei Anticorrupção e temas de compliance*. Salvador: JusPodivm, 2016.

FONSECA, Antonio. Integridade e políticas de compras públicas no PLS nº 303/2016: moderno controle administrativo fundado na ética e no risco. *In*: CASTRO, Rodrigo Pironti Aguirre de (Org.). *Compliance, gestão de riscos e combate à corrupção*. Belo Horizonte: Fórum, [s.d.].

GARCIA, Emerson; ALVES, Rogério Pacheco. *Improbidade administrativa*. 6. ed. Rio de Janeiro: Lumen Juris, 2011.

HENRIQUES FILHO, Tarcísio. Licitação e compliance. *In*: OLIVEIRA, Luis Gustavo Miranda de (Org.). *Compliance e integridade*: aspectos práticos e teóricos. Belo Horizonte: D'Plácido, 2017.

IAASB – INTERNATIONAL AUDITING AND ASSURANCE STANDARDS BOARD. *ISA 240 (International Standard on Auditing 240)*. The auditor's responsibilities relating to fraud in na audit of financial statements. Disponível em: https://www.ifac.org/system/files/downloads/a012-2010-iaasb-handbook-isa-240.pdf. Acesso em: 24 maio 2020.

JURISPRUDÊNCIA em Teses trata de crimes da Lei de Licitações. *STJ*, 7 out. 2019. Disponível em: http://www.stj.jus.br/sites/portalp/Paginas/Comunicacao/Noticias/Jurisprudencia-em-Teses-trata-de-crimes-da-Lei-de-Licitacoes.aspx. Acesso em: 24 maio 2020.

JUSTEN FILHO, Marçal. *Comentários à Lei de Licitações e Contratos Administrativos*. 16. ed. São Paulo: Dialética, 2014.

MAGALHÃES, João Marcelo Rego. Política de integridade pública em licitações. *Revista Controle do TCE Ceará*, v. 12, n. 2, p. 14-47, jul./dez. 2014.

NUCCI, Guilherme de Souza. *Leis penais e processuais penais comentadas*. Rio de Janeiro: Forense, 2018.

PÁDUA, Luciano; PIMENTA, Guilherme. Receita Federal condena primeira empresa com base na Lei Anticorrupção. *Jota*, 15 out. 2018. Disponível em: https://www.jota.info/justica/receita-federal-lei-anticorrupcao-15102018.

PETRELLUZZI, Marco Vinicio; RIZEK JÚNIOR, Rubens Namam. *Lei Anticorrupção – Origens, comentários e análise da legislação correlata*. São Paulo: Saraiva, 2014.

SANTOS, José Anacleto Abduch; BERTONCINI Mateus; CUSTÓDIO FILHO, Ubirajara. *Comentários à Lei 12.846/2013* – Lei Anticorrupção. 1. ed. São Paulo: Revista das Tribunais, 2014.

SCCE – SOCIETY OF CORPORATE COMPLIANCE AND ETHICS. *The complete compliance and ethics manual*. Minneapolis: SCCE, 2014.

---

Informação bibliográfica deste texto, conforme a NBR 6023:2018 da Associação Brasileira de Normas Técnicas (ABNT):

PEREIRA, Ana Flávia Azevedo. Programa de compliance e prevenção a fraudes em licitações. *In*: DAL POZZO, Augusto Neves; MARTINS, Ricardo Marcondes (Coord.). *Aspectos controvertidos do compliance na Administração Pública*. Belo Horizonte: Fórum, 2020. p. 151-173. ISBN 978-65-5518-044-2.

# DESAFIOS NA EXIGÊNCIA DE PROGRAMAS DE INTEGRIDADE EM LICITAÇÕES

LUCAS ALUÍSIO SCATIMBURGO PEDROSO

## 1 Introdução

Nos últimos anos, o Brasil tem vivenciado um fortalecimento da legislação anticorrupção. A Lei nº 12.846/2013 previu a responsabilização objetiva, em âmbito civil e administrativo, das pessoas jurídicas pela prática de atos contra a Administração Pública, nacional ou estrangeira, como corrupção. Previu também que as empresas possuidoras de mecanismos de prevenção e detecção de violações teriam suas penas atenuadas (art. 7º, VIII), a partir do que, em 2015, o Decreto nº 8.420 definiu parâmetros para sua avaliação (art. 42).

Esse panorama legal também levou ao impulsionamento do controle, notadamente pela Operação Lava-Jato, desnudando imenso esquema de corrupção envolvendo a classe política, o setor empresarial e empresas estatais, como a Petrobras.

Nesse cenário, a ENCCLA (Estratégia Nacional de Combate à Corrupção e à Lavagem de Dinheiro), iniciativa formada por membros de diversas instituições, dos três poderes e não só do âmbito federal,[1]

---

[1] Como Judiciário Federal, Tribunais de Contas, Polícias Civis e Federal, Ministérios Públicos, Ministérios de Estado, Procuradorias, Tribunais, Câmara e Senado Federal (Disponível em: http://enccla.camara.leg.br/quem-somos/gestão).

discutiu no ano de 2016 como tais programas de integridade poderiam ser utilizados pelo Poder Público em licitações e contratações públicas, estimulando sua implantação e eficácia.[2] Para tanto, propôs um Anteprojeto de Lei para alterar a Lei nº 12.846/2013 e exigir que editais de licitação de grande vulto exijam programas de integridade das empresas licitantes, bem como um decreto regulamentador para o Poder Executivo.[3]

Desde então, o Anteprojeto e os debates realizados inspiraram proposições em âmbito federal e estadual, algumas das quais se tornaram lei, como a Lei estadual nº 7.753/17, do Rio de Janeiro, e a Lei nº 6.112/18, do Distrito Federal.

Em paralelo, empresas estatais contaram com a promulgação da Lei nº 13.303/16 (Lei das Estatais), com forte diretriz de fortalecimento de sua governança (art. 8º, por exemplo). Isso levou à aprovação de novos regulamentos de licitações e contratos e, no caso da Petrobras, ao fortalecimento das diligências realizadas sobre possíveis fornecedores, inclusive no tema da integridade, via uma *due diligence* de integridade (DDI), impedindo a participação de empresas que tenham um grau de risco de integridade (GRI) considerado alto.

Considerando tudo isso, o presente artigo ocupa-se de duas iniciativas: as leis estaduais promulgadas e projetos de leis discutidos;[4] e o

---

[2] A iniciativa da ENCCLA ainda se insere num cenário internacional mais amplo. O G20, formado pelos ministros de finanças e chefes dos bancos centrais das 19 maiores economias do mundo mais a União Europeia, conta com grupos específicos, chamados por vezes de "grupos de engajamento", como o B20, que representa a comunidade internacional de negócios. Em reunião ocorrida em 2014, na Austrália, um dos pontos discutidos foi o incentivo a negócios responsáveis a empresas licitantes em grandes projetos de infraestrutura. Empresas capazes de demonstrar a existência de programas de integridade anticorrupção deveriam receber pontos extras e serem reconhecidas positivamente nas licitações, além de que caberia aos governos apoiar a verificação da qualidade desses programas de integridade (Disponível em: https://star.worldbank.org/sites/star/files/b20_anti-corruption_working_group_report_0.pdf). A discussão chegou ao G20 propriamente, que em 2015, publicou princípios para a integridade nas licitações (Disponível em: http://www.seffaflik.org/wp-content/uploads/2015/02/G20-PRINCIPLES-FOR-PROMOTING-INTEGRITY-IN-PUBLIC-PROCUREMENT.pdf). No âmbito da OCDE, as Recomendações do Conselho para Licitações Públicas são pela elaboração de requisitos para controles internos, medidas de *compliance* e programas anticorrupção para fornecedores, inclusive com monitoramento adequado (Disponível em: https://one.oecd.org/document/C(2015)2/en/pdf). Além disso, sobre o tema anticorrupção, seu crescimento no Brasil nos últimos anos e o papel das organizações internacionais, consultar: FAGALI, Bruno. A construção e consolidação do ambiente normativo global de combate à corrupção empresarial. *Revista de Direito Penal Econômico e Compliance*, v. 1, p. 31-75, jan./mar. 2020.

[3] MOHALLEM, Michael Freitas *et al*. *Novas medidas contra a corrupção*. Rio de Janeiro: Escola de Direito do Rio de Janeiro da Fundação Getúlio Vargas, 2018. p. 392 e ss.

[4] Assim, foram consultados, em âmbito estadual: no Amazonas, o PL nº 149/18, que resultou a Lei nº 4.730/18; na Bahia, os PL nº 22.614/17, PL nº 23.327/19 e PL nº 23.757/20; no Distrito

fortalecimento das diligências via DDI, na Petrobras. Entendemos que essas duas iniciativas são as principais sobre o tema até o momento, com mais material e inclusive decisões judiciais a respeito, o que permite um exame das questões a serem consideradas e dos desafios para que tais medidas sejam efetivas.[5]

Por óbvio que o tema é extremamente extenso e não é possível esgotá-lo num artigo, ainda assim, entendemos que alguns aspectos não têm sido explorados de forma adequada, daí a importância de indicá-los aqui.

## 2 O desafio de escolher uma estratégia

Antes de analisar as questões específicas das medidas, há um debate anterior, sobre a própria preferência por tais iniciativas.[6]

---

Federal, o PL nº 1.806/17 resultou a Lei nº 6.112/18, posteriormente alterada pela Lei nº 6.308/19 (fruto do PL nº 435/19) e que conta com o Decreto nº 40.388/20 e a Portaria nº 53/20, do Secretário de Estado Controlador-Geral do DF; no Espírito Santo, a Lei nº 10.793/17, fruto do PL nº 329/17 e o PL nº 218/18; em Goiás, o PL nº 52/2018 e a Lei nº 20.489/19; no Mato Grosso, o PL nº 465/19, o PL nº 692/19 e o PL nº 320/19, que resultou a Lei nº 11.123/20; em Minas Gerais, o PL nº 1.198/19 e o PL nº 5.227/18; no Pará, o PL nº 37/2018; na Paraíba, o PL nº 158/19 e o PL nº 1.718/18; no Pernambuco, o PL nº 284/19 e o PL nº 446/19; no Rio de Janeiro, o PL nº 2.041/16, que resultou a Lei nº 7.753/17; em Rondônia, o PL nº 315/19 (ainda que retirado de tramitação); no Rio Grande do Sul, o PL nº 45/15, que resultou a Lei nº 15.228/18; em Santa Catarina, o PL nº 262/2019; em São Paulo, o PL nº 498/18, o PL nº 360/19, o PL nº 1.072/19; o PL nº 1.277/19; o PL nº 279/20; e, por fim, no Tocantins, o PL nº 8/18. Em âmbito federal, no Senado, o PL nº 303/16; e na Câmara dos Deputados, PL nº 1.292/95, PL nº 7.149/17, PL nº 9.062/17, PL nº 11.095/2018, PL nº 85/2019, PL nº 182/2019, PL nº 418/20.

[5] Isso não significa que ignoremos outras iniciativas, como a Resolução nº 4.595/17, do Banco Central, a Portaria nº 877/2018, do Ministério da Agricultura, Pecuária e Abastecimento, bem como a implantação de cláusulas anticorrupção nos contratos celebrados e a proliferação da adoção de códigos de conduta e programas de integridade por parte do Poder Público, no entanto, optamos por analisar as iniciativas mencionadas.

[6] Esse debate aparece na doutrina sob a teoria do *nudge*/indução em: ARARIPE, Cíntia Muniz R. de Alencar et al. Os programas de integridade para contratação com a administração pública estadual: nudge ou obrigação legal? Um olhar sobre as duas perspectivas. *Revista Brasileira de Políticas Públicas*, v. 8, p. 386-404, 2018. Sobre o aspecto do aumento da burocracia e da litigiosidade em BRAGA, André C. O. P. A exigência de programa de integridade em licitações federais. *Consultor jurídico*, 21 abr. 2018. Disponível em: https://www.conjur.com.br/2018-abr-21/andre-braga-exigencia-programa-integridade-licitacoes. Sobre várias alternativas e conformações: FERREIRA, Tomas J. Fomento à integridade: o compliance como exigência nas contratações públicas. *Revista Direito em Debate*, v. 28, n. 52, p. 267-283, 20 dez. 2019. Disponível em: https://www.revistas.unijui.edu.br/index.php/revistadireitoemdebate/article/view/8861. Sobre o programa de integridade com base em critério de pontuação: PINHO, Clóvis Alberto Bertolini de. Contratação pública e compliance: uma proposta para a efetividade dos programas de integridade em contratações públicas. *Revista de Contratos Públicos – RCP*, Belo Horizonte, ano 7, n. 13, p. 79-97, mar./ago. 2018. p. 93.

Basicamente, elas se referem a outros dois tipos de iniciativas: o *compliance* como bônus de pontuação e o *compliance* como requisito de habilitação. Como bônus, entendemos que ele pode aparecer de três formas: em caso de empate, como margem de preferência (em caso de empate ficto) e como pontuação específica. Agrupamos essas soluções por entendermos que os efeitos seriam próximos. Em outra possibilidade, seria critério de habilitação, e a empresa que não o possuísse implementado não poderia apresentar propostas.

Diante da novidade das medidas, infelizmente não temos dados ou experiências que permitam afirmar quais seriam os efeitos e impactos de cada uma das formas adotadas. Ainda assim, num exercício de futurologia, na sequência apresentamos uma tabela, destacando que o debate a respeito das medidas deve considerar fatores como impacto na habilitação e na concorrência, risco de descumprimento, momento da fiscalização e estímulos relacionados. Selecionamos alguns fatores apenas, no entanto, é de se pensar o quanto outros fatores também poderiam influenciar, qualquer que fosse a solução adotada, caso da forma de comprovação da adoção do *compliance* (por certificados, selos) e quem seria responsável por fiscalizá-lo (gestor do contrato, controladoria, procuradoria estadual ou outro órgão).

(continua)

| Solução x Critério | Leis estaduais que exigem implantação de compliance ao longo do contrato | *Compliance* como bônus na pontuação | Contratar apenas empresas com *compliance* | DDI da Petrobras (não contrata empresas com risco alto) |
|---|---|---|---|---|
| Altera habilitação? | Não, em tese, qualquer empresa pode participar | Não | Sim | Em casos, empresa em setor exposto e com poucos controles não poderá ser contratada |
| Risco de não ser cumprido | Médio, obrigação de adotar *compliance* é deixada de lado | Baixo, programa já está implementado ou não | Baixo | Baixo |

(conclusão)

| Solução x Critério | Leis estaduais que exigem implantação de compliance ao longo do contrato | *Compliance* como bônus na pontuação | Contratar apenas empresas com *compliance* | DDI da Petrobras (não contrata empresas com risco alto) |
|---|---|---|---|---|
| Efetividade do programa | No futuro ou em contratos longos | Aplica no contrato, eis que já implementado | Aplica no contrato | Aplica no contrato |
| Momento da fiscalização | Depois de assinado o contrato | Durante licitação, aumentando litigiosidade | Durante licitação | Durante licitação |
| Efeitos na competição | Empresa pode achar inviável vir a implantar *compliance* e, portanto, escolhe não participar da licitação | Limitados, apenas se a pontuação for próxima | Grandes, afasta empresas sem *compliance* | Dependendo do setor, pode ser indiferente ou decidir o vencedor |
| Estímulo futuro para adotar *compliance* | Gradativo, mais empresas terão programas de integridade nos termos definidos pelo Poder Público. | Não necessariamente, empresa pode compensar com ofertas mais competitivas. | Todas empresas terão que adotar *compliance*. | Dependendo do setor, empresa pode ser levada a adotar *compliance*. |
| Como ficam as empresas sem *compliance*, na licitação? | Podem participar, mas aumentam os valores da proposta, já que serão obrigadas a adotar o *compliance*. | Podem diminuir o valor da proposta para fugir do empate, com risco de inexequibilidade. | Não participam, prejuízo à competição. | Depende do setor, podem deixar de participar ou serem levadas a adotar *compliance*. |

## 3 O desafio da juridicidade

Optamos pelo termo *juridicidade*, que indica com mais precisão o juízo que deve ser feito sobre as medidas, não só sobre a compatibilidade entre leis ou com a Constituição, mas com todo o ordenamento jurídico. Basicamente, de início analisaremos a constitucionalidade das leis estaduais que vêm sendo promulgadas, com base na jurisprudência dos dispositivos constitucionais pertinentes. Em seguida, tratamos de como o Poder Judiciário e o Tribunal de Contas da União têm entendido a aplicação do *due diligence* de integridade da Petrobras.

Desde logo adiantamos que nosso entendimento não é por uma juridicidade "tudo ou nada", mas buscamos entender dentro de que parâmetros as medidas podem ser aceitas.

### 3.1 As normas gerais de licitação e contratação (art. 22, XXVII, CF) e exigir apenas o indispensável (art. 37, XXI, CF)

Sobre a constitucionalidade das leis estaduais, ainda não há um posicionamento específico do Supremo Tribunal Federal. A doutrina[7] e algumas Comissões de Constituição e Justiça estaduais,[8] porém, têm analisado a questão a partir da jurisprudência do art. 22, XXVII, que prevê:

> Art. 22. Compete privativamente à União legislar sobre: [...]
> XXVII - normas gerais de licitação e contratação, em todas as modalidades, para a administração pública, direta e indireta, incluídas

---

[7] Refutamos a doutrina que tem discutido a constitucionalidade em termos abstratos ou apenas nos níveis dos princípios, discutindo os programas de integridade pelos seus méritos potenciais. Ao revés, destacamos: ARARIPE, Cíntia Muniz R. de Alencar *et al*. Os programas de integridade para contratação com a administração pública estadual: nudge ou obrigação legal? Um olhar sobre as duas perspectivas. *Revista Brasileira de Políticas Públicas*, v. 8, p. 386-404, 2018. p. 393 e ss.; CABRAL JR., Renato Toledo. Contratações públicas e programas de integridade. *Jota*, 23 fev. 2018. Disponível em: https://www.jota.info/coberturas-especiais/inova-e-acao/programas-de-integridade-em-contratacoes-publicas-boas-intencoes-resultados-incertos-17032020; PINHO, Clóvis Alberto Bertolini de. Contratação pública e compliance: uma proposta para a efetividade dos programas de integridade em contratações públicas. *Revista de Contratos Públicos – RCP*, Belo Horizonte, ano 7, n. 13, p. 79-97, mar./ago. 2018.

[8] Infelizmente, são poucas as assembleias que efetivamente se debruçam sobre o tema e realizam um efetivo controle de constitucionalidade, entre as que o fizeram no caso: a Assembleia Legislativa da Paraíba, no âmbito do PL nº 1718/18, Parecer nº 1.806/2018, e a Assembleia Legislativa de Santa Catarina, no âmbito do PL nº 262/2019, em especial em manifestação obtida junto Ministério Público de Santa Catarina, Centro de Apoio Operacional da Moralidade Administrativa.

as fundações instituídas e mantidas pelo Poder Público, nas diversas esferas de governo, e empresas sob seu controle.

Nesse sentido, têm sido citados casos como a ADI nº 3.735, a ADI nº 3.059 e a ADI nº 3.670. Na *ADI nº 3.735*, o STF examinou a constitucionalidade de lei estadual do Mato Grosso do Sul que passou a exigir de todos os licitantes uma Certidão Negativa de Violação a Direitos do Consumidor. Em trecho da ementa, consta:

> 2. Somente a lei federal poderá, em âmbito geral, estabelecer desequiparações entre os concorrentes e assim restringir o direito de participar de licitações em condições de igualdade. Ao direito estadual (ou municipal) somente será legítimo inovar neste particular se tiver como objetivo estabelecer condições específicas, nomeadamente quando relacionadas a uma classe de objetos a serem contratados ou a peculiares circunstâncias de interesse local.

A decisão se baseou, assim, na violação ao art. 22, XXVII, ao prever norma geral, para todos os casos e licitações.[9] O caso, porém, difere das leis estaduais analisadas, pois condiciona a própria participação das empresas na licitação à apresentação do documento, o que não vem ocorrendo no caso de programas de integridade, que deverão ser implementados em prazo determinado. Além disso, o caso, *a contrario sensu*, traz a ideia de que as desequiparações por lei estadual são possíveis, desde que limitadas a casos e situações específicas. Assim, no caso de programas de integridade, ainda que não se trate de habilitação, haveria uma margem para as leis estaduais fazerem previsões.

O caso ainda cita dois precedentes, justamente a ADI nº 3.059 e a ADI nº 3.670. Na *ADI nº 3.059*, o STF entendeu pela constitucionalidade de lei do Rio Grande do Sul que institui a preferência pela aquisição de "*softwares* livres" (basicamente aqueles em que seus direitos de uso são licenciados de forma a permitir alterações). A interpretação foi de que a preferência aparecia como uma cláusula do contrato, a que os licitantes deveriam aderir.[10] Ainda, havia a possibilidade de o gestor, na contratação, aferir as peculiaridades e decidir que a preferência não se justificava, num cenário de maior liberdade. Levando o raciocínio ao extremo, no nosso caso, pode-se interpretar que a participação de

---

[9] STF. Tribunal Pleno. ADI nº 3.735. Rel. Min. Teori Zavascki, j. 8.9.2016. p. 11-12.
[10] STF. Tribunal Pleno. ADI nº 3.059. Rel. Min. Ayres Britto. Rel. p/ Acórdão: Min. Luiz Fux, j. 9.4.2015. p. 16.

todos está mantida, "bastando" aceitar a cláusula que determina a implantação do programa de integridade (cláusula de monta muito maior, porém, como veremos).

Quanto ao outro precedente, a *ADI nº 3.670* envolveu lei distrital que criou restrições para empresas que discriminarem na contratação de mão de obra. Segundo o acórdão, o art. 37, XXI, exige igualdade de condições, não sendo possível descer a um critério que, segundo o STF, não tem pertinência com a exigência de garantia do cumprimento do contrato, com isso, haveria inconstitucionalidade formal (art. 22, XXVII, pela norma geral estadual) e material, pelo teor da exigência.

Por essa lógica, a exigência de implantação de programas de integridade não seria um traço discriminatório entre as licitantes e, ao contrário, poderia inclusive ser interpretado como uma exigência de garantia do cumprimento do contrato, na medida em que a melhor governança da empresa contratada, num programa de integridade efetivo, certamente contribuirá para seu melhor desempenho.

Como se percebe, porém, esses precedentes geralmente invocados diferem do caso das leis estaduais, uma vez que estas se conformam em obrigação,[11] que não afeta a habilitação das licitantes, nem impede a participação de forma geral.

Apesar de uma predileção da doutrina por esses casos, há *outros julgados sobre o tema*. Desde 1993, quando a Lei nº 8.666 foi promulgada, o STF já se debruçou algumas vezes sobre o art. 17 e a alienação de imóveis, vindo daí parte do seu entendimento sobre "normas gerais".[12] Outra linha da jurisprudência define a competência dos estados como suplementar,[13] não podendo contrariar as normas gerais, mas atuar

---

[11] A concepção da implantação como obrigação já foi percebida por vários na doutrina: AJOUZ, Alessandro. A importância da adoção obrigatória de programas de integridade por empresas contratadas pelo Poder Público. *Migalhas*, 28 ago. 2019. Disponível em: https://www.migalhas.com.br/depeso/309641/a-importancia-da-adocao-obrigatoria-de-programas-de-integridade-por-empresas-contratadas-pelo-poder-publico; CABRAL JR., Renato Toledo. Contratações públicas e programas de integridade. *Jota*, 23 fev. 2018. Disponível em: https://www.jota.info/coberturas-especiais/inova-e-acao/programas-de-integridade-em-contratacoes-publicas-boas-intencoes-resultados-incertos-17032020; SCHRAM, Fernanda S. *O compliance como instrumento de combate à corrupção no âmbito das contratações públicas*. Dissertação (Mestrado) – Programa de Pós-Graduação em Direito, Centro de Ciências Jurídicas, Universidade Federal de Santa Catarina, Florianópolis, 2018. p. 276.

[12] Destaque para a ADI nº 927, primeiro julgado que contém importante definição de "normas gerais", reproduzida em outros acórdãos (ADI nº 927 MC. Rel. Min. Carlos Velloso, j. 03/11/1993. p. 8-9). Outros casos: ADI nº 2.416. Rel. Min. Eros Grau. Rel. p/ Acórdão: Min. Ricardo Lewandowski, Tribunal Pleno, j. 12.12.2012; ADI nº 2.990. Rel. Min. Joaquim Barbosa. Rel. p/ Acórdão: Min. Eros Grau, Tribunal Pleno, j. 18.4.2007.

[13] Conforme entendimento do Ministro Relator Ayres Britto na ADI nº 3059. p. 12 e ss.

nos espaços deixados por ela: lei estadual não pode criar dispensa de licitação genérica, diminuindo os parâmetros da Lei nº 8.666/93,[14] nem obrigar à contratação de ao menos 60% dos casos de registro de preços,[15] embora seja possível lei estadual exigir seguro, diante da previsão geral (art. 56);[16] bem como vedar a contratação de parentes do prefeito, privilegiando o art. 9º da Lei nº 8.666/93.[17]

Ao final, entendemos que os casos citados pela doutrina, em regra, tratam de casos de habilitação, de proibições aferidas na hora da contratação ou de documentos que devem ser apresentados de pronto. No entanto, *tal como colocadas, as leis estaduais não têm sido uma norma geral de habilitação*, mas uma norma que, entendemos, em casos determinados (como aprofundaremos adiante), estabelece para a empresa contratada uma obrigação de implantar um programa de integridade, dentro de certo prazo, sujeita à multa.

A questão, assim, seria avaliar a constitucionalidade material da norma, em relação à competitividade do certame, nos termos do art. 37, XIX da Constituição, a partir do teste de proporcionalidade, conforme raciocínio inspirado pelo voto do Min. Luiz Fux na ADI nº 3.735.[18]

Defendemos, assim, que não há inconstitucionalidade formal *a priori* de leis estaduais que venham a obrigar as empresas contratadas a implantar um programa de integridade, desde que não impeçam a participação das empresas.

E, sob o teste da proporcionalidade entre o direito à integridade, consubstanciado na implantação de um programa de integridade, e o direito a participar de uma licitação que exija apenas as qualificações indispensáveis, entendemos que a medida é *adequada*, eis que privilegia a integridade dos relacionamentos com o Poder Público, é *necessária*, uma vez que outras medidas, como atribuir margem de preferência, critério de desempate, afetariam a competitividade dos certames, bem como levariam à maior litigiosidade entre as licitantes e o ente que promove a contratação, inviabilizando as contratações, e será *proporcional* desde que limitada a contratos de duração e valores compatíveis, não importando em imposição de obrigação gratuita à empresa licitante.

---

[14] ADI nº 4.658. Rel. Min. Edson Fachin, Tribunal Pleno, j. 25.10.2019.
[15] ADI nº 4.748. Rel. Min. Cármen Lúcia, Tribunal Pleno, j. 11.9.2019.
[16] ADI nº 2.297. Rel. Min. Gilmar Mendes, Tribunal Pleno, j. 29.11.2019. p. 8.
[17] RE nº 423.560. Rel. Min. Joaquim Barbosa, Segunda Turma, j. 29.5.2012.
[18] Raciocínio que parte da doutrina faz, mas ignorando a jurisprudência do STF: PIRONTI, Rodrigo. Exigência de compliance nas contratações com o poder público é constitucional. *Consultor Jurídico*, 3 dez. 2018. Disponível em: https://www.conjur.com.br/2018-dez-03/pironti-constitucional-exigir-compliance-contratacoes-publicas.

## 3.1.1 A iniciativa privativa do chefe do Poder Executivo (art. 61, §1º, CF)

Outra questão que aparece durante a tramitação dos projetos de lei é uma suposta inconstitucionalidade, em se tratando de iniciativa dos parlamentares, ao invés do chefe do Executivo, diante do art. 61, §1º da Constituição:

> §1º São de iniciativa privativa do Presidente da República as leis que: [...]
> II - disponham sobre: [...]
> b) organização administrativa e judiciária, matéria tributária e orçamentária, serviços públicos e pessoal da administração dos Territórios; [...]
> e) criação e extinção de Ministérios e órgãos da administração pública, observado o disposto no art. 84, VI.

A questão apareceu na Assembleia do Espírito Santo,[19] bem como em Pernambuco,[20] além de ter justificado, no Tocantins, o veto integral ao PL nº 8/18. Apesar da citação aos dispositivos das Constituições estaduais, o teor é o mesmo.

Para ficar nos precedentes já mencionados, essa questão foi suscitada na ADI nº 3.059 e logo afastada, com base nos precedentes da ADI nº 2.447 e ADI nº 2.599, segundo os quais, dispor sobre licitações e contratos não são temas de iniciativa privativa do chefe do Executivo, e tampouco cuidam da organização da Administração Pública,[21] além de que a alínea "b" em questão deve ser lida como aplicável apenas aos territórios da União.[22]

No entanto, a questão se desdobra em outra, ainda, no caso dos programas de integridade: a atribuição de deveres de fiscalização pode vir a ser interpretada como violação à alínea "e" do dispositivo citado acima.

A jurisprudência constitucional do tema condena a criação de órgãos, mas também a previsão de atribuições a órgãos já existentes, como no precedente: "De que adiantaria ao Poder Executivo a iniciativa de Lei sobre órgãos da administração pública, se, ao depois, sem sua iniciativa, outra Lei pudesse alterar todas as suas atribuições e até

---

[19] ALES. PL nº 218/18. Procuradoria. Parecer Técnico, 17.8.2018.
[20] ALPE. PL nº 446/19. Comissão de Constituição, Legislação e Justiça. Parecer nº 682/19.
[21] ADI nº 3.059. p. 44/46, segundo voto do Min. Luiz Fux.
[22] ADI nº 3.059, p. 11, segundo voto do Rel. Min. Ayres Britto.

suprimi-las ou desvirtuá-las?".[23] Ao mesmo tempo, em Repercussão Geral, o STF já decidiu: "Não usurpa a competência privativa do chefe do Poder Executivo lei que, embora crie despesa para a Administração Pública, não trata da sua estrutura ou da atribuição de seus órgãos nem do regime jurídico de servidores públicos".[24]

Embora em alguns casos o PL tenha sido encaminhado pelo governador (caso do Amazonas), essa não foi a prática nas leis de Goiás, Mato Grosso, Rio de Janeiro e só posteriormente ocorreu no Distrito Federal.

Outra solução, adotada no Espírito Santo, foi a supressão dos artigos referentes às atribuições, mantidas as outras previsões, o que corrobora entendimento do STF sobre a inconstitucionalidade apenas dos dispositivos nesse sentido.[25]

Assim, é preciso que os deputados tomem cuidado para não prever atribuições a uma autoridade, podendo remeter a decisão ao Executivo, como ocorreu na nova redação da Lei do Distrito Federal, lembrando ainda que o vício de iniciativa não pode ser convalidado com a sanção pelo governador.[26]

## 3.2 A DDI da Petrobras

A outra iniciativa vem sendo a atribuição de um grau de risco de integridade (GRI) por parte da Petrobras, em processos licitatórios, por meio de uma *due diligence* de integridade (DDI),[27] conforme resposta das interessadas a questionário específico,[28] pesquisa de notícias e

---

[23] ADI nº 2.372 MC. Rel. Min. Sydney Sanches, Tribunal Pleno, j. 21.8.2002.
[24] ARE nº 878.911 RG. Rel. Min. Gilmar Mendes, j. 29.9.2016. Outros casos sobre o tema são: ADI nº 2.857. Rel. Min. Joaquim Barbosa, Tribunal Pleno, j. 30.8.2007; ADI nº 3.254. Rel. Min. Ellen Gracie, Tribunal Pleno, j. 16.11.2005; ADI nº 2.719. Rel. Min. Carlos Velloso, Tribunal Pleno, j. 20.3.2003.
[25] ADI nº 5.872. Rel. Min. Cármen Lúcia, Tribunal Pleno, j. 5.11.2019.
[26] Segundo trecho da ementa: "É firme na jurisprudência do Tribunal que a sanção do projeto de lei não convalida o defeito de iniciativa" (ADI nº 700. Rel. Min. Maurício Corrêa, Tribunal Pleno, j. 23.5.2001).
[27] Para mais informações, consultar o Procedimento de Avaliação de Integridade (Disponível em: http://hmg-canalfornecedor.hotsitespetrobras.com.br/media/filer_public/7c/ad/7cadddd6-c1ba-45de-8b8a-645da15b9f4a/anexo_01_ddi_revisado_2018-01-18.pdf).
[28] O questionário cuida do perfil da empresa (CNPJ, endereços, setor, porte etc.), relacionamento com agentes públicos, conflitos de interesses, histórico, programa de integridade e mecanismos existentes e relacionamento com terceiros (Disponível em: https://canalfornecedor.petrobras.com.br/media/filer_public/e8/1e/e81e60a3-d47a-434a-9f4c-5df216bc3134/questionario_de_ddi__link_canal_fornecedor.pdf).

avaliação documental. Caso seja atribuído um GRI alto à empresa, ela fica impedida de assinar contrato com a Petrobras, em regra.[29]

Para entender um pouco mais o cenário, é preciso ter dois pontos presentes. O primeiro é que a Petrobras, como empresa estatal, contratava seus fornecedores por meio do Decreto nº 2.745/1998, que aprovou seu Regulamento do Procedimento Licitatório Simplificado, afastando a incidência da Lei nº 8.666/93. O segundo ponto é que, na prática, a Petrobras contratou seus fornecedores por meio de licitações na modalidade convite durante muitos anos.[30] Esse cenário foi alterado, em boa medida, a partir da promulgação da Lei nº 13.303/16, fruto do art. 173, §1º da Constituição.

Pois bem, a legalidade do DDI vem sendo questionada junto ao Judiciário e ao Tribunal de Contas da União (TCU). *Começando pelo TCU*, ainda não há decisão específica sobre o tema, mas sinalizações de ambos os lados.[31] Quanto à prática em si, não no âmbito das licitações, mas de uma "sistemática para desinvestimento de ativos e empresas do sistema Petrobras", o Ministro Augusto Nardes chegou a recomendar a realização da DDI em todas as operações nela tratadas, inclusive contemplando a averiguação da origem ilícita do dinheiro a ser usado na aquisição.[32] Em outro julgado,[33] o Ministro Nardes também mencionou o regime do decreto anterior de licitações e indicou que não seria um caso de habilitação das licitantes, mas a possibilidade de a empresa ser convidada ou não pela Petrobras. No entanto, não aprofundou a questão, deixando-a para procedimento específico.

Em sentido contrário, o Ministro Benjamin Zymler vem sinalizando a ilegalidade do procedimento em licitação, na medida em que representa requisito de habilitação inovador. Basicamente, são cinco seus argumentos: (i) a possibilidade de a empresa ser desclassificada

---

[29] Em regra, porque o Regulamento de Licitações e Contratos da Petrobras (RLCP) prevê a possibilidade de haver exceções (art. 4º, §3º). Um exemplo citado num dos casos é a ausência de fornecedores com GRI médio ou baixo (Disponível em: https://canalfornecedor.petrobras.com.br/media/filer_public/fc/62/fc62e81b-7a2a-44da-9dba-bd5463d2d7db/cartilha-rlcp_rev01.pdf).

[30] Prática que talvez não tenha ficado no passado, segundo levantamento: BILENKY, Thais. Contratos sem transparência ainda predominam na Petrobras. *Folha de São Paulo*, 7 jun. 2018. Disponível em: https://www1.folha.uol.com.br/mercado/2018/06/contratos-sem-transparencia-ainda-predominam-na-petrobras.shtml.

[31] Em parte, esse panorama é apontado em BRAGA, André C. O. P. Compliance em contratações públicas: qual caminho o TCU escolherá. *Jota*, 12 jun. 2019. Disponível em: https://www.jota.info/opiniao-e-analise/colunas/controle-publico/compliance-em-contratacoes-publicas-qual-caminho-o-tcu-escolhera-12062019.

[32] TCU. Plenário. Acórdão nº 442, 2017. Rel. Min. José Múcio Monteiro. Sessão 15.3.2017.

[33] TCU. Plenário. Acórdão nº 1.845, 2019. Rel. Min. Augusto Nardes. Sessão 7.8.2019.

unicamente por ser investigada em operação policial seria uma sanção sem o devido processo legal; (ii) a diretriz de observância da política de integridade nas contratações seria aplicável apenas à Petrobras, e não às empresas (potencialmente) licitantes,[34] raciocínio que valeria também para o Decreto nº 8.420/2015; (iii) a habilitação deve observar o art. 37, inc. XXI, da Constituição, exigindo apenas o indispensável à garantia do cumprimento das obrigações (em acórdão anterior do mesmo processo, o ministro ainda apontou que haveria violação ao art. 58 da Lei nº 13.303/16, que prevê os parâmetros de habilitação);[35] (iv) as questões presentes na DDI violariam o art. 31 da Lei nº 13.303/16 e o princípio do julgamento objetivo, não sendo claro como as respostas levariam à atribuição de um GRI; e, por último, (v) o teor autodeclaratório comprometeria sua eficácia. Entendemos, porém, que tais sinalizações não se sustentam, como apontamos a seguir.

Os acórdãos do TCU também são interessantes, por trazerem os argumentos da Petrobras em defesa da legalidade da medida.[36] Em linhas gerais, a estatal defende um cenário jurídico amplo de combate à corrupção, com a Lei Anticorrupção e seu decreto, com a Lei das Estatais e com os acordos celebrados com autoridades norte-americanas, com regras ou diretrizes no sentido de se observar a integridade e a boa governança, inclusive para os fornecedores. Também aponta seu Regulamento de Licitações e Contratos (RLCP) e traz dados como o fato de que apenas 2% das empresas respondentes ao questionário teriam sido consideradas de risco alto.

*No âmbito do Judiciário, seja estadual ou federal,* a dúvida também é grande entre permitir às empresas participarem da licitação ou demonstrar deferência ao procedimento da Petrobras. Chama a atenção que a jurisprudência do tema nos tribunais estaduais tem sido construída praticamente por apenas uma empresa e que as poucas empresas se repetem, mesmo no TRF 2 e no TCU, o que indica sua limitação.[37]

---

[34] Eis que "trata apenas da política de integridade interna da companhia, e não da avaliação do grau de integridade dos seus fornecedores. Em todas as outras menções que faz ao tema (arts. 9º, §1º, 12, inciso II, 14, inciso I, 18, inciso II, 24, inciso IV), a Lei 13.303/2016 se refere aos mecanismos de integridade dos controles internos e administradores da própria estatal, e não dos seus fornecedores" (TCU. Plenário. Acórdão nº 898, 2019. Rel. Min. Benjamin Zymler. Sessão 16.4.2019. p. 24).

[35] Curiosamente, o ministro sinaliza que tais questões somente poderiam ser observadas em momento posterior, mediante previsão legal específica, como preveem as leis do Rio de Janeiro e do Distrito Federal (TCU. Plenário. Acórdão nº 898, 2019. Rel. Min. Benjamin Zymler. Sessão 16.4.2019. p. 25).

[36] TCU. Acórdão nº 898/19. p. 12-16.

[37] O maior precedente do TRF2 (003548647.2018.4.02.5101), curiosamente, envolve o mesmo caso do TCU e produziu o processo em apartado que deve conter a (i)legalidade da

Algumas questões que têm sido levantadas, de forma a afastar o DDI, são: um suposto direito de participar das licitações, seja porque a empresa já participou antes, seja porque tem contratos em vigor com a Petrobras;[38] o sigilo envolvido durante o procedimento e a falta de clareza envolvendo os critérios e a atribuição da nota;[39] a inobservância da presunção de inocência. Há ainda, entendimento de que, apesar da discricionariedade envolvida na licitação por convite, não é possível impedir a participação de empresas.[40]

Em sentido diverso, há a interpretação de que desde o decreto, que previu o regime anterior, há menção a um cadastro de pré-qualificação;[41] e, no cenário jurídico atual, a empresa pode avaliar riscos e deixar de fora determinada empresa, a partir da diretriz do art. 32, V da Lei das Estatais.[42]

Também é curioso que um dos precedentes utilizados para sustentar a DDI advenha de outra situação: o *bloqueio cautelar* instituído pela Petrobras e seu posterior questionamento pela Odebrecht. Apesar de, num primeiro momento, deferir a liminar em favor da empresa, ela acabou cassada, numa decisão que privilegiou o novo quadro jurídico.[43]

---

matéria (Acórdão nº 1.845/2019, Plenário). Além disso, a empresa Elfe figura nos dois casos localizados junto ao TJBA (0505888-62.2017.8.05.0039 e 8000507-77.2018.8.05.0000), em um do TJRJ (0004124-94.2018.8.19.0000) e em quatro do TJRN (0818713-73.2017.8.20.5106, 0805502-25.2018.8.20.0000, 0806631-73.2018.8.20.5106 e 0803955-47.2018.8.20.0000).

[38] As decisões do Tribunal de Justiça do Rio Grande do Norte têm sido nesse sentido: empresa já teria participado, então deve poder participar (TJRN, 1ª Vara Cível da Comarca de Mossoró. Processo nº 0818713-73.2017.8.20.5106. Juiz Edino Jales de Almeida Junior, j. 19.10.2017), em favor da impessoalidade e da vedação ao sigilo do procedimento da DDI (Agravo de Instrumento nº 0803955-47.2018.8.20.0000. Rel. Des. Vivaldo Pinheiro, j. 16.7.2018), o que não significa ser declarada vencedora (TJRN, 1ª Vara Cível da Comarca de Mossoró. Processo nº 0806631-73.2018.8.20.5106. Juiz Edino Jales de Almeida Junior, j. 7.5.2018).

[39] No Rio de Janeiro, uma questão tem sido o caráter unilateral, inquisitivo do procedimento, pautado pelo sigilo (TJRJ. Agravo de Instrumento nº 0053790-30.2019.8.19.0000. Rel. Des. Renata Machado Cotta, j. 29.8.2019).

[40] Para o TJBA, seria o caso de equilibrar a discricionariedade integrante do convite com o direito de as empresas participarem da licitação (Agravo de Instrumento nº 8000507-77.2018.8.05.0000. Rel. Des. Rosita Falcão de Almeida Maia, j. 23.1.2018).

[41] No TJ da Bahia, em outra decisão, entende-se que o Decreto nº 2.745/98 contém previsão de uma pré-qualificação das empresas, o que justificaria a DDI (TJBA, 2ª Vara de Feitos de Relação de Consumidores Cível e Comerciais. Decisão nº 0505888-62.2017.8.05.0039. Juíza Marina Rodamilans de Paiva Lopes da Silva, j. 10.1.2018).

[42] O que ocorreu em dois casos do TRF 2ª Região, Apelação nº 0215918-95.2017.4.02.5101. Rel. Des. Vera Lúcia Lima da Silva, j. 28.5.2019; e a Apelação nº 0035486-47.2018.4.02.5101. Rel. Des. Marcelo Pereira da Silva, j. 13.8.2019.

[43] TJRJ. Agravo Interno no Agravo de Instrumento nº 0028149-45.2016.8.19.0000. Rel. Des. Fernando Fernandy Fernandes, j. 25.7.2016.

Uma questão que periodicamente é levada aos tribunais envolve a diferença de *regimes jurídicos*, no decreto anterior e na Lei das Estatais. Segundo as empresas, esse cenário faria algum sentido a partir da Lei das Estatais e do novo Regulamento da Petrobras, mas não antes. O Judiciário tem entendido, no entanto, que o decreto anterior já previa a pré-qualificação das empresas (a já citada Decisão nº 0505888-62.2017.8.05.0039 do TJBA).

Por tudo isso, entendemos que o Judiciário tem acertado e que o TCU deve segui-lo. É preciso considerar a natureza jurídica da Petrobras como empresa estatal, o que deve lhe conferir maior liberdade na hora de contratar seus fornecedores. Além disso, a noção de que o programa de integridade deva ser aplicado apenas internamente ignora pilares dos mais importantes: a seleção de fornecedores e a possibilidade de uma empresa influenciar positivamente todo o setor – o que é especialmente importante no caso da Petrobras, dado seu porte e quantidade de fornecedores. Por último, entendemos que o questionário e os esclarecimentos previstos no *site* da Petrobras permitem entender, em boa medida, os critérios utilizados, embora haja espaço para se melhorar previsibilidade e fortalecer a presunção de inocência, principalmente nas perguntas que envolvem o histórico.

## 4 Os desafios específicos no âmbito da contratação

Passada a questão da juridicidade das medidas adotadas, cabe tratar do seu teor. Basicamente, as leis e projetos de leis discutem questões como: amplitude da exigência (para contratos de qual valor e duração); aplicação para quais empresas; definição de programa de integridade, com parâmetros de avaliação; prazo para implementação; quem faz a avaliação e por quais meios; e sanções pelo descumprimento. A seguir explicaremos que soluções têm sido pensadas e quais os desafios.

### 4.1 A amplitude da exigência e o valor do contrato

Duas questões surgem no que se refere à definição do valor do contrato em que será exigida a implantação de um programa de integridade. A primeira é que, a depender do valor, exigir do fornecedor a implantação pode ser muito mais caro do que a própria execução do objeto do contrato. A segunda questão, pelo lado do Poder Público, é que isso significaria gastar um volume desproporcional de recursos com burocracia e fiscalização, tornando a contratação sem sentido.

Assim, quanto aos valores, diversas soluções têm sido adotadas, em âmbito estadual, desde a previsão dos preços das tomadas de preços, a partir de R$80 mil (ainda na versão antiga da Lei nº 8.666/93), casos da Lei nº 11.123/20 do Mato Grosso e da redação original da Lei nº 6.112/18, do Distrito Federal; até um valor escalonado entre R$5 e 10 milhões, a depender do objeto e da data de implantação do programa de integridade (caso do PL nº 446/19, de Pernambuco).

Sob o aspecto negativo, uma tendência preocupante é a de que esses valores estariam diminuindo: enquanto a Lei nº 7.753, do Rio de Janeiro, começou com R$650 mil para compras e serviços, e R$1,5 milhão para obras e serviços de engenharia, a Lei nº 15.228/18, do Rio Grande do Sul menciona R$176 mil e R$330 mil, respectivamente.[44]

Sob o aspecto positivo, destacamos o caso do Distrito Federal: originalmente previsto para contratações iguais ou superiores à tomada de preços (R$80 mil a R$650 mil), em alteração posterior, o valor foi aumentado para R$5 milhões, com a Controladoria apontando que o valor era excessivamente baixo e que, dos 1.835 contratos iniciados no DF em 2018, 114 seriam de até R$5 milhões, o que representaria 6,2% dos contratos, mas 77,7% do valor total contratado.[45] Parece-nos que a decisão quanto aos valores deve considerar justamente esse tipo de levantamento, bem como a capacidade efetiva de fiscalizar os contratos.

*Em âmbito federal*, as propostas têm sido diversas: exigência apenas em contratações de grande vulto (caso dos PL nº 85/2019, PL nº 182/2019, PL nº 11.095/18 e do PL nº 1.292/95); em todos os contratos (PL nº 7149/19); por critérios que não o valor do contrato, mas responsabilização da licitante nos últimos 5 anos em decorrência da Lei nº 12.846/13 (PL nº 9062/17);[46] ou por tipo de contratação (licitação internacional, locação de imóveis etc., caso do PLS nº 303/16).

O problema é que a opção pela exigência apenas em contratações de grande vulto traz, de novo, a questão da definição de normas gerais e específicas. No Recurso Extraordinário nº 1.247.930, o STF manteve

---

[44] Tendência notada por: GLASSMAN, Guillermo. Tensões no avanço dos programas de integridade no regime das contratações públicas. *Revista Brasileira de Infraestrutura – RBINF*, Belo Horizonte, ano 7, n. 14, jul./dez. 2018. p. 62.

[45] Conforme a Exposição de Motivos SEI-GDF nº 13/2019 – CGDF/DAB, encaminhada com o PL nº 435/19.

[46] Projeto de lei que busca alterar a Lei de Concessões, Lei nº 8.987/95. Sobre parcerias público-privadas e *compliance* anticorrupção, consultar FAGALI, Bruno. O compliance anticorrupção em PPPs: desafios práticos específicos à customização de um programa de integridade realmente atento às inúmeras e significativas particularidades existentes. *In*: SADDY, André *et al.* (Org.). *Tratado de Parcerias público-privadas. Teoria e prática* – Execução e gestão das PPPs. Rio de Janeiro: CEEJ, 2019. t. IX.

decisão de inconstitucionalidade de lei de Ilhabela (SP). No caso, a lei local previu que contratações superiores a R$5 milhões deveriam ser precedidas de audiência pública, diminuindo, assim, o valor da Lei nº 8.666/93, que estipula a obrigatoriedade para contratações superiores a 100 vezes o limite do art. 23, I, "c" (segundo o art. 39, o que resultava, na época, R$150 milhões). Considerando que a nova Lei de Licitações, nos termos do PL nº 1.292/95, estipula a exigência de programa de integridade apenas para grande vulto, definido como R$200 milhões (art. 24, §4º c/c art. 6º, XXII), é questão a se pensar como ficariam todas essas leis estaduais.

Também cabe notar que várias leis e PL têm previsto a aplicação da exigência de programa de integridade inclusive para casos de dispensa de licitação, como o caso da Lei do Distrito Federal e a de Goiás (Lei nº 20.489/19), o que se repete em âmbito federal (nos PL nº 11.095/18, PL nº 85/19 e PL nº 182/19).

Qualquer que seja o valor definido, também é importante prever *mecanismos de atualização* dos valores que não envolvam aprovar uma nova lei. Várias leis têm buscado indicar cláusulas nesse sentido: enquanto algumas remetem à Lei nº 8.666 e suas alterações, outras têm optado pelas unidades fiscais do Estado. O Rio de Janeiro, por exemplo, não previu a atualização na redação inicial do PL, mas durante a tramitação do PL, ela foi adicionada. Já o Distrito Federal, que previa a utilização da Lei nº 8.666 em redação original, adotou atualização segundo o índice local, em alteração posterior (art. 1º, §1º).

Por tudo isso, é importante que a decisão de amplitude considere a efetiva capacidade do Estado de fiscalizar os contratos e seu cumprimento, não com um valor abstrato, mas considerando os contratos que são efetivamente assinados. A opção pela exigência apenas em grandes licitações, não necessariamente de grande vulto, parece-nos a decisão mais acertada, considerando ainda os riscos envolvidos, preservada a liberdade de os entes subnacionais definirem tais valores.

## 4.1.1 Custos da implementação: quem paga?

Ainda sobre a definição dos valores, a questão se torna ainda mais tormentosa uma vez que o Poder Público tem previsto que os custos da implantação correrão por conta da empresa contratada (única exceção é a lei goiana). Ou seja, apesar de impor uma obrigação extremamente complexa às empresas, a Administração Pública não pretende pagar por isso.

Os efeitos dessa opção ainda serão verificados nas próximas contratações, cabendo algumas sinalizações por ora. Por um lado, é possível que isso estimule empresas aventureiras a vencerem licitações, com propostas claramente inexequíveis e cujo preço não é suficiente para custear a implantação de um programa de integridade efetivo ou de qualidade. Por outro lado, é possível que as contratações se tornem mais caras, com as empresas incluindo, no valor da proposta, o quanto estimam gastar na implantação do programa.[47]

Outra possibilidade é que as empresas que já possuam um programa de integridade serão beneficiadas, uma vez que não incluirão os custos na sua proposta e, na prática, passarão a vencer as licitações.[48] O problema, então, passa a ser a competitividade do certame, em que sempre a mesma empresa vence os contratos, com o estímulo de impor preços cada vez mais altos às contratações da Administração (supondo que o próprio programa de integridade não seja sempre capaz de evitar essa situação).

A questão do encarecimento dos preços já foi levantada tanto junto ao Judiciário quanto ao TCU, em casos envolvendo a Petrobras, com soluções distintas. No TRF 2, o entendimento foi de que a proposta com GRI alto, apesar de mais barata, poderia esconder a má prestação do objeto do contrato.[49] O mesmo caso, no âmbito do TCU, foi aprofundado,

---

[47] Essa tem sido a conclusão da doutrina especializada: GLASSMAN, Guillermo. Tensões no avanço dos programas de integridade no regime das contratações públicas. *Revista Brasileira de Infraestrutura – RBINF*, Belo Horizonte, ano 7, n. 14, jul./dez. 2018. p. 59-60; PINHO, Clóvis Alberto Bertolini de. Contratação pública e compliance: uma proposta para a efetividade dos programas de integridade em contratações públicas. *Revista de Contratos Públicos – RCP*, Belo Horizonte, ano 7, n. 13, p. 79-97, mar./ago. 2018. p. 92; SCHRAMM, Fernanda. A exigência de programa de compliance para as empresas que contratam com a administração pública: o que determinam as leis do Rio de Janeiro e do Distrito Federal. *Direito do Estado*, n. 399, 21 maio 2018. Disponível em: http://www.direitodoestado.com.br/colunistas/fernanda-schramm/a-exigencia-de-programa-de-compliance-para-as-empresas-que-contratam-com-a-administracao-publica-o-que-determinam-as-leis-do-rio-de-janeiro-e-do-distrito-federal.

[48] PINHO, Clóvis Alberto Bertolini de. Contratação pública e compliance: uma proposta para a efetividade dos programas de integridade em contratações públicas. *Revista de Contratos Públicos – RCP*, Belo Horizonte, ano 7, n. 13, p. 79-97, mar./ago. 2018. p. 90; SCHRAMM, Fernanda. A exigência de programa de compliance para as empresas que contratam com a administração pública: o que determinam as leis do Rio de Janeiro e do Distrito Federal. *Direito do Estado*, n. 399, 21 maio 2018. Disponível em: http://www.direitodoestado.com.br/colunistas/fernanda-schramm/a-exigencia-de-programa-de-compliance-para-as-empresas-que-contratam-com-a-administracao-publica-o-que-determinam-as-leis-do-rio-de-janeiro-e-do-distrito-federal.

[49] TRF2. Turma Especializada III – Administrativo e Cível. Apelação Cível nº 0035486-47.2018.4.02.5101 (2018.51.01.035486-6). Rel. Des. Federal Marcelo Pereira da Silva. *DJ*, 13 mar. 2019.

verificando-se que a negociação levou a um valor menor no lote e no geral, embora outros lotes tenham tido aumento dos preços,[50] como argumento contrário à sua utilização.[51]

Parece-nos que a decisão do Judiciário Federal é muito mais sensata: contratações pautadas pela integridade serão apenas *aparentemente* mais caras. A decisão de contratação deve se preocupar não só com o preço, mas também com os riscos inerentes à contratação de empresa envolvida em casos desabonadores (observada a presunção de inocência, como discutiremos adiante). Assim, o critério de proposta mais vantajosa, previsto no art. 3º da Lei nº 8.666 – e no art. 31 da Lei nº 13.303/16 – e largamente utilizado, deve ser lido de maneira ampla e ao lado de outras questões.[52]

Além disso, de forma ampla, a Administração Pública invariavelmente terá que admitir os custos envolvidos na exigência imposta às empresas licitantes e ao fato de que isso terá um impacto econômico, ainda que as leis prevejam o contrário.

## 4.2 A duração dos contratos e o prazo de implementação

Para além do valor, outra questão envolvendo a amplitude da exigência é a duração dos contratos: qual deve ser a duração mínima dos contratos para que tal obrigação se justifique?

Até agora, a opção preferida tem sido a aplicação para os contratos com duração igual ou superior a 180 dias.[53] No entanto, há estados que discutem mais tempo, como 12 meses (Espírito Santo, Paraíba e São Paulo, PL nº 498/18), ou menos, 120 dias (Bahia, PL nº 23.327/19, e PL do Rio de Janeiro). Destaque também para estados que não vêm prevendo a duração do contrato, o que pode levar à interpretação de

---

[50] Ac. nº 1.845/19. p. 13.
[51] Ac. nº 898/19. p. 24.
[52] Isso significa dizer que a busca pelo melhor preço não é a única finalidade das licitações, como aponta no item 5: OLIVEIRA, Rafael Carvalho Rezende; ACOCELLA, Jéssica. A exigência de programas de compliance e integridade nas contratações públicas: o pioneirismo do Estado do Rio de Janeiro e do Distrito Federal. *Revista Brasileira de Direito Público – RBDP*, Belo Horizonte, ano 17, n. 64, p. 9-30, jan./mar. 2019. Além, claro, da função regulatória ou extraeconômica das licitações, sempre aludida, caso de GUIMARÃES, Fernando V. *et al.* Exigência de programa de integridade nas licitações. In: PAULA, Marco Aurélio Borges de *et al.* (Org.). *Compliance, gestão de riscos e combate à corrupção*: integridade para o desenvolvimento. 2. ed. Belo Horizonte: Fórum, 2020. item 2, em especial, p. 307 e ss.
[53] Casos da Lei do Amazonas, Bahia (PL nº 22.614), Distrito Federal, Goiás, Mato Grosso, Minas Gerais (ambos), Pará, Pernambuco (PL nº 284); Lei do Rio de Janeiro, Santa Catarina, São Paulo (PL nº 360/19 e PL nº 279/20).

que o único critério seria o valor (casos de Rondônia, Rio Grande do Sul, São Paulo e Tocantins).

Como afirmado em relação ao valor, é preciso que o estado avalie a complexidade dos contratos e em que medida a exigência de um programa de integridade seria justificada. Pensamos que contratos relacionais, de concessões, por exemplo, em que Administração Pública e concessionária estão em contato recorrente e expostas a mais riscos justificariam a exigência. Ao contrário, contratos curtos ou de execução instantânea talvez tornem despicienda a exigência que, no mais, envolve um período para sua implementação – nesses casos é muito mais importante que a Administração conte com um programa de integridade, para planejar, orçar e delimitar as condições da contratação.

E, quanto a esse prazo para implementação, também a opção preferida tem sido 180 dias,[54] com um caso de 1 ano, no Tocantins (para exigência da ISO 37.001), e outros de 120 dias (Bahia, PL nº 2.332/19, Paraíba, PL nº 1.718/18, PL do Rio de Janeiro e São Paulo, PL nº 1.277/19). Em alguns PL não consta o prazo, mas uma *vacatio legis* de 45 a 180 dias (Goiás, *vacatio* de 120 dias; Minas Gerais, PL nº 1.198/19, 180 dias; Rondônia, 180 dias; Santa Catarina, 90 dias; São Paulo, PL nº 360/19, 45 dias; e PL nº 279/20, 180 dias), que pode ser interpretada como um prazo para que as empresas que desejem participar de licitações possam se adequar. Ou, sob outra interpretação, a ausência de prazo significaria que a empresa contratada teria toda a duração do contrato para implantar o programa de integridade, ou deveria observar prazo definido de comum acordo com a Administração.

Uma solução interessante vem de Pernambuco, em que o PL nº 446/19 estabelece momentos de início da contagem do prazo de forma escalonada, conforme o objeto e o valor do contrato. Por exemplo, para contratos de obras e serviços de engenharia, as empresas teriam 180 dias para se adequar, a partir de 1º.1.2021, com datas de início chegando a 2024.

Outra questão relevante é que, em vários estados, os prazos de duração do contrato e de implantação do programa podem ser coincidentes (casos de Amazonas, Bahia, Distrito Federal, Mato Grosso, Minas Gerais, PL nº 5.227/18; Pará e Pernambuco, PL nº 284/19), o que leva a uma situação no mínimo curiosa. Se a duração do contrato for de 180

---

[54] Casos do Amazonas, Bahia (PL nº 22.614), Distrito Federal, Espírito Santo, Mato Grosso, Minas Gerais (PL nº 5.227/18), Pará, Paraíba (PL nº 158/19), Pernambuco (ambos), da Lei do Rio de Janeiro, Rio Grande do Sul, Santa Catarina, São Paulo (PL nº 498/18) e Tocantins (geral, não ISO).

dias e o prazo de 180 dias, significará que o estado estará contratando a empresa também para implantar um programa de integridade em si própria. Uma obrigação não remunerada pelo estado (que não assume os custos), que não beneficiaria o estado direta e imediatamente, mas que estaria sujeita à multa pelo inadimplemento, e até à proibição de contratar com o estado (como veremos a seguir). Isso reforça nosso entendimento, discutido acima, de que a exigência não envolve a habilitação das empresas, mas a imposição de obrigação à empresa contratada.

Nos PL federais, usa-se o conceito de grande vulto, que inclui apenas valor. No entanto, quanto ao prazo, geralmente a opção tem sido para que regulamento do Poder Executivo o defina (PL nº 85/19, PL nº 182/19 e PL nº 11.095/18). Em um dos casos, a justificativa do PL questiona se 180 dias seriam suficientes (PL nº 85/2019). Esses 180 dias, no caso, 6 meses, são também o prazo previsto no PL nº 1.292/95.

E a justificativa do PL mencionado tem toda razão: programas de integridade não são implantados da noite para o dia, mas envolvem alteração na cultura da empresa, revisão de suas prioridades, fortalecimento da governança, adoção de normas, procedimentos e valores, com treinamento de pessoal, que dificilmente podem ser implantados de forma eficaz e duradoura num prazo exíguo.[55]

### 4.2.1 Os contratos em vigor

Além disso, algumas das leis também têm exigido a aplicação para contratos já em vigor. Nesses casos, duas têm sido as proposições: sua aplicação para os contratos em vigor, com duração superior a 12 meses (Bahia, PL nº 22.614/17, Pernambuco, PL nº 284/19; e São Paulo, PL nº 360/19); e inclusão da exigência em caso de alteração do contrato, renovação, prorrogação, termo aditivo etc. (casos de Amazonas, Paraíba, PL nº 1.718/18; e Pernambuco, PL nº 446/19).

---

[55] Também suscita a questão dos prazos de implantação e dos contratos já em vigor OLIVEIRA, Rafael Carvalho Rezende; ACOCELLA, Jéssica. A exigência de programas de compliance e integridade nas contratações públicas: o pioneirismo do Estado do Rio de Janeiro e do Distrito Federal. *Revista Brasileira de Direito Público – RBDP*, Belo Horizonte, ano 17, n. 64, p. 9-30, jan./mar. 2019. p. 21 e ss., bem como SCHRAMM, Fernanda. A exigência de programa de compliance para as empresas que contratam com a administração pública: o que determinam as leis do Rio de Janeiro e do Distrito Federal. *Direito do Estado*, n. 399, 21 maio 2018. Disponível em: http://www.direitodoestado.com.br/colunistas/fernanda-schramm/a-exigencia-de-programa-de-compliance-para-as-empresas-que-contratam-com-a-administracao-publica-o-que-determinam-as-leis-do-rio-de-janeiro-e-do-distrito-federal, em que discute o prazo de 180 dias para implantação.

Entre as leis promulgadas, vale notar que o dispositivo foi vetado na lei do Rio de Janeiro, e suprimido por lei posterior, no caso do Distrito Federal.

Nesse caso, ao menos dois problemas podem ser suscitados. O primeiro é que a empresa se vê diante de obrigação à qual não anuiu quando participou e venceu a licitação. O segundo é entender como esse cenário ficará diante da previsão de que os custos serão arcados apenas pela empresa. Parece-nos que seria inevitável o reequilíbrio econômico-financeiro do contrato. No entanto, dada a complexidade da obrigação, melhor será prevê-la apenas para contratos futuros, em que as empresas interessadas estejam cientes da condição desde o início.

## 4.3 O desafio de avaliar programas de integridade efetivos

Caso superadas todas essas questões, ainda resta a questão de como avaliar o programa de integridade implementado, talvez a maior delas, lembrando a ressalva feita no item 3.1.1, do cuidado devido com a iniciativa privativa do chefe do Poder Executivo para projetos de leis que tratem das atribuições de órgãos.

Embora haja alguma delimitação, inclusive legal, dos requisitos que compõem um programa de integridade efetivo, a verificação prática de sua efetividade está muito longe de ser uma tarefa simples. Identificar programas de fachada, aparentemente funcionais, mas ineficazes, é uma tarefa complexa, que requer conhecimento específico sobre o tema e uma investigação profunda. Daí as perguntas sobre quem e como avaliar.

### 4.3.1 Quem avalia: o gestor do contrato?

A primeira questão relevante é definir quem será responsável pela fiscalização do cumprimento da obrigação.

Num primeiro momento, a atribuição vinha sendo conferida ao gestor/fiscal do contrato.[56] Tal solução, porém, apresenta diversos problemas, como a incerteza quanto à expertise do servidor, que passa a acumular a função com outras atribuições, além de um possível

---

[56] Bahia (PL nºs 22.614/17, 23.327/19), Distrito Federal na redação original; Espírito Santo (PL nº 218/18), Mato Grosso; Minas Gerais (PL nº 5.227/18); Pará; Paraíba; Pernambuco; Rio de Janeiro; Santa Catarina; São Paulo (PL nº 498/18, PL nº 360/19, PL nº 1.277/19) e Tocantins.

conflito de interesses, representando incentivos para o aumento das hipóteses de corrupção e não seu combate. A definição de quem será responsável pela fiscalização tem sido uma tarefa tormentosa para a doutrina especializada.[57]

Adiante, o Distrito Federal alterou a Lei nº 6.112 para determinar que a avaliação seja feita por órgão definido pelo chefe do Executivo (art. 13), no caso, a unidade de *compliance* da Controladoria-Geral do DF (cf. art. 4º do Decreto nº 40.388/20).

Nos casos do Amazonas e do Mato Grosso, atribuiu-se a tarefa a uma comissão composta por um membro da Controladoria-Geral do Estado, outro da Procuradoria-Geral do Estado e outro da Secretaria da Fazenda. Curiosamente ambos os PL foram aprovados mantendo também a competência do gestor do contrato, sendo que apenas no MT a situação foi remediada pelo governador, que vetou o artigo respectivo, ao sancionar a Lei nº 11.123/20 (fruto do PL nº 320/19).[58]

Outra escolha tem sido a não previsão da autoridade, como é o caso da Lei nº 20.489/19, de Goiás, em que a lei prevê a estrutura, a sistemática, mas a competência da avaliação resta a ser decidida.[59]

---

[57] Assim, critica o "fardo informacional" com o qual a Administração terá de lidar e a expertise dos servidores, CARVALHO, Victor A. Programas de integridade em contratações públicas: boas intenções, resultados incertos. *Jota*, 17 mar. 2020. Disponível em: https://www.jota.info/coberturas-especiais/inova-e-acao/programas-de-integridade-em-contratacoes-publicas-boas-intencoes-resultados-incertos-17032020. Uma discussão envolve a criação de um órgão especializado para realizar a fiscalização ou a possibilidade de atribuir a tarefa ao Cade (Conselho Administrativo de Defesa Econômica): COSTA, Gabriela R. P. *Compliance, Lei da Empresa Limpa e Lei Sapin II* – Uma análise da aplicação do regime de obrigatoriedade de adoção de programas de integridade corporativa no Brasil. Monografia (Graduação em Direito) – Departamento de Direito, Centro de Ciências Sociais Aplicadas, Universidade Federal do Rio Grande do Norte, Natal, 2017. p. 88. Outra questão é a concentração de poder no gestor do contrato, LOUREIRO, Caio. Integridade na contratação pública. *Valor Econômico*, 6 jun. 2019. Disponível em: https://valor.globo.com/noticia/2019/06/06/integridade-na-contratacao-publica.ghtml. No mesmo sentido, OLIVEIRA, Rafael Carvalho Rezende; ACOCELLA, Jéssica. A exigência de programas de compliance e integridade nas contratações públicas: o pioneirismo do Estado do Rio de Janeiro e do Distrito Federal. *Revista Brasileira de Direito Público – RBDP*, Belo Horizonte, ano 17, n. 64, p. 9-30, jan./mar. 2019. p. 20. Além disso, questiona-se o esforço que a Administração terá que realizar para capacitar servidores: FERREIRA, Tomas J. Fomento à integridade: o compliance como exigência nas contratações públicas. *Revista Direito em Debate*, v. 28, n. 52, p. 267-283, 20 dez. 2019. p. 277. Disponível em: https://www.revistas.unijui.edu.br/index.php/revistadireitoemdebate/article/view/8861.

[58] Ainda em tramitação, no Pernambuco, o PL nº 446/19 prevê a competência da Secretaria da Controladoria-Geral do Estado e do gestor do contrato, num primeiro momento, e das unidades de controle interno do órgão contratante para as contratações realizadas a partir de 1º.1.2024, na sistemática que adota.

[59] Minas Gerais (PL nº 1198/19), Rondônia, Rio Grande do Sul e São Paulo (PL nº 279/20).

Por isso, as leis também têm autorizado o Poder Executivo "a contratar com empresas de consultoria especializadas na realização de treinamentos com foco na detecção de casos de fraude e corrupção, objetivando a capacitação de servidores" (art. 14 da Lei nº 7.753/17, do estado do Rio de Janeiro).[60]

Uma diferença de alguns dos PL federais (PL nº 85/2019, PL nº 182/2019, como reapresentação do PL nº 11.095/2018) em relação aos estaduais é a certificação do programa de integridade por meio de entidade privada acreditada pelo Poder Público.

Entendemos que a dificuldade de avaliação, por falta de profissionais especializados, talvez seja uma das maiores dificuldades de operacionalização das leis até o momento.

### 4.3.2 Parâmetros de avaliação

Na questão da avaliação, também é preciso considerar como as leis têm definido os parâmetros de um programa de integridade. A maioria dos PL tem listado 16 parâmetros a serem observados, em cópia quase literal do Decreto nº 8.420/2015, que regulamenta a Lei nº 12.846/2013 (Lei Anticorrupção). A exceção tem sido o último inciso, que em âmbito federal previa a "transparência da pessoa jurídica quanto a doações para candidatos e partidos políticos" e se transformou em "ações comprovadas de promoção da cultura ética e de integridade por meio de palestras, seminários, workshops, debates e eventos da mesma natureza".[61]

No entanto, no caso da lei de Goiás (Lei nº 20.489/19) prevaleceu a concisão, e vários incisos foram suprimidos, restando apenas 11 dos 16 usuais (art. 5º). Em Pernambuco, a criatividade sugere um novo inciso, por meio do PL nº 284/19, de forma a prever um comitê interno de integridade para empresas de mais de 20 funcionários, enquanto em Rondônia (PL nº 315/19) faltou o inciso que prevê a necessidade de registros contábeis. Além disso, outra solução tem sido não prever nada, caso da lei do Rio Grande do Sul e dos PL do Espírito Santo (PL nº 218/18) e de Minas Gerais (PL nº 5.227/18).

---

[60] Previsão repetida na Lei nº 4.730/18, do Amazonas; na Bahia, PL nºs 22.614/17 e 23.327/19; no Espírito Santo, PL nº 218/18; em Minas Gerais, PL nº 5.227/18; no Pará, PL nº 37/18; na Paraíba, PL nº 158/19 e PL nº 1.718/18; e em São Paulo, PL nº 498/18 e PL nº 1.277/19.

[61] Como bem notaram MORENO, Maís *et al*. O programa de integridade no Rio de Janeiro: a nova lei 7.753, de 17 de outubro de 2017. *Migalhas*, 24 out. 2017. Disponível em: https://www.migalhas.com.br/depeso/267591/o-programa-de-integridade-no-rio-de-janeiro-a-nova-lei-7753-de-17-de-outubro-de-2017.

Uma previsão que aparece nas leis do Distrito Federal e, agora, na do Mato Grosso, é a de não se aceitar o programa de integridade meramente formal:

> §4º O Programa de Integridade que seja meramente formal e que se mostre absolutamente ineficaz para mitigar o risco de ocorrência de atos lesivos previstos na Lei Federal nº 12.846, de 1º de agosto de 2013, não é considerado para fins de cumprimento desta Lei.

A previsão também consta nos PL do Espírito Santo (PL nº 218/18), do Pernambuco e de São Paulo (PL nº 360/19).

Isso porque um dos grandes desafios de todo programa de integridade é conter normas e procedimentos específicos para a realidade da empresa, considerando o setor, a legislação aplicável, o porte, os recursos disponíveis e uma análise de riscos pautada pela probabilidade e pelo impacto de determinada ocorrência vir a se materializar.

Também por isso, outra previsão recorrente, após a previsão dos geralmente 16 parâmetros, é sua observância em relação ao número de funcionários e dirigentes envolvidos, a hierarquia e o organograma, a utilização de intermediários, o setor e as regiões em que atua, o grau de interação com o setor público, a necessidade de licenças para prestação das atividades, e se integra grupo econômico ou é microempresa ou empresa de pequeno porte (art. 6º, §1º da Lei nº 6.112 do DF, bem como em Pernambuco, PL nº 284/19, Rondônia, São Paulo, PL nº 360/19 e PL nº 279/20).

A questão da definição dos critérios também aparece no âmbito da DDI da Petrobras: uma das críticas presentes no TCU e no Judiciário é a de que os critérios para a atribuição do grau de risco das empresas não seriam claros.[62] Embora sempre haja espaço para mais transparência, o questionamento não se sustenta em abstrato, eis que a Petrobras divulga o questionário de DDI, bem como conta com página específica sobre os critérios.[63] Parece-nos que o problema seria relacionado muito mais com o modo como ocorre a aplicação desses critérios.

---

[62] No TCU, o Acórdão nº 898/2019; no Judiciário, o sigilo é usado como argumento no TJRJ, Agravo de Instrumento nº 0053790-30.2019.8.19.0000; e, no TJRN, Agravo de Instrumento nº 0803955-47.2018.8.20.0000 (já citado acima) e o Agravo de Instrumento nº 0805502-25.2018.8.20.0000. Rel. Des. Vivaldo Otavio Pinheiro, j. 9.8.2018.

[63] Disponível em: https://canalfornecedor.petrobras.com.br/pt/cadastro-de-fornecedores/criterios-de-avaliacao/.

### 4.3.2.1 Parâmetros para microempresas e empresas de pequeno porte

Todas as leis e os PL contam com uma previsão a respeito de a quem se aplicam. Com variações de redação, geralmente o conteúdo se refere às sociedades empresárias e simples, pouco importa a forma ou modelo societário, fundações, associações civis e sociedades estrangeiras.[64]

Outra questão, lembrada por parte da doutrina, é o tratamento diferenciado devido às microempresas e empresas de pequeno porte.[65] A Lei do Distrito Federal, em sua nova redação, bem como outros PL têm previsto que em tais casos as exigências serão atenuadas, não se aplicando exigência de padrões de conduta para fornecedores, instância interna responsável e independente, diligências para contratações e verificação em processos de fusão – casos de Minas Gerais (PL nº 1.198/19), Rondônia, Santa Catarina, São Paulo (PL nº 360/19 e PL nº 279/20). Ao que se percebe, a premissa é de que as microempresas seriam as fornecedoras, ou mesmo não teriam condições de realizar diligências junto às suas, o que pode ser bastante perigoso, em sendo o cuidado com fornecedores um dos pilares dos programas de integridade.

A questão é relevante na medida em que essas empresas, em regra, terão maiores dificuldades de implantar um programa de integridade, considerando os custos envolvidos e, em regra, a simplicidade da sua governança, restrita mesmo pelo número limitado de funcionários.

---

[64] Na redação da Lei nº 4.730/18, do Amazonas: "Art. 1º [...] §1º Aplica-se o disposto nesta Lei às Sociedades Empresárias e às Sociedades Simples, personificadas ou não, independentemente da forma de organização ou modelo societário adotado, bem como a quaisquer Fundações, Associações de entidades ou pessoas, ou Sociedades Estrangeiras, que tenham sede, filial ou representação no território brasileiro, constituídas de fato ou de direito, ainda que temporariamente".

[65] FERREIRA, Tomas J. Fomento à integridade: o compliance como exigência nas contratações públicas. *Revista Direito em Debate*, v. 28, n. 52, p. 267-283, 20 dez. 2019. p. 272. Disponível em: https://www.revistas.unijui.edu.br/index.php/revistadireitoemdebate/article/view/8861; PETIAN, Angélica. Novidade nas contratações públicas: a implantação de programas de integridade como requisito para contratar com a Administração. *Migalhas*, 20 jun. 2018. Disponível em: https://www.migalhas.com.br/depeso/282041/novidade-nas-contratacoes-publicas-a-implantacao-de-programas-de-integridade-como-requisito-para-contratar-com-a-administracao; PINHO, Clóvis Alberto Bertolini de. Contratação pública e compliance: uma proposta para a efetividade dos programas de integridade em contratações públicas. *Revista de Contratos Públicos – RCP*, Belo Horizonte, ano 7, n. 13, p. 79-97, mar./ago. 2018. p. 92; TAVARES, Luciano. Compliance nas contratações públicos e obrigação de tratamento diferenciado a ME e EPP. *Jota*, 26 jan. 2020. Disponível em: https://www.jota.info/opiniao-e-analise/artigos/compliance-nas-contratacoes-publicas-e-obrigacao-de-tratamento-diferenciado-a-me-e-epp-26012020.

Diante do quadro jurídico brasileiro, do tratamento diferenciado que merecem e das próprias especificidades que um programa de integridade deve apresentar, também tais empresas devem ser vistas com outros olhos.

### 4.3.3 Autodeclaração, Certificação ISO 37.001, Pró-Ética e cadastros

Ainda que sejam definidos os parâmetros de avaliação e a autoridade responsável para tanto, a verificação não é imediata, mas pode exigir documentos, entrevistas e, por vezes, certificados, ou se basear simplesmente em declaração das empresas.

Sobre a forma de avaliação, é preciso separar dois casos: as empresas que já alegam ter um programa de integridade e as que venham a implantá-lo ao longo do contrato. Para as primeiras, diversas leis têm previsto que deverão apresentar uma declaração logo após a contratação.[66] Tal previsão é francamente insuficiente, eis que falta clareza sobre que tipo de declaração seria essa e se qualquer declaração seria aceita.

Para as outras empresas, uma forma de avaliação tem sido aquela baseada numa *sistemática de relatórios* (relatório de perfil e relatório de conformidade), em que a empresa deverá responder a questões sobre setores e atividades de atuação, organograma, necessidade de autorizações, composição da sociedade e forma de governança, quantidade de funcionários, relacionamento com setor público, se é microempresa ou empresa de pequeno porte, informando faturamento, quando programa foi instituído (no relatório de perfil); e sobre o programa de integridade, cultura, apoio da alta direção, instância interna responsável, padrões adotados, análise de riscos, prevenção, políticas específicas, canal de denúncias, histórico de efetividade, prevenção, entre outros, segundo o Decreto nº 40.388/20, do Distrito Federal (casos de Goiás, Mato Grosso, Pernambuco, PL nº 284/19; e São Paulo, PL nº 360/19). Os relatórios têm sido previstos mesmo nos casos de utilização da certificação ISO ou sozinhos, caso de Santa Catarina.

Parece-nos fundamental que a autoridade envolvida na avaliação do programa de integridade tenha acesso a documentos, funcionários

---

[66] Previsão presente em praticamente todas as leis ou PL, à exceção do de Minas Gerais (PL nº 1.198/19), Rondônia e Rio Grande do Sul. Na redação da Lei do Mato Grosso: "Art. 10. A empresa que possuir o Programa de Integridade implantado deverá apresentar, no momento da contratação, declaração informando a sua existência nos termos do art. 4º da presente Lei".

para entrevistas e até mesmo possa visitar o escritório da empresa, o que ainda não é previsto especificamente. Também é importante que, conforme vem sendo feito no caso da Petrobras, o avaliador investigue informações, notícias envolvendo a empresa, para obter indícios de como o programa de integridade tem funcionado e, se for o caso, solicitar esclarecimentos.

Alguns certificados vêm sendo desenvolvidos nos últimos anos, com destaque para aquele baseado na *norma ISO 37.001* (gestão de sistemas antissuborno).[67] Aqui, é imprescindível ter presente a jurisprudência do TCU, segundo a qual os certificados ISO não podem ser exigidos como requisitos de habilitação, de forma a promover a desclassificação, mas apenas como fator de pontuação – também desde que sua não apresentação não importe em perda de pontuação apta a ensejar a desclassificação.[68] O que não é o caso aqui, justamente levando parte da doutrina a defender sua utilização.[69] Outros dois aspectos, porém, ainda devem ser considerados: (i) essa decisão se baseia no entendimento de que a certificação é uma faculdade das empresas,[70] não exigida por lei;[71]

---

[67] Quatro estados discutem a utilização da norma ISO como forma de comprovação da implantação: o Tocantins, em todos os casos (PL nº 8/18 que recebeu veto integral), Minas Gerais (PL nº 1.198/19), Rondônia e São Paulo (PL nº 279/20). No mais, para um estudo sobre a utilização de *standards* e a norma ISO 37.001, consultar: SOUSA, Otávio A. V. *Teorias do direito administrativo global e standards*: desafios à estatalidade do direito. Dissertação (Mestrado) – Escola de Direito de São Paulo, Fundação Getulio Vargas, São Paulo, 2019.

[68] Conforme fica claro da determinação "9.4.1. abstenha-se de exigir a apresentação de certificações, do tipo ISO e SCORM, como critérios que ensejam a desclassificação de propostas, ainda que constem como itens de pontuação técnica" (TCU, Plenário. Acórdão nº 539/15. Rel. Min. Sherman Cavalcanti, j. 18.3.2015).

[69] SOUSA, Otávio A. V. *et al*. Discussões sobre as novas regras locais de compliance nas contratações públicas. *Congresso em Foco*, 6 mar. 2018. Disponível em: https://congressoemfoco.uol.com.br/opiniao/colunas/discussoes-sobre-as-novas-regras-locais-de-compliance-nas-contratacoes-publicas/.

[70] Conforme já decidiu o TCU: "8. Além disso, como consta da instrução da Serur, obter a certificação ISO é faculdade das empresas – não há lei que a indique como condição para exercício de qualquer atividade" (TCU. Plenário. Acórdão nº 1.085/11. Rel. Min. José Múcio Monteiro, j. 27.4.2011). Também como nota Marçal Justen Filho, com a percuciência de sempre, a empresa pode cumprir todos os requisitos, mas simplesmente não desejar se certificar (JUSTEN FILHO, Marçal. *Comentários à Lei de Licitações e Contratos Administrativos*: Lei 8.666/1993. 18. ed. rev., atual. e ampl. São Paulo: Thomson Reuters Brasil, 2019. p. 773).

[71] Assim, a vedação à utilização da certificação ISO não é absoluta. Em acórdão envolvendo o Regime Diferenciado de Contratações (RDC), o TCU entendeu que ela poderia ser exigida, a partir do art. 14, parágrafo único, inc. II, como requisito de sustentabilidade ambiental, ainda combinado com o art. 5º do Decreto nº 7.581/11 e a Instrução Normativa nº 1/2010, do Ministério do Planejamento, Orçamento e Gestão, cujo art. 4º, §4º menciona as normas da família ISO 14.000 (TCU. Plenário. Acórdão nº 1.986/15. Rel. Min. Walton Alencar Rodrigues, j. 12.8.2015).

e (ii) a jurisprudência foi construída sob o argumento de que poucas empresas possuiriam a certificação.[72]

Entendemos que as leis estaduais não promovem a desclassificação das empresas e, em sendo leis, até poderiam vir a exigi-lo, em certos casos. A grande questão, que não pode ser superada, é o caráter da certificação ISO 37.001, exclusivamente para gestão de sistemas antissuborno, limitada em relação ao que prevê a *Lei nº 12.846/2013, cujos parâmetros e modelo de programa de integridade adotados são muito mais amplos e exigentes do que a certificação ISO*, atingindo a corrupção de forma ampla e o relacionamento com a Administração Pública em licitações e contratos.

Outra opção é o selo *Pró-Ética*, iniciativa de fomento à integridade capitaneada pela Controladoria-Geral da União (CGU) e que conta com favor de parte da doutrina.[73] Trata-se também de iniciativa altamente elogiável e de seriedade impecável, mas que conta com outra lógica. Nos últimos anos, tem sido altamente exigente, de forma a fomentar justamente a excelência dos melhores programas de integridade do país, sendo que, de 222 empresas avaliadas, apenas 26 integram a lista final.[74] Além disso, a CGU não teria recursos suficientes para avaliar todas as empresas licitantes do Brasil, além de que a periodicidade bianual seria outra dificuldade. O processo de avaliação em muito se aproxima dos relatórios previstos nas leis e PL, e é complementado por investigação realizada sobre as empresas candidatas, com pedidos de esclarecimentos e previsão de visitas e entrevistas, eventualmente (cf. art. 5º, VII de seu regulamento).[75]

Uma alternativa tem sido a combinação da *autodeclaração* com a certificação ISO 37.001, a depender dos valores envolvidos (acima de R$5 milhões), casos de Minas Gerais (PL nº 1.198/19), Rondônia e São Paulo (PL nº 279/20), supondo que abaixo desse valor a fiscalização não seria necessária.

---

[72] Como consta do voto do ministro relator na Decisão nº 20/98, do Plenário (Rel. Barreto de Macedo, j. 4.2.1998).

[73] Como pontuação técnica nas licitações, OLIVEIRA, Rafael Carvalho Rezende; ACOCELLA, Jéssica. A exigência de programas de compliance e integridade nas contratações públicas: o pioneirismo do Estado do Rio de Janeiro e do Distrito Federal. *Revista Brasileira de Direito Público – RBDP*, Belo Horizonte, ano 17, n. 64, p. 9-30, jan./mar. 2019. p. 23.

[74] Disponível em: https://www.gov.br/cgu/pt-br/assuntos/etica-e-integridade/empresa-pro-etica.

[75] Disponível em: https://www.gov.br/cgu/pt-br/assuntos/etica-e-integridade/empresa-pro-etica/arquivos/documentos-e-manuais/regulamento-pro-etica-2018-2019.pdf.

Outra opção interessante seria o desenvolvimento de *certificados estaduais*, como sugerido pelo PL pernambucano (PL nº 446/19). A dificuldade aqui seria sua operacionalização e a capacidade de estados tão díspares de manterem a mesma seriedade, exigindo os mesmos parâmetros, ou em que medida empresas precisariam se submeter a diversos processos, conforme sua região de atuação.

Em sentido próximo, ao invés dos certificados em si, uma possibilidade seria o fortalecimento de *cadastros de fornecedores*, em pré-qualificação prévia, com o questionário sendo realizado antes da licitação, de forma permanente, em acompanhamento constante. Também aí seriam demandados servidores dedicados especialmente à tarefa. Os certificados funcionariam, de certa forma, como o cadastro de fornecedores da Petrobras, na DDI, com a diferença de que seria ainda mais difícil para a Administração direta sustentar a inabilitação prévia das empresas. Outra dificuldade seria a manutenção dos certificados, com a reavaliação das empresas periodicamente. Pensando nisso, o PL nº 360/19, de São Paulo, sugere a criação de um *CEI* (*Cadastro Estadual de Integridade*), em que as empresas com programas de integridade seriam registradas e acompanhadas.

Outra solução aventada é o fortalecimento ou a criação de *cadastros de punições*. A Lei nº 12.846/13 criou, no art. 22, o CNEP (Cadastro Nacional de Empresas Punidas), que veio a se juntar com o CEIS (Cadastro de Empresas Inidôneas e Suspensas), por exemplo, além de outros exemplos, inclusive subnacionais.[76] A iniciativa conta com algum favor do TCU, que já determinou sua consulta.[77] A dificuldade aqui é que tais cadastros contam apenas com as empresas sancionadas e possuem variações locais, com discussões sobre o âmbito de aplicação das punições e, qualquer que seja a decisão, parece difícil um gestor sustentar que a contratação de empresa punida em outro estado seria possível em seu estado ou município.

Apesar de todas essas possibilidades, diversas leis e PL simplesmente não têm previsto a operacionalização da avaliação dos programas de integridade.[78]

---

[76] Como bem lembrado por OLIVEIRA, Rafael Carvalho Rezende; ACOCELLA, Jéssica. A exigência de programas de compliance e integridade nas contratações públicas: o pioneirismo do Estado do Rio de Janeiro e do Distrito Federal. *Revista Brasileira de Direito Público – RBDP*, Belo Horizonte, ano 17, n. 64, p. 9-30, jan./mar. 2019. p. 27.

[77] TCU. Plenário. Acórdão nº 1.793/2011. Rel. Min. Valmir Campello, j. 6.7.2011. item 9.2.1.5.

[78] Casos do Amazonas, Bahia, Espírito Santo, Minas Gerais (PL nº 5.227/18), Pará, Paraíba e Rio de Janeiro.

## 4.3.4 A ampla defesa e o contraditório

A questão da ampla defesa e do contraditório ganha importância na discussão sobre a efetividade dos programas, para as empresas, que ficam sujeitas a um processo de avaliação e, eventualmente, de aplicação de sanções pelo descumprimento de parâmetros, e até mesmo para cidadãos, que poderão denunciar programas de integridade inefetivos.[79]

Para as empresas, é importante que elas entendam a atuação e as conclusões das autoridades durante a avaliação, com a possibilidade de apresentar novos documentos e prestar esclarecimentos. Também importante que esteja claro como os parâmetros foram interpretados diante das informações prestadas.

Além disso, tem-se previsto a aplicação de multas para o descumprimento das obrigações,[80] com possibilidade de rescisão do contrato,[81] e de impossibilidade de contratar com a Administração, caso a obrigação não seja cumprida: até a regularização ou, por vezes, por 2 anos. A impossibilidade de contratar está presente na quase totalidade das leis e projetos, já os 2 anos estão na lei de Goiás, no PL de Minas Gerais (PL nº 1.198/19) e de São Paulo (PL nº 360/19).

Apesar de todo esse cenário, ainda é raro encontrar uma preocupação da legislação com o procedimento aplicável ou com recursos a serem opostos (talvez pelo risco de inconstitucionalidade aventado no item 3.1.1), o que só foi encontrado na lei distrital e em PL de Pernambuco (suscitado em emenda ao PL nº 446/19) e de Santa Catarina. Na ausência de previsão específica, parece-nos o caso de se aplicar as previsões das leis de processo administrativo, local ou federal, no que cabíveis.

A questão também é encontrada na jurisprudência envolvendo a DDI da Petrobras. Um dos motivos para não considerar a DDI uma sanção é a possibilidade de que a empresa possa apresentar novas provas, documentos e discutir sua avaliação junto ao cadastro de

---

[79] A opção é possível nos três PL que preveem a autodeclaração como forma de comprovação: em Minas Gerais (PL nº 1.198/19), em Rondônia e em São Paulo (PL nº 279/20).

[80] Com variação de 0,02% ao dia, até o limite de 20% (embora o limite mais comum tenha sido de 10%). Outra possibilidade aventada foi a retenção de 10% a cada pagamento, ressarcíveis caso a empresa implantasse o programa: previsto no PL do Rio de Janeiro, acabou substituído por multa de 0,02% a 10% – embora se mantenha em PL de Pernambuco, PL nº 284, e de São Paulo, PL nº 1.277/19). Durante alteração promovida na lei do Distrito Federal, a Controladoria sugeriu relacionar o valor da multa diária e seu valor máximo ao prazo para implantação do Programa, o que não foi adotado, embora a ideia seja interessante.

[81] Prevista, por exemplo, na lei do Distrito Federal, de Goiás e nos PL de Minas Gerais (PL nº 1.198/19), de Pernambuco (PL nº 446/19), e de São Paulo (PL nº 360/19 e PL nº 279/20).

pré-qualificação (art. 64 da Lei nº 13.303/16).[82] Apesar disso, como apontado acima, há argumentos de que o procedimento de avaliação seria sigiloso, pouco transparente.

Cabe lembrar que a transparência e o diálogo são elementos essenciais para conferir legitimidade e apoio em torno da iniciativa. Se tanto as leis estaduais, quanto a DDI forem interpretadas como injustas, obscuras, persecutórias, dificilmente as iniciativas terão sucesso no objetivo de produzir contratações mais éticas e evitar a ocorrência de corrupção.

## 5 Conclusão

No Brasil, é comum se dizer que determinada "lei não pegou" ou "apesar de ter uma lei para isso, ninguém cumpre", como se fosse um país fadado ao fracasso e ao descaso das autoridades. Infelizmente, também é cada vez mais comum ouvir sobre a má qualidade das instituições, que não funcionam e têm falhas.

Entendemos que apenas analisando o direito presente nas leis e nos projetos de leis, como existem ou podem vir a existir, e nas decisões, é possível valorizar nossas instituições e o direito, entender seus problemas, seus acertos e porque uma lei pode ter sucesso.

Ao final, esperamos ter dado a devida dimensão da complexidade da questão e dos programas de integridade, em sua implantação, os parâmetros envolvidos, a avaliação, os custos, e como soluções "tudo ou nada" ou baseadas apenas em teorias abstratas ou o cotejo de princípios são insuficientes para resolver uma realidade que se propaga a partir da influência internacional e se espalha Brasil afora.

---

Informação bibliográfica deste texto, conforme a NBR 6023:2018 da Associação Brasileira de Normas Técnicas (ABNT):

PEDROSO, Lucas Aluísio Scatimburgo. Desafios na exigência de programas de integridade em licitações. *In*: DAL POZZO, Augusto Neves; MARTINS, Ricardo Marcondes (Coord.). *Aspectos controvertidos do compliance na Administração Pública*. Belo Horizonte: Fórum, 2020. p. 175-206. ISBN 978-65-5518-044-2.

---

[82] Na já citada Apelação nº 0215918-95.2017.4.02.5101 do TRF 2ª Região. Além disso, destaque para o fato de que a proibição de participar de licitações, no caso de GRI alto, é temporária, podendo o interessado submeter novo questionário após seis meses, segundo REISDORFER, Guilherme F. Dias. O novo regulamento da Petrobras para licitações e contratos. *Informativo Justen, Pereira, Oliveira e Talamini*, Curitiba, n. 132, fev. 2018. Disponível em: www.justen.com.br/informativo.

# A EXIGÊNCIA DE PROGRAMA DE *COMPLIANCE* EM LICITAÇÕES: UM ESTUDO SOBRE AS FINALIDADES LICITATÓRIAS E A COMPETÊNCIA PARA LEGISLAR SOBRE LICITAÇÃO

PEDRO DA CUNHA FERRAZ

## 1 Introdução

O *compliance* até pouco tempo era um termo com pouca incidência, doutrinária, legislativa e jurisprudencial no direito brasileiro; a sua repercussão no âmbito do direito administrativo era ainda menor. Não se tratava de instituto inserido na dogmática jurídico-administrativa brasileira. No entanto, o cenário mudou rapidamente com a edição da Lei nº 12.846, de 1º.8.2013, a Lei Anticorrupção. A partir de então, as implicações jurídicas da implementação de programa de *compliance* em relação às sanções da Lei Anticorrupção passaram a ser tema de pesquisa de diversos administrativistas. Mas não parou aí o influxo do *compliance* sobre o direito administrativo. Diversos diplomas legais e infralegais passaram a tratar do instituto, o que impulsionou uma grande profusão de obras a respeito do instituto dentro do direito administrativo.

O programa de integridade, sinônimo de programa de *compliance*, pode ser definido de maneira singela como "conjunto de regras e procedimentos implementados na estrutura corporativa com vistas à detecção de práticas e eventos de corrupção".[1] Esse instrumento, que visa proteger as organizações dos riscos provocados pela corrupção, foi previsto na Lei Anticorrupção como fator a ser considerado na aplicação de suas sanções (art. 7º, VIII),[2] mas tal previsão não veio acompanhada de uma definição legal. Essa tarefa de definição coube ao regulamento (Decreto nº 8.240, de 18.3.2015), que estabelece, em seu art. 41, *caput*, para fins do decreto, que:

> programa de integridade consiste, no âmbito de uma pessoa jurídica, no conjunto de mecanismos e procedimentos internos de integridade, auditoria e incentivo à denúncia de irregularidades e na aplicação efetiva de códigos de ética e de conduta, políticas e diretrizes com objetivo de detectar e sanar desvios, fraudes, irregularidades e atos ilícitos praticados contra a administração pública, nacional ou estrangeira.

O parágrafo único do art. 41 do Decreto nº 8.240/2015, por sua vez, ressalta a importância de os programas de *compliance* serem formatados de acordo com a estrutura da empresa que o implementará internamente:

> O programa de integridade deve ser estruturado, aplicado e atualizado de acordo com as características e riscos atuais das atividades de cada pessoa jurídica, a qual por sua vez deve garantir o constante aprimoramento e adaptação do referido programa, visando garantir sua efetividade.

Salientando que a implementação de um programa de *compliance* não deve seguir uma receita genérica e geral a ser aplicada a toda e qualquer instituição, o art. 42 do Decreto nº 8.240/2015 estabelece parâmetros para avaliação do programa de integridade, como o grau de comprometimento da pessoa jurídica em face das peculiaridades desta e a efetividade do programa.

---

[1] GUIMARÃES, Fernando Vernalha; REQUI, Érica Miranda dos Santos. Exigência de programa de integridade nas licitações. *In*: CASTRO, Rodrigo Pironti Aguirre de; PAULA, Marco Aurélio Borges de (Coord.). *Compliance, gestão de riscos e combate à corrupção: integridade para o desenvolvimento*. 2. ed. Belo Horizonte: Fórum, 2020. p. 305.

[2] "Art. 7º Serão levados em consideração na aplicação das sanções: [...] VIII - a existência de mecanismos e procedimentos internos de integridade, auditoria e incentivo à denúncia de irregularidades e a aplicação efetiva de códigos de ética e de conduta no âmbito da pessoa jurídica; [...]".

Como se vê, a relevância dos programas de *compliance* no âmbito do direito administrativo passa a ser inegável, uma vez que um dos mais importantes diplomas normativos do direito administrativo sancionador traz tais programas como elemento da dosimetria sancionatória e o decreto regulamentador prevê detalhado parâmetro de avaliação para que seja realizada avaliação dos programas para esse fim.

Assim, ainda que o *compliance* não seja algo novo, sua importância para negócios privados e contratações públicas é razoavelmente recente no Brasil e cada vez mais perceptível.[3] Tem se desenvolvido um senso de importância em as empresas adotarem "uma prática empresarial que pretende colocar padrões internos de acordo e em cumprimento de dados normativos",[4] pois passou a ser exigência dos contratantes, que as suas contratadas tenham "estruturações internas [...] que almejam evitar a prática de ilícitos em seus respectivos âmagos".[5]

No âmbito estatal, essa exigência, inclusive, possui uma dose de transferência de responsabilidade, uma vez que o incentivo à implantação por empresas de programas de cumprimento da ordem normativa ocorre "na medida em que o Estado se mostra inapto a interferir diretamente em questões internas e estruturais de pessoas jurídico-privadas".[6]

No entanto, quanto à atividade contratual da Administração Pública, deve ser destacado que a dinâmica de inserção do *compliance* como exigência dentro das contratações públicas não segue os mesmos parâmetros utilizados nos contratos privados. Em razão do regime jurídico administrativo, da legalidade administrativa e da submissão da Administração, como regra, à licitação para contratar validamente, entram em discussão elementos não relevantes no âmbito privado.

Além disso, do mesmo modo que o *compliance* passou a ganhar importância no âmbito da contratação pública, esta vem há algum tempo ganhando algumas nuances. Deixou-se de ser visualizada apenas como meio isonômico de se obter a contratação mais vantajosa

---

[3] "[É] pertinente recordar que compliance não é algo novo. A novidade, talvez, esteja na sua imprescindibilidade atual para grande parte dos negócios e, em breve, para qualquer negócio que se revele minimamente sério" (FRANÇA, Phillip Gil. *Ato administrativo, consequencialismo e compliance*: gestão de riscos, proteção de dados e soluções para o controle judicial na era da IA. 4. ed. São Paulo: Thomson Reuters Brasil, 2019. p. 353).

[4] SILVEIRA, Renato de Mello Jorge; SAAD-DINIZ, Eduardo. *Compliance, direito penal e Lei Anticorrupção*. São Paulo: Saraiva, 2015. p. 74.

[5] SALVADOR NETTO, Alamiro Velludo. *Responsabilidade penal da pessoa jurídica*. São Paulo: Thomson Reuters Brasil, 2018. p. 221.

[6] SALVADOR NETTO, Alamiro Velludo. *Responsabilidade penal da pessoa jurídica*. São Paulo: Thomson Reuters Brasil, 2018. p. 221.

e passou a ser entendida como mecanismo apto a tutelar, também, outras finalidades, dentro do que se convencionou chamar de "função regulatória da licitação".

As duas tendências, a da inserção do *compliance* na dogmática jurídico-administrativa e a da utilização de licitações para a consecução de finalidades atípicas, têm sido objeto de uma intersecção verificada em leis e regulamentos,[7] projetos de lei[8] e obras doutrinárias:[9] a exigência de *compliance* como requisito dos contratos públicos.

Diante desse cenário, surgem questões que devem ser respondidas sobre a inserção de programas de *compliance* dentro da atividade contratual administrativa.

Em primeiro lugar, em decorrência da legalidade administrativa, a exigência de *compliance* na contratação pública deve ser prevista em lei, o que leva à discussão, no plano formal, acerca da competência legislativa para editar tal norma: (i) essa regra estaria enquadrada no conceito de norma geral (de competência da União) ou (ii) seria uma norma especial (de competência de cada ente federativo)?

Em segunda lugar, ao exigir-se *compliance* em licitação de maneira a atender à finalidade extraeconômica, deve-se perquirir sobre a possibilidade de se estar violando as finalidades licitatórias de garantir: (i) a observância do princípio constitucional da isonomia, (ii) a seleção da proposta mais vantajosa para a administração e (iii) a promoção do desenvolvimento nacional sustentável (art. 3º da Lei nº 8.666/93).

---

[7] Lei Estadual nº 7.753/2017 – RJ; Lei Distrital nº 6.112/2018-DF; Lei Estadual nº 15.228 – RS; Portaria nº 877/2018 – Ministério de Estado da Agricultura, Pecuária e Abastecimento – Mapa; e Regimento de Licitações e Contratos da Petrobras – RLCP.

[8] A título de exemplo, podem-se mencionar os projetos em trâmite nos seguintes estados: São Paulo (PL nº 723/2017); Bahia (PL nº 22.614/17); Goiás (PL nº 659/2018); Espírito Santo (PL nº 5/2018); Santa Catarina (PL nº 1.724/2018); e Tocantins (PL nº 08/2018). Deve-se fazer especial menção ao Projeto de Lei Geral de Licitações (PLS nº 163/95/PL nº 1.292/95) aprovado na Câmara dos Deputados em setembro de 2019 e em tramitação no Senado, que prevê em seu art. 25, §4º, a necessidade de o edital de licitação prever a implementação de programas de integridade em contratações de grande vulto.

[9] Artigos e livros que abordam a problemática: GUIMARÃES, Fernando Vernalha; REQUI, Érica Miranda dos Santos. Exigência de programa de integridade nas licitações. *In*: CASTRO, Rodrigo Pironti Aguirre de; PAULA, Marco Aurélio Borges de (Coord.). *Compliance, gestão de riscos e combate à corrupção: integridade para o desenvolvimento*. 2. ed. Belo Horizonte: Fórum, 2020; PINHO, Clóvis Alberto Bertolini de. Contratação pública e compliance: uma proposta para a efetividade dos programas de integridade em contratações públicas. *R. de Contratos Públicos – RCP*, Belo Horizonte, ano 7, n. 13, p. 79-97, mar./ago. 2018; GLASSMAN, Guillermo. Tensões no avanço dos programas de integridade no regime das contratações públicas. *R. Bras. de Infraestrutura – RBINF*. Belo Horizonte, ano 7, n. 14, p. 51-74, jul./dez. 2018; SCHRAMM, Fernanda Santos. *Compliance nas contratações públicas*. Belo Horizonte: Fórum, 2019; CASTRO, Rodrigo Pironti Aguirre de; ZILIOTTO, Mirela Miró. *Compliance nas contratações públicas*. 1. reimpr. Belo Horizonte: Fórum, 2019.

Nesse ponto, deve ser destacado que as primeiras duas finalidades independem de previsão legal nesse sentido, pois o instituto da licitação tal qual delineado constitucionalmente pelo art. 37, XXI, da CF, ao estabelecer o dever constitucional de licitar, menciona diretamente que no processo licitatório (i) será assegurada a igualdade de condições a todos os concorrentes e (ii) somente serão permitidas exigências de qualificação técnica e econômica indispensáveis à garantia do cumprimento das obrigações, o que ressalta a ênfase da licitação na busca pela proposta mais vantajosa (exigindo-se o mínimo possível de informações subjetivas, pois não se deve reduzir indevidamente o rol de participantes).

Para o enfrentamento dessas questões, este artigo abordará as seguintes questões: (i) a competência legislativa para estabelecer a exigência de *compliance* em licitações; (ii) a fase licitatória em que a exigência de *compliance* deveria ser verificada; e (iii) os limites às finalidades extraeconômicas da licitação.

## 2 Competência legislativa para estabelecer a exigência de programas de *compliance* em contratações administrativas

Quando se avalia a competência para disciplinar as licitações e contratos administrativos, deve ser esclarecido que se trata de competência legislativa advinda de dois focos irradiadores: (i) a atribuição constitucional expressa de competência legislativa; e (ii) a competência legislativa decorrente da autonomia administrativa de cada ente federativo.

No que se refere às normas gerais de licitação, trata-se de competência localizada no rol de competências exclusivas da União. Ou seja, o art. 22, XXVII, da CF, prevendo tal competência, estabelece que as competências legislativas referentes à licitação e contrato administrativo funcionam da seguinte maneira: a União é responsável por editar normas gerais nacionais e normas especiais (federais) sobre licitação e contratação, enquanto os outros entes devem editar normas especiais para viger em seu próprio âmbito, em decorrência da autonomia de cada ente federativo.[10]

---

[10] "É por conta da autonomia em tratar de regras de autoadministração que cada ente federativo possui seu estatuto dos servidores públicos e sua lei própria de processo administrativo. Ocorre que há alguns assuntos que, não obstante serem de direito administrativo,

É o que esclarece Carlos Ari Sundfeld: "A União Federal, por força do que dispõe o art. 22-XXVII da Constituição da República, edita normas gerais de licitação, sendo as normas específicas veiculadas por lei federal, estadual, distrital ou municipal, para as Administrações respectivas".[11]

Devido a essa sistemática de competência estabelecida no texto constitucional, a delimitação das competências para editar normas referentes a licitações e contratos administrativos se aproveita da discussão que ocorre no âmbito da competência concorrente a respeito da caracterização de norma geral e de norma especial.

Ainda que a repartição de competências não seja da mesma natureza da que ocorre no âmbito da competência concorrente (art. 24 da CF), pois nesta a União edita as normas gerais, os estados legislam de maneira suplementar com normas especiais, restando aos municípios apenas as normas de interesse local. No âmbito de licitação e contrato administrativo (art. 22, XXVII), por sua vez, respeitando-se as normas gerais da União, todos os entes (União, estados e municípios) possuem a mesma competência para normas especiais em decorrência de suas autonomias administrativas.

Assim, nesse ponto do artigo, deve-se buscar o delineamento da natureza da norma que cria a exigência de programa de *compliance* dentro de um processo de contratação pública. Isto é, no presente tópico, investiga-se o aspecto formal das questões colocadas pelo artigo. A relevância prática deste tópico é evidente, pois os diplomas legais já existentes estipulando tal exigência advêm de entes federativos estaduais e distrital.[12]

A resposta à questão acerca de qual tipo de norma (geral ou específica) deve veicular a regra que impõe como requisito o programa de *compliance* pressupõe que se faça uma breve incursão no delineamento conceitual das normas gerais e específicas.

---

possuem disciplina diferenciada na Constituição. É o caso da licitação, porquanto o art. 22, XVII, da CF/88 determinou ser competência privativa da União legislar sobre 'normas gerais' de licitação e contratação. Por conseguinte, entende-se que fora as normas gerais previstas em legislação editada pela União, os demais entes são autônomos para estabelecer normas específicas sobre o assunto" (NOHARA, Irene Patrícia. Licitações. *In*: NOHARA, Irene Patrícia; CÂMARA, Jacintho Arruda; DI PIETRO, Maria Sylvia Zanella (Coord.). *Tratado de direito administrativo*: licitação e contratos administrativos. 2. ed. São Paulo: Thomson Reuters Brasil, 2019. v. 6. p. 85-86).

[11] SUNDFELD, Carlos Ari. *Licitação e contrato administrativo*. São Paulo: Malheiros, 1994. p. 29.

[12] Lei nº Estadual nº 7.753/2017, do Rio de Janeiro; Lei Distrital º 6.122/2018, do Distrito Federal; e Lei Estadual nº 15.228/2018, do Rio Grande do Sul.

## 2.1 Caracterização da norma geral e da norma específica (ou especial)

As normas gerais costumam ser descritas com pouca precisão pela doutrina como aquelas que:

> (i) estabelecem diretrizes gerais, não podendo entrar em detalhes, muito menos, esgotar a competência legislativa dos demais entes federados; (ii) revelam índole nacional e fixam diretrizes gerais com vistas a uniformizar a sua aplicação a todos os entes federados.[13]

Com um pouco mais de precisão, Celso Antônio Bandeira de Mello define como normas gerais aquelas que veiculam (i) "preceitos que estabelecem os princípios, os fundamentos, as diretrizes, os critérios básicos, conformadores das leis que necessariamente terão de sucedê-las para complementar a regências da matéria";[14] (ii) "preceitos que podem ser aplicados uniformemente em todo o país, por se adscreverem a aspectos nacionalmente indiferençados, de tal sorte que repercutem com neutralidade, indiferentemente, em quaisquer de suas regiões ou localidades";[15] e (iii) "padrões mínimos de defesa do interesse público concernente àquelas matérias em que tais padrões deveriam estar assegurados em todo o País, sob pena de ditos interesses ficarem à míngua de proteção".[16]

Refinando a diretriz da uniformização e tratamento indiferenciado como espaço das normas gerais, Ricardo Marcondes Martins argumenta que o conceito de normal geral possui um elemento formal e um elemento material.[17] O elemento formal, que não é suficiente para a sua distinção das normas especiais, recupera a classificação das normas por Norberto Bobbio, de acordo com o (i) destinatário-sujeito e com o (ii) destinatário-objeto.[18] Quanto ao seu aspecto formal, as normas

---

[13] GARCIA, Flávio Amaral. *Licitações e contratos administrativos*: casos e polêmicas. 4. ed. São Paulo: Malheiros, 2016. p. 57.

[14] BANDEIRA DE MELLO, Celso Antônio. *Curso de direito administrativo*. 33. ed. São Paulo: Malheiros, 2016. p. 548.

[15] BANDEIRA DE MELLO, Celso Antônio. *Curso de direito administrativo*. 33. ed. São Paulo: Malheiros, 2016. p. 548.

[16] BANDEIRA DE MELLO, Celso Antônio. *Curso de direito administrativo*. 33. ed. São Paulo: Malheiros, 2016. p. 549.

[17] MARTINS, Ricardo Marcondes. Segurança jurídica e normas gerais de direito urbanístico. *In*: MARTINS, Ricardo Marcondes. *Estudos de direito administrativo neoconstitucional*. São Paulo: Malheiros, 2015. p. 115.

[18] BOBBIO, Norberto. *Teoria geral do direito*. 3. ed. São Paulo: Martins Fontes, [s.d.]. p. 172-177.

gerais devem possuir, necessariamente, destinatário universal e ação universal. Só que o problema classificatório da norma geral não se encerra nesse aspecto – o avanço proporcionado pela doutrina do autor ocorre justamente no elemento material do conceito.

Partindo da premissa de que a descentralização territorial proporcionada pelo federalismo fortalece a democracia, uma vez que aproxima o legislador das idiossincrasias locais,[19] Ricardo Marcondes Martins identifica que a edição de norma especial a disciplinar determinado município ou estado privilegia os princípios democrático e da igualdade, pois a proximidade com o Poder Legislativo facilita o exercício ativo da cidadania e o atendimento das exigências do princípio da igualdade (tratar desigualmente os desiguais na medida de sua igualdade).[20] Enquanto, sob a perspectiva da norma geral, a edição desta tem como fundamentos: (i) a garantia dos interesses predominantemente nacionais (que fundamenta a existência de competências privativas); e (ii) a garantia da segurança jurídica (assegurada com a edição de normas gerais).

Por isso, Ricardo Marcondes Martins ressalta que há uma colisão de princípios quando da discussão acerca da edição de normas gerais ou especiais – de um lado o princípio da segurança jurídica, promovido pelas normas gerais, de outro, o princípio da igualdade, subjacente às normas particulares editadas pelos entes federativos em face de suas peculiaridades. O que, em sua visão, deve ser resolvido pela ponderação de princípios em face das circunstâncias do caso concreto, pois:

> São as circunstâncias que ditam o peso do princípio e a medida de sua aplicação, podendo ocorrer que um afaste total ou parcialmente o outro num determinado e ocorra exatamente o inverso em outras circunstâncias fáticas, tudo dependendo da ponderação efetuada.[21]

Ainda que não se adote a metodologia da ponderação utilizada pelo professor da PUC-SP, a diretriz oferecida pelo autor permite a

---

[19] "A descentralização territorial do poder, em síntese, é uma imposição dos princípios democrático e da igualdade em Países de territórios extensos e de acentuadas diversidades regionais e locais" (MARTINS, Ricardo Marcondes. Segurança jurídica e normas gerais de direito urbanístico. *In*: MARTINS, Ricardo Marcondes. *Estudos de direito administrativo neoconstitucional*. São Paulo: Malheiros, 2015. p. 116).

[20] MARTINS, Ricardo Marcondes. Segurança jurídica e normas gerais de direito urbanístico. *In*: MARTINS, Ricardo Marcondes. *Estudos de direito administrativo neoconstitucional*. São Paulo: Malheiros, 2015. p. 115-116.

[21] MARTINS, Ricardo Marcondes. Segurança jurídica e normas gerais de direito urbanístico. *In*: MARTINS, Ricardo Marcondes. *Estudos de direito administrativo neoconstitucional*. São Paulo: Malheiros, 2015. p. 118.

verificação constitucionalmente adequada da tipologia "norma geral-norma especial", pois diagnostica os princípios constitucionais envoltos na referida técnica de repartição de competência legislativa e oferece aparato calcado no direito positivo brasileiro para inserir concretude em discussão que costuma girar em torno de conceitos vagos e abertos.

Portanto, o caráter de norma geral e norma especial só pode ser perfeitamente atribuído ante a análise das circunstâncias da realidade que a norma disciplina, a fim de verificar quais princípios se realizam com mais contundência nas particularidades sob análise: (i) o democrático e o da igualdade ou (ii) o da segurança jurídica. Tratando-se de situação em que os princípios democrático e da igualdade se tornam mais relevantes pela presença de peculiaridades regionais, a norma que deve reger a questão há de ser especial – estadual ou municipal. De outro lado, quando o tema a ser disciplinado enseja a uniformização nacional, a fim de se garantir a segurança jurídica, deverá ser editada norma geral uniformizando a questão nacionalmente.

Assim, ainda que a resposta taxativa a respeito de qual espécie normativa deve cuidar de determinada temática imponha a análise das circunstâncias específicas e concretas de cada ente federativo, é possível traçar quais temáticas têm mais propensão a se enquadrarem em tipo de normas, geral ou especial, a depender da possibilidade e vantagem de a questão ser particularizada por cada ente ou uniformizada para todo território nacional.

## 2.2 O enquadramento da regra que exige programa de *compliance* na contratação pública como norma geral

Estabelecida a distinção entre normas gerais e normas especiais, cumpre verificar em qual categoria se insere a exigência de *compliance* como requisito para se contratar com a Administração Pública.

Como foi destacado na distinção entre norma geral e especial, a determinação precisa da qualificação de uma matéria como reservada à normal geral ou à norma especial depende da análise das circunstâncias concretas das realidades locais que ensejariam uma norma especial. Apesar disso, trata-se de tarefa realizável a de demarcação de uma questão como de maior ou menor propensão a ser disciplinada por norma geral ou especial.

No caso da exigência de programa de *compliance* para contratação com o Poder Público, deve ser feita a seguinte pergunta: "a exigência de *compliance* como requisito para se firmar um contrato público tem a propensão de realizar o princípio da igualdade ao atender a peculiaridades locais em uma escala superior à relevância de se manter a segurança jurídica promovida pela uniformização da questão no território nacional?".

A tendência é que a resposta para tal questão seja negativa. A adoção de *compliance* pelas contratadas pelo Poder Público não parece se justificar ante as peculiaridades locais de determinada região. Em termos amplos e genéricos, aparenta se tratar de requisito subjetivo do contratado cuja pertinência e adequação é a mesma para qualquer ente federativo (federal, estadual, distrital ou municipal). Ainda que o valor contratual tenha relevo para a questão, trata-se de tema cujos parâmetros poderiam ser estabelecidos nacionalmente.

A relevância de se adotar a estruturação de programa de integridade como critério de contrato público não se mostra particularmente afetada pelas diferenciações regionais ou locais. A defesa da moralidade e o *compliance* como ponto relevante do direito administrativo sancionador, elementos que atuam em favor da pertinência do critério para o direito positivo brasileiro, incidem nacionalmente, não se mostrando especialmente fortalecidos em específico nível federativo (estadual ou municipal).

Assim, ressalta Guillermo Glassman que ausência de particularidades regionais ou locais na matéria pode ser destacada pela similitude dos diplomas existentes que disciplinam a questão, bem como por ser fácil constatar que "a corrupção não é um problema de natureza localizada no contexto brasileiro".[22]

Desse modo, a segurança jurídica se mostra como princípio jurídico com incidência mais acentuada no interesse de se disciplinar o programa de *compliance* como requisito de contratação administrativa.[23] A especial relevância de tal princípio fica em destaque, pois tal requisito poderia, em tese, ser exigido em todo o território nacional sem acarretar, "em certas áreas, por força de condições, peculiaridades ou características próprias da região ou do local, repercussão gravosa sobre outros bens jurídicos igualmente confortados pelo Direito".[24]

---

[22] GLASSMAN, Guillermo. Tensões no avanço dos programas de integridade no regime das contratações públicas. *R. Bras. de Infraestrutura – RBINF*. Belo Horizonte, ano 7, n. 14, p. 51-74, jul./dez. 2018. p. 64.

[23] Nesse mesmo sentido, Guillermo Glassman, para quem "a ausência de peculiaridades regionais ou locais quanto à matéria e, portanto, a inexistência de um interesse propriamente local, dá relevo ao princípio da segurança jurídica, o que confere concretude ao texto constitucional previamente fixado, enquadrando a questão como sujeita à norma geral, cuja edição é privativa da união" (GLASSMAN, Guillermo. Tensões no avanço dos programas de integridade no regime das contratações públicas. *R. Bras. de Infraestrutura – RBINF*. Belo Horizonte, ano 7, n. 14, p. 51-74, jul./dez. 2018. p. 65).

[24] BANDEIRA DE MELLO, Celso Antônio. *Curso de direito administrativo*. 33. ed. São Paulo: Malheiros, 2016. p. 549.

Uma vez que se compreende a exigência de programa de *compliance* na contratação pública como norma geral, e, portanto, de competência da União Federal, reputam-se formalmente inconstitucionais as normas estaduais e distritais que preveem tal exigência.

## 3 A fase licitatória em que a exigência de *compliance* deve ser verificada

Pela análise das discussões envolvendo a inserção de programas de *compliance* nas relações contratuais da Administração Pública, têm sido aventadas duas maneiras de efetivar tal medida: (i) como condição para a participação em processo licitatório (fase de habilitação); ou (ii) como cláusula obrigatória nos contratos públicos (fase de execução contratual).[25]

É facilmente verificável pelas leis já em vigor e pelos projetos de lei em trâmite legislativo que a segunda opção tem prevalecido. O legislador tem optado por incluir a exigência de *compliance* como obrigação contratual genérica em contratos públicos que possuem determinadas características.

### 3.1 Como vem sendo exigido programa de *compliance* em licitações públicas

Os diplomas normativos existentes que preveem a presença de programa de integridade como requisito para a contratação administrativa são os seguintes: (i) Lei Estadual nº 7.753/2017 – RJ; (ii) Lei Distrital nº 6.112/2018 – DF; (iii) Lei Estadual nº 15.228 – RS; (iv) Portaria nº 877/2018 – Ministério de Estado da Agricultura, Pecuária e Abastecimento – Mapa;[26] e (v) Regimento de Licitações e Contratos da Petrobras – RLCP.[27]

---

[25] SCHRAMM, Fernanda Santos. *Compliance nas contratações públicas*. Belo Horizonte: Fórum, 2019. p. 317.

[26] Em relação a esse diploma editado pelo Ministério da Agricultura, acrescenta-se um problema formal quanto à inaptidão da via formal com que se inseriu a regra no ordenamento jurídico, pois, como aponta Guillermo Glassman: ocorre extrapolação da competência regulamentar, "uma vez que, de forma evidente, cria obrigações jurídicas que não poderiam ser extraídas da legislação aplicável" (GLASSMAN, Guillermo. Tensões no avanço dos programas de integridade no regime das contratações públicas. *R. Bras. de Infraestrutura – RBINF*. Belo Horizonte, ano 7, n. 14, p. 51-74, jul./dez. 2018. p. 65).

[27] Pelas características mais amplas que o diploma da Petrobras possui e adotar legalidade ainda mais duvidosa do que a dos outros diplomas normativos, a sua análise, para os fins

Nas legislações estaduais e distrital, bem como na portaria do Mapa, a exigência de programa de *compliance* está disciplinada da seguinte maneira: qualquer pessoa jurídica que firmar determinados tipos de contrato administrativo com valor acima de determinado montante[28] no âmbito de incidência da norma deverá implementar programa de integridade a partir da celebração do contrato (Distrito Federal), no prazo de 180 dias (Rio de Janeiro e Rio Grande do Sul), ou 9 meses (Mapa), a contar da assinatura do contrato.

Esses diplomas, como ressaltam Rodrigo Pironti e Mirela Miró Ziliotto, "estabelecem a exigência dos programas de *compliance* como obrigação contratual e não como condição de habilitação".[29] Os autores complementam afirmando que, não se tratando de condição de participação do certame, a obrigação pode ser concretizada após a assinatura do contrato, possibilitando que as empresas possam participar da licitação "possuindo ou não programas de *compliance*"[30] à época do certame.

Os referidos autores, pelo fato de a exigência ser posterior à assinatura do contrato, não atribuem a ela caráter restritivo à competitividade, entendendo normal e válida uma obrigação genericamente atribuída a todos os contratados pela Administração e referente a aspecto subjetivo deles.[31]

---

deste artigo, não é pertinente. Para uma análise da invalidade dos mecanismos adotados pela Petrobras quanto à questão, reporta-se à: SCHRAMM, Fernanda Santos. *Compliance nas contratações públicas*. Belo Horizonte: Fórum, 2019. p. 318-322.

[28] Esse valor varia a depender do diploma normativo: (i) Rio de Janeiro: R$1.500.000,00 (um milhão e quinhentos mil reais) para obras e serviços de engenharia e R$650.000,00 (seiscentos e cinquenta mil reais) para compras e serviços; (ii) Distrito Federal: valor global igual ou superior a R$5.000.000,00; (iii) Rio Grande do Sul: valores superiores a R$330.000,00 (trezentos e trinta mil reais) para obras e serviços de engenharia, e acima de R$176.000,00 (cento e setenta e seis mil reais) para compras e serviços, mesmo que na forma de pregão eletrônico; (iv) Ministério de Estado da Agricultura, Pecuária e Abastecimento: valor estimado igual ou superior a R$5.000.000,00 (cinco milhões de reais).

[29] CASTRO, Rodrigo Pironti Aguirre de; ZILIOTTO, Mirela Miró. *Compliance nas contratações públicas*. 1. reimpr. Belo Horizonte: Fórum, 2019. p. 44.

[30] CASTRO, Rodrigo Pironti Aguirre de; ZILIOTTO, Mirela Miró. *Compliance nas contratações públicas*. 1. reimpr. Belo Horizonte: Fórum, 2019. p. 44.

[31] "[J]amais se poderia afirmar a ocorrência de restrição à competição no caso em análise, já que os programas de compliance somente tornar-se-ão exigíveis após a celebração do contrato, como obrigação contratual, não sendo, portanto, exigência à celebração do contrato administrativo" (CASTRO, Rodrigo Pironti Aguirre de; ZILIOTTO, Mirela Miró. *Compliance nas contratações públicas*. 1. reimpr. Belo Horizonte: Fórum, 2019. p. 44. p. 46).

## 3.2 A contrafação administrativa em se exigir a implementação de programa de integridade como obrigação contratual

A exigência de *compliance* como obrigação contratual em licitações é explicada pela teoria da contrafação administrativa. A contrafação administrativa é um conceito doutrinário elaborado pelo Professor Ricardo Marcondes Martins a partir da obra do Professor Celso Antônio Bandeira de Mello.[32] A sua ocorrência "consiste no emprego de um conceito para uma situação incompatível com o regime jurídico a ele associado".[33]

Na teoria da contrafação administrativa há o pressuposto de que todo conceito jurídico-positivo só é útil quando sintetiza um regime jurídico. Assim, quando a utilização de um conceito/regime jurídico é realizada em situação incompatível, realiza-se uma fraude contra o sistema jurídico: esconde-se o regime jurídico correto em prol da sujeição de determinada situação a um conjunto de regras e princípios distinto do adequado.[34]

No caso em tela, atribuir o caráter de obrigação contratual a um elemento subjetivo do licitante/contratado que só poderia ser incluído dentro da contratação administrativa, em tese, como requisito da fase de habilitação, revela uma clara contrafação administrativa.

A fraude legislativa proporciona a fuga do criterioso controle realizado pela jurisprudência dos Tribunais de Contas e do Judiciário a partir do art. 37, XXI, da CF, e da Lei nº 8.666/93, em se exigir apenas as exigências subjetivas minimamente necessárias à garantia do cumprimento contratual e previstas na Lei Geral de Licitações. Isso porque a forma que se buscou atribuir a obrigatoriedade de programa de *compliance* nas contratações administrativas criou exigência de elemento subjetivo da contratada como se fosse aspecto da execução contratual.

---

[32] Na obra do professor emérito da PUC-SP, a utilização do termo *contrafação* é feita para designar as situações em que se atribuía qualificação de permissão de serviço público para outorgas com características de concessão de serviço público (longa duração e investimento de grande vulto). Nesses casos, aponta que "as permissões de serviço público converter-se-ão em verdadeiras contrafações das concessões de serviço público" (BANDEIRA DE MELLO, Celso Antônio. *Curso de direito administrativo*. 33. ed. São Paulo: Malheiros, 2016. p. 797-798).

[33] MARTINS, Ricardo Marcondes. Teoria das contrafações administrativas. *Revista de Direito Administrativo e Constitucional*. Belo Horizonte, ano 16, n. 64, abr./jun. 2016. p. 143.

[34] MARTINS, Ricardo Marcondes. Teoria das contrafações administrativas. *Revista de Direito Administrativo e Constitucional*. Belo Horizonte, ano 16, n. 64, abr./jun. 2016. p. 143.

O fato de a maioria das referidas normas estipularem um prazo posterior à assinatura do contrato para que o programa de *compliance* seja estruturado, não afasta o caráter subjetivo e desvinculado do objeto contratual que a inserção de programa de integridade na organização do contratado possui.

A avaliação de questões subjetivas dos participantes é reservada à fase de habilitação, a qual, sem inversão de fases, de acordo com o procedimento tradicional da Lei nº 8.666/93, representa a segunda fase da etapa externa, destinando-se a verificar se os licitantes preenchem os requisitos de participação no certame.

O processo licitatório padrão, tal como traçado pela Lei nº 8.666/93, possui as seguintes fases na seguinte ordem: (i) edital; (ii) habilitação; (iii) classificação; (iv) homologação; e (v) adjudicação.

O programa de *compliance*, como um conjunto de regras e procedimentos que integram a estrutura corporativa da pessoa jurídica, deve ser avaliado dentro da habilitação, que, como fase procedimental, "consiste no conjunto de atos orientados a apurar a idoneidade e a capacitação de um sujeito para contratar com a Administração Pública".[35]

Como se vê a inserção de elementos subjetivos na licitação possui fase própria. Isso implica não se poder desnaturar a qualificação jurídica das exigências que se referem às condições da participante da licitação. A habilitação, cujos limites constitucionais são traçados pelo art. 37, XXI, da CF, e pelo princípio da razoabilidade, independentemente do momento em que ocorrer ou do nome que se der, destina-se "a apurar se os proponentes atendem às condições pessoais necessárias à participação do certame".[36] Como esclarece Carlos Ari Sundfeld: "[d]istingue-se a habilitação do julgamento por envolver a avaliação de aspectos subjetivos (é dizer, das pessoas dos ofertantes), enquanto este cuida exclusivamente de dados objetivos (isto é: das propostas apresentadas)".[37]

Resta claro que a avaliação de condições subjetivas é própria da habilitação. Ou seja, quando se tratar de aspectos alheios ao objeto contratual em si, mas que necessariamente devem compor a pessoa jurídica a ser contratada, serão incluídos no processo licitatório como requisitos de habilitação.

---

[35] JUSTEN FILHO, Marçal. *Curso de direito administrativo*. São Paulo: Thomson Reuters, 2019. p. 435.
[36] SUNDFELD, Carlos Ari. *Licitação e contrato administrativo*. São Paulo: Malheiros, 1994. p. 108.
[37] SUNDFELD, Carlos Ari. *Licitação e contrato administrativo*. São Paulo: Malheiros, 1994. p. 109.

Deixando ainda mais claro que a habilitação é o espaço adequado do processo de contratação para se tratar de aspectos subjetivos da contratação pública, Marçal Justen Filho esclarece que os requisitos de habilitação são:

> Exigências relacionadas com a determinação da idoneidade do licitante. É um conjunto de requisitos que se poderiam dizer indiciário, no sentido de que sua presença induz a presunção de que o sujeito dispõe de condições para executar satisfatoriamente o objeto licitado.[38]

Entendem, a doutrina e a jurisprudência, que os requisitos de habilitação devem ser delineados por norma geral de licitações. Assim, o elenco de requisitos de habilitação previsto em termos gerais nos arts. 27 a 32 da Lei nº 8.666/93 é compreendido como rol taxativo, sendo "inviável o ato convocatório ignorar os limites legais e introduzir novos requisitos de habilitação, não autorizados legislativamente".[39]

Quanto se contrabandeiam elementos subjetivos para outra fase da contratação pública, criam-se limitações impróprias às diretrizes fundamentais da licitação estabelecidas no art. 37, XXI, da CF, violando-se a impossibilidade de se exigir as qualificações subjetivas superiores àquelas indispensáveis à garantia do cumprimento das obrigações.

A previsão em outra etapa da contratação pública de questão própria da fase de habilitação talvez seja meio de se escapar do controle estrito que os tribunais de contas e o Judiciário fazem em relação à utilização, em licitações, de requisitos de habilitação dispensáveis ou desproporcionais.[40]

---

[38] JUSTEN FILHO, Marçal. *Comentários à Lei de Licitações e Contratos Administrativos*. São Paulo: Thomson Reuters Brasil, 2019. p. 667.

[39] JUSTEN FILHO, Marçal. *Comentários à Lei de Licitações e Contratos Administrativos*. São Paulo: Thomson Reuters Brasil, 2019. p. 667.

[40] Alguns precedentes do STF: "Não tem pertinência como garantia do cumprimento do contrato objeto da licitação no âmbito estadual a exigência de declaração expedida por repartição federal relativa à segurança e à saúde do trabalhador" (RE nº 210.721. Rel. Min. Menezes Direito, 1ª Turma, j. 20.5.2008. *DJe*, 7 ago. 2008); "L. Distrital 3.705, de 21.11.2005, que cria restrições a empresas que discriminarem na contratação de mão de obra: inconstitucionalidade declarada. 1. Ofensa à competência privativa da União para legislar sobre normas gerais de licitação e contratação administrativa, em todas as modalidades, para as administrações públicas diretas e fundacionais de todos os entes da Federação (CF/1988, art. 22, XXVII) e para dispor sobre Direito do Trabalho e inspeção do trabalho (CF/1988, arts. 21, XXIV e 22, I) [...]" (ADI nº 3.670/DF. Rel. Min. Sepúlveda Pertence, Plenário, j. 2.4.2007. *DJ*, 18 maio 2007). Alguns precedentes do TCU: "[...] 5. É entendimento pacífico desta Corte de Contas que as exigências da fase de habilitação técnica devem guardar proporcionalidade com o objeto licitado, não podendo exceder os limites necessárias à comprovação da capacidade do licitante a prestar ou fornecer,

Tratar da obrigatoriedade de programas de *compliance* em contratos públicos com outra qualificação jurídica, que não requisito de habilitação, parece servir a dois propósitos: (i) fugir do controle mais restrito feito à imposição de requisitos de habilitação e (ii) contornar o entendimento de que a estipulação de tais requisitos, via de regra, deve ser veiculado em normas gerais de competência da União.

Esse desvio dos parâmetros de controle, que deveriam incidir sobre a exigência de programas de *compliance* em licitação, parece ter sido bem-sucedido, uma vez que o TCU, ao avaliar, a regras de integridade da Petrobras em processos de contratação, descreve as legislações do estado do Rio de Janeiro e do Distrito Federal como exemplo de exigência válida:

> 31. Em matéria de habilitação de licitantes, a Constituição Federal, em seu art. 37, inciso XXI, só permite exigências que sejam indispensáveis à garantia do cumprimento das obrigações. Assim, a melhor interpretação do caso é que a avaliação da integridade dos licitantes, ainda que admitida, só deveria ocorrer em momento posterior ao da contratação e com expressa previsão legal, tal como observo existir em algumas legislações estaduais. [...]
> 33. Pelo regime descrito na lei fluminense, a existência de um programa de integridade não precisa ser efetivamente comprovada na fase de habilitação da licitação ou contratação direta, bastando que o particular apresente, no momento da contratação, declaração contendo informações a respeito (artigo 10). Somente após a contratação é que o gestor fiscalizará a implementação do programa de integridade.[41]

Afora escapar desses parâmetros que poderiam frustrar a vida das normas até então editadas, não parece haver motivo para retirar da fase de habilitação a verificação de programas de *compliance*, pois

---

de forma efetiva, o serviço ou bem desejado. [...] No caso vertente, a exigência de que a licitante tenha executado serviço no mínimo igual ao do objeto do pregão contraria esse entendimento, por impor às interessadas condição que extrapola os critérios razoáveis de seleção, invadindo e ferindo a competitividade do certame" (Acórdão nº 410/2006. Rel. Min. Marcos Vilaça, Plenário); "1. Consiste em irregularidade, por infringência ao art. 37, XXI, in fine, da Constituição Federal, demandar das licitantes condições de qualificação despropositadas e dispensáveis para a garantia da execução do objeto pretendido" (Acórdão nº 556/2006. Rel. Min. Marcos Vilaça, Plenário); "19. Restou assente nos autos que a exigências de apresentar certidões negativas de protestos, como critério de qualificação econômico-financeira, inabilitou as duas melhores colocadas no certame, com prejuízo à obtenção da proposta mais vantajosa (econômica) para o SESC/AR-DF" (Acórdão nº 2.375/2015. Rel. Min. Weder de Oliveria, Plenário).

[41] TCU. Representação nº 003.560/2019-8. Acórdão nº 898/2019. Rel. Benjamin Zymler, Plenário, j. 16.4.2019.

se trata de aspecto eminentemente subjetivo da pessoa da contratada. O programa de integridade é inserido na estrutura da pessoa jurídica, passando a compor sua organização.

Nesse mesmo sentido, Fernanda dos Santos Schramm sustenta que "[t]endo em vista que o programa de *compliance* refere-se à pessoa do licitante e não ao objeto da proposta, o requisito deveria, necessariamente, ser contemplado na fase de habilitação".[42]

Ora, não há dúvida, portanto, de que a eventual exigência de programa de *compliance* deveria ser veiculada como requisito de habilitação. Desse modo, ainda que sua apuração ocorra na fase de execução contratual, não se afasta o regime jurídico sintetizado pelo conceito de "habilitação", este incidindo quando estiver em questão a aferição de aspectos internos das pessoas dos licitantes.

## 3.3 Objeções à exigência de *compliance* como requisito de habilitação

Ainda que, pela natureza subjetiva da exigência, o requisito de programa de *compliance*, caso instituído, deva ser apurado dentro da fase de habilitação, a efetividade e possibilidade jurídica de tal exigência permanece duvidosa.

Quanto às chances de ser efetiva no combate à corrupção em contratos administrativos e se mostrar vantajosa à Administração, costumam ser apontadas várias objeções à exigência. A primeira delas é a de que a mera exigência formal de programa de *compliance* sem mecanismos para aferir a sua efetividade é inócua.[43] Em segundo lugar, mesmo que haja preocupação em se comprovar a efetividade do programa para fins de habilitação na licitação, "cultura e valores organizacionais são elementos bastante inefáveis, difíceis de anexar como prova num procedimento".[44] Por fim, existe a provável redução

---

[42] SCHRAMM, Fernanda Santos. *Compliance nas contratações públicas*. Belo Horizonte: Fórum, 2019.

[43] Nesse sentido, Fernanda dos Santos Schramm: "a exigência de um programa de compliance anticorrupção só faria sentido se a Administração Pública pudesse aferir a efetividade do mecanismo, sob pena de privilegiar indevidamente empresas que apenas simulam sua existência, o que não traduziria qualquer benefício ao interesse público, não justificando a restrição à competitividade" (SCHRAMM, Fernanda Santos. *Compliance nas contratações públicas*. Belo Horizonte: Fórum, 2019. p. 323).

[44] GLASSMAN, Guillermo. Tensões no avanço dos programas de integridade no regime das contratações públicas. *R. Bras. de Infraestrutura – RBINF*. Belo Horizonte, ano 7, n. 14, p. 51-74, jul./dez. 2018. p. 67.

de competividade e vantajosidade do procedimento licitatório que estabeleça esse requisito de habilitação, o que pode significar prejuízo à Administração sem um efetivo retorno em práticas mais republicanas por parte dos licitantes/contratados.[45]

Em relação às razões jurídicas, podem ser apontados outros tantos empecilhos. O primeiro deles em relação à verificação da exigência, pois, como aponta Fernando dos Santos Schramm,[46] (i) seria inviável realizar uma avaliação da funcionalidade dos programas de *compliance* de cada proponente na etapa competitiva; e, por outro lado, (ii) o fornecimento de certificação por entidade pública ou privada atestando o funcionamento de programa de *compliance* esbarraria no entendimento consagrado na doutrina e jurisprudência de que não se pode condicionar a habilitação à apresentação de certidão produzida por terceiro.

Apesar da importância de tais considerações pragmáticas e jurídicas, a principal objeção jurídica à exigência de *compliance* em licitações é a violação à regra do art. 37, XXI, que estabelece que só serão permitidas na licitação "as exigências de qualificação técnica e econômica indispensáveis à garantia do cumprimento das obrigações".

O que significa que, por regra constitucional, as exigências de habilitação devem se ater ao que é necessário para a consecução do objeto contratual.

Tal regra coloca em choque as finalidades licitatórias tradicionais da licitação, decorrentes da regra constitucional da licitação, e as possibilidades do atingimento de finalidades regulatórias pelo procedimento licitatório no âmbito da chamada "função regulatória da licitação".

## 4 Os limites às finalidades extraeconômicas da licitação

Diagnosticada a natureza de norma geral da regra que impõe imposição de programa *compliance* como requisito obrigatório aos contratados pela Administração Pública, a contrafação administrativa incidente em sua arquitetura jurídica habitual e os problemas decorrentes da tentativa de se combater a corrupção por regras no procedimento licitatório, deve-se verificar se existe a possibilidade jurídica de se atingir a finalidade extraeconômica de combate à corrupção por

---

[45] Nesse sentido: GLASSMAN, Guillermo. Tensões no avanço dos programas de integridade no regime das contratações públicas. *R. Bras. de Infraestrutura – RBINF*. Belo Horizonte, ano 7, n. 14, p. 51-74, jul./dez. 2018. p. 67-68; e SCHRAMM, Fernanda Santos. *Compliance nas contratações públicas*. Belo Horizonte: Fórum, 2019. p. 323.

[46] SCHRAMM, Fernanda Santos. *Compliance nas contratações públicas*. Belo Horizonte: Fórum, 2019. p. 323-324.

meio da inserção de novo critério na fase de habilitação do processo licitatório. Isto é, na hipótese de a exigência de programa de integridade ser prevista em norma geral editada pela União e como requisito de habilitação, tratar-se-ia de uma norma válida?

Para tanto, impõe-se analisar os limites às finalidades extraeconômicas da licitação ante os critérios do art. 37, XXI, CF, do qual se depreendem as duas finalidades licitatórias previstas na Lei nº 8.666/93 desde sua redação original: (i) a garantia da isonomia entre os participantes e (ii) a seleção da proposta mais vantajosa.

A regra veiculada no art. 37, XXI, da CF dá o tom do espaço de interferência que as finalidades extraeconômicas podem ocupar no processo licitatório. Determina-se no dispositivo constitucional que só serão feitas as exigências de qualificação técnica e econômica indispensáveis à garantia do cumprimento das obrigações, bem como que será garantida a igualdade de condições a todos participantes.

Essas diretrizes constitucionais foram confirmadas em âmbito legal quando o art. 3º, *caput*, da Lei nº 8.666/93, em sua redação original, previu que as finalidades da licitação seriam: (i) a observância do princípio constitucional da isonomia; e (ii) a seleção da proposta mais vantajosa para a Administração. Esses objetivos, como já ressaltado, decorrem diretamente da regra constitucional da licitação, a Lei de Licitações e Contratos Administrativos apenas torna explícito no âmbito legal aquilo que, por imposição constitucional, já devia ser observado.

Além dos dois objetivos constitucionalmente dedutíveis do texto constitucional, a Lei nº 12.462/2011, em prestígio a dispositivos constitucionais não diretamente vinculados à licitação, inclui uma terceira finalidade à licitação, qual seja, a "promoção do desenvolvimento nacional sustentável". Essa previsão é apontada como uma consagração da tese de que a licitação pode e deve cumprir finalidades outras que a mera seleção da melhor proposta assegurando igualdade de condições.

## 4.1 O espaço da dita "função regulatória da licitação" e a sua incompatibilidade como fundamento para requisitos de habilitação

Diante de alterações recentes no ordenamento jurídico, parcela da doutrina vem destacando que a licitação exerceria uma função regulatória.[47] Ou seja, para além de ser o processo por meio do qual a

---

[47] Destacam-se, na defesa desse posicionamento, os seguintes autores: SOUTO, Marcos Juruena Villela. *Direito administrativo das parcerias*. Rio de Janeiro: Lumen Juris, 2005. p. 86-89;

Administração Pública contrata a melhor proposta de forma isonômica, também exerceria o papel de instrumento de regulação do mercado. Assim, a licitação poderia ser utilizada "como mecanismo de indução de determinadas práticas (de mercado) que produzem resultados sociais benéficos, imediatos ou futuros, à sociedade".[48]

No âmbito normativo, a tendência de se concretizar a função regulatória da licitação é uma tendência vislumbrada, por exemplo, em normas contidas nas seguintes leis: Lei Complementar nº 123/06 (Estatuto das Micro e Pequenas Empresas), Lei nº 12.349/2010 (que institui o desenvolvimento sustentável como finalidade da licitação) e Lei nº 12.462/2011(Regime Diferenciado de Contratações Públicas – RDC).

O que se pretende com o exercício de função regulatória pelas licitações é que estas, para além de se destinarem a identificar a proposta que signifique menor dispêndio financeiro para os cofres público, agreguem na definição de proposta mais vantajosa "outros valores que não o aspecto estritamente econômico".[49]

A utilização do poder de compra do Estado para concretizar outros valores é frequente em nosso ordenamento. A título de exemplo, Rafael Carvalho Rezende Oliveira, destaca "a proteção do meio ambiente, o tratamento diferenciado conferido às microempresas e às empresas de pequeno porte e [...] o fomento ao desenvolvimento tecnológico no País".[50]

---

SOUTO, Marcos Juruena Villela. *Direito administrativo contratual*. Rio de Janeiro: Lumen Juris, 2004. p. 6; 105; 328; 424; FERRAZ, Luciano. Função regulatória da licitação. *A&C – Revista de Direito Administrativo e Constitucional*, v. 37, p. 133-142, jul./set. 2009; GARCIA, Flávio Amaral. *Licitações e contratos administrativos*: casos e polêmicas. 4. ed. São Paulo: Malheiros, 2016. p. 92-118; e OLIVEIRA, Rafael Carvalho Rezende. *Licitações e contratos administrativos*: teoria e prática. 8. ed. Rio de Janeiro: Forense, 2019. p. 173-192.

[48] GALVÃO, Luciano. Função regulatória da licitação. *Revista de Direito Administrativo e Contratual*, Belo Horizonte, ano 9, n. 37, jul./set. 2009. p. 133. O autor complementa afirmando que seria possível o emprego do procedimento licitatório como "regulação diretiva ou indutiva, seja para coibir práticas que limitem a competitividade, seja para induzir práticas que produzem efeitos sociais desejáveis" (GALVÃO, Luciano. Função regulatória da licitação. *Revista de Direito Administrativo e Contratual*, Belo Horizonte, ano 9, n. 37, jul./set. 2009. p. 133).

[49] GARCIA, Flávio Amaral. *Licitações e contratos administrativos*: casos e polêmicas. 4. ed. São Paulo: Malheiros, 2016. p. 93. Resumindo a ideia por trás da função regulatória da licitação, Flávio Amaral Garcia esclarece que "a premissa é utilizar a contratação pública não apenas para adquirir bens e serviços a menor custo, mas para servir de instrumento para o atendimento de outras finalidades públicas definidas no ordenamento jurídico constitucional" (GARCIA, Flávio Amaral. *Licitações e contratos administrativos*: casos e polêmicas. 4. ed. São Paulo: Malheiros, 2016).

[50] OLIVEIRA, Rafael Carvalho Rezende. *Licitações e contratos administrativos*: teoria e prática. 8. ed. Rio de Janeiro: Forense, 2019. p. 173.

No entanto, não se pode perder de vista o caráter secundário da função regulatória da licitação, cujas finalidades constitucionais e precípuas continuam sendo proporcionar a igualdade entre os participantes e obter a contratação mais vantajosa possível.

Por isso a importância de se demarcar o espaço da função regulatória da licitação, a fim de que a busca por finalidades outras, como o combate à corrupção no caso da exigência de programa de *compliance*, não desnature o perfil constitucional da licitação.[51]

A discussão aqui se aproveita bastante do que se desenvolveu a respeito dos limites da licitação sustentável. No âmbito das licitações sustentáveis, Flávio Amaral Garcia sustenta que a inserção de critérios de sustentabilidade, desde que tecnicamente balizada e com razoabilidade, pode ocorrer (i) na definição do objeto;[52] (ii) no julgamento das propostas;[53] e (iii) nas obrigações do contratado.[54]

Já na fase de habilitação, apesar de, em tese, o autor admitir a inserção de critérios extraeconômicos de sustentabilidade, esclarece que deve ser respeitado o rol taxativo da Lei nº 8.666/93 e haver especial deferência ao art. 37, XXI, da CF. Portanto, de fato, não se trata de um área com possibilidades de inovações regulatórias, uma vez que as exigências possíveis só seguirão aquilo que o objeto da licitação determinar, pois a habilitação jurídica e a qualificação técnica requeridas só podem ser aquelas indispensáveis à demonstração da capacidade do licitante em executar o objeto contratual.

---

[51] Essa preocupação está presente em Flávio Amaral Garcia, que aponta a necessidade de cautela "para que um desvirtuamento da licitação, com sua transformação em um procedimento que tutela e protege os mais variados valores constitucionais mas que não cumpre a sua função primária de selecionar uma proposta mais eficiente e que atenda à demanda concreta da Administração Pública" (GARCIA, Flávio Amaral. *Licitações e contratos administrativos*: casos e polêmicas. 4. ed. São Paulo: Malheiros, 2016. p. 95).

[52] "Uma possibilidade é a descrição do objeto exigir a certificação de qualidade do produto ou processo de fabricação" (GARCIA, Flávio Amaral. *Licitações e contratos administrativos*: casos e polêmicas. 4. ed. São Paulo: Malheiros, 2016. p. 103).

[53] "Uma [...] possibilidade estaria em admitir a estipulação de requisitos ambientais no julgamento da proposta, enquanto fator diferenciado de pontuação técnica, para os casos de licitação por melhor técnica ou técnica e preço". O autor ainda afirma ser "Plenamente possível conferir preferência às propostas que produzam maiores benefícios ambientais, o que estimulará a busca pela excelência em sustentabilidade" (GARCIA, Flávio Amaral. *Licitações e contratos administrativos*: casos e polêmicas. 4. ed. São Paulo: Malheiros, 2016. p. 105-106).

[54] "Um [...] espaço no qual podem e devem ser inseridas exigências de sustentabilidade ambiental encontra-se nas obrigações que serão assumidas pelo futuro contratado. A maior inovação envolve a possibilidade de vincular a remuneração do contratado a critério de sustentabilidade ambiental" (GARCIA, Flávio Amaral. *Licitações e contratos administrativos*: casos e polêmicas. 4. ed. São Paulo: Malheiros, 2016. p. 107).

Portanto, vislumbra-se que o espaço regulatório da licitação não tem o condão de se desenvolver com autonomia no âmbito da fase de habilitação, que é primordialmente destinada a ser instrumental ao desenvolvimento seguro da contratação administrativa, servindo para aferir a idoneidade do contratado com a menor interferência possível na competitividade do certame.

Essas considerações valem perfeitamente para a discussão a respeito da exigência de programa de *compliance* para contratar com a Administração Pública. Não é admissível, à luz do art. 37, XXI, da CF e da Lei nº 8.666/93, a estipulação de critérios subjetivos desconectados do objeto do contrato administrativo, como pretendem os diplomas normativos editados até agora.

Caso o legislador e o gestor público pretendam se valer das licitações públicas para promover práticas anticorrupção, devem, com fundamento técnico e com razoabilidade, inovar na definição do objeto, no julgamento das propostas ou nas obrigações do contratado. Esses são espaços, ao contrário da aferição subjetiva da idoneidade (fase de habilitação), de maior criatividade para o exercício da função regulatória da licitação.

## 5 Conclusão

No ordenamento jurídico brasileiro, a exigência de programa de *compliance* em contratações públicas não é possível, pois o texto constitucional privilegiou as finalidades de garantir a isonomia e o alcance da proposta mais vantajosa em detrimento da função regulatória, o espaço desta sendo restringido pela tônica do art. 37, XXI, que não admite a exigência de fatores subjetivos que não sejam indispensáveis ao cumprimento da obrigação contratual.

Não importa que a exigência de elemento subjetivo se protraia no tempo e só seja exigível após a assinatura contratual. Trata-se, como se procurou demonstrar, de contrafação de requisito de habilitação, possuindo, apenas, a forma de obrigação contratual, o regime jurídico incidente sendo o daquela. O art. 37, XXI, da Constituição Federal traça uma diretriz clara do regime jurídico da fase de habilitação: só podem ser feitas "as exigências de qualificação técnica e econômica indispensáveis à garantia do cumprimento das obrigações".

De nada adianta ser feita essa restrição quanto às exigências subjetivas no processo licitatório para, por meio de norma geral e desvinculada do conteúdo específico de cada contrato, poder ser exigida obrigação contratual de natureza subjetiva. Isso é o que têm feito os diplomas normativos que inserem a exigência de *compliance* – uma clara contrafação administrativa de requisito de habilitação.

Assim, fica claro que a tendência de se exigir programas de integridade nos processos licitatórios tem sido realizada com vários vícios: (i) violação à competência da União para editar norma geral de licitação e contrato administrativo e (ii) exigir-se requisito subjetivo da contratada como se fosse obrigação contratual – negando o regime jurídico próprio das exigências de natureza subjetiva, que é o de requisito de habilitação.

No entanto, importante ressaltar que, mesmo se a exigência de programa de *compliance* em contratação administrativa adentrasse o direito positivo brasileiro por meio de norma geral editada pela União e inserida na fase de habilitação, estaria eivada de vício de inconstitucionalidade por violação ao art. 37, XXI, da Constituição Federal, que traz consigo, implicitamente, as duas finalidades licitatórias da redação original do art. 3º, *caput*, da Lei nº 8.666/93: a garantia da observância do princípio constitucional da isonomia e a seleção da proposta mais vantajosa para a Administração.

## Referências

BANDEIRA DE MELLO, Celso Antônio. *Curso de direito administrativo*. 33. ed. São Paulo: Malheiros, 2016.

BOBBIO, Norberto. *Teoria geral do direito*. 3. ed. São Paulo: Martins Fontes, [s.d.].

CASTRO, Rodrigo Pironti Aguirre de; ZILLIOTO, Mirela Miró. *Compliance nas contratações públicas*. 1. reimpr. Belo Horizonte: Fórum, 2019.

FERRAZ, Luciano. Função regulatória da licitação. *A&C – Revista de Direito Administrativo e Constitucional*, v. 37, p. 133-142, jul./set. 2009.

FRANÇA, Phillip Gil. *Ato administrativo, consequencialismo e compliance*: gestão de riscos, proteção de dados e soluções para o controle judicial na era da IA. 4. ed. São Paulo: Thomson Reuters Brasil, 2019.

GALVÃO, Luciano. Função regulatória da licitação. *Revista de Direito Administrativo e Contratual*, Belo Horizonte, ano 9, n. 37, jul./set. 2009.

GARCIA, Flávio Amaral. *Licitações e contratos administrativos*: casos e polêmicas. 4. ed. São Paulo: Malheiros, 2016.

GLASSMAN, Guillermo. Tensões no avanço dos programas de integridade no regime das contratações públicas. *R. Bras. de Infraestrutura – RBINF*. Belo Horizonte, ano 7, n. 14, p. 51-74, jul./dez. 2018.

GUIMARÃES, Fernando Vernalha; REQUI, Érica Miranda dos Santos. Exigência de programa de integridade nas licitações. *In*: CASTRO, Rodrigo Pironti Aguirre de; PAULA, Marco Aurélio Borges de (Coord.). *Compliance, gestão de riscos e combate à corrupção: integridade para o desenvolvimento*. 2. ed. Belo Horizonte: Fórum, 2020.

JUSTEN FILHO, Marçal. *Comentários à Lei de Licitações e Contratos Administrativos*. São Paulo: Thomson Reuters Brasil, 2019.

JUSTEN FILHO, Marçal. *Curso de direito administrativo*. São Paulo: Thomson Reuters, 2019.

MARTINS, Ricardo Marcondes. *Estudos de direito administrativo neoconstitucional*. São Paulo: Malheiros, 2015.

MARTINS, Ricardo Marcondes. Segurança jurídica e normas gerais de direito urbanístico. *In*: MARTINS, Ricardo Marcondes. *Estudos de direito administrativo neoconstitucional*. São Paulo: Malheiros, 2015.

MARTINS, Ricardo Marcondes. Teoria das contrafações administrativas. *Revista de Direito Administrativo e Constitucional*. Belo Horizonte, ano 16, n. 64, abr./jun. 2016.

NOHARA, Irene Patrícia. Licitações. *In*: NOHARA, Irene Patrícia; CÂMARA, Jacintho Arruda; DI PIETRO, Maria Sylvia Zanella (Coord.). *Tratado de direito administrativo*: licitação e contratos administrativos. 2. ed. São Paulo: Thomson Reuters Brasil, 2019. v. 6.

OLIVEIRA, Rafael Carvalho Rezende. *Licitações e contratos administrativos*: teoria e prática. 8. ed. Rio de Janeiro: Forense, 2019.

PINHO, Clóvis Alberto Bertolini de. Contratação pública e compliance: uma proposta para a efetividade dos programas de integridade em contratações públicas. *R. de Contratos Públicos – RCP*, Belo Horizonte, ano 7, n. 13, p. 79-97, mar./ago. 2018.

SALVADOR NETTO, Alamiro Velludo. *Responsabilidade penal da pessoa jurídica*. São Paulo: Thomson Reuters Brasil, 2018.

SCHRAMM, Fernanda Santos. *Compliance nas contratações públicas*. Belo Horizonte: Fórum, 2019.

SILVEIRA, Renato de Mello Jorge; SAAD-DINIZ, Eduardo. *Compliance, direito penal e Lei Anticorrupção*. São Paulo: Saraiva, 2015.

SOUTO, Marcos Juruena Villela. *Direito administrativo contratual*. Rio de Janeiro: Lumen Juris, 2004.

SOUTO, Marcos Juruena Villela. *Direito administrativo das parcerias*. Rio de Janeiro: Lumen Juris, 2005.

SUNDFELD, Carlos Ari. *Licitação e contrato administrativo*. São Paulo: Malheiros, 1994.

---

Informação bibliográfica deste texto, conforme a NBR 6023:2018 da Associação Brasileira de Normas Técnicas (ABNT):

FERRAZ, Pedro da Cunha. A exigência de programa de compliance em licitações: um estudo sobre as finalidades licitatórias e a competência para legislar sobre licitação. *In*: DAL POZZO, Augusto Neves; MARTINS, Ricardo Marcondes (Coord.). *Aspectos controvertidos do compliance na Administração Pública*. Belo Horizonte: Fórum, 2020. p. 207-230. ISBN 978-65-5518-044-2.

*COMPLIANCE* E ESTATAIS

# *COMPLIANCE* NAS EMPRESAS ESTATAIS COMO INSTRUMENTO DE COMBATE À CORRUPÇÃO

ANDRÉ LUIZ DOS SANTOS NAKAMURA

## 1 A corrupção no Brasil[1]

O termo *corrupção* tem origem na palavra latina *rumpere*, que tem o significado de ruptura. O que se rompe com o ato corrupto é um padrão de conduta previsto para a manutenção do interesse coletivo, podendo ser um código moral, um corpo de leis ou regras de boa convivência.[2] Corrupção é uma palavra que abrange várias condutas destinadas à obtenção de um ganho indevido, abrangendo condutas

---

[1] Parte deste item foi extraído do artigo de minha autoria: A infraestrutura e a corrupção no Brasil. *Revista Brasileira de Estudos Políticos*, n. 117, p. 97-126, jul./dez. 2018.

[2] "O termo corrupção vem do verbo latino *rumpere*, o que denota uma quebra. O que está quebrado pode ser um código de conduta moral ou social ou, mais frequentemente, uma regra administrativa. Este é geralmente o caso de um funcionário do governo que usa sua posição para dar privilégios especiais a empresas privadas em que ele ou ela tem uma participação pessoal" (tradução nossa). "The term corruption comes from the Latin verb rumpere, to break. That which is broken might be a moral or social code of conduct or, more often, an administrative rule. This is usually the case of a government official who uses his or her position to give special privileges to private businesses in which he or she has a personal stake" (QUEIROZ, César; VISSER, Alex. Corruption, transport infrastructure stock and economic development. *World Bank Infrastructure Forum*, Washington, D.C. Disponível em: http://citeseerx.ist.psu.edu/viewdoc/download?doi=10.1.1.582.3165&rep=rep1&type=pdf. Acesso em: 30 jul. 2017).

entre privados e entre privados e Estado. A corrupção abordada neste tópico é aquela que se realiza entre particulares e agentes públicos,[3] com a finalidade de obtenção de ganhos ilícitos, bem como para impedir a entrada de novos agentes privados em contratos públicos.

A corrupção pressupõe o agente público corrompido e o particular beneficiado com o ato estatal obtido mediante meios não moralmente legítimos. A atuação estatal gera benefícios a determinados grupos econômicos, o que é normal; por exemplo, na construção de uma obra de infraestrutura, alguém será contratado e remunerado pela sua atividade, mediante um procedimento impessoal de contratação. Entretanto, alguns grupos econômicos[4] podem se mostrar dispostos a burlar o modo impessoal de escolha do beneficiário da ação estatal, bem como obter ganhos acima dos que iriam auferir em decorrência da normal execução do contrato com o Poder Público. Para obter tais finalidades, o agente privado oferece vantagens indevidas a algum agente público com poder de decisão e consegue obter leis,[5] contratos

---

[3] Conceituando a corrupção entre particulares e o Poder Público: "A corrupção pode ser vista como um comportamento racional por parte dos indivíduos que atuam dentro de um determinado sistema de incentivos que torna tal atividade mais ou menos atrativa, podendo ser vista como um comportamento de *rent-seeking*. A corrupção permite que os empresários capturem e mantenham posições monopolistas na economia bem como privilégios e transferências de renda. Isto possibilita que os produtores ineficientes continuem nos mercados e provê oportunidades para os burocratas e políticos transfiram rendas para si e para os que os apóiam. O resultado disto é que, com a politização da alocação dos recursos, os mercados não funcionam de modo adequado, pois os produtores ineficientes podem permanecer por um longo período no mercado. O sucesso destes rent-seekers estaria relacionado a sua capacidade de influenciar os burocratas governamentais e os políticos, sendo favorecidos aqueles que tem maior 'capital político', que é utilizado para influenciar e ter acesso ao governo. A corrupção implica ineficiência porque funciona como uma espécie de barreira à entrada e porque gera novas oportunidades de *rent-seeking*. Dado que a intervenção governamental nos mercados cria lucros monopolistas através da atividade de *rent-seeking*, os burocratas governamentais buscam, também, capturar parte daquelas rendas. Em primeiro lugar, alocando recursos para se tornarem burocratas e, em segundo lugar, demandando suborno daqueles que buscam rendas privilégios e transferências. Isto ocorre porque eles também estão 'alertas' as oportunidades de obtenção de rendas que surgem e que são criadas pela intervenção governamental na economia" (BALBINOTTO NETO, Giácomo. A percepção da corrupção e suas implicações econômicas: uma aplicação ao setor de obras rodoviárias no Estado do RS. *Revista do Programa de Pós-Graduação em Economia da Universidade Federal do Rio Grande do Sul (UFRGS)*, 2004. Disponível em: http://www.ppge.ufrgs.br/ppge/pcientifica/2004_21.pdf. Acesso em: 20 fev. 2017).

[4] "O elemento ativo, ou seja, o agente corruptor, é, geralmente, ou um grupo econômico, ou uma empresa, ou um indivíduo que recorre a esse procedimento imoral para obter do Estado e de órgãos dele dependentes alguma vantagem, quase sempre de natureza econômica" (PINTO, Francisco Bilac Moreira. *Enriquecimento ilícito no exercício de cargos públicos*. Rio de Janeiro: Forense, 1960. p. 59-60).

[5] No esquema de corrupção da empresa Odebrecht, foi relatada compra de parlamentares para que aprovassem projetos de lei de interesse da referida empresa (BARCA, Antônio

e fomentos estatais para se enriquecer de forma ilícita.[6] Dessa forma, a relação[7] entre o Estado e os grupos econômicos, que deveria ser sempre um meio para atingir o interesse público, pode se tornar um instrumento para obtenção de ganhos ilícitos para o agente público corrompido e para o agente privado corruptor.[8]

O Brasil foi apontado pelo Fórum Econômico Mundial[9] como o 4º país mais corrupto do mundo, atrás apenas da Venezuela, Bolívia e Chade. Segundo estudo da Federação das Indústrias do Estado de São Paulo, o custo da corrupção atingiu a cifra média de 69 bilhões por ano, valor equivalente a 2,3% do PIB de 2010.[10] A pobreza é fomentada pela corrupção, visto que valores orçamentários obtidos pelos corruptos geralmente beneficiam a elite empresarial e política, gerando escassez de recursos que poderiam ser aplicados em investimentos socialmente relevantes, capazes de ocasionar a redução das desigualdades sociais.[11]

---

Giménez. Delação da Odebrecht revela troca de leis por doações a campanhas do PMDB. *El País*, 16 fev. 2016. Disponível em: https://brasil.elpais.com/brasil/2016/12/10/politica/1481402883_207587.html. Acesso em: 17 dez. 2016).

[6] "O fulcro da corrupção poderá ser encontrado nos motivos que impelem os seus inúmeros agentes ativos a arrancar do Estado leis, atos ou contratos administrativos que favoreçam seus respectivos interesses" (PINTO, Francisco Bilac Moreira. *Enriquecimento ilícito no exercício de cargos públicos*. Rio de Janeiro: Forense, 1960. p. 63).

[7] Sobre a alteração da relação entre o Estado e grupos econômicos: "[...] o clima em que se opera a corrupção é o que é criado pelo desprezo das regras de decência e de austeridade nas relações recíprocas entre o Estado e os órgãos dele dependentes, de um lado e os grupos econômicos, as empresas e os indivíduos isoladamente, do outro" (PINTO, Francisco Bilac Moreira. *Enriquecimento ilícito no exercício de cargos públicos*. Rio de Janeiro: Forense, 1960. p. 60).

[8] Sobre o desvio do Estado de sua finalidade, em razão da corrupção: "Os 'grupos de pressão' e os outros agentes ativos da corrupção atuam no sentido de desviar o Estado do seu roteiro normal, a fim de que a lei, o ato ou contrato administrativo contemplem especialmente interesses privados que eles advogam e representam, os quais colidem sempre com o interesse público. É, consequentemente, no choque entre o interesse público e o interesse privado, que se encontra a causa da corrupção política e administrativa" (PINTO, Francisco Bilac Moreira. *Enriquecimento ilícito no exercício de cargos públicos*. Rio de Janeiro: Forense, 1960. p. 63).

[9] WORLD ECONOMIC FORUM. *The Global Competitiveness Report 2016-2017*: ethics and corruption. Disponível em: http://reports.weforum.org/global-competitiveness-index/competitiveness-rankings/#series=GCI.A.01.01.02. Acesso em: 21 fev. 2017.

[10] FEDERAÇÃO DAS INDÚSTRIAS DO ESTADO DE SÃO PAULO – FIESP. *Relatório corrupção*: custos econômicos e propostas de combate. São Paulo: Fiesp, mar. 2010. Disponível em: http://www.fiesp.com.br/arquivo-download/?id=2021. Acesso em: 20 fev. 2017.

[11] "A corrupção pode desviar os recursos públicos para além da infraestrutura, mas também de outras áreas vitais, como programas sociais e educação, onde o potencial de suborno é menor. Ao beneficiar de forma ilícita os mais ricos, a corrupção também contribui para o aumento da desigualdade na distribuição de renda" (tradução nossa). "Corruption can divert public resources away from not only infrastructure but also other vital areas, such as social programs and education, where the potential for bribes is smaller. By illicitly benefiting the richer, corruption also contributes to increased inequality in income

Um país corrupto é mais susceptível de ser capturado por forças políticas extremistas que professam discursos de combate à corrupção e controle da sociedade, com graves riscos aos direitos fundamentais e à democracia, em razão do descrédito das instituições perante a população.[12] Até mesmo a arrecadação fiscal é prejudicada pela corrupção, visto que ocorre um incentivo para as empresas e cidadãos migrarem para a economia informal, tendo em vista que os valores dos tributos pagos por estes acabam sendo desviados de suas finalidades públicas para o enriquecimento de agentes corruptos.[13]

Um país tomado pela corrupção se desvia de seu objetivo de atender ao interesse público,[14] com prejuízos a toda a sociedade.[15]

---

distribution" (QUEIROZ, César; VISSER, Alex. Corruption, transport infrastructure stock and economic development. *World Bank Infrastructure Forum*, Washington, D.C. Disponível em: http://citeseerx.ist.psu.edu/viewdoc/download?doi=10.1.1.582.3165&rep=rep1&type=pdf. Acesso em: 30 jul. 2017).

[12] "A corrupção enfraquece a confiança pública no governo e, portanto, pode tender a apoiar políticos extremistas que prometem não apenas reduzir a corrupção, mas aumentar substancialmente o controle político sobre a sociedade" (tradução nossa). "Corruption weakens public confidence in government and therefore may tend to support extremist politicians who promise not only reduced corruption but substantially increased political control over society" (QUEIROZ, César; VISSER, Alex. Corruption, transport infrastructure stock and economic development. *World Bank Infrastructure Forum*, Washington, D.C. Disponível em: http://citeseerx.ist.psu.edu/viewdoc/download?doi=10.1.1.582.3165&rep=rep1&type=pdf. Acesso em: 30 jul. 2017).

[13] "A corrupção pode prejudicar a capacidade dos governos de cobrar receitas públicas, à medida que as atividades empresariais mudam para a economia informal para evitar o governo completamente. No pior dos casos, os cidadãos e os empresários simplesmente optam pela economia ilegal e acima de tudo confiam no crime organizado para se proteger de um Estado suspeito e outros que buscam interferir nas suas operações" (tradução nossa). "Corruption can undercut governments' ability to collect public revenues, as business activities shift into the shadow economy to avoid government altogether. In the worst case, citizens and business people simply opt out of the legal, above-ground economy and rely on organized crime to provide protection from both a suspect state and others who seek to interfere with their operations" (QUEIROZ, César; VISSER, Alex. Corruption, transport infrastructure stock and economic development. *World Bank Infrastructure Forum*, Washington, D.C. Disponível em: http://citeseerx.ist.psu.edu/viewdoc/download?doi=10.1.1.582.3165&rep=rep1&type=pdf. Acesso em: 30 jul. 2017).

[14] "Toda vez que a ética funcional é violada, a ação do Estado se afasta de seus objetivos, passando a servir a indivíduos, empresas ou grupos econômicos, em detrimento da economia coletiva" (PINTO, Francisco Bilac Moreira. *Enriquecimento ilícito no exercício de cargos públicos*. Rio de Janeiro: Forense, 1960. p. 71).

[15] "A corrupção distorce o papel legítimo do governo e é dispendioso para a sociedade. Pode assumir muitas formas e formas. A corrupção pode ser definida como o incumprimento intencional do princípio da 'distância dos relacionamentos', que indica que as relações pessoais ou familiares não devem desempenhar um papel nas decisões econômicas de agentes econômicos privados ou funcionários do governo. De forma mais simples, a corrupção pode ser vista como o uso de cargos públicos para ganhos ilícitos" (tradução nossa). "Corruption distorts the legitimate role of government and is costly to society. It may take in many shapes and forms. Corruption can be defined as the intentional

O enriquecimento do agente corrupto e corruptor se dá mediante o empobrecimento de toda a coletividade.[16] A corrupção impede o crescimento econômico pleno de um país.[17] Os investimentos privados idôneos são inibidos pela corrupção, visto que esta aumenta os custos dos investimentos e traz insegurança jurídica.[18] Também, os investimentos públicos são inibidos pela corrupção, visto que parte dos escassos valores orçamentários que poderiam gerar melhorias à sociedade são consumidos no custo da corrupção dos agentes públicos e privados, bem como a qualidade das obras públicas tende a ser pior em um ambiente corrupto, o que ocasiona despesas posteriores de conservação

---

noncompliance with the principle of 'arm's-length relationship', which implies that personal or family relationships ought not to play a role in economic decisions by private economic agents or government officials. More simply, corruption can be viewed as the use of public office for illicit gain" (QUEIROZ, César; VISSER, Alex. Corruption, transport infrastructure stock and economic development. *World Bank Infrastructure Forum*, Washington, D.C. Disponível em: http://citeseerx.ist.psu.edu/viewdoc/download?doi=10.1.1.582.3165&rep=rep1&type=pdf. Acesso em: 30 jul. 2017).

[16] "Ao enriquecimento ilícito dos governantes corresponde necessariamente, como contraprestação fatal, o empobrecimento do povo, sob a forma de agravação de suas condições de vida" (PINTO, Francisco Bilac Moreira. *Enriquecimento ilícito no exercício de cargos públicos*. Rio de Janeiro: Forense, 1960. p. 22).

[17] "A corrupção desvia os recursos dos pobres para os ricos, aumenta o custo de negócios, distorce os gastos públicos, afasta os investidores estrangeiros. A corrupção é uma barreira importante para o desenvolvimento sólido e equitativo. Por esta razão, as organizações internacionais de desenvolvimento têm se preocupado com a corrupção em seus países clientes. Como exemplo, o Banco Mundial prometeu que não tolerará a corrupção nos programas que apoia: 'Se encontrarmos evidências de corrupção em projetos nos quais estamos envolvidos, cancelaremos os projetos'" (tradução nossa). "Corruption diverts resources from the poor to the rich, increases the cost of running businesses, distorts public expenditures, deters foreign investors. Corruption is a major barrier to sound and equitable development. For this reason, international development organizations have been concerned with corruption in their client countries. As an example, the World Bank has vowed that it will not tolerate corruption in programs that it supports: 'If we find evidence of corruption in projects in which we are involved, we will cancel the projects'" (QUEIROZ, César; VISSER, Alex. Corruption, transport infrastructure stock and economic development. *World Bank Infrastructure Forum*, Washington, D.C. Disponível em: http://citeseerx.ist.psu.edu/viewdoc/download?doi=10.1.1.582.3165&rep=rep1&type=pdf. Acesso em: 30 jul. 2017).

[18] "A priori, pode-se afirmar que a corrupção prejudicaria a sociedade em vista dos seus efeitos sobre a redução dos investimentos, do nível do produto, da produtividade e da eficiência econômica. A lógica econômica do efeito da corrupção sobre o investimento, canal de transmissão, dar-se-ia em virtude da repercussão sobre a taxa de retorno, visto que a corrupção atuaria como uma despesa que encareceria as inversões e com isso o custo de oportunidade exigido seria maior, retardando ou evitando a realização do investimento pela iniciativa privada" (CAMPOS, Francisco de Assis Oliveira; PEREIRA, Ricardo A. de Castro. Corrupção e ineficiência no Brasil: Uma análise de equilíbrio geral. *Estudos Econômicos*, São Paulo, v. 46, n. 2, p. 373-408, abr./jun. 2016. DOI: http://dx.doi.org/10.1590/0101-416146244rpf).

e manutenção.[19] A corrupção ocasiona a privatização da vida pública e da atividade estatal.[20]

As empresas estatais foram as grandes ferramentas de corrupção no Brasil. Além do recente caso dos contratos da Petrobras envolvendo a denominada "Operação Lava Jato", houve o caso do "Mensalão" que envolvia os contratos de publicidade do Banco do Brasil,[21] além de outros casos de corrupção envolvendo Banestado,[22] Correios,[23] entre outros.

Um caminho que não pode ser seguido é vincular a ação do Estado à corrupção, justificando, assim, um desmonte estatal. As empresas estatais começaram a ser vistas como um fomentador da corrupção, o que justificaria as privatizações:

> Dentro do contexto de liberalização do mercado e de reforma do Estado, o aparato estatal passou a ser visto como o espaço natural dos vícios, onde a corrupção não é uma exceção, mas a própria regra, tendo em vista o comportamento *rent-seeking* e a opacidade em relação à sociedade. A corrupção afetaria os investimentos e emperraria o desenvolvimento econômico ao introduzir um sistema de cobrança de propinas no interior dos órgãos burocráticos, que maximizam os custos da corrupção para os cidadãos. Nesta chave de abordagem da corrupção, a consequência necessária seria a ampliação das desigualdades pelas distorções criadas na distribuição da renda. Este problema demandaria um conjunto de reformas no sistema econômico e no sistema político que reduzisse o

---

[19] Sobre os efeitos da corrupção nos investimentos públicos: "A corrupção também reduz os insumos públicos (infraestrutura e serviços públicos), levando a reduções na produtividade do capital privado, por exemplo, no caso de a corrupção ser decorrente da redução da qualidade e quantidade dos materiais e equipamentos das obras de infraestrutura, a vida útil dessas obras deve ser reduzida e a possibilidade de defeitos e disfunções pode repercutir diretamente sobre a produtividade dos agentes econômicos demandadores destes instrumentos públicos" (CAMPOS, Francisco de Assis Oliveira; PEREIRA, Ricardo A. de Castro. Corrupção e ineficiência no Brasil: Uma análise de equilíbrio geral. *Estudos Econômicos*, São Paulo, v. 46, n. 2, p. 373-408, abr./jun. 2016. DOI: http://dx.doi.org/10.1590/0101-416146244rpf).

[20] Sobre a privatização da vida pública: "Dessa forma, o núcleo da reforma política deve se estruturar na 'desprivatização' da vida pública e no 'aumento da representatividade e da responsabilidade' dos partidos, o que implicaria a diminuição de seu número" (FONSECA, Francisco. Desvendando os mitos sobre a corrupção. In: BIASOTO JUNIOR, Geraldo; SILVA, Luiz Antônio Palma e. *Aporias para o planejamento público*. São Paulo: Fundap, 2013. p. 75-86).

[21] Nesse sentido foi o "Mensalão", julgado pelo Supremo Tribunal Federal na Ação Penal nº 470 (Disponível em: http://stf.jus.br/portal/jurisprudencia/listarConsolidada.asp?classe=AP&numero=470&origem=AP).

[22] ENTENDA o caso Banestado. *Folha de São Paulo*, 13 jan. 2004. Disponível em: https://www1.folha.uol.com.br/folha/brasil/ult96u57148.shtml. Acesso em: 16 abr. 2004.

[23] ENTENDA a CPI dos Correios. *Folha de São Paulo*, 1º set. 2005. Disponível em: https://www1.folha.uol.com.br/folha/brasil/ult96u71875.shtml. Acesso em: 16 abr. 2004.

tamanho das burocracias públicas e os monopólios estatais, bem como ampliasse os mecanismos de controle pela introdução de agências especializadas no combate à corrupção, por meio de controle interno e externo deste tipo de prática. As reformas devem reduzir os incentivos à corrupção, por um conjunto de mudanças institucionais que diminuam o papel do Estado na sociedade e proporcionem a transparência como recurso prioritário nos arranjos institucionais.[24]

Entretanto, as privatizações foram utilizadas como meio de favorecimento indevido de grandes detentores do poder econômico. O próprio projeto privatizador[25] foi realizado mediante corrupção em vários países.[26] Conforme lição de Detter e Fölster:

> O processo de privatização em si oferece oportunidades tentadoras para o enriquecimento rápido, gerando o risco de capitalismo clientelista, corrupção pura e simples, regulamentações contraproducentes e venda

---

[24] Discorrendo sobre o entendimento de que, com a diminuição do Estado, diminui-se a corrupção: FILGUEIRAS, Fernando; AVRITZER, Leonardo. Corrupção e controles democráticos no Brasil. *In*: CARDOSO JR., José Celso; BERCOVICI, Gilberto. *República, democracia e desenvolvimento*: contribuições ao Estado brasileiro contemporâneo. Brasília: Ipea, 2013. p. 209-235.

[25] "Ora, a corrupção não tem apenas custos econômicos, mas custos políticos extremamente elevados, que não se referem apenas ao dinheiro despendido com subornos e propinas, mas também estão relacionados com a questão da legitimidade política, da cultura política e dos valores políticos, bem como da própria moralidade. Ainda, a abordagem economicista ignora uma segunda questão de importância fundamental: o enfraquecimento do Estado provocado pela introdução acrítica do liberalismo no mundo em desenvolvimento, isto é, a maneira como o assim chamado neoliberalismo foi introduzido no mundo em desenvolvimento (Pereira e Margheritis, 2007) gerou um privatismo predatório diretamente ligado aos casos de corrupção. É o caso do processo de privatizações ocorrido na Rússia, quando do fim da antiga União Soviética, ou na América Latina, ao longo da década de 1990" (FILGUEIRAS, Fernando; AVRITZER, Leonardo. Corrupção e controles democráticos no Brasil. *In*: CARDOSO JR., José Celso; BERCOVICI, Gilberto. *República, democracia e desenvolvimento*: contribuições ao Estado brasileiro contemporâneo. Brasília: Ipea, 2013. p. 209-235).

[26] "Os programas de privatização em alguns países levaram à percepção pública da corrupção generalizada principalmente na forma de apropriação indevida de propriedade pública, prejudicando assim o apoio aos governos e a reforma. Tal é o caso em que as reformas econômicas, incluindo os programas de privatização, são percebidas para beneficiar um grupo seleto de empresários bem conectados" (tradução nossa). "Privatization programs in some countries have led to public perception of widespread corruption mostly in the form of misappropriation of public property, thus undermining support for governments and for reform. Such is the case where economic reforms, including privatization programs, are perceived to benefit a select group of well-connected entrepreneurs" (QUEIROZ, César; VISSER, Alex. Corruption, transport infrastructure stock and economic development. *World Bank Infrastructure Forum*, Washington, D.C. Disponível em: http://citeseerx.ist.psu.edu/viewdoc/download?doi=10.1.1.582.3165&rep=rep1&type=pdf. Acesso em: 30 jul. 2017).

de ativos com grandes descontos para apaziguar grupos de interesses especiais.[27]

Sem o Estado, os fins perseguidos pela corrupção, quais sejam, o domínio pelo poder econômico de mercados e manutenção de monopólios mediante eliminação da concorrência, serão alcançáveis de forma ainda mais fácil.[28] Assim, não se combate a corrupção eliminando o Estado[29] ou as empresas estatais, mas aperfeiçoando as instituições governamentais.[30]

---

[27] DETTER, Dag; FÖLSTER, Stefan. *A riqueza pública das nações*: como a gestão de ativos públicos pode impulsionar ou prejudicar o crescimento econômico. Tradução de Claudia Gerpe Duarte, Eduardo Gerpe Duarte. São Paulo: Cultrix, 2016. p. 25.

[28] "O efeito, em muitas sociedades que promoveram políticas de liberalização do mercado indiscriminadas e sem critérios de regulação, foi o da ampliação da corrupção. A própria agência internacional responsável por defender e promover a plena liberalização do mercado, o Banco Mundial, não ficou imune à corrupção" (FILGUEIRAS, Fernando; AVRITZER, Leonardo. Corrupção e controles democráticos no Brasil. *In*: CARDOSO JR., José Celso; BERCOVICI, Gilberto. *República, democracia e desenvolvimento*: contribuições ao Estado brasileiro contemporâneo. Brasília: Ipea, 2013. p. 209-235).

[29] Sobre a errônea associação entre o desmonte do Estado e o combate à corrupção: "A análise moralista aqui – que enxerga a corrupção como consequência do estatismo, num processo que se imiscui às teses neoliberais – aparece como fato explicativo para a necessidade de privatização, mas seus intérpretes a invocam seletivamente, uma vez que a própria privatização foi envolta em espessa névoa quanto à transparência e à equidade no que tange ao processo que a viabilizou" (FONSECA, Francisco. Desvendando os mitos sobre a corrupção. *In*: BIASOTO JUNIOR, Geraldo; SILVA, Luiz Antônio Palma e. *Aporias para o planejamento público*. São Paulo: Fundap, 2013. p. 75-86).

[30] "Nos países na qual a alocação dos recursos tenha sido politizada, a burocracia estatal torna-se a principal estrutura para a alocação dos recursos e não mais o mercado. Deste modo, tem-se que os indivíduos irão buscar adquirir os direitos sobre as posições monopolistas criadas pelo governo. Assim, a corrupção burocrática pode ser vista como um comportamento de rent-seeking que está associado à intervenção governamental na economia. Entretanto, verifica-se que, em algumas nações, como o Canadá, Dinamarca, Finlândia, Suécia e Holanda, há uma significativa participação do setor público na economia, tanto no que se refere ao nível de impostos como de gastos governamentais, não ocorrendo, entretanto, nesses países, uma significativa percepção da corrupção, muito pelo contrário. Portanto, o que é importante ter-se em conta não é necessariamente os níveis de gastos e impostos, mas o modo pelo qual o Estado opera e realiza as suas funções, e quais as atividades que permitem que a corrupção surja, entendida esta, como um fenômeno de rent-seeking. É neste contexto que se faz sentir a importância das instituições e da estrutura de governança de um país" (BALBINOTTO NETO, Giácomo. A percepção da corrupção e suas implicações econômicas: uma aplicação ao setor de obras rodoviárias no Estado do RS. *Revista do Programa de Pós-Graduação em Economia da Universidade Federal do Rio Grande do Sul (UFRGS)*, 2004. Disponível em: http://www.ppge.ufrgs.br/ppge/pcientifica/2004_21.pdf. Acesso em: 20 fev. 2017).

## 2 *Compliance* e sua aplicação na atuação das empresas estatais

Primeiramente, deve-se definir o significado do termo *compliance*. A palavra *compliance* tem origem no "termo anglo-saxão originário do verbo *to comply*, que significa agir de acordo com uma regra, um pedido ou um comando".[31] Dessa forma, "*compliance* é um conjunto de medidas internas que permite prevenir ou minimizar os riscos de violação às leis decorrentes de atividade praticada por um agente econômico e de qualquer um de seus sócios ou colaboradores".[32]

A Lei nº 13.303/2016 expressamente se referiu ao termo *compliance* no §4º do art. 9º. Apesar da louvável intenção da lei, nada houve de inovador, tendo em vista a disciplina da Administração Pública disciplinada no art. 37 da Constituição Federal. A introdução do *compliance* na Lei das Estatais significou uma tentativa de dar respostas ao escândalo de corrupção da "Lava Jato", que envolveu pedidos de propinas equivalentes a R$14,5 bilhões em contratos com a Petrobras. Assim, com a introdução do *compliance* na Lei das Estatais, tentou-se mostrar que algo de novo havia sido inserido no ordenamento jurídico para barrar atos de corrupção.

A Administração Pública, direta e indireta, o que inclui as empresas estatais, submete-se ao princípio da legalidade, não podendo, assim, praticar atos contrários ao ordenamento jurídico. Conforme lição de Hely Lopes Meirelles:

> na Administração Pública não há liberdade nem vontade pessoal. Enquanto na administração particular é lícito fazer tudo que a lei não proíbe, na Administração Pública só é permitido fazer o que a lei autoriza. A lei para o particular significa "pode fazer assim"; para o administrador público "deve fazer assim".[33]

---

[31] SANTOS, Renato Almeida dos *et al*. Compliance e liderança: a suscetibilidade dos líderes ao risco de corrupção nas organizações. *Einstein (São Paulo)*, São Paulo, v. 10, n. 1, p. 1-10, mar. 2012. DOI: https://doi.org/10.1590/S1679-45082012000100003. Disponível em: http://www.scielo.br/scielo.php?script=sci_arttext&pid=S1679-45082012000100003&lng=en&nrm=iso. Acesso em: 16 abr. 2020.

[32] CONSELHO ADMINISTRATIVO DE DEFESA ECONÔMICA – CADE. *Guia para programas de compliance*. Disponível em: http://www.cade.gov.br/acesso-a-informacao/publicacoes-institucionais/guias_do_Cade/guia-compliance-versao-oficial.pdf. Acesso em: 13 abr. 2020.

[33] MEIRELLES, Hely Lopes. *Direito administrativo brasileiro*. 35. ed. São Paulo: Malheiros, 2009. p. 89.

Ora, nenhuma lei permite a prática de atos de corrupção, razão pela qual não seria necessária a introdução do *compliance* na Lei das Estatais.

O princípio da moralidade informa que as decisões, além de atenderem à lei, devem ser pautadas pela ética. A moralidade administrativa, enquanto imposição do dever de observância das regras éticas objetivas, possui viés objetivo, impõe à Administração Pública o dever de ser leal, íntegra, honesta, e viés subjetivo, impõe ao agente público o dever de ser honesto.[34] Assim, qualquer ato de corrupção já seria incompatível com o princípio da moralidade administrativa.

A introdução do termo *compliance* na Lei das Estatais representa a ideologia de submeter a Administração Pública às normas de funcionamento das empresas privadas. O *compliance* iniciou-se no sistema financeiro estadunidense. Nesse sentido, Renato Almeida dos Santos nos informa que "nas organizações, o *compliance* originou-se nas instituições financeiras, com a criação do Banco Central Americano, em 1913, que objetivava, entre outras metas, a formação de um sistema financeiro mais flexível, seguro e estável".[35]

Entretanto, visando tornar efetiva a nova previsão legal, seria possível entender que a inserção na legislação da previsão do *compliance* é uma forma de melhor estruturar as empresas estatais, mediante a introdução mecanismos de governança corporativa que, aplicados à Administração Pública, poderiam tornar mais eficaz o combate à corrupção. A somatória de mecanismos de governança corporativa com os princípios da Administração Pública seria compatível e ainda fortaleceria os instrumentos de *compliance*. Nesse sentido, "vê-se que os princípios da moralidade, impessoalidade e eficiência não apenas são compatíveis com os critérios de governança corporativa usuais nas grandes organizações empresariais privadas, como com eles se fortalecem reciprocamente".[36]

---

[34] MARTINS, Ricardo Marcondes. Princípio da moralidade administrativa. *In*: ADRI, Renata Porto; PIRES, Luiz Manuel Fonseca; ZOCKUN, Maurício (Coord.). *Corrupção, ética e moralidade administrativa*. Belo Horizonte: Fórum, 2008. p. 326.

[35] SANTOS, Renato Almeida dos *et al*. Compliance e liderança: a suscetibilidade dos líderes ao risco de corrupção nas organizações. *Einstein (São Paulo)*, São Paulo, v. 10, n. 1, p. 1-10, mar. 2012. DOI: https://doi.org/10.1590/S1679-45082012000100003. Disponível em: http://www.scielo.br/scielo.php?script=sci_arttext&pid=S1679-45082012000100003&lng=en&nrm=iso. Acesso em: 16 abr. 2020.

[36] ARAGÃO, Alexandre dos Santos. *Empresas estatais*. Rio de Janeiro: Forense, 2017. p. 191.

## 3 Instrumentos de *compliance* na Lei nº 13.303/2016

A Lei Anticorrupção, Lei nº 12.846/2013, previu em seus arts. 1º e 2º a responsabilidade das pessoas jurídicas decorrentes de atos de corrupção. Entretanto, a referida lei atenuou as punições nela previstas, conforme previsão do inc. VIII do art. 7º, em razão da "existência de mecanismos e procedimentos internos de integridade, auditoria e incentivo à denúncia de irregularidades e a aplicação efetiva de códigos de ética e de conduta no âmbito da pessoa jurídica". Em razão da referida previsão legal, "o Compliance pode, então, ajudar como proteção dos dirigentes contra alegação de culpa por omissão, além de reduzir as sanções aplicáveis à empresa".[37] Ou seja, a existência de instrumentos de *compliance* nas pessoas jurídicas passou a ser importante, até mesmo para atenuar eventuais punições por práticas de corrupção.

Seguindo a tendência de expansão dos programas de *compliance*, a Lei nº 13.303/2016 previu vários instrumentos de governança corporativa para as empresas estatais. Conforme lição da doutrina, "um dos pontos mais elogiáveis da Lei das Estatais foi a previsão de um sistema de governança corporativa que intensificasse a transparência e o controle para minimizar as possíveis falhas de integridade na conduta da alta gestão dessas empresas".[38] Apesar disso, há quem discorde de tal entendimento, no seguinte sentido:

> a Lei de Empresas Estatais estabelece, em sua maioria, instrumentos que combatem com pouca veemência os atos de corrupção ou os conflitos de agência, salvo as normas específicas de nomeação da Diretoria, com a imposição de restrições políticas e temporais para a nomeação de administradores e diretores, de modo a diminuir os conflitos de agência.[39]

A mera previsão de mecanismos de *compliance* não é uma garantia de resultados. Primeiramente, deve-se sempre ter em vista que

---

[37] MORAES, Bruno; BREYER, Thiago. Compliance e a relação com a lei anticorrupção. *Migalhas*, 12 ago. 2016. Disponível em: https://www.migalhas.com.br/depeso/243724/compliance-e-a-relacao-com-a-lei-anticorrupcao. Acesso em: 18 abr. 2020.

[38] NOHARA, Irene Patrícia. *Direito administrativo*. 9. ed. São Paulo: Atlas, 2019. p. 690.

[39] PINHO, Clóvis Alberto Bertolini de; RIBEIRO, Marcia Carla Pereira. Corrupção e compliance nas empresas públicas e sociedades de economia mista: racionalidade das disposições da Lei de Empresas Estatais (Lei nº 13.303/2016). *Revista de Direito Administrativo*, Rio de Janeiro, v. 277, n. 1, p. 241-272, maio 2018. ISSN 2238-5177. DOI: http://dx.doi.org/10.12660/rda.v277.2018.74808. Disponível em: http://bibliotecadigital.fgv.br/ojs/index.php/rda/article/view/74808/71636. Acesso em: 16 abr. 2020.

as empresas estatais são entes com personalidade jurídica de direito privado e que, em regra, atuam no mercado de forma concorrencial com a iniciativa privada. Dessa forma, devem os controles das estatais se pautar nos resultados destas e não somente nos meios de sua atuação. Nesse sentido:

> A natureza jurídica de Direito privado dessas entidades, somada a suas atuações em campos muitas vezes concorrenciais, demanda maior agilidade. Contudo, maior agilidade não significa falta de controle, e sim um controle focado em resultados, e não em meios.[40]

Ademais, o programa de *compliance* deve ser efetivo. Não basta a mera existência de mecanismos de governança corporativa. Devem ser realizados estudos que possam levar ao conhecimento dos pontos vulneráveis da empresa, bem como o necessário engajamento e controle de todos os participantes. Nesse sentido:

> Implementar um programa de *compliance* efetivo exige, antes de mais nada, que a empresa se conheça. Um bom programa de *compliance* exige que empresa e os encarregados de estruturar o programa invistam tempo para diagnosticar os efetivos pontos de atenção. Depois, é necessário engajar todos os *stake holders* na construção de padrões de funcionamento factíveis. Só assim se pode gerar padrões de conduta efetivamente capazes de garantir a integridade da atuação da empresa.[41]

A Lei das Estatais prevê expressamente a obrigatoriedade da existência de uma "área de *compliance*". O §4º do art. 9º da Lei nº 13.303/2016 dispõe o seguinte:

> o estatuto social deverá prever, ainda, a possibilidade de que *a área de compliance* se reporte diretamente ao Conselho de Administração em situações em que se suspeite do envolvimento do diretor-presidente em irregularidades ou quando este se furtar à obrigação de adotar medidas necessárias em relação à situação a ele relatada.

Agora serão apresentados os principais instrumentos de *compliance* previstos na Lei nº 13.303/2016.

---

[40] SCHIRATO, Victor Rhein. *As empresas estatais no direito administrativo econômico atual*. São Paulo: Saraiva, 2016. p. 145-146.
[41] GUIMARÃES, Bernardo Strobel; ASSEF, Mayara Segalla Savoia. Compliance nas estatais. Zênite, 10 jul. 2018. Disponível em: https://www.zenite.blog.br/compliance-nas-estatais/. Acesso em: 16 abr. 2020.

## 3.1 Código de conduta e integridade

Foi previsto um código de conduta e integridade. Este deverá ser um "documento de referência que expressará os princípios norteadores das práticas associadas à prevenção do conflito de interesses e à vedação de atos de corrupção e fraude".[42]

Conforme dispõe o §1º do art. 9º da Lei nº 13.303/2016, deverá ser elaborado e divulgado código de conduta e integridade, que disponha sobre: i) princípios, valores e missão da empresa pública e da sociedade de economia mista, bem como orientações sobre a prevenção de conflito de interesses e vedação de atos de corrupção e fraude; ii) instâncias internas responsáveis pela atualização e aplicação do código de conduta e integridade; iii) canal de denúncias que possibilite o recebimento de denúncias internas e externas relativas ao descumprimento do código de conduta e integridade e das demais normas internas de ética e obrigacionais; iv) mecanismos de proteção que impeçam qualquer espécie de retaliação à pessoa que utilize o canal de denúncias; v) sanções aplicáveis em caso de violação às regras do código de conduta e integridade; vi) previsão de treinamento periódico, no mínimo anual, sobre código de conduta e integridade, a empregados e administradores, e sobre a política de gestão de riscos, a administradores.

## 3.2 Comitê de auditoria estatutário

Foi previsto na Lei nº 13.303/2016 o comitê de auditoria estatutário, órgão auxiliar do conselho de administração, com autonomia operacional e dotação orçamentária, anual ou por projeto, dentro de limites aprovados pelo conselho de administração, para conduzir ou determinar a realização de consultas, avaliações e investigações dentro do escopo de suas atividades, inclusive com a contratação e utilização de especialistas externos independentes. O comitê de auditoria estatutário será integrado por, no mínimo, 3 (três) e, no máximo, 5 (cinco) membros, em sua maioria independentes, devendo atender aos requisitos previstos no §1º do art. 25.

O comitê de auditoria estatutário tem por competência: i) opinar sobre a contratação e destituição de auditor independente;

---

[42] SILVA, Mauro Santos. Governança corporativa de empresas estatais: notas sobre o novo modelo adotado no Brasil (Lei nº 13.303/2016). *IPEA – Boletim de Análise Político-Institucional*, n. 15, jul./dez. 2018. Disponível em: http://repositorio.ipea.gov.br/bitstream/11058/8637/1/BAPI15_Cap6.pdf. Acesso em: 18 abr. 2020.

ii) supervisionar as atividades dos auditores independentes, avaliando sua independência, a qualidade dos serviços prestados e a adequação de tais serviços às necessidades da empresa pública ou da sociedade de economia mista; iii) supervisionar as atividades desenvolvidas nas áreas de controle interno, de auditoria interna e de elaboração das demonstrações financeiras da empresa pública ou da sociedade de economia mista; iv) monitorar a qualidade e a integridade dos mecanismos de controle interno, das demonstrações financeiras e das informações e medições divulgadas pela empresa pública ou pela sociedade de economia mista; v) avaliar e monitorar exposições de risco da empresa pública ou da sociedade de economia mista, podendo requerer, entre outras, informações detalhadas sobre políticas e procedimentos referentes à remuneração da administração, utilização de ativos da empresa pública ou da sociedade de economia mista, gastos incorridos em nome da empresa pública ou da sociedade de economia mista; vi) avaliar e monitorar, em conjunto com a administração e a área de auditoria interna, a adequação das transações com partes relacionadas; vii) elaborar relatório anual com informações sobre as atividades, os resultados, as conclusões e as recomendações do comitê de auditoria estatutário, registrando, se houver, as divergências significativas entre administração, auditoria independente e comitê de auditoria estatutário em relação às demonstrações financeiras; viii) avaliar a razoabilidade dos parâmetros em que se fundamentam os cálculos atuariais, bem como o resultado atuarial dos planos de benefícios mantidos pelo fundo de pensão, quando a empresa pública ou a sociedade de economia mista for patrocinadora de entidade fechada de previdência complementar; ix) receber denúncias, inclusive sigilosas, internas e externas à empresa pública ou à sociedade de economia mista, em matérias relacionadas ao escopo de suas atividades.

## 3.3 Conselho fiscal

Apesar de não ser uma inovação, tendo em vista que já havia previsão na Lei nº 6.404/76, previu a Lei das Estatais que estas devem possuir um conselho fiscal. Este tem por finalidade exercer a atividade de "rigoroso controle e fiscalização sobre os atos praticados pela administração".[43] Todas as estatais que tinham a forma de sociedade

---

[43] ALMEIDA, Amador Paes. *Manual das sociedades comerciais*. 11. ed. São Paulo: Saraiva, [s.d.]. p. 267.

por ações já possuíam um conselho fiscal. As estatais que tinham por forma outros tipos societários, a partir da Lei nº 13.303/2016 devem instalar um conselho fiscal.

Conforme art. 163 da Lei nº 6.404/76, compete ao conselho fiscal: i) fiscalizar, por qualquer de seus membros, os atos dos administradores e verificar o cumprimento dos seus deveres legais e estatutários; ii) opinar sobre o relatório anual da administração, fazendo constar do seu parecer as informações complementares que julgar necessárias ou úteis à deliberação da assembleia-geral; iii) opinar sobre as propostas dos órgãos da administração, a serem submetidas à assembleia-geral, relativas à modificação do capital social, emissão de debêntures ou bônus de subscrição, planos de investimento ou orçamentos de capital, distribuição de dividendos, transformação, incorporação, fusão ou cisão; iv) denunciar, por qualquer de seus membros, aos órgãos de administração e, se estes não tomarem as providências necessárias para a proteção dos interesses da companhia, à assembleia-geral, os erros, as fraudes ou os crimes que descobrirem, e sugerir providências úteis à companhia; v) convocar a assembleia-geral ordinária, se os órgãos da administração retardarem por mais de 1 (um) mês essa convocação, e a extraordinária, sempre que ocorrerem motivos graves ou urgentes, incluindo na agenda das assembleias as matérias que considerarem necessárias; vi) analisar, ao menos trimestralmente, o balancete e demais demonstrações financeiras elaboradas periodicamente pela companhia; vii) examinar as demonstrações financeiras do exercício social e sobre elas opinar; viii) exercer essas atribuições, durante a liquidação, tendo em vista as disposições especiais que a regulam.

Conforme dispôs o art. 26 da Lei nº 13.303/2016, podem ser membros do conselho fiscal pessoas naturais, residentes no país, com formação acadêmica compatível com o exercício da função e que tenham exercido, por prazo mínimo de 3 (três) anos, cargo de direção ou assessoramento na Administração Pública ou cargo de conselheiro fiscal ou administrador em empresa, e o conselho fiscal contará com pelo menos 1 (um) membro indicado pelo ente controlador, que deverá ser servidor público com vínculo permanente com a Administração Pública.

## 3.4 Conselho de administração

O conselho de administração era previsto na Lei nº 6.404/76, como órgão facultativo, salvo para as sociedades anônimas abertas, nas de capital autorizado e nas de economia mista, em que era obrigatório.

Portanto, já estava presente nas estatais que tinham forma de sociedade anônima. A Lei nº 13.303/2016, entretanto, previu o conselho de administração como órgão obrigatório que deverá ter a participação de representantes dos empregados e dos sócios minoritários. O conselho de administração, conforme lição da doutrina, é "trata-se de colegiado de caráter deliberativo, ao qual a lei atribui parcela da competência da assembleia geral, com vistas a agilizar a tomada de decisões de interesse da companhia".[44]

Conforme §2º do art. 23 da Lei nº 13.303/2016, compete ao conselho de administração, sob pena de seus integrantes responderem por omissão, promover anualmente análise de atendimento das metas e resultados na execução do plano de negócios e da estratégia de longo prazo, devendo publicar suas conclusões e informá-las ao Congresso Nacional, às Assembleias Legislativas, à Câmara Legislativa do Distrito Federal ou às Câmaras Municipais e aos respectivos tribunais de contas, quando houver.

Também compete ao conselho de administração, conforme previsão do art. 18 da Lei nº 13.3030/2016: i) discutir, aprovar e monitorar decisões envolvendo práticas de governança corporativa, relacionamento com partes interessadas, política de gestão de pessoas e código de conduta dos agentes; ii) implementar e supervisionar os sistemas de gestão de riscos e de controle interno estabelecidos para a prevenção e mitigação dos principais riscos a que está exposta a empresa pública ou a sociedade de economia mista, inclusive os riscos relacionados à integridade das informações contábeis e financeiras e os relacionados à ocorrência de corrupção e fraude; iii) estabelecer política de porta-vozes visando a eliminar risco de contradição entre informações de diversas áreas e as dos executivos da empresa pública ou da sociedade de economia mista; iv) avaliar os diretores da empresa pública ou da sociedade de economia mista – avaliação de desempenho, individual e coletiva, de periodicidade anual, dos administradores e dos membros de comitês.

Conforme dispõe o art. 22 da Lei nº 13.303/2016, o Conselho de Administração deve ser composto, no mínimo, por 25% (vinte e cinco por cento) de membros independentes ou por pelo menos 1 (um), caso haja decisão pelo exercício da faculdade do voto múltiplo pelos acionistas minoritários. O conselheiro independente caracteriza-se

---

[44] COELHO, Fábio Ulhoa. *Manual de direito comercial*. 28. ed. São Paulo: Revista dos Tribunais, 2016. p. 188.

por: i) não ter qualquer vínculo com a empresa pública ou a sociedade de economia mista, exceto participação de capital; ii) não ser cônjuge ou parente consanguíneo ou afim, até o terceiro grau ou por adoção, de chefe do Poder Executivo, de ministro de estado, de secretário de estado ou município ou de administrador da empresa pública ou da sociedade de economia mista; iii) não ter mantido, nos últimos 3 (três) anos, vínculo de qualquer natureza com a empresa pública, a sociedade de economia mista ou seus controladores, que possa vir a comprometer sua independência; iv) não ser ou não ter sido, nos últimos 3 (três) anos, empregado ou diretor da empresa pública, da sociedade de economia mista ou de sociedade controlada, coligada ou subsidiária da empresa pública ou da sociedade de economia mista, exceto se o vínculo for exclusivamente com instituições públicas de ensino ou pesquisa; v) não ser fornecedor ou comprador, direto ou indireto, de serviços ou produtos da empresa pública ou da sociedade de economia mista, de modo a implicar perda de independência; vi) não ser funcionário ou administrador de sociedade ou entidade que esteja oferecendo ou demandando serviços ou produtos à empresa pública ou à sociedade de economia mista, de modo a implicar perda de independência; vii) não receber outra remuneração da empresa pública ou da sociedade de economia mista além daquela relativa ao cargo de conselheiro, à exceção de proventos em dinheiro oriundos de participação no capital.

## 3.5 Vedações de indicações para o conselho de administração e diretoria

No Brasil, as nomeações para os cargos de alto escalão, como ministros de estado e dirigentes de autarquias, fundações públicas e empresas estatais são realizadas visando ao atendimento de cotas partidárias, para a formação da denominada "base aliada" no Congresso Nacional. Seria necessário rever a atual disciplina de escolha de dirigentes de alto escalão da Administração Pública, mediante expressa vedação de nomeações fundadas em critérios exclusivamente políticos, privilegiando-se escolhas por critérios técnicos.[45] A atual forma de escolha de agentes públicos fomenta a corrupção, conforme

---

[45] Na Inglaterra, mesmo os cargos da alta administração, a partir do 2º escalão, devem ser objeto de escolha por critérios técnicos. Nesse sentido, dispõe o UNITED KINGDOM. *Constitutional Reform and Governance Act 2010*. Disponível em: http://www.legislation.gov.uk/ukpga/2010/25/pdfs/ukpga_20100025_en.pdf. Acesso em: 2 mar. 2017.

ilustrativa narrativa feita pelo Ministro do Supremo Tribunal Federal Luís Roberto Barroso:[46]

> Vivemos uma tragédia brasileira, a tragédia da corrupção que se espalhou de alto a baixo sem cerimônia. Um país em que o modo de fazer política e negócios funciona assim: o agente político relevante escolhe o diretor da estatal ou ministro com cotas de arrecadação. E o diretor da estatal contrata em licitação fraudada a empresa que vai superfaturar a obra ou o contrato público para depois distribuir dinheiros. Aí não faz diferença se foi para o bolso ou se foi para a campanha, porque o problema não é para onde vai [o dinheiro], mas de onde vem.

Visando melhorar a situação acima descrita, a Lei nº 13.303/2016 trouxe algumas regras importantes buscando restringir a escolha discricionária do chefe do Poder Executivo na escolha dos membros do conselho de administração e diretoria das empresas estatais. Conforme §2º do art. 17, é vedada a indicação, para o conselho de administração e para a diretoria, vedação que se estende aos parentes consanguíneos ou afins até o terceiro grau: i) de representante do órgão regulador ao qual a empresa pública ou a sociedade de economia mista está sujeita, de ministro de estado, de secretário de estado, de secretário municipal, de titular de cargo, sem vínculo permanente com o serviço público, de natureza especial ou de direção e assessoramento superior na Administração Pública, de dirigente estatutário de partido político e de titular de mandato no Poder Legislativo de qualquer ente da Federação, ainda que licenciados do cargo; ii) de pessoa que atuou, nos últimos 36 (trinta e seis) meses, como participante de estrutura decisória de partido político ou em trabalho vinculado à organização, estruturação e realização de campanha eleitoral; iii) de pessoa que exerça cargo em organização sindical; iv) de pessoa que tenha firmado contrato ou parceria, como fornecedor ou comprador, demandante ou ofertante, de bens ou serviços de qualquer natureza, com a pessoa político-administrativa controladora da empresa pública ou da sociedade de economia mista ou com a própria empresa ou sociedade em período inferior a 3 (três) anos antes da data de nomeação; v) de pessoa que tenha ou possa ter qualquer forma de conflito de interesse com a pessoa político-administrativa

---

[46] BARROSO diz que ele e Gilmar têm 'diferentes visões da vida e do país'. *Folha de São Paulo*, 19 dez. 2017. Disponível em: http://www1.folha.uol.com.br/poder/2017/12/1944490-barroso-diz-que-ele-e-gilmar-tem-diferentes-visoes-da-vida-e-do-pais.shtml. Acesso em: 3 jan. 2018.

controladora da empresa pública ou da sociedade de economia mista ou com a própria empresa ou sociedade.

## 4 Conclusões

A corrupção é um grande problema a ser enfrentado pelo Brasil. As empresas estatais foram utilizadas como instrumentos de enriquecimento ilícito por parte de agentes públicos e detentores do poder econômico da iniciativa privada. Apesar de as empresas estatais se submeterem aos princípios da Administração Pública, previstos no art. 37 da Constituição Federal, que não permitem qualquer ato de corrupção, o legislador inseriu a obrigatoriedade da existência de um setor de *compliance* nas empresas estatais.

O *compliance* é caracterizado por um conjunto de medidas e instrumentos adotados pelas empresas para evitar que seus agentes pratiquem atos violadores da lei. A efetiva implementação de um *compliance* eficiente requer mais que a previsão de órgãos e ferramentas, mas o efetivo conhecimento das características da empresa, de seus pontos de fragilidade, a adoção de medidas preventivas para evitar o surgimento de comportamentos que se desviam da lei, bem como a existência efetiva de um controle focado no resultado.

A Lei nº 13.303/2016 trouxe instrumentos de governança corporativa às estatais que podem impedir a corrupção verificada nas empresas estatais, desde que sejam efetivamente implementados.

## Referências

ALMEIDA, Amador Paes. *Manual das sociedades comerciais*. 11. ed. São Paulo: Saraiva, [s.d.].

ARAGÃO, Alexandre dos Santos. *Empresas estatais*. Rio de Janeiro: Forense, 2017.

BALBINOTTO NETO, Giácomo. A percepção da corrupção e suas implicações econômicas: uma aplicação ao setor de obras rodoviárias no Estado do RS. *Revista do Programa de Pós-Graduação em Economia da Universidade Federal do Rio Grande do Sul (UFRGS)*, 2004. Disponível em: http://www.ppge.ufrgs.br/ppge/pcientifica/2004_21.pdf. Acesso em: 20 fev. 2017.

BARCA, Antônio Giménez. Delação da Odebrecht revela troca de leis por doações a campanhas do PMDB. *El País*, 16 fev. 2016. Disponível em: https://brasil.elpais.com/brasil/2016/12/10/politica/1481402883_207587.html. Acesso em: 17 dez. 2016.

BRASIL. Ministério Público Federal. *A lava jato em números*. Disponível em: http://www.mpf.mp.br/grandes-casos/caso-lava-jato/atuacao-na-1a-instancia/atuacao-na-1a-instancia/parana/resultado. Acesso em: 10 out. 2018.

CAMPOS, Francisco de Assis Oliveira; PEREIRA, Ricardo A. de Castro. Corrupção e ineficiência no Brasil: Uma análise de equilíbrio geral. *Estudos Econômicos*, São Paulo, v. 46, n. 2, p. 373-408, abr./jun. 2016. DOI: http://dx.doi.org/10.1590/0101-416146244rpf.

COELHO, Fábio Ulhoa. *Manual de direito comercial.* 28. ed. São Paulo: Revista dos Tribunais, 2016.

CONSELHO ADMINISTRATIVO DE DEFESA ECONÔMICA – CADE. *Guia para programas de compliance.* Disponível em: http://www.cade.gov.br/acesso-a-informacao/publicacoes-institucionais/guias_do_Cade/guia-compliance-versao-oficial.pdf. Acesso em: 13 abr. 2020.

DETTER, Dag; FÖLSTER, Stefan. *A riqueza pública das nações*: como a gestão de ativos públicos pode impulsionar ou prejudicar o crescimento econômico. Tradução de Claudia Gerpe Duarte, Eduardo Gerpe Duarte. São Paulo: Cultrix, 2016.

FEDERAÇÃO DAS INDÚSTRIAS DO ESTADO DE SÃO PAULO – FIESP. *Relatório corrupção*: custos econômicos e propostas de combate. São Paulo: Fiesp, mar. 2010. Disponível em: http://www.fiesp.com.br/arquivo-download/?id=2021. Acesso em: 20 fev. 2017.

FILGUEIRAS, Fernando; AVRITZER, Leonardo. Corrupção e controles democráticos no Brasil. *In*: CARDOSO JR., José Celso; BERCOVICI, Gilberto. *República, democracia e desenvolvimento*: contribuições ao Estado brasileiro contemporâneo. Brasília: Ipea, 2013.

FONSECA, Francisco. Desvendando os mitos sobre a corrupção. *In*: BIASOTO JUNIOR, Geraldo; SILVA, Luiz Antônio Palma e. *Aporias para o planejamento público.* São Paulo: Fundap, 2013.

GUIMARÃES, Bernardo Strobel; ASSEF, Mayara Segalla Savoia. Compliance nas estatais. *Zênite*, 10 jul. 2018. Disponível em: https://www.zenite.blog.br/compliance-nas-estatais/. Acesso em: 16 abr. 2020.

MARTINS, Ricardo Marcondes. Princípio da moralidade administrativa. *In*: ADRI, Renata Porto; PIRES, Luiz Manuel Fonseca; ZOCKUN, Maurício (Coord.). *Corrupção, ética e moralidade administrativa.* Belo Horizonte: Fórum, 2008.

MEIRELLES, Hely Lopes. *Direito administrativo brasileiro.* 35. ed. São Paulo: Malheiros, 2009.

MORAES, Bruno; BREYER, Thiago. Compliance e a relação com a lei anticorrupção. *Migalhas*, 12 ago. 2016. Disponível em: https://www.migalhas.com.br/depeso/243724/compliance-e-a-relacao-com-a-lei-anticorrupcao. Acesso em: 18 abr. 2020.

NAKAMURA, André Luiz dos Santos. A infraestrutura e a corrupção no Brasil. *Revista Brasileira de Estudos Políticos*, n. 117, p. 97-126, jul./dez. 2018.

NOHARA, Irene Patrícia. *Direito administrativo.* 9. ed. São Paulo: Atlas, 2019.

PINHO, Clóvis Alberto Bertolini de; RIBEIRO, Marcia Carla Pereira. Corrupção e compliance nas empresas públicas e sociedades de economia mista: racionalidade das disposições da Lei de Empresas Estatais (Lei nº 13.303/2016). *Revista de Direito Administrativo*, Rio de Janeiro, v. 277, n. 1, p. 241-272, maio 2018. ISSN 2238-5177. DOI: http://dx.doi.org/10.12660/rda.v277.2018.74808. Disponível em: http://bibliotecadigital.fgv.br/ojs/index.php/rda/article/view/74808/71636. Acesso em: 16 abr. 2020.

PINTO, Francisco Bilac Moreira. *Enriquecimento ilícito no exercício de cargos públicos.* Rio de Janeiro: Forense, 1960.

QUEIROZ, César; VISSER, Alex. Corruption, transport infrastructure stock and economic development. *World Bank Infrastructure Forum*, Washington, D.C. Disponível em: http://citeseerx.ist.psu.edu/viewdoc/download?doi=10.1.1.582.3165&rep=rep1&type=pdf. Acesso em: 30 jul. 2017.

SANTOS, Renato Almeida dos *et al*. Compliance e liderança: a suscetibilidade dos líderes ao risco de corrupção nas organizações. *Einstein (São Paulo)*, São Paulo, v. 10, n. 1, p. 1-10, mar. 2012. DOI: https://doi.org/10.1590/S1679-45082012000100003. Disponível em: http://www.scielo.br/scielo.php?script=sci_arttext&pid=S1679-45082012000100003&lng=en&nrm=iso. Acesso em: 16 abr. 2020.

SCHIRATO, Victor Rhein. *As empresas estatais no direito administrativo econômico atual*. São Paulo: Saraiva, 2016.

SILVA, Mauro Santos. Governança corporativa de empresas estatais: notas sobre o novo modelo adotado no Brasil (Lei nº 13.303/2016). *IPEA – Boletim de Análise Político-Institucional*, n. 15, jul./dez. 2018. Disponível em: http://repositorio.ipea.gov.br/bitstream/11058/8637/1/BAPI15_Cap6.pdf. Acesso em: 18 abr. 2020.

UNITED KINGDOM. *Constitutional Reform and Governance Act 2010*. Disponível em: http://www.legislation.gov.uk/ukpga/2010/25/pdfs/ukpga_20100025_en.pdf. Acesso em: 2 mar. 2017.

WORLD ECONOMIC FORUM. *The Global Competitiveness Report 2016-2017*: ethics and corruption. Disponível em: http://reports.weforum.org/global-competitiveness-index/competitiveness-rankings/#series=GCI.A.01.01.02. Acesso em: 21 fev. 2017.

---

Informação bibliográfica deste texto, conforme a NBR 6023:2018 da Associação Brasileira de Normas Técnicas (ABNT):

NAKAMURA, André Luiz dos Santos. Compliance nas empresas estatais como instrumento de combate à corrupção. *In*: DAL POZZO, Augusto Neves; MARTINS, Ricardo Marcondes (Coord.). *Aspectos controvertidos do compliance na Administração Pública*. Belo Horizonte: Fórum, 2020. p. 233-253. ISBN 978-65-5518-044-2.

# A LEI DAS ESTATAIS E OS PROGRAMAS DE *COMPLIANCE*

### SIMONE ZANOTELLO DE OLIVEIRA

## 1 Introdução

A Lei nº 13.303, de 30.6.2016, também intitulada Lei das Estatais ou Lei de Responsabilidade das Estatais, dispõe sobre o estatuto jurídico da empresa pública, da sociedade de economia mista e de suas subsidiárias, no âmbito da União, dos estados, do Distrito Federal e dos municípios, com o objetivo de atender ao art. 173, §1º, da Constituição Federal,[1] preenchendo uma lacuna que havia no sistema jurídico-constitucional.

Essa lei, de caráter nacional, estabelece parâmetros de organização e de atuação das empresas estatais, que fazem parte da Administração indireta, sendo aplicável tanto para aquelas que exploram atividade econômica de produção ou comercialização de bens ou de

---

[1] "Art. 173. [...] §1º A lei estabelecerá o estatuto jurídico da empresa pública, da sociedade de economia mista e de suas subsidiárias que explorem atividade econômica de produção ou comercialização de bens ou de prestação de serviços, dispondo sobre: I - sua função social e formas de fiscalização pelo Estado e pela sociedade; II - a sujeição ao regime jurídico próprio das empresas privadas, inclusive quanto aos direitos e obrigações civis, comerciais, trabalhistas e tributários; III - licitação e contratação de obras, serviços, compras e alienações, observados os princípios da administração pública; IV - a constituição e o funcionamento dos conselhos de administração e fiscal, com a participação de acionistas minoritários; V - os mandatos, a avaliação de desempenho e a responsabilidade dos administradores".

prestação de serviços (ainda que a atividade econômica esteja sujeita ao regime de monopólio da União) quanto para as que prestam serviços públicos.

A fixação de normas homogêneas para essas duas espécies de empresas governamentais tem gerado uma série de críticas, pois estaria na contramão da doutrina e da jurisprudência que sempre apresentaram distinções em relação ao regime jurídico das estatais, dependendo da atividade exercida – se exploradora de atividade econômica ou prestadora de serviços públicos.

Ricardo Marcondes Martins discorre no sentido de que essa unificação de regimes acaba por transformar os serviços públicos em atividades econômicas. No entanto, qualquer pretensão legislativa de atribuir aos serviços públicos o regime jurídico das atividades econômicas viola o texto constitucional.[2] Quando uma empresa estatal não explora atividade econômica, não há fundamentos para submetê-la às regras de direito privatístico, razão pela qual fica evidente que essa submissão representa uma fuga para o direito privado.[3] Portanto, a utilização da forma da "empresa estatal" para outra finalidade que não seja a exploração da atividade econômica seria ilícita. Por fim, o autor conclui que "as empresas estatais prestadoras de serviço público, construtoras de obras públicas e exercentes de função pública são contrafações[4] de autarquia e, como tais, regem-se integralmente pelo Direito Administrativo, tais como todas as autarquias".[5]

---

[2] MARTINS, Ricardo Marcondes. Estatuto das empresas estatais à luz da Constituição Federal. *In*: DAL POZZO, Augusto Neves; MARTINS, Ricardo Marcondes (Coord.). *Estatuto jurídico das empresas estatais*. São Paulo: Contracorrente, 2018. p. 53-69.

[3] Maria João Estorninho também trata do tema da "fuga para o direito privado", explicando que essa fuga seria uma busca pela dinamização das atividades exercidas pela Administração Pública e pela maior eficiência administrativa, por meio da absorção de institutos e práticas tradicionalmente oriundos do setor privado, ou seja, o objetivo seria fugir do regime jurídico administrativo, notadamente de suas sujeições (ESTORNINHO, Maria João. *A fuga para o direito privado*: contributo para o estudo da actividade de direito privado da Administração Pública. Coimbra: Almedina, 1999. p. 360).

[4] Nas lições de Ricardo Marcondes Martins: "Dá-se uma *contrafação administrativa* quando se emprega um *conceito* no direito administrativo *equivocadamente* e, ao fazê-lo, invoca-se, consciente ou inconscientemente, um regime jurídico incompatível com a situação qualificada pelo conceito. Quer dizer: a *conotação* é incompatível com a *denotação* pretendida. Fixado que o conceito jurídico se reporta a certo regime jurídico, a *contrafação* ocorre quando se emprega o conceito numa situação incompatível com esse regime" (MARTINS, Ricardo Marcondes. Teoria das contrafações administrativas. *Revista Direito Administrativo e Constitucional – A&C*, ano 16, n. 64, abr./jun. 2016. Disponível em: http://www.revistaaec.com/index.php/revistaaec/article/view/241/616. Acesso em: 2 maio 2020).

[5] MARTINS, Ricardo Marcondes. Estatuto das empresas estatais à luz da Constituição Federal. *In*: DAL POZZO, Augusto Neves; MARTINS, Ricardo Marcondes (Coord.). *Estatuto jurídico das empresas estatais*. São Paulo: Contracorrente, 2018. p. 53-69.

Segundo Edgar Guimarães e José Anacleto Abduch Santos, a norma legal "transcendeu a determinação da Constituição e incluiu no regime jurídico que preceitua as empresas públicas e sociedades de economia mista as prestadoras de serviços públicos". No entanto, para os autores, até que seja declarada a inconstitucionalidade pelo Poder Judiciário, em sede de controle difuso ou de controle concentrado, a lei aplica-se às estatais prestadoras de serviços públicos, inclusive nas regras relativas a licitações e contratos.[6]

Feita essa primeira avaliação, há que se destacar que as empresas estatais possuem uma função social, prevista no art. 27 da lei, envolvendo aspectos relacionados ao bem-estar econômico, ampliação de acesso de consumidores a produtos e serviços, alocação socialmente eficiente de recursos e sustentabilidade ambiental. Nas lições de Edgar Guimarães e José Anacleto Abduch Santos, a função social da estatal implica considerar que as suas atividades empresariais não podem estar voltadas exclusivamente para satisfazer interesses econômicos ou particulares de dirigentes, acionistas ou sócios, mas que a atividade econômica exercida pela estatal deve ser dirigida também para a realização de interesses coletivos e para a concretização de valores sociais determinados pela nossa Constituição.[7]

A legislação em tela disciplina basicamente dois temas em sua estrutura: (i) regras de governança corporativa,[8] transparência na gestão[9]

---

[6] GUIMARÃES, Edgar; SANTOS, José Anacleto Abduch. *Lei das Estatais*: comentários ao regime jurídico licitatório e contratual da Lei n. 13.303/2016. Belo Horizonte: Fórum, 2017. p. 20-21.

[7] GUIMARÃES, Edgar; SANTOS, José Anacleto Abduch. *Lei das Estatais*: comentários ao regime jurídico licitatório e contratual da Lei n. 13.303/2016. Belo Horizonte: Fórum, 2017. p. 36.

[8] Paulo Osternack Amaral dispõe sobre o conceito de governança de acordo com a consagrada doutrina sobre o tema: "Governança corporativa consiste no conjunto de políticas e práticas orientadas a conferir maior transparência, estabelecer mecanismos de controle, estimular e garantir a atuação ética dos envolvidos, minimizar potenciais conflitos, agir em conformidade com as regras (internas e externas), enfim, aumentar a confiabilidade da companhia no mercado, mediante a valorização da empresa e a proteção das partes interessadas (*stakeholders*), dos investidores, dos empregados, do mercado e dos credores" (AMARAL, Paulo Osternack. Lei das Estatais: espectro de incidência e regras de governança. *In*: JUSTEN FILHO, Marçal (Org.). *Estatuto jurídico das empresas estatais*: Lei 13.303/2016. São Paulo: Revista dos Tribunais, 2016. p. 65-66). De acordo com os ensinamentos de Irene Nohara: "A preocupação com o tema da governança teve como estopim o movimento de Reforma Administrativa da década de noventa no Brasil, sendo resultante dela a positivação da eficiência no rol dos princípios jurídico-constitucionais da Administração Pública" (NOHARA, Irene Patrícia. Governança pública e gestão de riscos: transformações no direito administrativo. *In*: PAULA, Marco Aurélio Borges de; CASTRO, Rodrigo Pironti Aguirre de (Coord.). *Compliance, gestão de riscos e combate à corrupção*. Belo Horizonte: Fórum, 2018. p. 328).

[9] Um dos principais pilares de transparência na gestão está na nova forma de escolha dos dirigentes. A Lei das Estatais estabeleceu novas condições para a nomeação dos membros

e mecanismos de controle da atividade empresarial das estatais;[10] e (ii) regras para licitações e contratações das estatais. Esses temas trarão reflexos não apenas para os seus processos internos, mas também para todos os seus relacionamentos com o público externo, incluindo fornecedores, órgãos de controle, terceiros etc.

Rodrigo Pironti e Francine Gonçalves destacam as principais práticas de governança exigidas pela Lei das Estatais:

> [...] criação de instâncias internas para a atualização e aplicação do código de conduta e integridade, canal de denúncias que possibilita o recebimento de denúncias internas e externas e mecanismos de proteção à retaliação do denunciante, treinamentos periódicos sobre o Código de Conduta a seus empregados, políticas de gestão de riscos, análise de pré-qualificação de fornecedores com a exigência de consulta ao Cadastro Nacional de Empresas Inidôneas e matriz de riscos nos contratos de obras e serviços como cláusula contratual.[11]

Nesse contexto, será imperioso aprofundarmos nossos estudos sobre a importância do papel do *compliance* no cenário das empresas estatais.

## 2 O *compliance* nas estatais e a Lei Anticorrupção

A Lei nº 13.303/2016 trouxe para as empresas estatais os conceitos de *compliance*[12] e de gestão de riscos. No entanto, há que se destacar que o marco inicial do *compliance* no ordenamento jurídico brasileiro ocorreu com a Lei nº 12.846/2013, conhecida como Lei Anticorrupção,

---

do conselho de administração e da diretoria. Fernão Justen de Oliveira destaca que os "sujeitos indicados devem atender a critérios de qualificação técnica, com exigência de tempo de exercício profissional, de formação acadêmica e de elegibilidade geral. Vedou a indicação de agentes políticos e reguladores, de partes contratantes e de outros titulares de interesses conflitantes, além de prevenir o nepotismo e a simulação. Acrescentou competências ao Conselho de Administração em coerência com práticas obstativas de corrupção e incrementou a disciplina sobre a participação de empregados, acionistas minoritários e administradores públicos" (OLIVEIRA, Fernão Justen de. Os administradores das empresas estatais. *In*: JUSTEN FILHO, Marçal (Org.). *Estatuto jurídico das empresas estatais*: Lei 13.303/2016. São Paulo: Revista dos Tribunais, 2016. p. 167).

[10] Os mecanismos de controle interno da lei abrangem regras de estruturas, elaboração de códigos de conduta e integridade e práticas de gestão de riscos e *compliance*.

[11] CASTRO, Rodrigo Pironti Aguirre de; GONÇALVES, Francine Silva Pacheco. *Compliance e gestão de riscos nas empresas estatais*. Belo Horizonte: Fórum, 2018. p. 17.

[12] O termo *compliance* tem origem no verbo inglês *to comply*, que significa obedecer, cumprir, aceitar, concordar, aquiescer, assentir, no sentido justamente de estar em conformidade com as normas legais e as diretrizes éticas.

que dispõe sobre a responsabilização administrativa e civil, de forma objetiva, de pessoas jurídicas pela prática de atos contra a Administração Pública, nacional ou estrangeira. Nos termos do art. 7º, inc. VIII, da Lei Anticorrupção, a existência de mecanismos e procedimentos internos de integridade, auditoria e incentivo à denúncia de irregularidades e a aplicação efetiva de códigos de ética e de conduta no âmbito da pessoa jurídica serão levadas em consideração no momento de eventual aplicação de sanções a ela. Logo, essa conduta passa a ser um incentivo para que as organizações implementem sistemas de integridade destinados à prevenção de ilícitos.

Evana Beiguelman Kramer destaca que a Lei das Estatais não destoa da Lei nº 12.846/2013, "integrando o que se vislumbra como um microssistema normativo de regência das boas práticas administrativas, alinhada à Lei da Improbidade Administrativa, à Lei da Ação Popular e à Lei de Licitações".[13]

O Decreto Federal nº 8.420/2015, que regulamenta a legislação anticorrupção, promoveu uma definição do que é um programa de integridade e como ele deve ser estruturado, aplicado e atualizado:

> Art. 41. Para fins do disposto neste Decreto, programa de integridade consiste, no âmbito de uma pessoa jurídica, no conjunto de mecanismos e procedimentos internos de integridade, auditoria e incentivo à denúncia de irregularidades e na aplicação efetiva de códigos de ética e de conduta, políticas e diretrizes com objetivo de detectar e sanar desvios, fraudes, irregularidades e atos ilícitos praticados contra a administração pública, nacional ou estrangeira.
> Parágrafo Único. O programa de integridade deve ser estruturado, aplicado e atualizado de acordo com as características e riscos atuais das atividades de cada pessoa jurídica, a qual por sua vez deve garantir o constante aprimoramento e adaptação do referido programa, visando garantir sua efetividade.

Há que se salientar que a Lei das Estatais, em seu art. 94, trouxe para si a aplicabilidade da Lei Anticorrupção:

> Art. 94. Aplicam-se à empresa pública, à sociedade de economia mista e às suas subsidiárias as sanções previstas na Lei nº 12.846, de 1º de agosto de 2013, salvo as previstas nos incisos II, III e IV do caput do art. 19 da referida Lei.

---

[13] KRAMER, Evane Beiguelman. Os novos parâmetros de compliance na Lei n. 13.303/16. *In*: DAL POZZO, Augusto Neves; MARTINS, Ricardo Marcondes (Coord.). *Estatuto jurídico das empresas estatais*. São Paulo: Contracorrente, 2018. p. 168.

Essa aplicabilidade não faz qualquer diferenciação em relação à receita operacional bruta das empresas estatais,[14] sendo que qualquer uma delas está sujeita a processos de responsabilização pela prática de atos contra a Administração Pública, razão pela qual denota-se a importância de se ter um programa de integridade.

Como bem observa Cristiana Fortini, a relação entre corrupção e governança e os programas de integridade é elementar e, mesmo que a Lei Anticorrupção nada tivesse tratado a respeito, não restam dúvidas de que a adoção de medidas que reduzam ou eliminem atos considerados ilícitos é fundamental para a proteção da organização.[15]

## 3 A implantação do programa de *compliance*

A implantação do programa de integridade deve ser atribuída a uma área de *compliance* da empresa, área essa que será responsável por elaborar todos os normativos internos, bem como os treinamentos e capacitações para adequação a essa normatização. De acordo com o art. 9º, §§2º e 4º da Lei das Estatais, a área de *compliance* deverá ser vinculada ao diretor-presidente e liderada por um diretor estatutário, devendo o estatuto social prever as atribuições dessa área, bem como estabelecer mecanismos que assegurem atuação independente. Além disso, na hipótese de ocorrer situações em que se suspeite do envolvimento do diretor-presidente em irregularidades ou quando este se furtar à obrigação de adotar medidas necessárias em relação à situação a ele relatada, o estatuto social deverá prever a possibilidade de que a área de *compliance* reporte-se de forma direta ao conselho de administração.

Salientamos que o profissional responsável pela área de *compliance*, denominado *compliance officer*, deverá ter contato com as diversas estruturas da estatal, além de ter acesso a uma série de informações internas da organização. Por essa razão, requisitos como impessoalidade e confidencialidade são imprescindíveis para esse profissional. Além disso, é preciso acertar na escolha dele. Nas lições de Wagner Giovanini, é comum termos debates sobre qual a formação acadêmica mais adequada para um *compliance officer* – advogado, engenheiro,

---

[14] As empresas públicas e as sociedades de economia mista que tiverem, em conjunto com suas respectivas subsidiárias, no exercício social anterior, receita operacional bruta inferior a R$90.000.000,00 (noventa milhões de reais), não se submetem a algumas regras do Título I da Lei das Estatais, resultando na redução de obrigações que foram impostas pela legislação.

[15] FORTINI, Cristiana. Programas de integridade e a lei anticorrupção. In: PAULA, Marco Aurélio Borges de; CASTRO, Rodrigo Pironti Aguirre de (Coord.). *Compliance, gestão de riscos e combate à corrupção*. Belo Horizonte: Fórum, 2018. p. 195.

administrador, economista, entre outros; no entanto, a característica primordial desse profissional é que ele deva ser "enérgico o suficiente para salvaguardar a aplicação das regras e, ao mesmo tempo, amável, no sentido de convencer as pessoas".[16]

Entre os normativos a serem implementados na empresa, que estão sob a responsabilidade da área de *compliance*, temos o código de conduta e integridade, que é o norteador de todas as outras políticas da empresa. Nele deverão estar contidos princípios éticos e morais da organização, bem como o comportamento esperado de todas as partes envolvidas, os chamados *stakeholders* (acionistas, investidores, colaboradores, parceiros de negócios, fornecedores, consumidores, governo, terceiros etc.).

Segundo Rodrigo Pironti e Mirela Ziliotto, o código de conduta e integridade deverá abordar os princípios basilares da organização, os quais são fundamentais para guiar as demais políticas empresariais. Nesse contexto, não devem prosperar os chamados "códigos de gaveta", os que não são adequados à realidade da empresa, os que não tratam os aspectos intrínsecos da organização, os que se utilizam de linguagem inadequada, ou os que apresentam outras lacunas.[17]

Em termos gerais, o código de conduta e integridade deverá trabalhar as seguintes políticas, direta ou indiretamente: (i) política de partes relacionadas; (ii) política de *due diligence*[18] de fornecedores e terceiros; (iii) política de relacionamento com agentes públicos; (iv) política de segregação de funções sensíveis; (v) política de recepção e tratamento de denúncias; (vi) política de brindes, doações e patrocínios; (vii) política de viagens e reembolso de despesas; (viii) política de gestão de riscos; (ix) política de consequências; e (x) outras políticas necessárias para instrumentalizar o programa de integridade.[19]

---

[16] GIOVANINI, Wagner. Programas de compliance e anticorrupção: importância e elementos essenciais. *In*: PAULA, Marco Aurélio Borges de; CASTRO, Rodrigo Pironti Aguirre de (Coord.). *Compliance, gestão de riscos e combate à corrupção*. Belo Horizonte: Fórum, 2018. p. 57.

[17] CASTRO, Rodrigo Pironti Aguirre de; ZILIOTTO, Mirela Miró. *Compliance nas contratações públicas*: exigência e critérios normativos. Belo Horizonte: Fórum, 2019. p. 167.

[18] A *due diligence* é um processo que tem como objetivo buscar informações sobre determinadas empresas e pessoas com as quais a estatal tem a intenção de se relacionar. Pode ser realizada no momento da contratação de fornecedores, prestadores de serviços, patrocinadores, terceiros, empregados etc., para realizar a aquisição ou fusão de empresas; para contratar agentes intermediários etc. Essas informações apoiam o gestor no momento da tomada de decisão da ação pretendida. Pode verificar aspectos financeiros, reputação, entre outros (CASTRO, Rodrigo Pironti Aguirre de; GONÇALVES, Francine Silva Pacheco. *Compliance e gestão de riscos nas empresas estatais*. Belo Horizonte: Fórum, 2018. p. 131).

[19] CASTRO, Rodrigo Pironti Aguirre de; GONÇALVES, Francine Silva Pacheco. *Compliance e gestão de riscos nas empresas estatais*. Belo Horizonte: Fórum, 2018. p. 38.

Um dos fatores fundamentais para que haja efetividade de um programa de *compliance* numa estatal encontra-se no comprometimento da alta administração (presidência, superintendência etc.) em todas as suas fases, quais sejam, implantação, manutenção e monitoramento. E, além disso, a alta administração deverá dar o exemplo aos escalões inferiores da organização, por meio da observância das regras de integridade, agindo de modo ético e regular. É a materialização da expressão em inglês *tone at the top* (o exemplo vem de cima), visto que é a conduta do alto escalão de uma empresa que determina a ação dos demais empregados. Nesse sentido, Rodrigo Pironti e Francine Gonçalves afirmam:

> [...] a credibilidade do programa de integridade está intrinsicamente vinculada ao exemplo prático de seus gestores, tendo em vista que de nada valem a capacitação e o treinamento quando a alta administração não demonstra interesse no tema e suas atitudes não se coadunam com o conteúdo das normas da entidade, seus valores e os treinamentos ministrados.[20]

Além disso, o decreto que regulamenta a Lei Anticorrupção também avalia o programa de integridade com relação ao comprometimento da alta administração, para fins de se promover a dosimetria na aplicação das sanções por atos ilícitos praticados.[21]

Destacamos que os programas de integridade das estatais devem estar sempre em constante aperfeiçoamento e atualização, por meio de um monitoramento contínuo, pois o mercado é bastante instável e as empresas, diariamente, estão sujeitas a modificações em sua estrutura de gestão em face de mudanças no cenário político, econômico, social e jurídico, havendo a necessidade de se avaliar constantemente a efetividade desses programas, corrigindo e adequando o que for necessário.[22] Inclusive, essa também é a recomendação do art. 12, inc. II, da Lei das Estatais.[23]

---

[20] CASTRO, Rodrigo Pironti Aguirre de; GONÇALVES, Francine Silva Pacheco. *Compliance e gestão de riscos nas empresas estatais*. Belo Horizonte: Fórum, 2018. p. 19.

[21] "Art. 42. Para fins do disposto no §4º do art. 5º, o programa de integridade será avaliado, quanto a sua existência e aplicação, de acordo com os seguintes parâmetros: I - comprometimento da alta direção da pessoa jurídica, incluídos os conselhos, evidenciado pelo apoio visível e inequívoco ao programa; [...]".

[22] CASTRO, Rodrigo Pironti Aguirre de; ZILIOTTO, Mirela Miró. *Compliance nas contratações públicas*: exigência e critérios normativos. Belo Horizonte: Fórum, 2019. p. 76.

[23] "Art. 12. A empresa pública e a sociedade de economia mista deverão: [...] II - adequar constantemente suas práticas ao Código de Conduta e Integridade e a outras regras de boa prática de governança corporativa, na forma estabelecida na regulamentação desta Lei".

A divulgação do código de conduta e integridade ao público interno e externo da organização é uma ação imprescindível. Deverá ocorrer utilizando-se dos diversos meios: *site*, *intranet* da empresa, *e-mail* corporativo, exemplares físicos nos departamentos etc.

O código de conduta e integridade também deverá apresentar um canal de denúncias, por meio do qual seja possível o recebimento de denúncias internas e externas relativas ao descumprimento do próprio código e de outras normas estabelecidas. Conforme André Guskow Cardoso, esse canal deverá assegurar o efetivo recebimento e processamento das denúncias de descumprimento, bem como deverá promover mecanismos que protejam aqueles que realizam denúncias, com o objetivo de evitar qualquer tipo de retaliação ao denunciante.[24] Ainda segundo o autor, apenas o denunciante de boa-fé deve ser protegido de retaliações, sendo que o próprio código de conduta poderá estabelecer que denúncias falsas ou decorrentes de má-fé sofram a devida punição.[25]

O treinamento periódico dos empregados e administradores com relação ao conteúdo do código também se constitui numa necessidade do programa de *compliance*. A periodicidade mínima para os treinamentos, a ser estabelecida pelo código, é de um ano, conforme previsto na Lei das Estatais (art. 9º, §1º, inc. VI). André Guskow Cardoso faz uma pertinente avaliação sobre a importância desse treinamento:

> Não basta haver treinamentos formais ou apenas de "fachada", para o cumprimento da lei. Esses treinamentos devem se valer de métodos de ensino consagrados e contemplar avaliações para aferir o grau de retenção das regras por parte daqueles que lhe forem submetidos. A eventual insuficiência na avaliação deve conduzir a repetição do treinamento ou, ainda, à adoção de medidas mais drásticas, previstas pelo Código de Conduta ou pelo estatuto da empresa pública ou sociedade de economia mista.[26]

---

[24] CARDOSO, André Guskow. Governança corporativa, transparência e compliance nas empresas estatais: o regime instituído pela Lei 13.303/2016. *In*: JUSTEN FILHO, Marçal (Org.). *Estatuto jurídico das empresas estatais*: Lei 13.303/2016. São Paulo: Revista dos Tribunais, 2016. p. 116.

[25] CARDOSO, André Guskow. Governança corporativa, transparência e compliance nas empresas estatais: o regime instituído pela Lei 13.303/2016. *In*: JUSTEN FILHO, Marçal (Org.). *Estatuto jurídico das empresas estatais*: Lei 13.303/2016. São Paulo: Revista dos Tribunais, 2016. p. 116.

[26] CARDOSO, André Guskow. Governança corporativa, transparência e compliance nas empresas estatais: o regime instituído pela Lei 13.303/2016. *In*: JUSTEN FILHO, Marçal (Org.). *Estatuto jurídico das empresas estatais*: Lei 13.303/2016. São Paulo: Revista dos Tribunais, 2016. p. 116.

Em suma, esses são os principais procedimentos que envolvem a implantação de um programa de *compliance*, para que este possa apresentar resultados positivos.

## 4 O programa de *compliance* e a gestão de riscos

Uma questão importante em relação aos programas de integridade é que, para que eles sejam implantados e mantidos, eles devem estar alinhados aos riscos da organização, bem como devem estar em conformidade com o plano estratégico dela. Rodrigo Pironti e Francine Gonçalves alertam que a análise de riscos é fundamental para o plano estratégico, visto que devem ser considerados todos os eventos incertos que possam influenciar, positiva ou negativamente, o atingimento de metas e objetivos nele estabelecidos.[27] Com o programa de integridade, o objetivo é, diante dos riscos mapeados, criar mecanismos internos para oferecer resposta a esses riscos, notadamente aqueles relacionados ao *compliance* (desvios de conduta, descumprimento de legislação e de normas internas, violação de diretrizes, entre outros).

A própria Lei das Estatais, em seu art. 6º,[28] prescreve a necessidade de uma prática de gestão de riscos, a ser adotada no estatuto da empresa governamental, e em seu art. 9º[29] estabelece que as estatais deverão adotar regras de estrutura e práticas de gestão de risco e controle interno. Trata-se de uma gestão a ser implementada de forma contínua na instituição, a fim de que a empresa esteja alinhada com as novas regras de governança trazidas pela legislação.

Essa gestão de riscos não se confunde com a matriz de risco como cláusula contratual, que será tratada mais adiante, mas uma gestão de riscos corporativos, vinda da expressão em inglês *enterprise risk management* – ERM. Significa capacidades e práticas integradas com a definição de estratégias e de performance da empresa, das quais a organização depende para poder gerenciar riscos e preservar sua missão, visão e valores.

---

[27] CASTRO, Rodrigo Pironti Aguirre de; GONÇALVES, Francine Silva Pacheco. *Compliance e gestão de riscos nas empresas estatais*. Belo Horizonte: Fórum, 2018. p. 51.

[28] "Art. 6º O estatuto da empresa pública, da sociedade de economia mista e de suas subsidiárias deverá observar regras de governança corporativa, de transparência e de estruturas, práticas de gestão de riscos e de controle interno, composição da administração e, havendo acionistas, mecanismos para sua proteção, todos constantes desta Lei".

[29] "Art. 9º A empresa pública e a sociedade de economia mista adotarão regras de estruturas e práticas de gestão de riscos e controle interno que abranjam: [...]".

A norma ISO 31000/18 apresenta uma série de princípios e diretrizes que podem ser utilizados para uma gestão de riscos eficaz, transparente, sistemática e confiável.[30]

## 4.1 A matriz de risco nas contratações das estatais

Com relação aos procedimentos licitatórios, a legislação das estatais também estabelece a necessidade de aplicação de mecanismos de *compliance*, conforme previsão contida no art. 32, inc. V:

> Art. 32. Nas licitações e contratos de que trata esta Lei serão observadas as seguintes diretrizes: [...]
> V - observação da política de integridade nas transações com as partes interessadas.

Nesse contexto, temos a matriz de risco como cláusula contratual, que surge como uma ferramenta importante para as relações negociais travadas entre a estatal e os fornecedores. Preliminarmente, no que tange à matriz de risco, a Lei nº n. 13.303/16, em seu art. 42, inc. X, dispõe uma definição sobre o instituto:

> Art. 42. Na licitação e na contratação de obras e serviços por empresas públicas e sociedades de economia mista, serão observadas as seguintes definições: [...]
> X - matriz de riscos: cláusula contratual definidora de riscos e responsabilidades entre as partes e caracterizadora do equilíbrio econômico-financeiro inicial do contrato, em termos de ônus financeiro decorrente de eventos supervenientes à contratação, contendo, no mínimo, as seguintes informações:
> a) listagem de possíveis eventos supervenientes à assinatura do contrato, impactantes no equilíbrio econômico-financeiro da avença, e previsão de eventual necessidade de prolação de termo aditivo quando de sua ocorrência;

---

[30] Princípios: "a) A gestão de riscos cria e protege valor, b) a gestão de riscos é parte integrante de todos os processos organizacionais; c) a gestão de riscos é parte da tomada de decisões; d) a gestão de riscos aborda explicitamente a incerteza; e) a gestão de riscos é sistemática, estruturada e oportuna; f) a gestão de riscos baseia-se nas melhores informações disponíveis; g) a gestão de riscos é feita sob medida; h) a gestão de riscos considera fatores humanos e culturais; i) a gestão de riscos é transparente e inclusiva; j) a gestão de riscos é dinâmica, interativa e capaz de reagir a mudanças; e k) a gestão de riscos facilita a melhoria contínua da organização" (ASSOCIAÇÃO BRASILEIRA DE NORMAS TÉCNICAS. *NBR ISO 31000*. Gestão de riscos – Princípios e diretrizes. Rio de Janeiro: ABNT, 2018).

b) estabelecimento preciso das frações do objeto em que haverá liberdade das contratadas para inovar em soluções metodológicas ou tecnológicas, em obrigações de resultado, em termos de modificação das soluções previamente delineadas no anteprojeto ou no projeto básico da licitação;
c) estabelecimento preciso das frações do objeto em que não haverá liberdade das contratadas para inovar em soluções metodológicas ou tecnológicas, em obrigações de meio, devendo haver obrigação de identidade entre a execução e a solução pré-definida no anteprojeto ou no projeto básico da licitação.

De acordo com esse dispositivo, a matriz de risco deve apresentar uma série de detalhamentos e de indicativos de possíveis eventos supervenientes durante a execução do contrato, os quais terão impacto no equilíbrio econômico-financeiro e, consequentemente, nos respectivos aditivos que forem necessários à contratação. Na avaliação de Maria Sylvia Zanella Di Pietro, a alínea "a" do inc. X é um dispositivo "em grande parte inútil", visto que, de modo geral, o ônus decorrente do desequilíbrio econômico-financeiro é oriundo de fatos imprevisíveis no momento da celebração do contrato e, por essa razão, não haveria como elencá-los numa cláusula contratual, a não ser de forma genérica, pois outros fatos poderiam ocorrer durante a execução contratual e dar margem ao pedido de recomposição do equilíbrio econômico-financeiro do ajuste.[31] Ademais, a legislação também estabelece em que circunstâncias o contratado pode contar ou não com liberdade para inovar em soluções metodológicas ou tecnológicas, ou seja, o contratado poderá inovar em obrigações de resultado, que "são aquelas que integram o núcleo substancial da contratação e que objetivam a efetiva satisfação da necessidade que gerou a contratação".[32] No entanto, não terá essa opção nas obrigações de meio, que "são aquelas instrumentais e acessórias à realização da obrigação principal inserida no contrato".[33]

A legislação não apenas definiu a cláusula de matriz de risco e seu conteúdo mínimo, como também dispôs sobre sua aplicação:

---

[31] DI PIETRO, Maria Sylvia Zanella. *Direito administrativo*. 30. ed. rev., atual. e ampl. Rio de Janeiro: Forense, 2017. p. 582.
[32] GUIMARÃES, Edgar; SANTOS, José Anacleto Abduch. *Lei das Estatais*: comentários ao regime jurídico licitatório e contratual da Lei n. 13.303/2016. Belo Horizonte: Fórum, 2017. p. 139.
[33] GUIMARÃES, Edgar; SANTOS, José Anacleto Abduch. *Lei das Estatais*: comentários ao regime jurídico licitatório e contratual da Lei n. 13.303/2016. Belo Horizonte: Fórum, 2017. p. 139.

Art. 42. [...]
§1º As contratações semi-integradas e integradas referidas, respectivamente, nos incisos V e VI do caput deste artigo restringir-se-ão a obras e serviços de engenharia e observarão os seguintes requisitos:
I - o instrumento convocatório deverá conter: [...]
d) matriz de riscos; [...].

A matriz de risco constitui-se como anexo obrigatório do instrumento convocatório nas licitações para obras e serviços de engenharia nas modalidades de contratação integrada e semi-integrada. No entanto, doutrinariamente, entende-se pela sua aplicabilidade também aos demais contratos das estatais, por razões jurídicas e fáticas.[34]

Do ponto de vista jurídico, o próprio art. 69 da lei expressamente prevê: "Art. 69. São cláusulas necessárias nos contratos disciplinados por esta Lei: [...] X - matriz de riscos". Com base nesse dispositivo, é possível concluir que a matriz de risco é cláusula necessária a todo e qualquer contrato das estatais e que, para aqueles contratos de obras e serviços de engenharia, sob a modalidade de contratação integrada ou semi-integrada, a legislação teria apresentado alguns requisitos mínimos.

Sob o enfoque fático, não haveria como afirmar que um contrato de obra na modalidade integrada ou semi-integrada poderia oferecer mais risco que um contrato de limpeza, por exemplo. Assim, a matriz de risco poderia ser utilizada em todos os contratos das estatais.

No entanto, sob outro ângulo, para contratos mais simples, como compras com entrega imediata, compras de pequeno valor, entre outros, também há entendimentos no sentido de que a matriz de risco poderia ser dispensada, em razão da pouca lesividade que esses instrumentos representariam para a Administração.[35]

Edgar Guimarães e José Anacleto Abduch Santos argumentam:

> são inegáveis e muitos os ganhos e proveitos da elaboração de uma matriz de riscos quando de contratações complexas, que envolvam riscos potenciais que, se previamente atribuídos a qualquer das partes, evitam discussões posteriores sobre a distribuição de responsabilidades entre as partes contratantes – com a consequente prevenção da litigiosidade pela via judicial.[36]

---

[34] CASTRO, Rodrigo Pironti Aguirre de; GONÇALVES, Francine Silva Pacheco. *Compliance e gestão de riscos nas empresas estatais*. Belo Horizonte: Fórum, 2018. p. 101-103.
[35] CASTRO, Rodrigo Pironti Aguirre de; GONÇALVES, Francine Silva Pacheco. *Compliance e gestão de riscos nas empresas estatais*. Belo Horizonte: Fórum, 2018. p. 103.
[36] GUIMARÃES, Edgar; SANTOS, José Anacleto Abduch. *Lei das Estatais*: comentários ao regime jurídico licitatório e contratual da Lei n. 13.303/2016. Belo Horizonte: Fórum, 2017. p. 139.

Dando sequência, destacamos que há uma alocação legal de riscos prevista no §3º do art. 42:

> Nas contratações integradas ou semi-integradas, os riscos decorrentes de fatos supervenientes à contratação associados à escolha da solução de projeto básico pela contratante deverão ser alocados como de sua responsabilidade na matriz de riscos.

A ideia trazida nessa alocação é que, quando estamos tratando da responsabilidade do Poder Público, quanto mais ele interfere nos estudos técnicos que dão embasamento para a licitação, mais ele se compromete, em alguma medida, com o resultado.

No que diz respeito à matriz de risco, também merece destaque o disposto no art. 81, §8º, da lei: "Art. 81. [...] §8º É vedada a celebração de aditivos decorrentes de eventos supervenientes alocados, na matriz de riscos, como de responsabilidade da contratada".

Por fim, ainda com relação ao art. 32, inc. V, da Lei das Estatais, que estabelece que nas licitações e contratos administrativos é necessário haver a observância da integridade nas transações com as partes interessadas, a título de recomendação, as contratações não devem prescindir de cláusulas contratuais anticorrupção e de confidencialidade, no sentido de assegurar que haja o cumprimento das normas estabelecidas pela estatal, inclusive impondo sanções contratuais ao contratado em caso de inadimplemento. Os pactos de integridade representam importantes ferramentas para prevenir ilicitudes nas contratações, visto que, sempre que se materializam grandes gastos, notadamente com infraestrutura, as oportunidades para a prática de corrupção acabam surgindo.

## 5 Considerações finais

Com base no exposto, concluímos que os programas de integridade e *compliance* não podem se resumir a uma mera publicação de códigos de ética ou de conduta, sem que haja um envolvimento de todos os atores que compõem a estatal, notadamente a alta administração, por meio de uma gestão integrada.

É preciso que haja uma preocupação em se dar efetividade aos programas de *compliance*, com o objetivo de impor ética e integridade aos negócios da estatal, eliminado assim os riscos legais e reputacionais decorrentes da corrupção.

A análise de riscos e o seu gerenciamento devem ser tratados como ferramenta indispensável para a implementação de boas práticas de gestão nas estatais, como forma de minimizar eventuais perdas, determinando menores custos de transação e, consequentemente, produzindo resultados mais eficientes e indo ao encontro do princípio da supremacia do interesse público.

## Referências

AMARAL, Paulo Osternack. Lei das Estatais: espectro de incidência e regras de governança. *In*: JUSTEN FILHO, Marçal (Org.). *Estatuto jurídico das empresas estatais*: Lei 13.303/2016. São Paulo: Revista dos Tribunais, 2016.

ASSOCIAÇÃO BRASILEIRA DE NORMAS TÉCNICAS. *NBR ISO 31000*. Gestão de riscos – Princípios e diretrizes. Rio de Janeiro: ABNT, 2018.

CARDOSO, André Guskow. Governança corporativa, transparência e compliance nas empresas estatais: o regime instituído pela Lei 13.303/2016. *In*: JUSTEN FILHO, Marçal (Org.). *Estatuto jurídico das empresas estatais*: Lei 13.303/2016. São Paulo: Revista dos Tribunais, 2016.

CASTRO, Rodrigo Pironti Aguirre de; GONÇALVES, Francine Silva Pacheco. *Compliance e gestão de riscos nas empresas estatais*. Belo Horizonte: Fórum, 2018.

CASTRO, Rodrigo Pironti Aguirre de; ZILIOTTO, Mirela Miró. *Compliance nas contratações públicas*: exigência e critérios normativos. Belo Horizonte: Fórum, 2019.

DI PIETRO, Maria Sylvia Zanella. *Direito administrativo*. 30. ed. rev., atual. e ampl. Rio de Janeiro: Forense, 2017.

ESTORNINHO, Maria João. *A fuga para o direito privado*: contributo para o estudo da actividade de direito privado da Administração Pública. Coimbra: Almedina, 1999.

FORTINI, Cristiana. Programas de integridade e a lei anticorrupção. *In*: PAULA, Marco Aurélio Borges de; CASTRO, Rodrigo Pironti Aguirre de (Coord.). *Compliance, gestão de riscos e combate à corrupção*. Belo Horizonte: Fórum, 2018.

GIOVANINI, Wagner. Programas de compliance e anticorrupção: importância e elementos essenciais. *In*: PAULA, Marco Aurélio Borges de; CASTRO, Rodrigo Pironti Aguirre de (Coord.). *Compliance, gestão de riscos e combate à corrupção*. Belo Horizonte: Fórum, 2018.

GUIMARÃES, Edgar; SANTOS, José Anacleto Abduch. *Lei das Estatais*: comentários ao regime jurídico licitatório e contratual da Lei n. 13.303/2016. Belo Horizonte: Fórum, 2017.

KRAMER, Evane Beiguelman. Os novos parâmetros de compliance na Lei n. 13.303/16. *In*: DAL POZZO, Augusto Neves; MARTINS, Ricardo Marcondes (Coord.). *Estatuto jurídico das empresas estatais*. São Paulo: Contracorrente, 2018.

MARTINS, Ricardo Marcondes. Estatuto das empresas estatais à luz da Constituição Federal. *In*: DAL POZZO, Augusto Neves; MARTINS, Ricardo Marcondes (Coord.). *Estatuto jurídico das empresas estatais*. São Paulo: Contracorrente, 2018.

MARTINS, Ricardo Marcondes. Teoria das contrafações administrativas. *Revista Direito Administrativo e Constitucional – A&C*, ano 16, n. 64, abr./jun. 2016. Disponível em: http://www.revistaaec.com/index.php/revistaaec/article/view/241/616. Acesso em: 2 maio 2020.

NOHARA, Irene Patrícia. Governança pública e gestão de riscos: transformações no direito administrativo. *In*: PAULA, Marco Aurélio Borges de; CASTRO, Rodrigo Pironti Aguirre de (Coord.). *Compliance, gestão de riscos e combate à corrupção*. Belo Horizonte: Fórum, 2018.

OLIVEIRA, Fernão Justen de. Os administradores das empresas estatais. *In*: JUSTEN FILHO, Marçal (Org.). *Estatuto jurídico das empresas estatais*: Lei 13.303/2016. São Paulo: Revista dos Tribunais, 2016.

---

Informação bibliográfica deste texto, conforme a NBR 6023:2018 da Associação Brasileira de Normas Técnicas (ABNT):

OLIVEIRA, Simone Zanotello de. A Lei das Estatais e os programas de compliance. *In*: DAL POZZO, Augusto Neves; MARTINS, Ricardo Marcondes (Coord.). *Aspectos controvertidos do compliance na Administração Pública*. Belo Horizonte: Fórum, 2020. p. 255-270. ISBN 978-65-5518-044-2.

# *COMPLIANCE* E ADMINISTRAÇÃO PÚBLICA: TRANSAÇÕES COM PARTES RELACIONADAS EM EMPRESAS ESTATAIS

CAROLINA REIS JATOBÁ COÊLHO

## Introdução

> [...] *a disciplina, isto é, a perfeita cooperação, é um atributo da civilização.*
> (John Stuart Mill)

Há um verdadeiro excesso do uso da palavra *compliance* nos discursos e falas atuais, mas, até pouco tempo, o termo era quase desconhecido de nosso vocabulário. Tratando-se de um estrangeirismo, sem similar na língua portuguesa, recorre-se à língua inglesa na tentativa de se apreender sua correta compreensão, que advém do verbo *to comply*, que, por sua vez, significa cumprir, realizar, em vernáculo.

*Compliance*, portanto, como substantivo derivado do verbo *to comply*, significaria, grosso modo, "cumprimento" – ou, em um sentido mais enviesado do ponto de vista ideológico, poderia significar submissão ou complacência – significando um movimento corporativo na conjunção de esforços – naturais ou voluntários, pelo menos em tese – visando atuar em conformidade. Porém, ao se designar a "conformidade" como obrigação (ainda que voluntária ou natural), é inevitável chegar-se aos questionamentos adicionais sobre "quem está obrigado" e ao "que estaria obrigado".

Os pontos sugerem esclarecimentos mais amplos para se entender o objeto. As respostas não são tão simples como parecem e, para serem respondidas, merecem ser explicadas contextualmente no âmbito de uma narrativa histórica, justificada por uma constatação inevitável da relação de poder econômico entre países no globalismo[1] pós-moderno e a consequente criação de uma verdadeira rede informal de marcos regulatórios, para além do sistema jurídico tradicional que movimenta comportamentos humanos territorialmente.

Somam-se também neste quadro de interpretação outros elementos acerca de "quem obriga" e "qual o fundamento pelo qual se obriga", além de "quais são as consequências do descumprimento da obrigação", os quais, uma vez respondidos, poderiam esclarecer qual é a relação do objeto *compliance* com a ciência jurídica.

Uma vez entendido o escopo geral da necessidade de conformidade exigida – que muitas vezes não recai em atores necessariamente estatais –, é possível também decompor *compliance* em várias frentes de abordagem, incluindo gestão ética, marco regulatório setorial e cultura organizacional. Nesse tripé, nenhum dos pontos e temas é estanque. Ao contrário, inter-relacionam-se.

Enquanto abordagem, a cultura organizacional representa conteúdo bastante vasto, e muitas vezes encontra eco em várias fontes de obrigação, inclusive estatal, para determinados sujeitos. Essa percepção é especialmente verdadeira no âmbito de empresas estatais, que, por pertencerem à Administração Pública, e muitas vezes explorarem atividades econômicas, atendem obrigatoriamente a obrigações legais, mas também referentes aos marcos regulatórios derivados do setor econômico ao qual se encontram.

Especialmente sobre empresas estatais, há uma fonte legal prevista na Lei nº 13.303/2016 que recomenda elaboração, observância e execução de política interna de transações com partes relacionadas. Este

---

[1] BECK, Ulrich. *O que é globalização*. Equívocos do globalismo. Respostas à globalização. São Paulo: Paz e Terra, 1999. p. 44. Segundo o autor, globalização é a palavra mais usada e abusada e a menos definida dos últimos e dos próximos anos. É também a mais nebulosa, mais mal compreendida, entretanto, de maior eficácia política. O globalismo, diferente da globalização, remete ao fenômeno mais neutro do ponto de vista da economia. A acepção do termo é mais genérica e por isso aqui foi usada, querendo significar não só as trocas comerciais e financeiras entre empresas, Estados e pessoas, mas, sim, interações ligadas a trocas sociológicas, tecnológicas, de equipamentos e humanas.

será o objeto da segunda parte do capítulo, que propõe discussões sobre a abrangência desse ponto para estatais, que necessariamente terão no conceito de partes relacionadas o Estado, além dos impactos relevantes.

Na intenção de ofertar uma metodologia didática do tema, os aspectos relacionados ao conceito de *compliance* e a aplicação nas estatais serão abordados preliminarmente na primeira parte deste estudo. Já na segunda parte, a preocupação será compreender especificamente o conceito de "transação com parte relacionada" em especial em estatais, relacionando-o às especificidades consideradas neste ente estatal, para atender à política interna exigida pela Lei nº 13.303/2016.

## 1 Compreensão do conceito de *compliance*

O termo *compliance*, além de designar conformidade, como já referido na introdução, implica considerar um contexto de cooperação e aderência regulatória, a partir de uma leitura do mundo globalizado economicamente, enquanto processo de interação rápida e dinâmica que cria um constante e intenso movimento de interferências recíprocas entre as racionalidades jurídicas nacionais e internacionais, permitindo observar uma necessidade de conceber respostas semelhantes ou harmônicas em todo o mundo para problemas globais, que pode culminar em certa padronização nos ordenamentos jurídicos, fruto da internacionalização do direito.

Pressupõe-se que *compliance* decorra de um contexto emergente da sociedade pós-moderna, e que esteja mais acentuado atualmente, diante dos numerosos riscos que a atualidade suscita, em substituição ao modelo econômico da modernidade industrial, com outra velocidade e menos impactos em variados pontos de poder no globo.

A sociedade pós-moderna é caracterizada pela dinamicidade de numerosos fatores – tecnológicos, científicos, econômicos –, expondo-se constantemente a crises que tomam proporções globais com efeitos nas esferas econômica, financeira, política, ambiental etc., de abrangência local, regional ou global. Nesse contexto, o elemento constituinte é a incerteza que é assumida por todos.

Esse movimento gera uma espécie de solidariedade involuntária fomentada entre países e instituições, mas, principalmente, entre empresas multinacionais, nascida do contexto de perigo comum a que estão todos submetidos, criando respostas padronizadas que seriam inconcebíveis em outros contextos históricos em que as fronteiras eram o limite da soberania.

As incertezas advindas dessa sociedade de riscos pós-moderna encontram também bastante adesão à sinergia entre direito e economia, no sentido de que o capitalismo, principalmente o neoliberal, busca segurança das estruturas jurídicas de forma constante e em longo prazo para evitar o inevitável cenário de riscos – inerente à época contemporânea.

Como o sistema normativo é territorial e tradicionalmente restrito a uma comunidade limitada a um território nacional denominada nação, e, na premissa de que tais empresas multinacionais intencionam se relacionar no mundo todo, visando abraçar o globo com seus negócios em variados segmentos econômicos, utilizam-se do cenário da crise para criar fundamentos de estabilidade normativa para atendê-los de forma rápida, com respostas imediatas, nem sempre viabilizadas pelo direito, cuja racionalidade não é tão padronizada em todos os territórios nos quais os empresários multinacionais pretendem ver seus negócios representados.

Enquanto tema de regulação exclusivamente estatal, a produção e aplicação do direito é restrita aos agentes oficiais e suas respostas, para serem justas – ou pelo menos para atender à correção de justiça[2] querida por *Robert Alexy* –, devem permitir aos seus elaboradores (legisladores), julgadores (juízes) e destinatários (cidadãos e empresas) um mínimo de tempo para reflexão de seus motivos ensejadores de produção, aplicação e resultado, com delineamento de providências repressivas ou liberatórias de determinadas condutas com um grau de independência que não permite reprodução exata e com garantia contra arbítrios e autoritarismo, como o devido processo legal.

Porém, aos grandes *players* do capitalismo mundial não interessa o tempo, pois este é traduzido em ineficiência produtiva. Da mesma forma, autonomia, independência e devido processo legal podem levar à incerteza jurídica, em casos semelhantes.

Assim, de forma geral, propõem-se soluções mais imediatas que o direito, para evitar um contexto de insegurança que possa evocar instabilidade, com efeitos semelhantes ao que entendem como crise, o que evoca a necessidade de rápida superação dos obstáculos postos, sem alongamento de reflexões sobre motivos ensejadores e pressupostos de validade baseados em valores que possam colidir eventualmente com aqueles que se entendem contrários aos seus interesses.

---

[2] ALEXY, Robert. *Conceito e validade do direito*. Tradução de Gercélia Batista de Oliveira Mendes. São Paulo: Martins Fontes, 2009.

Como resposta pretendida, não esperam resposta tradicional longa, demorada e incerta, como pode acontecer no tratamento de um tema pelo direito em todo o mundo. Além disso, os paradigmas valorativos são outros, exigindo-se estratégias inéditas e novas formas de ação. Portanto, neste contexto de mundo globalizado, mais econômico do que político, esses atores intencionam flexibilidade e ao mesmo tempo um planejamento para tentar reverter suas perdas de controle e gestão, e a resposta para isso ocorre no campo das regulações em vários aspectos, denominados *world wide frameworks*.[3]

No âmbito das regulamentações, a modificação é mais fácil, com bastante flexibilização, o que gera possibilidade de reformulação de conceitos, categorias, regras, sem a obrigação de alteração via procedimentos jurídicos formais, de longa duração e com entraves que tais agentes entendem indesejáveis. Assim, para os grupos econômicos é necessário flexibilidade para modificar a regra conforme a dinâmica capitalista, mas ao tempo deseja-se segurança e estabilidade temporária sem a variação de interpretação e leis diversas no tempo e no espaço.

Os fatos históricos mais relevantes que levaram ao desenvolvimento do movimento de *compliance* estão atrelados à economia norte-americana em sua maioria, citando-se a criação do Banco Central em 1913, *crack* da Bolsa de Nova York em 1929, criação do *New Deal* em 1932, da Security Exchange Comission (SEC), com funções semelhantes à Comissão de Valores Mobiliários (CVM), em 1934.

Após tais datas históricas, a década de 1960 consagrou o início da era de *compliance* a partir dos institutos, instituições e fatos acima, o que facilitou o desenvolvimento do mercado de capitais e mercado financeiro nacional e internacional, com diversas orientações do Acordo de Basileia em 1988, 1995, 1996, 1997, 1998, além do Conselho de Basileia em 2003, 2004, 2005.

Acerca disso, cita-se também a organização internacional Banco de Compensações Internacionais (BIS), que fomenta a cooperação entre os bancos centrais e outras agências, em busca da estabilidade monetária e financeira. E estabeleceu, na década de 1970, o Comitê de Supervisão Bancária da Basileia – Basel Committee on Banking Supervision (BCBS). Tal organismo internacional, ao ponderar os riscos expostos ao segmento bancário no mundo todo, aprovou, em 1988, o I Acordo

---

[3] CASELLA, Paulo Borba. Pax Perpetua – A review of the concept from the perspective of economic integration. *In*: SILVA, Geraldo Eulálio do Nascimento e; CASELLA, Paulo Borba (Coord.). *Dimensão internacional do direito*. Estudos em homenagem a G.E. do Nascimento e Silva. São Paulo: LTr, [s.d.]. p. 86-87.

da Basileia, denominado oficialmente de International Convergence of Capital Measurement and Capital Standards, com o objetivo de criar exigências mínimas de capital para instituições financeiras como forma de fazer face ao risco de crédito. Em 2004, houve revisão do documento, o que gerou o II Acordo da Basileia.

O Fórum de Estabilidade Financeira – Financial Stability Board (FSB), juntamente com o Grupo dos Vinte (G20), na intenção de reforçar o sistema financeiro como resposta à crise financeira, com auge em 2008, lançou as bases para os Acordos de Basileia III, para consolidar mais um conjunto de propostas de reforma de regulamentação bancária, e conseguir que os bancos apresentassem balança positiva, solvabilidade, liquidez e, consequentemente, menos riscos ao mercado financeiro, cuja característica principal é a interdependência entre os agentes financeiros de todos os países.

Tais documentos corporificam orientações ao segmento bancário, motivo pelo qual são internalizados nos países signatários por intermédio de regulamentos dos bancos centrais, sem que sejam transformados em norma cogente por intermédio da incorporação de textos convencionais (oriundos de tratados). Assim, estão mais afeitos à acepção internacional de *soft law*,[4] uma vez que não constituem norma jurídica instrumentalizada pelos órgãos legitimados para tal – como em um tratado ou lei nacional –, e também não se encaixam perfeitamente na definição tradicional de *jus cogen*, mas, a despeito disso, representam necessidade de observância, diante da interdependência entre os agentes financeiros.

Destas reuniões, são encaminhadas orientações que são direcionadas para agentes e instituições nacionais que internalizam as normativas delas constantes em normas e regulamentos internos sem que seja necessário passar por todo o trâmite convencional de ratificações internas, como é o caso de resoluções e circulares do Banco Central do Brasil. Muitas vezes, não há efetivamente uma substituição normativa, mas tão somente uma complementação, em paralelo, desse subsistema informal de regulação, nos parâmetros de interpretação do sistema jurídico formal nacional.[5]

---

[4] GUZMAN, Andrew T. How International law works. *International Theory*, v. 1, n. 2, p. 285-293, 2009. Disponível em: http://papers.ssrn.com/sol3/papers.cfm?abstract_id=2176015. Acesso em: 20 abr. 2020.

[5] KRISCH, Nico; KINGSBURY, Benedict. Introdução: governança global e direito administrativo global na ordem legal internacional. *Revista de Direito Administrativo*, Rio de Janeiro, v. 261, p. 13-32, set./dez. 2012.

Neste contexto, evidencia-se a reunião em fóruns não necessariamente governamentais, mas que geram obrigações para participantes com base em premissas negociadas por agentes informais não estatais, no âmbito de um fenômeno conhecido com *paradiplomacia*,[6] que confere legitimidade a agentes que constitucionalmente não teriam capacidade para celebrar tratados, em ausência de típica manifestação de vontade de sua personalidade jurídica internacional.

Percebe-se, nessa perspectiva, uma alteração das concepções tradicionais de direito positivo apoiado em um sistema informal de regulação, fora do sistema clássico de direito internacional, mas que nem por isso é ineficiente. Ao contrário. Basta recordar que a regulação do Sistema Financeiro Internacional se deu inicialmente na forma *state oriented* conforme as Conferências de Bretton Woods, com reunião dos Estados Soberanos para decisões e rumos concertados no âmbito financeiro que cada vez mais tem deslocado suas decisões para agentes e atores que, a princípio, não se apresentam com *status* de sujeitos de direito internacional clássico.

Neste ambiente em que convivem normas formais estatais e padronização de condutas por redes, os ordenamentos jurídicos nacionais são remodelados, recebendo influências e interferências advindas desse constante processo de interação da norma nacional e internacional, criando-se um direito padronizado, uniformizado, comum, que acaba por influenciar seus padrões de comportamento para a construção normativa de outros países.

Isso evidencia que a soberania estatal não é o único valor para o direito internacional e resulta na coexistência de dois sistemas de decisões complementares: um formal e outro informal.[7] Principalmente na esfera do direito internacional econômico, há definições de padrões internacionais que não são necessariamente vinculantes sob o ponto de vista jurídico tradicional, mas são eficientes na mesma medida.

Esse fenômeno decorre do fato de atores não estatais ocuparem o *locus* vazio deixado por entes públicos em matérias de extrema complexidade técnica que não foram objeto da atenção de legisladores nacionais. Portanto, tais normas surgem diante de necessidades reais de determinados setores produtivos/econômicos/técnicos, conduzindo processos de desformalização, deslegalização e desconstitucionalização, justificando a abertura de novos procedimentos de criação do direito e

---

[6] Termo cunhado por CASTELO BRANCO, Álvaro Chagas. *Paradiplomacia e entes não-centrais no cenário internacional*. Curitiba: Juruá, 2008.

[7] CARREAU, Dominique; JUILLARD, Patrick. *Droit international économique*. 2. ed. Paris: Dalloz, 2006.

até ressignificando parte do direito positivo nacional ao integrá-lo com outros processos de convergência e harmonização normativa.

Esta influência ocorre pela cooperação existente em redes de autoridades, como é o caso das reuniões do G-20 e da OCDE, decorrentes de relações de reciprocidade baseadas em interesses e fins comuns. Diz-se que tais redes podem atuar relações assimétricas, em cooperação com membros e com não membros, e expede normas para orientação e criação de um sistema de controle mútuo na persecução de fins semelhantes, criando, para tal, colaboração mútua, em nível de paridade.

Nela, cada autoridade, embora não sujeita à hierarquia de um órgão regional, como é o exemplo do direito comunitário, envida os melhores esforços para obter na esfera nacional a conformação com a padronização internacional. Isso se dá em processos formais de legislação nacional ou mesmo mediante regulamentação específica.

De forma complementar e paralela a esta visão, acrescenta-se a observância de uma inegável influência de forças advindas de uma abordagem mais contemporânea de fonte normativa não estatal e igualmente obrigatória sem coerção estatal, mas sim por recomendação de mercado, influenciada por dinâmicas como *soft law*, governança global ou *lex mercatoria*, tendo-se como protagonistas atores que não são sujeitos clássicos de direito.

Cria-se um verdadeiro regime uniforme que não é conduzido necessariamente de forma voluntária pela política e pela representação do povo – efetivo titular da soberania nacional – no parlamento. Ao contrário, o tratamento das questões se dá pelos maiores interessados na sua padronização, podendo haver um verdadeiro contrabando da finalidade abstrata pública da norma geral.

A par dessa crítica, é de que questionar se, sem o aparato estatal, a regra poderia ser aplicada sem *enforcement* oficial decorrente da coerção jurídica. A resposta ingênua seria dizer que não há nenhuma obrigação legal e, diante do princípio da legalidade que não obriga ninguém senão mediante lei expressa, que a adesão dos obrigados (que estão num espectro de variadas entidades privadas e públicas, na forma empresarial) é algo voluntário e cooperativo, sem nenhum tipo de constrangimento.

Porém, a resposta do ponto de vista do referencial teórico da Escola *Law and Economics*[8] justifica diferentemente eficácia e

---

[8] POSNER, Richard. *The economics of justice*. Cambridge: HUP, 1983; ROEMER, A. *Introducción al análisis económico del derecho*. 2. ed. México: Itam, 2000; SALAMA, Bruno Meyerhof. O que é – Direito e economia. *Revista do Curso de Direito – UNIFACS*, n. 160, out. 2013. Disponível

*enforcemment*, verificando-se que, na concepção de *compliance*, estão presentes muitas das premissas da AED – análise econômica do direito que não passam pelos valores do sistema jurídico, mas sim do sistema econômico, principalmente para estabelecer critérios de eficiência (tão próprios da economia), como exemplo:

i) sanções indiretas de perda reputacional no mercado;
ii) sanções indiretas de não cumprimento de padrões internacionais e consequente não entrada no mercado internacional;
iii) sanções indiretas de banimento do mercado, na lógica da exclusão da *lex mercatoria*;
iv) sanções de alocação desigual de recursos para entidades recalcitrantes por investidores.

Além disso, o conceito de *compliance* está diretamente ligado à imagem reputacional e encontrou justificativa em um mundo em que é dado determinado poder aos *stakeholders*, como clientes, consumidores, sociedade e investidores, e controle, seja interno, popular e externo, para que os *stakeholders*, assim como acionistas, proprietários e investidores, possam também exigir conformidade com base na preocupação que têm com relações empresariais e sua estrutura interna.

Muitas vezes a legislação legitima a norma regulamentar produzida no âmbito de rede de regulamentações informais e traz para a lei uma ideia que é validada pelo parlamento e ingressa formalmente no âmbito jurídico. Relacionam-se a esse aspecto legislações nacionais influenciadas ou inspiradas verdadeiramente por normas estrangeiras de efeitos limitados territorialmente no exterior.

É o caso da própria Lei Anticorrupção, que adveio de orientação das leis norte-americanas[9] FCPA – *Foreign Corrupt Practices Act*, conhecida como a Lei Antissuborno norte-americana, Lei Dood-Frank

---

em: http://revistas.unifacs.br/index.php/redu/article/viewFile/2793/2033>. Acesso em: 30 maio. 2020.

[9] MORSE, Susan C. Ask for help, Uncle Sam: the future of global tax reporting. *Legal Studies Research Paper Series*, 2012. Disponível em: http://ssrn.com/abstract=1999101. Acesso em: 20 jan. 2020. Parece que os EUA caminham também no sentido de fortalecer a atuação de suas agências reguladoras e de investigação, de maneira a aparelhá-las ao máximo, ainda que sua jurisdição sobre determinados acontecimentos fora de seus territórios seja questionável. É que se sentem convencidos da importância de seu papel de regulador mundial das condutas corporativas, deixando de lado eventual perímetro para sua atuação jurisdicional e soberania dos países, em claro alargamento de sua atuação normativa (COÊLHO, Carolina Reis Jatobá. *A compreensão brasileira do sigilo bancário e a incorporação do Foreeign Account Tax Compliance Act (F.A.T.C.A.) ao ordenamento jurídico nacional*. 138 p. Dissertação (Mestrado em Direito das Relações Internacionais) – Centro Universitário de Brasília, Brasília, 2016).

e Lei Sarbanes Oxley. É também o caso do marco regulatório do GDPR (*General Data Protection Regulation*) que norteou muitas leis no mundo todo, inclusive, no Brasil, a Lei Geral de Proteção de Dados (LGPD), a Lei nº 13.709/2018, entre outras.

Nestes casos, a moldura jurídica prevista por Kelsen fica acompanhada de amplos complementos regulamentares que competem e concorrem com as normas jurídicas formais por excelência, não necessariamente sobrepondo-se, mas atuando em paralelo, com interferências recíprocas entre direito formal, oficial e estatal, e regulamentação informal não oficial, ambos com seus campos de incidência, complementando-se nas suas lógicas racionais.

Há vários processos envolvidos no *compliance*, como ferramentas relacionadas à gestão da governança corporativa. Nesta linha, destacamos as obrigações legais advindas do denominado Estatuto ou Lei das Estatais, Lei nº 13.303/2016, que instrumentaliza uma série de comportamentos empresariais para empresas estatais, em especial aquelas que atuam na exploração direta da atividade econômica pelo Estado.

Previstas expressamente na Constituição da República de 1988, ao dispor sobre a ordem econômica, delineou-se nesta carta constitucional uma forma clara de regime de livre iniciativa que se aplica às estatais que atuam no mercado. Assim, o constituinte não só destinou as mesmas disposições do regime privado às empresas estatais que atuam em regime de concorrência, sem extensão de qualquer benefício ou prerrogativa, mas também instituiu regime jurídico diferenciado, que veio a lume com as disposições legais, que também trouxe para tais empresas obrigações de *compliance*, somando-se às de fonte regulatória, às de fonte originalmente legal, como é o caso do estabelecimento de uma política de transação com parte relacionada, que será objeto do item adiante.

## 2 Diretrizes de direito público e de *compliance* para identificação e política de transações com partes relacionadas em estatais

Vale destacar, ainda em caráter preliminar, que o assunto é dinâmico, complexo, multidisciplinar e principiológico, de modo que a contribuição do estudo é apenas fomentar a reflexão sobre alguns aspectos do tema, cuja compreensão pelo mundo corporativo estatal vem ganhando contornos mais definidos, somente paulatinamente, pouco a pouco, sem posicionamentos doutrinários e jurisprudenciais que possam atender a critérios de objetividade e definitividade.

Antes de mais nada, a origem do tema transação com parte relacionada (TPR) decorre do inevitável cenário capitalista contemporâneo, que privilegia a estruturação de modelos orgânicos de grupos empresariais, que pode gerar uma concentração de sociedades. Nesse cenário, a unidade econômica compõe-se de empresas que se inter-relacionam visando atingir eficiência administrativa, reduções de custo de produção e vantagens tributárias, para melhor competir.

Ocorre que alguns desses arranjos não são firmados apenas para melhoria da eficiência operacional. Muitas vezes, tais estruturas fomentariam o monopólio das decisões de mercado, além de permitir que tais agentes obtenham privilégios e distribuam vantagens somente entre eles, fato que interfere na liberdade concorrencial, além de trazer consigo a potencialidade do desenvolvimento de maiores problemáticas relacionadas à corrupção e lavagem de dinheiro.

Vale repisar que esse é um fenômeno universal, independentemente do ordenamento jurídico analisado. No mundo todo, direções econômicas comuns subordinam grupos de sociedades, podendo o controle entre elas ser direto, indireto ou no mesmo raio de influência, seja horizontal ou vertical.

É dizer: há uma ampla diversificação da forma de estruturação da integração empresarial e a modelação jurídica adotada acaba por não importar muito neste ponto, valendo mesmo considerar o grau de influência nas tomadas de decisão sob o peso da abordagem econômica, o que leva a considerar essa dinâmica até mesmo nos grupos de fato (e não só de direito) de diferentes organizações.

O que se combate com a regulação é a face perversa do modelo. Em outras palavras, sua exploração de maneira fraudulenta, visando à subordinação indevida de interesses, sejam eles pessoais, sejam decorrentes de estruturas familiares empresariais ou mesmo na transferência de resultados inexistentes entre sociedades, que gera falsidade das situações fáticas existentes, com manipulação, por exemplo, de demonstrações contábeis, que levariam ao potencial prejuízo dos interesses sociais, de terceiros e da própria dinâmica concorrencial de mercado.

A intenção de regulação da matéria no campo jurídico formal e infralegal é que o sistema de organização se alimente apenas da cooperação natural que decorre da junção de esforços empresariais e que não comprometa o objetivo maior que é o exercício do grupo com base nos interesses sociais e não interesses individuais de acionistas ou grupos de influência que possam escamotear os verdadeiros motivos de aproximação empresarial entre agentes econômicos.

Portanto, com a regulação, busca-se evitar a concentração de poder econômico e impedir conflitos de interesses, mas dentro de um ambiente competitivo que eleve valores como eficiência no mercado, proteção de terceiros e manutenção das instituições competitivas.[10]

Dessas ponderações iniciais, extrai-se a conclusão de que as questões acima devem ser sopesadas. De um lado, à luz da liberdade de associação e organização empresarial e as vantagens do arranjo relacionadas aos custos, receitas, resultados, e, de outro, potenciais efeitos lesivos a terceiros, aos acionistas, ao interesse social e à livre concorrência, que a reunião de tais agentes causa.

Reconhecer quais são os limites da mera reunião saudável de empresas é o ponto nodal da análise de TPR. Na linguagem jurídica, trata-se da identificação de situações nas quais haja a configuração do abuso de poder (art. 187, Código Civil), que está vinculada ao excesso que interfere na esfera jurídica alheia de modo desarrazoado; que extrapola os limites legais e configura ato ilícito a partir de uma racionalidade valorativa que tem como base a comutatividade do contrato, já que até a liberdade econômica privada deve ser exercida nos limites da função social do contrato (arts. 421 e 422 do Código Civil).

Em empresas públicas, para além da incidência de regras da regulação de mercado, há, inexoravelmente, a abordagem da questão sob o viés do regime jurídico administrativo. Como consequência, evidencia-se não só a necessidade de maximização de lucro relacionada ao exercício da atividade econômica concorrencial residual ao Estado, mas, sobretudo, o interesse coletivo que justifica não apenas o ato de criação da estatal, mas que permanece presente em todos os aspectos da exploração da atividade econômica no cumprimento de finalidades públicas. Para Mário Engler Pinto Jr.:[11]

> a exemplo de qualquer controlador privado, o Estado também pode praticar abuso de poder de controle quando orienta sociedade de economia mista, seja por meio do exercício em voto em assembleia geral, seja por qualquer tipo de influência dominante, a agir fora dos limites do seu objeto ou contrariando o interesse social.

Neste espaço em que as entidades privadas atuam na perseguição do princípio da maximização dos lucros, próprios da sua gênese

---

[10] EIZIRIK, Nelson et al. *Mercado de capitais*: regime jurídico. 2. ed. Rio de Janeiro: Renovar, 2008. p. 18-22.
[11] PINTO JÚNIOR, Mário Engler. *Empresa estatal*: função econômica e dilemas societários. São Paulo: Atlas, 2010. p. 10-25.

e natureza, exige-se das estatais ainda mais: o esforço para compatibilizar o lucro com o interesse coletivo da atividade econômica enquanto consecução da justiça social e do desenvolvimento.[12] Não se pode olvidar que a ingerência do Estado na economia pelas estatais é uma baliza constitucional do Estado Democrático de Direito prevista constitucionalmente.

E a Constituição, em suas bases, pretende atender ao desiderato de estimular e apoiar a livre iniciativa com fundamento na finalidade desenvolvimentista do mercado, mas também expandir a atuação das estatais para além das típicas funções de fiscalização, incentivo e planejamento, de modo que a intervenção direta justificaria a existência de uma "liberdade econômica socialmente vinculada dentro de uma ordem econômica constitucionalmente definida".[13]

Portanto, a natureza das estatais na exploração da atividade econômica enquanto entidade pertencente à Administração submete a análise de transações entre partes relacionadas igualmente às diretrizes do mercado e à perspectiva normativa cuja Administração toda está sujeita. Essa premissa pública aumenta ainda consideravelmente o conceito de TPR, inserindo o Estado e alguns agentes estatais na caracterização de partes relacionadas. Além disso, qualquer influência do Estado no estatal deve ser viabilizada dentro da legalidade estrita e na perseguição ao interesse público.

É a correlação e intercessão de *compliance* às regras públicas aplicáveis à Administração. Ambas igualmente rígidas, efetivas e observadas por diversas fontes de controle, seja interno, seja externo, seja social. É essa a interpretação dos §§1º e 2º do art. 27 da Lei nº 13.303/2016, evidenciando-se que o exercício do poder de controle no âmbito das empresas estatais envolve contornos que vão além daqueles comuns a qualquer sociedade anônima, por exemplo.

Na empresa estatal, a interferência do acionista controlador extrapola o interesse empresarial (ligado à obtenção de lucro), pois sua função social é permeada do interesse público que justificou sua criação[14] e desvios de finalidade, quanto ao controle, para além

---

[12] CARVALHOSA, Modesto. *A ordem econômica na Constituição de 1969*. São Paulo: RT, 1972. p. 4-12.
[13] CARVALHOSA, Modesto. *A ordem econômica na Constituição de 1969*. São Paulo: RT, 1972. p. 12.
[14] NESTER, Alexandre Wagner. O exercício do poder de controle nas empresas estatais. *In*: JUSTEN FILHO, Marçal (Org.). *Estatuto jurídico das empresas estatais*. São Paulo: Revista dos Tribunais, 2016. p. 131.

de trazerem prejuízos econômicos, extrapolam essa seara pública e sinalizam um uso político inadequado da estatal.

Por isso, a função social deve ser perene e não refletir o interesse político do governo, que pode mudar, enquanto a função social deve permanecer. Por isso, a empresa estatal, enquanto agente econômico que atua no mercado na condição de Administração Pública, submete-se aos princípios da moralidade, impessoalidade e legalidade; tem suas contratações precedidas – como regra – do processo licitatório público que assegure igualdade de condições a todos os concorrentes e não beneficie parte relacionada, sob quaisquer aspectos.

A inobservância de regras do regime jurídico administrativo, implicam sanções aos agentes públicos que vão desde eventual perda da função pública, indisponibilidade de bens e ressarcimento ao erário, motivo pelo qual a estatal é objeto de controle quanto à fiscalização contábil, financeira, orçamentária, operacional e patrimonial de todas suas atividades, além da inevitável prestação de contas sobre dinheiros, bens, e valores públicos.

Por exemplo, a perspectiva pública impede que o Estado – na figura do ente da federação e enquanto controlador de instituição financeira estatal – realize operação de crédito com esta, na qualidade de beneficiário, fora das hipóteses legais. Proibição esta que se justifica por motivos de transparência, gestão fiscal e responsável, nos termos das diretrizes da Lei de Responsabilidade Fiscal (LRF), citada a seguir:

> Art. 36. É proibida a operação de crédito entre uma instituição financeira estatal e o ente da Federação que a controle, na qualidade de beneficiário do empréstimo. Parágrafo único. O disposto no caput não proíbe instituição financeira controlada de adquirir, no mercado, títulos da dívida pública para atender investimento de seus clientes, ou títulos da dívida de emissão da União para aplicação de recursos próprios.

No âmbito público, o conceito regular de partes relacionadas já consolidado aos agentes de mercado soma-se ao viés administrativista, para considerar como partes também entes e órgãos públicos. Para algumas estatais, o ente federativo figura na condição de sócio único ou controlador, assim como órgãos da Administração direta e indireta. Situação semelhante se aplica aos fundos de governo administrados pelas estatais.

De forma genérica, na acepção do direito público, o conceito de parte relacionada não se restringe às pessoas jurídicas, também pessoa física ou um membro próximo da família que tiver influência significativa ou exerça cargo na alta administração do conglomerado da estatal. Isso tudo justificado pelo princípio da impessoalidade e vedação ao nepotismo.

As contratações públicas, por exemplo, são necessariamente submetidas ao princípio da vedação ao nepotismo e impessoalidade, conforme proibições constantes do Decreto nº 7.203/2010, além da Súmula Vinculante nº 13 do Supremo Tribunal Federal.

Neste caso não é possível a contratação de familiar, assim considerado o cônjuge, o companheiro ou o parente em linha reta ou colateral, por consanguinidade ou afinidade, até o terceiro grau, o que se aplica parcialmente ao conceito de pessoa física com influência sobre estatal, caracterizando parte relacionada.

A política interna da empresa estatal deve, além de trazer o claro conceito de partes relacionadas vinculadas à Administração Pública, também prever as hipóteses de monitoramento, semelhante à que atualmente é realizada nas boas práticas de mercado, e exigível de atores privados em grupos empresariais.

A adoção de melhores práticas de governança corporativa tem impacto direto na participação de investimentos, retorno a acionistas (resultados operacionais, avaliação do mercado, liquidez, melhores preços de ações e redução do custo de capital) e equidade no setor no âmbito da atividade privada. No âmbito público é dever-poder administrativo consistente na inexorável função pública que decorre da natureza jurídica das estatais, que vincula a incidência do regime jurídico administrativo.

A par da contextualização acima, vê-se que importa definir os limites para a cooperação empresarial entre partes relacionadas, o que implica identificar (i) quando as transações são mera decorrência da dinâmica do pertencimento a um grupo empresarial e (ii) quando se extrapola tal limite, com potencial existência de fraude, conluio, abuso de direito ou má-fé a terceiros ou aos interesses sociais ou mesmo dos sócios minoritários.

Quer nos fazer parecer que, em situações como as acima, serão ponderados valores e pesos de princípios incidentes sobre o fato, de modo que a análise final não deixará de ser casuística, pois não se pretende que a legislação fixe soluções para controvérsias que envolvem variáveis apenas definidas no caso concreto.

Além disso, a estrutura normativa dos princípios indica que essas são regras de finalidade, ou regras-meio, com o objetivo de se ver alcançado determinado resultado de "maneira ótima" (remetendo-se ao

Ótimo de Pareto, que indica resultados no grau da maior maximização possível sem perda de eficiência).

Assim, a análise das diretrizes e dos princípios da política de transações com partes relacionadas é apenas orientação diretiva, direcionada aos administradores e gestores que decidirão com base na política a ser implementada, que deverá, por exemplo, fixar alguns parâmetros para tomada de decisão por intermédio de atos administrativos, sejam eles individuais ou colegiados, com base em princípios éticos e legais, cumprindo-se um rigoroso rito de análise fundamentada em: i) ética e integridade; ii) equidade; iii) comutatividade; iv) conformidade.

Nesta linha, a execução da política dar-se-á caso a caso, diante da análise de vários aspectos da conformação de tais princípios. Ao deparar-se com determinada situação fática, o administrador público – em decisão individual ou colegiada – terá a oportunidade de verificar se tais princípios foram observados em seu grau máximo, ou seja, se atenderam à finalidade normativa que se propuseram e conformaram-se nas operações submetidas ao crivo de deliberação.

Este casuísmo é inevitável e não é só para norma-regra ou norma-princípio jurídico, mas também no âmbito do *compliance*, motivo pelo qual a orientação de que a aplicação imediata seria eficiente, inexorável e indene de questionamentos ou ponderações é impossível, seja no direito, enquanto regulação estatal, seja no *compliance*, como regulação privada setorial.

A Comissão de Valores Mobiliários (CVM), que regula atividade eminentemente privada, por exemplo, tem cada vez mais enfatizado a natureza procedimental dos deveres impostos aos administradores (especialmente o de diligência), sem, contudo, exigir a adoção de procedimentos específicos (o que fugiria da sua competência).

Portanto, a forma de concretização de tais deveres no contexto de um possível negócio entre a companhia e uma parte relacionada dependerá da ponderação de diversos fatores, incluindo não só as características específicas da transação (como a natureza do negócio e a relação com a contraparte), como também, em certos casos, a frequência com que a companhia negocia com suas partes relacionadas, além da forma como ele é divulgado ao público externo (transparência), observando-se as regras relacionadas aos modelos contratuais internos, código de ética e conduta (ética e conformidade) e a real utilização do conceito de grupo para alcance do resultado social devido (eficiência).

Para verificar se as condições são razoáveis, importante que tais contratações sejam analisadas no caso concreto, a partir dos valores de prudência e lealdade e, principalmente, que se utilize de condições razoáveis ou equitativas. O art. 245 da Lei das Sociedades Anônimas – Lei nº 6.404/76, por exemplo, utiliza como critério de comparação as contratações do mercado, em condições equitativas equivalentes às que prevalecem no mercado ou que seria possível com o auxílio de terceiros.

Como dito, tal equilíbrio deve ser provado previamente por parâmetro objetivo e sua análise geralmente não é apriorística, mas casuística, de modo que requer uma análise do caso concreto, no qual irá se aferir se há equilíbrio econômico-financeiro na contratação. Em algumas situações, o desequilíbrio é patente, a exemplo da gratuidade.

Esse cenário é igualmente importante ao se mencionar o regime jurídico administrativo, que não se afasta. Neste caso, o administrador exerce função pública, com clara representatividade do interesse público. A Lei nº 13.303/2016, ressalta-se, também incorpora à atividade das estatais a avaliação entre partes relacionadas no seu art. 6º, que prevê observância de regras de governança corporativa, transparência e estruturas, práticas de gestão de riscos e de controle interno, composição da administração e, havendo acionistas, mecanismos para sua proteção.

## Conclusão

Propôs-se discutir a compreensão do termo *compliance*, perquirindo sua extensão obrigacional. Estaria obrigado aquele que voluntariamente coaduna com a regulamentação oriunda do *compliance*, de fonte não necessariamente estatal. Geralmente são empresas que aderem a uma política de conduta nem sempre oriunda de seu território nacional na forma de legislação formal.

A fonte, portanto, pode ser (e geralmente é para países periféricos como o Brasil) a regulamentação estrangeira setorial ou mesmo validada por fonte legal, motivo pelo qual se observa que o fenômeno é consequência de uma sociedade de riscos pós-moderna, na qual os *players* do capitalismo procuram um instrumento não necessariamente jurídico, menos formal, mais flexível, com eficácia imediata e que possa lhes assegurar segurança jurídica negocial, sem as incertezas advindas do direito.

A voluntariedade da adesão de tais normas infralegais e criadas em redes informais não é ingênua, já que há sanções indiretas relacionadas à sua recalcitrância, pela formatação da teoria da análise econômica do direito – EAD.

Postas tais premissas, soma-se ao *framework* de *compliance,* também, seu reforço por meio legislativo e paradiplomático, por atores não estatais, em fóruns que não são de criação legislativa, como o parlamento, e não representam a vontade soberana popular, mas que influenciam a tomada de decisão regulatória pela empresa pertencente ao setor regulado.

A despeito disso, paralelamente, a legislação transporta para a legislação nacional alguns parâmetros considerados na forma de *compliance,* às vezes inspirada em tratamento normativo estrangeiro. Estas situações trazem para a norma legal situações de exigência de submissão à *compliance* e elaboração de políticas, como é o caso do art. 6º da Lei nº 13.303/2016, o Estatuto das Empresas Estatais.

Como particularidade, tais empresas estão igualmente vinculadas às regras setoriais do segmento econômico para o qual exploram atividade e pertencem à Administração Pública. Esta caraterística mista faz incidir sobre elas tanto regras de *compliance* como regras de natureza pública e privada. O capítulo tentou identificá-las, em especial no que diz respeito ao tratamento de transação de partes relacionadas, considerando o regime jurídico administrativo, bem como a confluência de normas da Lei nº 6.404/76 e parametrizações regulamentares, como as trazidas pela Comissão de Valores Mobiliários.

## Referências

ALEXY, Robert. *Conceito e validade do direito.* Tradução de Gercélia Batista de Oliveira Mendes. São Paulo: Martins Fontes, 2009.

BECK, Ulrich. *O que é globalização.* Equívocos do globalismo. Respostas à globalização. São Paulo: Paz e Terra, 1999.

BECK, Ulrich. *Sociedade de risco.* Rumo a uma outra modernidade. Tradução de Sebastião Nascimento. São Paulo: Editora 34, 2010.

CARREAU, Dominique; JUILLARD, Patrick. *Droit internacional économique.* 2. ed. Paris: Dalloz, 2006.

CARVALHOSA, Modesto. *A ordem econômica na Constituição de 1969.* São Paulo: RT, 1972.

CASELLA, Paulo Borba. Pax Perpetua – A review of the concept from the perspective of economic integration. *In*: SILVA, Geraldo Eulálio do Nascimento e; CASELLA, Paulo Borba (Coord.). *Dimensão internacional do direito.* Estudos em homenagem a G.E. do Nascimento e Silva. São Paulo: LTr, [s.d.].

CASTELO BRANCO, Álvaro Chagas. *Paradiplomacia e entes não-centrais no cenário internacional.* Curitiba: Juruá, 2008.

COÊLHO, Carolina Reis Jatobá. *A compreensão brasileira do sigilo bancário e a incorporação do Foreeign Account Tax Compliance Act (F.A.T.C.A.) ao ordenamento jurídico nacional*. 138 p. Dissertação (Mestrado em Direito das Relações Internacionais) – Centro Universitário de Brasília, Brasília, 2016.

EIZIRIK, Nelson *et al*. *Mercado de capitais*: regime jurídico. 2. ed. Rio de Janeiro: Renovar, 2008.

GUZMAN, Andrew T. How International law works. *International Theory*, v. 1, n. 2, p. 285-293, 2009. Disponível em: http://papers.ssrn.com/sol3/papers.cfm?abstract_id=2176015. Acesso em: 20 abr. 2020.

KRISCH, Nico; KINGSBURY, Benedict. Introdução: governança global e direito administrativo global na ordem legal internacional. *Revista de Direito Administrativo*, Rio de Janeiro, v. 261, p. 13-32, set./dez. 2012.

MORSE, Susan C. Ask for help, Uncle Sam: the future of global tax reporting. *Legal Studies Research Paper Series*, 2012. Disponível em: http://ssrn.com/abstract=1999101. Acesso em: 20 jan. 2020.

NESTER, Alexandre Wagner. O exercício do poder de controle nas empresas estatais. *In*: JUSTEN FILHO, Marçal (Org.). *Estatuto jurídico das empresas estatais*. São Paulo: Revista dos Tribunais, 2016.

PINTO JÚNIOR, Mário Engler. *Empresa estatal*: função econômica e dilemas societários. São Paulo: Atlas, 2010.

POSNER, Richard. *The economics of justice*. Cambridge: HUP, 1983.

ROEMER, A. *Introducción al análisis económico del derecho*. 2. ed. México: Itam, 2000.

SALAMA, Bruno Meyerhof. O que é – Direito e economia. *Revista do Curso de Direito – UNIFACS*, n. 160, out. 2013. Disponível em: http://revistas.unifacs.br/index.php/redu/article/viewFile/2793/2033>. Acesso em: 30 maio. 2020.

---

Informação bibliográfica deste texto, conforme a NBR 6023:2018 da Associação Brasileira de Normas Técnicas (ABNT):

COÊLHO, Carolina Reis Jatobá. Compliance e Administração Pública: transações com partes relacionadas em empresas estatais. *In*: DAL POZZO, Augusto Neves; MARTINS, Ricardo Marcondes (Coord.). *Aspectos controvertidos do compliance na Administração Pública*. Belo Horizonte: Fórum, 2020. p. 271-289. ISBN 978-65-5518-044-2.

# *COMPLIANCE* E TERCEIRO SETOR

# O *COMPLIANCE* NO TERCEIRO SETOR

PEDRO LUIZ FERREIRA DE ALMEIDA
JOÃO VICTOR TAVARES GALIL

## Introdução

O Estado brasileiro é um Estado Social, isto é, nas palavras de Carlos Ari Sundfeld, se caracteriza pela atuação positiva para ensejar o desenvolvimento e a realização da justiça social.[1] Dessa maneira, na consecução dessa finalidade, a Administração Pública se relaciona com diversos administrados sob o teor de atos administrativos bilaterais, cujo conteúdo se forma a partir da manifestação pública e privada. São as relações "contratuais", divididas em relações "contratuais *stricto sensu*" e relações "conveniais", nota característica do que se convencionou chamar, no Brasil, de terceiro setor, após a guinada privatista da segunda metade da década de 90.

Por outro lado, é sabido que a corrupção é uma marca profunda na sociedade brasileira, impregnando tanto as relações públicas, quanto as privadas. Nesse sentido, o ordenamento jurídico prescreve diversas medidas e consequências aos sujeitos que violam o direito e utilizam a máquina estatal em benefício próprio. Entre essas medidas jurídicas, a Lei Federal nº 12.846/2013 (Lei Anticorrupção ou LAC) ganha proeminência ao dispor sobre as sanções aplicáveis às pessoas jurídicas que se relacionam com a Administração Pública e cometem atos de corrupção.

---

[1] SUNDFELD, Carlos Ari. *Fundamentos de direito público*. São Paulo: Malheiros, 2017. p. 55.

A LAC inova ao prever a hipótese que trata da adoção de "programas de integridade" pelas pessoas jurídicas ao se relacionarem com a Administração Pública. O ordenamento jurídico brasileiro, por meio do diploma, passou a conferir efeitos positivos à adoção desse tipo de programa, tratando, em síntese, da adoção do *compliance* anticorrupção. Ainda que o *compliance* tenha sua gênese na ciência da administração, este método ganhou relevância no direito justamente porque normas jurídicas abrangem, de certa forma, a sua adoção.

Dessa maneira, surge o questionamento sobre a utilização dessa metodologia pelas entidades privadas que compõem o terceiro setor. Haveria pertinência para tanto? É juridicamente válido falar-se em *compliance* do terceiro setor? Esses questionamentos, que nascem a partir do momento em que o *compliance* passa a ser objeto de estudo em função da LAC, ganham cada vez mais relevância na ciência do direito.

O presente estudo se propõe a responder a tais questionamentos. Para tanto, se faz necessário entender o que é o *compliance* e como o direito brasileiro o recepciona. Igualmente, ao abordar-se *compliance* no terceiro setor, é necessário entender o que este termo significa na ciência do direito. Por fim, conferem-se breves notas de como o *compliance* se relaciona com o terceiro setor e, ao final, apresentam-se conclusões de maneira objetiva.

## 1 *Compliance*: metodologia e efeitos jurídicos

Ao tratar-se de *compliance*, é lugar comum mencionar a origem deste termo na língua inglesa, no termo *to comply*, que significa "dever de cumprir, estar em conformidade e fazer cumprir regulamentos internos e externos impostas às atividades da instituição".[2] Evidentemente, a definição da palavra acaba por demonstrar certa redundância, pois, independentemente de mecanismos de *compliance*, é pressuposto da norma jurídica o seu cumprimento.

Ocorre que, ao mencionar *compliance* empresarial, aborda-se, primeiramente, uma metodologia a ser adotada e implementada por uma pessoa jurídica para garantir o cumprimento de normas aplicáveis. Por essa razão, o *compliance* é inicialmente concebido na ciência da Administração, compreendendo especificamente os procedimentos

---

[2] MORAIS, Eslei José de. *Controles internos e estrutura organizacional*: o caso da Contadoria do Banco do Brasil. 2005. 149 f. Dissertação (Mestrado em Administração) – Universidade Federal do Paraná, Curitiba, 2005.

internos e externos de uma empresa no cumprimento de regulamentos aplicáveis.[3]

Esse caráter metodológico pode ser utilizado no cumprimento de diversas normas, inclusive aquelas que não estão necessariamente tratando de corrupção, como normas contábeis, sanitárias, ambientais e urbanísticas. Inclusive, importante mencionar que o *compliance* nasce nos Estados Unidos da América em 1913, com a introdução do Banco Central americano, uma vez que, em razão das inúmeras normas regulatórias aplicáveis às instituições bancárias, era necessário que essas instituições adotassem uma metodologia para garantir o cumprimento dessas normas.[4] Ou seja, o *compliance*, em sua própria gênese, não diz respeito apenas e tão somente à corrupção.

No campo do direito, além de envolver o óbvio cumprimento de normas jurídicas, o *compliance* ganha relevância a partir do momento em que normas jurídicas incentivam ou obrigam a adoção dessa metodologia por uma empresa.

Nos EUA, em 1977, foi aprovado *Foreign Corrupt Practices Act* (FCPA), diploma normativo que trata das sanções aplicáveis aos indivíduos e empresas americanas que se envolvem em atos de corrupção. Conforme aponta Venturini, Carvalho e Moreland, o sistema de responsabilização do FCPA tem firmado um modelo de responsabilização que se afasta dos requisitos de responsabilidade subjetiva, exigindo que as empresas e seus diretores adotem um sistema de políticas e controles eficientes.[5] Ou seja, a adoção de um programa de *compliance* efetivo passou a ser um imperativo para afastar a responsabilidade em face do FCPA. Nessa perspectiva, tem como finalidade garantir que a empresa esteja de acordo com o diploma, evitando que atos de corrupção sejam praticados.

No Brasil, conforme aponta Morais,[6] a metodologia do *compliance* já era adotada para garantir o cumprimento de regras bancárias por

---

[3] MORAIS, Eslei José de. *Controles internos e estrutura organizacional*: o caso da Contadoria do Banco do Brasil. 2005. 149 f. Dissertação (Mestrado em Administração) – Universidade Federal do Paraná, Curitiba, 2005.
[4] SANTOS, Renato Almeida dos. *Compliance como ferramenta de mitigação e prevenção da fraude organizacional*. 2011. 103 f. Dissertação (Mestrado em Administração) – Pontifícia Universidade Católica de São Paulo, São Paulo, 2011.
[5] VENTURINI, Otávio; CARVALHO, André Castro; MORELAND, Allen. Aspectos gerais do Foreign Corruption Practices Act (FCPA). In: CARVALHO, André Castro; BERTOCCELLI, Rodrigo de Pinho; ALVIM, Tiago Cripa; VENTURINI, Otávio (Coord.). *Manual de compliance*. São Paulo: Forense, 2018. p. 319-348.
[6] MORAIS, Eslei José de. *Controles internos e estrutura organizacional*: o caso da Contadoria do Banco do Brasil. 2005. 149 f. Dissertação (Mestrado em Administração) – Universidade Federal do Paraná, Curitiba, 2005.

certas instituições. O autor cita o *Manual de unidades de controles internos do Banco do Brasil*, que o define como "garantia de que os produtos, processos e serviços do Conglomerado estão de acordo com os regulamentos internos e externos aplicáveis, com as exigências da supervisão bancária e com as políticas e procedimentos internos". Além disso, em função do FCPA, o *compliance* anticorrupção era adotado pelas empresas multinacionais que tinham atuação no Brasil e no exterior.

Foi com a introdução da LAC que o direito positivo brasileiro passou a incentivar com maior intensidade a adoção do programa. A LAC, art. 7º, VIII, dispõe que serão levadas em conta para a aplicação de sanções a existência de mecanismos e procedimentos internos de integridade, auditoria e incentivo à denúncia de irregularidades e a aplicação efetiva de códigos de ética e de conduta no âmbito da pessoa jurídica.

A lei de 2013 utiliza o termo "programa de integridade" para se referir exatamente aos mecanismos de *compliance*. A própria definição de programa de integridade, conforme consta no Decreto nº 8.420/2015, art. 41, demonstra isso, conforme se transcreve:

> [...] programa de integridade consiste, no âmbito de uma pessoa jurídica, no conjunto de mecanismos e procedimentos internos de integridade, auditoria e incentivo à denúncia de irregularidades e na aplicação efetiva de códigos de ética e de conduta, políticas e diretrizes com objetivo de detectar e sanar desvios, fraudes, irregularidades e atos ilícitos praticados contra a administração pública, nacional ou estrangeira.

Evidentemente, apesar de não utilizar a nomenclatura *compliance*, a descrição do programa de integridade abrange a noção de uma metodologia a ser implementada por pessoas jurídicas com vistas a evitar a ocorrência da prática de atos de corrupção. Dessa forma, utilizam-se os termos como sinônimos.

Pois bem, afirmou-se anteriormente que o *compliance* ou programa de integridade representa, de antemão, uma metodologia a ser implementada por empresas para o cumprimento de normas jurídicas. Ainda, menciona-se que o ordenamento jurídico pode atribuir efeitos a um programa de integridade bem implementado.

Sob a primeira perspectiva, é possível que qualquer pessoa jurídica adote um programa de integridade para garantir o cumprimento de qualquer legislação, ainda mais quando a legislação aplicável é complexa, prevendo diversos deveres e obrigações. Sob a segunda perspectiva, a legislação incentiva a adoção do *compliance*, dispondo sobre os efeitos nos quais a adoção dessa metodologia pode resultar.

Mas importante mencionar que a existência dessa metodologia pode existir independentemente de haver qualquer disposição normativa para tanto. Não é necessária uma lei que atribua efeitos ao *compliance* para que uma pessoa jurídica adote esse mecanismo.

Mesmo antes da edição de qualquer lei dispondo sobre programas de integridade, seria possível argumentar, sob o ponto de vista da ciência da administração, que um programa de integridade é um meio eficaz para garantir que a pessoa jurídica tenha conformidade com toda a legislação a ela aplicável. Como exemplo, podem-se citar as instituições bancárias que, em função de uma trama normativa complexa, adotavam o *compliance* para garantir o cumprimento de todos os regulamentos bancários.

Mas no que tange ao exercício do *jus puniendi* pelo Estado, considerando aqui qualquer atividade sancionatória, a LAC é um paradigma, pois atribuiu efeitos positivos aos programas de integridade.

A LAC tutela a responsabilização objetiva das pessoas jurídicas pela prática de atos contra a Administração Pública, nacional ou estrangeira. Nesse ponto, a adoção de um programa de integridade anticorrupção já seria recomendável como um meio para evitar os atos ilícitos tutelados pela LAC. Como bem aponta José Anacleto Abduch Santos, diante da responsabilidade objetiva, a prevenção é o elemento resolutivo para o afastamento ou para a minoração do risco de sanção.[7]

Mas mesmo um programa de integridade eficaz não é capaz de evitar por completo o risco de que um preposto de uma pessoa jurídica pratique, em nome desta, um ato de corrupção. Nesse caso, o *compliance* tem, como finalidade, atenuar a eventual aplicação de sanção, contanto que o programa adotado e implementado seja eficaz. Portanto, há um claro incentivo legislativo pela adoção do *compliance* anticorrupção, o que, segundo Patrícia de Toledo, representa um avanço direcionado à ética e à transparência nas relações negociais entre Administração Pública e o setor privado.[8]

---

[7] SANTOS, José Anacleto Abduch; BERTONCINI; Mateus; COSTÓDIO FILHO, Ubirajara. *Comentários à Lei 12.846/2013*: Lei Anticorrupção. 2. ed. São Paulo: Revista dos Tribunais, 2015. p. 233.

[8] CAMPOS, Patrícia de Toledo. Comentários à Lei nº 12.846/2013 – Lei Anticorrupção. *Revista Digital de Direito Administrativo – RDDA*, v. 2, n. 1, p. 160-185, 5 out. 2014. Disponível em: http://www.revistas.usp.br/rdda/article/view/80943/pdf_10. Acesso em: 8 maio 2020.

Posteriormente, outros diplomas normativos passaram a incentivar ou exigir a adoção de programas de integridade, como: a Lei Federal nº 13.303/2016 (Lei das Estatais), art. 6º, que estabelece a necessidade de o estatuto da empresa pública, da sociedade de economia mista e de suas subsidiárias "observar regras de governança corporativa, de transparência e de estruturas, práticas de gestão de riscos e de controle interno"; a Lei nº 13.709/2018 (Lei Geral de Proteção de Dados ou LGPD), art. 52, §1º, IX, dispõe que a adoção de um programa de boas práticas e governança sirva como um critério na dosimetria da sanção a ser aplicada pela Agência Nacional de Proteção de Dados; e a Lei nº 7.753/2017, do estado do Rio de Janeiro, que dispõe sobre a exigência de Programa de Integridade às empresas que celebram acordos bilaterais com a Administração Pública estadual.

Portanto, ao se tratar do *compliance* no direito brasileiro, observa-se que há um movimento legislativo e normativo cada vez maior em incentivar ou determinar a adoção dessa metodologia de administração por pessoas jurídicas. O ordenamento jurídico tem cada vez mais reconhecido que o programa é um instrumento eficaz para garantir a conformidade da atuação empresarial com o direito.

Quanto ao terceiro setor, está-se diante de uma relação de pessoas jurídicas de direito privado que, invariavelmente, acabam se relacionando com a Administração Pública, invocando a aplicação de um regime jurídico que não é o empresarial. Contudo, ainda assim é possível pensar na utilização de um programa de integridade por essas entidades. Faz-se necessário, antes de analisar o *compliance* aplicável a essas entidades, entender justamente o que o termo "terceiro setor" abrange.

## 2 Terceiro setor

O termo "terceiro setor" assumiu papel na ciência do direito por questões flagrantemente políticas. Isso porque, até meados dos anos 90, seu emprego era próprio do campo da ciência da administração enquanto, em paralelo, abordar associações e fundações era preocupação quase que restrita dos autores privatistas os quais, por sua vez, não se valiam da nomenclatura do sistema dos três setores, concebido pelo estadunidense John Rockefeller III, em 1978.

A concepção, naquele momento, de terceiro setor, posicionado ao lado do Estado (primeiro setor) e mercado (segundo setor) tinha um papel muito simples. Tomando-se, como critério, a conquista do lucro, o terceiro dos setores agrupava as entidades privadas sem fins lucrativos, não obstante as enormes distinções que guardavam entre si.[9]

Se, todavia, a questão não interessava aos privatistas, a identificação do papel estatal *versus* a atividade mercantil promovida pela classificação proposta não poderia deixar de interessar aos publicistas, sobretudo após seu posicionamento em caráter protagonista a respeito da Reforma do Aparelho do Estado e da Administração Pública promovida por Luiz Carlos Bresser-Pereira durante o Governo de Fernando Henrique Cardoso, fortemente focada em técnicas de desestatização. Entre uma dessas técnicas, incluía o repasse de recursos públicos a associações e fundações privadas para a prestação de atividades de prestação obrigatória pelo Estado, mas, também, permitida ao âmbito dos particulares, denominadas serviços públicos não estatais.[10] O principal diploma legal surgido dessa política foi a Lei Federal nº 9.637/1998, conhecida como a Lei das Organizações Sociais, ou simplesmente Lei das OSs.

Com base na mesma política que fundamentou a Lei das OSs, outros diplomas foram editados. No ano seguinte foi editada a Lei Federal nº 9.790/1999, a Lei das Organizações da Sociedade Civil de Interesse Público, ou simplesmente Lei das Oscips e, mais recentemente, a Lei Federal nº 13.019/2014, conhecida como o Marco Regulatório das Organizações da Sociedade Civil ou MROSC.

Não é interesse deste trabalho descer às minúcias dos diplomas, mas, todavia, é importante perceber a razão da utilização do termo. De fato, todas essas leis têm razão de ser a partir da política de Administração Gerencial desenvolvida, no Brasil, a partir das ideias

---

[9] Realidade identificada por MONTAÑO, Carlos. *Terceiro setor e questão social*: crítica ao padrão emergente de intervenção social. 6. ed. São Paulo: Cortez, 2010. p. 53. A título de exemplo, Maria Tereza Fonseca Dias observa que podem configurar-se abarcadas entidades beneficentes e assistenciais, entidades culturais, científicas e educacionais, recreativas ou esportivas, fundações privadas, incluídas as empresariais, entidades vinculadas a religiões, igrejas ou assemelhadas, organizações de caráter corporativo e representativas patronais e profissionais, como sindicatos e confederações, associações de benefício mútuo ou de defesa de interesses sociais não difusos, organizações de defesa ou promoção de interesses e direitos gerais difusos ou comuns, associações voluntárias estruturadas na forma de redes, articulações e movimentos sociais, que lutam por objetivos de inclusão social e cidadania, em seu sentido mais amplo, organizações religiosas e organizações políticas de caráter partidário (DIAS, Maria Tereza Fonseca. *Terceiro setor e Estado*: legitimidade e regulação. Belo Horizonte: Fórum, 2008. p. 101-102).

[10] BRESSER-PEREIRA, Luiz Carlos. Presidência da República. Câmara de Reforma do Estado. *Plano Diretor da Reforma do Aparelho do Estado (PDRAE)*. Brasília, nov. 1995. 68 p. Disponível em: http://www.biblioteca.presidencia.gov.br/publicacoes-oficiais/catalogo/fhc/plano-diretor-da-reforma-do-aparelho-do-estado-1995.pdf. Acesso em: 29 mar. 2019.

implementadas nos anos 90. Dessa maneira, dizem respeito a entidades privadas sem fins lucrativos que prestam serviços públicos não estatais. Esse rótulo de serviços é um rótulo atécnico para a ciência jurídica. Há que se obedecer ao postulado de prevalência dos significados técnicos[11] e, com base nisso, há que se perceber que a divisão de serviços públicos *versus* atividades econômicas consagrada pela Constituição é, de plano, incompatível com o rótulo traçado pelo Plano de Reforma de Bresser Pereira. Portanto, as atividades desenvolvidas pelas entidades são atividades materiais privadas que têm correspondentes na esfera dos serviços públicos. A doutrina já consagrou um termo a respeito: são os chamados serviços sociais.[12]

Além disso, a raiz na política de Bresser-Pereira aponta outro traço característico dos diplomas. Todos eles preveem regimes jurídicos não das entidades em si, mas referentes a parcerias entre as pessoas jurídicas privadas e o Estado, para a prestação dos seus objetos estatutários. A grande distinção entre o diploma de 2014 e os seus antecedentes é a desnecessidade de uma qualificação prévia para tal relação jurídica público-privada, mas todas as redações se concentram no veículo dessas mesmas relações. São os contratos de gestão, para entidades qualificadas como OSs, termos de parceria, para as entidades qualificadas como Oscips, e termos de colaboração, termos de fomento ou acordos de cooperação para as OSCs.

Pelas razões apresentadas, conclui-se que o termo "terceiro setor" é um termo pragmático, pois não se refere a um regime jurídico único. Serve para agrupar as entidades sem fins lucrativos, associações civis e fundações privadas, que prestam serviços sociais valendo-se do emprego de recursos repassados pelo Poder Público. É a própria presença da Administração na relação que justifica o tratamento da matéria pelos administrativistas e o fato de o termo ser ignorado pela doutrina de direito privado.

## 3 *Compliance* e terceiro setor

Ao tratar-se da aplicação do *compliance* no terceiro setor, trata-se, na verdade, da aplicação de uma metodologia de administração às entidades que compõem esse "setor". Na verdade, inexistem razões

---

[11] LARENZ, Karl. *Metodologia da ciência do direito*. 8. ed. Lisboa: Fundação Calouste Gulbenkian, 2019. p. 455.
[12] SUNDFELD, Carlos Ari. *Fundamentos de direito público*. São Paulo: Malheiros, 2017. p. 78.

que impeçam a adoção do *compliance*, posto que, em última instância, fala-se de uma metodologia para garantir a conformidade com uma legislação, seja ela qual for.

Mas, sem embargo, o regime jurídico do MROSC impõe uma série de deveres às entidades, o que demonstra que, do ponto de vista de cumprimento desse diploma normativo, o *compliance* é uma excelente metodologia para garantir que as entidades que se relacionam com o Estado cumpram com todas essas disposições.

Ainda, conforme já adiantado, a Lei Anticorrupção cria um incentivo à adoção do *compliance* anticorrupção ao determinar que a adoção desse programa impactará na aplicação de sanção nos termos da lei.

## 3.1 O *compliance* como metodologia para cumprimento do MROSC

Assim como os diplomas dos anos 90, o MROSC tem o condão de inserir no mundo jurídico normas que correspondam aos parâmetros da Administração Gerencial, tão desejada pelo Plano Bresser-Pereira e, com isso, inverter a lógica da Administração Burocrática que se intentou incorporar ao Estado brasileiro a partir da Era Vargas.

A principal marca de distinção entre os dois modelos administrativos é que, enquanto a adoção do modelo burocrático tem preocupação muito maior com o controle prévio à edição de um ato administrativo, com fins a não gerar edições viciadas por falhas administrativas ou por móveis espúrios dos membros da sociedade, o modelo gerencial tem foco nos resultados, o que permite exacerbar a confiança em um controle posterior, necessário à detecção de falhas do procedimento a partir dos frutos gerados e sua adaptação para um funcionamento cada vez mais eficiente. Por essa razão, diz-se que a Administração Gerencial é pautada no Ciclo PDCA (*plan – do – check – act*), que, em tradução livre e não literal, diria respeito ao planejamento da ação com base em metas, sua execução, sua fiscalização para apontar as adaptações necessárias.

Essa mentalidade se reflete de maneira transparente no MROSC. Visando corrigir impropriedades de seus antecedentes, o legislador nela dispôs um rígido programa de prestação de contas, portal de transparência, necessário para o controle social, enquanto deixou de prever de maneira tão pormenorizada quanto a Lei nº 8.666/1993 sobre o processo de licitação, denominado pelo diploma de chamamento público.[13]

---

[13] GALIL, João Victor Tavares. *Processo licitatório e a celebração de parcerias com o terceiro setor.* 2020. Dissertação (Mestrado em Administração) – Pontifícia Universidade Católica de São Paulo, São Paulo, 2020. p. 199-201.

A razão é clara, perceba-se: com o plano de desburocratização, pautado em técnicas de privatização, buscou-se o aproveitamento da expertise dos particulares. O caminho foi permitir que o controle fosse exercido com foco em seu agir, e não no agir dos agentes públicos. Ao invés da preocupação com a edição de um convênio, considerados o processo de seleção e a celebração do termo, destinavam-se, os esforços, à vigia da execução. Eis, aí, a importância dos programas de *compliance*. Como dito, trata-se de uma técnica de administração privada cujo objetivo é prevenir e controlar a atuação interna da pessoa jurídica para evitar o descumprimento de exigências normativas. Por essa razão, diante do novo parâmetro gerencial, sua importância se revela de maneira clara para evitar o vício do andamento do pacto convenial. Trabalha-se para permitir uma execução límpida, evitando-se, assim, a imposição de medidas pela Administração convenente, pelo Tribunal de Contas ou, ainda, pelo Poder Judiciário, inclusive em sede de improbidade administrativa. Não há que se negar: a exigência de programas de *compliance* está, intimamente, ligada aos parâmetros do Ciclo PDCA e da Administração Gerencial, pois a preocupação se torna, muito mais, focada no exercício privado, ainda que em execução de atos administrativos, entre eles, sobretudo, os bilaterais, os contratos e convênios.

### 3.2 As duas fases de mentalidade nas leis de terceiro setor

Embora os diplomas tenham se originado do viés político de Administração Gerencial, não se pode olvidar que a inteligência que se extrai de seus respectivos textos evoluiu com o tempo, adequando-se de maneira mais harmônica aos limites do Estado Social pátrio ao qual se lhe exige, também, a prestação direta de serviços públicos. Isso porque, em um primeiro momento, ao nascer da Lei das OSs, tinha-se como possível a transferência integral de responsabilidades públicas para associações civis e fundações privadas. Pela razão do Plano Nacional de Publicização – PND, lá consagrado, o Estado escolheria uma entidade privada, a financiaria integralmente e ela, por sua vez, assumiria os deveres estatais prestacionais os quais seriam extintos, reduzindo-se o papel de prestado ao papel de fomentador.

Com o tempo, a técnica revelou duvidosa forma de fuga ao regime de restrições próprio das relações estatais.[14] A política do

---

[14] Sobre o tema: SCHIER, Adriana da Costa Ricardo. *Fomento*: administração pública, direitos fundamentais e desenvolvimento. Curitiba: Íthala, 2019, *passim*.

terceiro setor apresentava verdadeiras contrafações de autarquias, com privatização de gestão de fundo público e nenhum teor de junção de esforços. Tinha-se a mentalidade de que uma organização social se moveria por um contrato de gestão para a prestação de um serviço, desonerando o Estado. Com mentalidade distinta, todavia, o MROSC consagrou verdadeiros modelos de junção de esforços. Por ela, não se pensava na criação de uma entidade privada para substituir o Estado, mas para com ele, em diversos órgãos e de diversas entidades, celebrar diversos convênios, muitos deles, inclusive, com grande parcela de aportes privados. Por ela não é possível apenas uma mera e duvidosa transferência de responsabilidades, mas um verdadeiro fomento à atividade verdadeiramente privada que, todavia, é desempenhada de forma que interesse ao Poder Público sem, contanto, poder exonerar-se de seus deveres próprios. É por essa razão que a lei de 2014 veda a celebração de termos de parceria, termos de fomento e acordos de cooperação com entidades que tenham seu regular funcionamento inferior a três anos, conforme art. 33, V, "a", assim como hoje também se exige de entidades que sejam qualificadas como Oscips.

A mudança de mentalidade tem efeito importante. Por ela, a Administração passa a preocupar-se com a política interna da própria entidade com quem celebrará convênio, pois essa possui funcionamento próprio, existência própria e política própria de maneira verdadeira e válida. Tamanha é a verdade do alegado que o MROSC exige, expressamente, como já havia se exigido pelo art. 4º, II, da Lei das Oscips, a adoção de práticas de gestão administrativa necessárias e suficientes para coibir a obtenção, individual ou coletiva, de benefícios ou vantagens indevidas, como se pode perceber de seu art. 5º, VIII.

### 3.3 A aplicação da Lei Anticorrupção ao terceiro setor

A Lei Anticorrupção pretendeu regrar, de maneira devida e expressa, ponto ainda nebuloso da legislação nacional. Por ela, passou-se a responsabilizar pessoas jurídicas por atos de favoritismo e patrimonialismo de maneira objetiva. Até então, a lei utilizada como base para tais repreensões, além das disposições penais, era a Lei nº 8.429/1992, conhecida como Lei de Improbidade Administrativa, ou simplesmente LIA, escrita e desenvolvida destinando-se a sancionar, em esfera de responsabilidade autônoma, preponderantemente pessoas físicas.

Embora alguns assumam que o diploma também se destinava a pessoas jurídicas, sob a figura de beneficiárias prevista em seu art. 3º, fato é que, além da exigência de configuração de elemento volitivo, as redações *in fine* dos incisos do art. 12 do diploma deixam claro que, aos olhos do legislador, a pessoa jurídica seria apenas um mecanismo para a prática dos atos, não agente a ser responsabilizado.

De maneira digna de aplausos, a Lei Anticorrupção insere, no sistema, a possibilidade expressa de sancionar pessoas jurídicas dentro da esfera autônoma de responsabilização[15] própria da improbidade administrativa[16] sem, contudo, valer-se de redação desapropriada. Por tratar-se de pessoas jurídicas, teve, o legislador, cuidado em estabelecer formas de preservar a função social de suas atividades. Dessa maneira, previu a figura dos acordos de leniência bem como fomentou a instauração de programas de integridade pelas entidades que se encontrassem na zona de risco de serem sancionadas pelas normas lá previstas, abrandando-lhes a sanção eventualmente imposta, desde que tal programa apresentasse desenvolvimento favorável.

Não se pode negar que aquilo que aqui se chama de terceiro setor não se encontra abarcado pelo diploma. O conceito, obrigatoriamente, diz respeito a entidades privadas que se relacionem com o Poder Público por meio de convênios. Essas entidades, por sua vez, constituídas sob a forma de associações civis e fundações privadas, estão arroladas no parágrafo único do art. 1º de sua redação.

Visando dar maior efetividade à política pública legislativa de fomento à instauração de programas que evitassem a utilização indevida de pessoas jurídicas, preservando-se, assim, o próprio Erário, tanto o Distrito Federal (Lei nº 6.112/2018) quanto o estado do Rio de Janeiro (Lei nº 7.753/2017) editaram leis que obrigassem a instauração de política de *compliance* pelas entidades que celebrassem atos bilaterais com o Poder Público, inclusive conveniadas. Dessa maneira, embora a unidade federativa com sede na antiga capital do país tenha consagrado

---

[15] Segundo José Roberto Pimenta Oliveira, esfera de responsabilização pode ser definida como "o conjunto de normas jurídicas que delineiam, com coerência lógica, a existência de um sistema impositivo de determinadas consequências jurídicas contra o sujeito infrator e/ou terceiros, levando-se em conta a prévia tipificação do ato infracional e das sanções imputáveis, o processo estatal de produção, e os bens jurídicos ou valores constitucionalmente protegidos com sua institucionalização normativa" (OLIVEIRA, José Roberto Pimenta. *Improbidade administrativa e sua autonomia constitucional*. Belo Horizonte: Fórum, 2009. p. 82).

[16] Para o entendimento da Lei Anticorrupção como integrante da esfera de responsabilização da improbidade administrativa, *vide*: OLIVEIRA, José Roberto Pimenta. Desafios e avanços na prevenção e no combate à corrupção, na atuação cível do MPF nos 30 anos da CF. *In*: HIROSE, Regina Tamami. (Org.). *Carreiras típicas de Estado*: desafios e avanços na prevenção e no combate à corrupção. Belo Horizonte: Editora Fórum, 2019. v. 1. p. 181-198.

texto que fala expressamente em empresas e, por diversas vezes, tão somente em contratos, a leitura integral do diploma revela que as vezes que assim se o fez, feito foi em clara atecnia, pois seu legislador fez o mesmo que sua sucessora, estendendo expressamente a exigência a associações e fundações privadas.

## 3.4 Questões caras ao programa de *compliance* no terceiro setor

O olhar atento aos diplomas que se reconhecem como leis do terceiro setor revela o objetivo comum na formação de convênios. Suas redações estão focadas, no tocante à qualificação, prestação de contas, sanções e monitoramento, no conteúdo desses instrumentos. Portanto, é inegável que se diga que a preocupação do legislador, referente à conduta das entidades privadas sem fins lucrativos, diz respeito à formação e à preservação da regularidade da relação jurídica que se estabelece entre si. Dessa maneira, é lógico que, embora as associações e fundações privadas possam manter programas de conformidade necessários à preservação da saúde institucional perante todo o arcabouço legislado e normativo que se faz vigente sobre suas atividades, é no controle da execução do plano de trabalho conveniado que a mão estatal pesará mais forte e de maneira mais célere e, portanto, é no acompanhamento desse tipo de relação que o direito exige maior alocação de esforços. Vale lembrar que o regime das parcerias se preocupa não só com enriquecimento ilícito e atos de corrupção, mas, também, com a devida aplicação de recursos públicos.

Para isso, é importante que o planejamento do funcionamento da atividade da entidade, integralmente considerado, seja coerente e controlado do início ao fim da prestação convenial, o que quer dizer que, desde a realização de uma proposta de plano de trabalho, ainda que diante de um Processo de Manifestação de Interesse Social – PMIS até a prestação de contas final pelo Tribunal de Contas, o qual, espera-se, conferirá parecer favorável ao desempenho regular da prestação convenial, o acompanhamento do setor de *compliance* deve estar sempre atento, aplicando esforços referentes às exigências de cada momento processual da dinâmica licitação-contratação-execução. Em todas elas, as normas internas da entidade, que autorregularão seu funcionamento, servirão de importante mecanismo coibidor de práticas relacionadas à corrupção ou à irresponsabilidade pelos agentes envolvidos.

É importante estabelecer, juridicamente, a força normativa desses códigos de boa conduta. Conforme observa André Saddy, a força vinculante e as possibilidades sancionatórias da autorregulação, passíveis de surtirem efeitos imediatos sobre pessoas físicas e jurídicas que atuam internamente à entidade ou em regime de atuação em rede, só é legítima perante consentimento comum das partes envolvidas.[17] Por essa razão, deve, o setor de *compliance*, preocupar-se com a elaboração de cada contrato editado no âmbito interno da entidade. O importante é que cada termo pactuado vincule, expressamente, o código editado e disponibilizado pela entidade, como forma de conferir-lhe *status* de cláusula contratual que legitime as condutas por ele dispostas. É certo que essa prática tenha repercussões perante os órgãos de controle, que observarão de modo distinto as entidades que controlam seus colaborados e associados e aquelas que não o fazem.

Por óbvio, todavia, que essas cláusulas não impactam nas exigências de boas condutas e atenção à gama principiológica que a Administração exige nos termos do ato convenial. Nesse, o poder estatal se sobrepõe, pois pertence a ela a edição do ato.[18] Por essa razão, embora o código interno da empresa não possa ser tido como cláusula do termo, assume caráter mediato e importante para a interpretação de futuras contingências. Assume, portanto, caráter consuetudinário, que deve ser rememorado sempre pela fiscalização da prestação convenial.

A enorme proximidade relacional que se mantém em razão da atividade de fomento deve sempre ser considerada, pela entidade, como área de potencial risco para a prática de atos de corrupção, favoritismo ou qualquer outro ato de improbidade administrativa. Por essa razão, o código da entidade deve prever formas de sancionamento interno, o qual deve adiantar-se, em efetividade, em relação ao tempo geralmente utilizado para o controle do Poder Concedente ou do Tribunal de Contas, como forma de demonstrar à sociedade, inclusive através dos portais de transparência mantidos pelo ente público e pelo particular, que o concedido está de acordo com a gama principiológica que se lhe vige em razão da situação estabelecida, ainda que se oculte o nome do eventual sancionado.

---

[17] SADDY, André. *Regulação estatal, autorregulação privada e códigos de boa conduta e boas práticas*. 2. ed. Rio de Janeiro: CEEJ, 2020. p. 183-184.

[18] GALIL, João Victor Tavares. Elementos e pressupostos de existência no ato administrativo bilateral. *In*: MARTINS, Ricardo Marcondes (Coord.); SERRANO, Antonio Carlos Alvez Pinto (Org.). *Estudos contemporâneos sobre a teoria dos atos administrativos*. Curitiba: CRV, 2018. p. 195.

### 3.4.1 Fase da proposta e da participação no chamamento público

A fase inicial da dinâmica licitação-contratação-execução contratual, aqui convenial, exige atenção do setor de *compliance* das condições que convidam a entidade a participar de uma relação público-privada e, por ela, efetivamente, tornar-se o que aqui se denomina terceiro setor. Para isso, é necessário ater-se ao edital ao qual se submete. Deve-se verificar se não há indícios que possam revelar conluio entre algum envolvido da pessoa jurídica privada e algum agente de dentro do corpo da Administração Pública. Deve-se lembrar que indícios de edital dirigidos podem resultar em paralisação do certame pelo Tribunal de Contas em análise de reclamação administrativa promovida por qualquer cidadão. Por isso, embora seja dever do Poder Público analisar a retidão de seus atos, é importante que a entidade não se aventure em certames promovidos através de instrumentos convocatórios duvidosos, como exemplo, submeter a concorrer em certame instaurado após PMIS que coletou sua proposta e elaborou edital com base unicamente nela, adotando especificidades que poderiam causar a impressão de instrumento dirigido. Da mesma forma, deve o particular verificar o grau de publicidade que foi dado ao certame, com fins a evitar imbróglios jurídicos que possam prejudicar sua imagem durante o desenvolvimento processual de seleção. É extremamente comum no âmbito do Tribunal de Contas do Estado de São Paulo, por exemplo, a celebração de convênios a partir de leis direcionadas a entidades específicas, o que é visto de maneira negativa pelos órgãos de fiscalização da Corte, entre eles a Assessoria Técnico-Jurídica – ATJ.

Outra questão importante é a verificação das condições de habilitação da entidade, no sentido de que seus documentos apresentam regularidade atualizada e autenticidade, bem como firmeza, concretude e exequibilidade da proposta do plano de trabalho, com a elaboração de metas claras e resultados alcançáveis, que estejam de acordo, entre outros fatos, com o objeto de atuação descrito, claramente, no estatuto da entidade.

Ainda, é importante verificar se não há relação suspeita entre algum membro da entidade e o órgão que promove o certame. Como se sabe, às entidades que compõem o terceiro setor é permitida, quando não exigida, a participação de servidores públicos em posições importantes da organização interna. Além disso, nada evita que atue no órgão alguma pessoa de relação próxima com alguém atuante na entidade do terceiro setor.

Nessas ocasiões é que se faz importante a cláusula acordada em código de conduta ou, até mesmo, no estatuto da entidade, que determine a obrigação de o agente da entidade particular se declarar suspeito de atuar na elaboração do plano de trabalho ou qualquer outro ato relativo à celebração da parceria, bem como a proibição de atuação de qualquer agente, independentemente do grau que ocupa, perante comissão de seleção em que haja exercício de algum parente ou amigo próximo.

Toda essa cautela, ao final, serve para evitar a ocorrência de qualquer conduta que possa ser tipificada na LAC. Em especial, no que diz respeito ao procedimento para a seleção da entidade do terceiro setor, o art. 5º, IV, "a", do diploma tipifica como ato lesivo à Administração Pública a fraude à licitação. Evidentemente, a demonstração de que a entidade tomou toda a cautela necessária poderia afastar eventual responsabilização ou mitigar a aplicação da sanção.

### 3.4.2 Fase de celebração convenial

A fase de celebração convenial sofreu importante modificação no tocante ao universo das organizações sociais, no âmbito da União, após a edição do Decreto nº 9.190/2017, de constitucionalidade duvidosa, que determinou, através de seus arts. 5º a 7º, que a qualificação seria conferida na fase de celebração do contrato de gestão por meio de ofício aos ministros competentes. É por essa razão que deve preocupar-se, a entidade, em manter regularidade dos documentos necessários a demonstrar os requisitos descritos nos arts. 2º, 3º e 4º da Lei das OSs.

Além disso, deve a entidade aspirante à parceria, e isso não se resume às OSs, preocupar-se em ver expresso no conteúdo convenial o seu processo impessoal de seleção de colaboradores e contratados necessários ao alcance das metas do seu plano de trabalho proposto. É uma exigência feita ao terceiro setor, após o julgamento da ADI nº 1.923/DF, que exigiu que as seleções promovidas pela entidade fomentada atendessem a um procedimento impessoal descrito em seu estatuto, o qual, entende-se aqui, pode fazer menção a processo descrito no código de boas condutas, desde que dê caráter vinculante, pelo menos, às celebrações possibilitadas pelo emprego de recursos públicos.

Deve, ainda, a entidade preocupar-se com a atualidade do teor convenial se comparado à época da proposta, além de relatar ao Poder Concedente, antes da celebração, qualquer informação que possa sugerir que o resultado do certame foi viciado. Insiste-se: mesmo que o particular não tenha dado causa ao vício do ato bilateral, e não lhe caiba, primariamente, a fiscalização da retidão das edições administrativas, é importante ter em mente que o parecer do Tribunal de Contas pela irregularidade do certame ou da contratação pode macular todo ato seguinte ao momento do vício. É como se posiciona o Tribunal de Contas do Estado de São Paulo, invocando, com frequência, o que é chamado pela Corte de princípio da assessoriedade.[19]

Por último, deve a entidade preocupar-se com as exigências conveniais a respeito da aplicação de recursos próprios do particular. O art. 51 da Lei nº 13.019/2014 exige que seja mantida conta bancária específica para recursos públicos destinados ao convênio, conduta que, entende, deva ser seguida também em contratos de gestão e termos de parceria. Essa conta deve ser informada quando da celebração do convênio, de forma que se configure no instrumento bilateral. Ocorre que, várias vezes, é desejo da entidade aplicar recursos próprios ou de fontes privadas no objeto convenial, o que se entende como desejável. É importante que a fonte de tais recursos bem como a pretensão de seu uso sejam descritas no teor convenial, com fins a limitar a possibilidade de confusões pela fiscalização que queiram valer-se do aporte privado para apontar vício de planejamento da proposta ou utilização indevida e desnecessária de recursos estatais. Além disso, deve-se verificar se há cláusula referente à conduta de o particular assumir, com recursos próprios, a prestação do objeto em caso de atraso no repasse público, o que, por óbvio, deve constar, também, no edital.[20]

Por último, deve a entidade cooperar para que não haja a nomeação de qualquer gestor ou membro da comissão de monitoramento e avaliação que mantenha, ou possa, muito provavelmente, vir a manter, relações próximas com membros da entidade que estejam, minimamente, envolvidos com a prestação do objeto convenial. Em

---

[19] São exemplos de julgados que invocam o vetor interpretativo: (i) TC-013516/026/02, Cons. Rel. Fulvio Juliao Biazzi, j. 16.9.2009; (ii) TC-1844/010/08, Decisão do Auditor Josué Romero, j. 1º.11.2013; (iii) TC-000769/003/09, Cons. Rel. Sidney Estanislau Beraldo, j. 19.2.2013; (iv) TC-033140/026/02, Primeira Câmara, Cons. Rel. Eduardo Bittencourt Carvalho, j. 7.12.2011; (v) TC-001255/007/01, Plenário, Cons. Rel. Eduardo Bittencourt Carvalho, j. 10.11.2010 (Disponível em: https://www.tce.sp.gov.br/jurisprudencia. Acesso em: 24 maio 2020).

[20] Não se enxerga ofensa ao disposto no art. 46, §1º, da Lei nº 13.019/2014 a previsão convenial que determine a utilização de recursos próprios da entidade em caso de atraso de repasses do Poder Público, desde que sejam atendidas duas condições conjuntas: 1) haja concordância da entidade, percebida no ato bilateral e baseada no edital, suficiente para a elaboração da proposta e 2) haja comprometimento de reembolso pela Administração Pública, o que deve estar expresso, também, no teor do ato bilateral.

outras palavras, é aconselhável que se dê interpretação mais cautelosa à exigência do art. 35, §6º, da Lei nº 13.019/2014, não bastando relação com a entidade como pessoa jurídica, mas havendo cautela quando às pessoas físicas envolvidas.

### 3.4.3 Fase de execução convenial

A fase de execução do objeto convenial é aquela na qual se revela mais claramente as intenções da política pública por trás do convênio em razão de ser, nela, que se verificam as adequações das metas e resultados alcançados, o que, por si, revelará a assertiva da Administração em deixar-se guiar pelos parâmetros do modelo gerencial.

Por essa razão, é importante que o gestor do convênio seja alguém que não mantenha laços próximos com membros da entidade. Apesar da nomeação ser dada pelo Estado, é importante que a entidade possa se permitir esse controle em relação à sua equipe, com fins de evitar problemas futuros quando da fiscalização de sua prestação. Por isso, deve a entidade controlar as pessoas empregadas no decorrer da prestação do objeto, principalmente os seus prepostos designados. Se, todavia, houver a participação de alguém que adquiriu amizade ou outro tipo de contato próximo com o agente público empregado e que, em primeiro momento, a entidade não teve como detectar, é importante que esta comunique ao Poder Público de imediato. O mesmo se aplica para as pessoas envolvidas na comissão de monitoramento e avaliação e seus nomeados nos termos do art. 58, §1º, da Lei nº 13.019/2014.

É importante, ainda, que o emprego dos recursos aconteça de maneira transparente e, isso é de máxima importância, que seja registrado de forma a tornar fácil a visualização de seu aproveitamento. É por essa razão que os recursos públicos e os privados envolvidos devem ser discriminados no tocante às parcelas pertencentes a cada um, estabelecendo-se os nexos causais entre seu emprego e o resultado alcançado, bem como as justificativas pontuais que demonstrem o porquê de certos resultados não terem sido alcançados, caso isso aconteça. Em hipótese de haver remanescente do recurso público empregado ou necessidade de aporte privado além do previsto inicialmente, é importante que se comunique o fato à Administração antes de se lhe dar destino, sob risco de causar a impressão de que o plano de trabalho foi mal elaborado ou mal executado. Por essa razão, não se dispensa a manutenção cuidadosa de arquivo que contenha recibos e notas fiscais relativos a cada atividade envolvida na execução convenial, incluindo a inscrição em custos indiretos, sob pena de causar a impressão de que estes se configuram em taxa de administração, o que é amplamente reconhecido pela jurisprudência como ilícito no teor do ato da natureza comentada. Tais sugestões devem ser atendidas para o relatório previsto do art. 59 da lei supracitada.

Sobre eventuais recursos privados empregados, via de regra, o Estado não tem o poder de ditar a sua administração, pois pertence ao exercício próprio da atividade dos particulares, mas a sua utilização deve, insiste-se, ocorrer de maneira transparente e responsável de forma mínima a demonstrar ao Poder Público a probidade da execução convenial por completo. Portanto, por mais que eventual parcela privada seja alocada para a execução convenial, sua aplicação há de ser demonstrada ao Poder Público de maneira suficientemente possível de mostrar que a alocação de dinheiro público foi feita de maneira proba, benéfica aos administrados, eficiente e de acordo com o plano de metas e resultados pretendido pela Administração ao editar o ato bilateral. É por essa razão que o controle pelo Tribunal de Contas, embora seja instaurado em razão de recursos públicos administrados, é legítimo ao solicitar demonstração do aporte privado. Insiste-se, no entanto: apenas de forma a permitir a correta fiscalização do aporte pela Administração.

Trata-se de lógica de acordo com a natureza de fomento da atividade administrativa exercida no terceiro setor. É por essa razão que não se pode admitir a proposta de uma entidade que discrimine recursos de subvenção para a instauração de seu programa de conformidade. Como dito, a lógica de desresponsabilização que se intentou com a Lei das OSs deve ser deixada no passado. O MROSC reconhece vida e funcionamento próprios da entidade privada, de modo que, por mais que se admita como válida a discriminação de recursos, no plano de trabalho, necessários à fiscalização, monitoramento e acompanhamento do objeto convenial, não pode o particular pretender a instauração de um setor na entidade subvencionado por recursos públicos, pois tal atividade se converteria em enriquecimento da própria entidade e não em fomento à sua atividade nos termos no convênio, cuja fruição há de ser do administrado. Por essa razão, aplaude-se a redação do art. 5º, §2º, da Lei Distrital nº 6.112/2018.

Outra questão importante a ser mencionada refere-se à remuneração dos dirigentes. A lei de 2014, de maneira não distinta das que a antecederam, permite a remuneração de dirigentes, rompendo com a lógica da Lei nº 91/1935, que dispunha sobre a utilidade pública, ora revogada. Obviamente, como largamente consagrado no Tribunal de

Contas do Estado de São Paulo,[21] tais valores devem estar compatíveis com o mercado. Isso leva a uma reflexão: imagine-se que uma entidade elabora uma proposta na qual determina um valor X, compatível com o mercado, para remunerar seus dirigentes. Perfeitamente de acordo com os ditames legais e jurisprudenciais, o convênio é celebrado. A mesma entidade, durante a execução convenial, elabora proposta semelhante para mais dois municípios e consegue ser selecionada. Ao fim, a remuneração será três vezes acima do valor do mercado, dando ao convênio caráter totalmente lucrativo para essas pessoas. Aquilo que deveria ser um fomento se torna algo extremamente enriquecedor, o que deturpa a natureza do instituto. Dessa maneira, deve a entidade preocupar-se com o rateio da remuneração inicial, adaptando-se sempre o programa de metas em razão de eventual recurso que poderá ser realocado, de forma a atuar de maneira sempre benéfica para a Administração.

Ponto igualmente importante diz respeito aos bens públicos sob tutela da OSC. O MROSC, art. 36, *caput*, dispõe que é obrigatória a destinação dos bens remanescentes da parceria, de modo que o parágrafo único do retromencionado artigo dispõe que os bens remanescentes adquiridos com recursos transferidos poderão, a critério do administrador público, ser doados quando, após a consecução do objeto, não forem necessários para assegurar a continuidade do objeto pactuado, observado o disposto no respectivo termo e na legislação vigente. Ou seja, deve a entidade manter controle pormenorizado de todos os bens adquiridos ao longo da parceria, com cuidado especial em relação aos bens adquiridos com recursos públicos. Logo, a conformidade da parceria em relação ao MROSC deverá, invariavelmente, levar em conta esses bens e a eventual reversibilidade destes à Administração Pública.

Retomando-se o que foi afirmado antes, é importante que a entidade se mantenha sempre um passo adiante em relação ao Poder Público no tocante ao sancionamento de seus membros, permitida em razão da natureza contratual que se pode atribuir ao código de conduta quando presente a aquiescência ou o consentimento dos envolvidos. Por óbvio, seu controle próprio permitirá a coibição de práticas negativas à política pública, o que deverá ser considerado pelo controle exercido

---

[21] O Tribunal publicou manual a respeito dos seus entendimentos sobre os repasses às entidades que compõem o terceiro setor (TCESP). *Repasses públicos ao terceiro setor*. São Paulo: TCESP, 2020. Disponível em: https://www.tce.sp.gov.br/publicacoes/repasses-publicos-ao-terceiro-setor. Acesso em: 26 maio 2020). Em diversas passagens, a cartilha revela o aqui afirmado.

pelo ente concedente ou pelo Tribunal de Contas quando da fiscalização e prestação de contas.

Outro ponto, é importante que a entidade se adiante em relação à pesquisa de satisfação dos usuários. A atividade, ao envolver dinheiro público, passa a ser, aos olhos do administrado, embora não o deva ser assim perante o Tribunal de Contas, parte da prestação estatal de serviços de interesse coletivo.[22] Em razão disso, é extremamente comum que os termos de convênio exijam padrões médios de prestação, os quais são controlados pela Administração. Em razão disso, a comissão de monitoramento e avaliação, conforme art. 58, §2º, do diploma, deve promover pesquisa de satisfação para parcerias com vigência superior a um ano. A hipótese legal não impede que a entidade promova a sua própria pesquisa, que deve, inclusive, ser realizada sem discriminar os beneficiados da política entre aqueles atendidos com parcela pública dos recursos ou parcela privada, em razão da enorme dificuldade em se mensurar tal medida e em relação, também, à natureza cooperacional do convênio. Essa prática permite a correção da prestação do objeto convenial em atenção às metas estipuladas e, consequentemente, a melhora da atividade sem, por outro lado, submeter-se à situação que fragilizará a imagem da entidade perante o concedente, bem como permite o aprendizado para parcerias futuras, o que deve, por óbvio, ser visto com bons olhos pelo Poder Público.

É por todo o exposto que se tem como primordial a realização de auditorias internas e externas,[23] que poderão constar do relatório editado pela comissão de monitoramento e avaliação, conforme art. 59, §1º, VI, da Lei nº 13.019/2014, além dos termos do art. 15-B, IX, recentemente inserido na Lei das Oscips. Para, todavia, que a auditoria seja confiável e possa, com isso, contribuir para a fiscalização preventiva da atividade gerida pela entidade, deve-se manter um setor independente de

---

[22] Afirma José Roberto Pimenta Oliveira que a relação estabelecida no terceiro setor justifica a exigência de deveres públicos às entidades inclusive, e eis o centro de seu trabalho, a sanção por atos de improbidade administrativa como se agentes públicos fossem. Perceba-se: há uma relação entre o representante da entidade e o agente público e há outra entre o representante da entidade e o usuário. Interpreta-se, pelo trabalho do insigne professor paraense, radicado em São Paulo, que, nessa última, assumirá algumas responsabilidades análogas ao agente estatal, em razão da importância do serviço que presta à sociedade. Vide: OLIVEIRA, José Roberto Pimenta. Improbidade administrativa e terceiro setor. In: PIRES, Luis Manuel Fonseca; ZOCKUN, Maurício; ADRI, Renata Porto (Coord.). Corrupção, ética e moralidade administrativa. Belo Horizonte: Fórum, 2008. p. 173.

[23] É exigência que já havia no Decreto nº 8.242/2014, VIII, responsável por regulamentar a Lei nº 12.101/2009, com fins de dispor sobre o processo de certificação das entidades beneficentes de assistência social e sobre procedimentos de isenção das contribuições para a seguridade social.

auditoria interna cuja liberdade de atuação de seus membros seja assegurada no estatuto e em capítulo específico do código de condutas, amparados por cláusulas sancionadoras rígidas, específicas para a atividade que se desempenha. Além disso, é importante que a auditoria externa seja contratada com grau de rigidez muito maior do que as demais contratações promovidas pela entidade. Além disso, bem como a aplicação dos recursos conveniais, é importante que a fiscalização promovida tanto pela auditoria interna, quanto pela auditoria externa, delimite bem o convênio a ser fiscalizado, bem como a utilização dos recursos públicos e privados, discriminados separadamente. É de extrema importância, ainda, que o contato e a comunicação entre os responsáveis pela auditoria externa e pela auditoria interna sejam diretos e em apartado dos demais setores da entidade, com fins a evitar qualquer contaminação dos resultados por interesses específicos, em sua maioria menos nobres, de agentes pertencentes a outras esferas da entidade.

Por último, não se deve ignorar a natureza particular de cada termo convenial e o caráter da entidade que o presta, bem como o tipo de serviço prestado. É certo que um convênio pelo qual os recursos são inteiramente, ou quase inteiramente, públicos devam ser interpretados com maior restrição pelo Tribunal de Contas, ou por demais responsáveis pelo controle estatal, afim de que se possa evitar eventual desvio às restrições do regime próprio da relação administrativa. Essa interpretação há de ater-se ao fato de ser uma entidade que, embora assuma compromisso tão só com recursos públicos, possui capacidade funcional que permita à sociedade observá-la como entidade dotada de expertise própria. Por certo, a gestão de recursos públicos em ambientes assim se torna mais arriscada e, portanto, deve requisitar maior atenção do setor responsável pelo programa de integridade.

Novamente, cabe ponderar que essa série de medidas descritas, além de atender a diversas exigências legais e de órgãos de controle, serve também para evitar o cometimento de fraude durante a execução do convênio. Como se sabe, o art. 5º, IV, alíneas "d", "f" e "g", da LAC, estabelece que fraudar o contrato constituiu um ato lesivo à Administração Pública, contrato aqui que, entende-se, corresponde à denominação apropriada conferida aos atos administrativos bilaterais gênero de contratos administrativo *stricto sensu* e convênios.[24] As medidas de integridade, nesse sentido, visam garantir que a execução

---

[24] É a posição defendida por MARTINS, Ricardo Marcondes. *Estudos de direito administrativo neoconstitucional*. São Paulo: Malheiros, 2015. p. 378-381, cujo teor permite interpretação menos favorável à corrupção e desvio ao sistema normativo vigente.

do convênio pela entidade do terceiro setor se deu de maneira proba. Ainda, o *compliance* do terceiro setor, além de evitar o cometimento de atos de corrupção na execução do objeto convenial, serve também para identificar o ato ilícito com mais celeridade, garantindo a eficácia do programa de integridade e, consequentemente, a possibilidade deste de atenuar eventual sanção aplicável.

## Conclusões

A partir do que foi exposto acima, é possível tecer as seguintes conclusões.
1. O *compliance* é uma metodologia para garantir que determinada pessoa jurídica cumpra com determinada norma aplicável. A adoção dessa metodologia, via de regra, está ao crivo da pessoa jurídica que deverá avaliar diversos fatores como a complexidade da trama normativa aplicável à sua atividade e a capacidade dessa pessoa jurídica de garantir a conformidade e execução desta.
2. Por vezes, o direito incentiva ou exige a adoção dessa metodologia de cumprimento de normas. No exterior, o FCPA é um diploma paradigmático ao exigir um mecanismo que garanta a inexistência de corrupção na cadeia produtiva empresarial. No Brasil, pode-se citar a Lei Anticorrupção que incentiva a adoção do programa de integridade como um meio para atenuar a eventual aplicação de sanção jurídica em face da prática de um ato de corrupção pela pessoa jurídica.
3. Essa metodologia se revela de maneira extremamente importante no terceiro setor, pois este se compõe de entidades sem fins lucrativos que necessariamente se relacionam com o Estado a título de fomento veiculado por parcerias. Eis a herança da política de desestatização dos anos 90, ainda que submetida a uma leitura conforme a Constituição. Em razão disso, o dever de autopreservação dessas entidades é potencializado não só por conta dos cuidados para a não prática de atos ilícitos, mas também pela boa gestão dos recursos públicos aplicados com fins a serem, por elas, revertidos à sociedade, recursos esses que justificam o controle social e institucional, inclusive pelo Tribunal de Contas. Para os usuários, a relação é mais próxima à atuação de um agente público, devendo-se prezar pela probidade administrativa. A análise mais cautelosa, todavia, da Corte de Contas, exige atenção aos diferentes conteúdos

conveniais celebrados, verificando-se a parcela pública e os limites da parcela privada, essa, por si, apenas na profundidade suficiente para a fiscalização dos recursos estatais.
4. Não tão obstante à possibilidade de adoção de um programa de *compliance* pelas entidades que compõem o terceiro setor, há de se mencionar que a Lei Anticorrupção possui aplicabilidade também a essas entidades. O art. 1º, parágrafo único, dispõe que a LAC se aplica às fundações, associações de entidades ou pessoas, o que abrange as OSs, Oscips e OSCs. Desse modo, uma entidade que perverta a utilização desses recursos ou a própria execução do acordo administrativo bilateral cometerá ato de corrupção. O programa de integridade, nesse sentido, constitui uma maneira de garantir a conformidade da atuação privada à retidão que se lhes exige o Estado.
5. Por fim, o programa de integridade implementado por uma entidade do terceiro setor garante a conformidade desta durante as três fases conveniais, adaptando-se a cada uma delas, quais sejam: (i) fase de seleção da proposta; (ii) fase da assinatura do convênio; e (iii) fase de execução do convênio. Além de servir como um instrumento útil para que a entidade cumpra com diversas exigências legais e de órgãos de controle, notadamente os Tribunais de Contas, evita também a prática de algum ato de corrupção tipificado pela LAC e que, caso ocorra, sirva de atenuante à sanção a ser aplicada, consequentemente, caso demonstrado, sob uma visão ampla a toda a prestação convenial, ao bom desenvolvimento e à efetividade do método empregado.

## Referências

BRESSER-PEREIRA, Luiz Carlos. Presidência da República. Câmara de Reforma do Estado. *Plano Diretor da Reforma do Aparelho do Estado (PDRAE)*. Brasília, nov. 1995. 68 p. Disponível em: http://www.biblioteca.presidencia.gov.br/publicacoes-oficiais/catalogo/fhc/plano-diretor-da-reforma-do-aparelho-do-estado-1995.pdf. Acesso em: 29 mar. 2019.

CAMPOS, Patrícia de Toledo. Comentários à Lei nº 12.846/2013 – Lei Anticorrupção. *Revista Digital de Direito Administrativo – RDDA*, v. 2, n. 1, p. 160-185, 5 out. 2014. Disponível em: http://www.revistas.usp.br/rdda/article/view/80943/pdf_10. Acesso em: 8 maio 2020.

DIAS, Maria Tereza Fonseca. *Terceiro setor e Estado*: legitimidade e regulação. Belo Horizonte: Fórum, 2008.

GALIL, João Victor Tavares. *Processo licitatório e a celebração de parcerias com o terceiro setor*. 2020. Dissertação (Mestrado em Administração) – Pontifícia Universidade Católica de São Paulo, São Paulo, 2020.

LARENZ, Karl. *Metodologia da ciência do direito*. 8. ed. Lisboa: Fundação Calouste Gulbenkian, 2019.

MARTINS, Ricardo Marcondes. *Estudos de direito administrativo neoconstitucional*. São Paulo: Malheiros, 2015.

MONTAÑO, Carlos. *Terceiro setor e questão social*: crítica ao padrão emergente de intervenção social. 6. ed. São Paulo: Cortez, 2010.

MORAIS, Eslei José de. *Controles internos e estrutura organizacional*: o caso da Contadoria do Banco do Brasil. 2005. 149 f. Dissertação (Mestrado em Administração) – Universidade Federal do Paraná, Curitiba, 2005.

OLIVEIRA, José Roberto Pimenta. Desafios e avanços na prevenção e no combate à corrupção, na atuação cível do MPF nos 30 anos da CF. *In*: HIROSE, Regina Tamami. (Org.). *Carreiras típicas de Estado*: desafios e avanços na prevenção e no combate à corrupção. Belo Horizonte: Editora Fórum, 2019, v. 1.

OLIVEIRA, José Roberto Pimenta. *Improbidade administrativa e sua autonomia constitucional*. Belo Horizonte: Fórum, 2009.

OLIVEIRA, José Roberto Pimenta. Improbidade administrativa e terceiro setor. *In*: PIRES, Luis Manuel Fonseca; ZOCKUN, Maurício; ADRI, Renata Porto (Coord.). *Corrupção, ética e moralidade administrativa*. Belo Horizonte: Fórum, 2008.

SADDY, André. *Regulação estatal, autorregulação privada e códigos de boa conduta e boas práticas*. 2. ed. Rio de Janeiro: CEEJ, 2020.

SANTOS, José Anacleto Abduch; BERTONCINI; Mateus; COSTÓDIO FILHO, Ubirajara. *Comentários à Lei 12.846/2013*: Lei Anticorrupção. 2. ed. São Paulo: Revista dos Tribunais, 2015.

SANTOS, Renato Almeida dos. *Compliance como ferramenta de mitigação e prevenção da fraude organizacional*. 2011. 103 f. Dissertação (Mestrado em Administração) – Pontifícia Universidade Católica de São Paulo, São Paulo, 2011.

SCHIER, Adriana da Costa Ricardo. *Fomento*: administração pública, direitos fundamentais e desenvolvimento. Curitiba: Íthala, 2019.

SUNDFELD, Carlos Ari. *Fundamentos de direito público*. São Paulo: Malheiros, 2017.

TCESP. *Repasses públicos ao terceiro setor*. São Paulo: TCESP, 2020. Disponível em: https://www.tce.sp.gov.br/publicacoes/repasses-publicos-ao-terceiro-setor. Acesso em: 26 maio 2020.

VENTURINI, Otávio; CARVALHO, André Castro; MORELAND, Allen. Aspectos gerais do Foreign Corruption Practices Act (FCPA). In: CARVALHO, André Castro; BERTOCCELLI, Rodrigo de Pinho; ALVIM, Tiago Cripa; VENTURINI, Otávio (Coord.). *Manual de compliance*. São Paulo: Forense, 2018.

---

Informação bibliográfica deste texto, conforme a NBR 6023:2018 da Associação Brasileira de Normas Técnicas (ABNT):

ALMEIDA, Pedro Luiz Ferreira de; GALIL, João Victor Tavares. O compliance no terceiro setor. *In*: DAL POZZO, Augusto Neves; MARTINS, Ricardo Marcondes (Coord.). *Aspectos controvertidos do compliance na Administração Pública*. Belo Horizonte: Fórum, 2020. p. 293-317. ISBN 978-65-5518-044-2.

# *COMPLIANCE* E CONCURSOS PÚBLICOS

# NOTAS A RESPEITO DA NECESSIDADE DE POLÍTICAS DE *COMPLIANCE* EM CONCURSOS PÚBLICOS

RAPHAEL MATOS VALENTIM

## 1 Introdução

Diante do corrompimento das entidades públicas brasileiras, não causam mais surpresa as situações críticas pelas quais empresas públicas e privadas se encontram sob o ponto de vista ético. O custo reputacional da inobservância de práticas de *compliance*, seja por instituições públicas ou privadas, representa perdas tanto para a economia de mercado, quanto para Administração Pública, incluindo a insatisfação político-social, o que gera a perda da credibilidade das instituições, sobretudo as estatais, que devem ser exemplo de legalidade, moralidade e boa governança.

Nesse contexto, em razão da pressão mundial por iniciativas de combate à corrupção, o Brasil desenvolveu diversos instrumentos normativos, como a Lei nº 12.846/2013 (Lei Anticorrupção) e a Lei nº 13.303/2016 (Lei das Estatais), esta última impondo a criação de estatutos jurídicos próprios dotados de políticas de integridade por parte de todas as empresas que pertençam à Administração Pública e explorem atividade econômica.

Apesar destas iniciativas legislativas, é necessário um maior comprometimento com o enfrentamento da corrupção por parte da

Administração Pública. Por isso, alguns entes federativos passaram a considerar as boas práticas de *compliance* como um diferencial na contratação com a Administração, seja exigindo políticas de integridade ou concedendo destaque àquelas empresas que contam com tais programas.

Vale ressaltar que as licitações mobilizam os mais diversos setores da economia e estima-se que as contratações públicas movimentem cerca de 10% do Produto Interno Bruto (PIB) nacional.[1] Além dos valores estratosféricos das compras públicas, o gasto público sofre um grande impacto em razão da corrupção, que alcança quantias inimagináveis.[2]

De acordo com o Índice de Percepção da Corrupção (*Corruption Perceptions Index* – CPI), criado pela Transparência Internacional, em 2019, o Brasil foi pontuado, numa escala em que 0 (zero) significa altamente corrupto e 100 significa muito íntegro, com 35 pontos, estando classificado na 106ª posição, entre os 180 países analisados.[3]

Em 2010, a Federação das Indústrias do Estado de São Paulo (Fiesp) estimou que, entre 1990 a 2008, o Brasil perdeu por ano de R$41,5 bilhões a R$69,1 bilhões para a corrupção. Isto representou 27% dos gastos com educação ou 40% dos gastos com saúde no mesmo período.[4]

Neste contexto, chama a atenção a ausência de recomendações específicas acerca de programas de integridade relacionados ao processo de contratação de empresas especializadas na aplicação de concursos públicos, procedimentos voltados para o ingresso nas carreiras públicas.

O concurso público é uma das maiores conquistas da sociedade e esse tipo de acesso aos cargos e empregos públicos é um dos mecanismos mais democráticos e republicanos existentes. Entretanto, notícias sobre fraudes em concursos constantemente estão em voga, e essa violação aos princípios gera graves problemas de eficiência e confiabilidade dos certames.

---

[1] Cf. ORGANIZAÇÃO PARA A COOPERAÇÃO E DESENVOLVIMENTO ECONÔMICO. *Relatório Econômico OCDE Brasil 2018*. Disponível em: https://epge.fgv.br/conferencias/apresentacao-do-relatorio-da-ocde-2018/files/relatorios-economicos-ocde-brasil-2019.pdf.

[2] Relatório de 2019 realizado pelo Instituto Brasileiro de Planejamento Tributário (IBPT) apontou que 8% de tudo que é arrecadado pelo país é consumido pela corrupção (KIRCHE, Wilson. Brasileiro trabalha 29 dias por ano para pagar a conta da corrupção, diz instituto. *G1*, 5 jun. 2019. Disponível em: https://g1.globo.com/pr/parana/noticia/2019/06/05/brasileiro-trabalha-29-dias-por-ano-para-pagar-a-conta-da-corrupcao-diz-instituto.ghtml).

[3] TRANSPARÊNCIA INTERNACIONAL. *Índice de Percepção da Corrupção 2019*. Disponível em: https://comunidade.transparenciainternacional.org.br/asset/67:indice-de-percepcao-da-corrupcao-2019?stream=1.

[4] FEDERAÇÃO DAS INDÚSTRIAS DO ESTADO DE SÃO PAULO (FIESP). *Corrupção*: custos econômicos e propostas de combate. São Paulo: Fiesp, 2010. p. 26. Disponível em: https://sitefiespstorage.blob.core.windows.net/uploads/2012/05/custo-economico-da-corrupcao-final.pdf.

O problema se agrava à medida que, enquanto algumas licitações exigem a existência de programas de *compliance* nas concorrentes ou contratadas, a realização de concurso público, muitas vezes, sequer preconiza a licitação, podendo ocorrer pela forma de contratação direta. Ainda, quando ocorre, a exigência de um programa de *compliance* é realizada como mero cumprimento de requisito formal, devendo ser apresentada prova da existência de códigos deontológicos e outros elementos que indicam a existência do programa de *compliance* apenas na fase de contratação, sem importar se foi efetivamente implementado pela instituição aplicadora.

Desta problemática surge o objetivo do presente trabalho, que é ponderar se o Estado poderia exigir a implementação de programas de integridade específicos a serem tomados pelas organizações que prestam todo e qualquer tipo de serviço relacionado à aplicação de concursos públicos, como meio complementar de assegurar a retidão do processo, contribuindo para a finalidade a que se destina o concurso – a competição em igualdade de condições, com a aprovação do candidato mais bem preparado para o cargo e, então, apto a prestar o melhor serviço público à sociedade.

Para tanto, iniciamos nosso estudo tecendo comentários a respeito do funcionamento do processo licitatório e das implicações relacionadas com o processo para a escolha das bancas realizadoras de concursos públicos. Em seguida, tratamos brevemente a respeito da legislação relacionada às ferramentas de *compliance* necessárias para a contratação com as empresas públicas.

Por fim, apontamos nos últimos tópicos deste estudo uma proposta dos principais elementos a serem observados na estrutura organizacional da política de *compliance* da Administração Pública relacionada com tais certames, e os aspectos positivos e negativos inerentes à adoção destes procedimentos.

Ao final, indicamos elementos para sustentar que o programa de *compliance* é requisito indispensável para garantir a lisura do certame licitatório, indispensável para a contratação das bancas organizadoras desde o primeiro momento.

## 2 O procedimento licitatório como regulador de mercado e aliado do combate à corrupção

No que tange à atividade licitatória, é interessante entender até que ponto o conjunto normativo estimula os indivíduos a agirem conforme as predileções estatais, até porque a norma que trata da adoção de programas de integridade interferirá diretamente na escolha da Administração Pública, indo além da preferência pela proposta mais vantajosa economicamente.

Nesse contexto, a Administração Pública tem inserido nos editais de licitação exigências relacionadas à eficiência e ao respeito aos direitos humanos, sociais e trabalhistas e ao meio ambiente. Com isso, o Estado impõe ao mercado a adoção de políticas balizadoras dos processos seletivos, graças ao poder de influência gerado pelas aquisições públicas, o que gera importantes alterações estruturais na atuação da iniciativa privada e até transformações na cadeia produtiva, pois a não adequação dos envolvidos às novas diretrizes estatais resulta na exclusão do interessado no processo licitatório.

Gradativamente, a função regulatória da licitação vem sendo introduzida no ordenamento pátrio. A Lei nº 8.248/91, que dispõe sobre a capacitação e competitividade do setor de informática, por exemplo, estabeleceu para as aquisições de informática pela Administração Federal a preferência por bens e serviços com tecnologia desenvolvidos no Brasil. Já a Lei Complementar nº 123/2006 fixou, como critério de desempate, a preferência pela contratação de pequenas empresas. Por sua vez, a Lei nº 12.305/2010, que instituiu a Política Nacional dos Resíduos Sólidos, determinou a prioridade para a aquisição governamental de produtos ambientalmente sustentáveis. Este modelo normativo torna as compras públicas uma ferramenta de incentivo à inovação e beneficia categorias empresariais vulneráveis, mas fundamentais para a economia.

Por seu turno, a Lei nº 12.349/2010, que alterou a Lei nº 8.666/93 (Lei de Licitações), também conferiu às licitações novo relevo, com a introdução da promoção do desenvolvimento nacional sustentável no rol dos objetivos da licitação.

Nesse cenário, é cristalina a função exercida pelo instrumento licitatório da Administração Pública como balizador das atividades de mercado, admitindo, com preservação da isonomia, que sejam estabelecidas restrições à participação dos licitantes, cabendo ao edital fomentar ou recriar o mercado no qual a seleção deverá ocorrer.[5] O alto poder de compra da Administração gera um efeito cascata sobre o mercado envolvido, sendo capaz de criar o ambiente socialmente desejado.

---

[5] SOUTO, Marcos Juruena Villela. *Direito administrativo regulatório*. 2. ed. Rio de Janeiro: Lumen Iuris, 2005. p. 202-203.

A contratação com a Administração Pública tem ganhado importante papel como aliado ao combate à corrupção, quando, mais recentemente, alguns estados-membros entenderam que não bastava incentivar comportamentos íntegros por parte das eventuais contratadas e passaram a exigir destas a adoção de programa de integridade ou *compliance*.

Cumpre destacar que, apesar da distinção entre as expressões *compliance* e *integridade* – esta última correspondente ao valor fundamental que orienta o *compliance*, ou sua razão de ser –, as leis estaduais adotam os referidos termos como sinônimos.

Com efeito, nunca se exigiu tanto das organizações uma conduta ética, transparente e responsável como na atualidade, sendo pacífico que a falta de integridade se tornou um problema mundial, haja vista a quantidade de escândalos de corrupção, fraude e desvios de conduta noticiados nos últimos anos.[6]

Nesse cenário, a Lei Anticorrupção apresentou um novo relacionamento entre Poder Público e setor privado, adicionando valor econômico à reputação do ente privado. Para tanto, os "mecanismos e procedimentos internos de integridade, auditoria e incentivo à denúncia de irregularidades e a aplicação efetiva de códigos de ética e de conduta no âmbito da pessoa jurídica"[7] passaram a ser considerados na aplicação das sanções, entre outros critérios.[8]

Além da aplicação das medidas de *compliance* e integridade por companhias de diferentes setores, tramitam na Câmara dos Deputados alguns projetos de lei para procedimentos de *compliance* no contexto das contratações pela Administração Pública, por todos, o PL nº 7.149/2017, que visa alterar a Lei nº 12.846/2013, "para estabelecer diretrizes a serem observadas nos programas de *compliance* implantados pelas empresas que contratam com a administração pública", com o objetivo de obrigar as empresas que celebram contrato com a Administração a implantarem programas de *compliance*, como medida de auxílio ao combate à corrupção.[9]

---

[6] COIMBRA, Marcelo de Aguiar; MANZI, Vanessa Alessi (Org.). *Manual de compliance*. Preservando a boa governança e a integridade das organizações. São Paulo: Atlas, 2010. p. 11.

[7] Lei nº 12.846, de 1º.8.2013, art. 7º, VIII.

[8] O Decreto Federal nº 8.420/2015, que regulamenta a Lei nº 12.846/2013, delimita, no art. 41, o programa de integridade como o "conjunto de mecanismos e procedimentos internos de integridade, auditoria e incentivo à denúncia de irregularidades e na aplicação efetiva de códigos de ética e de conduta, políticas e diretrizes com objetivo de detectar e sanar desvios, fraudes, irregularidades e atos ilícitos praticados contra a administração pública, nacional ou estrangeira".

[9] BRASIL. *Projeto de Lei da Câmara dos Deputados nº 7.149, de 2017*. Disponível em: https://www.camara.leg.br/proposicoesWeb/fichadetramitacao?idProposicao=2125887.

Nessa linha, alguns entes federativos editaram normas similares, que exigem das contratadas pela Administração Pública direta, indireta e fundacional a apresentação de política interna de integridade.

A título de exemplo, podemos destacar a Lei nº 7.753, sancionada pelo Governo do Estado do Rio de Janeiro em outubro de 2017, que dispõe acerca da exigência de programa de integridade para as empresas que celebrarem contrato, consórcio, convênio, concessão ou parceria público-privado com o Estado, cujo prazo de vigência seja igual ou superior a 180 dias.

Esta imposição visa proteger a Administração Pública estadual dos atos lesivos, causados por irregularidades, fraudes e desvios de conduta, que resultem em prejuízos financeiros para o Estado, bem como garantir a execução dos contratos em conformidade com as normas aplicáveis, reduzir os riscos contratuais, provendo maior segurança e transparência na sua consecução, obtendo melhores desempenhos e garantindo a qualidade das relações contratuais.[10]

Por sua vez, a Lei nº 6.112/2018 do Distrito Federal, alterada pela Lei nº 6.308/2019, destina-se a exigir programas de *compliance* de pessoas jurídicas específicas e leva em conta a quantidade de empregados, o modelo hierárquico, as divisões internas, a região territorial de atuação, entre outras características, de modo a incrementar as atividades que incumbem ao gestor do contrato, o qual, além de fiscalizar a implementação do programa de integridade, deverá avaliar a compatibilidade deste com as particularidades da norma, até que reste demonstrada a eficácia do programa.

Há, no entanto, uma grande celeuma a respeito da possibilidade de os entes federados legislarem sobre o assunto, pois o art. 22, XXVII, da Constituição Federal, atribuiu à União competência para legislar, privativamente, sobre normas gerais de licitação e contratação pela Administração Pública direta, autárquica e fundacional de todos os entes federados.

Assim, surgiram diversos questionamentos a respeito da imposição de programas de integridade às empresas que contratarem com a Administração, mediante previsão em lei estadual, como uma afronta à literalidade do referido artigo.[11] Inclusive, a doutrina entende que

---

[10] RIO DE JANEIRO. *Lei nº 7.753 de 17 de outubro de 2017*. Disponível em: http://alerjln1.alerj.rj.gov.br/contlei.nsf/c8aa0900025feef6032564ec0060dfff/0b110d0140b3d479832581c3005b8 2ad?OpenDocument&Highlight =0,7753. Art. 2º

[11] A título exemplificativo, em situação similar, o Supremo Tribunal Federal (STF), na ADI nº 3.735/MS, manifestou-se pela inconstitucionalidade da Lei nº 3.041/2005, do estado de

essa competência legislativa privativa da União visa salvaguardar a competitividade e a igualdade de condições entre os participantes do certame licitatório.

Os que consideram constitucional o dever, por imposição de lei estadual, de as empresas que contratarem com a Administração Pública implementarem programas de integridade, o fazem com fundamento nas amplas definições de normas gerais e ao argumento de que a efetivação dos programas se sustenta por um vasto cabedal de princípios valorizados pela Constituição,[12] como os da impessoalidade, da moralidade administrativa, da publicidade, da eficiência, da economicidade, entre outros.[13]

Afirma a doutrina que a cooperação surge da existência de condições e instituições que permitam o seu desenvolvimento e, uma vez criadas tais condições, o cumprimento das decisões públicas pelo particular se dará de modo natural, e não coercitivo.[14] Entretanto, caso as condições não sejam adequadas, o uso do *compliance* como instrumento de incentivo e regulação pode atravancar a finalidade primordial da licitação, qual seja, a consecução da proposta financeiramente mais vantajosa para a Administração.

Atualmente, ter um programa de *compliance* não é realidade para a maioria das empresas brasileiras, pelo que alguns critérios que restringem a participação no certame podem comprometer a competitividade.

---

Mato Grosso do Sul, que instituía a Certidão de Violação aos Direitos do Consumidor (CVDC), exigida na contratação com a Administração estadual, suas autarquias, empresas públicas e sociedades de economia mista. Referida decisão se fundamenta na interpretação de que, muito embora a Constituição tenha tornado dispensável a autorização formal para as normas ditas "não gerais", esta certa autonomia não é incondicionada. Portanto, no uso de sua autonomia, devem os entes federados instituir apenas normas de natureza suplementar. Conforme BRASIL. Supremo Tribunal Federal. ADI nº 3.735/MS. Rel. Min. Teori Zavascki. *DOU*, 8 set. 2016.

[12] Na mesma ADI nº 3.735/MS, o voto dissonante do Ministro Marco Aurélio, acompanhado pelo Ministro Celso de Mello, considerou constitucional a lei mato-grossense, com o entendimento de que a norma geral sobre licitação e contratação administrativa é um conceito indeterminado, que contém os requisitos mínimos necessários e indispensáveis à validade da contratação, as hipóteses de obrigatoriedade de licitação, os requisitos de participação na licitação, as modalidades de licitação e o regime jurídico de contratação administrativa. Conforme JUSTEN FILHO, Marçal. *Comentários à Lei de Licitações e Contratos Administrativos*. 15. ed. São Paulo: Dialética, 2012. p. 242.

[13] ARARIPE, Cíntia Muniz Rebouças de Alencar; MACHADO, Raquel Cavalcanti Ramos. Os programas de integridade para contratação com a administração pública estadual: nudge ou obrigação legal? Um olhar sobre as duas perspectivas. *Rev. Bras. Polít. Públicas*, Brasília, v. 8, n. 2, p. 385-404, 2018.

[14] SALOMÃO FILHO, Calixto (Coord.). *Regulação e desenvolvimento*. São Paulo: Malheiros, 2002. p. 66-73.

Não bastasse, as obrigações impostas ao contratado oneram a execução do objeto licitado, o que é repassado para a máquina administrativa. Neste ponto, a vantagem financeira não se torna mais a finalidade almejada pela Administração, pois o critério do menor preço não estará necessariamente atrelado à observância de outras exigências. Contudo, uma vez cumpridos os requisitos de integridade, estariam satisfeitos os interesses coletivos inerentes à execução do contrato.

Em verdade, deveria a Administração avaliar o custo-benefício do cumprimento do contrato com integridade. Nesse sentido, entendeu o Tribunal de Contas da União, ao considerar:

> proposta mais vantajosa não significa apenas preço mais baixo. Há que se considerar a tutela de outros valores jurídicos além do menor preço, como, por exemplo, o atendimento ao princípio da eficiência. [...] O administrador continua a justificar os preços a que se propõe ajustar, e a demonstrá-los compatíveis também com as especificações dos serviços que serão prestados e com os profissionais que irão executá-los.[15]

Assim, os critérios diferenciadores devem ser razoáveis e imprescindíveis à finalidade pública pretendida.

Por outro lado, as restrições à liberdade econômica estão vinculadas a três princípios constitucionais: legalidade, igualdade e proporcionalidade, ao passo que o poder do Estado de atuar diretamente na organização do mercado e condução da economia tem fundamento no princípio da justiça social, o que confere ampla margem de ingerência estatal e ampara vultosos regimes regulatórios.[16]

Independentemente das críticas relacionadas com estas legislações regionais a respeito da implementação de *compliance* para as empresas que contratam com o setor público, fato é que tais medidas surgem com a característica de balizar a forma de contratação pública, impondo medidas que serão incorporadas ao mercado local.

---

[15] BRASIL. Tribunal de Contas da União. *Processo nº 018.028/2004-4*. Acórdão nº 290/2006. Rel. Min. Augusto Nardes, Plenário, sessão 15.3.2006. Disponível em: https://pesquisa.apps.tcu.gov.br/#/documento/acordao-completo/*/NUMACORDAO:290%20ANOACORDAO:2006%20COLEGIADO:%22Plen%C3%A1rio%22/DTRELEVANCIA%20desc,%20NUMACORDAOINT%20desc/0/%20.

[16] COMPARATO, Fábio Konder. Regime constitucional do controle de preços. *Revista de Direito Público*, São Paulo/Rio de Janeiro, n. 9, p. 24-28, jan./mar. 1991.

## 3 A problemática do regime de contratação das bancas examinadoras

A realização de um concurso público visa à convergência de diversos interesses. Há o interesse do ente público de prover cargos vagos, o interesse dos candidatos na aprovação no certame, o interesse de atender à demanda dos administrados por um processo probo e íntegro, entre outros.

Dessa forma, cada procedimento da organização do certame, desde a elaboração das provas até a homologação dos resultados, merece extrema atenção, visto que o descumprimento de regras e princípios e a falta de mecanismos de prevenção atinentes ao regime jurídico-administrativo causam prejuízos a toda a coletividade, por exemplo, com a contratação de pessoa jurídica inidônea e inapta para a tarefa.

Com relação à organização de um concurso, é possível que própria entidade estatal o faça. Mas é muito comum que a Administração transferira a execução das tarefas de organização de um certame para terceira contratada, em razão do alto nível de complexidade do processo.

Nessa transferência, são incontáveis os problemas que podem transcorrer ao longo de cada fase do certame, entre os quais se destacam: editais sem a devida publicidade ou com prazo de inscrição exíguo; regras editalícias ambíguas; taxas de inscrição exorbitantes; ausência de indicação de bibliografia e não aceitação das opiniões de autores consagrados; mudanças repentinas e sem antecedência razoável de datas e horários de provas; quebra de sigilo das provas ou venda de gabaritos; previsão de títulos que favorecem determinados candidatos; não possibilidade de recursos de provas discursivas e orais; exigência de protocolar pessoalmente os recursos, não sendo possível o protocolo eletrônico; locais de prova pouco acessíveis aos candidatos e/ou em péssimas condições; conteúdo das provas não previsto no edital ou sem relação com as atribuições do cargo; questões objetivas com mais de uma ou nenhuma alternativa correta; questões mal redigidas, com consequente ambiguidade de interpretação; despreparo dos fiscais de sala, possibilitando, inclusive, comunicação entre candidatos; cobrança de posições doutrinárias ou judiciais destoantes dos entendimentos dominantes; prazo ínfimo para recursos; ausência de motivação dos indeferimentos de recursos ou uso de padrões de resposta; não comunicação, por correio ou *e-mail*, dos candidatos aprovados quanto à sua nomeação, especialmente quando decorrido longo período da homologação do resultado;[17] entre outros.

Em razão da quantidade de riscos envolvidos, o mínimo que se espera é que esta atividade seja realizada sob o olhar atento da Administração Pública, acompanhada de uma forte legislação impositiva de medidas de *compliance* necessárias para atestar a idoneidade de todas as medidas tomadas no curso da contratação.

Adicione-se a estes fatores a peculiaridade da contratação das bancas para os certames públicos, que, por muitas vezes, dispensa processos licitatórios, partindo para a modalidade de contratação direta, conforme veremos a seguir.

## 3.1 Contratação por dispensa *versus* idoneidade do procedimento

Na contratação direta, com dispensa de licitação, é formalizado um contrato de prestação de serviços entre o Estado e a instituição incumbida da realização do certame, conforme preconiza o art. 2º, parágrafo único da Lei nº 8.666/93.

Ao tratar desta modalidade de contratação, o art. 24 da mesma lei elenca diversas hipóteses de dispensa de licitação, isto é, situações nas quais o ente público interessado poderá escolher o prestador/fornecedor que desejar, desde que respeitados os ditames do referido dispositivo legal.

O ente administrativo interessado em realizar um concurso público poderá fundamentar a dispensa de licitação no art. 24, VIII, da Lei nº 8.666/93, segundo o qual:

> para a aquisição, por pessoa jurídica de direito público interno, de bens produzidos ou serviços prestados por órgão ou entidade que integre a Administração Pública e que tenha sido criado para esse fim específico em data anterior à vigência desta Lei, desde que o preço contratado seja compatível com o praticado no mercado.

---

[17] PAIVA, Lucas Frederico F. Pereira de. *A responsabilidade do Estado nos casos de irregularidades em concursos públicos*. Monografia (Bacharelado em Direito) – UniCEUB, Brasília, 2018. Disponível em: https://www.google.com/url?sa=t&rct=j&q=&esrc=s&source=web&cd=1&cad=rja&uact=8&ved=2ahUKEwjGgcTL3rjpAhVIGbkGHV67CVMQFjAAegQIBRAB&url=https%3A%2F%2Frepositorio.uniceub.br%2Fjspui%2Fbitstream%2F235%2F12576%2F1%2F21327260.pdf&usg=AOvVaw1vRJP5yPtswI_NUp3de82V.

Assim, todas as entidades e órgãos públicos pertencentes aos poderes da União, dos estados, do Distrito Federal e dos municípios poderão, segundo sua discricionariedade, mas com observância dos princípios constitucionais da moralidade e impessoalidade, dispensar a licitação com fim de contratar uma banca examinadora.

Parte da doutrina considera equivocada a dispensa de licitação de bancas examinadoras, pois o inc. XIII do art. 24 da Lei nº 8.666/90 condiciona a contratação de "instituição" de pesquisa, ensino ou desenvolvimento institucional sem processo licitatório à "inquestionável reputação ético-profissional" e ausência de finalidade lucrativa.[18]

Em razão disso, defende que seja demonstrada, com critérios objetivos, no plano estratégico do contratante ou em instrumento congênere, a essencialidade do preenchimento do cargo ou emprego público para o seu desenvolvimento institucional. Desta feita, somente será legítima a contratação se houver nexo efetivo entre o mencionado dispositivo, a natureza da instituição e o objeto contratado, além de comprovada a compatibilidade com os preços de mercado, estando vedada a subcontratação.[19]

Nesse contexto, vale lembrar que a Lei de Licitações foi editada para regulamentar o inc. XXI, do art. 37, da Constituição, e sua origem histórica sempre visou conferir higidez e moralidade ao regime de licitações e contratos administrativos. Até por isso, a normativa utilizada no inc. XIII, do art. 24, da Lei nº 8.666/93, é muito específica e refere-se somente à contratação de "instituição", mais propriamente, uma pessoa jurídica que pode ser uma associação ou fundação.

As principais bancas examinadoras nacionais são constituídas na forma de associações ou fundações de direito privado, sem fins lucrativos, pelo que, em tese, poderiam estar enquadradas na previsão do referido inciso e, consequentemente, ter a contratação dispensada de licitação.

Inclusive, o fato de a instituição examinadora se enquadrar como organização social não é suficiente para a dispensa de licitação, uma vez que há outras entidades, sem fins lucrativos, que poderiam concorrer entre si.

Ademais, a análise da literalidade do inc. XIII, do art. 24, da Lei nº 8.666/90, principalmente quanto à inquestionável reputação ético-profissional da instituição como requisito da contratação direta, nos

---

[18] SCATOLINO, Gustavo; TRINDADE, João. *Manual de Direito Administrativo*. 4. ed. Salvador: JusPodivm, 2016. p. 597.

[19] SCATOLINO, Gustavo; TRINDADE, João. *Manual de Direito Administrativo*. 4. ed. Salvador: JusPodivm, 2016. p. 597.

leva a questionar quais critérios são considerados pelo contratante para decidir sobre a idoneidade da banca.

Inicialmente, exigem-se as virtudes éticas relacionadas direta e necessariamente com o perfeito cumprimento do contrato.[20] Trata-se da reputação como requisito, o conceito de que desfruta a instituição perante a sociedade na qual exerce as funções, a sua fama, o seu renome.[21]

Muito embora o dispositivo legal traga o termo "ético-profissional", isto é, a ética aliada ao profissionalismo da instituição, o termo legal aponta para um critério de idoneidade profissional da instituição.

Assim, o elemento jurídico da idoneidade profissional não pode ficar ao alvedrio da análise subjetiva, a partir de direcionamentos morais. Para tanto, deve ser analisado sob o aspecto documental e objetivo, afinal, o procedimento licitatório caracteriza ato administrativo formal, conforme o parágrafo único do art. 4º da Lei nº 8.666/93.[22]

Portanto, o processo de contratação requer formalidade, no caso, representada por documentos comprobatórios da idoneidade da instituição, até então entendidos como aqueles hábeis a provar que a instituição não é parte em processo de improbidade administrativa, ou condenada com trânsito em julgado, nos termos da Lei nº 8.429/92; os que comprovem que a futura contratada não foi suspensa ou declarada inidônea pela Administração Pública de qualquer das esferas da Federação, nos termos dos incs. III e IV, ambos do art. 87 da Lei nº 8.666/93; e aqueles que demonstrem se há ou não denúncias nos Tribunais de Contas contra a associação ou fundação.

Por isso, caso a contratada em potencial ostente, em seu desfavor, decisão condenatória por ato de improbidade administrativa, em segunda instância e independentemente de trânsito em julgado, não há como se admitir o cumprimento do requisito de inquestionável reputação ético-profissional.

De toda forma, tais documentos servem de comprovação pretérita de que a possível contratada não tem, até então, investigações ou condenações, o que não satisfaz o atual empenho da sociedade pela efetivação de medidas que previnam o desvio de conduta nas organizações.

---

[20] JUSTEN FILHO, Marçal. *Comentários à Lei de Licitações e Contratos Administrativos*. 15. ed. São Paulo: Dialética, 2012. p. 242.

[21] FERNANDES, Jorge Ulisses Jacoby. *Contratação direta sem licitação*. 5. ed. [s.n.]: Brasília, 2004. p. 494.

[22] PINTO, Élida Graziane; FARIA, Julia. Dispensa de licitação para desenvolvimento institucional, entre a ontologia e o pragmatismo. *Jus.com.br*, out. 2014. Disponível em: https://jus.com.br/artigos/33186/dispensa-de-licitacao-para-desenvolvimento-institucional.

O levantamento probatório documental até evidencia uma idoneidade na vida pregressa da organização, mas não garante que serão observados padrões de retidão previamente ajustados quando da realização da contratação no presente.

Mesmo diante da vigência da norma que condiciona a contratação direta à inquestionável reputação ético-profissional e de sua observância, em tese, pela Administração, são muitos os casos de fraudes em concursos, o que nos leva a crer que tais requisitos são insuficientes ao fim que se destinam, qual seja, a lisura do certame.

Ainda no que diz respeito à eventual dispensa de licitação fundamentada no art. 24, XIII, da Lei nº 8.666/90, interessa mencionar que, em 2010, após ação ajuizada pelo Ministério Público Federal, conhecida como "Operação Tormenta", a Justiça Federal determinou a suspensão da contratação da organizadora do concurso dos Correios, empresa escolhida de forma direta. A decisão fundamentou que a dispensa de licitação não seria aplicável na realização de concurso público, pois a lei possibilita a contratação direta das entidades para finalidades de pesquisa, ensino, desenvolvimento institucional ou recuperação de presos, as quais em nada se relacionam com a finalidade do concurso público.[23]

Mais recentemente, em 2017, após pouco mais de dois meses de suspensão cautelar do concurso da Câmara Legislativa, o Tribunal de Contas do Distrito Federal (TCDF) determinou a anulação do contrato firmado entre a Câmara e a banca examinadora (Fundação Carlos Chagas – FCC), cuja contratação ocorreu por meio de carta-convite, em vez de licitação.

Para o TCDF, restaram claras as falhas e impropriedades que violam os princípios da isonomia, impessoalidade, motivação, moralidade, seleção da proposta mais vantajosa, legalidade e interesse público. Entre as inconsistências, a Corte de Contas destacou a restrição à participação da Funrio, que estava interessada em participar do certame, a ausência de motivação baseada em critérios objetivos para a escolha da FCC e o indevido aumento das taxas de inscrição, quando em comparação com projeto inicial.[24]

---

[23] GASPARIN, Gabriela; CAVALLINI; Marta. Dispensa de licitação em concursos deve ser exceção, dizem especialistas. G1. Disponível em: http://g1.globo.com/concursos-e-emprego/noticia/2010/10/dispensa-de-licitacao-em-concursos-deve-ser-excecao-dizem-especialistas.html.

[24] MADER, Helena. TCDF determina anulação do concurso da Câmara Legislativa. Correio Braziliense, 16 nov. 2017. Disponível em: http://blogs.correiobraziliense.com.br/cbpoder/tcdf-determina-anulacao-do-concurso-da-camara/.

A decisão convergiu com o parecer do Ministério Público de Contas do Distrito Federal (MPCDF), segundo o qual a instrução processual da contratação demonstrou inconsistências e inconformidades que revelaram um cenário de violação aos princípios da impessoalidade, julgamento objetivo e transparência. O relatório também apontou que as informações apresentadas pela Câmara não justificaram a ausência de critérios objetivos no processo de seleção e tampouco motivação contundente para a dispensa de licitação.

Ademais, a decisão do TCDF acolheu o pedido apresentado por outras duas interessadas na realização do certame, que apontaram irregularidades da banca examinadora à frente do concurso no processo de seleção. Por seu turno, a Mesa Diretora da Câmara entendeu que as mudanças são importantes para a segurança jurídica daqueles que participarão do processo seletivo.

## 4 A exigência de programas de *compliance* condicionada à natureza de contratação e sua aplicação às bancas examinadoras de concursos públicos

Do exposto, podemos questionar se os parâmetros impostos pelos legisladores estaduais e distrital servem, de fato, para incentivar práticas desejáveis, a partir da canalização das escolhas individuais, ou se as medidas comprometem a execução contratual, onerando injustificadamente o particular e, por consequência, a Administração.

É importante, neste sentido, avaliar se a exigência de mecanismos anticorrupção, tratada como política pública, pode, ou deve, se traduzir em obrigação.

Como mencionado, os contratos celebrados com a Administração são, em maioria, de grande monta, pelo que as contratações administrativas que seguem parâmetros éticos geram o efeito cascata da integridade sobre todo o mercado envolvido, sendo essa resposta em cadeia a criadora do ambiente incorruptível desejado pelo Estado.

Com essa intenção, o Projeto de Lei nº 7.149/2017, da Câmara dos Deputados, tem o objetivo de *obrigar* as empresas que celebram contrato com a Administração Pública a implantarem programas de *compliance* visando ao combate à corrupção.

De acordo com o Deputado Federal Francisco Floriano, autor do projeto, as empresas que possuem grande responsabilidade jurídica e normativa são as que mais precisam implantar um departamento que garanta a conformidade de seus atos ou, pelo menos, ter uma assessoria externa para agir em apoio à sua alta direção. Para ele, além de interpretar as leis que regem suas atividades, a empresa precisa ter um eficiente controle interno, e estar atenta para os riscos operacionais. Ainda, a implantação de mecanismos anticorrupção no âmbito da empresa e o combate à corrupção passam a ser obrigação de todos os colaboradores diretos e indiretos.[25]

Nos termos do referido PL, constaria da Lei nº 12.846/2013 que "as pessoas jurídicas que celebrarem contrato com a administração pública deverão desenvolver programas de *compliance* a serem observados na definição de todas as estratégias da empresa". Os mecanismos, ainda, compreendem implantação de linha de "disque-denúncia" anticorrupção e o encaminhamento da denúncia ao Ministério Público; implantação de meios que impeçam ou ao menos coíbam a prática de fraudes internas; redução das vulnerabilidades que interfiram na manutenção de um ambiente ético; proibição da contratação de empresas ligadas direta ou indiretamente a agentes políticos ou pessoas politicamente expostas; e, nestes programas, os "administradores devem assumir a responsabilidade e o compromisso de combater e não tolerar a corrupção [...] inclusive a corrupção privada, extorsão e suborno".[26]

No mesmo sentido, a Lei nº 6.112/2018 do Distrito Federal já estabeleceu a *obrigatoriedade* de implementação do programa de integridade em *todas as pessoas jurídicas* que celebrem contrato, consórcio, convênio, concessão, parceria público-privada e qualquer outro instrumento ou forma de avença similar, inclusive decorrente de contratação direta ou emergencial, pregão eletrônico e dispensa ou inexigibilidade de licitação, com a Administração Pública direta ou indireta do Distrito Federal em todas as esferas de poder, com valor global igual ou superior a R$5.000.000,00.

De todo modo, garantir a execução dos contratos em conformidade promove maior transparência e credibilidade, incrementando a qualidade das relações contratuais e, via de consequência, elevando o respeito à sociedade, eis que a coletividade é a destinatária do serviço público e, ao mesmo tempo, quem custeia as contratações através dos seus recolhimentos ao Estado.

---

[25] BRASIL. Mesa da Câmara dos Deputados. *Diário da Câmara dos Deputados*, biênio 2017/2018. p. 53. Disponível em: https://www.camara.leg.br/proposicoesWeb/prop_mostrarintegra;jsessionid=F56FA6FE7DBFE7F0C62E16FCCE750B25.proposicoesWebExterno2codteor=1698619&filename=Tramitacao-PL+7149/2017.

[26] BRASIL. Mesa da Câmara dos Deputados. *Diário da Câmara dos Deputados*, biênio 2017/2018. p. 53-54. Disponível em: https://www.camara.leg.br/proposicoesWeb/prop_mostrarintegra;jsessionid=F56FA6FE7DBFE7F0C62E16FCCE750B25.proposicoesWebExterno2codteor=1698619&filename=Tramitacao-PL+7149/2017.

Nesse cenário, a obrigação moral de mecanismos de *compliance* para as interessadas em prestar serviços ao ente estatal é indiscutível. Contudo, enquanto não transformada em lei, como intenta o PL nº 7.149/2017, da Câmara dos Deputados, a exigência do *compliance* como condição prévia à contratação ou à participação na licitação esbarra na legalidade e adequação ao ordenamento jurídico pátrio, uma vez que na Lei nº 8.666/93 não há previsão para tanto.

De outra sorte, a exigência do *compliance* como espécie de obrigação contratual é plenamente aplicável, pois não se relaciona aos requisitos de habilitação previstos na Lei nº 8.666/1993, afastando a antijuridicidade da exigência no momento presente.

Contudo, é incorreta a adoção de medidas de integridade condicionadas à efetivação do contrato e, portanto, em momento posterior à contratação. A pressa pela implementação para garantir a contratação pode desviar a preocupação das empresas para a aparência do programa e não para os seus resultados. Em outras palavras: pouco importa que o programa funcione em 180 dias, mas é preciso parecer que funciona.[27]

Isso porque, como dito alhures, uma política desta espécie sujeita-se a uma cadeia de eventos no âmbito interno organizacional, principalmente, a legitimação do programa pelos próprios membros, que, somente ao assimilarem as diretivas, construirão um sistema interno íntegro.

Espera-se que a adesão aos programas de *compliance* seja alinhada com as melhores experiências de mercado, partindo do comprometimento da alta direção, contando com sua participação em treinamentos e em discursos para os funcionários e com uma gestão voltada para ética, criação de uma instância responsável pelo programa de integridade corporativo, estruturação de políticas, regras e outros instrumentos normativos, desenvolvimento de uma cultura de *compliance* dentro da instituição, treinamento contínuo para assimilação dos seus colaboradores e monitoramento contínuo das atividades.[28]

---

[27] SCHRAMM, Fernanda. A exigência de programa de compliance para as empresas que contratam com a Administração Pública: o que determinam as leis do Rio de Janeiro e do Distrito Federal. *Direito do Estado*, n. 399, 2018. Disponível em: http://www.direitodoestado.com.br/colunistas/fernanda-schramm/a-exigencia-de-programa-de-compliance-para-as-empresas-que-contratam-com-a-administracao-publica-o-que-determinam-as-leis-do-rio-de-janeiro-e-do-distrito-federal.

[28] Importante destacar a recomendação realizada pela Controladoria-Geral da União, que recomenda a adoção de 5 pilares de um programa de integridade, quais sejam: "1º Comprometimento e apoio da alta direção; 2º Instância responsável pelo Programa de Integridade; 3º Análise de perfil e riscos; 4º Estruturação das regras e instrumentos; 5º Estratégias de monitoramento contínuo". Conforme BRASIL. Controladoria-Geral da

A quantidade de atividades e os efeitos que elas proporcionam na empresa são de tal monta que não resta alternativa a não ser o entendimento de que o momento adequado para apresentar os relatórios de integridade é o da habilitação na licitação.

Podemos entender que a norma geral sobre licitação e contratação administrativa prevê regras amplas e gerais, mínimas e indispensáveis à validade da contratação, pelo que a imposição dos mecanismos anticorrupção em momento anterior ao da contratação, em qualquer âmbito federativo, é constitucional, mormente considerados os princípios inerentes à Administração Pública.

Superada a premissa da legalidade atinente à obrigatoriedade da instituição de programas de *compliance*, uma segunda barreira é o custo envolvido e o repasse dos valores para a máquina administrativa. Contudo, mister avaliar o custo-benefício de contratar com integridade, visto que a proposta mais vantajosa há de considerar outros valores jurídicos e éticos, compatíveis com as especificações dos serviços que serão prestados.

Destas premissas surge a necessidade de, ao menos, coagir determinados setores a disporem de ferramentas de integridade, de acordo com os serviços que serão executados, a exemplo da organização de concursos públicos.

Todo e qualquer serviço relacionado à aplicação de concursos públicos, vestibulares e demais exames vinculados à Administração deve ser à prova de fraudes e corrupção. Para tanto, a escolha da entidade realizadora de um certame deve atender a uma série de critérios éticos, como capacidade de aplicação de provas sem margem de burla, grau de fiscalização do certame, políticas contra o vazamento de informações, questões sem margem de erro para anulação, nível de transparência do funcionamento da banca examinadora perante a sociedade, retidão dos colaboradores que lidam diretamente com as provas, corretores, revisores, entre outros.

Estas entidades, de fato, possuem grande responsabilidade jurídica e normativa e precisam garantir e atestar, a qualquer custo, a conformidade de seus atos. Por esta razão, se torna clara a necessidade de demandar das organizadoras dos concursos públicos a exigência de programas de *compliance* anteriores ao compromisso com a Administração, independentemente da modalidade de contratação.

---

União. *Programa de integridade*. Diretrizes para empresas privadas. Brasília: CGU, set. 2015. Disponível em: https://www.gov.br/cgu/pt-br/centrais-de-conteudo/publicacoes/etica-e-integridade/arquivos/programa-de-integridade-diretrizes-para-empresas-privadas.pdf.

De outro ponto de vista, cumpre destacar a existência de vários mecanismos de acompanhamento da integridade das empresas que contratam com a Administração. Um exemplo é o Cadastro Nacional de Empresas Inidôneas e Suspensas (Ceis), previsto no art. 43 do Decreto nº 8.420/2015, disponibilizado pela CGU no Portal da Transparência.

Também na busca por incentivar a criação voluntária de medidas de integridade pelo setor privado, a parceria entre a CGU e o Instituto Ethos de Empresas e Responsabilidade Social criou o selo *Pró-Ética*, que, por meio da avaliação do programa de integridade por equipe especializada, reconhece publicamente o comprometimento com a prevenção e o combate a atos de fraude e corrupção, o que representa publicidade positiva para as organizações agraciadas com o selo.[29]

O Conselho Nacional de Justiça (CNJ) também conta com o Cadastro Nacional de Condenações Cíveis por Ato de Improbidade Administrativa e Inelegibilidade, com informações sobre processos nos quais há condenação por improbidade.

Por fim, existe o Sistema Integrado de Administração de Serviços Gerais (SIASG), instituído pelo Decreto nº 1.094/94, de apoio às atividades operacionais do Sistema de Serviços Gerais (SISG), visando integrar os órgãos da Administração Federal direta, autárquica e fundacional.

O SIASG é o sistema através do qual são realizadas as operações das compras governamentais dos órgãos integrantes do SISG. O sistema inclui divulgação e realização das licitações, emissão de notas de empenho, registro dos contratos administrativos e cadastro de fornecedores.

Todas essas informações disponíveis nos "cadastros de integridade" e nos sistemas da Administração podem ser consideradas na avaliação do particular na fase de habilitação do processo licitatório, bem como ao longo da execução do contrato, importando em menor ônus para a Administração como fiscalizada no decorrer da execução contratual, sem a imposição de um ônus excessivo que comprometa o objeto pretendido.

Com efeito, a atribuição da competência para a avaliação do programa ao gestor do contrato pode ceder espaço para novas formas de corrupção. Por outro lado, surge a oportunidade de as empresas participantes do certame monitorarem a empresa vencedora, a fim de confirmar o atendimento ao requisito.

---

[29] Informações sobre a iniciativa Pró-Ética em BRASIL. Controladoria-Geral da União. *Empresa Pró-Ética*. Disponível em: https://www.gov.br/cgu/pt-br/assuntos/etica-e-integridade/empresa-pro-etica/saiba-mais.

Portanto, é fundamental sopesar se os benefícios do programa, seja no combate à corrupção, seja no fomento à moralidade, resultam, de fato, na efetiva integridade organizacional e na diminuição da corrupção tão enraizada na execução dos contratos públicos.

Fato é que o amadurecimento do tema culminará na sempre perseguida segurança jurídica na contratação com a Administração. Porém, até o presente momento, a ampla discricionariedade conferida aos agentes públicos resulta na falta de parâmetros objetivos de controle.

## 5 Consolidação da ideia de que os programas de *compliance* são indispensáveis à contratação das bancas examinadoras

Recorrentemente, irregularidades são cometidas na aplicação de concursos, principalmente pela falta de precaução da organizadora do certame contra condutas ilegais, como as fraudes perpetradas com o intuito de burlar o caráter impessoal e isonômico da disputa pelo cargo público, o que acarreta prejuízos de todo o tipo à sociedade. Aliás, os prejuízos extrapatrimoniais de um concurso eivado de fraude são imensuráveis, seja para aqueles candidatos exitosos no concurso que é anulado posteriormente, bem como para a respeitabilidade do instituto do concurso público, de importância ímpar e garantido constitucionalmente.

De outro ângulo, a tão comum contratação das organizadoras de concurso público na modalidade direta não oferece a probidade exigida para a realização de um certame, pois, embora entendida nas hipóteses de dispensa de licitação, na realidade, se demonstra incongruente com a garantia de retidão e segurança jurídica intrínsecas aos certames. Quanto aos requisitos da contratada, em tese, a organizadora deve ser dotada de reputação ilibada. Porém, diante da ausência de critérios objetivos para avaliar, tanto a aptidão, quanto o grau ético da instituição, a Administração assume um grande risco ao celebrar compromisso direto.

Nesse contexto, o procedimento licitatório comum seria o mais viável para esse tipo de contratação, pois asseguraria a concorrência com outras bancas examinadoras, o que estimula a profissionalização das entidades e tornaria o processo mais transparente.

Em verdade, o procedimento da aplicação de uma prova de concurso público é de grande especificidade e envolve uma série de etapas antecedentes e subsequentes ao certame propriamente dito. Há necessidade de um projeto de elaboração pormenorizado, bem como deve ser atendido um cronograma rígido e público. A conclusão de cada fase deve trazer resultados transparentes e de conhecimento de todos.

Diante de tamanha especificidade e da sequência de eventos interligados que integram o procedimento e demandam, cada um e nos mínimos detalhes, a incessante presença da moral e da ética, o presente trabalho sugere a adoção de programas de integridade, por todas as bancas examinadoras nacionais, como requisito indispensável à contratação com a Administração Pública, para qualquer modalidade de contratação, e antecedente à contratação direta ou habilitação no procedimento licitatório.

Nos termos do art. 41 do Decreto nº 8.420/2015, que regulamenta a Lei Anticorrupção, o programa de *compliance* das bancas examinadoras deve atender às peculiaridades da atividade, assim como os riscos específicos que a envolvem. Por exemplo, como se dará a divulgação do nome dos responsáveis pelo desenvolvimento das provas aplicadas e sua correção, em respeito ao princípio da publicidade, a forma como será garantida que estes não "vazem" para terceiros as futuras questões da prova; como se dará a revisão da elaboração das questões, extinguindo a margem de erro para anulação; a forma como as fases do procedimento, abertas aos interessados, terão sua legalidade fiscalizada, e uma série de outros atos devidamente regulamentados e concebidos dentro de um plano maior de integridade do certame como um todo.

A existência de um programa de integridade para a celebração de contratos com a Administração Pública, obviamente, provocará um expressivo acréscimo na necessidade de avaliação desses programas, devendo o Poder Público estar pronto, com uma estrutura permanente de profissionais capacitados para tanto. Podendo, ainda, a Administração recorrer às medidas criadas voluntariamente que atestam a integridade do setor privado, como exemplo, o selo *Pró-Ética*.

No mais, a economicidade é o resultado da comparação entre os encargos assumidos pelo Estado e direitos a ele atribuídos, em virtude da contratação administrativa.[30] Portanto, ainda que se mencione o eventual aumento no valor da contratação, por decorrência da aplicação da política de integridade pelas contratadas, a economia seria alcançada com a eficiente execução contratual, haja vista a redução ou extinção dos prejuízos materiais inerentes à anulação de um concurso público viciado.

---

[30] JUSTEN FILHO, Marçal. *Comentários à Lei de Licitações e Contratos Administrativos*. 15. ed. São Paulo: Dialética, 2012. p. 64.

## Referências

ARARIPE, Cíntia Muniz Rebouças de Alencar; MACHADO, Raquel Cavalcanti Ramos. Os programas de integridade para contratação com a administração pública estadual: nudge ou obrigação legal? Um olhar sobre as duas perspectivas. *Rev. Bras. Polít. Públicas*, Brasília, v. 8, n. 2, p. 385-404, 2018.

BRASIL. Controladoria-Geral da União. *Programa de integridade*. Diretrizes para empresas privadas. Brasília: CGU, set. 2015. Disponível em: https://www.gov.br/cgu/pt-br/centrais-de-conteudo/publicacoes/etica-e-integridade/arquivos/programa-de-integridade-diretrizes-para-empresas-privadas.pdf.

BRASIL. Mesa da Câmara dos Deputados. *Diário da Câmara dos Deputados*, biênio 2017/2018. Disponível em: https://www.camara.leg.br/proposicoesWeb/prop_mostrarintegra;jsessionid=F56FA6FE7DBFE7F0C62E16FCCE750B25.proposicoesWebExterno2codteor=1698619&filename=Tramitacao-PL+7149/2017.

BRASIL. *Projeto de Lei da Câmara dos Deputados nº 7.149, de 2017*. Disponível em: https://www.camara.leg.br/proposicoesWeb/fichadetramitacao?idProposicao=2125887.

BRASIL. *Projeto de Lei do Senado nº 60, de 2017*. Disponível em: https://www25.senado.leg.br/web/atividade/materias/-/materia/128349.

BRASIL. Supremo Tribunal Federal. ADI nº 3.735/MS. Rel. Min. Teori Zavascki. *DOU*, 8 set. 2016.

BRASIL. Tribunal de Contas da União. *Processo nº 018.028/2004-4*. Acórdão nº 290/2006. Rel. Min. Augusto Nardes, Plenário, sessão 15.3.2006. Disponível em: https://pesquisa.apps.tcu.gov.br/#/documento/acordao-completo/*/NUMACORDAO:290%20ANOACORDAO:2006%20COLEGIADO:%22Plen%C3%A1rio%22/DTRELEVANCIA%20desc,%20NUMACORDAOINT%20desc/0/%20.

COIMBRA, Marcelo de Aguiar; MANZI, Vanessa Alessi (Org.). *Manual de compliance*. Preservando a boa governança e a integridade das organizações. São Paulo: Atlas, 2010.

COMPARATO, Fábio Konder. Regime constitucional do controle de preços. *Revista de Direito Público*, São Paulo/Rio de Janeiro, n. 9, p. 24-28, jan./mar. 1991.

DISTRITO FEDERAL. *Lei nº 6.112 de 02 de fevereiro de 2018*. Disponível em: http://legislacao.cl.df.gov.br/Legislacao/buscarLei-28492!buscarLeiAtualizada.action.

FEDERAÇÃO DAS INDÚSTRIAS DO ESTADO DE SÃO PAULO (FIESP). *Corrupção*: custos econômicos e propostas de combate. São Paulo: Fiesp, 2010. Disponível em: https://sitefiespstorage.blob.core.windows.net/uploads/2012/05/custo-economico-da-corrupcao-final.pdf.

FERNANDES, Jorge Ulisses Jacoby. *Contratação direta sem licitação*. 5. ed. [s.n.]: Brasília, 2004.

GASPARIN, Gabriela; CAVALLINI; Marta. Dispensa de licitação em concursos deve ser exceção, dizem especialistas. *G1*. Disponível em: http://g1.globo.com/concursos-e-emprego/noticia/2010/10/dispensa-de-licitacao-em-concursos-deve-ser-excecao-dizem-especialistas.html.

GOIÁS. *Lei nº 20.489, de 10 de junho de 2019*. Disponível em: http://www.gabinetecivil.goias.gov.br/leis_ordinarias/2019/lei_20489.htm.

JUSTEN FILHO, Marçal. *Comentários à Lei de Licitações e Contratos Administrativos*. 15. ed. São Paulo: Dialética, 2012.

KIRCHE, Wilson. Brasileiro trabalha 29 dias por ano para pagar a conta da corrupção, diz instituto. *G1*, 5 jun. 2019. Disponível em: https://g1.globo.com/pr/parana/noticia/2019/06/05/brasileiro-trabalha-29-dias-por-ano-para-pagar-a-conta-da-corrupcao-diz-instituto.ghtml.

MADER, Helena. TCDF determina anulação do concurso da Câmara Legislativa. *Correio Braziliense*, 16 nov. 2017. Disponível em: http://blogs.correiobraziliense.com.br/cbpoder/tcdf-determina-anulacao-do-concurso-da-camara/.

ORGANIZAÇÃO PARA A COOPERAÇÃO E DESENVOLVIMENTO ECONÔMICO. *Relatório Econômico OCDE Brasil 2018*. Disponível em: https://epge.fgv.br/conferencias/apresentacao-do-relatorio-da-ocde-2018/files/relatorios-economicos-ocde-brasil-2019.pdf.

PAIVA, Lucas Frederico F. Pereira de. *A responsabilidade do Estado nos casos de irregularidades em concursos públicos*. Monografia (Bacharelado em Direito) – UniCEUB, Brasília, 2018. Disponível em: https://www.google.com/url?sa=t&rct=j&q=&esrc=s&source=web&cd=1&cad=rja&uact=8&ved=2ahUKEwjGgcTL3rjpAhVIGbkGHV67CVMQFjAAegQIBRAB&url=https%3A%2F%2Frepositorio.uniceub.br%2Fjspui%2Fbitstream%2F235%2F12576%2F1%2F21327260.pdf&usg=AOvVaw1vRJP5yPtswI_NUp3de82V.

PINTO, Élida Graziane; FARIA, Julia. Dispensa de licitação para desenvolvimento institucional, entre a ontologia e o pragmatismo. *Jus.com.br*, out. 2014. Disponível em: https://jus.com.br/artigos/33186/dispensa-de-licitacao-para-desenvolvimento-institucional.

RIO DE JANEIRO. *Lei nº 7.753 de 17 de outubro de 2017*. Disponível em: http://alerjln1.alerj.rj.gov.br/contlei.nsf/c8aa0900025feef6032564ec0060dfff/0b110d0140b3d479832581c3005b82ad?OpenDocument&Highlight =0,7753.

SALOMÃO FILHO, Calixto (Coord.). *Regulação e desenvolvimento*. São Paulo: Malheiros, 2002.

SCATOLINO, Gustavo; TRINDADE, João. *Manual de Direito Administrativo*. 4. ed. Salvador: JusPodivm, 2016.

SCHRAMM, Fernanda. A exigência de programa de compliance para as empresas que contratam com a Administração Pública: o que determinam as leis do Rio de Janeiro e do Distrito Federal. *Direito do Estado*, n. 399, 2018. Disponível em: http://www.direitodoestado.com.br/colunistas/fernanda-schramm/a-exigencia-de-programa-de-compliance-para-as-empresas-que-contratam-com-a-administracao-publica-o-que-determinam-as-leis-do-rio-de-janeiro-e-do-distrito-federal.

SOUTO, Marcos Juruena Villela. *Direito administrativo regulatório*. 2. ed. Rio de Janeiro: Lumen Iuris, 2005.

TRANSPARÊNCIA INTERNACIONAL. *Índice de Percepção da Corrupção 2019*. Disponível em: https://comunidade.transparenciainternacional.org.br/asset/67:indice-de-percepcao-da-corrupcao-2019?stream=1.

---

Informação bibliográfica deste texto, conforme a NBR 6023:2018 da Associação Brasileira de Normas Técnicas (ABNT):

VALENTIM, Raphael Matos. Notas a respeito da necessidade de políticas de compliance em concursos públicos. *In*: DAL POZZO, Augusto Neves; MARTINS, Ricardo Marcondes (Coord.). *Aspectos controvertidos do compliance na Administração Pública*. Belo Horizonte: Fórum, 2020. p. 321-342. ISBN 978-65-5518-044-2.

# *COMPLIANCE* NA LEI ANTICORRUPÇÃO

# *COMPLIANCE* E RESPONSABILIDADE DE PESSOAS JURÍDICAS

### RICARDO MARCONDES MARTINS

## 1 Breve introdução

O tema do *compliance* passou a ser discutido no Brasil com a edição da Lei Anticorrupção, Lei Federal nº 12.846/13. No inc. VIII do art. 7º, ela determinou que, entre outros fatores, devem ser levadas em conta para dosimetria das sanções nela estabelecidas "a existência de mecanismos e procedimentos internos de integridade, auditoria e incentivo à denúncia de irregularidades e a aplicação efetiva de códigos de ética e de conduta no âmbito da pessoa jurídica". O "programa de integridade" foi disciplinado nos arts. 41 e 42 do Decreto Federal nº 8.420/15. Passou-se a utilizar, na doutrina brasileira, a palavra *compliance* para se referir a esse programa.[1] Não se pretende, neste estudo, examinar o próprio conceito de *compliance*, mas, sim, a relação conceitual entre ele e a responsabilização da pessoa jurídica por atos de corrupção.

---

[1] Por todos: CASTRO, Rodrigo Pironti Aguirre de; ZILIOTTO, Mirela Miró. *Compliance nas contratações públicas*: exigência e critérios normativos. 1. reimpr. Belo Horizonte: Fórum, 2019. p. 20; PAULA, Marco Aurélio Borges de; CASTRO, Rodrigo Pironti Aguirre de (Coord.). *Compliance, gestão de risco e combate à corrupção*. 2. reimpr. Belo Horizonte: Fórum, 2019; ZENKNER, Marcelo; ZENKNER, Marcelo; CASTRO, Rodrigo Pironti Aguirre de (Coord.). *Compliance no setor público*. Belo Horizonte: Fórum, 2020. As duas últimas obras reúnem vários trabalhos, de diversos autores, que utilizam a palavra *compliance* para se referir aos mecanismos de integridade.

A proposta é aprofundar o estudo da problemática existente sobre a responsabilização da pessoa jurídica e, diante dessa problemática, examinar o papel do *compliance*.

## 2 Pessoa jurídica: ficção ou realidade?

Qualquer neófito dos estudos jurídicos sabe que existem dois tipos de pessoas: as naturais ou físicas e as jurídicas ou morais. A personalidade jurídica é um atributo jurídico consistente na qualidade de ser titular de direitos e obrigações, de ser sujeito de direito.[2] É o direito que atribui personalidade, e o faz não apenas às pessoas físicas, mas também às pessoas jurídicas, a um conjunto de pessoas ou de bens. A personificação é um processo técnico do direito de separação patrimonial, pois o patrimônio desse conjunto fica segregado do patrimônio das pessoas físicas que o integram.[3] Muito se discute se as pessoas jurídicas são uma realidade ou uma ficção. Concorda-se com Pontes de Miranda: trata-se de uma "falsa questão", pois a "realidade" é um conceito do mundo fático e a pessoa jurídica é um conceito do mundo jurídico.[4] Em sua clássica obra sobre o tema, Francisco Ferrara explica:

> Las personas jurídicas son una realidad y no una ficción. Pero el concepto de realidad es relativo y variable en los diversos campos del conocimiento. Si por real se entiende todo lo que es perceptible por los sentidos, ciertamente las personas jurídicas no son reales, pero no son reales tampoco los conceptos de las ciencias abstractas, y en particular tampoco es real nuestro mundo jurídico. Pero cuando el concepto de real se amplía a todo lo que existe en nuestro pensamiento, en antítesis con lo que es imaginario y fingido, entonces no queda duda que las personas jurídicas son una realidad. Son reales en el mismo sentido y del mismo modo que son reales las demás formas jurídicas, como es real una obligación, una herencia, un contrato. Realidad ideal jurídica, no realidad corporal sensible.[5]

---

[2] Por todos: GOMES, Orlando. *Introdução ao direito civil*. 18. ed. Rio de Janeiro: Forense, 2001. p. 141-142; AMARAL, Francisco. *Direito civil*: introdução. Rio de Janeiro: Renovar, 2000. p. 213-214.
[3] Cf. COELHO, Fábio Ulhoa. *Curso de direito civil*. São Paulo: Saraiva, 2003. v. 1. p. 230-232.
[4] PONTES DE MIRANDA, Francisco Cavalcanti. *Tratado de direito privado*. 2. tir. São Paulo: Revista dos Tribunais, 2012. t. I. §75, p. 399.
[5] FERRARA, Francisco. *Teoría de las personas jurídicas*. Tradução de Eduardo Ovejero y Maury. Granada: Comares, 2006. p. 268-269.

Ainda que se aceite que a pessoa jurídica é uma realidade do mundo jurídico – e não um ser concreto do mundo fenomênico –, sua responsabilização envolve um problema. Há que se ter uma "razão" para sujeitar alguém a "responder" por certa infração. A resposta intuitiva seria: a pessoa deve ser responsável por suas próprias ações, o que pressupõe a "autoria" da conduta. Daí o problema: a realização de uma conduta exige "vontade"? Se sim, pessoas jurídicas possuem "vontade"? Se não, elas "agem"?

## 3 Pessoa jurídica e vontade

Só quem possui vida anímica própria tem, naturalmente, vontade e, por conseguinte, age. Pessoas jurídicas não possuem vida anímica própria.[6] A vontade das pessoas jurídicas, diz León Michoud, em sua clássica monografia, é artificial: trata-se de uma *volonté légale du groupe* ("vontade legal do grupo"), mais do que uma *volonté naturelle* ("vontade natural").[7] Contudo, a própria pessoa jurídica celebra contratos, ou seja, no mundo jurídico, a pessoa jurídica age por si. Juridicamente, ela tem uma "vontade". Como explicar, então, sua vontade e sua conduta? A explicação se dá pela teoria do órgão. Passou-se a discutir se o órgão *representa* a pessoa jurídica e se concluiu que não há *representação*: o órgão torna a pessoa jurídica presente nas relações jurídicas. Na representação, há dois sujeitos distintos: o representante e o representado. Na teoria do órgão, não há essa distinção entre o órgão e a pessoa jurídica: quando o órgão age, é a própria pessoa jurídica que está agindo. Nas palavras de Michoud:

> Quand il y a organe, au contraire, c'est la personne juridique qui agit elle-même; son organe n'est pas quelque chose qui soit distinct d'elle; il est une partie d'elle-même dont elle se sert comme la personne physique se sert de la bouche ou de la main; car l'organisation juridique dont il est le produit appartient à l'essence de la personne morale; elle est comme son corps juridique, sans laquelle elle est incapable d'existence.[8]

---

[6] Por todos: BANDEIRA DE MELLO, Celso Antônio. Apontamentos sobre a teoria dos órgãos públicos. *Revista de Direito Administrativo e Infraestrutura*, São Paulo, ano 2, n. 4, p. 423-434, jan./mar. 2018. p. 423.

[7] MICHOUD, Léon. *La théorie de la personnalité morale et son application au droit français*. 2. ed. Paris: Librairie Générale de Droit & de Jurisprudence, 1924. v. I. p. 120.

[8] MICHOUD, Léon. *La théorie de la personnalité morale et son application au droit français*. 2. ed. Paris: Librairie Générale de Droit & de Jurisprudence, 1924. v. I. p. 129.

Na representação é possível uma relação jurídica com o representante e outra relação jurídica com o representado, e este só responde pelos atos do representante se o último observou os termos da representação. Ao revés, é impossível uma relação jurídica entre uma pessoa física e o órgão da pessoa jurídica diversa da relação com a própria pessoa jurídica. A relação com o órgão é, na verdade, a relação com a pessoa que ele torna presente. Na verdade, é o próprio órgão que age, e esse "agir do órgão" é imputado à pessoa jurídica. Quando o órgão age, é a pessoa que está agindo. Por isso, Michoud afirma que a palavra "órgão" é utilizada apenas a título de comparação com a pessoa física: por um lado, por analogia, é, tanto na pessoa física, como na jurídica, parte integrante da pessoa, de tal modo que não se concebe a pessoa sem ele; por outro, contudo, em relação à pessoa física, não é o órgão – o coração, o pulmão etc. –, mas a própria pessoa, que tem vontade e inteligência; em relação à pessoa jurídica, ao revés, o órgão é um ser que possui, por si, vontade e inteligência, já que a pessoa jurídica não as tem por si.[9] A vontade da pessoa jurídica não é outra coisa, observa Michoud, do que a vontade mesma do órgão.[10]

Interessante notar que tudo que Michoud afirma para a pessoa jurídica estende-se integralmente ao próprio órgão. Enquanto feixe de atribuições, o órgão não possui, também, vontade e inteligência, vida anímica própria. Quem as possui é só a pessoa física, esta sim, ser que age, que possui, propriamente, vontade. Por isso, se o órgão torna presente a pessoa jurídica na relação jurídica, o agente, pessoa física, torna presente o órgão nessa relação. Os argumentos invocados para desqualificar a representação da pessoa jurídica pelo órgão, são, nos mesmos termos, invocados para desqualificar a representação do órgão pelo agente, pessoa física.[11] A palavra adequada para essas situações não é a "representação", mas a "presentação":[12] o órgão presenta a pessoa jurídica, torna-a presente, e o agente, pessoa física, presenta o órgão, torna-o presente. Há duas relações de *imputação*: a vontade do agente é

---

[9] MICHOUD, Léon. *La théorie de la personnalité morale et son application au droit français*. 2. ed. Paris: Librairie Générale de Droit & de Jurisprudence, 1924. v. I. p. 135.

[10] MICHOUD, Léon. *La théorie de la personnalité morale et son application au droit français*. 2. ed. Paris: Librairie Générale de Droit & de Jurisprudence, 1924. v. I. p. 136.

[11] É o que faz Celso Antônio Bandeira de Mello, em seu precioso estudo sobre os órgãos públicos (BANDEIRA DE MELLO, Celso Antônio. Apontamentos sobre a teoria dos órgãos públicos. *Revista de Direito Administrativo e Infraestrutura*, São Paulo, ano 2, n. 4, p. 423-434, jan./mar. 2018. p. 428-430).

[12] Por todos: PONTES DE MIRANDA, Francisco Cavalcanti. *Tratado de direito privado*. 2. tir. São Paulo: Revista dos Tribunais, 2012. t. I. §75, p. 404; §98, p. 584.

imputada ao órgão,[13] e a vontade do órgão é imputada à pessoa jurídica. Nas palavras de Dalmo de Abreu Dallari: "não é difícil perceber que as pessoas físicas, quando agem como órgãos do Estado, externam uma vontade que só pode ser imputada a este e que não se confunde com as vontades individuais".[14]

Mas há uma diferença entre a atuação do Estado e a atuação de uma pessoa privada. Qualquer ato de um agente estatal, associado ao exercício de suas funções, é imputado ao Estado. Em relação às pessoas privadas, não se pode dizer que qualquer atuação de um de seus agentes, das pessoas físicas que a integram, é a ela imputada. Daí o tema da "formação e expressão da vontade da pessoa jurídica": depende da manifestação de uma ou algumas pessoas físicas, agindo individual ou coletivamente, tudo nos termos do que estabelece a lei e o respectivo ato constitutivo (estatuto ou contrato social). Como bem assinala Fábio Ulhoa Coelho, cada estatuto ou contrato social estrutura os órgãos da respectiva pessoa jurídica, atendendo às restrições legais, mas, apesar de a estruturação poder variar, em geral há sempre um órgão de representação ou administração – que costuma ser denominado diretoria –, e um órgão de deliberação – nas associações ou sociedades costuma ser designado por assembleia, integrada por todos os associados ou sócios, e nas fundações é o conselho curador ou deliberativo.[15] A depender da complexidade da pessoa jurídica, há órgãos deliberativos intermediários, como o conselho de administração, e órgãos de fiscalização, como o conselho fiscal.[16] Perceba-se que os órgãos das pessoas jurídicas podem ser simples – um único diretor ou administrador – ou colegiais – as assembleias e os conselhos. A decisão dos órgãos colegiais decorre de uma atuação conjunta de seus membros, dá-se, em reunião,[17] pelo princípio majoritário. Explica Fábio Ulhoa Coelho:

> Na formação de vontade da pessoa jurídica impera o princípio majoritário. Em razão dessa regra, a vontade da pessoa jurídica é a da maioria dos membros do órgão investido de competência para formá-la

---

[13] BANDEIRA DE MELLO, Celso Antônio. Apontamentos sobre a teoria dos órgãos públicos. *Revista de Direito Administrativo e Infraestrutura*, São Paulo, ano 2, n. 4, p. 423-434, jan./mar. 2018. p. 430.
[14] DALLARI, Dalmo de Abreu. *Elementos de teoria geral do Estado*. 33. ed. 5. tir. São Paulo: Saraiva, 2018. p. 126.
[15] COELHO, Fábio Ulhoa. *Curso de direito civil*. São Paulo: Saraiva, 2003. v. 1. p. 244-245.
[16] COELHO, Fábio Ulhoa. *Curso de direito civil*. São Paulo: Saraiva, 2003. v. 1. p. 245.
[17] Cf. BORDALO, Rodrigo. *Os órgãos colegiados no direito administrativo brasileiro*. São Paulo: Saraiva, 2016. p. 168.

ou expressá-la. Se a maioria dos associados presentes à assembleia do clube aprova o aumento da contribuição associativa, esta passa a ser a vontade da pessoa jurídica, à qual se submetem os demais associados (os que votaram vencidos e os que não compareceram à assembleia.[18]

Sem embargo, o princípio majoritário não segue necessariamente a diretriz democrática – *one man, one vote* –, tendo em vista dois aspectos: 1) o estatuto pode limitar o poder da maioria, estabelecendo que certas decisões devam ser adotadas por unanimidade ou que certos integrantes tenham direito de veto; 2) nas pessoas de fins econômicos, a regra é que cada pessoa física participe das deliberações com quantidade de votos proporcional à sua contribuição para o capital social da entidade.[19] Com essa ressalva, é possível concluir que a "vontade real" da pessoa jurídica é expressada pela "vontade ou da totalidade ou da maioria dos membros de seus órgãos colegiados e assentada devidamente em suas atas ou relatórios legais ou em outros instrumentos, é dizer, uma vontade documentada".[20]

## 4 Pessoa jurídica e responsabilidade

Se, em última análise, quem tem vontade, consciência, inteligência, livre-arbítrio, é a pessoa física, se o agir desta é simplesmente imputado ao órgão, e deste à pessoa jurídica, surge o problema: como responsabilizar a pessoa jurídica por uma conduta que, em última análise, foi da pessoa física? A questão é antiga e já está, de certa forma, superada. Durante muitos anos afirmou-se a absoluta irresponsabilidade do Estado; lentamente, com a consagração do "Estado de Direito", o Estado foi tornando-se responsável por seus atos.[21] Hoje, ninguém mais

---

[18] COELHO, Fábio Ulhoa. *Curso de direito civil*. São Paulo: Saraiva, 2003. v. 1. p. 246.
[19] COELHO, Fábio Ulhoa. *Curso de direito civil*. São Paulo: Saraiva, 2003. v. 1. p. 246.
[20] ZAFFARONI, Eugenio Raúl. Parecer a Nilo Batista sobre a responsabilidade penal das pessoas jurídicas. *In*: PRADO, Luiz Regis; DOTTI, René Ariel (Coord.). *Responsabilidade penal da pessoa jurídica*: em defesa do princípio da imputação subjetiva. São Paulo: Revista dos Tribunais, 2013. p. 58. Tradução nossa.
[21] Em obra originariamente publicada em 1904, Amaro Cavalcanti apresenta um amplo panorama dessa evolução, e, após discorrer sobre as teorias da irresponsabilidade e da responsabilidade apenas do funcionário, discorre sobre as teorias da responsabilidade do próprio Estado; já nessa época, reconhece a consagração das últimas (CAVALCANTI, Amaro. *Responsabilidade civil do Estado*. 2. ed. Rio de Janeiro: Borsoi, 1957. v. 1. p. 147 *et seq.*). Para uma abordagem mais recente, por todos: SEVERO, Sérgio. *Tratado da responsabilidade pública*. São Paulo: Saraiva, 2009. p. 4 *et seq.*

duvida de que o Estado, pessoa jurídica, pode ser responsabilizado, independentemente da responsabilidade de seus agentes. O passo decisivo para a responsabilização foi a atribuição de personalidade jurídica ao Estado.[22] O Estado age por meio de seus órgãos e estes agem por meio de seus agentes, mas, apesar disso, o Estado responde, de modo autônomo, pelo agir de seus órgãos e, pois, pelo agir de seus agentes. Perceba-se: foi a teoria do órgão que justificou teoricamente a responsabilização da pessoa jurídica. Nesse sentido, afirma Pontes de Miranda:

> Atos dos órgãos – O direito contemporâneo assentou, como decorrente da própria concepção das pessoas jurídicas, que respondem elas pelos atos dos seus órgãos. São atos seus. [...] A responsabilidade pelos atos dos órgãos é de vontade própria, porque a vontade, em tais atos, é vontade da pessoa jurídica, e por ato próprio, porque os atos dos órgãos são seus.[23]

Logo, a pessoa jurídica, em si mesma, naturalmente, não possui vida anímica própria e, pois, não age. Quem possui vida anímica própria é a pessoa física e, pois, só ela age, propriamente. Porém, pela teoria do órgão, a vontade da pessoa física é imputada ao órgão e a vontade do órgão é imputada à pessoa jurídica. Assim, juridicamente, a pessoa jurídica possui vontade própria, manifestada pela decisão de seus órgãos, e age por meio deles. Logo, responde por essa atuação. Contudo, a regra no direito é a responsabilidade subjetiva: uma pessoa física responde em decorrência de seu dolo ou culpa. No direito penal, exige-se mais do que culpa, exige-se culpabilidade.[24] É possível falar em dolo, culpa e culpabilidade das pessoas jurídicas? Ademais, a pessoa jurídica deve responder quando um empregado, preposto, enfim, alguma pessoa física que age em seu nome, delibera mesmo que sem suporte dos órgãos deliberativos da pessoa jurídica?

---

[22] Por todos: CHEVALLIER, Jacques. *O Estado de Direito*. Tradução de Antonio Araldo Ferraz Dal Pozzo e Augusto Neves Dal Pozzo. Belo Horizonte: Fórum, 2013. p. 30.

[23] PONTES DE MIRANDA, Francisco Cavalcanti. *Tratado de direito privado*. 2. tir. São Paulo: Revista dos Tribunais, 2012. t. I. §98, p. 583.

[24] Na doutrina brasileira, prevalece o entendimento de que *culpabilidade* consiste num juízo de reprovação que recai sobre o agente por ter praticado o injusto, uma conduta típica e antijurídica. Por todos: TEOTÔNIO, Luís Augusto Freire. *Culpabilidade*. Campinas: Minelli, 2002. p. 74-75. Para uma percuciente crítica a esse conceito: TAVARES, Juarez. *Fundamentos de teoria do delito*. Florianópolis: Tirant lo Blanch, 2018. p. 413-420.

## 4.1 Responsabilidade subjetiva da pessoa jurídica

A discussão sobre a *responsabilidade subjetiva* das pessoas jurídicas deu-se, com profundidade, na doutrina do direito penal. Foi prevista no art. 3º da Lei dos Crimes Ambientais, Lei Federal nº 9.605/98, com suposto fundamento no §3º do art. 225 da CF/88. Passou, então, a doutrina a discutir a possibilidade conceitual e, pois, a validade dessa imputação. A questão é bastante controversa. Segundo informam Eugenio Raúl Zaffaroni,[25] Juarez Cirino dos Santos[26] e Luiz Regis Prado,[27] tanto o direito inglês como o direito francês admitem-na. Para Cirino dos Santos há um equívoco na interpretação do referido §3º do art. 225: o dispositivo simplesmente estabelece que as condutas das pessoas físicas sujeitar-se-ão às sanções penais e as condutas das pessoas jurídicas, às sanções administrativas, de modo que a responsabilização penal prevista na Lei Federal nº 9.605/98 seria inconstitucional,[28] pois, em relação ao órgão, não seria possível falar de culpa e dolo nem de culpabilidade. *In verbis*:

> A decisão de órgão colegiado [...] não pode ser abordada pelas categorias analíticas do fato punível, por razões evidentes: a) a autoria da decisão é indeterminável; b) o tipo de injusto é indemonstrável, em especial nas dimensões subjetivas do dolo e da imprudência; c) a culpabilidade, como juízo de reprovação pela realização do tipo de injusto, é impossível. A razão é simples: a pessoa jurídica é incapaz de ação (tipo de injusto) e incapaz de culpabilidade (juízo de reprovação).[29]

Luiz Regis Prado não considera a responsabilização penal da pessoa jurídica inconstitucional, mas exige a prática do crime por uma

---

[25] ZAFFARONI, Eugenio Raúl. Parecer a Nilo Batista sobre a responsabilidade penal das pessoas jurídicas. *In*: PRADO, Luiz Regis; DOTTI, René Ariel (Coord.). *Responsabilidade penal da pessoa jurídica*: em defesa do princípio da imputação subjetiva. São Paulo: Revista dos Tribunais, 2013. p. 50-52.

[26] SANTOS, Juarez Cirino dos. *Direito penal*: parte geral. 8. ed. Florianópolis: Tirant lo Blanch, 2018. p. 717.

[27] PRADO, Luiz Regis. Responsabilidade penal da pessoa jurídica: fundamentos e implicações. *In*: PRADO, Luiz Regis; DOTTI, René Ariel (Coord.). *Responsabilidade penal da pessoa jurídica*: em defesa do princípio da imputação subjetiva. São Paulo: Revista dos Tribunais, 2013. p. 142-151.

[28] SANTOS, Juarez Cirino dos. *Direito penal*: parte geral. 8. ed. Florianópolis: Tirant lo Blanch, 2018. p. 722-723.

[29] SANTOS, Juarez Cirino dos. *Direito penal*: parte geral. 8. ed. Florianópolis: Tirant lo Blanch, 2018. p 725.

pessoa física que intervenha em nome dela.[30] Adota-se, segundo ele, a teoria francesa da responsabilidade por empréstimo ou ricochete: quem pratica a infração é a pessoa física, mas por ricochete é responsabilizada a pessoa jurídica a quem o agir da pessoa física é imputado.[31] Sem embargo, considera essa opção criminalizadora do legislador "no mínimo questionável", pois, só é aceitável "se, num verdadeiro *tout de force* – pragmático e artificial –, privilegiar-se político-criminalmente o fim em detrimento do meio".[32]

De início, o Superior Tribunal de Justiça, no REsp nº 564.960/SC, vinculou a responsabilização da pessoa jurídica à responsabilização dos respectivos dirigentes, já que a culpa e culpabilidade dela dependem da deles. No acórdão, de 2005, a Corte explica, com absoluta precisão, que o agir da pessoa jurídica dá-se pelos seus órgãos e o agir destes dá-se pelo agir das pessoas dos dirigentes:

> I. Hipótese em que pessoa jurídica de direito privado, juntamente com dois administradores, foi denunciada por crime ambiental, consubstanciado em causar poluição em leito de um rio, através de lançamento de resíduos, tais como, graxas, óleo, lodo, areia e produtos químicos, resultantes da atividade do estabelecimento comercial. II. A Lei ambiental, regulamentando preceito constitucional, passou a prever, de forma inequívoca, a possibilidade de penalização criminal das pessoas jurídicas por danos ao meio-ambiente. III. A responsabilização penal da pessoa jurídica pela prática de delitos ambientais advém de uma escolha política, como forma não apenas de punição das condutas lesivas ao meio-ambiente, mas como forma mesmo de prevenção geral e especial. IV. A imputação penal às pessoas jurídicas encontra barreiras na suposta incapacidade de praticarem uma ação de relevância penal, de serem culpáveis e de sofrerem penalidades. V. Se a pessoa jurídica tem existência própria no ordenamento jurídico e pratica atos no meio social através da atuação de seus administradores, poderá vir a

---

[30] PRADO, Luiz Regis. Responsabilidade penal da pessoa jurídica: fundamentos e implicações. *In*: PRADO, Luiz Regis; DOTTI, René Ariel (Coord.). *Responsabilidade penal da pessoa jurídica*: em defesa do princípio da imputação subjetiva. São Paulo: Revista dos Tribunais, 2013. p. 155.

[31] PRADO, Luiz Regis. Responsabilidade penal da pessoa jurídica: fundamentos e implicações. *In*: PRADO, Luiz Regis; DOTTI, René Ariel (Coord.). *Responsabilidade penal da pessoa jurídica*: em defesa do princípio da imputação subjetiva. São Paulo: Revista dos Tribunais, 2013. p. 155.

[32] PRADO, Luiz Regis. Responsabilidade penal da pessoa jurídica: fundamentos e implicações. *In*: PRADO, Luiz Regis; DOTTI, René Ariel (Coord.). *Responsabilidade penal da pessoa jurídica*: em defesa do princípio da imputação subjetiva. São Paulo: Revista dos Tribunais, 2013. p. 159.

praticar condutas típicas e, portanto, ser passível de responsabilização penal. VI. A culpabilidade, no conceito moderno, é a responsabilidade social, e a culpabilidade da pessoa jurídica, neste contexto, limita-se à vontade do seu administrador ao agir em seu nome e proveito. VII. A pessoa jurídica só pode ser responsabilizada quando houver intervenção de uma pessoa física, que atua em nome e em benefício do ente moral. VIII. "De qualquer modo, a pessoa jurídica deve ser beneficiária direta ou indiretamente pela conduta praticada por decisão do seu representante legal ou contratual ou de seu órgão colegiado." IX. A atuação do colegiado em nome e proveito da pessoa jurídica é a própria vontade da empresa. A coparticipação prevê que todos os envolvidos no evento delituoso serão responsabilizados na medida se sua culpabilidade. X. A Lei Ambiental previu para as pessoas jurídicas penas autônomas de multas, de prestação de serviços à comunidade, restritivas de direitos, liquidação forçada e desconsideração da pessoa jurídica, todas adaptadas à sua natureza jurídica. XI. Não há ofensa ao princípio constitucional de que "nenhuma pena passará da pessoa do condenado...", pois é incontroversa a existência de duas pessoas distintas: uma física – que de qualquer forma contribui para a prática do delito – e uma jurídica, cada qual recebendo a punição de forma individualizada, decorrente de sua atividade lesiva. XII. A denúncia oferecida contra a pessoa jurídica de direito privado deve ser acolhida, diante de sua legitimidade para figurar no polo passivo da relação processual-penal.[33]

A partir desse julgado, consagrou-se na Corte o entendimento de que a punição da pessoa jurídica pressuporia a concomitante punição de seus dirigentes, o que ficou conhecido como *teoria da dupla imputação*. Foi o que se decidiu, por exemplo, no REsp nº 889.528/SC:

> Admite-se a responsabilidade penal da pessoa jurídica em crimes ambientais desde que haja a imputação simultânea do ente moral e da pessoa física que atua em seu nome ou em seu benefício, uma vez que "não se pode compreender a responsabilização do ente moral dissociada da atuação de uma pessoa física, que age com elemento subjetivo próprio" cf. Resp nº 564960/SC, 5ª Turma, Rel. Ministro Gilson Dipp, DJ de 13/06/2005 (Precedentes).[34]

---

[33] STJ. REsp nº 564.960/SC. Rel. Min. Gilson Dipp, Quinta Turma, j. 2.6.2005. *DJ*, 13 jun. 2005. p. 331.

[34] STJ. REsp nº 889.528/SC. Rel. Min. Felix Fischer, Quinta Turma, j. 17.4.2007. *DJ*, 18 jun. 2007. p. 303. No mesmo sentido: STJ. REsp nº 989.089/SC. Rel. Min. Arnaldo Esteves Lima, Quinta Turma, j. 18.8.2009. *DJe*, 28 set. 2009.

Não foi esse, porém, o entendimento do Supremo Tribunal Federal. No RE nº 548.181, a Corte entendeu desnecessária a concomitante punição dos dirigentes para responsabilização da pessoa jurídica, havendo uma responsabilidade *autônoma*:

> 1. O art. 225, §3º, da Constituição Federal não condiciona a responsabilização penal da pessoa jurídica por crimes ambientais à simultânea persecução penal da pessoa física em tese responsável no âmbito da empresa. A norma constitucional não impõe a necessária dupla imputação. 2. As organizações corporativas complexas da atualidade se caracterizam pela descentralização e distribuição de atribuições e responsabilidades, sendo inerentes, a esta realidade, as dificuldades para imputar o fato ilícito a uma pessoa concreta. 3. Condicionar a aplicação do art. 225, §3º, da Carta Política a uma concreta imputação também a pessoa física implica indevida restrição da norma constitucional, expressa a intenção do constituinte originário não apenas de ampliar o alcance das sanções penais, mas também de evitar a impunidade pelos crimes ambientais frente às imensas dificuldades de individualização dos responsáveis internamente às corporações, além de reforçar a tutela do bem jurídico ambiental. 4. A identificação dos setores e agentes internos da empresa determinantes da produção do fato ilícito tem relevância e deve ser buscada no caso concreto como forma de esclarecer se esses indivíduos ou órgãos atuaram ou deliberaram no exercício regular de suas atribuições internas à sociedade, e ainda para verificar se a atuação se deu no interesse ou em benefício da entidade coletiva. Tal esclarecimento, relevante para fins de imputar determinado delito à pessoa jurídica, não se confunde, todavia, com subordinar a responsabilização da pessoa jurídica à responsabilização conjunta e cumulativa das pessoas físicas envolvidas. Em não raras oportunidades, as responsabilidades internas pelo fato estarão diluídas ou parcializadas de tal modo que não permitirão a imputação de responsabilidade penal individual. 5. Recurso Extraordinário parcialmente conhecido e, na parte conhecida, provido.[35]

A partir desse julgado, o STJ mudou seu posicionamento, dispensando a concomitante responsabilização da pessoa física. Nesse sentido, segundo levantamento efetuado por André Estefam e Victor Eduardo Rios Gonçalves: AgRg no RMS nº 48.085/PA, Rel. Min. Gurgel de Faria, 5ª Turma, j. 5.11.2015; RMS nº 39.173/BA, Rel. Min. Reynaldo Soares da Fonseca, 5ª Turma, j. 6.8.2015, *DJe* 13.8.2015; AgRg nos EDcl

---

[35] STF. RE nº 548.181. Rel. Min. Rosa Weber, Primeira Turma, j. 6.8.2013. *DJe*, 213; *RTJ*, v. 230-01. p. 464.

no RMS nº 43.817/SP, Rel. Min. Gurgel de Faria, 5ª Turma, j. 1º.9.2015, DJe 18.9.2015; RHC nº 53.208/SP, Rel. Min. Sebastião Reis Júnior, 6ª Turma, j. 21.5.2015, DJe 1º.6.2015.[36]

Ainda que não se exija a dupla responsabilização, a responsabilidade subjetiva da pessoa jurídica exige: 1) que tenha sido praticado um fato típico, antijurídico, culpável e punível[37] por uma pessoa física; 2) que o órgão deliberativo da entidade tenha autorizado a prática dessa conduta. Sem a primeira exigência, não há uma conduta punível; sem a segunda, não há *culpa*. Deveras: não se admite no direito brasileiro a responsabilização penal objetiva.[38] Nos termos explicados, para as pessoas privadas, não basta qualquer atuação de uma pessoa física associada a uma pessoa jurídica para que haja imputação da atuação desta àquela. A formação e a atuação da vontade da pessoa jurídica dão-se por meio da atuação de seus órgãos, nos termos da lei e do respectivo ato constitutivo. Assim, se dispensada a prova da deliberação destes, a responsabilidade torna-se objetiva, o que é vedado pelo direito penal.

## 4.2 Responsabilidade objetiva da pessoa jurídica

Ao contrário do que se supôs em determinado momento histórico, a realidade condiciona a interpretação e a aplicação do direito.[39] É bastante incomum que uma empresa estabeleça na ata da reunião de sua assembleia ou de seu conselho de administração a determinação para que sejam praticados atos de corrupção. Exigir a prova da decisão do respectivo órgão em prol da infração para sancionar a pessoa jurídica é consagrar, ressalvadas hipóteses teratológicas, sua irresponsabilidade. Em relação à prática de corrupção, a questão se torna mais injusta: quase sempre é possível comprovar a responsabilidade subjetiva apenas de um subalterno; dificilmente se comprova a culpa dos dirigentes e, pois, da própria empresa, que, no mais das vezes, são os que se beneficiam do ato de corrupção. Em geral, dirigentes e integrantes dos órgãos societários,

---

[36] ESTEFAM, André; GONÇALVES, Victor Eduardo Rios. *Direito penal*: parte geral. 8. ed. São Paulo: Saraiva, 2019. p. 198.

[37] Sobre os quatro conceitos, *vide*: MARTINS, Ricardo Marcondes. *Efeitos dos vícios do ato administrativo*. São Paulo: Malheiros, 2008. p. 617-640.

[38] Por todos: BITENCOURT, Cezar Roberto. *Manual de direito penal*. 6. ed. São Paulo: Saraiva, 2000. v. 1. p. 14; GOMES, Luiz Flávio; MOLINA, Antonio García-Pablos de; BIANCHINI, Alice. *Direito penal*. São Paulo: Revista dos Tribunais, 2007. v. 1. p. 531-539.

[39] Por todos: MÜLLER, Friedrich. *O novo paradigma do direito*: introdução à teoria e metódica estruturantes do direito. Tradução de Rossana Ingrid Jansen dos Santos *et al*. São Paulo: Revista dos Tribunais, 2007. p. 42 *et seq*.

que deliberam pela prática da corrupção, não publicam a decisão, não a registram nas atas das reuniões dos conselhos e das assembleias. Tem-se, invariavelmente, a palavra do próprio subalterno, autor do ato, e isso quando ele confessa e aponta de quem partiu a ordem. A responsabilidade objetiva é inviável no direito penal, mas perfeitamente possível no direito administrativo. Nesta seara é admitida a dissociação entre a autoria e a responsabilidade.[40] Foi a solução dada pelo art. 2º da Lei Anticorrupção: as pessoas jurídicas são responsabilizadas objetivamente, no âmbito administrativo e civil, pelos atos lesivos previstos no seu art. 5º, praticados em seu interesse ou benefício, exclusivo ou não.

O texto do referido art. 2º da Lei Anticorrupção parece simples, mas gera bastantes dúvidas hermenêuticas. Para Juliano Heinen, a responsabilidade da pessoa jurídica por atos de corrupção exige: a) uma conduta típica, voluntária e objetivamente imputável; b) resultado;[41] c) nexo de causalidade entre a conduta e o resultado; d) que o ato seja praticado no interesse ou em benefício da pessoa jurídica.[42] Heinen enfatiza que não há que se discutir culpa ou dolo para que a pessoa jurídica seja responsabilizada.[43] Antonio Araldo Ferraz Dal Pozzo, Augusto Neves Dal Pozzo, Beatriz Neves Dal Pozzo e Renan Marcondes Facchinatto exigem: a) nexo etiológico entre a conduta do agente e o ato lesivo; b) relação jurídica entre o agente e a empresa que o legitime a agir em nome dela.[44] O §1º do art. 3º da Lei Anticorrupção estabelece expressamente que a pessoa jurídica será responsabilizada independentemente da responsabilização das pessoas naturais, não deixando dúvida sobre o afastamento da teoria da dupla imputação.

Apesar de a responsabilidade ser objetiva e autônoma, o agir da pessoa jurídica, nos termos aqui examinados, exige o agir da pessoa física. Deveras: a conduta da pessoa jurídica pressupõe a conduta de

---

[40] Por todos: BANDEIRA DE MELLO, Celso Antônio. *Curso de direito administrativo*. 34. ed. São Paulo: Malheiros, 2019. p 900-901. O legislador não é livre para imputar responsabilidade a terceiros (p. 912-914), mas o benefício ou o interesse da pessoa jurídica e o liame jurídico ou fático entre ela e o autor, a seguir examinados, justificam a imputação.

[41] A maioria dos tipos do art. 5º da Lei Anticorrupção não se refere a infrações *materiais*, que exigem, para sua consumação, um resultado naturalístico, mas formais ou de mera conduta. Sobre essa classificação, por todos: ESTEFAM, André; GONÇALVES, Victor Eduardo Rios. *Direito penal*: parte geral. 8. ed. São Paulo: Saraiva, 2019. p. 208-209. O "resultado" é a ofensa a um bem jurídico protegido pelo direito. Para uma análise crítica do conceito de resultado no direito penal: TAVARES, Juarez. *Fundamentos de teoria do delito*. Florianópolis: Tirant lo Blanch, 2018. p. 184-197.

[42] HEINEN, Juliano. *Comentários à Lei Anticorrupção*. Belo Horizonte: Fórum, 2015. p. 68-79.

[43] HEINEN, Juliano. *Comentários à Lei Anticorrupção*. Belo Horizonte: Fórum, 2015. p. 79-92.

[44] DAL POZZO, Antonio Araldo Ferraz *et al. Lei Anticorrupção*. São Paulo: Contracorrente, 2015. p. 38-39.

uma pessoa física que a ela é imputada. Logo, para a pessoa jurídica responder por um ato de corrupção é necessário que uma pessoa física tenha praticado um ato de corrupção. Daí a indagação: que pessoa física? Se a responsabilidade fosse subjetiva, seria aquela que, nos termos da lei ou do ato constitutivo, tem competência para externar a vontade da pessoa jurídica. Como a responsabilidade é objetiva, basta que haja um vínculo entre a pessoa física e a pessoa jurídica. Não há necessidade de um vínculo formal: a prévia celebração de um contrato de trabalho ou de um contrato de prestação de serviços. Exige-se, sim, a prova de que a pessoa jurídica possui alguma relação, ainda que de fato, com a pessoa física que praticou o ato de corrupção. Na falta do vínculo jurídico, existe uma presunção em favor desse liame: no mundo real, nenhuma pessoa física costuma atuar no interesse ou em benefício de uma pessoa jurídica por mera liberalidade. Sem embargo, a presunção não é suficiente para dispensar a prova do liame de fato, mas, havendo algum elemento probatório em prol dele, cabe à pessoa jurídica interessada ou beneficiada descaracterizá-lo. Assim, se ficar provado que a pessoa física atuou por mera liberalidade, ou até mesmo por provocação de uma empresa concorrente, a pessoa jurídica interessada ou beneficiada não deve ser responsabilizada. Em suma: o primeiro pressuposto para a responsabilização objetiva da pessoa jurídica por ato de corrupção é a atuação de uma pessoa física cuja conduta possa ser imputada à pessoa jurídica, ou em decorrência de vínculo jurídico ou fático.

Essa pessoa física precisa ter praticado uma das condutas previstas no art. 5º da Lei Anticorrupção. Como se sabe, o fato típico, para se configurar, exige bem mais do que a tipicidade formal. Exige uma conduta, a violação de um bem jurídico, o nexo causal entre a conduta e a violação do bem jurídico, que essa ofensa não seja insignificante. Exige, também, dolo ou culpa. Daí a pergunta: se a pessoa física não agiu com dolo e culpa, a pessoa jurídica deverá ser responsabilizada? Não se deve confundir: por um lado, a responsabilidade da pessoa jurídica é objetiva, não depende de dolo e culpa; por outro, exige um fato típico da pessoa física cuja conduta é imputada à pessoa jurídica, e a tipicidade só se configura se houver dolo e culpa da pessoa física. Assim, a pessoa física deve ter praticado um fato típico e, para tanto, não basta a tipificação formal com o art. 5º da Lei Anticorrupção: a conduta deve ser a causa de uma lesão a um bem jurídico de modo significativo, deve ser inadequada socialmente, deve ser dolosa ou culposa.[45]

---

[45] Sobre os pressupostos do fato típico, *vide*: MARTINS, Ricardo Marcondes. *Efeitos dos vícios do ato administrativo*. São Paulo: Malheiros, 2008. p. 617-629.

A responsabilidade objetiva da pessoa jurídica não prescinde da responsabilidade subjetiva da pessoa física, ainda que dispense a prévia responsabilização desta.

Não basta o fato típico. Suponha-se que a pessoa física tenha praticado um ato lícito. A pessoa jurídica pode ser, nesse caso, responsabilizada pela prática de corrupção? É óbvio que não. Além da conduta da referida pessoa física subsumir-se aos tipos do art. 5º da Lei Anticorrupção, deve também ser antijurídica, ou seja, não estar acobertada por nenhuma excludente de antijuridicidade. Se o direito considera lícita a atuação da pessoa física, a pessoa jurídica não deve ser responsabilizada. Não basta o injusto,[46] vale dizer, fato típico e antijurídico. Se a conduta da pessoa física não for culpável, a pessoa jurídica não deve ser responsabilizada. Suponha-se que a pessoa física tenha agido por força de uma coação moral irresistível ou por inexigibilidade de conduta diversa. A responsabilização da pessoa jurídica será um despautério. Essa conclusão será afastada caso o coator também esteja ligado à pessoa jurídica. Contudo, nessa hipótese, a pessoa jurídica não será responsabilizada pela conduta do coagido, mas pela conduta do coator. Finalmente, caso, por alguma razão, a conduta da pessoa física não seja punível, a pessoa jurídica não deve ser responsabilizada. Dessarte: estando a conduta da pessoa física acobertada por alguma excludente de punibilidade, a pessoa jurídica não deverá ser punida.[47] Em suma: o segundo pressuposto para a responsabilização objetiva da pessoa jurídica por ato de corrupção é que a pessoa física cuja conduta possa ser imputada à pessoa jurídica tenha praticado um fato típico, antijurídico, culpável e punível.

Finalmente, não basta a existência de um liame jurídico ou fático entre a pessoa física e a pessoa jurídica, bem como a prática pela pessoa física de um fato típico, antijurídico, culpável e punível. Conforme já antecipado, por força do art. 2º da Lei Anticorrupção, há um terceiro pressuposto para a responsabilização da pessoa jurídica: os atos praticados pela pessoa física devem sê-lo no interesse ou em benefício da pessoa jurídica. Não se trata de elementos subjetivos do tipo, mas de elementos normativos.[48] Com efeito: não se exige que a pessoa física

---

[46] Sobre o conceito de injusto, por todos: SANTOS, Juarez Cirino dos. *Direito penal*: parte geral. 8. ed. Florianópolis: Tirant lo Blanch, 2018. p. 86-87.
[47] Sobre a punibilidade como pressuposto de responsabilização, *vide*: MARTINS, Ricardo Marcondes. *Efeitos dos vícios do ato administrativo*. São Paulo: Malheiros, 2008. p. 635-640.
[48] Em sentido contrário: HEINEN, Juliano. *Comentários à Lei Anticorrupção*. Belo Horizonte: Fórum, 2015. p. 73-74. Os elementos subjetivos referem-se a tudo que diz respeito ao

tenha a intenção de beneficiar a pessoa jurídica ou de agir em prol do interesse desta; também não se exige que o resultado naturalístico se concretize, vale dizer, que o benefício seja obtido. Exige-se que a conduta, objetivamente, dê-se em benefício ou no interesse da pessoa jurídica.

## 5 *Compliance* e responsabilização da pessoa jurídica

Estudados o agir e a vontade da pessoa jurídica e sua responsabilização por atos de corrupção, é possível, finalmente, adentrar no tema deste estudo: o *compliance*. Conforme antecipado, essa palavra é utilizada para se referir ao "programa de integridade", disciplinado nos arts. 41 e 42 do Decreto Federal nº 8.420/15. Entre outros, o programa pressupõe: adoção de um código de ética e de conduta; treinamento do pessoal; adoção de um canal de denúncias; implementação de um órgão fiscalizador; adoção de procedimentos para evitar a prática de corrupção.[49] O §3º do art. 42 dispensou as micro e pequenas empresas da adoção de algumas exigências, entre elas a adoção de um código de ética. Pois bem, existe uma indissociável relação entre o *compliance* e a reponsabilidade objetiva da pessoa jurídica. Sendo a responsabilidade "objetiva", a pessoa jurídica será sancionada mesmo que a pessoa física, a ela ligada, tiver agido sem o conhecimento dos órgãos encarregados da formação e expressão da sua vontade. Ela responderá mesmo que os administradores, os titulares de ações, as pessoas que votaram nas assembleias gerais, os membros do conselho de administração, enfim,

---

mundo anímico do agente; os elementos objetivos a tudo que não pertence a esse mundo, isto é, à sua intenção ou finalidade. Os elementos objetivos dividem-se em: descritivos, que exigem simples verificação sensorial; e normativos, que demandam um juízo valorativo. Por todos: GOMES, Luiz Flávio; MOLINA, Antonio García-Pablos de. *Direito penal* – Parte geral. São Paulo: Revista dos Tribunais, 2007. v. 2. p. 249.

[49] Na sistematização feita por Vicente Greco Filho e João Daniel Rossi, o programa compreende dez práticas: a) compromisso e envolvimento da alta administração da pessoa jurídica; b) aplicação de políticas anticorrupção claramente articuladas; c) adoção de um código de ética e conduta; d) políticas de procedimentos de *compliance*; e) fiscalização, autonomia e recursos para o *compliance officer*; f) *risk assessment* – análise de riscos de *compliance*; g) *due diligence*; h) treinamento e aconselhamento contínuos; i) canal confidencial (*hotline*) e investigações internas; j) melhoria contínua: revisões e testes periódicos (GRECO FILHO, Vicente; ROSSI, João Daniel. *O combate à corrupção e comentários à Lei de Responsabilidade de Pessoas Jurídicas*. São Paulo: Saraiva, 2015. p. 77-85). Os autores distinguem o *compliance* da *auditoria interna*: "enquanto a auditoria efetua os seus trabalhos de forma aleatória e periódica, com base em amostras, com o objetivo de verificar o cumprimento das normas estabelecidas pela administração da empresa, geralmente no que concerne a fatos que interessem à elaboração das demonstrações financeiras, o *compliance* exerce sua atividade de forma rotineira e constante visando à certificação de que todas as unidades do negócio agem em consonância com as regras que se lhes aplicam" (p. 71).

todas as pessoas físicas que participam da formação e expressão da vontade da pessoa jurídica sejam absolutamente contrárias à corrupção. Para tanto, basta que algum preposto, algum contratado, alguma pessoa que seja ligada, ainda que por um liame fático, à pessoa jurídica pratique atos de corrupção, ainda que autonomamente, ainda que não por determinação de um superior. Logo, o *compliance* é o mecanismo que os órgãos dirigentes da pessoa jurídica possuem para tentar evitar a responsabilização. Um programa de integridade bem constituído indica que a direção da pessoa jurídica é contrária à corrupção; corresponde a um esforço da entidade em prol de evitar que ela ocorra. Dito isso, surgem alguns problemas hermenêuticos.

Qual é o papel do *compliance* na responsabilização da pessoa jurídica por atos de corrupção? Kleber Bispo dos Santos entende que, caso instituído um efetivo programa de *compliance*, estará afastada parcialmente a responsabilidade objetiva da pessoa jurídica: só poderá responder objetivamente pela reparação dos danos causados. Para ele, a imputação de sanções administrativas pela prática de atos de corrupção a pessoas jurídicas que implementaram efetivo programa de *compliance* é inconstitucional. *In verbis*:

> A pessoa jurídica que instala e incorpora políticas de integridade, dedicada à implementação de programas de prevenção a delitos e à apuração de qualquer ato suspeito, que demonstre seu compromisso real com ética e com transparência e, sobretudo, que envida esforços reais em punir atos de corrupção no seio corporativo pode ser imunizada de sanções decorrentes de atos ilícitos provocados por terceiros e que lhe são imputados, subsistindo tão somente o ônus de reparar os danos, arcar com os prejuízos e ver sustados ou anulados os benefícios que eventualmente obteve com o comportamento ilícito do qual não contribuiu.[50]

Não foi isso que estabeleceu a Lei Anticorrupção. Nos termos do inc. VIII de seu art. 7º, a adoção do *compliance* não afasta as sanções nela previstas, mas deve ser levada em consideração para sua *dosimetria*. Trata-se de uma típica *atenuante*.[51] Não se deve confundir a circunstância atenuante com a causa de diminuição de pena: só a última permite

---

[50] SANTOS, Kleber Bispo dos. *Acordo de leniência na Lei de Improbidade Administrativa e na Lei Anticorrupção*. Rio de Janeiro: Lumen Juris, 2018. p. 42.
[51] É uma atenuante genérica expressamente delineada. Sobre o conceito, por todos: ESTEFAM, André; GONÇALVES, Victor Eduardo Rios. *Direito penal*: parte geral. 8. ed. São Paulo: Saraiva, 2019. p. 608.

a fixação da sanção aquém do mínimo estabelecido pelo legislador.[52] Por conseguinte, ainda que seja estabelecido um efetivo programa de *compliance*, presentes os três pressupostos fixados no item anterior, a pessoa jurídica responderá, ao menos, pela multa estabelecida no inc. I do art. 6º da Lei Anticorrupção em seu patamar mínimo: 0,1% do faturamento bruto do último exercício anterior à instauração do processo administrativo. É mister observar: mesmo um efetivo programa de *compliance* não levará necessariamente à fixação do mínimo. Isso porque as outras circunstâncias, discriminadas no art. 7º da Lei Anticorrupção, poderão justificar a fixação acima do mínimo. Em suma: pela lei, a adoção do *compliance* não é causa de exclusão da sanção, mas mera circunstância atenuante, que deve ser obrigatoriamente observada na fixação das sanções.

A opção do legislador é inconstitucional? Sem desprestigiar o entendimento contrário, nada há de inconstitucional, no âmbito administrativo, na responsabilização objetiva da pessoa jurídica. A presunção gerada pela adoção do *compliance* de que os dirigentes da empresa não compactuam com o ato de corrupção praticado pelo preposto é *relativa* e não absoluta. Por óbvio, é plenamente possível que a pessoa jurídica implemente um denso e efetivo programa de integridade e, ainda assim, seus dirigentes, a portas fechadas, de modo camuflado, determinem a algum subordinado que pratique o ato. Adoção de *compliance* é um mecanismo minimizador da corrupção, mas não é, por óbvio, um mecanismo garantidor de sua inexistência. Além dessa presunção relativa, não é possível negar o fato de que a empresa é efetiva ou potencialmente beneficiária do ato. Logo, ainda que haja um denso programa implementado, praticado um ato de corrupção (típico, antijurídico, culpável e punível) por uma pessoa física ligada à empresa, ato que objetivamente seja praticado no interesse ou em benefício dela, a pessoa jurídica dever ser responsabilizada administrativamente. A responsabilidade é objetiva e, por conseguinte, o *compliance* tem o condão, apenas, de atenuar a sanção.

---

[52] Cf. GOMES, Luiz Flávio; MOLINA, Antonio García-Pablos de. *Direito penal* – Parte geral. São Paulo: Revista dos Tribunais, 2007. v. 2. p. 742.

# Referências

AMARAL, Francisco. *Direito civil*: introdução. Rio de Janeiro: Renovar, 2000.

BANDEIRA DE MELLO, Celso Antônio. Apontamentos sobre a teoria dos órgãos públicos. *Revista de Direito Administrativo e Infraestrutura*, São Paulo, ano 2, n. 4, p. 423-434, jan./mar. 2018.

BANDEIRA DE MELLO, Celso Antônio. *Curso de direito administrativo*. 34. ed. São Paulo: Malheiros, 2019.

BITENCOURT, Cezar Roberto. *Manual de direito penal*. 6. ed. São Paulo: Saraiva, 2000. v. 1.

BORDALO, Rodrigo. *Os órgãos colegiados no direito administrativo brasileiro*. São Paulo: Saraiva, 2016.

CASTRO, Rodrigo Pironti Aguirre de; ZILIOTTO, Mirela Miró. *Compliance nas contratações públicas*: exigência e critérios normativos. 1. reimpr. Belo Horizonte: Fórum, 2019.

CAVALCANTI, Amaro. *Responsabilidade civil do Estado*. 2. ed. Rio de Janeiro: Borsoi, 1957. v. 1.

CHEVALLIER, Jacques. *O Estado de Direito*. Tradução de Antonio Araldo Ferraz Dal Pozzo e Augusto Neves Dal Pozzo. Belo Horizonte: Fórum, 2013.

COELHO, Fábio Ulhoa. *Curso de direito civil*. São Paulo: Saraiva, 2003. v. 1.

DAL POZZO, Antonio Araldo Ferraz *et al*. *Lei Anticorrupção*. São Paulo: Contracorrente, 2015.

DALLARI, Dalmo de Abreu. *Elementos de teoria geral do Estado*. 33. ed. 5. tir. São Paulo: Saraiva, 2018.

ESTEFAM, André; GONÇALVES, Victor Eduardo Rios. *Direito penal*: parte geral. 8. ed. São Paulo: Saraiva, 2019.

FERRARA, Francisco. *Teoría de las personas jurídicas*. Tradução de Eduardo Ovejero y Maury. Granada: Comares, 2006.

GOMES, Luiz Flávio; MOLINA, Antonio García-Pablos de. *Direito penal* – Parte geral. São Paulo: Revista dos Tribunais, 2007. v. 2.

GOMES, Luiz Flávio; MOLINA, Antonio García-Pablos de; BIANCHINI, Alice. *Direito penal*. São Paulo: Revista dos Tribunais, 2007. v. 1.

GOMES, Orlando. *Introdução ao direito civil*. 18. ed. Rio de Janeiro: Forense, 2001.

GRECO FILHO, Vicente; ROSSI, João Daniel. *O combate à corrupção e comentários à Lei de Responsabilidade de Pessoas Jurídicas*. São Paulo: Saraiva, 2015.

HEINEN, Juliano. *Comentários à Lei Anticorrupção*. Belo Horizonte: Fórum, 2015.

MARTINS, Ricardo Marcondes. *Efeitos dos vícios do ato administrativo*. São Paulo: Malheiros, 2008.

MICHOUD, Léon. *La théorie de la personnalité morale et son application au droit français*. 2. ed. Paris: Librairie Générale de Droit & de Jurisprudence, 1924. v. I.

MÜLLER, Friedrich. *O novo paradigma do direito*: introdução à teoria e metódica estruturantes do direito. Tradução de Rossana Ingrid Jansen dos Santos *et al*. São Paulo: Revista dos Tribunais, 2007.

PAULA, Marco Aurélio Borges de; CASTRO, Rodrigo Pironti Aguirre de (Coord.). *Compliance, gestão de risco e combate à corrupção*. 2. reimpr. Belo Horizonte: Fórum, 2019.

PONTES DE MIRANDA, Francisco Cavalcanti. *Tratado de direito privado*. 2. tir. São Paulo: Revista dos Tribunais, 2012. t. I.

PRADO, Luiz Regis. Responsabilidade penal da pessoa jurídica: fundamentos e implicações. *In*: PRADO, Luiz Regis; DOTTI, René Ariel (Coord.). *Responsabilidade penal da pessoa jurídica*: em defesa do princípio da imputação subjetiva. São Paulo: Revista dos Tribunais, 2013.

SANTOS, Juarez Cirino dos. *Direito penal*: parte geral. 8. ed. Florianópolis: Tirant lo Blanch, 2018.

SANTOS, Kleber Bispo dos. *Acordo de leniência na Lei de Improbidade Administrativa e na Lei Anticorrupção*. Rio de Janeiro: Lumen Juris, 2018.

SEVERO, Sérgio. *Tratado da responsabilidade pública*. São Paulo: Saraiva, 2009.

TAVARES, Juarez. *Fundamentos de teoria do delito*. Florianópolis: Tirant lo Blanch, 2018.

TEOTÔNIO, Luís Augusto Freire. *Culpabilidade*. Campinas: Minelli, 2002.

ZAFFARONI, Eugenio Raúl. Parecer a Nilo Batista sobre a responsabilidade penal das pessoas jurídicas. *In*: PRADO, Luiz Regis; DOTTI, René Ariel (Coord.). *Responsabilidade penal da pessoa jurídica*: em defesa do princípio da imputação subjetiva. São Paulo: Revista dos Tribunais, 2013.

ZENKNER, Marcelo; CASTRO, Rodrigo Pironti Aguirre de (Coord.). *Compliance no setor público*. Belo Horizonte: Fórum, 2020.

---

Informação bibliográfica deste texto, conforme a NBR 6023:2018 da Associação Brasileira de Normas Técnicas (ABNT):

MARTINS, Ricardo Marcondes. Compliance e responsabilidade de pessoas jurídicas. *In*: DAL POZZO, Augusto Neves; MARTINS, Ricardo Marcondes (Coord.). *Aspectos controvertidos do compliance na Administração Pública*. Belo Horizonte: Fórum, 2020. p. 345-364. ISBN 978-65-5518-044-2.

# PROGRAMAS DE INTEGRIDADE COMO FATOR DE DOSIMETRIA NA IMPROBIDADE ADMINISTRATIVA

JOSÉ ROBERTO PIMENTA OLIVEIRA
DINORÁ ADELAIDE MUSETTI GROTTI

## 1 Introdução

Muito embora a Constituição atual estabeleça como dever individual e coletivo a observância da moralidade administrativa, não há dúvida de que, somente com o advento da Lei nº 12.846/2013, os denominados programas de integridade anticorrupção ganharam a atenção da doutrina do direito administrativo brasileiro.

As práticas de corrupção se tornaram um fenômeno com acelerada expansão ao longo da segunda metade do século XX, nos Estados ocidentais. Tão grave e rápido foi este agigantamento do fenômeno da corrupção, que, no final do século XX, foi finalmente aprovada a Convenção Internacional Contra a Corrupção da ONU – a Convenção de Mérida, assinada em dezembro de 2003. Com suas dificuldades históricas no enfrentamento do problema, esta convenção foi internalizada somente em 2006, pelo Decreto nº 5.687, de 31.1.2006. Esta convenção representou um compromisso dos Estados-Partes em promover medidas de prevenção contra a corrupção, entre elas, a estruturação de programas de integridade (*compliance*) adequados, proporcionais, eficientes e eficazes, nos termos do art. 12 da convenção.

A Convenção da ONU demonstra que os Estados estão enfrentando uma prática ilícita que sucessivamente foi se espraiando no campo local, regional, nacional, continental e internacional. No contexto brasileiro, trata-se de uma prática nefasta que atravessa toda a nossa história, desde o Brasil-Colônia, Brasil-Império e Brasil-República, e ainda segue desafiando as instituições nos dias atuais.

Dentro deste contexto é que exsurge, de forma renovada, a submissão de pessoas jurídicas a normas que ordenam uma colaboração permanente com os Estados no enfrentamento da corrupção, por meio da criação e implementação dos denominados programas de integridade. A legislação brasileira acompanha esta tendência, estabelecendo consequências jurídicas específicas no domínio da improbidade administrativa relativamente ao funcionamento do *compliance*.

Este breve artigo busca refletir sobre um aspecto relevante dessas consequências: a obrigatoriedade de valoração do programa de integridade no âmbito da ação civil pública de improbidade administrativa. Este tema necessita ser elucidado, porque a doutrina majoritária propugna pela autonomia entre a responsabilização da Lei nº 8.429/1992 e a responsabilização da Lei nº 12.846/2013, e não percebe que ambas integram o mesmo domínio normativo sancionador no direito brasileiro, qual seja, o sistema de responsabilidade pela prática de atos de improbidade, fundado no art. 37, §4º, da Constituição.

Para tanto, o artigo foi dividido em três partes fundamentais. Na primeira parte, a demonstração de que as leis nºs 8.429 e 12.846 integram a improbidade administrativa: a primeira consiste na Lei Geral de Improbidade Administrativa e a segunda consigna a Lei de Improbidade das Pessoas Jurídicas. Na segunda parte, o tratamento do programa de integridade como fator obrigatório de dosimetria de sanções, à luz do regramento da Constituição e do art. 7º da LIPJ. Na sequência, são lançadas conclusões e referências bibliográficas ao final.

## 2 Sistema de responsabilização pela prática de atos de improbidade administrativa, com fundamento constitucional autônomo (art. 37, §4º, CF)

O sistema de improbidade administrativa – como pedra fundamental estabelecida no art. 37, §4º da CF – é prova de que o direito positivo na matéria sofreu importante reformulação, devendo a ciência do direito administrativo, dedicada ao direito administrativo sancionador, buscar explicar de forma adequada e congruente a realidade jurídica, plasmada a partir da ordem constitucional vigente.

O atual marco constitucional revela a existência de um sistema constitucional geral, dotado de unidade e coerência, que agasalha, no seu interior, os sistemas institucionais específicos de responsabilização de agentes públicos ao incidirem na prática de ilícitos. Um *sistema constitucional geral* que ordena variados *sistemas constitucionais específicos de responsabilidade*, criados ou amparados pela Constituição, merecedores de regulamentação legal para sua plena aplicabilidade, igualmente dotados de unidade e coerência, com o escopo de prevenção e punição de ilícitos funcionais. Este fenômeno constitucional é resultado marcante da crescente constitucionalização do direito administrativo e de seus institutos fundamentais.[1]

Para entender como operam estas estruturas sistemáticas criadas pelo direito público, a fim de assegurar o império do Estado de Direito, da República,[2] da legalidade e de toda a normatividade regente das ações dos agentes públicos, é preciso lançar mão do *processo de abstração e de categorização*,[3] e compreender como se alicerça um *sistema*[4] de responsabilidade, considerado o conceito dogmático mais importante, a partir do qual a realidade constitucional atual pode ser explicada.

---

[1] "De plus en plus le droit administratif repose sur son socle constitutionnel, dont la question prioritaire de constitutionnalité renforce encore l'assise. Les sources constitutionnelles s'affirment en verité pour toutes les branches du droit, droit civil, droit pénal, droit fiscal, droit social en particulier. [...] À partir de la source que forment les règles et les principes constitutionnels, de droit administratif développe ses constructions comme un fleuve dessine ses meandres" (STIR, Bernard. *Les sources constitutionnelles du droit administratif*. 7. ed. Paris: L.G.D.J., 2011. p. 205).

[2] "A simples menção ao ter *república* já evoca um universo de conceitos intimamente relacionados entre si, sugerindo a noção do princípio jurídico que a expressão quer designar. Dentre tais conceitos, o de responsabilidade é essencial. Regime republicano é regime de responsabilidade. Os agentes públicos respondem pelos seus atos" (ATALIBA, Geraldo. *República e Constituição*. 2. ed. São Paulo: Malheiros, 1998. p. 65).

[3] "As categorias jurídicas não têm outro valor além daquele que lhes conferem as realidades que elas pretendem traduzir; trata-se apenas de um procedimento intelectual, de um artifício técnico de emprego das realidades jurídicas, que nunca deve, por um excesso de rigidez, permitir desnaturá-las. O estabelecimento das categorias jurídicas deve partir dos próprios objetos que é preciso agrupar segundo seus caracteres comuns. A definição de categorias deve proceder por indução a partir de dados conhecidos. [...] São suas construções intelectuais destinadas a um melhor conhecimento, a uma melhor aplicação do direito, ao melhoramento do sistema jurídico. Procedem, portanto, de escolhas intelectuais, ainda que sejam orientadas pela observação dos fatos e pelo estudo do direito positivo" (BERGEL, Jean-Louis. *Teoria geral do direito*. São Paulo: Martins Fontes, 2006. p. 267-268).

[4] "No campo do Direito, o termo sistema se emprega em dois planos, como vimos: no da ciência e no do objeto". Mais adiante, "Sistema implica ordem, isto é, uma ordenação das partes constituintes, relações entre as partes ou elementos. As relações não são elementos do sistema. Fixam, antes, sua forma de composição interior, sua modalidade de ser estrutura" (VILANOVA, Lourival. *As estruturas lógicas e o sistema do direito positivo*. São Paulo: Max Limonad, 1997. p. 172-173).

Sistema de responsabilidade,[5] enquanto conceito jurídico-dogmático, é o conjunto normativo estruturado sobre quatro elementos (bem jurídico, ilícito, sanção e processo), os que resultam na aplicação de sanções no caso da prática de ilegalidade na função pública, elementos que mantêm relações de implicação lógico-jurídica, como produto do processo de positivação de instrumentos institucionais de prevenção, dissuasão e punição de determinadas condutas antijurídicas. Eis o conceito categorial, que servirá de base para dissecar o fenômeno normativo em apreço.

Há uma relação lógica entre os elementos: o bem jurídico legitima o tipo, que justifica a sanção, que exige o devido processo legal, que pode ocorrer na órbita administrativa ou na órbita jurisdicional. Cada sistema é uma "instância", que deverá manter relações normativas com as demais, sob a ideia central de racionalidade no enfrentamento de arbitrariedades praticadas no âmbito da organização e funcionamento do Estado.

Quais são os sistemas de responsabilidade admitidos em certo ordenamento jurídico é uma questão de análise do direito positivo em vigor, em especial das estruturas normativas constitucionais. O conceito ganha um significado jurídico-positivo, porque, partindo do conceito científico, será compreendido a partir de dados do sistema de direito positivo objeto de investigação. Eis o conceito normativo.

Enquanto exercentes de competências, os agentes públicos devem observar a Constituição e as leis. Escapando desta ordenação e dos deveres e obrigações criados por atos complementares de produção jurídica, há *ato ilícito*, a olhos vistos ou às ocultas, ensejando aplicação das correlatas consequências jurídicas estabelecidas ao responsável. Procura-se, assim, a necessária proteção dos *bens jurídicos*, afetos à atividade estatal ferida pelo comportamento censurável.

A fim de prevenir e reprimir as infrações cometidas, a ordem jurídica estabelece a *responsabilidade* dos agentes que as praticam ou daqueles que respondem por suas consequências. O ordenamento jurídico, como plano normativo próprio de controle da vida social, pressupõe

---

[5] "Um conceito relacionado ao de dever jurídico é o conceito de responsabilidade jurídica. Dizer que uma pessoa é juridicamente responsável por certa conduta em que ela arca com a responsabilidade jurídica por essa conduta significa que ela está sujeita a sanção em caso de conduta contrária. Normalmente, ou seja no caso de a sanção ser dirigida contra o delinquente imediato, o indivíduo é responsável pela sua própria conduta. Neste caso, o sujeito da responsabilidade e o sujeito do dever coincidem" (KELSEN, Hans. *Teoria geral do direito e do Estado*. São Paulo: Martins Fontes, 1992. p. 69).

a *institucionalização de sanções*.[6] A imposição de sanções torna efetiva a responsabilidade, em razão do descumprimento das normas jurídicas.

Em razão da verificação de certo *ilícito punível*,[7] segue-se determinada *sanção jurídica*, imponível mediante determinado *processo estatal*, na tutela de determinado *bem jurídico*. Sanção externa e institucionalizada. A sanção, como conceito de teoria geral do direito, define-se pela consequência normativamente imposta em face da ocorrência de ilícito cometido contra a ordem jurídica.[8]

A noção é entendida no *sentido amplo* de imposição de gravames consequentes à violação de certa norma jurídica. Teleologicamente, constitui-se um *elo deôntico secundário* com a finalidade de reforçar o cumprimento de deveres jurídicos. Elo construído pelo direito através do processo de tipificação legal ou de imputação jurídica. Na inobservância da legalidade reage o sistema normativo com a imposição de *situação jurídica restritiva de certo(s) direito(s) fundamental(ais)*, direcionada contra o infrator ou contra a pessoa qualificada a responder por seus efeitos (sujeito responsável).

Não poderia deixar o ordenamento jurídico de catalogar os remédios para manter a dignidade do império da ordem jurídica, para controlar comportamentos patológicos contra suas estruturas. A imposição de sanções e sua efetiva aplicação é imperativo do ajustamento da conduta às normas jurídicas. Quanto mais aperfeiçoada a técnica de sancionamento, desenhada pela Constituição e desdobrada no curso da produção jurídica a ela complementar, maior o grau de proteção dos valores materiais nela acolhidos.

Com os olhos centrados nos quatro elementos reputados estruturais para construção dogmática de sistemas de responsabilidade, pode-se cientificamente classificá-los sob diversos critérios. O primeiro pode considerar uma especificação quanto ao *âmbito pessoal de validade da norma sancionatória*. Nesta linha, existem *sistemas gerais de responsabilidade*, que visam disciplinar, sob o seu prisma normativo, a conduta

---

[6] BOBBIO, Norberto. *Teoria geral do direito*. Tradução de Denise Agostinetti. São Paulo: Martins Fontes, 2007. p. 141.

[7] "Não é uma qualquer qualidade imanente e também não é qualquer relação com uma norma metajurídica, natural ou divina, isto é, qualquer ligação com um mundo transcendente ao Direito positivo, que faz com que uma determinada conduta humana tenha de valer como ilícito ou delito – mas única e exclusivamente o facto de ela ser tornada, pela ordem jurídica positiva, pressuposto de um acto de coerção, isto é, de uma sanção" (KELSEN, Hans. *Teoria pura do direito*. 4. ed. Coimbra: Armênio Amado Editor, 1976. p. 167).

[8] SANTIAGO NINO, Carlos. *Introducción al análisis del derecho*. 2. ed. Buenos Aires: Astrea, 2007. p. 168-173.

de qualquer agente público; e *sistemas especiais de responsabilidade*, que buscam, sob os respectivos regimes, a limitação da conduta funcional de determinados agentes públicos ou categorias de agentes públicos.

Outro critério fundamental diz respeito à estrutura do sistema de responsabilidade, no tocante ao *âmbito material da norma sancionatória*. Há *sistemas autônomos de responsabilidade*, porquanto a incidência da norma tipificadora e das sanções fixadas ocorre independentemente da deflagração da responsabilidade apurável em outros sistemas. E *sistemas não autônomos de responsabilidade*, já que, mesmo constituindo uma estrutura normativa à luz dos quatro critérios acima apontados (ilícito, sanções, bens jurídicos e processo), o direito não os tornou, seja no todo seja em parte, independentes.

A autonomia de sistemas sancionatórios não significa perda de racionalidade, exigida no exercício de qualquer competência estatal no Estado de Direito, que abomina o irracional e o arbitrário. Apenas exigirá *normas de segundo grau* a delimitar o funcionamento coordenado dos sistemas ante a verificação dos mesmos fatos, ou seja, da mesma conduta ilícita. Nesta vertente ingressa o estudo do denominado princípio da independência das instâncias, e as formas estabelecidas de "comunicabilidade" entre as instâncias. Do mesmo momento, suscita o problema da aplicação do princípio constitucional da vedação ao *bis in idem*, próprio da racionalidade do Estado de Direito.

Tendo por centro de referência as espécies normativas sancionatórias, visualizadas no prisma da divisão dicotômica da teoria geral do direito, pode-se cogitar de *sanções de cunho reparatório* – consistente na imposição do dever de indenização de prejuízos materiais e/ou morais causados pelo ato ilícito, e *sanções de cunho repressivo* – consistente na imposição de gravames ou penalidades. A imposição punitiva de pagamento de certo valor pecuniário não outorga à sanção natureza reparatória. A ocorrência de dano é que era o elemento essencial para esta espécie.

Neste último aspecto, podem ser então visualizadas *esferas de responsabilidade com exclusiva finalidade reparatória, esferas de responsabilidade com exclusiva finalidade sancionatória*, e *esferas de responsabilidades com finalidades reparatórias e sancionatórias*. O ressarcimento de prejuízos causados pelo ato ilícito ensejador da responsabilidade não constitui sanção, mas consequência jurídica patrimonial da ilicitude.

Também é possível vislumbrar uma classificação, conforme a previsão normativa de que o plexo de sanções legalmente estabelecidas pode incidir, ou, não, na esfera jurídica de pessoas físicas e/ou jurídicas, com responsabilidade estabelecida de forma concomitante com a responsabilidade pessoal do agente público. Assim, existem *sistemas de responsabilização exclusiva de agentes públicos* e *sistemas de responsabilização não exclusiva de agentes públicos*, aberto à tipificação de conduta de terceiros vinculada à atuação funcional ilícita.

A Constituição atual impõe o reconhecimento dos seguintes sistemas autônomos, aplicáveis a quaisquer agentes públicos, donde o rótulo de *sistemas gerais e autônomos* de responsabilidade dos agentes públicos: (1) a responsabilidade civil; (2) a responsabilidade penal comum; (3) a responsabilidade eleitoral; (4) a responsabilidade por irregularidade formal e material de contas; (5) a responsabilidade por ato de improbidade administrativa.

Por ter sido constitucionalmente restringida a determinados agentes ou categorias de agentes públicos, afirma-se a existência dos seguintes *sistemas especiais e autônomos de responsabilidade dos agentes públicos*: (6) a responsabilidade político-constitucional; (7) a responsabilidade político-legislativa; e (8) a responsabilidade administrativa.

Por fim, cabe enfatizar a existência de outro sistema geral de responsabilidade, previsto no Texto Maior, a exigir urgente reconfiguração legal, qual seja, o sistema *geral de responsabilidade dos agentes públicos*, derivado da (9) responsabilidade pela prática de discriminação atentatória dos direitos e liberdades fundamentais.[9]

*Nove* estruturas sancionatórias e sistemáticas que compõem, a seu turno, um sistema maior, o sistema constitucional geral de responsabilidade dos agentes públicos. Não se vislumbram outros sistemas na atual ordenação constitucional. Sistemas que operam no campo do direito civil, direito penal, direito administrativo sancionador, direito eleitoral e direito constitucional.

Para efeito do presente trabalho, somente será destacado o sistema de responsabilização pela prática de atos de improbidade administrativa que alberga a aplicação de sanções em desfavor de pessoas físicas e pessoas jurídicas, em cujo seio foi consagrado, de forma expressa, o tratamento legal dos programas de integridade, por meio da Lei nº 12.846/2013.

A improbidade administrativa constitui um sistema constitucional geral, autônomo, e com feição primariamente punitiva e secundariamente reparatória, de responsabilidade dos agentes públicos e terceiros, o que inclui pessoas físicas e jurídicas.

---

[9] Conferir: OLIVEIRA, José Roberto Pimenta. *Improbidade administrativa e sua autonomia constitucional*. Belo Horizonte: Fórum, 2009.

O art. 37, §4º, estabelece a proteção da probidade como bem jurídico fundamental à organização do Estado. Os âmbitos do sistema encontram seus contornos na própria ordenação constitucional, nos limites de seus princípios e regras. Trata-se de inegável inovação da sociedade brasileira, criando, em 1988, uma formalização jurídica desconhecida em outros sistemas constitucionais ocidentais, na medida em que estabelece um sistema de direito administrativo sancionador e encomenda ao Poder Judiciário, em sua jurisdição civil comum (federal ou estadual), a missão de aplicá-lo.

A vedação à prática de atos de improbidade administrativa é concretização constitucional autêntica do princípio republicano e seus corolários de moralidade e impessoalidade no exercício das atividades estatais. A probidade é o bem jurídico catalisador deste regime de direito administrativo sancionador, cabendo ao legislador decantá-lo e projetar ilícitos que visem à sua tutela (lesão ou perigo de lesão), sendo cristalina a admissão da tutela de honestidade, lealdade, zelo ao patrimônio público, imparcialidade e lealdade, extraídos da axiologia constitucional, como eixos axiológicos fundamentais do sistema, o que está reconhecido na Lei nº 8.429/1992.

A proteção dada ao bem jurídico indica que a tipificação constitucional da improbidade administrativa atinge o exercício de qualquer função estatal. Abrange, por conseguinte, o exercício de funções administrativas, legislativas e jurisdicionais, bem como quaisquer outras funções a cargo das instituições de Estado. Não houve nenhuma restrição pessoal ou funcional ao campo de incidência constitucional do regime de improbidade.

O sistema constitucionalizado no art. 37, §4º, tem na Lei nº 8.429/1992 o seu estatuto geral. Aprovada em cenário de crise institucional em 1992, esta lei consagrou a Lei Geral de Improbidade Administrativa (LGIA).

Como se depreende da LGIA, o sistema foi construído a partir do processo de depuração do bem jurídico, com a tipificação de atos que importam em enriquecimento ilícito (art. 9º), atos que causam prejuízo ao Erário (art. 10), e atos que atentam contra os princípios da Administração Pública (art. 11), sistema originário descaracterizado (momentaneamente, espera-se) pela Lei Complementar nº 157/2016, que inseriu o art. 10-A para atos de concessão ou aplicação indevida de benefício financeiro ou tributário, em situação especialíssima.

Tal como arquitetado na Lei nº 8.429/1992, o sistema foi construído a partir da tipificação da conduta ilícita de agentes públicos (art. 1º), adotando, entretanto, uma significativa extensão semântica deste conceito clássico (art. 2º), tendo em vista a forma de discriminação das entidades tuteladas pelo domínio punitivo, na dição do art. 1º e parágrafo único. Esta abrangência reformulada do conceito de agente público foi acompanhada da submissão de terceiros (pessoas físicas e jurídicas), envolvidos na prática da improbidade administrativa, como sujeitos responsáveis (art. 3º), na disciplina da coautoria e participação no ilícito, sendo, pois, incontestável que, desde a origem, o sistema de improbidade agasalhava o tratamento punitivo de pessoas jurídicas envolvidas na prática da ilicitude combatida. Por fim, tal como originalmente perfilhado na Lei nº 8.429/1992, o sistema – no regramento do art. 12, incs. I, II, III e IV – reproduz as sanções constitucionais expressas e implícitas e inova nas penalidades.

Em rigor, com a previsão do sistema no art. 37, §4º, o Texto Constitucional estabelece um mandamento supralegal de obrigatória ou inafastável jurisdicionalização da reação sancionatória à prática de improbidade administrativa, por partes de agentes públicos e particulares (pessoas físicas e jurídicas). Este domínio punitivo floresceu ao longo dos últimos 28 (vinte e oito) anos, tornando-se a LGIA a verdadeira e irrefutável Lei Nacional Anticorrupção, cujo título só recentemente o Poder Executivo da União tentou enfraquecer com o nominalismo empregado na Lei nº 12.846/2013.

No plano legislativo, houve significativos avanços na improbidade administrativa, no período de 1992-2013. A expansão normativa do sistema foi progressiva. Ocorreu de vários modos:

(i) por meio da sua expressa referência normativa para robustecer disciplinas legais relevantes – o que ocorreu no art. 73 da Lei de Responsabilidade Fiscal – LC nº 101/2000;[10]

(ii) por meio da incorporação irrefletida de novos tipos gerais de improbidade administrativa inseridos na própria LGIA – art. 10-A instituído casuisticamente pela Lei Complementar nº 157/2016;[11]

(iii) por meio de acréscimos de novos tipos específicos na LGIA – incs. XIV e XV do art. 10 pela Lei de Consórcios Públicos – Lei nº 11.107/2005, incs. XVI ao XXI do art. 10, e inc. VIII do art. 11,

---

[10] Esta forma pontual de remissão ao sistema de improbidade administrativa em determinada legislação resulta no aumento do grau de lealdade, de imparcialidade, de honestidade e de impessoalidade que se atribui ao exercício da função pública, no cumprimento das referidas legislações.

[11] A designação "irrefletida" deve-se ao fato de que a hipótese lançada no art. 10-A poderia ser reconduzida aos tipos do art. 10.

pela Lei de Parcerias com Organizações da Sociedade Civil, Lei nº 13.019/2014 (com alterações da Lei nº 13.204/2015), inc. IX do art. 11, pela Lei Brasileira de Inclusão da Pessoa com Deficiência – Lei nº 13.146/2015, e inc. X do art. 11, pela Lei nº 13.650/2018, relacionada com entidades beneficentes de assistência social, na área de saúde;[12]

(iv) pela positivação de tipos isolados em leis específicas (art. 30, parágrafo único, da Lei Geral de Telecomunicações – Lei nº 9.472/1997; art. 59, parágrafo único da Lei da ANTT/Antaq – Lei nº 10.233/2001); mais recentemente, no art. 29, §2º do Estatuto das Empresas Estatais – Lei nº 13.303/2016;[13]

(v) pela criação de sistemas especiais de atos de improbidade administrativa em domínios relevantes da atuação estatal (art. 73, §7º da Lei das Eleições – Lei nº 9.504/1997, art. 52 do Estatuto da Cidade – Lei nº 10.257/2001, art. 32 da Lei de Acesso à Informação Pública – Lei nº 12.527/2011, art. 12 da Lei de Conflitos de Interesses – Lei nº 12.813/20132; art. 20 do Estatuto da Metrópole – Lei nº 13.089/2015 – este dispositivo subitamente revogado pela Lei nº 13.683/2018).[14]

Observe-se que o sistema de improbidade administrativa se tornou, ao longo dos últimos 28 (vinte e oito) anos, o sistema central, de caráter não penal, para robustecer o cumprimento e a tutela da probidade como princípio basilar do direito público brasileiro, nos diversos campos da atividade estatal.

É certo que, no período de 2000-2013, a doutrina não vislumbrou ou debateu as alterações no regime da improbidade com a vigência, no direito interno, das normas internalizadas de convenções internacionais contra a corrupção neste período (OCDE, Decreto nº 3.678/2000, OEA, Decreto nº 4.410/2002, Decreto nº 5.687/2006 – ONU, incluindo o Decreto nº 5.015/2004 – Convenção da ONU contra o Crime Organizado, na medida em que progressivamente foram incorporados ao direito brasileiro).

---

[12] Esta forma de expansão do domínio da improbidade administrativa revela o grau de prevenção, dissuasão e repressão, que se atribui ao mesmo, em importantes segmentos ou setores da atividade estatal.

[13] Esta forma de tratamento legislativo da improbidade apenas entremostra grave ausência de reflexão sobre a necessidade de estruturação do sistema de DAS, visando ao atingimento de suas funcionalidades, nos diversos setores em que este tratamento é verificado.

[14] Esta via expansiva constitui, indiscutivelmente, a forma mais relevante de expansão da improbidade administrativa, porque reflete uma reflexão mais apurada na aplicação deste regime de DAS em determinados segmentos, setores ou campos de atuação funcional de agentes públicos.

Em 2013, com a Lei nº 12.846/2013, o sistema de improbidade administrativa sofreu alteração substancial. A pesquisa do processo legislativo demonstra que, desde o início, a Lei Anticorrupção foi concebida como sistema em apartado da Lei nº 8.429/1992. A razão maior estaria na estrutura da LGIA, montada sobre a responsabilidade subjetiva e a concentração de competências para processar e julgar ilícitos na esfera do Poder Judiciário. A Lei nº 12.846/2013 rompeu com isto, atribuindo relevante potestade sancionadora para a Administração Pública, e introduzindo a responsabilidade objetiva.[15] A vontade do legislador, todavia, não é determinante na compreensão do significado da norma jurídica.

Tendo em vista os elementos componentes do sistema de responsabilização (bem jurídico, ilícito, sanção e processo), em vista do disposto no art. 37, §4º da CF, não é possível negar o pertencimento da Lei nº 12.846 ao domínio da improbidade administrativa.[16]

Até a Lei nº 12.846/2013, não havia uma legislação anti-improbidade focada na atuação ilícita de pessoas jurídicas no âmbito da jurisdição civil, não penal, e, neste aspecto essencial, a legislação em 2013 reformou o sistema de improbidade e deve ser bem acolhida. De fato, a Lei nº 8.429 foi claramente desenhada a partir de ilícitos funcionais de agentes públicos, mas disciplinou incontestavelmente (no art. 3º) a responsabilidade de pessoas jurídicas. Não havia na LGIA uma disciplina própria, detalhada e minimamente sistematizada para o tema da pessoa jurídica responsável pelos atos ímprobos. A sistematização mínima foi obtida com os esforços da doutrina e da jurisprudência. Agora, esta matéria exsurge no plano legislativo.[17]

---

[15] No campo do direito administrativo sancionador, está em curso o mesmo movimento percebido na responsabilidade do Estado. "A teoria da responsabilidade do Estado vem passando por contínua evolução, que consiste no alargamento dos casos de responsabilidade e numa clara transição da responsabilidade subjetiva para a responsabilidade objetiva" (ABE, Nilma de Castro. *Gestão do patrimônio público imobiliário*. 2. ed. rev. e atual. Belo Horizonte: Fórum, 2013. p. 175).

[16] Conferir: MARRARA, Thiago; DI PIETRO, Maria Sylvia Zanella. *Lei Anticorrupção comentada*. Belo Horizonte: Fórum, 2019.

[17] Não se deve, porém, trilhar na direção de separar os âmbitos da LGIA e da LIPJ, permanecendo a Lei nº 12.846 para as condutas ilícitas exclusivamente praticadas por pessoas jurídicas, e a Lei nº 8.429/1992, para as condutas ilícitas de pessoas jurídicas em conjunto com agentes públicos e terceiros, como propõe Luciano Ferraz (Reflexões sobre a lei nº 12.846/2013 e seus impactos nas relações público-privadas. *Revista Brasileira de Direito Público – RBDP*, Belo Horizonte, ano 12, n. 47, p. 33-43, out./dez. 2014). Para se atingir este efeito, a legislação deveria ter sido expressa, sendo certo que o art. 30 não afastou a LGIA para responsabilizar pessoas jurídicas.

Debruçada sobre a Lei nº 12.846/2013, é majoritária a doutrina que reconhece a legitimidade da estrutura de responsabilidade dicotômica estabelecida no diploma legal, que institucionaliza a responsabilidade administrativa e a responsabilidade judicial, criando uma estrutura híbrida, que não afasta a incidência de sistemas de responsabilidade existentes, conforme a dicção de seus arts. 29 e 30.

Não procede a *intentio legislatoris* de estabelecer um novo sistema de responsabilização paralelo aos existentes, incluindo o da LGIA, conforme preconiza os arts. 29 e 30 da Lei nº 12.846/2013. Deve prevalecer a força normativa da Constituição e a vontade constitucional expressada no art. 37, §4º da CF. A improbidade administrativa foi desenhada pela Constituição para a tutela da probidade, independentemente dos sujeitos passíveis de responsabilização. Sustenta a tutela jurisdicionalizada cível da probidade na organização do Estado. A União não tem atribuição para criar outro sistema, em nível infraconstitucional, para promover idêntica tutela, ignorando o regramento já em vigor nos termos da regra constitucional. A União pode desdobrar o sistema de improbidade administrativa, que não há necessidade de ser regulamentado por uma única lei. Mesmo que em diplomas legislativos diferentes, as normas da LGIA e da LIPJ compõem o mesmo domínio punitivo.

A "responsabilização administrativa" e a "responsabilização judicial" da Lei nº 12.846/2013 devem ser interpretadas à luz do referido dispositivo constitucional.[18]

Em rigor, todas as sanções na LIPJ são, em caráter definitivo, fixadas pelo Poder Judiciário, a quem compete processar e julgar a ação civil pública para sancionar os atos de improbidade, designados como atos lesivos no seu art. 5º, conforme atribuição prevista no seu art. 19. Tal como desenhada na Lei nº 12.846/2013, na "intersecção" muito bem apontada por Ronaldo Pinheiro de Queiroz,[19] a "responsabilização administrativa" está integralmente submetida ao escrutínio do Poder Judiciário, a quem a lei nacional reservou a atribuição para processar e julgar da "responsabilização judicial", concretizando o princípio da inafastabilidade do exercício pleno da jurisdição civil na matéria, atendendo ao art. 37, §4º da CF.

---

[18] Conferir: OLIVEIRA, José Roberto Pimenta. Desafios e avanços na prevenção e no combate à corrupção, na atuação cível, do Ministério Público Federal, nos 30 anos da Constituição Federal. *In*: HIROSE, Regina Tamami (Coord.). *Carreiras típicas de Estado*. Desafios e avanços na prevenção e no combate à corrupção. Belo Horizonte: Fórum, 2019.

[19] QUEIROZ, Ronaldo Pinheiro de. Responsabilização judicial da pessoa jurídica na lei anticorrupção. *In*: SOUZA, Jorge Munhos; QUEIROZ, Ronaldo Pinheiro de. *Lei Anticorrupção*. Salvador: JusPodivm, 2015. p. 290.

A "responsabilização administrativa" tem ostensivo caráter préjudicial e foi criada em face da complexidade da forma como a multa civil deve ser calculada e fixada, bem como em face da modelagem do acordo de leniência (art. 16), concebido para alavancar a cooperação substancial de PJs e consequente maior efetividade na detecção e repressão de atos de corrupção, pelo Estado.

A "responsabilização administrativa" também encontra justificativa no impulso que o legislador outorga à necessária difusão de programas de integridade anticorrupção, na medida em que, para sua configuração, avaliação e monitoramento, torna-se indiscutível a alocação primária desta atribuição à capacidade institucional dos entes e órgãos da Administração Pública direta e indireta de todos os poderes, nos diversos níveis da Federação brasileira, sem prejuízo de que esta avaliação possa ocorrer no curso de processo judicial

Saliente-se que a "responsabilização administrativa objetiva" foi perfilhada como instrumento não apenas de repressão adequada de práticas ilícitas imputáveis a pessoas jurídicas corruptoras ou beneficiárias, como também instrumento de fortalecimento da exigência de institucionalização adequada dos programas de integridade no seio destes sujeitos subordinados às potestades sancionadoras da Lei nº 12.846.

Há razões legítimas que impulsionam a "responsabilidade administrativa", mas nenhuma delas impede o Poder Judiciário de deliberar sobre as mesmas matérias. A lei permite esta ilação, em ações movidas pelo MP quando ocorre a omissão das autoridades competentes para promover a responsabilização administrativa (art. 20). Em verdade, em vista do art. 7º, com o arrolamento de fatores de dosimetria de sanções, o Poder Judiciário tem plena jurisdição sobre a responsabilização, incluindo a valoração da multa e da efetividade de programas de integridade. Não seria diferente, vez que a potestade sancionadora integra a improbidade administrativa.

Esta interpretação da necessária interação entre Lei nº 12.846 e Lei nº 8.429 tem várias consequências normativas. Uma das mais importantes é projetar a relevância dos programas de integridade como fator de dosimetria das sanções previstas na LGIA, aplicáveis às pessoas jurídicas.

Mesmo para quem reconhece a independência entre os sistemas instituídos por estes dois diplomas anticorrupção, não há como deixar de constatar que, a partir da Lei nº 12.846, implementação, funcionamento regular e efetividade de programas de integridade foram elevados a circunstâncias de obrigatória consideração, para os efeitos sancionatórios da LGIA.

Nesta vertente interpretativa, seria no mínimo uma radical incongruência postular efeitos jurídicos favoráveis derivados do *compliance* na aplicação das sanções da Lei nº 12.846 e não reconhecer a mesma consequência normativa na aplicação da Lei nº 8.429, considerando que, nesta visão, seriam legislações incidentes sobre os mesmos fatos ilícitos a deflagrar provimentos sancionadores contra a mesma pessoa jurídica para tutela dos mesmos bens jurídicos.

Entretanto, reitera-se que não há liberdade de conformação legislativa em criar sistemas judiciais de direito administrativo sancionador, que possam operar em âmbitos sancionadores autônomos, quando fatos ilícitos estão vinculados à improbidade administrativa, relativamente àquele consagrado no art. 37, §4º.

## 3 Programa de integridade como fator de dosimetria de sanções aplicadas a pessoas jurídicas na improbidade administrativa

### 3.1 O revigoramento jurídico-formal de programas de integridade no direito administrativo sancionador atual

A avaliação e valoração da conduta ilícita atribuída (por imputação) a pessoas jurídicas sempre esteve presente na doutrina do direito administrativo sancionador. Esta avaliação do comportamento (e, logo, da organização) de pessoas jurídicas submetidas ao regime jurídico-administrativo sancionador sempre foi considerada, para efeito de fixação do conteúdo das sanções administrativas, como exigência não apenas para acertamento da regular imputação de condutas ilícitas de pessoas físicas ao ente moral, como também em decorrência do princípio da culpabilidade (dolo, culpa e voluntariedade), e da proporcionalidade e correlato imperativo de individualização das sanções administrativas.

A pessoa jurídica se externaliza no ordenamento jurídico através de ações e omissões de pessoas físicas com elas relacionadas. Sob o prisma tradicional da responsabilidade subjetiva, é de esperar-se que a averiguação e valoração das circunstâncias subjetivadoras no processo de imputação de atos ilícitos sempre tenham sido consideradas no domínio das infrações e sanções sob a égide do direito administrativo sancionador.[20]

---

[20] REBOLLO PUIG, Manuel. Responsabilidad sancionadora de personas jurídicas, entes sin personalidad y administradores. *Revista Ius et Veritas*, n. 53, dez. 2016. Disponível em: https://doi.org/10.18800/iusetveritas.201701.013.

A organização interna da pessoa jurídica responsável, no contexto da prática infracional, sempre mereceu ponderação, como elemento relevante na imputação e na fixação da sanção imposta. Exemplificativamente, em termos de direito sancionador sanitário, pode-se citar a Lei nº 6.437/1977, que configura infrações à legislação sanitária federal e estabelece as sanções respectivas, sendo que, em seu art. 7º, inc. III, considera circunstância atenuante "o infrator, por espontânea vontade, imediatamente, procurar reparar ou minorar as consequências do ato lesivo à saúde pública que lhe for imputado". Veja-se que a norma sancionadora atrela efeitos favoráveis ao comportamento do infrator (destaque, no caso, em infrações sanitárias imputadas a pessoas jurídicas). Para reparar ou minorar consequências lesivas da infração administrativa avulta fundamental considerar a organização da pessoa jurídica em face do ilícito.

Esta perspectiva normativa foi ao longo do tempo se ampliando, no sentido de crescente escrutínio das circunstâncias que conformam ou delimitam o comportamento e organização interna da pessoa jurídica, no contexto infracional.[21]

Diferentemente do direito penal, que é tradicionalmente refratário à responsabilidade criminal da pessoa jurídica,[22] esta sempre foi acolhida no âmbito do direito administrativo sancionador (DAS), em razão de suas funcionalidades próprias, na tutela de interesses públicos. Alejandro Nieto considera, inclusive, este ponto essencial para libertar a teoria do direito administrativo sancionador da dogmática do direito penal e da exigência de culpabilidade nesta última desenvolvida.[23]

---

[21] Nos termos do Código Penal, da redação dada pela Lei nº 7.209, de 11.7.1984, merece destaque o instituto do arrependimento posterior, pelo qual nos crimes cometidos sem violência ou grave ameaça à pessoa, reparado o dano ou restituída a coisa, até o recebimento da denúncia ou da queixa, por ato voluntário do agente, a pena será reduzida de um a dois terços (art. 16). Entre as circunstâncias que sempre atenuam a pena está a de ter o agente procurado, por sua espontânea vontade e com eficiência, logo após o crime, evitar-lhe ou minorar-lhe as consequências, ou ter, antes do julgamento, reparado o dano; bem como confessado espontaneamente, perante a autoridade, a autoria do crime (art. 65, III, alíneas "b" e "d"). O comportamento do infrator no contexto da prática criminosa, bem como em face dela, pode produzir consequências jurídicas favoráveis àquele, no próprio direito penal.

[22] Conferir: PRADO, Luiz Regis; ARIEL, René. *Responsabilidade penal da pessoa jurídica*. São Paulo: RT, 2011; TRACY, Joseph Reinaldet. *A responsabilidade penal da pessoa jurídica*. Curitiba: iEA Academia, 2014; GÓMEZ-JARA DIEZ, Carlos. *A responsabilidade penal da pessoa jurídica* – Teoria do crime para pessoas jurídicas. São Paulo: Saraiva, 2015; SALVADOR NETTO, Alamiro Velludo. *Responsabilidade penal da pessoa jurídica*. São Paulo: RT, 2018.

[23] NIETO GARCÍA, Alejandro. *Derecho administrativo sancionador*. 5. ed. Madri: Tecnos, 2017. p. 391.

O exame aprofundado da prática da infração administrativa no contexto interno da pessoa jurídica é elemento inafastável do aperfeiçoamento do regime jurídico administrativo-sancionador. Muitos fatores emprestaram ao tema um caráter essencial ou estrutural, no bojo do direito administrativo sancionador.

Primeiro, do Estado Liberal ao Estado Social,[24] o agigantamento da intervenção da Administração Pública nos diversos e heterogêneos setores da vida social e econômica produziu, entre outros fatores, a expansão da responsabilidade sob o prisma do direito administrativo sancionador, ou seja, criou as condições favoráveis para a expansão de infrações e sanções de DAS, no contexto da atividade punitiva do Estado.

Segundo, a centralidade da pessoa jurídica na forma de organização das pessoas naturais no tráfego jurídico produz, neste contexto, a relevância do regime aplicável a entes morais no DAS, que sempre busca o seu aprimoramento constante, dentro da evolução e da mutabilidade de interesses públicos que norteiam a produção sancionadora a cargo das administrações públicas. Esta centralidade abarca não só pessoas jurídicas com fins lucrativos, como também pessoas jurídicas sem fins lucrativos.

O desenvolvimento econômico e social também está marcado pelo processo crescente de expansão de organizações com fins lucrativos e sem fins lucrativos. Próprio do modo capitalista, fundado da livre concorrência e na livre iniciativa, assegurada a propriedade privada dos meios de produção, empresas e organizações crescem em dimensões, na exata medida da expansão do mercado, do avanço tecnológico, da acumulação de capital, da internacionalização e da globalização da economia, e da discussão do papel do Estado. Esta complexidade

---

[24] "El sentido y alcance de la sanción administrativa, como los de cualquier otra figura jurídica, dependen del escenario al que se enfrente. Así, en el modelo liberal, esta institución era escasamente usada, pues se utilizaba para sancionar a las personas que alteraban el orden público, cuyo mantenimiento era el objetivo principal de este modelo estatal. Sin embargo, esta forma de Estado sucumbió, por las limitaciones de sus cimientos, lo que obligó a aquel a dar un giro trascendental, con la adopción de medidas positivas y la realización de actividades, impensables otrora, como la prestación de servicios públicos, la planeación, la ordenación y la regulación. Este vuelco de las finalidades del Estado también se reflejó en la ampliación del concepto de orden público (sinónimo hasta entonces de seguridad), e involucró otros elementos necesarios para lograr la sana convivencia en la sociedad. Junto a estos cambios, la administración fue revestida de poderes para realizar su gestión de una mejor manera, como la inspección, la vigilancia y la titularidad de la potestad sancionadora a un extenso número de autoridades administrativas" (RAMÍREZ-TORRADO, María Lourdes; ANÍBAL-BENDEK, Hernando V. Sanción administrativa en Colombia. *Vniversitas*, v. 64, n. 131, p. 107-148, 2015. Disponível em: http:// dx.doi.org/10.11144/Javeriana.vj131.saec).

também conduz a formas mais sofisticadas de promover o atendimento dos inúmeros deveres, obrigações, ônus e sujeições impostos às pessoas jurídicas, subordinadas às normas de direito administrativo, visando ao seu adequado cumprimento, para efetiva tutela de interesses públicos.

Por estar invariavelmente na linha da prática de múltiplos ilícitos governados pelo direito administrativo sancionador, a compreensão da responsabilidade da pessoa jurídica exige cuidado teórico permanente, confrontando-se teoria sobre a culpabilidade criminal e a culpabilidade civil, para fins de avaliar a identidade categorial da culpabilidade administrativa.[25]

No direito administrativo sancionador, também predomina a tese da responsabilidade subjetiva de pessoas jurídicas.[26] E não há exigência geral de responsabilidade conjunta ou "dupla imputação" para processá-la. As controvérsias sobre a admissibilidade da responsabilização objetiva na produção de sanções administrativas contra estes sujeitos de direito também estão presentes, sendo certo que a maioria da doutrina se posiciona pela regra geral da responsabilização subjetiva,[27] havendo ainda vertente doutrinária que admite o princípio da exigência de voluntariedade para incursão na infração no tema das sanções administrativas.[28]

A doutrina tende a pontuar a exclusividade ou predominância da responsabilidade subjetiva de PJs no DAS, independentemente se se deva fundá-la em critérios singulares de conformação neste domínio normativo. Certamente, sob a perspectiva da garantia de direitos fundamentais, sob o olhar da atividade sancionadora como repressão e retribuição, a responsabilidade subjetiva mostra-se um escudo adequado às arbitrariedades estatais.

A responsabilidade subjetiva, no entanto, talvez tenha sido a causa estrutural para que o tema dos programas de integridade não tenha

---

[25] Caberá sempre a indagação sobre se o direito administrativo deve utilizar os conceitos desenvolvidos em outros campos científicos (direito civil e direito penal), ou deve encontrar critérios próprios para articulação da responsabilização subjetiva e objetiva no seu próprio domínio normativo. Conferir: OSORIO, Fábio Medina. *Direito administrativo sancionador*. 5. ed. São Paulo: RT, 2015. p. 397-406.
[26] VITTA, Heraldo Garcia. *A sanção no direito administrativo*. São Paulo: Malheiros, 2003. p. 48-51.
[27] MELLO, Rafael Munhoz de. *Princípios constitucionais de direito administrativo sancionador*. As sanções administrativas à luz da Constituição Federal de 1988. São Paulo: Malheiros, 2007; DE PALMA DEL TESE, Ángeles. *El principio de culpabilidad em el derecho administrativo sancionador*. Madri: Tecnos, 1996.
[28] BANDEIRA DE MELLO, Celso Antônio. *Curso de direito administrativo*. 33. ed. São Paulo: Malheiros, 2016. p. 884.

recebido há mais tempo tratamento dogmático e normativo diferenciado no DAS. Há muito que pessoas jurídicas se organizam internamente para fazer cumprir a legislação administrativa a que estão submetidas.

Somente quando a legislação administrativa passa a exigir estas estruturas internas, sob pena de sanções administrativas, ou utilizar sua formulação na concessão de benefícios legais em determinados modelos sancionadores, os programas de integridade passam a merecer ênfase crescente no DAS.

É nesta trajetória de debate que a admissibilidade da responsabilidade objetiva no campo do DAS, com previsão de efeitos legais positivos, pode ser considerada o ponto decisivo que altera a matéria. Sob uma perspectiva de eficiência na efetividade de tutela de bens jurídicos (interesses públicos), lesados ou colocados em perigo, com a necessidade de impulsionar maior conformidade, maior prevenção e dissuasão, a responsabilidade objetiva exsurge como nova técnica jurídica, revalorizando as funcionalidades jurídicas que os programas de integridade devem perseguir e cumprir.[29]

Agasalhando a possibilidade jurídica de imposição de sanções administrativas em desfavor de pessoas jurídicas, dissociado da comprovação de elemento subjetivo anímico de pessoas naturais, esta forma institucional e normativa de responsabilidade engendra o cenário básico para incentivar e impulsionar a criação de formas de gestão interna nas PJs, no sentido de impedi-la ou atenuá-la, nos termos da lei. Este fator estrutural, aliado à previsão de incentivos legais adequados no modelo sancionador estatal, conduz à alteração substancial na significação dos programas de integridade.

A responsabilidade administrativa objetiva aparece como instrumental técnico-jurídico excepcional, quando necessário para tutela de determinados e relevantíssimos interesses públicos, dentro desta realidade complexa, instigante, desafiadora, das formações sociais contemporâneas. Este critério viabiliza o tratamento normativo diferenciado de programas de integridade implementados em pessoas jurídicas, visando obter benefícios legais estabelecidos. O fortalecimento de políticas organizacionais para prevenção, detecção, remediação e punição de condutas ilícitas avança para auxiliar o Estado na proteção de interesses públicos.

---

[29] Sobre interessante proposta de criação de um direito de conformidade, conferir: WARDE, Walfrido; SIMÃO, Valdir Moysés. *Leniência* – Elementos do direito de conformidade. São Paulo: Contracorrente, 2019.

Este aspecto tem sido explorado, no momento atual, a partir do pensamento pragmático e consequencialista.[30] Nesta vertente, exsurgem os programas de integridade dirigidos a pessoas jurídicas, como mecanismos utilizados por sistemas de DAS para incentivar conformidade e valorizar a cooperação substancial de pessoas jurídicas submetidas à observância do regime sancionador.

O pragmatismo e o consequencialismo fortalecem a visão dogmática de que os modelos sancionadores e suas correlatas competências administrativas sancionadoras não são um fim em si mesmo. Ao lado da repressão, constituem-se fundamentalmente como dever-poder instrumental para atingir a prevenção e dissuasão de ilícitos, e devem ser formulados dentro de parâmetros sistemáticos que incentivem os destinatários (pessoas físicas e pessoas jurídicas) à conformidade de suas condutas, sem prejuízo de veicular provimentos sancionatórios unilaterais, com grau de restrição diversificado, indispensáveis para tutela de interesses públicos.

## 3.2 Os parâmetros do programa de integridade anticorrupção no Decreto nº 8.420 do Poder Executivo Federal

Com as novas regras do domínio da improbidade administrativa, aplicáveis às pessoas jurídicas, aprovadas pela Lei nº 12.846/2013, os programas de integridade anticorrupção ganharam inelutável projeção na tutela da probidade, bem jurídico multidimensional tutelado pelo art. 37, §4º da CF, seguindo a tendência vislumbrada na agenda anticorrupção no campo do direito internacional público, com destaque para as convenções da OEA e da ONU contra a corrupção.

A Convenção Internacional da ONU contra a Corrupção estabelece diretrizes sobre medidas preventivas anticorrupção (Capítulo II), das quais cumpre salientar o art. 12, dedicado ao setor privado, *verbis*: Artigo 12 – Setor Privado

---

[30] Esta vertente pode ser vislumbrada nas obras de Alice Bernardo Voronoff (*Direito administrativo sancionador no Brasil*: justificação, interpretação e aplicação. Belo Horizonte: Fórum, 2018), José Vicente Santos de Mendonça (*Direito constitucional econômico*: a intervenção do Estado na economia à luz da razão pública e do pragmatismo. 2. ed. Belo Horizonte: Fórum, 2018. v. 1) e estudos de Gustavo Binenbojm (O direito administrativo sancionador e o estatuto constitucional do poder punitivo estatal: possibilidades, limites e aspectos controvertidos da regulação do setor de revenda de combustíveis. *Revista de Direito Administrativo Contemporâneo – ReDAC*, v. 11, p. 11-35, 2014).

1. Cada Estado Parte, em conformidade com os princípios fundamentais de sua legislação interna, adotará medidas para prevenir a corrupção e melhorar as normas contábeis e de auditoria no setor privado, assim como, quando proceder, prever sanções civis, administrativas ou penais eficazes, proporcionadas e dissuasivas em caso de não cumprimento dessas medidas.

2. As medidas que se adotem para alcançar esses fins poderão consistir, entre outras coisas, em: a) Promover a cooperação entre os organismos encarregados de fazer cumprir a lei e as entidades privadas pertinentes; b) Promover a formulação de normas e procedimentos com o objetivo de salvaguardar a integridade das entidades privadas pertinentes, incluídos códigos de conduta para o correto, honroso e devido exercício das atividades comerciais e de todas as profissões pertinentes e para a prevenção de conflitos de interesses, assim como para a promoção do uso de boas práticas comerciais entre as empresas e as relações contratuais das empresas com o Estado; [...] e) Prevenir os conflitos de interesse impondo restrições apropriadas, durante um período razoável, às atividades profissionais de ex-funcionários públicos ou à contratação de funcionários públicos pelo setor privado depois de sua renúncia ou aposentadoria quando essas atividades ou essa contratação estejam diretamente relacionadas com as funções desempenhadas ou supervisionadas por esses funcionários públicos durante sua permanência no cargo; f) Velar para que as empresas privadas, tendo em conta sua estrutura e tamanho, disponham de suficientes controles contábeis internos para ajudar a prevenir e detectar os atos de corrupção e para que as contas e os estados financeiros requeridos dessas empresas privadas estejam sujeitos a procedimentos apropriados de auditoria e certificação; [...].

"Normas e procedimentos com o objetivo de salvaguardar a integridade das entidades privadas" constituem o núcleo jurídico-formal dos programas de integridade, que se tornaram fatores de dosimetria na aplicação das sanções no domínio da improbidade administrativa. Coube ao art. 7º da LIPJ estabelecer que "a existência de mecanismos e procedimentos internos de integridade, auditoria e incentivo à denúncia de irregularidades e a aplicação efetiva de códigos de ética e de conduta no âmbito da pessoa jurídica", tal constituirá obrigatório elemento de avaliação, no processo de individualização das sanções legais (inc. VIII).[31]

---

[31] A doutrina pontua várias críticas sobre a forma de institucionalização de programas de integridade e consequências jurídicas estabelecidas, nos termos da Lei nº 12.846/2013. Conferir: CARDOSO, Raphael de Matos. *A responsabilidade da pessoa jurídica por atos de improbidade e corrupção*. Rio de Janeiro: Lumen Juris, 2019. p. 132; VERÍSSIMO, Carla. *Compliance* – Incentivo à adoção de medidas anticorrupção. São Paulo: Saraiva, 2017. p. 310.

Observando possibilidades lógicas na estruturação do sistema de responsabilização, observa-se que a lei não oferece sustentação para considerar os programas de integridade implementados e efetivos, com comprovação regular no processo sancionador (administrativo ou judicial) como causa de isenção de responsabilidade da pessoa jurídica. A norma expressamente os envolve no contexto concretizador das sanções, para fins de majoração ou redução de sanções previstas em lei, admitida a variação de seu conteúdo.[32] A norma não os qualifica como causas excludentes da responsabilidade tratada na LIPJ[33] e, logo, na LGIA.

Também a interpretação do mesmo texto indica que as pessoas jurídicas não foram obrigadas a criar e manter programas de integridade anticorrupção, vez que, na condição de fator de dosimetria, esta iniciativa organizacional é facultativa, constituindo verdadeiro ônus jurídico a atividade societária de adotá-los e implementá-los de forma eficiente. Trata-se de decisão própria da pessoa jurídica.[34]

Esta facultatividade na implementação de programas de integridade é corroborada pela ausência de ilícito próprio no domínio da improbidade administrativa (LGIA e LIPJ), isto é, de dispositivo tipificador de ilícito, consubstanciado na omissão ou deficiência da atividade organizacional da pessoa jurídica sobre o programa de integridade anticorrupção. De fato, em nenhum dos tipos existentes de atos de improbidade (sobremodo, o próprio art. 5º da LIPJ) está delineada tal categorização ilícita, o que significa que não foi proibida a ausência de PIs Anticorrupção para efeitos do sistema sancionador da improbidade administrativa.[35] [36]

---

[32] Em sentido contrário: "O *compliance* pode representar no campo do Direito Administrativo Sancionador, a ruptura do nexo de causalidade, elemento essencial para a responsabilização objetiva, afastando, por conseguinte, a incidência das sanções administrativas estabelecidas na Lei nº 12.846/2013" (LIMA, Ana Júlia Andrade Vaz de. Programas de compliance no direito administrativo sancionador. *In*: OLIVEIRA, José Roberto Pimenta. *Direito administrativo sancionador* – Estudos em homenagem ao Professor Emérito da PUCSP Celso Antônio Bandeira de Mello. São Paulo: Malheiros, 2019. p. 438-452).

[33] Em contrário: FIGUEIREDO, Rudá Santos. *Direito de intervenção e Lei 12.846/2013*: a adoção do compliance como excludente de responsabilidade. Dissertação (Mestrado em Direito Público) – Universidade Federal da Bahia, Salvador, 2015.

[34] No mesmo sentido: NOHARA, Irene Patrícia. Lei Anticorrupção Empresarial e compliance: programa de compliance efetivo e cultura de integridade. *In*: NOHARA, Irene Patrícia; PEREIRA, Flávio de Leão Bastos. *Governança, compliance e cidadania*. 2. ed. São Paulo: RT, 2019. p. 27.

[35] No campo do DAS antilavagem de dinheiro, há previsão expressa de dever legal de pessoas jurídicas de estruturarem controles internos, na forma disciplinada pelos órgãos competentes, conforme o art. 10, inc. III, da Lei nº 9.613/1998 (dispõe sobre os crimes de "lavagem" ou ocultação de bens, direitos e valores), cujo descumprimento pode ensejar infração administrativa, com a correlata sanção administrativa, nos termos do art. 12, do mesmo diploma legal.

[36] No sistema em vigor no Reino Unido, o legislador foi severo, estipulando um tipo de ilícito criminal próprio, relacionado com os programas de integridade, nos termos do art. 7º

Esta disciplina pode e deve ser criticada, porque esta possibilidade tipificatória poderia fortalecer o incentivo para a implementação destes programas especializados. Todavia, o direito positivo apenas indica agravação da responsabilidade no exame desta circunstância organizacional – na inexistência, na omissão e na deficiência de programas criados e em funcionamento – dentro do contexto dos fatos ilícitos, no curso do processo de responsabilização. Com isto também não tolera a proliferação de programas "de fachada".[37]

Considerando o benefício legal alinhavado com a existência e efetividade de programas de integridade, nos parâmetros sancionatórios, haveria necessidade de o sistema sancionador estabelecer os elementos indispensáveis de avaliação dos programas de integridade, pelo exercente da potestade sancionadora. Neste sentido, o parágrafo único do art. 7º prescreve que os parâmetros de avaliação de mecanismos e procedimentos previstos no inc. VIII do *caput* serão estabelecidos em regulamento do Poder Executivo Federal.

Em consonância com a lei, foi aprovado o Decreto nº 8.420, de 18.3.2015, cujo art. 41 traz uma definição regulamentar de programa de integridade, esclarece que o ônus legal está submetido ao princípio da proporcionalidade (art. 41, parágrafo único), e oferece parâmetros de avaliação da existência e aplicação dos programas, para efeitos sancionatórios, em seu art. 42.

Os programas de integridade anticorrupção são estruturados em cinco regras fundamentais ou pilares: comprometimento e apoio da alta direção, instância responsável pelo programa de integridade, análise de perfil e riscos, estruturação das regras e dos instrumentos e estratégias de monitoramento contínuo, seguindo abordagem de Ana Júlia Andrade Vaz de Lima.[38]

Seguindo as normas técnicas pertinentes, internacionais e nacionais,[39] o decreto institui 16 parâmetros, desdobrando os pilares,

---

da UK *Bribery Act* de 2010. Conferir: SANTANA VEGA, Dulce M. Delito corporativo de incumplimiento en la prevención de sobornos (Bribery Act 2010). *Revista Electrónica de Ciencia Penal y Criminología*, n. 17-15, p. 1-32, 2015. Disponível em: http://criminet.ugr.es/recpc.

[37] "O programa de integridade 'meramente formal' e que se mostre 'absolutamente ineficaz' para mitigar o risco de ocorrência de atos lesivos da Lei Anticorrupção não será considerado para fins de aplicação do percentual de redução da multa" (LIMA, Ana Júlia Andrade Vaz de. *Programa de Integridade e Lei 12.846/13* – O compliance na lei anticorrupção brasileira. Rio de Janeiro: Lumen Juris, 2018. p. 241).

[38] LIMA, Ana Júlia Andrade Vaz de. *Programa de Integridade e Lei 12.846/13* – O compliance na lei anticorrupção brasileira. Rio de Janeiro: Lumen Juris, 2018. p. 97.

[39] A International Organization for Standardization (ISO) publicou a norma *ISO 37001:2016 – Anti-bribery management systems – Requirements with guidance for use*, corresponde à ABNT NBR ISO 37001:2017.

que merecem reprodução: I – comprometimento da alta direção da pessoa jurídica, incluídos os conselhos, evidenciado pelo apoio visível e inequívoco ao programa; II – padrões de conduta, código de ética, políticas e procedimentos de integridade, aplicáveis a todos os empregados e administradores, independentemente de cargo ou função exercidos; III – padrões de conduta, código de ética e políticas de integridade estendidas, quando necessário, a terceiros, como, fornecedores, prestadores de serviço, agentes intermediários e associados; IV – treinamentos periódicos sobre o programa de integridade; V – análise periódica de riscos para realizar adaptações necessárias ao programa de integridade.

Segue o dispositivo, estabelecendo: VI – registros contábeis que reflitam de forma completa e precisa as transações da pessoa jurídica; VII – controles internos que assegurem a pronta elaboração e confiabilidade de relatórios e demonstrações financeiros da pessoa jurídica; VIII – procedimentos específicos para prevenir fraudes e ilícitos no âmbito de processos licitatórios, na execução de contratos administrativos ou em qualquer interação com o setor público, ainda que intermediada por terceiros, tal como pagamento de tributos, sujeição a fiscalizações, ou obtenção de autorizações, licenças, permissões e certidões; IX – independência, estrutura e autoridade da instância interna responsável pela aplicação do programa de integridade e fiscalização de seu cumprimento; X – canais de denúncia de irregularidades, abertos e amplamente divulgados a funcionários e terceiros, e de mecanismos destinados à proteção de denunciantes de boa-fé; XI – medidas disciplinares em caso de violação do programa de integridade; XII – procedimentos que assegurem a pronta interrupção de irregularidades ou infrações detectadas e a tempestiva remediação dos danos gerados; XIII – diligências apropriadas para contratação e, conforme o caso, supervisão, de terceiros, como, fornecedores, prestadores de serviço, agentes intermediários e associados; XIV – verificação, durante os processos de fusões, aquisições e reestruturações societárias, do cometimento de irregularidades ou ilícitos ou da existência de vulnerabilidades nas pessoas jurídicas envolvidas; XV – monitoramento contínuo do programa de integridade visando ao seu aperfeiçoamento na prevenção, detecção e combate à ocorrência dos atos lesivos previstos no art. 5º da Lei nº 12.846, de 2013; e XVI – transparência da pessoa jurídica quanto a doações para candidatos e partidos políticos.[40]

---

[40] Excelente abordagem sobre cada inciso, conferir SCHRAMM, Fernanda Santos. *Compliance nas contratações públicas*. Belo Horizonte: Fórum, 2019. p. 198-277.

Este rol, muito embora extenso, é taxativo, em razão do efeito sancionatório vinculado ao resultado da avaliação pelo exercente da potestade. Revelam os itens os aspectos essenciais de programa de integridade anticorrupção, se concretamente aplicado, capaz de produzir maiores resultados práticos em termos de prevenção e dissuasão de práticas ímprobas.

Não apenas a submissão da formulação e implementação dos programas de integridade pelas PJs está submetida ao princípio da proporcionalidade,[41] como também a avaliação pelos exercentes das potestades sancionadoras não pode se afastar deste postulado constitucional.[42]

Esta subordinação foi estampada na avaliação válida tão somente se a competência for exercida se, quando e na exata medida que considerar "o porte e especificidades da pessoa jurídica", colhendo-se do texto normativo critérios ponderativos, como:

> I - a quantidade de funcionários, empregados e colaboradores;
> II - a complexidade da hierarquia interna e a quantidade de departamentos, diretorias ou setores;
> III - a utilização de agentes intermediários como consultores ou representantes comerciais;
> IV - o setor do mercado em que atua; V - os países em que atua, direta ou indiretamente; V
> I - o grau de interação com o setor público e a importância de autorizações, licenças e permissões governamentais em suas operações;
> VII - a quantidade e a localização das pessoas jurídicas que integram o grupo econômico; e
> VIII - o fato de ser qualificada como microempresa ou empresa de pequeno porte.

Este rol é enumerativo, porque a proporcionalidade implica a ponderação de todos as circunstâncias juridicamente relevantes em cada caso concreto.

---

[41] ZOCKUN, Maurício; CASTELLA, Gabriel Morettini e. Programa de leniência e integridade como novos instrumentos no direito administrativo sancionador. *In*: OLIVEIRA, José Roberto Pimenta. *Direito administrativo sancionador* – Estudos em homenagem ao Professor Emérito da PUCSP Celso Antônio Bandeira de Mello. São Paulo: Malheiros, 2019. p. 428.

[42] Conferir: ÁVILA, Humberto. *Teoria dos princípios*: da definição à aplicação dos princípios jurídicos. 19. ed. São Paulo: Malheiros, 2019.

Ao nível infrarregulamentar, merecem registro as disciplinas constantes da Portaria CGU nº 909, de 7.5.2015, que dispõe sobre avaliação de programas de integridade de pessoas jurídicas, bem como a Portaria Conjunta nº 2.279, de 9.9.2015,[43] que dispõe sobre a avaliação de programas de integridade de microempresa e de empresa de pequeno porte. As normas permanecem em vigor, mesmo após o advento da Instrução Normativa nº 13, de 8.8.2019, dispondo sobre os procedimentos para apuração da responsabilidade administrativa de pessoas jurídicas de que trata a Lei nº 12.846.

Relativamente às duas últimas formas empresariais (ME e EPP), o próprio decreto não exige a aplicação dos incs. III, V, IX, X, XIII, XIV e XV do *caput* (art. 42, §§3º e 4º). Este rol de incisos é taxativo, considerando igualmente os efeitos sancionatórios da avaliação.

Como já esclarecido, a Lei nº 12.846 dispõe sobre improbidade administrativa, e consagra a plena tutela judicial na sua aplicação, visando à tutela da probidade, pelas pessoas jurídicas. Compreende-se que a possibilidade de especificação técnica dos elementos de programas de integridade, para efeitos sancionatórios, tenha sido reservada à competência regulamentar, exclusiva do chefe do Poder Executivo da União, nos termos do art. 84, IV, da Constituição Federal, na medida em que, admitido o sancionamento em fase pré-judicial que exige a avaliação de programas anticorrupção, a regulamentação nacional imprime uniformidade no modo como a lei nacional deve ser aplicada. A improbidade administrativa (art. 37, §4º, CF) é de competência legislativa exclusiva da União Federal. Logo, esta competência regulamentar é exclusiva ao chefe do Poder Executivo da União. Não cabendo outra regulamentação nas demais esferas federativas. Para reforçar esta eficácia nacional da norma do decreto, também vale recorrer ao princípio da segurança jurídica, a exigir previsibilidade na forma como os parâmetros organizacionais de determinada pessoa jurídica devem ser escrutinados, no domínio nacional da improbidade.

O regramento sobre os programas de integridade contidos no Decreto nº 8.420/2015 enseja diversas controvérsias, merecendo destaque os aspectos a seguir tratados.

---

[43] Expedida pelo ministro de estado chefe da Controladoria-Geral da União, e então ministro de estado chefe da Secretaria da Micro e Pequena Empresa.

### 3.2.1 Observância dos parâmetros do Decreto nº 8.420/2015 no sancionamento de atos de improbidade de pessoas jurídicas, objeto de condenação judicial

A responsabilidade de pessoas jurídicas não se encerra no âmbito pré-judicial ou da "responsabilização administrativa" (art. 6º), conforme nomenclatura da Lei nº 12.846/2013. A prática de atos de improbidade implica a devida e regular "responsabilização judicial" (art. 19). Não pode a lei afastar a submissão da prática de atos de improbidade do escrutínio pleno do Poder Judiciário, por força do art. 37, §6º, CF.

Sabe-se que a LGIA é econômica na disciplina explícita de fatores de dosimetria de suas sanções. Com a redação da Lei nº 12.120/2009, o *caput* do art. 12 contemplou amplamente o princípio da proporcionalidade no processo de fixação das sanções. Mas o parágrafo único originário segue preceituando que "na fixação das penas previstas nesta lei o juiz levará em conta a extensão do dano causado, assim como o proveito patrimonial obtido pelo agente".

Diversamente, a LIPJ arrola fatores específicos de dosimetria, em seu art. 7º, quais sejam:

> I - a gravidade da infração;
> II - a vantagem auferida ou pretendida pelo infrator;
> III - a consumação ou não da infração;
> IV - o grau de lesão ou perigo de lesão;
> V - o efeito negativo produzido pela infração;
> VI - a situação econômica do infrator;
> VII - a cooperação da pessoa jurídica para a apuração das infrações;
> VIII - a existência de mecanismos e procedimentos internos de integridade, auditoria e incentivo à denúncia de irregularidades e a aplicação efetiva de códigos de ética e de conduta no âmbito da pessoa jurídica; e
> IX - o valor dos contratos mantidos pela pessoa jurídica com o órgão ou entidade pública lesados.

Foi vetado o fator de dosimetria, consistente no "grau de eventual contribuição da conduta de servidor público para a ocorrência do ato lesivo" (inc. X). Segundo os motivos do veto presidencial:

> Tal como proposto, o dispositivo iguala indevidamente a participação do servidor público no ato praticado contra a administração à influência

da vítima, para os fins de dosimetria de penalidade. Não há sentido em valorar a penalidade que será aplicada à pessoa jurídica infratora em razão do comportamento do servidor público que colaborou para a execução do ato lesivo à administração pública.

Com efeito, a individualização é da conduta da pessoa jurídica, logo, não pode ser medida pela conduta do agente público corrompido. O tipo de relação entre agente público corrompido e pessoa jurídica corruptora, este sim pode e deve ser avaliado, mas com base no inc. I, *supra*.

Com este perfil normativo, o fator de dosimetria perfilhado no inc. XIII da Lei nº 12.846/2013 é de obrigatória averiguação no âmbito da ação civil pública de improbidade administrativa, que vise à condenação de pessoas jurídicas. Comprovada a existência e efetividade do programa de integridade, deve tal fato interferir, de forma atenuante, na fixação judicial da condenação.

Como se trata de ônus jurídico, estabelecido em lei em favor das pessoas jurídicas, permanecerão com estas o ônus processual de comprovação regular da configuração da circunstância legal atenuante, no processo judicial. Em havendo avaliação do programa de integridade pela Administração direta do Poder Executivo da União, esta avaliação poderá ser aproveitada no curso da instrução do processo judicial, cabendo ao autor da ação impugná-la, por revelar-se inapropriada para a finalidade perseguida, em face da demanda.

A doutrina aponta que o ônus da prova sobre a efetividade de programas de integridade implementados por pessoas jurídicas deve recair sobre estas. Não há como se presumir que a mera existência na organização indique o grau de efetividade perseguido pela lei. De outra parte, não é possível atribuir ao autor da demanda prova (negativa) da não efetividade do programa, sob pena de se atribuir uma irrefutável prova diabólica para a acusação. Por fim, a pessoa jurídica possui as informações sobre o programa de integridade, sendo artificial deslocar este ônus para a acusação que não possui com facilidade as informações a serem avaliadas.[44]

---

[44] GÓMEZ TOMILLO, Manuel. La culpabilidad de las personas jurídicas por la comisión de infracciones administrativas: especial referencia a los programas de cumplimiento. *Revista de Administración Pública*, v. 203, p. 57-88, maio/ago. 2017. Disponível em: https://doi.org/10.18042/cepc/rap.203.02.

## 3.2.2 Percentuais vinculados ao funcionamento regular e efetivo de programas de integridade, no cálculo de multa aplicável à pessoa jurídica nos termos do Decreto nº 8.420/2015 do Poder Executivo Federal

Entre as sanções impostas às pessoas jurídicas pela prática de improbidade administrativa, o pagamento pecuniário decorrente de multa possui indiscutível significação no contexto das sanções legais. A multa civil imponível a pessoas jurídicas no art. 12 da LGIA foi revogada pela multa, prevista na LIPJ.

Com o novo regramento da Lei nº 12.846/2013, o sistema de improbidade deve observar o disposto no seu art. 6º, inc. I: multa, no valor de 0,1% (um décimo por cento) a 20% (vinte por cento) do faturamento bruto do último exercício anterior ao da instauração do processo administrativo,[45] excluídos os tributos, a qual nunca será inferior à vantagem auferida, quando for possível sua estimação. Complementa o §4º que, na hipótese do inc. I, caso não seja possível utilizar o critério do valor do faturamento bruto da pessoa jurídica, a multa será de R$6.000,00 (seis mil reais) a R$60.000.000,00 (sessenta milhões de reais).

O Decreto nº 8.420/2015 estabelece percentuais no processo de fixação da multa, relativamente a circunstâncias que mantêm relação direta com a existência, o funcionamento e a efetividade de programa de integridade.

De um lado, fixa-se em "um por cento a dois e meio por cento para tolerância ou ciência de pessoas do corpo diretivo ou gerencial da pessoa jurídica" o acréscimo devido a esta circunstância no cálculo da multa (art. 17, inc. II).

De outro lado, após o resultado da soma dos fatores do art. 17, o decreto estabelece, em seu art. 18, que serão subtraídos valores correspondentes a "um por cento a um e meio por cento para o grau de colaboração da pessoa jurídica com a investigação ou a apuração do ato lesivo, independentemente do acordo de leniência" (inc. III), "dois por cento no caso de comunicação espontânea pela pessoa jurídica antes da instauração do PAR acerca da ocorrência do ato lesivo" (inc. IV); e "um por cento a quatro por cento para comprovação de a pessoa

---

[45] No caso de procedimentos administrativos instaurados no âmbito dos ministérios públicos, a contagem deve tomar como base o último exercício anterior ao da instauração de procedimento administrativo, notícia de fato ou inquérito civil público, tendo por objeto da responsabilização da pessoa jurídica pela prática de ato de improbidade.

jurídica possuir e aplicar um programa de integridade, conforme os parâmetros estabelecidos" (inc. V).

Conforme este regramento, o funcionamento regular e efetivo de programa de integridade, nos termos preconizados pelas diretrizes do art. 42 do decreto, pode favorecer a pessoa jurídica, em uma redução de até 7,5 (sete e meio) por cento, do valor fixado para a multa,[46] considerando a possibilidade normativa de redução de até 10%, conforme o art. 18 do decreto. Trata-se de percentual significativo, que, em tese, suscita incentivo para o aperfeiçoamento crescente de programas de integridade anticorrupção.

O questionamento a fazer é se referidos percentuais (fixados em nível regulamentar) igualmente devem ser aplicados ou observados pelo Poder Judiciário, na aplicação da lei, invocando-se a observância da legalidade estrita, que implicaria observância da habilitação regulamentar contida na lei.

A Constituição atribui ao Poder Judiciário a forma e gradação na aplicação das sanções por improbidade administrativa. A proporcionalidade se movimenta neste espaço de configuração legislativa, de modo que a lei não pode afastar tão somente as sanções já estabelecidas na Constituição, que são a perda da função e a suspensão de direitos políticos. Estas são aplicáveis a pessoas físicas. Logo, a margem de conformação legislativa de sanções para pessoas jurídicas é maior, habilitando o Poder Judiciário a apurar, em cada caso concreto, o grau adequado, necessário e proporcional das sanções, o que abrange a forma de aplicação dos fatores de dosimetria.

Isto significa que, em casos excepcionais, o Poder Judiciário poderá majorar o percentual de atenuação da multa, relacionado com o funcionamento regular e efetivo do programa de integridade anticorrupção da pessoa jurídica, para além dos parâmetros gerais e abstratos contidos no decreto. O que não será possível ao Poder Judiciário será isentar a pessoa jurídica da multa, com fundamento exclusivo na efetividade de programa implementado pela pessoa jurídica, porque o quadro legal não contempla esta possibilidade.

Por outro lado, o Poder Judiciário não poderá agravar a multa, invocando omissão ou deficiência no programa de integridade, pois igualmente não haverá lastro legal, visto que se trata de ônus da pessoa

---

[46] Colaboração formal e substancial no processo sancionador e comunicação espontânea (reporte às autoridades) estão sendo incluídas nesta avaliação porque são consideradas circunstâncias indissoluvelmente atreladas à adequada formulação de política de integridade nas pessoas jurídicas.

jurídica sancionada. Assim, o Poder Judiciário terá cabal legitimidade para valorar o percentual atenuante da multa, a título de exame da organização interna da pessoa jurídica para promover a sua integridade.

## 4 Conclusões

1. O domínio punitivo da improbidade administrativa, fundado no art. 37, §4º da Lei Maior, está formado por legislação nacional exclusiva do Congresso Nacional; neste contexto ganham destaque a Lei nº 8.429/1992 (Lei Geral de Improbidade Administrativa) e a Lei nº 12.846/2013 (Lei de Improbidade de Pessoas Jurídicas).
2. A dicotomia "responsabilidade administrativa" e "responsabilidade judicial" não descaracteriza o vínculo do regime sancionador instituído com o regime da improbidade administrativa, haja vista que, nos termos do modelo sancionador da LIPJ, o Poder Judiciário permanece com o controle pleno de legalidade das sanções impostas às pessoas jurídicas, incluindo a aplicação dos fatores de dosimetria, pela prática de atos de improbidade administrativa.
3. Mesmo para quem postule a independência entre a responsabilidade da Lei nº 12.846/2013 e da Lei nº 8.429/1992, não haverá como afastar a relevância da avaliação e valoração dos programas de integridade, para efeito de fixação de sanções legais.
4. A partir da Lei nº 12.846, a responsabilidade por improbidade imputada a pessoas jurídicas rege-se pelo princípio da responsabilidade objetiva, o que implica a inarredável relevância de programas de integridade como sistemas organizacionais anticorrupção, elaborados e implementados pelas pessoas jurídicas, com vistas à prevenção, detecção, remediação e punição de atos ilícitos, no seu âmbito interno.
5. A regulamentação da temática afeta à estruturação dos programas de integridade anticorrupção, para efeito de consequências jurídicas sancionatórias, na improbidade administrativa, foi conferida ao chefe do Poder Executivo da União, na medida em que esta possui competência legislativa exclusiva para dispor sobre improbidade administrativa.
6. O Decreto nº 8.420/2015 atende às principais diretrizes técnicas relacionadas com sistemas de gestão antissuborno, como

se depreende da ISO 37001:2016, da Associação Brasileira de Normas Técnicas (ABNT).
7. O fator de dosimetria perfilhado no inc. XIII da Lei nº 12.846/2013 é de obrigatória averiguação no âmbito da ação civil pública de improbidade administrativa, que vise à condenação de pessoas jurídicas. Comprovada a existência e efetividade do programa de integridade, deve tal fato interferir, de forma atenuante, na fixação judicial da condenação.
8. Em casos excepcionais, o Poder Judiciário poderá majorar o percentual de atenuação da multa, relacionado com o funcionamento regular e efetivo do programa de integridade anticorrupção da pessoa jurídica, para além dos parâmetros gerais e abstratos contidos no Decreto nº 8.420/2015.
9. O Poder Judiciário não poderá isentar a pessoa jurídica da multa, com fundamento exclusivo na efetividade de programas implementados pela pessoa jurídica, porque o quadro legal não contempla esta possibilidade.
10. O Poder Judiciário não poderá agravar a multa, invocando omissão ou deficiência no programa de integridade, pois igualmente não haverá lastro legal, visto que a implementação destes programas se cristalizou mediante a imposição de ônus jurídico da pessoa jurídica sancionada.
11. O Poder Judiciário terá cabal legitimidade para valorar o percentual atenuante da multa, a título de exame da organização interna da pessoa jurídica para promover a sua integridade.

## Referências

ABE, Nilma de Castro. *Gestão do patrimônio público imobiliário*. 2. ed. rev. e atual. Belo Horizonte: Fórum, 2013.

ABNT – ASSOCIAÇÃO BRASILEIRA DE NORMAS TÉCNICAS. *ISO 37001:2016*. Sistemas de gestão antissuborno – Requisitos com orientações para uso. Rio de Janeiro: ABNT, 2017.

ATALIBA, Geraldo. *República e Constituição*. 2. ed. São Paulo: Malheiros, 1998.

ÁVILA, Humberto. *Teoria dos princípios*: da definição à aplicação dos princípios jurídicos. 19. ed. São Paulo: Malheiros, 2019.

BANDEIRA DE MELLO, Celso Antônio. *Curso de direito administrativo*. 33. ed. São Paulo: Malheiros, 2016.

BERGEL, Jean-Louis. *Teoria geral do direito*. São Paulo: Martins Fontes, 2006.

BINENBOJM, Gustavo. O direito administrativo sancionador e o estatuto constitucional do poder punitivo estatal: possibilidades, limites e aspectos controvertidos da regulação do setor de revenda de combustíveis. *Revista de Direito Administrativo Contemporâneo – ReDAC*, v. 11, p. 11-35, 2014.

BOBBIO, Norberto. *Teoria geral do direito*. Tradução de Denise Agostinetti. São Paulo: Martins Fontes, 2007.

CARDOSO, Raphael de Matos. *A responsabilidade da pessoa jurídica por atos de improbidade e corrupção*. Rio de Janeiro: Lumen Juris, 2019.

DE PALMA DEL TESE, Ángeles. *El principio de culpabilidad en el derecho administrativo sancionador*. Madri: Tecnos, 1996.

FERRAZ, Luciano. Reflexões sobre a lei nº 12.846/2013 e seus impactos nas relações público-privadas. *Revista Brasileira de Direito Público – RBDP*, Belo Horizonte, ano 12, n. 47, p. 33-43, out./dez. 2014.

FIGUEIREDO, Rudá Santos. *Direito de intervenção e Lei 12.846/2013*: a adoção do compliance como excludente de responsabilidade. Dissertação (Mestrado em Direito Público) – Universidade Federal da Bahia, Salvador, 2015.

GÓMEZ TOMILLO, Manuel. La culpabilidad de las personas jurídicas por la comisión de infracciones administrativas: especial referencia a los programas de cumplimiento. *Revista de Administración Pública*, v. 203, p. 57-88, maio/ago. 2017. Disponível em: https://doi.org/10.18042/cepc/rap.203.02.

GÓMEZ-JARA DIEZ, Carlos. *A responsabilidade penal da pessoa jurídica* – Teoria do crime para pessoas jurídicas. São Paulo: Saraiva, 2015.

KELSEN, Hans. *Teoria geral do direito e do Estado*. São Paulo: Martins Fontes, 1992.

KELSEN, Hans. *Teoria pura do direito*. 4. ed. Coimbra: Armênio Amado Editor, 1976.

LIMA, Ana Júlia Andrade Vaz de. *Programa de Integridade e Lei 12.846/13* – O compliance na lei anticorrupção brasileira. Rio de Janeiro: Lumen Juris, 2018.

LIMA, Ana Júlia Andrade Vaz de. Programas de compliance no direito administrativo sancionador. In: OLIVEIRA, José Roberto Pimenta. *Direito administrativo sancionador –* Estudos em homenagem ao Professor Emérito da PUCSP Celso Antônio Bandeira de Mello. São Paulo: Malheiros, 2019.

MARRARA, Thiago; DI PIETRO, Maria Sylvia Zanella. *Lei Anticorrupção comentada*. Belo Horizonte: Fórum, 2019.

MELLO, Rafael Munhoz de. *Princípios constitucionais de direito administrativo sancionador*. As sanções administrativas à luz da Constituição Federal de 1988. São Paulo: Malheiros, 2007.

MENDONÇA, José Vicente Santos de. *Direito constitucional econômico*: a intervenção do Estado na economia à luz da razão pública e do pragmatismo. 2. ed. Belo Horizonte: Fórum, 2018. v. 1.

NIETO GARCÍA, Alejandro. *Derecho administrativo sancionador*. 5. ed. Madri: Tecnos, 2017.

NOHARA, Irene Patrícia. Lei Anticorrupção Empresarial e compliance: programa de compliance efetivo e cultura de integridade. In: NOHARA, Irene Patrícia; PEREIRA, Flávio de Leão Bastos. *Governança, compliance e cidadania*. 2. ed. São Paulo: RT, 2019.

OLIVEIRA, José Roberto Pimenta. Desafios e avanços na prevenção e no combate à corrupção, na atuação cível, do Ministério Público Federal, nos 30 anos da Constituição Federal. *In*: HIROSE, Regina Tamami (Coord.). *Carreiras típicas de Estado*. Desafios e avanços na prevenção e no combate à corrupção. Belo Horizonte: Fórum, 2019.

OLIVEIRA, José Roberto Pimenta. *Improbidade administrativa e sua autonomia constitucional*. Belo Horizonte: Fórum, 2009.

OSORIO, Fábio Medina. *Direito administrativo sancionador*. 5. ed. São Paulo: RT, 2015.

PRADO, Luiz Regis; ARIEL, René. *Responsabilidade penal da pessoa jurídica*. São Paulo: RT, 2011.

QUEIROZ, Ronaldo Pinheiro de. Responsabilização judicial da pessoa jurídica na lei anticorrupção. *In*: SOUZA, Jorge Munhos; QUEIROZ, Ronaldo Pinheiro de. *Lei Anticorrupção*. Salvador: JusPodivm, 2015.

RAMÍREZ-TORRADO, María Lourdes; ANÍBAL-BENDEK, Hernando V. Sanción administrativa en Colombia. *Vniversitas*, v. 64, n. 131, p. 107-148, 2015. Disponível em: http://dx.doi.org/10.11144/Javeriana.vj131.saec.

REBOLLO PUIG, Manuel. Responsabilidad sancionadora de personas jurídicas, entes sin personalidad y administradores. *Revista Ius et Veritas*, n. 53, dez. 2016. Disponível em: https://doi.org/10.18800/iusetveritas.201701.013.

SALVADOR NETTO, Alamiro Velludo. *Responsabilidade penal da pessoa jurídica*. São Paulo: RT, 2018.

SANTANA VEGA, Dulce M. Delito corporativo de incumplimiento en la prevención de sobornos (Bribery Act 2010). *Revista Electrónica de Ciencia Penal y Criminología*, n. 17-15, p. 1-32, 2015. Disponível em: http://criminet.ugr.es/recpc.

SANTIAGO NINO, Carlos. *Introducción al análisis del derecho*. 2. ed. Buenos Aires: Astrea, 2007.

SCHRAMM, Fernanda Santos. *Compliance nas contratações públicas*. Belo Horizonte: Fórum, 2019.

STIR, Bernard. *Les sources constitutionnelles du droit administratif*. 7. ed. Paris: L.G.D.J., 2011.

TRACY, Joseph Reinaldet. *A responsabilidade penal da pessoa jurídica*. Curitiba: iEA Academia, 2014.

VERÍSSIMO, Carla. *Compliance* – Incentivo à adoção de medidas anticorrupção. São Paulo: Saraiva, 2017.

VILANOVA, Lourival. *As estruturas lógicas e o sistema do direito positivo*. São Paulo: Max Limonad, 1997.

VITTA, Heraldo Garcia. *A sanção no direito administrativo*. São Paulo: Malheiros, 2003.

VORONOFF, Alice. *Direito administrativo sancionador no Brasil*: justificação, interpretação e aplicação. Belo Horizonte: Fórum, 2018.

WARDE, Walfrido; SIMÃO, Valdir Moysés. *Leniência* – Elementos do direito de conformidade. São Paulo: Contracorrente, 2019.

ZOCKUN, Maurício; CASTELLA, Gabriel Morettini e. Programa de leniência e integridade como novos instrumentos no direito administrativo sancionador. *In*: OLIVEIRA, José Roberto Pimenta. *Direito administrativo sancionador* – Estudos em homenagem ao Professor Emérito da PUCSP Celso Antônio Bandeira de Mello. São Paulo: Malheiros, 2019.

---

Informação bibliográfica deste texto, conforme a NBR 6023:2018 da Associação Brasileira de Normas Técnicas (ABNT):

OLIVEIRA, José Roberto Pimenta; GROTTI, Dinorá Adelaide Musetti. Programas de integridade como fator de dosimetria na improbidade administrativa. *In*: DAL POZZO, Augusto Neves; MARTINS, Ricardo Marcondes (Coord.). *Aspectos controvertidos do compliance na Administração Pública*. Belo Horizonte: Fórum, 2020. p. 365-398. ISBN 978-65-5518-044-2.

# *COMPLIANCE* COMO ELEMENTO DE COMBATE À CORRUPÇÃO NAS CONTRATAÇÕES PÚBLICAS

**GUILLERMO GLASSMAN**

## 1 Breve introdução

Programa de integridade é um conjunto de mecanismos internos estabelecidos por pessoa jurídica com vistas a detectar e sanar desvios, fraudes, irregularidades e atos ilícitos cometidos por seus executivos e colaboradores.[1] A Lei Anticorrupção (Lei Federal nº 12.846/2013) alçou esses programas à condição de critério atenuante no âmbito da aplicação das sanções nela previstas. Entretanto, esses mecanismos internos de controle não são novidade, especialmente em empresas de grande porte e com atuação internacional,[2] fazendo parte das ações contempladas pelos chamados programas de *compliance*. As atividades de *compliance*, de forma mais abrangente, contemplam medidas adotadas no interior

---

[1] Os programas de integridade contemplam a promoção de auditoria, incentivo à denúncia, aplicação de códigos de ética e de conduta e outras práticas com vistas a detectar e sanar desvios, fraudes, irregularidades e atos ilícitos, conforme definição constante do art. 41 do Decreto Federal nº 8.420/2013, que regulamentou a Lei Anticorrupção.

[2] SANTOS, Renato Almeida dos *et al*. Compliance e liderança: a suscetibilidade dos líderes ao risco de corrupção nas organizações. *Einstein (São Paulo)*, São Paulo, v. 10, n. 1, p. 1-10, mar. 2012.

da administração de uma organização para garantir o cumprimento das normativas internas da companhia e para prevenir ou minimizar os riscos de violação do regime jurídico a que está submetida (não se restringindo, portanto, a atividades anticorrupção, mas as abrangendo).[3]

O *status* conferido pela Lei Anticorrupção aos programas de integridade levou as atividades de *compliance* no Brasil a uma posição de inegável proeminência. Um indício disso é o crescimento do mercado de assessoria jurídica para a implantação e aprimoramento de programas de *compliance* nos anos posteriores à promulgação da lei. Escritórios de advocacia e empresas de consultoria especializadas chegaram a quadruplicar as equipes especializadas nessa atividade, houve expansão dos gastos das organizações com *compliance* e crescimento do número de empresas que possuem uma área específica para acompanhamento da matéria.[4]

Esse avanço da questão não se dá por acaso. Com efeito, entre as circunstâncias atenuantes indicadas pela Lei Anticorrupção, implantação e manutenção adequada de programas de integridade são os únicos elementos que não estão vinculados à conjuntura fática da infração ou às características do infrator. Por isso, trata-se, no cenário de contenção de riscos de integridade, do fator sobre o qual há certo controle e previsibilidade, podendo ser objeto de atuação antecedente e preventiva.

Esse panorama fomentou o surgimento de novos diplomas de aplicação regional ou setorial que reforçam o papel dos programas de integridade no combate à corrupção. Essas normativas pretendem alçar tais programas à condição de pressuposto para a celebração e manutenção de contratos administrativos. Esse movimento, entretanto, carrega aspectos problemáticos, do ponto de vista jurídico, e que merecem atenção.

---

[3] BRASIL. Conselho Administrativo de Defesa Econômica. *Guia de compliance*: Orientações sobre estruturação e benefícios da adoção dos programas de compliance concorrencial. Disponível em: http://www.cade.gov.br/acesso-a-informacao/publicacoes-institucionais/guias_do_Cade/guia-compliance-versao-oficial.pdf. Acesso em: 26 maio 2020.

[4] MELO, Luísa; ALVARENGA, Darlan. Compliance vira mercado em alta para escritórios de advocacia e consultorias. *G1 Economia*, 9 jul. 2017. Disponível em: https://g1.globo.com/economia/negocios/noticia/compliance-vira-mercado-em-alta-para-escritorios-de-advocacia-e-consultorias.ghtml. Acesso em: 26 maio 2020.

## 2 A importância dos programas de integridade no âmbito da Lei Anticorrupção

A Lei Anticorrupção é fruto de compromisso internacional firmado pelo Brasil para o estabelecimento de mecanismos para a responsabilização administrativa de pessoas jurídicas pela prática de atos contra a Administração Pública[5] e passou a compor um campo mais extenso de normas atinentes ao combate à corrupção já vigentes no Brasil.[6] A Lei Federal nº 12.846/2013 elencou rol taxativo dos ilícitos administrativos, vinculados, majoritariamente, a licitações e contratos públicos. Em face de tais condutas, as sanções previstas são de multa e publicação extraordinária da decisão condenatória (aplicáveis via procedimento administrativo de responsabilização) e outras sanções mais graves aplicáveis por via judicial, por meio do procedimento previsto na Lei Federal nº 7.347/85 (a Lei da Ação Civil Pública), sendo a mais rigorosa delas a dissolução compulsória da empresa infratora.

Nos termos literais da lei, a responsabilização das pessoas jurídicas se dará de forma objetiva, portanto sem a verificação de dolo ou culpa da direção da empresa em face do ilícito cometido por seus colaboradores.[7] Assim, ficaria refutado o argumento segundo o qual o colaborador atua em nome próprio, frequentemente utilizado como

---

[5] O Brasil foi signatário da Convenção sobre o Combate da Corrupção de Funcionários Públicos Estrangeiros em Transações Comerciais Internacionais da Organização para a Cooperação e Desenvolvimento Econômico, concluída em Paris, em dezembro de 1997. Pela convenção, ficou estabelecido que deveriam ser adotadas, pelos Estados signatários, medidas necessárias ao estabelecimento da responsabilidade de pessoas jurídicas pela corrupção de funcionários públicos e que deveriam ser introduzidas, no ordenamento jurídico dos signatários, dispositivos que assegurassem que as empresas e outras organizações estariam sujeitas a sanções não criminais efetivas, proporcionais e dissuasivas para casos dessa natureza. O texto da Convenção foi introduzido no ordenamento brasileiro apenas no final do ano 2000, por meio do Decreto nº 3.678.

[6] Esse conjunto normativo inclui o Código Penal brasileiro; o Decreto-Lei nº 201/1967 (crimes de responsabilidade); a Lei Complementar nº 64/1990, conhecida como Lei das Inelegibilidades (alterada pela Lei Complementar nº 135/2010 – Lei da Ficha Limpa), a Lei Federal nº 8.666/93 (que prevê tanto sanções administrativas como penais), a Lei Federal nº 12.529/2011 (que estabelece as competências do Conselho Administrativo de Defesa Econômica), a Lei Federal nº 8.443/92 (que detalha as competências do Tribunal de Contas da União) e a Lei de Improbidade Administrativa.

[7] Apesar da alcunha "responsabilidade objetiva", é necessário que no bojo de processo administrativo ou judicial, conforme o caso, respeitado o devido processo legal, seja demonstrada a existência de nexo causal que estabeleça uma correlação lógica entre o dano causado e a infração em questão, além de grau mínimo de reprovabilidade da conduta (BOTTINI, Pierpaolo Cruz; TAMASAUSKAS, Igor Sant'anna. A interpretação constitucional possível da responsabilidade objetiva na Lei Anticorrupção. *Revista dos Tribunais*, São Paulo, v. 103, n. 947, p. 133-155, 2014. p. 145).

matéria de defesa. Com efeito, não há previsão expressa em lei para a avaliação de culpa como requisito para a imputação das respectivas penalidades à pessoa jurídica, bastando a verificação de responsabilidade da pessoa natural que realizou o ato infrator.[8]

Identificado o ilícito, as penalidades previstas pela Lei Anticorrupção devem ser mensuradas em conformidade com circunstâncias agravantes e atenuantes nela previstas. Nesse contexto, devem ser avaliados os seguintes aspectos: i) a gravidade da infração; ii) a vantagem auferida/pretendida pelo infrator; iii) a consumação da infração; iv) a gravidade do dano causado; v) a situação econômica do infrator; vi) o valor dos contratos mantidos pelo infrator com o órgão lesado; e vii) *a existência de programas efetivos de integridade*. Note-se que, apesar do estabelecimento da responsabilização objetiva pela legislação, a avaliação dos programas de integridade mantidos pelas organizações infratoras indica a existência de crivo de culpabilidade no bojo dos procedimentos sancionatórios previstos pela Lei Anticorrupção, uma vez que a eficiência de tais programas está relacionada, de certa forma, ao afastamento do argumento da *culpa in vigilando*, demonstrando diligência e cautela na supervisão de colaboradores (e mesmo de terceiros contratados).

Nesse contexto, a avaliação dos programas de integridade corresponde a até 20% no cálculo da multa prevista pela Lei Anticorrupção.[9] Além dessa repercussão direta sobre o cálculo do montante da sanção pecuniária, a importância dos programas de integridade pode ser percebida pelo peso conferido a outros elementos atenuantes intimamente ligados à eficiência de tais programas, como: i) a comunicação espontânea de infrações (2%); ii) o grau de colaboração com a investigação (1,5%); iii) a capacidade de evitar a consumação (1%) ou a continuidade do ilícito (2%); e iv) a capacidade de evitar a reincidência (5%).[10] Na prática, portanto, 77,5% do valor máximo da multa[11] está

---

[8] FERRAZ, Luciano. Reflexões sobre a Lei nº 12.846/2013 e seus impactos nas relações público-privadas: lei de improbidade empresarial e não lei anticorrupção. *Revista Brasileira de Direito Público – RBDP*, Belo Horizonte, ano 12, n. 47, p. 33-43, out./dez. 2014. p. 37-38.

[9] As multas previstas na Lei nº 12.846/2013 poderão variar entre 0,1% e 20% do faturamento bruto da pessoa jurídica apenada, excluídos os tributos (art. 6º). Do teto de 20% do faturamento anual, 1 a 4% corresponderão diretamente à existência e qualidade do programa de integridade da organização – ou seja, até 20% do teto máximo da multa a ser aplicada (Decreto Federal nº 8.420/2015, art. 18, inc. V).

[10] As hipóteses atenuantes e os percentuais aplicáveis estão definidos no art. 18 do Decreto Federal nº 8.420/2015.

[11] Com efeito, do teto de 20% do faturamento bruto da pessoa jurídica apenada, estabelecido por lei para o cálculo de multa, a incidência de 15,5% apresenta relação direta ou indireta com o adequado desenvolvimento de programas de integridade (ou seja, 77,5% do valor máximo da multa).

direta ou indiretamente relacionado à implantação e manutenção de um programa de integridade eficiente.

De fato, tal é a importância conferida aos programas de integridade pela Lei Anticorrupção que é possível argumentar que a chave para a compreensão da responsabilidade objetiva na Lei nº 12.846/2013 esteja neste ponto.[12] A análise de culpabilidade da organização passa a corresponder a uma verificação de seu programa de integridade. Havendo um programa eficiente implantado na empresa infratora, pressupõe-se que o cometimento de ilícitos tipificados pela Lei Anticorrupção se trata de ato individual e isolado de determinado colaborador, podendo haver drástica redução das penalidades aplicáveis.

## 3 O que constitui um bom programa de integridade?

Diante do papel conferido pela Lei Anticorrupção aos programas de integridade, passa a ser fundamental o estabelecimento de parâmetros claros e objetivos para a identificação de sua existência e avaliação de sua qualidade. A rigidez dessa análise dependerá do porte da companhia e da proximidade ou dependência de sua atividade em relação ao Poder Público. Por um lado, portanto, considera-se a possibilidade de investimento em atividades de *compliance* (sem que se comprometa o regular desenvolvimento das atividades da organização); por outro, verifica-se o risco de corrupção inerente à atividade da empresa analisada.[13]

Dessa forma, o binômio formado pela capacidade da empresa e pelo risco de corrupção ditará o rigor (ou critério de proporcionalidade) com que serão analisados os programas de integridade.[14] Considerado esse cenário, essa avaliação deve estar focada nos seguintes elementos principais:[15] i) *comprometimento da alta direção* da empresa com o

---

[12] BOTTINI, Pierpaolo Cruz; TAMASAUSKAS, Igor Sant'anna. A interpretação constitucional possível da responsabilidade objetiva na Lei Anticorrupção. *Revista dos Tribunais*, São Paulo, v. 103, n. 947, p. 133-155, 2014. p. 147.

[13] Simplificadamente, para os fins da presente argumentação, risco pode ser entendido como o produto da probabilidade *versus* o impacto de determinado evento (no caso, corrupção).

[14] O §1º do art. 42 do Decreto nº 8.420/2015 apresenta uma série de critérios, mas todos eles podem ser agrupados, para fins da compreensão da lógica de avaliação estabelecida pela norma, no binômio formado pela capacidade da empresa e pelo risco de corrupção.

[15] O rol completo dos critérios de avaliação pode ser encontrado no art. 42 do Decreto snº 8.420/2015.

combate à corrupção;[16] ii) *existência de código de ética;*[17] iii) existência de *procedimentos específicos* para prevenir ilícitos na interação com o setor

---

[16] O comprometimento da alta direção da empresa deve ser expresso de modo evidente e inequívoco. Quanto a isso, a avaliação pode verificar: i) a aprovação formal de um programa de integridade pela alta direção; ii) a veiculação de discursos de apoio ao programa (o que pode ocorrer, por exemplo, via cartas abertas aos colaboradores, atualizadas periodicamente); e iii) a alocação de recursos suficientes, tanto financeiros como humanos, inclusive com criação de departamento de *compliance*, a depender do porte da empresa.

[17] O *código de ética* deve estar vigente e ser aplicável a todos os colaboradores da empresa, indistintamente, inclusive a terceiros em relação comercial com a companhia. Note-se que não se exige expressamente análise da qualidade do código de ética concebido pela organização, o que apresentaria um caráter superior de subjetividade. Não obstante, essa análise qualitativa é inafastável, tendo em vista a teleologia da legislação, que faz referência à existência de programas de integridade eficientes e busca incentivar ações efetivas de dissuasão contra o cometimento de infrações.

público;[18] iv) realização de *due diligence* em M&A (fusões e aquisições societárias); e v) manutenção de *canais de denúncia*.[19] Ocorre que alguns dos elementos indicados pelo regulamento da Lei Anticorrupção como critério de avaliação dos programas de integridade comportam uma carga subjetiva mais importante.

Com efeito, especialmente o comprometimento da alta direção e consequente engajamento do nível gerencial da empresa, apesar de serem decisivos para a independência da gestão interna do programa, são de difícil aferição. O perigo, quanto a isto, é o de que os programas de integridade passem a ser avaliados apenas em face dos critérios mais facilmente verificáveis (como a existência de código de ética, canal de denúncia etc.), negligenciando a análise dos elementos que de fato são os responsáveis, decisivamente, para a eficiência do programa.

Nesse sentido, a ABNT NBR ISO 37001, que estabelece requisitos para a implantação de sistemas de gestão antissuborno,[20] seguindo parâmetros internacionais, é realista ao afirmar que a "natureza da cultura de uma organização é crucial para o sucesso ou falha de um sistema de gestão antissuborno".[21] Por isso, como reconhece o documento, os sistemas de gestão antissuborno isoladamente não garantem a prevenção contra o cometimento de ilícitos dessa natureza. Em atenção a esta subjetividade inerente à avaliação da qualidade de programas de integridade, há iniciativas para o estabelecimento de parâmetros mais precisos de julgamento, como a promovida pela Controladoria-Geral da União através de sua Portaria nº 909/2015, que prevê, por exemplo, que o programa de integridade meramente formal não será considerado como redutor no cálculo das sanções previstas na Lei Anticorrupção, como consta do §2º de seu art. 5º.[22]

---

[18] O programa de integridade deve prever *procedimentos específicos* para prevenir fraudes e ilícitos no âmbito das licitações e contratos administrativos ou em qualquer interação com o setor público, o que depende de previsão em documento de elaboração interna da companhia. Deve haver, aqui também, uma análise de qualidade dos referidos procedimentos específicos para avaliar seu impacto enquanto elemento atenuante no cálculo das penalidades previstas pela Lei Anticorrupção.

[19] Um crivo possível de objetividade no caso dos *canais de denúncia* é a terceirização do serviço de manutenção do canal, com os registros ocorrendo sem a influência direta da companhia, que seria notificada apenas para a adoção das providências cabíveis, quando for o caso.

[20] Portanto um escopo mais restrito que o dos programas de integridade, mas, ainda assim, representativo.

[21] ASSOCIAÇÃO BRASILEIRA DE NORMAS TÉCNICAS. *ABNT NBR ISO 37001*: Sistema de gestão antissuborno – Requisitos com orientações para uso. Rio de Janeiro: ABNT, 2017. p. viii. Primeira edição em 6.3.2017, número de referência ABNT NBR ISO 37001:2017.

[22] A própria Portaria nº 909/2015, entretanto, indica que para realizar essa exclusão é ne-

Portanto, existe o perigo de desvirtuamento do atenuante previsto pela Lei Anticorrupção, no sentido de que os programas de integridade sejam utilizados exclusivamente para fins de enquadramento no critério atenuante estabelecido pela Lei Federal nº 12.846/2013. Salvos os casos em que houver evidências de interferência, é possível que a independência do programa (seu elemento essencial) seja avaliada de forma indireta e pouco confiável, já que para que haja interferência basta uma reunião não programada, uma ligação não registrada ou uma simples conversa de corredores (cuja constatação exigiria a produção daquilo que se convencionou chamar de "prova diabólica").

## 4 É possível alçar os programas de integridade à condição de requisito para a celebração de contratos administrativos?

Além da importância conferida pela Lei Anticorrupção aos programas de integridade, novos diplomas de âmbito localizado passaram a exigir a implantação e manutenção desses programas como requisito para a celebração de contratos administrativos: i) no Rio de Janeiro, a Lei nº 7.753/2017;[23] ii) no Distrito Federal, a Lei Distrital nº 6.112/2018;[24] iii) no Rio Grande do Sul, a Lei nº 15.228/2018;[25] iv) no Amazonas, a Lei nº 4.730/2018;[26] v) em Goiás, a Lei nº 20.489/2019;[27] e vi) em Pernambuco, a Lei nº 16.722/2019.[28] No âmbito federal, o Minis-

---

cessário que o programa de integridade se mostre absolutamente ineficaz para mitigar o risco de ocorrência dos ilícitos previstos na Lei nº 12.846/13, o que dificulta a aplicação do dispositivo.

[23] No Rio de Janeiro a exigência vale para ajustes com valores superiores ao limite estabelecido para a modalidade de licitação concorrência e com prazo de vigência igual ou superior a 180 dias.

[24] A Lei Distrital nº 6.112/18 estabeleceu exigências semelhantes àquelas constantes da nova legislação fluminense, ampliando a linha de corte por valor, que passa a ser o limite da modalidade de licitação tomada de preços.

[25] Neste caso, os limites mínimos são de R$330.000,00 para obras e serviços de engenharia e de R$176.000,00 para compras e serviços em geral, inclusive nas contratações via pregão eletrônico (conforme art. 37 da Lei nº 15.228/18, atualizados de acordo com a regra do art. 120 da Lei Federal nº 8.666/93).

[26] No Amazonas, o limite mínimo para a exigência é o valor da modalidade de licitação por concorrência e com prazo de vigência igual ou superior a 180 dias, à semelhança do que foi estabelecido pela legislação fluminense.

[27] Também o Estado Goiás seguiu os mesmos parâmetros de exigência da legislação fluminense.

[28] Em Pernambuco, o limite mínimo estabelecido é de R$10.000.000,00 para obras e serviços de engenharia cujos contratos tenham sido firmados a partir de 2021, e de R$5.000.000,00,

tério de Estado da Agricultura, Pecuária e Abastecimento (Mapa), por meio da Portaria nº 877, de 6.6.2018, estabeleceu exigência semelhante.[29] Em todos os casos a exigência está vinculada a um valor mínimo de contratação (que varia conforme o caso, mas em geral toma como parâmetro a modalidade de licitação concorrência) e, na maioria deles, isso está conjugado com o estabelecimento de um prazo mínimo como critério de corte.

Note-se que a Lei Federal nº 12.846/2013 apenas estabelece a implantação de programas de integridade como atenuante na mensuração de penalidades, portanto elemento meramente facultativo e apenas benéfico para o particular. Por outro lado, as legislações estaduais que trataram da matéria limitam o campo de atuação comercial das empresas em função da implantação desses programas. Isto é, há uma migração de uma lógica de "bônus" para outra de "ônus" (vinculando a existência de programas de integridade à possibilidade de celebrar ou manter contratos com a Administração Pública).

Nesse contexto, a definição de critérios limitativos da exigência é razoável, isto porque a implantação de programas de integridade exige o emprego de relevantes recursos financeiros e de pessoal, seja no treinamento de colaboradores, na incorporação de especialistas ou na contratação de consultorias. De fato, o estabelecimento de tal exigência de forma indiscriminada tenderia a reduzir a competitividade nos certames públicos, uma vez que afastaria as empresas de porte reduzido e que não contassem com a capacidade técnica ou financeira para implantação e manutenção dos referidos programas. Note-se, nesse sentido, que é possível que os custos de implantação do programa de integridade sejam precificados nas propostas ofertadas ao Poder Público (com impactos, portanto, sobre a economicidade da transação), mas seus efeitos serão menores em empresas de maior porte, uma vez que estarão diluídos num universo maior de operações.

A proliferação das legislações estaduais indicada acima aponta uma tendência normativa para que a exigência de programas de integridade passe a ser um requisito geral para a realização de contratos com a Administração Pública.[30] Entretanto, não se pode falar em una-

---

para esses mesmos contratos, a partir de 2023. Para os contratos em geral, o limite mínimo é de R$10.000.000,00, mas será aplicado apenas a partir de 2024.

[29] Neste caso, a linha de corte da exigência é o valor de R$5.000.000,00 para o contrato, com um prazo de nove meses para que a empresa comprove a implementação do programa de integridade, contados da data de assinatura do ajuste.

[30] Nesse sentido, vale citar o Projeto de Lei nº 22.614/2017, em tramitação na Assembleia Le-

nimidade quanto à matéria. Nesse sentido, no âmbito do Estado de São Paulo, tramitou o Projeto de Lei nº 498/2018, publicado no *Diário da Assembleia* em 11.7.2018, pretendendo tornar obrigatória a adoção dos programas de integridade,[31] mas o parecer da Comissão de Constituição, Justiça e Redação da Assembleia Legislativa foi contrário e o projeto foi arquivado.

Na Câmara Municipal de São Paulo, por seu turno, tramita o Projeto de Lei nº 723/2017, apresentado em 24.10.2017, que, à diferença das legislações estaduais que tratam da matéria, pretende conferir à Administração Pública Municipal a faculdade (e já não o dever) de estabelecer como critério de desempate em licitações a preferência pela contratação de empresas que adotem programas de integridade.[32] A condicionante ao estabelecimento deste critério de desempate seria que não houvesse impacto sobre a competitividade do certame, conforme consta do art. 2º do projeto. Já no caso do Estado do Tocantins (Projeto de Lei nº 8/20180), propõe-se estabelecer a exigência adicional de que as empresas contratadas obtenham a certificação do Sistema de Gestão Antissuborno, em conformidade com a norma ABNT ISO 37001, obtido junto à organização acreditada pelo Inmetro.[33]

A tendência para o estabelecimento dos programas de integridade como requisito para a celebração de contratos administrativos se refletiu, também, na redação final do projeto de lei que propõe a criação de um novo marco legal para licitações e contratos administrativos, substituindo a Lei nº 8.666/1993.[34] O §4º do art. 25 do projeto estabelece que, nas contratações de obras, serviços e fornecimentos "de grande

---

gislativa do Estado da Bahia desde 12.12.2017, que tem como objeto específico a aprovação de lei que disponha sobre a exigência de instituição de programas de integridade pelas empresas que contratarem com o estado. No Estado do Espírito Santo, o Projeto de Lei nº 218/2018, apresentado em 13.8.2018, aponta no mesmo sentido.

[31] Impropriamente, o projeto faz referência a "programa de *compliance*" e não a "programa de integridade". A Lei nº 12.846/13 traz definição apenas para a expressão "programa de integridade". A expressão "programa de *compliance*", mais usualmente utilizada pelo mercado privado, é mais abrangente e não se refere exclusivamente à prevenção ao cometimento de atos de corrupção contra a Administração Pública.

[32] São consideradas empatadas, para este efeito, as propostas apresentadas em valor até 10% superior à proposta com menor preço.

[33] O projeto que tramita na Assembleia Legislativa do Tocantins, entretanto, contraria entendimento do Tribunal de Contas da União, que considera a exigência de certificações restritiva à competitividade (ver, por exemplo, Acórdão nº 1085/2011 – Plenário). Esse entendimento afirma a possibilidade de utilização de certificação dessa natureza apenas para conferir pontuação em fase de julgamento técnico de propostas (classificatória), mas não como pressuposto para a participação no certame ou celebração de contrato.

[34] Substitutivo da Câmara dos Deputados ao Projeto de Lei nº 1.292-F de 1995 do Senado Federal.

vulto", o edital deverá prever a obrigatoriedade de implantação de programa de integridade pelo licitante vencedor, no prazo de seis meses, contados da celebração do contrato. Como fica evidente – e o próprio dispositivo consigna expressamente – o funcionamento dessa exigência depende de regulamentação quanto aos critérios de aplicação (como valor e prazo mínimo da contratação), além da forma de comprovação da eficiência do programa e as penalidades pelo descumprimento da exigência.

## 5 *Compliance* não é panaceia para a solução dos problemas de corrupção

Não obstante as boas intenções que parecem estar na origem das normas regionais tratadas no item anterior, é inconstitucional a criação de pressupostos genéricos para a celebração de contratos administrativos por meio de leis que não tenham abrangência nacional ou, o que é mais grave, por meio de regulamento (como se observa, por exemplo, no caso do Mapa). Com efeito, a Constituição estabeleceu expressamente (art. 22, inc. XXVII) que é competência privativa da União legislar sobre normas gerais de licitação e contratação, em todas as modalidades, para as administrações públicas diretas, autárquicas e fundacionais da União, estados, Distrito Federal e municípios. Nesse contexto, é insustentável argumentar que o reconhecimento da implantação de programas de integridade como requisito para a celebração de contratos administrativos conte com especificidades regionais que afastem tal exigência da condição de norma geral de contratação.

A inexistência de tais especificidades é comprovada pela semelhança de redação entre as diversas leis estaduais já editadas sobre a matéria. O mesmo ocorre no caso dos projetos de lei que ainda se encontram em tramitação nos estados que ainda não aprovaram norma nesse sentido. Além disso, se analisarmos as causas dessas iniciativas, basta o bom senso para confirmar que a corrupção não é um problema de natureza localizada no contexto brasileiro.

De fato, a ausência de peculiaridades regionais quanto à matéria e, portanto, a inexistência de um interesse propriamente localizado confirma o enquadramento da questão como sujeita à norma geral, cuja edição é privativa da União.[35] Se de fato o estabelecimento da exigência

---

[35] Sobre a ponderação de princípios que permite a identificação, de acordo com as circuns-

de programas de integridade como requisito para a celebração de contratos administrativos é elemento essencial ou relevante no combate à corrupção, deve ser adotado em todos os âmbitos da Administração, inclusive em atendimento à regra hermenêutica segundo a qual "havendo duas interpretações possíveis, o intérprete deve escolher a menos favorável à corrupção".[36]

Nos casos em análise, não havendo especificidade regional ou local, dispositivos constantes de legislação estadual, distrital e municipal que versam sobre licitações e contratos administrativos estarão usurpando competência privativa da União, sendo, portanto, inconstitucionais (inconstitucionalidade formal). A Portaria nº 877/2018 do Mapa padece, ainda, de extrapolação do poder regulamentar,[37] uma vez que, de forma evidente, cria obrigações jurídicas que não poderiam ser extraídas da legislação aplicável. Para que a implantação de programas de integridade seja definida como requisito para a contratação pública deve haver previsão em norma adequada.

Nesse sentido, além Projeto de Lei nº 1.292-F de 1995 do Senado Federal (que aborda a questão no §4º de seu art. 25, conforme mencionado), tramitam conjuntamente na Câmara dos Deputados o Projeto de Lei nº 7.149, apresentado em 16.3.2017, e o Projeto de Lei nº 9.062, apresentado em 9.11.2017. O Projeto de Lei nº 7.149/2017 pretende, entre outras coisas, alterar a Lei Anticorrupção, introduzindo o art. 4-A, para estabelecer que pessoas jurídicas que celebrem contrato com a Administração Pública deverão desenvolver programas de integridade.[38] O Projeto de Lei nº 9.062, por seu turno, de forma mais específica, pretende alterar a Lei de Concessões, introduzindo o inc. XVII ao seu art. 18, para tornar exigível, nos editais de licitação para concessão ou permissão de serviços públicos, a comprovação de existência de programa de integridade para pessoas jurídicas que já tenham sido responsabilizadas, nos cinco anos anteriores, por atos contra a Administração Pública nacional tipificados pela Lei Anticorrupção.

Tendo em vista o avanço da questão, é importante refletir desde já sobre a pertinência e consequências do novo relevo que se pretende dar

---

tâncias do caso concreto, da titularidade da competência no caso de concorrência entre entes federativos, ver MARTINS, Ricardo Marcondes. *Estudos de direito administrativo neoconstitucional*. São Paulo: Malheiros, 2015. p. 115-121.

[36] MARTINS, Ricardo Marcondes. *Estudos de direito administrativo neoconstitucional*. São Paulo: Malheiros, 2015. p. 651.

[37] GLASSMAN, Guillermo. Competência regulamentar à luz da teoria dos princípios. *Revista Brasileira de Infraestrutura – RBINF*, Belo Horizonte, ano 6, n. 11, jan./jun. 2017.

[38] Este projeto também faz referência a "programa de *compliance*".

aos programas de integridade no âmbito das contratações públicas. É necessário avaliar, enquanto política de combate à corrupção, a pertinência do estabelecimento desse novo requisito para a celebração de contratos administrativos. Nisto, deve-se levar em conta a enorme diversidade de características dos fornecedores que atendem às mais diversas instâncias da Administração Pública no país e o impacto de tal exigência sobre a competitividade e economicidade dos respectivos certames.

Por isso, para que tal exigência seja compatível com os valores constitucionais em jogo (notadamente economicidade e isonomia), é indispensável o adequado dimensionamento do recorte a ser promovido no universo dos contratados. Esse recorte deve considerar o valor do contrato e prazo de duração de sua vigência como filtros para a incidência da exigência. Portanto, é necessário observar, para além das evidentes vantagens que a adoção de programas de integridade representa, suas limitações.

Nesse sentido, os programas de integridade não são garantia de proteção contra a corrupção. Para confirmar essa assertiva, basta observar os maiores escândalos de corrupção que povoaram as manchetes de jornais na última década. As grandes empresas envolvidas em tais circunstâncias contavam com programas de integridade considerados, até então, como robustos e mesmo como referência de mercado nessa matéria.[39]

Isso parece demonstrar que a cultura das organizações – e não apenas a existência de programa de integridade – pode ser o elemento decisivo para reduzir a probabilidade de cometimento desses ilícitos. Entretanto, a cultura organizacional é um elemento de difícil mensuração. Isso se reflete no caráter subjetivo de avaliação de alguns dos aspectos centrais que definem a eficiência de um programa de integridade, como o engajamento do corpo gerencial da empresa e a independência da equipe responsável pelo desenvolvimento do programa.

O risco do avanço do papel dos programas de integridade no regime de contratação administrativa é que não é simples diferenciar um programa "de fachada" de um programa executado de forma efetiva e eficiente. Por isso, em vez de um elemento dissuasório em face do cometimento de atos atentatórios à Administração Pública, os programas de integridade podem ser usados, a depender do contexto normativo, como um seguro contra a aplicação de sanções no caso da

---

[39] MELO, Luísa; ALVARENGA, Darlan. Para virar a página, empresas investem em planos anticorrupção. *G1 Economia*, 9 jul. 2017. Disponível em: https://g1.globo.com/economia/negocios/noticia/para-virar-a-pagina-empresas-da-lava-jato-investem-em-planos-anticorrupcao.ghtml. Acesso em: 11 de set. 2018.

identificação de ilícitos, garantindo ao menos uma substanciosa redução da culminação originária. Daí a tendência de que isso se torne mais uma etapa burocrática na relação entre empresas e Estado, com provável redução da competitividade dos certames e elevação dos preços ofertados à Administração, sem que disso advenha qualquer garantia de redução do cometimento de ilegalidades.

É provável que os programas de integridade tenham um papel relevante a cumprir no regime de contratações públicas. Entretanto, conferir-lhes um peso superior ao seu impacto real na mitigação dos riscos de cooptação da Administração Pública pelos agentes privados pode ter efeito contrário. Nesse caso, a previsão legal será inconstitucional.

## 6 Um caminho viável para o avanço dos programas de integridade no âmbito das contratações públicas

Tendo em vista o avanço em curso do papel normativo dos programas de integridade, que caminham para se tornar requisito indispensável à celebração de contratos administrativos, é necessário suscitar o debate a respeito da validade jurídica desse movimento. Considerando que a existência de programas de integridade tende a contribuir para a redução da corrupção, é necessário reconhecer que algum grau de valorização normativa desses programas é pertinente. Entretanto, é preciso analisar os moldes que devem ser adotados para tanto, especialmente no que diz respeito ao caráter facultativo ou vinculante da adoção dessa exigência e ao recorte que se dará no universo de contratados para a definição do grupo de incidência dessa nova obrigação.

O primeiro aspecto a ser destacado a respeito da questão é que o benefício decorrente dos programas de integridade não parece ser suficiente para que sua existência prévia seja estabelecida como requisito indispensável e indiscriminado para a participação em licitações públicas ou para a celebração de contratos administrativos. Isso porque os programas de integridade não garantem a proteção do Poder Público contra atos de corrupção, de forma que é desarrazoado alçá-los a critério absoluto. Como critério de desempate, entretanto, esses programas podem ter o peso que de fato merecem,[40] sendo o afastamento de organizações pela ausência de programa de integridade razoável apenas em circunstâncias excepcionais, como no caso de empresas recentemente

---

[40] Como propõe o Projeto de Lei nº 723/2017 da Câmara Municipal de São Paulo.

responsabilizadas pelo cometimento de atos de corrupção.[41]

Em alguns casos, inclusive, a exigência de implantação de programas de integridade como requisito de contratação pública pode contrariar diretamente o interesse público. Não é razoável, por exemplo, que tal exigência seja aplicável no caso de contratação via dispensa de licitação nas hipóteses de emergência ou calamidade pública (previstas no inc. IV, art. 24, da Lei Federal nº 8.666/93). Note-se, quanto a isto, que as legislações analisadas estabelecem requisito para a contratação – e não critério de habilitação em processos licitatórios – razão pela qual a exigência seria em tese aplicável também nas hipóteses de dispensa.

Se a implantação de programa de integridade for estabelecida como requisito de contratação, deve-se definir em quais casos essa exigência é pertinente. Isso permitirá que o impacto dessa exigência sobre a competitividade do certame seja compatível com o risco de corrupção respectivo. Isso pode se dar em função do tipo de atividade a ser contratada, como exemplo, identificando como mais sensíveis contratos de empreitada, tendo em vista o histórico que recai sobre esse tipo de contratação.

Havendo tal exigência, ela deve estar condicionada a limites mínimos de valor e de prazo. Isto porque o seu impacto sobre empresas de porte mais robusto, com contratos mais expressivos, fica relativizado. Inclusive, em geral, essas empresas que já contam com algum tipo de controle de integridade para atender a expectativas de mercado ou exigências das bolsas de valores (no caso de companhias com capital aberto) estarão sujeitas apenas a um esforço incremental, com impacto relativamente reduzido sobre seus custos operacionais.

O ideal é que esse critério de valor seja pensado não apenas em função de contratos isolados, mas do volume de contratação direcionado a determinada empresa ou grupo econômico. Isto porque fornecedores recorrentes travam uma relação especialmente exposta ao risco de corrupção (dada sua reiteração). É por isso que o recorte em função do prazo da contratação também é pertinente, já que uma relação duradoura com a Administração multiplica as possibilidades de desvio.

Estabelecida a exigência de implantação de programa de integridade, é recomendável a estipulação de prazo para o seu cumprimento, como fizeram algumas das legislações estaduais analisadas anterior-

---

[41] Isso é o que consta do Projeto de Lei nº 9.062, que tramita na Câmara dos Deputados, que propõe o estabelecimento de tal obrigação em face de empresas que tenham sido responsabilizadas por atos de corrupção nos últimos cinco anos.

mente. Conferindo prazo razoável[42] para que a empresa contratada implante programa de integridade nos moldes da legislação aplicável, evita-se o afastamento de potenciais interessados na participação do certame. Dessa forma, empresas que ainda não adotaram as práticas de *compliance* serão estimuladas a fazê-lo sem que haja um impacto direto sobre a economicidade e isonomia do certame.

## 7 Conclusões

Os programas de integridade constituem uma parcela relevante da atividade de *compliance* ou de controle de conformidade promovida por organizações preocupadas em criar sistemas de incentivos para que seus executivos e colaboradores desempenhem suas funções respeitando tanto as melhores práticas de gestão como as restrições das normas legais incidentes sobre a companhia. Essa preocupação, evidentemente, não está baseada em altruísmo, mas na prevenção contra efeitos econômicos negativos decorrentes de condutas "não conformes". Se antes esses efeitos estavam vinculados no Brasil principalmente a danos à imagem das empresas, com advento da Lei Anticorrupção, os programas de integridade passam a representar também uma forma de proteção contra a responsabilização dessas pessoas jurídicas por meio de sanções administrativas aplicáveis em face de atos contra a Administração Pública.

Com a visibilidade que os programas de integridade ganharam após a edição da Lei Anticorrupção, iniciativas estaduais buscaram alçá-los à condição de requisito para a celebração de contratos administrativos. Essas legislações, entretanto, estão inquinadas de inconstitucionalidade formal. Isso se dá porque se trata de disciplina geral de licitações e contratos administrativos, cuja competência legislativa é reservada à União.

Em todo caso, projetos que tramitam no Congresso Nacional pretendem superar esse aspecto formal e estabelecer essa exigência como regra básica aplicável em todo território brasileiro. Por isso, é importante refletir também acerca da constitucionalidade material da questão. Nesse ponto é necessário observar que exigir a implantação de programas de integridade de forma irrestrita tende a impactar a economicidade e isonomia dos certames públicos, haja vista os custos

---

[42] Em geral, tem-se previsto prazo de 180 para a solução da pendência.

inerentes a essas atividades.

Por isso, para que os programas de integridade cumpram um papel adequado no cenário das contratações públicas, é preciso que a sua exigência esteja submetida a critérios de razoabilidade. Nesse sentido, é possível estabelecer preferência pelas empresas que contem com tal programa em vez de restringir a participação em licitações ou vedar a contratação daqueles que não tenham implantado seu programa. Ainda, no caso de ser definido efetivamente um novo requisito para contratação, tal exigência é cabível apenas em atividades especialmente sujeitas ao risco de corrupção ou àqueles contratos cujo valor ou prazo indiquem a necessidade de adoção de cuidados especiais. Essas ponderações, uma vez estabelecidas em legislação de alçada nacional, devem permitir que os programas de integridade possam exercer um papel adequado no combate à corrupção no âmbito das contratações públicas.

## Referências

ASSOCIAÇÃO BRASILEIRA DE NORMAS TÉCNICAS. *ABNT NBR ISO 37001*: Sistema de gestão antissuborno – Requisitos com orientações para uso. Rio de Janeiro: ABNT, 2017.

BOTTINI, Pierpaolo Cruz; TAMASAUSKAS, Igor Sant'anna. A interpretação constitucional possível da responsabilidade objetiva na Lei Anticorrupção. *Revista dos Tribunais*, São Paulo, v. 103, n. 947, p. 133-155, 2014.

BRASIL. Câmara dos Deputados. *Redação final do substitutivo da Câmara dos Deputados ao Projeto de Lei nº 1.292-F de 1995 do Senado Federal (PLS nº 163/95 na Casa de origem)*. Estabelece normas gerais de licitação e contratação para as administrações públicas diretas, autárquicas e fundacionais da União, dos Estados, do Distrito Federal e dos Municípios. Disponível em: https://www.camara.leg.br/proposicoesWeb/prop_mostrarintegra;jsessi onid=8CFABCEA7FB6F93702A3796C17CA2836.proposicoesWebExterno2?codteor=1819 390&filename=Tramitacao-PL+1292/1995. Acesso em: 26 de maio de 2020.

BRASIL. Conselho Administrativo de Defesa Econômica. *Guia de compliance*: Orientações sobre estruturação e benefícios da adoção dos programas de compliance concorrencial. Disponível em: http://www.cade.gov.br/acesso-a-informacao/publicacoes-institucionais/ guias_do_Cade/guia-compliance-versao-oficial.pdf. Acesso em: 26 maio 2020.

BRASIL. Controladoria-Geral Da União – CGU. *Portaria CGU n. 909/2015, de 7 de abril de 2015*. Dispõe sobre a avaliação de programas de integridade de pessoas jurídicas. Disponível em: https://repositorio.cgu.gov.br/bitstream/1/34001/8/Portaria909_2015. PDF. Acesso em: 26 maio 2020.

BRASIL. Ministério da Agricultura, Agropecuária e Abastecimento. *Portaria n. 877/2018, de 6 de junho de 2018*. Disponível em: http://www.in.gov.br/materia/-/asset_publisher/ Kujrw0TZC2Mb/content/id/21011070/do1-2018-06-08-portaria-n-877-de-6-de-junhode-2018-21011042. Acesso em: 26 maio 2020.

BRASIL. Presidência da República. Subchefia para Assuntos Jurídicos. *Decreto nº 3.678, de 30 de novembro de 2000*. Promulga a Convenção sobre o Combate da Corrupção de

Funcionários Públicos Estrangeiros em Transações Comerciais Internacionais, concluída em Paris, em 17 de dezembro de 1997. Brasília, 30 nov. 2000. Disponível em: http://www.planalto.gov.br/ccivil_03/decreto/D3678.htm. Acesso em: 26 maio 2020.

BRASIL. Presidência da República. Subchefia para Assuntos Jurídicos. *Decreto nº 8.420, de 18 de março de 2015*. Regulamenta a Lei nº 12.846, de 1º de agosto de 2013, que dispõe sobre a responsabilização administrativa de pessoas jurídicas pela prática de atos contra a administração pública, nacional ou estrangeira e dá outras providências. Brasília, 18 mar. 2015. Disponível em: http://www.planalto.gov.br/ccivil_03/_ato2015-2018/2015/decreto/d8420.htm. Acesso em: 26 maio 2020.

BRASIL. Tribunal de Contas da União. *Acórdão n. 1085/2011*. Plenário. Rel. Min. José Múcio Monteiro. Sessão de 27.4.2011. Disponível em: https://contas.tcu.gov.br/sagas/SvlVisualizarRelVotoAcRtf?codFiltro=SAGAS-SESSAO-ENCERRADA&seOcultaPagina=S&item0=59782. Acesso em: 26 maio 2020.

DISTRITO FEDERAL. *Lei nº 6.112, de 2 de fevereiro de 2018*. Dispõe sobre a obrigatoriedade da implantação do Programa de Integridade nas empresas que contratarem com a Administração Pública do Distrito Federal, em todas esferas de Poder, e dá outras providências. Brasília, 2 fev. 2018. Disponível em: http://legislacao.cl.df.gov.br/Legislacao/consultaTextoLeiParaNormaJuridicaNJUR-497716!buscarTextoLeiParaNormaJuridicaNJUR.action. Acesso em: 26 maio 2020.

ESTADO DA BAHIA. Assembleia Legislativa. *Projeto de Lei n. 22.614/2017, de 12 de dezembro de 2017*. Dispõe sobre a instituição de programa de integridade nas empresas que contratarem com a administração pública do Estado da Bahia e dá outras providências. Salvador, 12 dez. 2017. Disponível em: http://www.al.ba.gov.br/atividade-legislativa/proposicao/PL.-22.614-2017. Acesso em: 26 maio 2020.

ESTADO DE GOIÁS. *Lei nº 20.489, de 10 de junho de 2019*. Cria o Programa de Integridade a ser aplicado nas Empresas que contratarem com a Administração Pública do Estado de Goiás e dá outras providências. Goiânia, 10 jun. 2019. Disponível em: http://www.gabinetecivil.go.gov.br/pagina_leis.php?id=23591. Acesso em: 25 maio 2020.

ESTADO DE PERNAMBUCO. *Lei nº 16.722, de 09 de dezembro de 2019*. Dispõe sobre a obrigatoriedade de implantação de Programa de Integridade por pessoas jurídicas de direito privado que contratarem com o Estado de Pernambuco. Recife, 9 dez. 2019. Disponível em: https://legis.alepe.pe.gov.br/texto.aspx?tiponorma=1&numero=16722&complemento=0&ano=2019&tipo=&url=. Acesso em: 25 maio 2020.

ESTADO DE SÃO PAULO. Assembleia Legislativa. *Projeto de Lei n. 498/2018, de 11 de julho de 2018*. Dispõe sobre a exigência de "Compliance" às empresas que contratarem com a Administração Pública do Estado de São Paulo. São Paulo, 11 jun. 2018. Disponível em: https://www.al.sp.gov.br/propositura/?id=1000222889. Acesso em: 26 maio 2020.

ESTADO DO AMAZONAS. *Lei nº 4.730, de 27 de dezembro de 2018*. Dispõe sobre a instituição do Programa de Integridade nas empresas que contratarem com a Administração Pública do Estado do Amazonas e dá outras providências. Manaus, 27 dez. 2018. Disponível em: https://sapl.al.am.leg.br/media/sapl/public/normajuridica/2018/10303/lei_4730.pdf. Acesso em: 25 maio 2020.

ESTADO DO ESPÍRITO SANTO. Assembleia Legislativa. *Projeto de Lei 218/2018, de 13 de agosto de 2018*. Dispõe sobre a exigência do Programa de Integridade de Conduta – "compliance" às empresas que contratarem com a Administração Pública. Vitória, 13 ago. 2018. Disponível em: http://www3.al.es.gov.br/Sistema/Protocolo/Processo2/Digital.aspx?id=65032&arquivo=Arquivo/Documents/PL/17440410082018(4717)-assinado.pdf#P65032. Acesso em: 26 maio 2020.

ESTADO DO RIO DE JANEIRO. Assembleia Legislativa. *Lei nº 7.753, de 17 de outubro de 2017*. Dispõe sobre a instituição do programa de integridade nas empresas que contratarem com a administração pública do estado do rio de janeiro e dá outras providencias. Rio de Janeiro, 17 out. 2017. Disponível em: http://alerjln1.alerj.rj.gov.br/contlei.nsf/c8a a0900025feef6032564ec0060dfff/0b110d0140b3d479832581c3005b82ad?OpenDocument &Highlight=0,7753. Acesso em: 26 maio 2020.

ESTADO DO RIO GRANDE DO SUL. *Lei nº 15.228, de 25 de setembro de 2018*. Dispõe sobre a aplicação, no âmbito da Administração Pública Estadual, da Lei Federal n.º 12.846, de 1º de agosto de 2013, que dispõe sobre a responsabilização administrativa e civil de pessoas jurídicas pela prática de atos contra a administração pública, nacional ou estrangeira, e dá outras providências. Porto Alegre, 25 set. 2018. Disponível em: http://www.al.rs.gov.br/filerepository/repLegis/arquivos/LEI%2015.228.pdf. Acesso em: 25 maio 2020.

ESTADO DO TOCANTINS. Assembleia Legislativa. *Projeto de Lei n. 8/2018, de 22 de fevereiro de 2018*. Dispõe sobre a instituição da implantação do Programa de Integridade e certificação do Sistema de Gestão Antissuborno para empresas que celebrarem contrato, consórcio ou convênio com a administração pública do Estado do Tocantins e dá outras providências. Palmas, 22 fev. 2018. Disponível em: https://www.al.to.leg.br/arquivos/diario-oficial_2570_43753.PDF. Acesso em: 26 maio 2020.

FERRAZ, Luciano. Reflexões sobre a Lei nº 12.846/2013 e seus impactos nas relações público-privadas: lei de improbidade empresarial e não lei anticorrupção. *Revista Brasileira de Direito Público – RBDP*, Belo Horizonte, ano 12, n. 47, p. 33-43, out./dez. 2014.

GLASSMAN, Guillermo. Competência regulamentar à luz da teoria dos princípios. *Revista Brasileira de Infraestrutura – RBINF*, Belo Horizonte, ano 6, n. 11, jan./jun. 2017.

MARTINS, Ricardo Marcondes. *Estudos de direito administrativo neoconstitucional*. São Paulo: Malheiros, 2015.

MELO, Luísa; ALVARENGA, Darlan. Compliance vira mercado em alta para escritórios de advocacia e consultorias. *G1 Economia*, 9 jul. 2017. Disponível em: https://g1.globo.com/economia/negocios/noticia/compliance-vira-mercado-em-alta-para-escritorios-de-advocacia-e-consultorias.ghtml. Acesso em: 26 maio 2020.

MELO, Luísa; ALVARENGA, Darlan. Para virar a página, empresas investem em planos anticorrupção. *G1 Economia*, 9 jul. 2017. Disponível em: https://g1.globo.com/economia/negocios/noticia/para-virar-a-pagina-empresas-da-lava-jato-investem-em-planos-anticorrupcao.ghtml. Acesso em: 11 de set. 2018.

MUNICÍPIO DE SÃO PAULO. Câmara Municipal. *Projeto de Lei nº 723/2017, de 24 de outubro de 2017*. Estabelece critérios de anticorrupção nas licitações públicas. São Paulo, 24 out. 2017. Disponível em: http://documentacao.camara.sp.gov.br/iah/fulltext/projeto/PL0723-2017.pdf. Acesso em: 26 maio 2020.

SANTOS, Renato Almeida dos *et al*. Compliance e liderança: a suscetibilidade dos líderes ao risco de corrupção nas organizações. *Einstein (São Paulo)*, São Paulo, v. 10, n. 1, p. 1-10, mar. 2012.

---

Informação bibliográfica deste texto, conforme a NBR 6023:2018 da Associação Brasileira de Normas Técnicas (ABNT):

GLASSMAN, Guillermo. Compliance como elemento de combate à corrupção nas contratações públicas. *In*: DAL POZZO, Augusto Neves; MARTINS, Ricardo Marcondes (Coord.). *Aspectos controvertidos do compliance na Administração Pública*. Belo Horizonte: Fórum, 2020. p. 399-417. ISBN 978-65-5518-044-2.

# O *COMPLIANCE* EXIGIDO DAS MICROEMPRESAS (ME) E EMPRESAS DE PEQUENO PORTE (EPP) NA APLICAÇÃO DAS SANÇÕES ADMINISTRATIVAS DA LEI ANTICORRUPÇÃO, SOB UMA PERSPECTIVA DA PROPORCIONALIDADE DECORRENTE DE SUA NATUREZA E REGIME JURÍDICO

ANDRÉ MELO FERREIRA

## I Introdução

É assente no debate tanto na perspectiva pública quanto privada, no Brasil, principalmente, com os reflexos institucionais e sociais, advindos da Operação Lava-Jato, a discussão acerca da integridade empresarial.

Ocorreu clara peregrinação histórica do *Wild West* das atuações estatais, por meio de suas empresas públicas e sociedades de economia mista, bem como da libertinagem da atuação das empresas privadas, ambas na persecução da atividade econômica por suas respectivas finalidades, ao surgimento de uma ética baseada na política institucional de *to comply with*, ou seja, de seguir, obedecer, se ater a um conjunto de propostas com fundamento e teleologias embasadas em condutas éticas e probas, garantindo precipuamente o cessar de condutas que quando perpetradas decorrem em efeitos danosos em vários sistemas sociais, sejam a cultura social, o sistema financeiro, o mercado, o Estado e todo o universo que envolve as interações sociais de maneira direta ou indireta.

A concretização do contexto social deste novo *ethos* culmina na edição da Lei nº 12.846/2013 (Lei Anticorrupção), que determina certo temperamento na aplicação de suas sanções, ao impor a autoridade competente para aplicá-la, a condição de ao fazê-lo, observar a existência de um programa de integridade (aqui sinônimo de programa de *Compliance*) por parte do infrator, conforme art. 7º, VIII: *"a existência de mecanismos e procedimentos internos de integridade*, auditoria e incentivo à denúncia de irregularidades e a aplicação efetiva de códigos de ética e de conduta no âmbito da pessoa jurídica"*. Ou seja, a autoridade competente para aplicação das sanções da supracitada lei, leva em consideração no momento de sua aplicação, a existência de eventuais programas de *compliance* por parte do infrator.

O *compliance* surge como método e mandamento de otimização de quais são e como implementar tais condutas éticas e probas, para que se evitem os comportamentos derivativos de costumes e práticas comuns, com embasamento histórico tradicional, muitas vezes, que decorrem em atos de improbidade e corrupção. Há que se ter em mente, devido às circunstâncias decorrentes da própria dicotomia de regime e natureza existente entre entes públicos e privados, que a cada um cabe um *compliance* subsequente e respectivo às próprias peculiaridades.

Este artigo ater-se-á, no que compete à iniciativa privada, às circunspecções atinentes a programas de *compliance* exigidos a microempresas (ME) e empresas de pequeno porte (EPP), a serem levados em consideração na aplicação de sanções, conforme supracitado, e suas questões atinentes, como a proporcionalidade na exigência das circunstâncias tratadas aqui, entre uma ME ou EPP e uma empresa de grande porte. Levar-se-ão em consideração sua natureza e regime jurídico, conforme exposto pela Constituição Federal e legislação infraconstitucional.

## II Do histórico do *compliance*, bem como sua exigência para dosimetria nas sanções administrativas da Lei nº 12.846/13

Não era fácil aos detentores das posições públicas de responsabilidade, formadas por tal ambiente, compreenderem a distinção fundamental entre os domínios do privado e do público. Assim, eles se caracterizam justamente pelo que separa o funcionário "patrimonial" do puro burocrata, conforme a definição de Max Weber. Para o funcionário "patrimonial", a própria gestão política apresenta-se como assunto de seu interesse particular; as funções, os empregos e os benefícios que deles aufere relacionam-se a direitos pessoais do funcionário e não a interesses objetivos, como sucede no verdadeiro Estado burocrático, em que prevalecem a especialização das funções e o esforço para se assegurarem garantias jurídicas aos cidadãos. A escolha dos homens que irão exercer funções públicas faz-se de acordo com a confiança pessoal que mereçam os candidatos, e muito menos de acordo com suas capacidades próprias. Falta a tudo a ordenação impessoal que caracteriza a vida no Estado burocrático.[1]

Baseado nas concepções sociológicas da teoria da burocracia na administração de Max Webber,[2] Sérgio Buarque de Holanda aponta, em perspectiva crítica, para um problema cultural de confusão entre as esferas do público e privado, conforme demonstrado acima, da qual decorre a noção de patrimonialismo. Os gestores da coisa pública, bem como os da iniciativa privada, detinham e detêm tradicionalmente um relacionamento cujo critério de proficuidade era o clientelismo[3] e a corrupção. Os negócios eram conduzidos por ambas as partes como se não existisse interesse público concernente ao povo, mas apenas os interesses e benefícios relacionados aos direitos pessoais de quem ali engajava em uma relação.

Há no *ethos* social vigente da população, desde a égide do processo de formação histórico colonialista até hoje, uma cultura da qual emanam o favorecimento e a troca de favores, o que inevitavelmente levava à prejudicialidade dos demais em prol de uns poucos, através de uma sistemática de condutas ímprobas e antiéticas. Aqui no Brasil,

---

[1] BUARQUE DE HOLANDA, Sérgio. *Raízes do Brasil*. 26. ed. São Paulo: Companhia das Letras, 2005. p. 145-146. Capítulo V.

[2] É aquela autoridade cujo exercício de suas funções se baseia em uma racionalidade legal, ou burocrática, na qual a atribuição e o exercício da autoridade se baseiam na crença, na legalidade das leis, regulamentos e normas cujo pressuposto de dominação legal vai buscar a sua legitimidade no caráter prescritivo e normativo da lei – proposição de WEBER, Max. *A ética protestante e o espírito do capitalismo*. Edição de Antônio Flávio Pierucci. São Paulo: Companhia das Letras, 2004.

[3] "(cli.en.te.lis.mo) sm. 1. Bras. Prestação ou recebimento de favores políticos, esp. de natureza eleitoral, em troca de benefícios pessoais ou de um grupo. 2. Restr. Relação em que uma pessoa mais poderosa (o patrão) dá assistência ou proteção a outras (os clientes) que dela dependem parcialmente, em troca do apoio destas, esp. através do voto, a seus objetivos políticos. [F.: clientela + -ismo.]" (CLIENTELISMO. *Dicionário Caldas Aulete*. Disponível em: http://www.aulete.com.br/clientelismo. Acesso em: 21 maio 2020.

teorizou o eminente antropólogo tal circunstância na figura do *homem cordial*,[4] aquele cuja cordialidade e lhaneza têm algo por trás, geralmente um *favor*, baseado no costume cultural de levar vantagem.

Tal cenário extrapola os limites territoriais e se dá no mundo, guardadas as devidas proporções de cada povo, nação e maturação de processo histórico, até o final do século XX. Existia nos Estados Unidos o *Foreign Corrupt Practices Act* (FCPA), criado em 1973, que criminalizava as empresas que praticavam atos de corrupção, todavia, não ocorria sua execução efetiva, e pouco era levado em consideração pelas autoridades. Circunstância que se alterou a partir dos anos 2000, quando muitas ações passaram a ser feitas com base neste diploma normativo.

Isto ocorreu devido ao fato de muitos países adotarem estratégias diversas, como a criação de leis com o objetivo de criminalizar e subsequentemente extinguir a ocorrência de tais circunstâncias. Grande parte dos responsáveis para tanto foram as organizações não governamentais, como a transparência internacional e diversas outras.

A partir de então, foi essencial para o surgimento internacional de uma força legal cogente para que se mudasse a cultura da corrupção, a assinatura de diversos tratados, como: Convenção Interamericana Contra a Corrupção (1996), Convenção sobre o Combate à Corrupção de Funcionários Públicos Estrangeiros em Transações Comerciais Internacionais, da Organização para a Cooperação e Desenvolvimento Econômico (OCDE – 1997) e, a principal delas concatenando, abrangendo e ampliando as suas diretrizes, a Convenção das Nações Unidas Contra a Corrupção (ONU – 2003).[5]

Diversas outras jurisdições, como Alemanha, França e Japão, ao longo dos anos 2000, por meio de mudanças nas legislações, passaram

---

[4] BUARQUE DE HOLANDA, Sérgio. *Raízes do Brasil*. 26. ed. São Paulo: Companhia das Letras, 2005. p. 147-148. Capítulo V.

[5] "A Convenção das Nações Unidas contra a Corrupção, ratificada em 31 de outubro de 2003 pela Assembleia Geral da ONU, foi o primeiro diploma legal de combate à corrupção com alcance jurídico-político global e conta com o apoio de 178 Estados signatários. O caráter obrigatório de uma série de disposições da Convenção, em conjunto com a amplitude mundial de sua incidência, fez dela um dos instrumentos mais importantes no combate à corrupção atualmente existentes na comunidade internacional. O rápido crescimento do número de Estados signatários revela sua importância e seu alcance na comunidade internacional, demonstrando a centralidade do combate à corrupção na agenda global. A Convenção reúne 71 artigos divididos em oito capítulos, dos quais quatro representam os eixos centrais de atuação no combate a corrupção", baseados em: a) prevenção; b) criminalização das práticas anticorrupção; c) recuperação de recursos e cooperação internacional; d) adaptações legislativas (SCHERTEL, Francisco Mendes; CARVALHO, Vinicius Marques de. *Compliance*: concorrência e combate à corrupção. 1. ed. São Paulo: Trevisan, [s.d.]. p. 12-13).

a condenar atuações de entes públicos e privados, com as quais antes eram coniventes.[6] Em 2010, a própria Inglaterra editou o *UK Bribery Act* – inclusive após a pressões da própria OCDE – seguindo a cartilha e as diretrizes da ONU e de toda a mudança legislativa em prol do combate à corrupção naquele momento. Tal circunstância indica de maneira inexorável que o combate à corrupção tomou proporções mundiais, ensejando mudanças normativas em todo o globo.

Na realidade brasileira a situação se perfez na mesma contextualização, com o desenvolvimento de uma política de conduta ética e proba, na toada do combate à corrupção, seguindo, entre as outras diversas circunstâncias propugnadas pelas diretrizes da ONU, a das adaptações e evoluções legislativas, com intuito de criar um plexo de regras as quais determinam uma conduta proba a ser seguida, mediante imputação de pena pelo descumprimento.

Criou-se, outrossim, nesta circunstância, uma cultura institucional de combate à corrupção, em ações conjuntas ou de maneira individual, do Ministério Público Federal (MPF), bem como da Polícia Federal (PF), tribunais de contas de municípios (TCM), estados (TCE) e União (TCU), outrossim, das controladorias-gerais de municípios (CGM), estados (CGE) e União (CGU).

Concomitantemente à cultura institucional de combate à corrupção, são latentes as evoluções legislativas, como a Lei nº 8.429/92 (Lei de Improbidade Administrativa), Lei nº 8.666/93 (Lei de Licitações e Contratos), Lei nº 9.613/98 (Lei de Lavagem de Dinheiro), Lei nº 12.527/11 (Lei de Acesso à Informação), e nosso objeto de análise e escrutínio, a Lei nº 12.846/13 (Lei Anticorrupção), sendo todo este contexto a circunstância de deflagração da Operação Lava-Jato, com a coroação do *ethos* vigente de um país onde a corrupção tornou-se objeto de assíduo debate.

Com a edição e aprovação da Lei Anticorrupção, criou-se no Brasil a responsabilização objetiva administrativa e civil das pessoas jurídicas pela prática de atos lesivos que sejam cometidos em seu interesse ou benefício, contra a Administração Pública, nacional ou estrangeira.

---

6  No âmbito do combate à corrupção, por muito tempo a prática de pagar subornos e propinas a agentes estrangeiros foi claramente tolerada por diversos países. Essa postura decorria do entendimento de que a corrupção seria um "mal necessário", destacando-se, inclusive, sua inevitabilidade em determinados mercados emergentes. Na Alemanha, por exemplo, até a década de 1990, o pagamento de valores a autoridades estrangeiras era aceito pela legislação, sendo possível até mesmo a sua dedução na esfera tributária (SCHERTEL, Francisco Mendes; CARVALHO, Vinicius Marques de. *Compliance*: concorrência e combate à corrupção. 1. ed. São Paulo: Trevisan, [s.d.]. p. 11).

No ínterim da retrospectiva histórica aqui trazida, a aprovação da lei despertou grande interesse e atenção sobre o tema do combate à corrupção e tem motivado intensas discussões no setor empresarial brasileiro, sobretudo diante da preocupação das empresas quanto à possibilidade de arcar com sanções severas no âmbito de um processo administrativo de responsabilização.

Assim, a partir da Lei Anticorrupção, surge a previsão legal de um "programa de integridade", em seu art. 7º, que, no caldo cultural acima, gera em todo país, em âmbito público e privado, uma verdadeira eclosão no surgimento do que viemos a entender como sinônimo de programas de *compliance*.

O que viria a ser um programa de integridade ou de *compliance*? O que é *compliance*?

Da própria etimologia da palavra, *compliance* deriva do inglês *to comply*, ou seja:

> to act according to an order, set of rules, or request:
> ex: He's been ordered to have the dog destroyed because it's dangerous, but he refuses to comply.
> ex 2: There are serious penalties for failure to comply with the regulations.
> Sinônimo
> Follow.[7]

Seria, do fenômeno derivativo na linguística, "agir de acordo", "cumprir", "seguir" determinada circunstância. Assim, o programa de integridade ou de *compliance* tem como escopo criar mecanismos e procedimentos que visam estabelecer processos, e que se torne parte da cultura coorporativa (âmbito privado e público, *vide* o fato de o Estado incentivar sua adoção pelos membros da Administração Pública) o cumprimento da legislação, por meio do incentivo de condutas que coadunem com legalidade, ética e probidade, não no sentido de extinguir a prática do ilícito, mas minimizá-la ao máximo.

O art. 7º da Lei Anticorrupção prevê que serão levados em conta pela autoridade estatal competente, entre outras coisas, na hora da aplicação da sanção administrativa, "*a existência de mecanismos e procedimentos internos de integridade*, auditoria e incentivo à denúncia de

---

[7] COMPLY. *Oxford Dictionary*. Disponível em: https://dictionary.cambridge.org/pt/dicionario/ingles/comply. Acesso em: 21 maio 2020.

irregularidades e a aplicação efetiva de códigos de ética e de conduta no âmbito da pessoa jurídica".

Neste contexto, a edição desta lei é uma resposta encampando, outrossim, o movimento global de mudança das estruturas sociais que decorrem da corrupção e na corrupção. Sendo no Brasil, fruto de circunstâncias intrínsecas da antropologia própria do *homem cordial*, patrimonialista e clientelista no âmbito de suas relações. Agora com a Lei Anticorrupção endereçadas tais relações à mudança de uma cultura para a ética e probidade.

## III Do regime jurídico constitucional e administrativo estabelecido às microempresas (ME) e empresas de pequeno porte (EPP)

Uma análise do ordenamento jurídico acerca da disciplina das ME e EPP tem como antecedente a noção orgânica de sistema entre as disposições normativas. Assim, existem pontos intertextuais que corroboram um vínculo holístico entre Constituição Federal, Lei das Licitações e Lei nº 123/2013 (Estatuto das Microempresas e Empresas de Pequeno Porte), segundo a qual há uma teleologia normativa.

Da leitura destes diplomas, depreende-se que o tratamento diferenciado dado às ME e EPP é princípio geral da atividade econômica, bem como regra cujos arranjos estruturais devem privilegiar; segundo afirmação literal dos próprios diplomas. Há uma garantia de benefícios gerais às ME e EPP, previstos nos arts. 170, IX, e 179 da Constituição Federal,[8] bem como arts. 3º, §14, e 5º-A da Lei nº 8.666/1993.[9] Tais

---

[8] "Art. 170. A ordem econômica, fundada na valorização do trabalho humano e na livre iniciativa, tem por fim assegurar a todos existência digna, conforme os ditames da justiça social, observados os seguintes princípios: I - soberania nacional; II - propriedade privada; III - função social da propriedade; IV - livre concorrência; V - defesa do consumidor; VI - defesa do meio ambiente; VII - redução das desigualdades regionais e sociais; VIII - busca do pleno emprego; IX - *tratamento favorecido para as empresas brasileiras de capital nacional de pequeno porte*. [...] Art. 179. A União, os Estados, o Distrito Federal e os Municípios dispensarão *às microempresas e às empresas de pequeno porte*, assim definidas em lei, *tratamento jurídico diferenciado, visando a incentivá-las* pela simplificação de suas obrigações administrativas, tributárias, previdenciárias e creditícias, ou pela eliminação ou redução destas por meio de lei".

[9] "Art. 3º A licitação destina-se a garantir a observância do princípio constitucional da isonomia, a seleção da proposta mais vantajosa para a administração e a promoção do desenvolvimento nacional sustentável e será processada e julgada em estrita conformidade com os princípios básicos da legalidade, da impessoalidade, da moralidade, da igualdade, da publicidade, da probidade administrativa, da vinculação ao instrumento convocatório, do julgamento objetivo e dos que lhes são correlatos. [...] §14. As preferências definidas

prescrições normativas garantem o fundamento hierárquico legal, para os benefícios específicos, previstos no Estatuto das ME e EPP, quais sejam, de ordem: licitatória;[10] de promoção social das ME e EPP e de incentivo a inovações tecnológicas;[11] e tributária.[12]

Surge uma pergunta: qual é o critério jurídico de vínculo destas disposições?

Da observância finalística das normas positivadas nos diplomas legais, depreende-se: o critério jurídico de vínculo entre estas disposições é o conteúdo jurídico do princípio da igualdade.

Em suma, pode-se afirmar que o tratamento diferenciado e favorecido às ME e EPP cumpre com o princípio constitucional da igualdade, previsto no art. 5º, *caput*, da Constituição Federal. Tal tratamento por benefícios a elas concedidos e não concedidos às grandes empresas é o tratar igualmente os iguais e desigualmente os desiguais na medida em que eles se desigualam, garantindo a isonomia formal de todas as empresas perante a lei, e isonomia material para as ME e EPP, já que não têm condição de ingresso no mercado e concorrência como as grandes empresas.[13]

---

neste artigo e nas demais normas de licitação e contratos devem privilegiar o tratamento diferenciado e favorecido às microempresas e empresas de pequeno porte na forma da lei. [...] Art. 5º-A. As normas de licitações e contratos devem privilegiar o tratamento diferenciado e favorecido às microempresas e empresas de pequeno porte na forma da lei".

[10] Situações nas quais a oferta da empresa qualificada for igual, ou até 10% superior (5% no caso do pregão), a mais bem classificada será considerada empatada com ela, sendo-lhe permitido reduzir seu preço abaixo do que havia sido proposto pelo melhor ofertante. Caso desde o início uma ME ou EPP houver feito proposta do mesmo valor, será decidido por sorteio qual usará primeiro a possibilidade de rebaixamento de preços. Na hipótese de o melhor preço original ter sido oferecido apenas por uma microempresa ou pequena empresa, não existiria tal prerrogativa de rebaixar preço, conforme arts. 44 e 45 do Estatuto das ME e EPP.

[11] Segundo os arts. 47 a 49 do Estatuto das ME e EPP, União, estados, Distrito Federal e municípios, com finalidade de exercer a promoção social das ME e EPP e do incentivo a inovações tecnológicas, poderão conceder tratamento diferenciado e simplificado a elas em várias circunstâncias, quais sejam: licitações restritas a ME e EPP, para contratações de até R$80.000,00; licitações em que haja necessidade de subcontratação desse tipo de empresas em percentual não superior a 30% do objeto licitado e destinação direta em empenhos e pagamentos às subcontratadas; licitações em que sejam reservadas cotas de até 25% do objeto para tais empresas, quando se tratar da aquisição de bens e serviços divisíveis.

[12] Conforme art. 146, "d", da Constituição Federal, que determina caber à lei complementar: "definição de tratamento diferenciado e favorecido para as microempresas e para as empresas de pequeno porte, inclusive regimes especiais ou simplificados no caso do imposto previsto no art. 155, II, das contribuições previstas no art. 195, I e §§12 e 13, e da contribuição a que se refere o art. 239. (Incluído pela Emenda Constitucional nº 42, de 19.12.2003)". Trata tal artigo de benefícios referentes ao ICMS, e PIS/Cofins.

[13] De tais exatas circunstâncias afirma Celso Antônio Bandeira de Mello: "Deve-se considerar que estas distintas providências correspondem a um exemplo paradigmático da aplicação positive (ou seja, não só meramente negativa) do princípio da igualdade, o qual, como

O cumprir do princípio da igualdade, em fim último, garante as condições de competição das ME e EPP, *pari passu*, às grandes empresas, concretizando, outrossim, a axiologia constitucional ao realizar valores como redução das desigualdades sociais e regionais, garantindo o desenvolvimento nacional nas mais diversas circunstâncias, conforme art. 3º, II e III da Constituição Federal.

Faz-se clara, portanto, nestas circunstâncias, a garantia literal e teleológica extraída da exegese do ordenamento jurídico pátrio de que há uma clara determinação de tratamento diferenciado, ou seja, tanto em perspectivas macroestruturais, quanto microestruturais, legal e sociologicamente, existe a exigência de tratar com dois pesos e duas medidas as ME e EPP em relação às empresas de grande porte.

## IV Do efetivo programa de *compliance* das ME e EPP e das empresas de grande porte e sua dicotomia implícita advinda do Princípio da Proporcionalidade decorrente do Ordenamento Jurídico Brasileiro, na aplicação de Sanções Administrativas

Em 2015 a Controladoria-Geral da União publicou um guia, seu *Programa de integridade: diretrizes para empresas privadas*.[14] Tal guia tem a finalidade precípua de esclarecer o conceito e o conteúdo do que seria um programa de integridade em consonância com a Lei Anticorrupção e suas regulamentações e apresentar diretrizes que possam auxiliar as empresas a construir ou aperfeiçoar o programa dessa natureza. O documento é eminentemente orientativo e não possui, portanto, caráter normativo ou vinculante.[15]

---

é sabido, conforta tratamentos distintos para situações distintas sempre que exista uma correlação lógica entre o fator discriminante e a diferença de tratamento. No caso concreto, é a própria Constituição Federal que impõe como princípio da ordem econômica, o 'tratamento favorecido para as empresas de pequeno porte constituídas sob as leis brasileiras e que tenham sua sede e administração no país' (art. 170, IX, e 179). Ou seja: ali se determina a outorga de vantagens às sobreditas empresas. É a Lei Magna, portanto, que estabelece uma correlação entre o pequeno porte econômico de uma empresa e a justeza de se lhe atribuir benefícios em sua atividade empresarial" (BANDEIRA DE MELLO, Celso Antônio. *Curso de direito administrativo*. São Paulo: Malheiros, 2015. p. 556).

[14] BRASIL. Controladoria-Geral da União – CGU. *Programa de integridade*. Diretrizes para empresas privadas. Brasília: CGU, 2015. Disponível em: https://www.gov.br/cgu/pt-br/centrais-de-conteudo/publicacoes/etica-e-integridade/arquivos/programa-de-integridade-diretrizes-para-empresas-privadas.pdf. Acesso em: 21 maio 2020.

[15] Lembrando que a autoridade competente para conduzir o processo administrativo de responsabilização, cuja natureza jurídica é sancionadora, no âmbito da União, é a própria CGU.

O objetivo do documento, para além do aspecto punitivo da responsabilização, envolve a criação de uma cultura ética que consubstancia medidas anticorrupção, que podem ser reconhecidas como fator atenuante em eventual processo de responsabilização. O plexo de medidas constitui o programa de integridade. Tais medidas, segundo a própria CGU, no âmbito do guia, mostram diretrizes que possam auxiliar as empresas a construir ou aperfeiçoar políticas e instrumentos destinados à prevenção, detecção e remediação de atos lesivos à Administração Pública, como suborno de agentes públicos nacionais ou estrangeiros, fraude em processos licitatórios ou embaraço às atividades de investigação ou fiscalização de órgãos, entidades ou agentes públicos. Sendo este o programa de *compliance*.

Todavia, depreende-se do documento que a criação de um programa de integridade (ou de *compliance*) não se mostra tarefa fácil e, sim, ao contrário, árdua, sendo a possibilidade efetiva de implantação diretamente proporcional à infraestrutura e, portanto, chamemos de *tamanho* da empresa.

Basicamente o programa se divide em cinco pilares, quais sejam: a) comprometimento e apoio da alta direção; b) instância responsável pelo programa de integridade; c) análise de perfil de riscos; d) estruturação das regras e instrumentos; e) estratégias de monitoramento contínuo.

Cada um destes pilares tem suas peculiaridades de implantação, pois vejamos. Na perspectiva do comprometimento e apoio da alta direção, há que pelo exemplo dos cargos de chefia existir apoio incessante no fomento a uma cultura ética e de respeito às leis e para a aplicação efetiva do programa de integridade. Na criação de uma instância responsável, deve ser dotada de autonomia, independência, imparcialidade e recursos materiais, humanos e financeiros para o pleno funcionamento, com possibilidade de acesso direto, quando necessário, ao mais alto corpo decisório da empresa. Da análise do perfil de riscos, a empresa deverá desenvolver métodos para conhecer seus processos e sua estrutura organizacional, identificar seu programa de integridade: visão geral, área de atuação e principais parceiros de negócio, seu nível de interação com o setor público – nacional ou estrangeiro – e consequente avaliação dos riscos para o cometimento dos atos lesivos da Lei nº 12.846/2013.

Os dois últimos pilares são, outrossim, complexos e demandam um nível organizacional próprio de empresas grandes. Na estruturação de regras e instrumentos, existem diversos passos a serem implantados, como: padrões de ética e conduta; regras, políticas e procedimentos de mitigação do risco; comunicação e treinamento dos funcionários; canais de denúncias; medidas disciplinares; ações de remediação, entre outras circunstâncias peculiares a cada passo.

No que diz respeito às estratégias de monitoramento contínuo, empresa deve elaborar um plano de monitoramento para verificar a efetiva implementação do programa de integridade e possibilitar a identificação de pontos falhos que possam ensejar correções e aprimoramentos. Um monitoramento contínuo do programa também permite que a empresa responda tempestivamente a quaisquer riscos novos que tenham surgido, verificando, de fato, se o programa é efetivo.

Conclui-se de tal circunstância a assertiva de que seguir esses trilhos é tarefa árdua, dispendiosa e demandante de forma estrutural e financeira da efetiva implantação de um programa de integridade ou de *compliance*.

Todavia, extrai-se também uma dúvida: os impactos para a implantação de um programa de integridade são os mesmos para as ME e EPP e empresas de grande porte, para que a exigência de sua existência se faça de forma unívoca e indiscriminada a ambas, na aplicação das sanções administrativas?

Há diversas circunstâncias fáticas e jurídicas a serem levadas em consideração, vejamos as fáticas.

É evidente que uma empresa com maior receita, capital de giro, infraestrutura e capacidade organizacional, quais sejam as grandes empresas, tem maiores possibilidades de implementar um programa de integridade, nos moldes da Lei Anticorrupção, segundo o observado pelo guia da CGU, conforme colocado. Já não é o caso das ME e EPP, por obviedade ululante. As ME e EPP, por sua própria natureza,[16] contam com infraestrutura enxuta e faturamento e capital de giro que não lhes permitem, por decorrência desta situação, implementar o programa de integridade, aqui tratado, na mesma proporção que as empresas de grande porte.

---

[16] Estatuto das ME e EPP: "Art. 3º Para os efeitos desta Lei Complementar, consideram-se microempresas ou empresas de pequeno porte, a sociedade empresária, a sociedade simples, a empresa individual de responsabilidade limitada e o empresário a que se refere o art. 966 da Lei no 10.406, de 10 de janeiro de 2002 (Código Civil), devidamente registrados no Registro de Empresas Mercantis ou no Registro Civil de Pessoas Jurídicas, conforme o caso, desde que: I - no caso da microempresa, aufira, em cada ano-calendário, receita bruta igual ou inferior a R$360.000,00 (trezentos e sessenta mil reais); e II - no caso de empresa de pequeno porte, aufira, em cada ano-calendário, receita bruta superior a R$360.000,00 (trezentos e sessenta mil reais) e igual ou inferior a R$4.800.000,00 (quatro milhões e oitocentos mil reais)".

Há clara diferença situacional fática entre ME e EPP e as empresas de grande porte, cujo contexto, pode-se afirmar, não há que se falar em mesma exigência de programa de integridade para se levar em conta a aplicação de sanções administrativas, entre ambos tipos de empresa, *vide* o fato de que o parâmetro de avaliação do que seria efetivo para uma e outra é completamente diferente, diante destas diferenças. Seria circunstância injusta diante de tal situação.

Não obstante este cenário, é da mesma forma uma violação do direito estabelecer tal exigência equânime, na medida em que esta fere a isonomia.

Observamos, segundo explicado no item II deste artigo, que o tratamento diferenciado entre as micro e pequenas empresas observa uma circunstância holística e sistemática do ordenamento jurídico brasileiro, de modo que, para que se cumpra a programática constitucional de concretização da igualdade, há que se dispensar tratamento diferenciado às ME e EPP, em relação às empresas de grande porte, caso contrário, tal circunstância fere frontalmente não só a isonomia, como outrossim uma série de valores do ordenamento jurídico demonstrada.

Não há necessidade de ser explícita a previsão de que se exije em níveis diferentes o programa de integridade de uma ME e EPP em relação às empresas de grande porte, na Lei Anticorrupção, conforme são feitos os benefícios, por meio de previsão infraconstitucional específica, conforme a Lei de Licitações e Contratos e o Estatuto das ME e EPP.

Tal necessidade é uma exigência implícita do sistema, baseada na necessidade de concretização e otimização do princípio da proporcionalidade, tão caro à aplicação das sanções administrativas, principalmente diante da teleologia normativa expressa no ordenamento jurídico ao tratamento discriminado a ser feito entre as ME e EPP em relação às grandes empresas. Antes de explicar o porquê, cabe uma pequena digressão.

Padece no tempo, portanto inaplicável, o princípio de hermenêutica *in claris cessat interpretativo*, ou seja, não é porque a lei não diz de maneira explícita, que não há elementos pelos quais se extrai a interpretação. Indiscutível que a reverberação linguística do texto normativo não se esgota na literalidade, muito menos de perspectiva isolada, seria esta uma incorreta interpretação do fenômeno jurídico.[17]

---

[17] Neste sentido, Ricardo Marcondes Martins: "Considero incorreto restringir a interpretação jurídica à compreensão da literalidade de um texto normativo ou, noutros termos, à compreensão do sentido de um texto isoladamente considerado. Mais precisamente: interpretar a frase isolada não se confunde com interpretar a frase inserida no ordenamento

Como se propugnar que sentido faria da norma se esgotar apenas com a exposição literal de uma prescrição? Não faz sentido tal assertiva ante a correta interpretação do fenômeno jurídico.

De tal forma, questiona-se: diante da inexistência de mandamento literal que autoriza a autoridade administrativa a utilizar dois pesos e duas medidas na aplicação da sanção, qual o fundamento jurídico para a concretização da isonomia em tratar com discrímen as ME e EPP neste caso? Simples, a exigência da proporcionalidade nas sanções administrativas.

A proporcionalidade teve seu estudo pioneiro, desenvolvimento e aplicação clássica no âmbito do direito administrativo, do qual surge a metáfora que alguns atribuem a Fritz Fleiner[18] e outros a Walter Jellinek:[19] "não se abatem pardais disparando canhões". Ou seja, não se pune desmedidamente uma circunstância pela qual a punição se faz desproporcional. A autoridade estatal no exercício do poder de polícia, enquanto atividade administrativa, como no caso da CGU, deve ter a proporcionalidade como primor da atividade ao sancionar, sob risco de violar a isonomia ao não ser proporcional.

A ideia da proporcionalidade em sentido técnico, como aquele propugnado no art. 2º da Lei nº 9.784/99 (Lei de Processo Administrativo Federal),[20] reforça esta ideia de que a atuação da Administração Pública no exercício de suas funções (da qual sancionar faz parte) é adstrita à proporcionalidade. Tal noção atual vinculada ao direito público, de limitação ou restrição do poder estatal, tem como escopo a manutenção do equilíbrio dos diversos feixes e sistemas que formam o Estado e a profícua convivência entre ambos.

---

jurídico. Interpretar a literalidade da frase isoladamente considerada não é interpretar o Direito. Insisto: a interpretação jurídica não se restringe à compreensão de frases isoladas, destacadas do ordenamento, mas de frases inseridas no ordenamento e compreendidas a partir dele. O que Black chama de interpretação não é 'interpretação jurídica', mas interpretação de frases extraídas dos textos normativos com abstração de que são partes integrantes deles" (MARTINS, Ricardo Marcondes. Teoria geral da interpretação jurídica: considerações críticas à obra de Black. *Revista de Direito Administrativo e Infraestrutura*, São Paulo, v. 3, ano 1, out./dez. 2017).

[18] BARROS, Suzana de Toledo. *O princípio da proporcionalidade e o controle de constitucionalidade das leis restritivas de direitos fundamentais*. 2. ed. Brasília: Brasília Jurídica, 2000. p. 44.

[19] LAURENTIS, Lucas Catib de. *A proporcionalidade no direito constitucional*: origem, modelos e reconstrução dogmática. Tese (Doutorado) – Universidade de São Paulo, São Paulo, 2015. p. 48. Disponível em: https://www.teses.usp.br/teses/disponiveis/2/2134/tde08122015075557/publico/Tese_Proporcionalidade_Lucas_Laurentiis_Versao_Final.pdf. Acesso em: 21 maio 2020.

[20] "Art. 2º A Administração Pública obedecerá, dentre outros, aos princípios da legalidade, finalidade, motivação, razoabilidade, *proporcionalidade*, moralidade, ampla defesa, contraditório, segurança jurídica, interesse público e eficiência".

Historicamente, a proporcionalidade teve um grande desenvolvimento nas teorias constitucionalistas do Pós-Segunda Guerra Mundial, no ímpeto de resguardar os direitos fundamentais, como resposta aos horrores praticados no nazismo, que administrava sem temperamento proporcional o estrito legalismo. No nazismo, a defesa das autoridades estatais que praticaram os mais aberrantes atos era a justificação com base em estar apenas cumprindo a lei vigente à época. Cumpria-se a lei de ofício apenas.

Há em tais circunstâncias na epistemologia jurídica da nomogênese da proporcionalidade, um estreitamento entre esta e a isonomia, ante o fato de que o cumprimento da lei – segundo um parâmetro exclusivo do estrito legalismo sem proporcionalidade para as diferentes circunstâncias fáticas e jurídicas de cada destinatário da norma – se olvida às realidades diferentes das pessoas físicas e jurídicas, ferindo violentamente a isonomia.

De tal forma, o fundamento – para interpretação teleológica e sistemática, e, não, da estrita legalidade, de que se exija um programa de integridade das ME e EPP diferente do exigido pelas grandes empresas – é o princípio da proporcionalidade como uma exigência do sistema jurídico brasileiro para concretização da isonomia, doravante, da Constituição Federal e legislação infraconstitucional supracitada. Trata-se aqui do espírito da lei.

## V Conclusão

É indiscutível que o programa de integridade como pressuposto a ser levado em consideração para a sanção administrativa segundo a Lei Anticorrupção é uma boa alternativa para superar o *status* social imbuído no *ethos* histórico do patrimonialismo e clientelismo, cujo resultado sociológico personifica-se no *homem cordial* de Sérgio Buarque de Holanda.

A cultura advinda do processo de formação cultural pressupõe mudanças de mentalidade cujas proposições do programa de *compliance* são capazes de trazer, inclusive, em perspectivas a serem comparadas à burocracia weberiana teorizada na obra *A ética protestante e o espírito do capitalismo*, vez que propõe a criação e manutenção de normas e regras, cuja atribuição e exercício da autoridade se baseiam na crença, na legalidade das leis, regulamentos e normas, cujo pressuposto de dominação legal vai buscar a sua legitimidade no caráter prescritivo e normativo com base na impessoalidade e legalidade, cumpridas através de condutas éticas e probas.[21]

Os cinco pilares da estrutura do programa de integridade – a) comprometimento e apoio da alta direção; b) instância responsável pelo programa de integridade; c) análise de perfil de riscos; d) estruturação das regras e instrumentos; e) estratégias de monitoramento contínuo –, indubitavelmente, fornecem uma formalidade fática e possível para que o *compliance* seja de fato uma alternativa ao problema endêmico da corrupção estrutural.

Os efeitos de implantação de tais programas com o incentivo da Lei Anticorrupção, de fato, são incentivos que combatem diretamente a corrupção pela mudança de um comportamento socialmente incrustrado em nossa cultura.

Todavia, não se pode (não obstante a previsão da Lei Anticorrupção de se levar em conta o faturamento das pessoas jurídicas para aplicar sanções, conforme seu art. 6º)[22] fazer com que a empresa entre em falência, por se exigir que essa implante um projeto de infraestrutura não compatível com sua própria natureza.

É necessário que se interprete o ordenamento jurídico brasileiro como um sistema ordenado e coerente, do qual se extrai com base no princípio da proporcionalidade que a autoridade administrativa competente, no exercício do poder de polícia, ao sancionar determinada ME ou EPP com base na Lei Anticorrupção, deve fazê-lo levando em consideração o programa de integridade que é possível que aquela empresa tenha por suas condições, e não exigir dela como se exigiria de uma grande empresa.

---

[21] WEBER, Max. *A ética protestante e o espírito do capitalismo*. Edição de Antônio Flávio Pierucci. São Paulo: Companhia das Letras, 2004.

[22] "Art. 6º Na esfera administrativa, serão aplicadas às pessoas jurídicas consideradas responsáveis pelos atos lesivos previstos nesta Lei as seguintes sanções: I - multa, no valor de 0,1% (um décimo por cento) a 20% (vinte por cento) do *faturamento* bruto do último exercício anterior ao da instauração do processo administrativo, excluídos os tributos, a qual nunca será inferior à vantagem auferida, quando for possível sua estimação; e II - publicação extraordinária da decisão condenatória. §1º As sanções serão aplicadas fundamentadamente, isolada ou cumulativamente, de acordo com as peculiaridades do caso concreto e com a gravidade e natureza das infrações. §2º A aplicação das sanções previstas neste artigo será precedida da manifestação jurídica elaborada pela Advocacia Pública ou pelo órgão de assistência jurídica, ou equivalente, do ente público. §3º A aplicação das sanções previstas neste artigo não exclui, em qualquer hipótese, a obrigação da reparação integral do dano causado. §4º Na hipótese do inciso I do caput, caso não seja possível utilizar o *critério do valor do faturamento* bruto da pessoa jurídica, a multa será de R$6.000,00 (seis mil reais) a R$60.000.000,00 (sessenta milhões de reais)".

Seria a *pena de morte* de uma ME ou EPP exigir que realize a implantação de um programa de integridade na mesma medida que uma empresa de grande porte, ou sancioná-la por não a ter feito nas mesmas perspectivas, ante as condições estruturais completamente díspares dos dois tipos.

O tratamento desigual, neste quesito da exigência e análise da existência para aplicação de uma sanção administrativa, dispensado a uma ME ou EPP em comparação a uma empresa de grande porte, é uma imposição da abstração correta do fenômeno jurídico pela concretização da programática constitucional pela isonomia através da proporcionalidade.

## Referências

BANDEIRA DE MELLO, Celso Antônio. *Curso de direito administrativo*. São Paulo: Malheiros, 2015.

BARROS, Suzana de Toledo. *O princípio da proporcionalidade e o controle de constitucionalidade das leis restritivas de direitos fundamentais*. 2. ed. Brasília: Brasília Jurídica, 2000.

BRASIL. *Constituição da República Federativa do Brasil, de 05 de outubro de 1988*. Disponível em: http://www.planalto.gov.br/ccivil_03/constituicao/constituicao.htm. Acesso em: 21 maio 2020.

BRASIL. Controladoria-Geral da União – CGU. *Programa de integridade*. Diretrizes para empresas privadas. Brasília: CGU, 2015. Disponível em: https://www.gov.br/cgu/pt-br/centrais-de-conteudo/publicacoes/etica-e-integridade/arquivos/programa-de-integridade-diretrizes-para-empresas-privadas.pdf. Acesso em: 21 maio 2020.

BRASIL. *Lei Complementar nº 123, de 14 de dezembro de 2006*. Disponível em: http://www.planalto.gov.br/ccivil_03/leis/lcp/lcp123.htm. Acesso em: 21 maio 2020.

BRASIL. *Lei Federal nº 12.846, de 01 de agosto de 2013*. Disponível em: http://www.planalto.gov.br/ccivil_03/_ato2011-2014/2013/lei/l12846.htm. Acesso em: 21 maio 2020.

BRASIL. *Lei Federal nº 8.666, de 21 de junho de 1993*. Disponível em: http://www.planalto.gov.br/ccivil_03/Leis/L8666compilado.htm. Acesso em: 21 maio 2020.

BUARQUE DE HOLANDA, Sérgio. *Raízes do Brasil*. 26. ed. São Paulo: Companhia das Letras, 2005.

CLIENTELISMO. *Dicionário Caldas Aulete*. Disponível em: http://www.aulete.com.br/clientelismo. Acesso em: 21 maio 2020.

COMPLY. *Oxford Dictionary*. Disponível em: https://dictionary.cambridge.org/pt/dicionario/ingles/comply. Acesso em: 21 maio 2020.

LAURENTIS, Lucas Catib de. *A proporcionalidade no direito constitucional*: origem, modelos e reconstrução dogmática. Tese (Doutorado) – Universidade de São Paulo, São Paulo, 2015. Disponível em: https://www.teses.usp.br/teses/disponiveis/2/2134/tde08122015075557/publico/Tese_Proporcionalidade_Lucas_Laurentiis_Versao_Final.pdf. Acesso em: 21 maio 2020.

MARTINS, Ricardo Marcondes. Proporcionalidade e boa administração. *Revista Eletrônica da Faculdade de Direito da PUC-SP*, v. 3, p. 310-338, 2015.

MARTINS, Ricardo Marcondes. Teoria geral da interpretação jurídica: considerações críticas à obra de Black. *Revista de Direito Administrativo e Infraestrutura*, São Paulo, v. 3, ano 1, out./dez. 2017.

SCHERTEL, Francisco Mendes; CARVALHO, Vinicius Marques de. *Compliance*: concorrência e combate à corrupção. 1. ed. São Paulo: Trevisan, [s.d.].

WEBER, Max. *A ética protestante e o espírito do capitalismo*. Edição de Antônio Flávio Pierucci. São Paulo: Companhia das Letras, 2004.

---

Informação bibliográfica deste texto, conforme a NBR 6023:2018 da Associação Brasileira de Normas Técnicas (ABNT):

FERREIRA, André Melo. O compliance exigido das microempresas (ME) e empresas de pequeno porte (EPP) na aplicação das sanções administrativas da Lei Anticorrupção, sob uma perspectiva da proporcionalidade decorrente de sua natureza e regime jurídico. In: DAL POZZO, Augusto Neves; MARTINS, Ricardo Marcondes (Coord.). *Aspectos controvertidos do compliance na Administração Pública*. Belo Horizonte: Fórum, 2020. p. 419-435. ISBN 978-65-5518-044-2.

# ACORDO DE NÃO PERSECUÇÃO CIVIL

# REFLEXÕES SOBRE O ACORDO DE NÃO PERSECUÇÃO CÍVEL

RODRIGO BORDALO

1 Introdução

A dinâmica jurídica é um dos fenômenos mais fascinantes do direito. Resulta, amiúde, do embate entre a dogmática e a zetética,[1] entre o entendimento consolidado e as dúvidas e os questionamentos sobre ele incidentes. Determinado instituto, construído sobre bases normativas firmes, sofre ao longo do tempo desconstruções que abalam sua consistência teórico-jurídica, muitas vezes resultantes de preceitos esparsos e específicos em confronto com o delineamento geral, ou mesmo de declarações (judiciais ou administrativas) que o relativizam. O que era sólido assume contornos mais frágeis, e cada vez mais, a ponto de restar superado, dando lugar a uma nova concepção.

O acordo de não persecução cível (ANPC) está inserido nesse contexto. A indisponibilidade do interesse público servia como premissa à impossibilidade de soluções consensuais em sede de improbidade

---

[1] Tércio Sampaio Ferraz Júnior procede à distinção entre a dogmática jurídica e a zetética jurídica como critérios de estudo sobre determinado objeto (FERRAZ JUNIOR, Tércio Sampaio. *Introdução ao estudo do direito*. 2. ed. São Paulo: Atlas, 1996. p. 37). A primeira noção parte de uma premissa inquestionável, vinculada que está a conceitos fixos e imutáveis. Já o enfoque zetético baseia-se em questionamentos sucessivos. Seu escopo é saber o que é uma coisa, sem qualquer preocupação com a delimitação de premissas.

administrativa, encontrando no art. 17, §1º, da Lei nº 8.429/1992 (Lei da Improbidade Administrativa) o seu embasamento no direito positivo.[2] No entanto, passou-se a desenvolver um sistema de negociação no direito público brasileiro, tanto na esfera penal quanto na extrapenal, que acabou por alcançar o regime da improbidade, atualmente compatível com a consensualidade, sobretudo em razão da alteração promovida pela Lei nº 13.964/2019, a qual, embora conhecida como Lei Anticrime, alterou pontualmente, mas de modo significativo, a Lei de Improbidade, ao contemplar o acordo de não persecução cível.

Ocorre que a previsão dessa solução negociada não foi acompanhada de um delineamento legal mais preciso sobre os seus requisitos, o que instaura dificuldades de sua implementação. A insegurança pretérita em relação à possibilidade ou não de acordo em improbidade foi substituída pela incerteza quanto aos contornos da negociação. Esse é o desafio atual.

## 2 Progressiva superação normativa do paradigma

### 2.1 Evolução do direito positivo e as posições doutrinárias

A edição da Lei nº 8.429/92 deu-se em um contexto totalmente refratário à solução consensual no âmbito do direito público, de modo a justificar a vedação vertida no art. 17, §1º. O fundamento para tanto girava na órbita do postulado da indisponibilidade do interesse público, "pedra de toque" do regime jurídico-administrativo.[3] A interesse indisponível e acordo eram reputadas noções antagônicas, incompatíveis entre si. A mesma solução prevalecia no direito penal brasileiro, o qual igualmente baseava-se na noção de indisponibilidade, de modo a afastar, como regra, a possibilidade de uma justiça penal negociada.

O cenário, contudo, foi progressivamente sofrendo alterações.

No âmbito penal, a Lei nº 9.099/1995 instituiu mecanismos consensuais: a transação penal (art. 76) e a suspensão condicional do processo (art. 89), adstritas, em regra, a crimes de menor potencial ofensivo. No que se refere à colaboração premiada, embora já houvesse

---

[2] Redação até a edição da Lei nº 13.964/2019: "É vedada a transação, acordo ou conciliação nas ações de que trata o *caput*". Durante o interregno da Medida Provisória nº 703/2015, o dispositivo foi revogado, restabelecendo-se posteriormente.
[3] BANDEIRA DE MELLO, Celso Antônio. *Curso de direito administrativo*. 31. ed. [s.l.]: [s.n.], 2014. p. 55.

dispositivos esparsos admitindo a sua aplicação na seara criminal,[4] o seu robustecimento deu-se com a Lei nº 12.850/2013, que dispõe sobre o crime organizado. Mencionem-se convenções internacionais que foram internalizadas no ordenamento pátrio, a exemplo da Convenção de Palermo (Convenção das Nações Unidas contra o Crime Organizado Transnacional)[5], incorporada pelo Decreto nº 5.015/2004, com expressa previsão de mecanismos de incentivo à colaboração ou cooperação dos infratores do esquema ilegal.

Na seara extrapenal, cite-se o contexto em que "não era possível a celebração de TAC quando em voga os denominados direitos indisponíveis, o que restou superado pelas leis, doutrina e jurisprudência".[6] Ao longo do último decênio, as alterações legislativas foram marcantes em prol da consensualidade, como a Lei nº 12.846/2013 (conhecida como Lei Anticorrupção ou Lei da Improbidade Empresarial), que previu a possibilidade de ser celebrado acordo de leniência em casos de prática de atos lesivos à Administração Pública nacional ou estrangeira por sociedades simples ou empresarias. Posteriormente, a Lei nº 13.140/2015 disciplinou a mediação entre particulares, bem como a autocomposição de conflitos em que for parte pessoa jurídica de direito público. Igualmente merece menção o Código de Processo Civil de 2015, que instaurou um regime pautado pelas soluções negociais.[7]

Verificou-se, portanto, a instauração de uma incongruência. Conquanto admitida a negociação no âmbito de infrações penais, inclusive as de natureza grave, bem como em outras searas, como no campo de atos lesivos ao patrimônio público praticados por empresas, o regime da improbidade administrativa repelia a consensualidade.[8]

---

[4] Cite-se, como exemplo, a Lei nº 9.080/1995, a qual introduziu a colaboração na Lei nº 7.492/1986, que dispõe sobre o Sistema Financeiro Nacional e os respectivos crimes.

[5] Outros exemplos são a Convenção de Mérida e a Convenção da OEA contra a Corrupção.

[6] OSÓRIO, Fábio Medina. Natureza jurídica do instituto da não persecução cível previsto na lei de improbidade administrativa e seus reflexos na lei de improbidade empresarial. *Migalhas*, 10 mar. 2020. p. 53. Disponível em: https://www.migalhas.com.br/depeso/321402/natureza-juridica-do-instituto-da-nao-persecucao-civel-previsto-na-lei-de-improbidade--administrativa-e-seus-reflexos-na-lei-de-improbidade-empresarial.

[7] Arts. 190 e 200. De acordo com Didier e Bonfim, a colaboração premiada e o acordo de leniência com efeitos na improbidade administrativa são considerados negócios jurídicos atípicos, nos termos do art. 190 do CPC (DIDIER JR., Fredie; BOMFIM, Daniela Santos. A colaboração premiada como negócio jurídico processual atípico nas demandas de improbidade administrativa. *Revista de Direito Administrativo & Constitucional*, Belo Horizonte, n. 67, jan./mar. 2017).

[8] Cite-se o contexto envolvendo a Medida Provisória nº 703/2015, a qual revogou o §1º do art. 17 da Lei nº 8.429/1992, mas que posteriormente perdeu sua eficácia, ante a não conversão da MP pelo Congresso Nacional.

A interpretação literal do comando do §1º do art. 17 da Lei nº 8.429/1992 levava a uma situação absurda: seria possível negociar sanções tidas como mais graves pelo sistema porque decorrente da prática de crimes (por definição, o ilícito mais reprovável), mas não seria possível negociar no âmbito de uma ação de improbidade administrativa.[9]

Esse anacronismo foi enfatizado por diversos juristas, entre os quais Andrey Borges de Mendonça, referido pelo Ministro Alexandre de Moraes no julgamento que reconheceu repercussão geral no ARE nº 1.175.650, *in verbis*:

> Não há sentido em fornecer benefícios para alguém colaborar no âmbito criminal e esse mesmo agente ser punido pela Lei de Improbidade, exatamente em razão dos mesmos fatos. A incoerência na atuação estatal – reconhecendo benefícios em uma seara e negando em outra – demonstra até mesmo deslealdade do Poder Público com aquele que contribuiu para a persecução dos agentes ímprobos, abrindo mão de seu direito a não se autoincriminar. Esta incoerência é reforçada quanto a Ação de Improbidade se baseia justamente nos elementos desvelados pelo colaborador.

Com assento no plexo normativo citado, bem como nas críticas doutrinárias tecidas, passou-se a defender a revogação tácita da vedação vertida no art. 17, §1º, da Lei de Improbidade.[10]

O entendimento da derrogação da Lei nº 8.429/92 foi reforçado pelo acréscimo normativo sofrido na Lei de Introdução às Normas do Direito Brasileiro (LINDB), nos termos da Lei nº 13.655/2018 (tratada por alguns autores como a Lei da Segurança para a Inovação Pública). Conforme o seu art. 26, para eliminar irregularidade, incerteza jurídica

---

[9] Trecho extraído no parecer expedido no âmbito da Procuradoria do Município de São Paulo, pela Coordenadoria-Geral do Consultivo, da lavra do Procurador Municipal Fábio Vetritti Filho (parecer ementado sob o nº 11.799, incorporado na Informação nº 1.574/2017).

[10] DIDIER JR., Fredie; BOMFIM, Daniela Santos. A colaboração premiada como negócio jurídico processual atípico nas demandas de improbidade administrativa. *Revista de Direito Administrativo & Constitucional*, Belo Horizonte, n. 67, jan./mar. 2017. No mesmo sentido posicionou-se Luciano Godoy, ao fazer referência à Lei nº 13.140/2015: "É certo que o dispositivo referido menciona a 'conciliação de que trata o *caput*', fazendo referência às hipóteses de composição de litígios entre órgão da Administração Pública Federal, quer direta, quer indireta. No entanto, certo é que a nova Lei da Mediação trouxe expressamente a possibilidade de composição, acordo, transação e mediação no âmbito das ações de improbidade administrativa, revogando implicitamente o artigo 17, §1º, da Lei 8.429/1992" (GODOY, Luciano. Acordo e mediação na ação de improbidade administrativa. *Jota*, 3 ago. 2015. Disponível em: http://jota.info/acordo-e-mediacao-na-acao-de-improbidade-administrativa).

ou situação contenciosa na aplicação do direito público, a autoridade administrativa poderá celebrar compromisso com os interessados. O preceito representa permissivo geral para que o Poder Público celebre acordos, tendo conferido outro patamar à consensualidade na Administração. Sobre aludida generalidade, convém destacar o Enunciado nº 21, elaborado pelo Instituto Brasileiro de Direito Administrativo (IBDA): "Os artigos 26 e 27 da LINDB constituem cláusulas gerais autorizadoras de termos de ajustamento, acordos substitutivos, compromissos processuais e instrumentos afins, que permitem a solução consensual de controvérsias".[11]

Já em relação à ampla abrangência do dispositivo legal, assim se pronunciou a doutrina:

> Qualquer prerrogativa pública pode ser objeto de pactuação, como a prerrogativa sancionatória, fiscalizatória, adjudicatória etc. Não há objeto interditado no compromisso. A LINDB sepultou qualquer ordem de discussão sobre a tal "indisponibilidade do interesse público" e o decorrente entendimento esposado por parte (minoritária) da doutrina no sentido de que os assuntos públicos são indisponíveis, negociáveis e transacionáveis.[12]

Convém salientar o entendimento de Luciano Ferraz, para quem a

> autorização legislativa dada pelo artigo 26 da LINDB suplanta a vedação existente no artigo 17, parágrafo 1º da Lei 8.429/92, em ordem a viabilizar uma solução jurídica proporcional, equânime, eficiente e compatível com os interesses gerais também no âmbito das ações de improbidade administrativa.[13]

Em suma, todo esse panorama prestigiando os mecanismos consensuais, sobretudo aqueles inseridos no regime anticorrupção (colaboração premiada e acordo de leniência), extravasaram seus

---

[11] Os enunciados relativos à interpretação da Lei de Introdução às Normas do Direto Brasileiro – LINDB e seus impactos no direito administrativo decorreram da deliberação de inúmeros juristas, entre os quais Clóvis Beznos, Cristiana Fortini, Emerson Gabardo, Florivaldo Dutra de Araújo, Raquel Urbano de Carvalho, Irene Nohara e Luciano Ferraz.

[12] GUERRA, Sérgio; PALMA, Juliana Bonacorsi de. Art. 26 da LINDB – Novo regime jurídico de negociação com a Administração Pública. *Revista de Direito Administrativo – RDA*, Rio de Janeiro, nov. 2018. Edição Especial: Direito Público na Lei de Introdução às Normas do Direito Brasileiro – LINDB (Lei nº 13.655/2018). p. 150.

[13] FERRAZ, Luciano. LINDB autoriza TAC em ações de improbidade administrativa. *Revista Consultor Jurídico*, 9 ago. 2018. Disponível em: https://www.conjur.com.br/2018-ago-09/interesse-publico-lindb-autoriza-tac-acoesimprobidade-administrativa.

efeitos para o campo da improbidade administrativa. Com base na noção de "transversalidade",[14] por meio da qual os acordos *lato sensu* devem de algum modo harmonizar-se com os múltiplos regimes de responsabilidade e com as esferas fragmentárias de atuação, defendeu-se o amplo espectro de sua incidência, inclusive o regime da improbidade administrativa.

## 2.2 Entendimento das instituições jurídicas

O arcabouço normativo analisado no item anterior inovou o próprio entendimento de diversas instituições públicas, as quais passaram a admitir a celebração de compromisso de ajustamento de conduta em hipóteses configuradoras de improbidade administrativa.

A Advocacia-Geral da União (AGU) e a Controladoria-Geral da União (CGU) disciplinaram a celebração de acordo de leniência nos casos de improbidade, nos termos da Portaria Interministerial nº 2.278/2016.[15]

Merecem ênfase os estudos e os atos normativos produzidos pelo Ministério Público Federal. Em 2016, a 5ª Câmara de Coordenação e Revisão do MPF, atuante na área de combate à corrupção, admitiu a celebração de acordos pelo *Parquet* em sede de improbidade administrativa.[16] A mesma Câmara Técnica expediu em 2017 a Nota Técnica nº 01, na qual foi reafirmada a mesma tese, que, em seguida, deu ensejo à Orientação Conjunta nº 01/2018,[17] que trata do acordo de colaboração premiada, o qual irradia efeitos na seara da improbidade administrativa.[18]

---

[14] Nota Técnica nº 1/2017, da 5ª Câmara de Coordenação e Revisão – Combate à Corrupção, do Ministério Público Federal.
[15] Conforme o seu art. 2º, "O acordo de leniência será celebrado com as pessoas jurídicas responsáveis pela prática dos atos lesivos previstos na Lei nº 12.846, de 1º de agosto de 2013, e dos *ilícitos administrativos previstos na Lei nº 8.429, de 2 de junho de 1992*, na Lei nº 8.666, 21 de junho de 1993, e em outras normas de licitações e contratos, com vistas à isenção ou à atenuação das respectivas sanções, desde que colaborem efetivamente com as investigações e o processo administrativo, devendo resultar dessa colaboração: [...]" (grifos nossos).
[16] É o que se extrai do Voto nº 9.212/2016 expedido no Inquérito Civil nº 1.30.001.001111/2014-42: "Tem-se, pois, admitido a celebração de acordos pelo Ministério Público Federal, no âmbito da improbidade administrativa, que envolvam a atenuação das sanções da Lei 8.429/92, ou mesmo sua não aplicação, a fim de dar congruência ao microssistema de combate à corrupção e defesa do patrimônio público e da probidade administrativa, que já contempla a possibilidade de realização de acordos de delação ou colaboração premiada no âmbito criminal. Não faria, mesmo, sentido, que o Ministério Público, titular da ação penal e da ação de improbidade, pudesse celebrar acordos em uma seara e não em outra".
[17] Expedida pelas 2ª e 5ª Câmaras de Coordenação e Revisão do Ministério Público Federal.
[18] Item 35, "c" e "d".

Já no âmbito do Conselho Nacional do Ministério Público, foi editada em 2017 a Resolução nº 179, dispondo sobre o compromisso de ajustamento de conduta previsto na Lei nº 7.347/85.[19] Conforme o seu art. 1º, §2º, é cabível o compromisso de ajustamento de conduta nas hipóteses configuradoras de improbidade administrativa, sem prejuízo do ressarcimento ao erário e da aplicação de uma ou algumas das sanções previstas em lei, de acordo com a conduta ou o ato praticado. A mitigação da vedação do art. 17, §1º, da Lei nº 8.429/92 teria decorrido, conforme se extrai do ato normativo do CNMP, da previsão do art. 36, §4º, da Lei nº 13.140/15, bem como a autocomposição como uma diretriz a ser seguida na solução de controvérsias pelo Poder Público.

No panorama dos ministérios públicos estaduais, o reconhecimento de acordo em improbidade deu-se de modo crescente.[20]

| Ano | 2014 | 2017 | 2018 | 2019 |
|---|---|---|---|---|
| Quantidade de resoluções | 1 | 3 | 4 | 5 |
| Ministérios públicos estaduais | Espírito Santo | Amapá, Paraná e Minas Gerais | Paraíba, Goiás, Rio Grande do Sul e Tocantins | Mato Grosso do Sul, Rio Grande do Norte, Maranhão, Rondônia e Alagoas |

Com base nos entendimentos acima é que foram firmados diversos acordos de leniência e colaborações premiadas cujos efeitos foram

---

[19] Mencionem, como atos anteriores à Resolução nº 179/2017, as resoluções CNMP nºs 118/2014 e 54/2017, bem como a Carta de Brasília. "Todas visam a garantir celeridade e certeza às reparações e punições relativas às lesões a aos direitos transindividuais (tutela coletiva), desafogando o foro" (Nota Técnica nº 1/2020, do Ministério Público do Estado do Ceará, que trata do Acordo de Não Persecução Cível).

[20] MP/ES – Resolução COPJ nº 006/2014; MP/AP – Resolução CSMP nº 002/2017; MP/PR – Resolução CSMP nº 01/2017; MP/MG – Resolução CSMP nº 03/2017; MP/PB – Resolução CPJ nº 019/2018; MP/GO – Resolução CPJ nº 09/2018; MP/RS – Provimento PGJ nº 58/2018; MP/TO – Resolução CSMP nº 005/2018; MP/MS – Resolução CPJ nº 06/2019; MP/RN – Resolução CPJ nº 008/2019; MP/MA – Resolução CPMP nº 75/2019; MP/RO – Resolução CPJ nº 06/2019; MP/AL – Resolução CPJ nº 11/2019.

extensivos ao campo da improbidade administrativa, com a extinção das respectivas demandas. Na prática institucional, o impedimento legal da Lei nº 8.429/92 já se encontrava afastado, embora o tema ainda gerasse controvérsias.

## 2.3 Entendimento da Procuradoria-Geral do Município de São Paulo

Cabível expor o desenvolvimento e a discussão da temática em uma instância específica da advocacia pública municipal. A Procuradoria-Geral do Município de São Paulo constitui instituição encarregada, entre outros, da representação judicial do município (art. 87 da Lei Orgânica). No âmbito da improbidade administrativa, a advocacia pública municipal paulistana assume o protagonismo em relação à condução dos procedimentos administrativos investigativos, bem como da propositura da respectiva ação judicial persecutória.

A proliferação dos instrumentos consensuais no sistema de tutela da probidade instaurou relevante dúvida jurídica no âmbito do município de São Paulo acerca da subsistência da vedação legal incorporada na Lei nº 8.429/92, sobretudo diante da efetivação de acordos de leniência e colaborações premiadas pela AGU/CGU e ministérios públicos federal e estaduais.

Em um primeiro momento, a PGM/SP manifestou-se em 2017 no sentido da mitigação do art. 17, §1º, da Lei nº 8.429/92, admitindo a celebração de acordo com pessoas jurídicas, com a observância dos critérios e métodos da Lei nº 12.846/2013.[21] Perceba-se uma inicial resistência da solução negociada em relação às pessoas físicas, dado o alcance limitado da Lei de Improbidade Empresarial.

No entanto, com a consolidação do entendimento em favor das soluções negociadas e com a superveniência em 2018 do art. 26 da Lei de Introdução às Normas do Direito Brasileiro, acima analisado, a PGM/SP estendeu sua compreensão anterior, para abarcar as pessoas físicas,

---

[21] Cf. parecer ementado sob o nº 11.799 (Informação nº 1.574/2017-PGM.AJC), cuja ementa se reproduz: "Improbidade administrativa. Proposta de acordo. Vedação prevista no artigo 17, §1º, da Lei Federal nº 8.429/92. Mitigação pelas Leis Federais nº 12.846/13 e nº 13.140/15. Posicionamento favorável da doutrina e de entidades e órgãos públicos, como Ministério Público, Advocacias Públicas e órgãos de controle interno. Possibilidade de celebração de acordo de leniência e TAC. Vedação a acordo inominado. Observância dos critérios e métodos da Lei Federal nº 12.846/13".

observadas condições que assegurem segurança jurídica ao ajuste.[22] De modo geral, defendeu-se que os fundamentos que admitiram a realização de acordo com pessoas jurídicas são os mesmos a autorizar ajustes com pessoas físicas envolvidas em atos de improbidade administrativa. A própria lógica sedimentada na seara penal, em que se admitem negócios com pessoas morais, reforça a incidência de solução idêntica no espectro da improbidade. Aplicável a máxima segundo a qual a mesma razão autoriza a aplicação do mesmo direito.

Nesse sentido, a PGM/SP acabou aderindo ao panorama jurídico que já vinha se delineando pelas instâncias públicas de controle, de modo a legitimar o firmamento de acordos em sede de improbidade administrativa.

## 3 Lei Anticrime e alteração da Lei de Improbidade Administrativa

As considerações expostas no item anterior – acerca da aderência à tese da revogação tácita do art. 17, §1º, da Lei nº 8.429/92 – não desconsidera a ocorrência pretérita de polêmicas sobre o tema, seja no âmbito doutrinário, jurisprudencial ou mesmo institucional-público.

Mencione-se, a título de exemplo, a controvérsia interna no Ministério Público do Estado de São Paulo, conforme se extrai dos embargos declaratórios opostos pelo *Parquet* no âmbito de agravo de instrumento em que se defendeu a vedação legal para a composição no âmbito da improbidade administrativa, *ex vi* do art. 17, §1º.[23] Registre-se que a decisão embargada pelo *Parquet* foi prolatada pelo Tribunal de Justiça de São Paulo, por meio de sua 4ª Câmara de Direito Público, para quem a "superveniência das Leis 12.850/2013 e 13.140/2015, bem como do art. 190 do Código de Processo Civil, permitiu, a despeito

---

[22] Cf. parecer ementado sob o nº 12.022 (Informação nº 1.054/2019-PGG.AJC): "Improbidade administrativa. Celebração de acordo com pessoa física (agente público ou terceiro). Possibilidade. Mitigação do artigo 17, §1º, da Lei federal 8.429/92. Revisão da Ementa 11.829 desta Procuradoria Geral do Município. Estabelecimento de condições que garantam segurança jurídica ao ajuste".

[23] Agravo de Instrumento nº 2216000-33.2018.8.26.0000. Rel. Des. Osvaldo Magalhães, j. 5.11.2018. A divergência institucional interna é acentuada na seguinte passagem dos embargos, subscritos pela Procuradora de Justiça Maria Cristina Barreira de Oliveira: "A autocomposição celebrada entre a Promotoria de Justiça do Patrimônio Público da Capital [do Ministério Público do Estado de São Paulo] e a Odebrecht S.A. viola a legislação federal especial que disciplina a improbidade administrativa".

da vedação da Lei de Improbidade Administrativa (Lei 8.429/92), a celebração de transação".[24]

Na seara dos tribunais superiores, consigne-se julgado de 2018 do Superior Tribunal de Justiça, no seguinte sentido:

> o acordo entre a municipalidade (autor) e os particulares (réus) não tem o condão de conduzir à extinção do feito, porque aplicável as disposições da Lei 8.429/1992, norma especial que veda expressamente a possibilidade de transação, acordo ou conciliação nos processos que tramitam sob a sua égide (art. 17, §1º, da LIA).[25]

A controvérsia foi reforçada em razão do ajuizamento perante o Supremo Tribunal Federal de ação direta de inconstitucionalidade em face do art. 17, §1º, da Lei nº 8.429.[26] Além disso, a mesma Corte Suprema reconheceu tese de repercussão geral envolvendo a discussão

Em suma, ainda remanescia insegurança jurídica em torno do art. 17, §1º, da Lei nº 8.429/92, embora se vislumbrasse uma inclinação crescente pelo seu abandono.

Diante desse contexto, foi editada a Lei nº 13.964, de 24.12.2019, que promoveu as seguintes alterações na Lei da Improbidade:

> Art. 17. [...]
> §1º As ações de que trata este artigo admitem a celebração de acordo de não persecução cível, nos termos desta Lei. [...]
> §10-A. Havendo a possibilidade de solução consensual, poderão as partes requerer ao juiz a interrupção do prazo para a contestação, por prazo não superior a 90 (noventa) dias.

---

[24] O mesmo Tribunal de Justiça de São Paulo, por meio de sua 2ª Câmara de Direito Público, assentou que o art. 17, §1º, da Lei nº 8.429/92 encontra-se "superado pela evolução legislativa", tendo sido vislumbrada sua revogação, "por conta da edição da Lei 13.655/18, que deu nova redação a LINDB, inserindo o art. 26 em tal lei, tratando de temas referentes à improbidade administrativa" (Agravo de Instrumento nº 2215087-51.2018.8.26.0000. Rel. Des. Claudio Augusto Pedrassi, 2ª Câmara de Direito Público, j. 10.5.2019). A decisão encontra-se assim ementada: "AGRAVO DE INSTRUMENTO. Ação Civil Pública. Improbidade Administrativa. Homologação de acordo celebrado antes do recebimento da petição inicial. Art. 17, §1º da Lei nº 8.429/92 que a princípio veda o acordo em ações de improbidade. Questão superada. Vedação do art. 17, §1º que estaria revogado, por conta da edição da lei nº 13.655/18, que deu nova a LINDB, inserindo o art. 26 em tal lei. Admissão de celebração de compromissos com os interessados nos casos que envolve o direito público. Viabilidade de celebração de TACs, bem como que tais termos sejam celebrados nos processos em curso, se viável for, podendo por fim a demanda. Resolução CNMP nº 179/17 que regulamentou a questão".

[25] AgInt no REsp nº 1.654.462/MT. Rel. Min. Sérgio Kukina, 1ª Turma. *DJe*, 14 jun. 2018.

[26] Trata-se da ADI nº 5.980, ajuizada em julho de 2018.

Consigne-se que o art. 17-A aprovado pelo Parlamento federal – que disciplinava condições específicas para a realização do acordo –[27] foi vetado pela Presidência da República.[28]

Com a edição da Lei Anticrime, a divergência foi sepultada, de modo a instaurar-se um ambiente de maior segurança jurídica em relação à possibilidade de realização da solução negociada em sede de improbidade. No entanto, a lacuna instaurada pelo veto presidencial ao art. 17-A não eliminou a instabilidade referente aos requisitos próprios do negócio, que ainda persistem. Nesse sentido, todo o arcabouço jurídico que antecedeu a Lei nº 13.964/2019 – acima analisada – presta-se, agora, a subsidiar as divergências quanto ao conteúdo e às condições do ANPC.

---

[27] Redação: "Art. 17-A. O Ministério Público poderá, conforme as circunstâncias do caso concreto, celebrar acordo de não persecução cível, desde que, ao menos, advenham os seguintes resultados: I - o integral ressarcimento do dano; II - a reversão, à pessoa jurídica lesada, da vantagem indevida obtida, ainda que oriunda de agentes privados; III - o pagamento de multa de até 20% (vinte por cento) do valor do dano ou da vantagem auferida, atendendo a situação econômica do agente. §1º Em qualquer caso, a celebração do acordo levará em conta a personalidade do agente, a natureza, as circunstâncias, a gravidade e a repercussão social do ato de improbidade, bem como as vantagens, para o interesse público, na rápida solução do caso. §2º O acordo também poderá ser celebrado no curso de ação de improbidade. §3º As negociações para a celebração do acordo ocorrerão entre o Ministério Público e o investigado ou demandado e o seu defensor. §4º O acordo celebrado pelo órgão do Ministério Público com atribuição, no plano judicial ou extrajudicial, deve ser objeto de aprovação, no prazo de até 60 (sessenta) dias, pelo órgão competente para apreciar as promoções de arquivamento do inquérito civil. §5º Cumprido o disposto no §4º deste artigo, o acordo será encaminhado ao juízo competente para fins de homologação".

[28] Os incisos do art. 17-A, bem como os §§1º, 3º a 5º, foram vetados pelas seguintes razões: "A propositura legislativa, ao determinar que caberá ao Ministério Público a celebração de acordo de não persecução cível nas ações de improbidade administrativa, contraria o interesse público e gera insegurança jurídica ao ser incongruente com o art. 17 da própria Lei de Improbidade Administrativa, que se mantém inalterado, o qual dispõe que a ação judicial pela prática de ato de improbidade administrativa pode ser proposta pelo Ministério Público e/ou pessoa jurídica interessada leia-se, aqui, pessoa jurídica de direito público vítima do ato de improbidade. Assim, excluir o ente público lesado da possibilidade de celebração do acordo de não persecução cível representa retrocesso da matéria, haja vista se tratar de real interessado na finalização da demanda, além de não se apresentar harmônico com o sistema jurídico vigente". Já o art. 17-A, §2º, mereceu as seguintes considerações quanto ao veto: "A propositura legislativa, ao determinar que o acordo também poderá ser celebrado no curso de ação de improbidade, contraria o interesse público por ir de encontro à garantia da efetividade da transação e do alcance de melhores resultados, comprometendo a própria eficiência da norma jurídica que assegura a sua realização, uma vez que o agente infrator estaria sendo incentivado a continuar no trâmite da ação judicial, visto que disporia, por lei, de um instrumento futuro com possibilidade de transação".

## 4 Regime jurídico do acordo de não persecução cível

A positivação do ANPC representa o alargamento no Brasil do sistema de *plea bargain* oriundo do *common law*, consolidando, no regime de tutela da probidade, a consensualidade. Decorre de uma "radical transformação no sistema de tutela dos bens jurídicos", em que vige "disponibilidade quanto à possibilidade de transação de direitos patrimoniais e não patrimoniais, inclusive ligados à liberdade".[29]

Contudo, trata-se de "instituto sem disciplina",[30] em razão do vazio prescritivo existente. Esse cenário, entretanto, não fulmina a sua aplicabilidade. Uma análise retrospectiva permite identificar diversos instrumentos jurídicos que, embora lacunosos, foram amplamente utilizados, podendo-se citar como exemplo paradigmático o termo de ajustamento de conduta, previsto de modo singelo no art. 5º, §6º, da Lei nº 7.347/1985 (Lei da Ação Civil Pública).

Certamente serão expedidas, até para que a segurança jurídica seja reforçada, regulamentações sobre o instrumento negocial, no caminho já trilhado antes da edição da Lei Anticrime, em que havia uma profusão de atos normativos pelas mais diversas instâncias, como o Ministério Público. O desafio atual é delinear contornos jurídicos que emprestem razoabilidade ao ANPC, com base principalmente no regime dos instrumentos consensuais já existentes no microssistema de tutela da probidade administrativa.

Serão analisados a seguir os aspectos do ANPC que vêm suscitando dúvidas e polêmicas acerca de sua aplicabilidade.

### 4.1 Natureza jurídica

O estudo da natureza jurídica não constitui mero academicismo, estando associado à análise de seu substrato teórico-normativo, a fim de que os respectivos efeitos sejam mais bem compreendidos e manuseados.

---

[29] OSÓRIO, Fábio Medina. Natureza jurídica do instituto da não persecução cível previsto na lei de improbidade administrativa e seus reflexos na lei de improbidade empresarial. *Migalhas*, 10 mar. 2020. p. 30. Disponível em: https://www.migalhas.com.br/depeso/321402/natureza-juridica-do-instituto-da-nao-persecucao-civel-previsto-na-lei-de-improbidade-administrativa-e-seus-reflexos-na-lei-de-improbidade-empresarial.

[30] PRADO, Fabiana Lemes Zamalloa do. *Reflexões sobre o acordo de não persecução cível*. p. 1. Disponível em: http://www.mpgo.mp.br/boletimdompgo/2020/02-fev/artigos/artigo-FabianaLemes.pdf.

Ocorre que muitos vêm emprestando ao ANPC uma natureza jurídica equiparada ao termo de ajustamento de conduta e/ou à colaboração premiada. Fábio Medina Osório, por exemplo, entende que constitui "instituto bifronte", ou seja, se for celebrado independentemente da esfera penal, assume a condição de TAC; se, ao revés, for vinculado a negócio penal, detém a natureza de colaboração premiada.[31] Assumiria, portanto, natureza mista. Já o Ministério Público do Ceará considera o ANPC uma espécie do gênero TAC.[32]

Observe-se que o projeto de lei inicial que deu origem à Lei Anticrime, elaborado pelo Ministério da Justiça e da Segurança Pública, não fazia referência a "acordo de não persecução cível", admitindo a solução negociada em sede de improbidade "por meio de acordo de colaboração ou de leniência, de termo de ajustamento de conduta ou de termo de cessação de conduta, com aplicação, no que couber, das regras previstas na Lei nº 12.850, de 2 de agosto de 2013, e na Lei nº 12.846, de 1º de agosto de 2013".[33] O desiderato era o de estender os efeitos dos instrumentos já existentes para o regime da improbidade.

No entanto, entende-se que esse tipo de associação não representa a análise da natura jurídica propriamente dita, a qual precisa avançar, superando instrumentos específicos (como termos de ajustamento ou colaborações premiadas), de modo a alcançar categorias jurídicas gerais. Nesse sentido, concorda-se com o entendimento segundo o qual o ANPC constitui uma categoria de negócio jurídico, porquanto consensual bilateral, na rigorosa dependência da vontade das partes para se firmar.[34]

Essa condição permite concluir que inexiste direito subjetivo da pessoa ímproba ao firmamento do ajuste.[35] A avaliação, pelos entes

---

[31] OSÓRIO, Fábio Medina. Natureza jurídica do instituto da não persecução cível previsto na lei de improbidade administrativa e seus reflexos na lei de improbidade empresarial. *Migalhas*, 10 mar. 2020. p. 53. Disponível em: https://www.migalhas.com.br/depeso/321402/natureza-juridica-do-instituto-da-nao-persecucao-civel-previsto-na-lei-de-improbidade-administrativa-e-seus-reflexos-na-lei-de-improbidade-empresarial. O vocábulo "cível" do ANPC reporta-se ao inquérito civil e ao processo civil a que está associado o instrumento.

[32] Cf. Nota Técnica nº 001/2020 (p. 22), do Ministério Público do Estado do Ceará, que trata do Acordo de Não Persecução Cível.

[33] Redação proposta ao art. 17, §1º, da Lei nº 8.429/1992.

[34] ANDRADE, Landolfo. Acordo de não persecução cível: primeiras reflexões. *Genjuridico.com.br*, 5 mar. 2020. Disponível em: http://genjuridico.com.br/2020/03/05/acordo-de-nao-persecucao-civel/.

[35] No mesmo sentido: ARAÚJO, Aldem Barbosa. Acordo de não persecução cível: primeiras impressões. *Migalhas*, 19 mar. 2020. Disponível em: https://www.migalhas.com.br/depeso/322104/acordo-de-nao-persecucao-civel-primeiras-impressoes. O autor cita jurisprudência do Superior Tribunal de Justiça, no sentido de que a suspensão condicional do processo não constitui direito subjetivo do acusado.

legitimados a firmar o ANPC, gira na órbita respectiva conveniência para tanto, à luz do interesse público do caso concreto. Outro ponto relevante é o caráter material do acordo de não persecução. Assim, o núcleo negocial "reside no campo do direito material",[36] representando uma renúncia ao exercício da pretensão punitiva, bem como o ajuste das correlatas sanções. O alcance do negócio, no que se refere à sua eficácia externa, assume dilatada dimensão.

## 4.2 Legitimidade

O firmamento do ANPC segue o mesmo regime de legitimidade para a propositura de ação de responsabilidade por improbidade administrativa, nos termos da Lei nº 8.429/1992. Assim, somente o Ministério Público e a pessoa jurídica interessada podem fazê-lo (art. 17, *caput*, LIA). Trata-se de uma legitimação concorrente e disjuntiva, conforme entendimento do STJ.[37]

O problema que se coloca é a celebração do acordo de não persecução por um dos legitimados, sem a participação do outro, e a repercussão na respectiva demanda judicial eventualmente interposta.

Considerando que o ANPC detém caráter material, e não meramente processual, o firmamento do ANPC por apenas um colegitimado fulminará o ajuizamento de demanda pelos demais. "Ora, se houve um negócio jurídico que resultou na mitigação da sanção ou até mesmo no completo perdão, a ação, ao menos para esse fim, não poderá ser proposta pelos demais legitimados".[38] Essa solução reforça a necessidade de atuação sinergética e integrada entre os colegitimados.

---

[36] OSÓRIO, Fábio Medina. Natureza jurídica do instituto da não persecução cível previsto na lei de improbidade administrativa e seus reflexos na lei de improbidade empresarial. *Migalhas*, 10 mar. 2020. p. 52. Disponível em: https://www.migalhas.com.br/depeso/321402/natureza-juridica-do-instituto-da-nao-persecucao-civel-previsto-na-lei-de-improbidade-administrativa-e-seus-reflexos-na-lei-de-improbidade-empresarial.

[37] REsp nº 1.542.253/SC. Rel. Min. Herman Benjamin, 2ª Turma. *DJe*, 28 out. 2016: "IMPROBIDADE ADMINISTRATIVA. LEGITIMIDADE ATIVA CONCORRENTE E DISJUNTIVA. MINISTÉRIO PÚBLICO E ESTADO DE SANTA CATARINA. Nos termos do art. 17 da Lei 8.429/1992, 'a ação principal, que terá o rito ordinário, será proposta pelo Ministério Público ou pela pessoa jurídica interessada', o que denota a legitimidade ativa concorrente e disjuntiva entre o Ministério Público e o ente público interessado na repressão de conduta ímproba".

[38] OSÓRIO, Fábio Medina. Natureza jurídica do instituto da não persecução cível previsto na lei de improbidade administrativa e seus reflexos na lei de improbidade empresarial. *Migalhas*, 10 mar. 2020. p. 24. Disponível em: https://www.migalhas.com.br/depeso/321402/natureza-juridica-do-instituto-da-nao-persecucao-civel-previsto-na-lei-de-improbidade-administrativa-e-seus-reflexos-na-lei-de-improbidade-empresarial.

## 4.3 Aspectos procedimentais

O ANPC pode ser celebrado no âmbito extrajudicial ou judicial.

No que se refere à fase extrajudicial, convém verificar a necessidade ou não de homologação judicial do ajuste. Em um primeiro momento, poder-se-ia entender de modo negativo, seja por parecer um contrassenso, seja pela aplicação analógica do regramento do acordo de leniência, que independe de controle pelo Judiciário para ser efetivado. No entanto, o paralelismo com o ajuste previsto na Lei nº 12.846/2013 é indevido, pois a leniência abarca sanções de caráter administrativo, objeto de solução negociada pela própria Administração, o que dispensa, por óbvio, interferência jurisdicional. Diferentemente são as sanções do regime da improbidade, cuja aplicação depende necessariamente do Judiciário. Trata-se do mesmo raciocínio aplicável à colaboração premiada, que igualmente envolve penas monopolizadas pela esfera judicial, justificando a necessidade de homologação pelo magistrado (art. 4º, §7º, da Lei nº 12.850/2013). O mesmo pode ser afirmado em relação ao acordo de não persecução penal (ANPP), nos termos do art. 28-A, §4º, do CPP.[39] Entende-se, portanto, que o ANPC extrajudicial depende de homologação pelo Judiciário.[40]

Já o acordo em sede judicial igualmente enfrenta uma polêmica, consistente no momento limite para o seu firmamento. O art. 17, §10-A prevê que, no caso de solução negociada, "poderão as partes requerer ao juiz a interrupção do prazo para a contestação, por prazo não superior a 90 (noventa) dias". Há diversos entendimentos, doutrinários e institucionais, estabelecendo o termo *ad quem* para a celebração do ANPC: o momento da resposta do réu.[41]

Entende-se, porém, que essa limitação temporal inexiste. O art. 17, §10-A, não prescreve restrição quanto ao momento para o firmamento

---

[39] O acordo de não persecução penal foi positivo pela Lei Anticrime (Lei nº 13.964/2019).
[40] O entendimento é defendido por MARTINS, Tiago do Carmo. Acordo de não persecução cível ajuda a combater a corrupção. *Migalhas*, 29 mar. 2020. Disponível em: https://www.conjur.com.br/2020-mar-29/tiago-martins-acordo-nao-persecucao-civel-arma-corrupcao. O autor bem observa que veto da Presidência da República referente ao art. 17-A da Lei nº 8.429/1992 contemplava necessariamente a homologação judicial (§5º do mesmo dispositivo).
[41] Nesse sentido: PRADO, Fabiana Lemes Zamalloa do. *Reflexões sobre o acordo de não persecução cível.* p. 8. Disponível em: http://www.mpgo.mp.br/boletimdompgo/2020/02-fev/artigos/artigo-FabianaLemes.pdf; MARTINS, Tiago do Carmo. Acordo de não persecução cível ajuda a combater a corrupção. *Migalhas*, 29 mar. 2020. Disponível em: https://www.conjur.com.br/2020-mar-29/tiago-martins-acordo-nao-persecucao-civel-arma-corrupcao. O mesmo entendimento é adotado pelo Ministério Público do Estado do Ceará (cf. Nota Técnica nº 001/2020).

do ajuste; apenas estabelece uma benesse ao réu da ação de improbidade, que não pode ser prejudicado em relação ao prazo de contestação caso se vislumbre a possibilidade de solução consensual. Nesse sentido, cabível, em tese, o firmamento do acordo de não persecução civil em qualquer fase processual, até o trânsito em julgado.[42]

## 4.4 O reconhecimento da prática de ato ímprobo

Convém investigar se o reconhecimento da prática do ato ímprobo constitui cláusula necessária do ANPC, haja vista a lacuna legal a respeito, bem como a resistência dos interessados envolvidos na improbidade em subscrever confissões. Embora os autores não venham explorando esse aspecto, trata-se de análise relevante, porquanto abrange a própria desconformidade que autoriza a realização do acordo.

Compreende-se que referido reconhecimento integra, como condição obrigatória, os termos do ajuste. Duas são as razões para tanto.

Em primeiro lugar, as soluções negociadas inseridas no microssistema de tutela da probidade reclamam a confissão como pressuposto. É o que se verifica no acordo de leniência, na colaboração premiada e, atualmente, no acordo de não persecução penal.[43]

Em segundo lugar, a exigência da admissão do cometimento do ilícito representa condição que legitima a própria cominação negociada das sanções previstas na Lei nº 8.429/1992, compatibilizando-se

---

[42] A compreensão é compartilhada por Landolfo Andrade, que elenca o art. 139, V, do CPC, segundo o qual o juiz deverá "promover, a qualquer tempo, a autocomposição [...]". O autor também faz referência ao regime da colaboração premiada, cuja celebração é permitida após a sentença (art. 4º, §5º, da Lei nº 12.850/2013) (ANDRADE, Landolfo. Acordo de não persecução cível: primeiras reflexões. *Genjuridico.com.br*, 5 mar. 2020. Disponível em: http://genjuridico.com.br/2020/03/05/acordo-de-nao-persecucao-civel/). Fábio Medina Osório igualmente vislumbra a possibilidade de ANPC após a contestação (OSÓRIO, Fábio Medina. Natureza jurídica do instituto da não persecução cível previsto na lei de improbidade administrativa e seus reflexos na lei de improbidade empresarial. *Migalhas*, 10 mar. 2020. p. 38-39. Disponível em: https://www.migalhas.com.br/depeso/321402/natureza-juridica-do-instituto-da-nao-persecucao-civel-previsto-na-lei-de-improbidade-administrativa-e-seus-reflexos-na-lei-de-improbidade-empresarial).

[43] ANDRADE, Landolfo. Acordo de não persecução cível: primeiras reflexões. *Genjuridico.com.br*, 5 mar. 2020. Disponível em: http://genjuridico.com.br/2020/03/05/acordo-de-nao-persecucao-civel/. De acordo com o autor: "Essa interpretação favorece a coerência do microssistema de tutela do patrimônio público. Afinal, não abona a lógica jurídica sustentar que um agente público que fraudar uma licitação poderá celebrar um acordo de não persecução cível na esfera da improbidade administrativa, pela prática de ato lesivo ao erário (art. 10, VIII, da LIA), independentemente de confissão, ao passo que, na esfera criminal, esse mesmo agente somente poderá celebrar um acordo de não persecução penal, pela prática do mesmo fato, se confessar sua participação no ilícito".

com os mandamentos constitucionais que autorizam a suspensão dos direitos políticos e a perda da função pública em caso de improbidade administrativa (art. 37, §4º e art. 15, V). Assim, a incidência das penas somente se legitima se a prática do ato ímprobo se configurar. Essa a funcionalidade da confissão, a qual empresta ao sistema uma coerência que permite, inclusive, atestar a constitucionalidade do ANPC.

Por conta disso é que diversos atos normativos disciplinadores do ANPC vêm exigindo o reconhecimento da prática do ato ímprobo. Cite-se como exemplo a Resolução nº 1.193/2020-CPJ, do Ministério Público do Estado de São Paulo, que prevê, como item obrigatório do acordo, a "assunção por parte do pactuante da responsabilidade pelo ato ilícito praticado" (art. 5º, V).

## 4.5 Colaboração do interessado

O cerne da colaboração premiada, como a própria terminologia sugere, constitui o auxílio prestado pelos envolvidos, abrangendo desde a delação dos demais sujeitos quanto à localização e a recuperação de ativos oriundos do ilícito. A mesma característica integra o regime do acordo de leniência. Em ambos os instrumentos, as respectivas leis impõem expressamente essa exigência, sob pena de frustração do negócio.

Já em relação ao ANPC, diante da lacuna legal, surge a dúvida sobre a incidência da colaboração como requisito do acordo. Para alguns, mostra-se inafastável o paralelismo com as figuras referidas. Há, entretanto, entendimento contrário, no sentido de que "o agente infrator não precisa colaborar com as investigações",[44] ante a analogia com o regramento do acordo de não persecução penal (ANPP), que, de fato, não impõe esta condição necessária. "Diferentemente, portanto, dos institutos de direito premial, nos quais o coautor ou partícipe do ilícito, visando a obtenção de algum prêmio, coopera com os órgãos de investigação, os acordos de não persecução penal ou cível dispensam essa colaboração".[45]

Entende-se que a colaboração não constitui o núcleo essencial do ANPC, conquanto não se possa descartar a possibilidade de sua

---

[44] ANDRADE, Landolfo. Acordo de não persecução cível: primeiras reflexões. *Genjuridico.com.br*, 5 mar. 2020. Disponível em: http://genjuridico.com.br/2020/03/05/acordo-de-nao-persecucao-civel/.

[45] ANDRADE, Landolfo. Acordo de não persecução cível: primeiras reflexões. *Genjuridico.com.br*, 5 mar. 2020. Disponível em: http://genjuridico.com.br/2020/03/05/acordo-de-nao-persecucao-civel/.

inserção. A correspondência entre, de um lado, o ANPC e, de outro, a colaboração premiada e o acordo de leniência não permite extrair uma equiparação total dos respectivos requisitos jurídicos.

Nesse sentido, parece ter caminhado bem a solução normativa incorporada na Resolução nº 1.193/2020-CPJ, do Ministério Público paulista, que, embora inclua como item obrigatório do ANPC o compromisso "de colaborar amplamente com as investigações, promovendo a identificação de outros agentes, partícipes, beneficiários, localização de bens e valores e produção de outras provas" (art. 5º, VI), relativiza-o com a locução "quando for o caso".

## 4.6 Negociação das sanções

Sobressai-se, como discussão qualificada, a negociação das sanções previstas na Lei nº 8.429/92.

A mera possibilidade de um acordo envolvendo cominações legais é posta em xeque por alguns autores, diante da inexistência de autorização legal expressa nesse sentido.[46] Aquilo que seria objeto de negócio no ANPC não resultaria no afastamento ou na aplicação atenuada de penas, mas, sim, na estipulação de "condições", as quais, "embora muitas vezes se assemelhem às penas, não são penas".[47] Ademais, é questionada a própria juridicidade de se entabularem negócios sobre duas sanções em especial: a perda da função pública e a suspensão dos direitos políticos.[48]

Compreende-se que essas críticas não se sustentam. A substituição de penas pelo cumprimento de condições, cujos efeitos equiparam-se a penalidades, é proceder a esquema semântico desprovido de sentido normativo e de utilidade. Afirmar que, ao invés do estabelecimento de multa civil (pena), pode-se inserir no acordo uma multa compromissória (que não detém tal caráter) representa desconsiderar a eficácia equivalente das duas previsões.

---

[46] PRADO, Fabiana Lemes Zamalloa do. *Reflexões sobre o acordo de não persecução cível.* p. 3 e ss. Disponível em: http://www.mpgo.mp.br/boletimdompgo/2020/02-fev/artigos/artigo-FabianaLemes.pdf.

[47] PRADO, Fabiana Lemes Zamalloa do. *Reflexões sobre o acordo de não persecução cível.* p. 3 e ss. Disponível em: http://www.mpgo.mp.br/boletimdompgo/2020/02-fev/artigos/artigo-FabianaLemes.pdf.

[48] Diversas resoluções de ministérios públicos estaduais não preveem a negociação da perda da função pública e a suspensão dos direitos políticos, a exemplo da Resolução CSMP nº 01/2017, do Ministério Público do Estado do Paraná.

A perda da função pública pode ser inserida em sede de solução negociada. A exigência de trânsito em julgado para a sua cominação (art. 20 da Lei nº 8.429/1992) não constitui óbice jurídico, porquanto a sua inclusão em um acordo, guiado pela voluntariedade, autoriza a extinção da relação pública.[49] A forma de manifestação da perda da função pública pode se dar, no corpo do acordo, por um compromisso irretratável de renúncia da função pelo agente ímprobo,[50] cujo descumprimento levaria à rescisão do ajuste, com a continuidade da persecução.

A suspensão dos direitos políticos igualmente é compatível com o ajuste. Argumenta-se que a estipulação negocial desta sanção contraria o art. 15, V, da Constituição Federal, que exigiria, para a suspensão dos direitos políticos, o reconhecimento e a cominação judiciais de improbidade. No entanto, a Carta Magna não estabelece a necessidade de condenação judicial, o que se extrai da interpretação integral do art. 15. Enquanto o seu inc. V faz menção à "improbidade administrativa", o inciso prevê a "condenação criminal transitada em julgado". Assim, a caracterização da improbidade, mesmo que alheia a uma condenação judicial, legitima a suspensão dos direitos políticos. Essa circunstância reforça a necessidade de confissão dos pactuantes envolvidos na prática da improbidade administrativa (como exposto no item 4.4).

O modo negocial para a suspensão dos direitos políticos pode ser feito pelo compromisso de não concorrer a mandato eletivo.[51] Eventual inadimplemento leva à extinção do ANPC, prosseguindo-se com o procedimento de responsabilização.

## 5 Conclusão

Em um cenário jurídico publicista, no qual já prevalecia a instauração de soluções negociadas, o ANPC reforça a consensualidade no sistema de tutela da probidade administrativa. Superada a polêmica quanto à possibilidade de acordo em improbidade, vige atualmente, ante o vazio legislativo existente, o dissenso sobre os contornos do acordo: natureza, requisitos, cláusulas obrigatórias e vedadas, extensão da negociação das sanções etc. Trata-se de aspectos fundamentais, inseridos nas próprias discussões que necessariamente antecedem o firmamento do ajuste.

---

[49] ANDRADE, Landolfo. Acordo de não persecução cível: primeiras reflexões. *Genjuridico.com.br*, 5 mar. 2020. Disponível em: http://genjuridico.com.br/2020/03/05/acordo-de-nao-persecucao-civel/.

[50] Cf. Resolução CPJ nº 019/2018, do Ministério Público do Estado da Paraíba.

[51] Cf. Nota Técnica nº 001/2020, do Ministério Público do Estado do Ceará.

Por ora, entende-se que merecem prevalecer o regime dos demais instrumentos consensuais adstritos à prática de atos ilícitos, bem como os atos normativos que serviram de parâmetro para a realização de acordos em improbidade previamente à Lei nº 13.964/2019. A adoção de tais contornos, contudo, não afasta a subsistência de controvérsias envolvendo aspectos relevantes do instrumento.

Desejável, portanto, um delineamento geral do ANPC, preferencialmente por meio de lei de caráter nacional, cuja ausência, diante da potencial multiplicidade de atos normativos pelas instâncias públicas protagonistas no campo da improbidade, gera campo fértil para interpretações dissonantes. Igualmente necessária, na prática da negociação e da celebração dos acordos, uma sinergia entre os entes legitimados, evitando-se posições colidentes, de modo a prejudicar a efetivação do ANPC, relevante instrumento de tutela da probidade.

## Referências

ANDRADE, Landolfo. Acordo de não persecução cível: primeiras reflexões. *Genjuridico.com.br*, 5 mar. 2020. Disponível em: http://genjuridico.com.br/2020/03/05/acordo-de-nao-persecucao-civel/.

ARAÚJO, Aldem Barbosa. Acordo de não persecução cível: primeiras impressões. *Migalhas*, 19 mar. 2020. Disponível em: https://www.migalhas.com.br/depeso/322104/acordo-de-nao-persecucao-civel-primeiras-impressoes.

BANDEIRA DE MELLO, Celso Antônio. *Curso de direito administrativo*. 31. ed. [s.l.]: [s.n.], 2014.

DIDIER JR., Fredie; BOMFIM, Daniela Santos. A colaboração premiada como negócio jurídico processual atípico nas demandas de improbidade administrativa. *Revista de Direito Administrativo & Constitucional*, Belo Horizonte, n. 67, jan./mar. 2017.

FERRAZ JUNIOR, Tércio Sampaio. *Introdução ao estudo do direito*. 2. ed. São Paulo: Atlas, 1996.

FERRAZ, Luciano. LINDB autoriza TAC em ações de improbidade administrativa. *Revista Consultor Jurídico*, 9 ago. 2018. Disponível em: https://www.conjur.com.br/2018-ago-09/interesse-publico-lindb-autoriza-tac-acoesimprobidade-administrativa.

GODOY, Luciano. Acordo e mediação na ação de improbidade administrativa. *Jota*, 3 ago. 2015. Disponível em: http://jota.info/acordo-e-mediacao-na-acao-de-improbidade-administrativa.

GUERRA, Sérgio; PALMA, Juliana Bonacorsi de. Art. 26 da LINDB – Novo regime jurídico de negociação com a Administração Pública. *Revista de Direito Administrativo – RDA*, Rio de Janeiro, nov. 2018. Edição Especial: Direito Público na Lei de Introdução às Normas do Direito Brasileiro – LINDB (Lei nº 13.655/2018).

MARTINS, Tiago do Carmo. Acordo de não persecução cível ajuda a combater a corrupção. *Migalhas*, 29 mar. 2020. Disponível em: https://www.conjur.com.br/2020-mar-29/tiago-martins-acordo-nao-persecucao-civel-arma-corrupcao.

OSÓRIO, Fábio Medina. Natureza jurídica do instituto da não persecução cível previsto na lei de improbidade administrativa e seus reflexos na lei de improbidade empresarial. *Migalhas*, 10 mar. 2020. Disponível em: https://www.migalhas.com.br/depeso/321402/natureza-juridica-do-instituto-da-nao-persecucao-cvel-previsto-na-lei-de-improbidade-administrativa-e-seus-reflexos-na-lei-de-improbidade-empresarial.

PRADO, Fabiana Lemes Zamalloa do. *Reflexões sobre o acordo de não persecução cível*. Disponível em: http://www.mpgo.mp.br/boletimdompgo/2020/02-fev/artigos/artigo-FabianaLemes.pdf.

---

Informação bibliográfica deste texto, conforme a NBR 6023:2018 da Associação Brasileira de Normas Técnicas (ABNT):

BORDALO, Rodrigo. Reflexões sobre o acordo de não persecução cível. *In*: DAL POZZO, Augusto Neves; MARTINS, Ricardo Marcondes (Coord.). *Aspectos controvertidos do compliance na Administração Pública*. Belo Horizonte: Fórum, 2020. p. 439-459. ISBN 978-65-5518-044-2.

# WHISTLEBLOWING

# A EVOLUÇÃO DO *WHISTLEBLOWING* NO DIREITO BRASILEIRO E INTERNACIONAL: QUAIS OS PRINCIPAIS PONTOS DE UM SISTEMA EFETIVO?

VALTER SHUENQUENER DE ARAÚJO
LEONARDO VIEIRA XAVIER
KAROLLINE FERRAZ PEREIRA DE ARAÚJO

## 1 Introdução

A corrupção é comumente apontada no Brasil como um fenômeno que se confunde com a própria cultura do país.

Numa retrospectiva histórica, é possível mencionar a expulsão do governador do Rio de Janeiro em 1681 e 1682, João Tavares Roldão, pelo Conselho Ultramarino, por receber suborno de capitães de navios que pretendiam carregar mais açúcar do que a quantidade permitida pela Metrópole portuguesa, bem como por construir, com recursos reais, um barco próprio ao mesmo tempo em que construía o barco real.[1]

Outro caso apontado como relevante por historiadores é o do grande escândalo de corrupção envolvendo o governador da capitania

---

[1] DINES, Alberto. *Vínculos do fogo*: Antônio José da Silva, o Judeu, e outras histórias de Inquisição em Portugal e no Brasil. 2. ed. São Paulo: Companhia das Letras, 1992. p. 401-403. Disponível em: http://www.indret.com/pdf/364.pdf. Acesso em: 30 dez. 2019.

de Goiás, Álvaro Xavier Botelho da Távora, em uma rede enorme de corrupção que originou a condenação de funcionários de alto escalão do governo.[2]

Independentemente da origem histórica e cultural da corrupção, e mesmo centenas de anos após o Período Colonial, a sua gravidade sobressai da análise dos dados estatísticos: em 2019, o Brasil manteve-se no pior patamar da série histórica do Índice de Percepção da Corrupção (IPC) desde que o *ranking* passou a ser anualmente divulgado pela Transparência Internacional em 2012. A pontuação atribuída indica o nível percebido de corrupção no setor público numa escala de 0 a 100, em que 0 significa que o país é considerado altamente corrupto e 100 significa que o país é considerado muito íntegro. Com 35 pontos – em uma escala de 0 a 100 –, o Brasil é agora o 106º colocado entre 180 nações avaliadas.[3]

A péssima colocação do Brasil no renomado *ranking* da Transparência Internacional, mesmo após a assinatura e incorporação de diversas convenções internacionais contra a corrupção nas últimas décadas e a promulgação da Lei da Empresa Limpa, mostra que todos esses avanços, apesar de importantes sob o ponto de vista institucional, não tiveram o condão de modificar profundamente a realidade brasileira sobre o tema.

Como preleciona Helena Regina Lobo da Costa,[4] o grande desafio atual não se resume em meramente alterar as instituições políticas ou administrativas, mas, de maneira muito mais complexa, modificar a cultura cotidiana e endêmica de corrupção.

O objetivo do presente artigo é, portanto, discorrer especificamente sobre o *whistleblowing*, um dos institutos com potencial de estimular essa mudança cultural.

## 2 *Whistleblowing* e sua evolução histórica

Hoje, utiliza-se a palavra *whistleblowing* ou *whistleblower* para fazer referência aos reportantes de práticas ilícitas, mas o termo se originou na Idade Média, na Inglaterra, quando o Rei Wihtred de Kent

---

[2] HABIB, Sérgio. *Brasil*: quinhentos anos de corrupção – Enfoque sócio-histórico-jurídico-penal. Porto Alegre: Sergio Antonio Fabris Editor, 1994.
[3] TRANSPARÊNCIA INTERNACIONAL. *Índice de percepção da corrupção 2019*. Disponível em: https://ipc.transparenciainternacional.org.br. Acesso em: 23 jan. 2019.
[4] HATCHER, A. et al. *Temas de anticorrupção e compliance*. Corrupção na história do Brasil: reflexões sobre suas origens no período colonial. Rio de Janeiro: Elsevier, 2013. p. 18.

estabeleceu que, se um homem livre trabalhasse durante o período proibido (*the sabbath*), ele perderia seu emprego.[5]

Caso alguém denunciasse o ilícito, obteria metade dos bens e lucros decorrentes do trabalho indevido. Posteriormente, a palavra passou a refletir a conduta de policiais ingleses, que sopravam apitos para alertar seus colegas, assim como os cidadãos em geral, de que possíveis infratores estavam por perto.[6]

Nos Estados Unidos, há um episódio datado de 1778 relacionado ao fenômeno do *whistleblowing*. Na ocasião, dois soldados da marinha estadunidense denunciaram um comodoro pela tortura de marinheiros britânicos capturados no decorrer da guerra da independência dos Estados Unidos. Ambos foram presos logo depois, mas a determinação foi anulada pelo Congresso, que tratou a denúncia como mero cumprimento do dever e considerou que os marinheiros deveriam ser protegidos pelo adequado cumprimento da lei.

A partir deste posicionamento, criou-se a legislação que prevê o dever de reportar às autoridades as atividades ilícitas praticadas por representantes estatais.[7] Essa lei, promulgada pelo, então, presidente norte-americano Abraham Lincoln, ganhou o nome de *False Claims Act* (FCA). Funcionava da seguinte maneira: caso a denúncia de um cidadão levasse à recuperação de valores desviados do erário, comprovando contratos fraudulentos em desfavor do governo, haveria uma recompensa financeira com base no montante recuperado. Em sua versão inicial, a FCA permitia que até 50% do valor recuperado fosse pago como premiação.

Com o passar dos anos, foram instalados canais de denúncia para as comunicações em todas as agências federais norte-americanas, fator que colaborou para a sua consolidação neste país.[8]

Portanto, o *whistleblowing* tem sua origem e desenvolvimento mais acentuado nos Estados Unidos, se expandindo globalmente, sobretudo, nos países do *common law*.

---

[5] BIGONI, Maria; FRIDOLFSSON, Sven-Olof; LE COQ, Chloé; SPAGNOLO, Giancarlo. Fines, leniency and rewards in antitrust. *Research Institute of Industrial Economics*, 2011.

[6] HESCH, Joel D. Breaking the siege: restoring equity and statutory intent to the process of determining qui tam relator awards under the false claims act. *Thomas M. Cooley Law Review*, Michigan, v. 29, n. 2, jul./set. 2012. p. 22.

[7] BOYNE, Shawn Marie. Whistleblowing. *The American Journal of Comparative Law*, v. 62, n. 1, jul. 2014. p. 427.

[8] JOHNSON, Roberta Ann. *Struggle against corruption*: a comparative study. Gordonsville: Palgrave Macmillan, 2004.

Enquanto isso, no Brasil, a noção de direito premial tem suas origens nas Ordenações Filipinas, com a famosa delação de Joaquim Silvério dos Reis, o responsável pela prisão do alferes Joaquim José da Silva Xavier, historicamente conhecido como Tiradentes. Esse caso, apesar de inaugurar os precedentes do direito premial/perdão judicial, não pode ser considerado um exemplo de *whistleblowing*, uma vez que Joaquim Silvério dos Reis estava diretamente ligado às condutas criminosas denunciadas às autoridades. Como será explicado posteriormente, essa característica desconfigura o instituto.

Atualmente, conforme nos rememora Eduardo Saad-Diniz, o programa *whistleblowing* está inserido nos sistemas de recompensas para colaboradores em investigações criminais e tem sido muito utilizado em casos relacionados a crimes econômicos e crimes contra a Administração Pública, no contexto do que a literatura tem chamado de "sistemas de justiça negocial".[9]

## 2.1 Definições e análises da comunidade internacional sobre o termo *whistleblower*

A OCDE define o *whistleblower* como um funcionário do setor público ou privado que reporta para as autoridades competentes, de boa-fé e a partir de bases razoáveis, atos de corrupção de agentes públicos estrangeiros nos negócios internacionais.[10]

Apesar de considerá-lo uma importante ferramenta para o combate a suborno e lavagem de dinheiro, a organização ressalta que apenas 2% dos casos de pagamento de suborno às autoridades estrangeiras (cinco deles, para ser mais específico) investigados a partir de denúncias anônimas resultaram em condenações ou na recuperação de valores desviados.[11]

---

[9] SAAD-DINIZ, Eduardo *et al*. *Modernas técnicas de investigação e justiça penal colaborativa*. São Paulo: LiberArs, 2015.

[10] No original: "IX Recommends that Member countries should ensure that: iii) appropriate measures are in place to protect from discriminatory or disciplinary action public and private sector employees who report in good faith and on reasonable grounds to the competent authorities suspected acts of bribery of foreign public officials in international business transactions" (OCDE. *Recommendation of Council for Further Combating Bribery of Foreign Public Officials in International Business Transactions*. Disponível em: www.oecd.org/daf/anti-bribery/44176910.pdf. Acesso em: 26 out. 2019).

[11] OCDE. *The detection of foreign bribery*. p. 31. Disponível em: http://www.oecd.org/corruption/anti-bribery/The-Detection-of-Foreign-Bribery-ENG.pdf. Acesso em: 26 out. 2019.

As estatísticas englobam apenas os casos presentes em bancos de dados públicos e consultados pela OCDE, como o *United States Case Study: Mikerin Case* (2015). Nele, um informante do FBI denunciou às autoridades um esquema de suborno no setor de venda e transporte de materiais nucleares que envolvia pagamentos de U$$2 milhões, entre os anos de 2004 a 2013, a Vadim Mikerim, um oficial ligado à estatal russa Techsnabexport (Tenex). Os pagamentos eram realizados pela norte-americana Transport Logistics International (TLI),

O percentual acima causa estranhamento, mas, segundo a OCDE, há uma explicação plausível: poucas denúncias de subornos transnacionais são bem-sucedidas, porque, na maioria delas, os *whistleblowers* preferem denunciar os ilícitos descobertos para a própria empresa que os cometeu, e não para as autoridades competentes. Para que as investigações prossigam adequadamente, faz-se necessário um programa de *compliance* efetivo, que nem sempre existe.

Na mesma linha, o Conselho Europeu prescreve que age como *whistleblower* aquele que reporta uma preocupação ou informação sobre fatos ou omissões que representem ameaça ou dano a interesse público, cujo conhecimento tenha origem no ambiente de trabalho.[12]

A Convenção das Nações Unidas Contra a Corrupção (Uncac), por outro lado, conceitua, em seu art. 33, o *whistleblower* como todo aquele que denuncia às autoridades competentes a identificação dos ilícitos presentes na convenção, quais sejam, lavagem de dinheiro, suborno de funcionários públicos nacionais e estrangeiros, obstrução de justiça, enriquecimento ilícito, peculato, entre outros.

Apesar de a convenção acima ter sido ratificada pelo Brasil e promulgada internamente por meio do Decreto nº 5.687, em 31.1.2006,[13] ganhando o *status* de emenda constitucional, consideramos sua definição de *whistleblower* contida no art. 33 incompleta e, por isso, adotaremos o conceito do Conselho Europeu e da OCDE, com algumas adições.

O *whistleblower*, ou reportante, será aqui considerado o indivíduo que identifica, em seu respectivo ambiente de trabalho, um possível ilícito que contrarie o interesse público e o denuncia, de boa-fé e em bases minimamente fundamentadas, para as autoridades competentes,

---

[12] No original: "Whistleblower refers to the act of someone reporting a concern or disclosing information on acts and omissions that represent a threat or harm to the public interest that they have come across in the course of their work" (CONSELHO EUROPEU. *Protection of Whistleblowers*. Recommendation CM/REC (2014) and explanatory memorandum. p. 11. Disponível em: https://rm.coe.int/16807096c7. Acesso em: 20 jan. 2020).

[13] Decreto nº 5.687, de 31.1.2006.

na mesma linha do que defendem a Organização Internacional do Trabalho[14] e autores como Carlos Carranza e Sébastian Micotti.[15]

## 3 A distinção entre os institutos de delação premiada e do *whistleblowing*

Para a distinção entre a delação premiada e o *whistleblowing* é preciso considerar a posição do agente perante o fato típico. O colaborador premiado é aquele que participa da organização criminosa, mas delata os seus cúmplices de maneira totalmente voluntária, revelando o modo de atuação da organização criminosa, para auxiliar, ainda, na identificação e recuperação dos lucros obtidos com a prática criminosa. O agente *whistleblower*, por outro lado, não está envolvido na conduta ilícita, sendo, apenas, um terceiro sabedor de informações relevantes, seja por decorrência do exercício direto do seu trabalho, seja por razões eventuais.[16]

No caso da colaboração premiada, prevista no art. 3º, I, da Lei nº 12.850/2013, o colaborador está obrigatoriamente envolvido no ilícito investigado. O primeiro diploma legal a prever a figura do delator premiado no Brasil foi a Lei nº 8.072/90 (Lei de Crimes Hediondos) e ela já considerava que o delator também teria praticado o ilícito. Em seu art. 8º, *in verbis*:

> Art. 8º Será de três a seis anos de reclusão a pena prevista no art. 288 do Código Penal, quando se tratar de crimes hediondos, prática da tortura, tráfico ilícito de entorpecentes e drogas afins ou terrorismo. Parágrafo único. *O participante e o associado que denunciar à autoridade o bando ou quadrilha, possibilitando seu desmantelamento, terá a pena reduzida de um a dois terços.* (Grifos nossos)

Portanto, o colaborador premiado é aquele que delata, mas que, também, foi agente ativo no cometimento do crime informado

---

[14] INTERNATIONAL LABOR ORGANIZATION (ILO). *Law and practice on protecting whistleblowers in the public and financial services sectors*. p. 120. Disponível em: https://www.ilo.org/wcmsp5/groups/public/---ed_dialogue/---sector/documents/publication/wcms_718048.pdf. Acesso em: 10 fev. 2020.
[15] CARRANZA, Carlos Jaico *et al*. *Whistleblowing*: Perspectives en droit suisse. Genève: Schulthess Médias Juridiques SA, 2014. p. 7.
[16] OLIVEIRA, J. M. F. *A urgência de uma legislação whistleblowing no Brasil*. Brasília: Núcleo de Estudos e Pesquisas/CONLEG/Senado, maio 2015. Texto para Discussão nº 175. Disponível em: https://www12.senado.leg.br/publicacoes/estudos-legislativos/tipos-de-estudos/textos-para-discussao/td175. Acesso em: 11 jan. 2020.

às autoridades, e que troca as informações por um possível perdão judicial ou atenuação em sua pena. Nesse sentido, preleciona Márcio Antônio Rocha:

> A lei, ao prever a premiação do *qui tam author* e do *whistleblower*, faz com que o Estado, para obter informações e aplicar a lei, deva interagir com um cidadão honesto, próximo aos fatos e que não obteve qualquer benefício com a fraude [...]. Trata-se, portanto, de remunerar e incentivar os cidadãos que se levantam contra os malfeitores da sociedade. Ao contrário, os acordos de delação premiada e de leniência impõem deva o Estado, para obter informações e aplicar a lei, *negociar* (destaquei) com pessoas e corporações desonestas, que já se beneficiaram ilicitamente e causaram danos à sociedade e terão as punições atenuadas por colaborarem com a persecução de terceiros.[17]

## 4 Temas importantes para a solidez de um sistema favorável ao *whistleblower*

Algumas organizações mundiais relevantes, como a *Transparency International* e a *Blueprint for Free Speech*, estão trabalhando intensamente para a elaboração de diretrizes e estudos destinados a alavancar a expansão do tema. O objetivo é o desenvolvimento de uma ferramenta colaborativa à disposição da sociedade e das autoridades no combate à corrupção mundial.[18]

Na mesma esteira, a Organização dos Estados Americanos elaborou uma minuta de projeto de lei com o objetivo de facilitar a adoção de programas de proteção ao *whistleblower* e a testemunhas de atos de corrupção. Este texto nos servirá, em conjunto com outras fontes mencionadas ao longo deste artigo, como parâmetro para elencar quais são os requisitos para se alcançar uma legislação efetiva sobre o instituto e para a solidificação de um ambiente favorável aos *whistleblowers*.[19]

---

[17] ROCHA, Márcio Antônio. A participação da sociedade civil na luta contra a corrupção e a fraude: uma visão do sistema jurídico americano focada nos instrumentos da ação judicial qui tam action e dos programas de whistleblower. *Revista de Doutrina da 4ª Região*, Porto Alegre, n. 65, abr. 2015. Disponível em: https://revistadoutrina.trf4.jus.br/artigos/edicao065/Marcio_Rocha.html. Acesso em: 20 jan. 2020.

[18] RAGUÉS I VALLÈS, Ramon. ¿Héroes o traidores? La protección de los informantes internos (whistleblowers) como estrategia político-criminal. *InDret*, n. 3, 2006. Disponível em: https://dialnet.unirioja.es/servlet/articulo?codigo=2030885. Acesso em: 30 dez. 2019.

[19] ORGANIZATION OF AMERICAN STATES (OAS). *Text of the draft model law to facilitate and encourage the reporting of acts of corruption and to protect whsitleblowers and witnesses.*

## 4.1 Da prevenção ao *whistleblower* contra retaliações diversas

A relutância do *whistleblower* em denunciar atos ilícitos identificados no próprio ambiente de trabalho tem ligação mais direta com a falta de mecanismos de vedação a possíveis retaliações. Essa conclusão é baseada em um estudo interno realizado pela OCDE em 2016. Neste estudo, identificou-se que, dos 46 países que ratificaram a Convenção contra a Corrupção da entidade, apenas 14 adotaram as medidas previstas no documento da OCDE *Anti-Bribery Recommendations*, que visa a proteger os *whistleblowers* no âmbito das organizações privadas.[20]

Uma pesquisa realizada pela Universidade de Nevada constatou que, após realizarem denúncias sobre fatos ilícitos testemunhados dentro da empresa, aproximadamente dois terços dos reportantes entrevistados sofreram as formas de retaliação apresentadas a seguir: (i) perda do emprego ou aposentadoria compulsória (69%); (ii) trabalho monitorado intensivamente por superiores após a denúncia (68%); (iii) críticas ou afastamento dos demais colegas de trabalho (68%), e (iv) recomendações negativas sobre seu desempenho profissional para outros possíveis empregadores (64%).[21]

Segundo outra pesquisa, dessa vez realizada pela *US National Business Ethics*,[22] 36% dos funcionários entrevistados não reportaram episódios de corrupção em suas respectivas companhias por temerem alguma espécie de perseguição, o que reforça a importância de existirem, no setor público e privado, ferramentas para a tutela do *whistleblower* contra as mais diversas formas de retaliação.

Com esse fim, a Organização dos Estados Americanos prevê, no art. 18 de sua minuta de projeto de lei considerada ideal, a possibilidade de: (i) transferência do *whistleblower* de setor dentro da empresa em que a denúncia ocorreu; (ii) mudança de local de trabalho, se aplicável;

---

Disponível em: http://www.oas.org/juridico/english/draft_model_reporting.pdf. Acesso em: 11 jan. 2020.

[20] OCDE. *The role of whistleblowers and whistleblower protection*. p. 3. Disponível em: http://www.oecd.org/corruption/anti-bribery/OECD-The-Role-of-Whistleblowers-in-the-Detection-of-Foreign-Bribery.pdf. Acesso em: 20 jan. 2020.

[21] ROTHSCHILD, Joyce; MIETHE, Terance. Whistleblower disclosures and management retaliation: the battle to control information about organization corruption. *Work and Occupations*, v. 26, n. 1, p. 107-128, 1999. Disponível em: https://www.researchgate.net/publication/249690500_Whistle-Blower_Disclosures_and_Management_Retaliation_The_Battle_to_Control_Information_About_Organization_Corruption. Acesso em: 20 jan. 2020.

[22] TRANSPARENCY INTERNATIONAL. *Good Practice in Whistleblowing Protection Legislation (WPL)*. p. 6. Disponível em: https://www.u4.no/publications/good-practice-in-whistleblowing-protection-legislation-wpl.pdf. Acesso em: 2 jan. 2019.

(iii) suspensão temporária das atividades com remuneração e sem prejuízos profissionais; (iv) proteção policial; e (v) mudança de residência para o *whistleblower* (em casos extremos, mudança de país).

Outra diretriz considerada essencial para proteger os reportantes é a existência de uma punição legal aos retaliadores. Apesar disso, a *Blueprint for Free Speech* afirma que não há registros, dentro dos países da União Europeia, de punições contra aqueles que, de certa forma, impedem os *whistleblowers* de enviar denúncias, quebram sua confidencialidade, falham em investigar adequadamente os relatos que chegam ao seu conhecimento ou que protagonizam qualquer outra conduta retaliatória.

O que existe, em algumas nações, é a vedação parcial a retaliações, como exemplo: (i) na França, ameaçar uma pessoa para que ela não realize uma denúncia é um crime punível por um ano de prisão e/ou multa de 15 mil euros; (ii) em Malta, impedir a atuação de um *whistleblower*, ameaçá-lo ou perseguir sua família leva à prisão por três meses e/ou uma multa de 1.200 euros; e (iii) na Eslováquia, há multa de 20 mil euros para aqueles que não elaborarem um sistema interno e efetivo de averiguação de denúncias, não investigarem a denúncia recebida em até 90 dias, ou que não informarem o *whistleblower* sobre a investigação.[23]

Saindo das fronteiras da União Europeia, Bósnia e Herzegovina é considerada o país mais rigoroso contra retaliadores: diretores de empresas estatais podem ser pessoalmente multados em 100 mil euros, se não cumprirem as ordens legais para readmissão de *whistleblowers* demitidos ou caso não interrompam retaliações em andamento contra os reportantes. Essa previsão legal foi o principal motivo para o retorno de Danko Bogdanović ao seu posto após ter denunciado corrupção dentro do órgão equivalente à Receita Federal da Bósnia.[24]

Assim, revela-se fundamental a existência de normas legais no Brasil voltadas para a proteção do *whistleblower*, de modo que ele não seja inibido a agir.

---

[23] WORTH, Mark; DREYFUS, Suelette; HANLEY, Garreth. Gaps in the system: whistleblower laws in the EU. *Blueprint for Free Speech*, 2018. p. 32-33. Disponível em: https://www.changeofdirection.eu/assets/uploads/BLUEPRINT%20-%20Gaps%20in%20the%20System%20-%20Whistleblowers%20Laws%20in%20the%20EU.pdf. Acesso em: 13 jan. 2020.

[24] REGIONAL ANTI-CORRUPTION INITIATIVE. *B&H*: whistleblower reinstated after two-year suspension credits assistance from National Whistleblower Center. Disponível em: http://www.rai-see.org/bh-whistleblower-reinstated-after-two-year-suspension-credits-assistance-from-national-whistleblower-center/. Acesso em: 16 jan. 2020.

## 4.2 Incentivos à existência de programas de *compliance* e à averiguação de denúncias no setor privado

A Câmara Internacional de Comércio (ICC) orienta o setor privado a desenvolver alguns procedimentos de relatos internos que podem ser estabelecidos dentro das empresas e que, também, se aplicam ao serviço público como incentivos aos *whistleblowers*.[25]

Primeiramente, as empresas devem, ao criar o seu programa de *compliance*, indicar funcionários graduados de sólida reputação no mercado e com longa experiência para serem os responsáveis pelo setor de *whistleblower*, *compliance* e/ou ouvidoria. Esses profissionais devem ter independência e contato direto com a alta administração, para que os riscos identificados, bem como as denúncias e averiguações delas decorrentes, possam ser comunicados a quem efetivamente toma decisões dentro da companhia.

Como parte dos esforços para instalar adequados setores de reporte de denúncias, também é recomendável a contratação de outras empresas, de fora do grupo econômico, especializadas em manejar relatos de *whistleblowers* ou de terceiros.

É prática comum, no cenário de *compliance* no Brasil, que empresas terceirizadas atuem para garantir tratamento e direcionamento corretos das denúncias, aumentando, em consequência, o grau de confiabilidade do programa de integridade interno e a sensação de proteção dos funcionários ou de terceiros que, porventura, decidirem enviar relatos.

Outras medidas importantes defendidas pela ICC são o registro e apuração de todos os relatos enviados por *whistleblowers* para demonstração posterior a eventuais auditorias internas e externas, bem como a comunicação ao *whistleblower* sobre os principais resultados do processo de investigação iniciado a partir de sua denúncia.

No Brasil, para incentivar a adoção de programas de *compliance*, o Decreto nº 8.420/2015[26] regulamentou diversos aspectos da Lei Anticorrupção brasileira, estabelecendo percentuais entre 1% a 4% de redução da multa aplicada às pessoas jurídicas condenadas por corrupção. Para conseguir a redução, a empresa condenada precisa provar que possuía, à época dos ilícitos, um programa de integridade considerado efetivo

---

[25] INTERNATIONAL CHAMBER OF COMMERCE. *Guidelines on whistleblowing*. Disponível em: http://www.iccwbo.org/Data/Policies/2008/ICCWhistleblowing-Guidelines/. Acesso em: 15 dez. 2019.
[26] Decreto nº 8.420, de 18.3.2015.

com base nos dezesseis requisitos previstos no decreto. Sobre o tema, o requisito presente no inc. X do art. 42 recomenda que existam "canais de denúncia de irregularidades, abertos e amplamente divulgados a funcionários e terceiros, e de *mecanismos destinados à proteção de reportantes de boa-fé*" (grifos nossos).

## 4.3 Da transparência governamental, liberdade de imprensa e livre circulação de informações

Com o aprimoramento da internet das coisas (IoT), todos os dados circulam com velocidade estonteante, ultrapassando fronteiras e facilitando o acesso, em tempo real, a informações que algumas comunidades normalmente não teriam. A sigla IoT refere-se a um mundo em que objetos e pessoas, assim como dados e ambientes virtuais, interagem uns com os outros no espaço e no tempo.[27]

Entretanto, as falhas de segurança na infraestrutura da IoT abrem espaço para ataques visando ao acesso às informações geradas pelos próprios dispositivos tecnológicos.[28] Foi exatamente o que ocorreu com o ataque DDoS em 2016, quando *hackers* suspenderam diversos *sites* apenas se conectando com seus servidores através de câmeras de segurança, o que indicou a vulnerabilidade desses dispositivos.[29]

Nesse contexto, há, cada vez mais, vazamentos de informações sigilosas provenientes do mundo digital. Em alguns casos, elas partem de *whistleblowers*, cidadãos honestos que reconhecem ilícitos governamentais ou privados em seus respectivos ambientes de trabalho, e, em outros, são divulgadas por *hackers*, que se aproveitam de meios escusos para a obtenção dessas informações. Em razão dos avanços tecnológicos, estamos, no dizer de Cássio Rocha de Macedo,[30] caminhando para uma era de maior transparência governamental, o que torna injustificável, e cada vez mais difícil, proteger certos ilícitos em nome da segurança nacional.

---

[27] NASCIMENTO, Rodrigo. O que, de fato, é internet das coisas e que revolução ela pode trazer? *Computerworld*, 12 mar. 2015. p. 14.
[28] MAGRANI, Eduardo. *A internet das coisas*. Rio de Janeiro: FGV Editora, 2018. p. 50. Disponível em: https://bibliotecadigital.fgv.br/dspace/bitstream/handle/10438/23898/A%20internet%20das%20coisas.pdf?sequence=1&isAllowed=y. Acesso em: 12 jan. 2020.
[29] COBB, Stephen. 10 things to know about the October 21 DDoS attacks. *We Live Security*, 24 out. 2016.
[30] MACEDO, Cássio Rocha de. *Whistleblowing e direito penal*: análise de uma política criminal de combate aos crimes econômicos fundada em agentes reportantes. Dissertação (Mestrado) – Programa de Pós-Graduação em Ciências Criminais, Pontifícia Universidade Católica do Rio Grande do Sul, Porto Alegre, 2018. p. 49.

Os seguintes casos demonstram que os *whistleblowers* ainda sofrem grande retaliação por divulgar informações de interesse público, sendo tratados, em muitos casos, como espiões e traidores da pátria. São eles: (i) Chelsea Manning, ex-soldado estadunidense que desencadeou o chamado *Cablegate*; (ii) Edward Snowden, ex-analista da *National Security Agency* (NSA) dos Estados Unidos, e (iii) Glenn Greenwald, jornalista que divulgou irregularidades cometidas por autoridades públicas brasileiras na Operação Lava-Jato.

Chelsea Manning, que divulgou arquivos sobre o assassinato de inocentes durante a invasão norte-americana ao Iraque, foi condenada a uma pena privativa de liberdade de 35 anos por violações ao *Espionage Act*, lei de combate à espionagem nos Estados Unidos. Apesar da comutação da pena, concedida pelo Ex-Presidente Barack Obama,[31] Chelsea foi presa outras duas vezes, em março e maio de 2019, por se recusar a prestar depoimentos à justiça americana sobre o assunto.[32]

Edward Joseph Snowden, agente da NSA que revelou a existência de um programa de monitoramento global de cidadãos americanos e de outros países, envolvendo, inclusive, espionagem à Ex-Presidente brasileira Dilma Rousseff, é considerado o mais famoso *whistleblower* da história, tendo sido responsável pelo maior vazamento de informações confidenciais de inteligência da história dos Estados Unidos.

Em razão desse fato, Snowden foi acusado de espionagem, roubo e transferência de propriedade do governo por um tribunal da Virgínia, nos Estados Unidos, o que ocasionou sua fuga para a Rússia pouco tempo depois, país em que ganhou asilo político.

Já, no Brasil, Glenn Greenwald, o mesmo jornalista responsável pelo vazamento no caso Snowden e ganhador do prêmio Pulitzer entregue ao jornal *The Guardian*, expôs diversas conversas entre autoridades brasileiras registradas no aplicativo Telegram, denunciando supostas irregularidades cometidas no âmbito da Operação Lava-Jato. Em consequência, passou a ser investigado pela Polícia Federal por ter, em tese, participado de um esquema ilegal de interceptação de mensagens. Na ocasião, o Ministro Gilmar Mendes do Supremo Tribunal Federal

---

[31] SAVAGE, Charlie. Chelsea Manning to be released early as Obama commutes sentence. *The New York Times*, 17 jan. 2017. Disponível em: https://www.nytimes.com/2017/01/17/us/politics/obama-commutes-bulk-of-chelsea-mannings-sentence.html. Acesso em: 15 dez. 2019.

[32] CHELSEA Manning volta à prisão após se recusar a prestar depoimento sobre caso WikiLeaks. *G1*, 16 maio 2019. Disponível em: https://g1.globo.com/mundo/noticia/2019/05/16/chelsea-manning-volta-a-prisao-apos-se-recusar-a-prestar-depoimento-sobre-caso-wikileaks.ghtml. Acesso em: 13 jan. 2020.

decidiu que o jornalista não poderia ser responsabilizado pela recepção, obtenção ou transmissão de informações publicadas em veículos de mídia, ante a proteção do sigilo constitucional da fonte jornalística.[33]

Apesar da decisão referida e do relatório da Polícia Federal, que citou não haver evidências da participação de Glenn nos crimes investigados, o Ministério Público Federal, em janeiro de 2020, apresentou denúncia[34] contra o jornalista por crime de associação criminosa e crime de interceptação telefônica, informática ou telemática, sem autorização judicial ou com objetivos não autorizados em lei.[35]

Nos casos de *whistleblowers* em que há uma elevada repercussão, como os exibidos acima, aqueles que revelam informações de relevância pública e social, jornalistas ou não, costumam ser perseguidos por opositores, pelo governo ou pelas vítimas dos vazamentos. Sobre o tópico, temos o posicionamento da OCDE que classifica a proteção de fontes jornalísticas como essencial, a fim de garantir que casos de corrupção cheguem ao público por meio da imprensa.[36]

A *Reporters Without Borders* (RWB), uma organização internacional sem fins lucrativos que tem como objetivo defender a liberdade de imprensa e a circulação de informações em âmbito global, colocou, em 2020, o Brasil na posição 107º no *Ranking* Mundial de Liberdade de Imprensa, uma queda de duas posições se comparado com o ano anterior (no qual uma queda também havia sido registrada). O país está na categoria de "situação difícil", em que 29% das nações avaliadas

---

[33] BERGAMO, Mônica. Gilmar Mendes analisará investigação da PF sobre Glenn Greenwald. *Folha de S.Paulo*, 11 jul. 2019. Disponível em: https://www1.folha.uol.com.br/colunas/monicabergamo/2019/07/gilmar-mendes-analisara-investigacao-da-pf-sobre-glenn-greenwald.shtml. Acesso em: 18 jan. 2020.

[34] PARA MPF, diálogo mostra que Glenn Greenwald 'auxiliou, orientou e incentivou' hackers; relatório da PF diz que não há evidências de participação. *G1*, 21 jan. 2020. Disponível em: https://g1.globo.com/politica/noticia/2020/01/21/para-mpf-dialogo-mostra-que-glenn-greenwald-auxiliou-orientou-e-incentivou-hackers-relatorio-da-pf-diz-que-nao-ha-evidencias-de-participacao.ghtml. Acesso em: 21 jan. 2020.

[35] Em 6.2.2020, o Juiz Federal Ricardo Leite, da 10ª Vara Federal em Brasília, rejeitou a denúncia oferecida pelo Ministério Público Federal contra o jornalista Glenn Greenwald, do *site The Intercept*. Apesar de visualizar indícios de atividade criminosa por parte do jornalista, o juiz seguiu o comando contido na liminar deferida pelo Ministro Gilmar Mendes na Arguição de Descumprimento de Preceito Fundamental nº 601, que proibiu investigações contra o jornalista, a fim de proteger o sigilo da fonte jornalística, que é assegurada pela Constituição (DÉCIMA VARA FEDERAL DE BRASÍLIA. *Inquérito Policial nº 1015706-59.2019.4.01.3400*. Disponível em: https://www.conjur.com.br/dl/juiz-rejeita-denuncia-glenn.pdf. Acesso em: 28 mar. 2020).

[36] OCDE. *The detection of foreign bribery*. p. 58. Disponível em: http://www.oecd.org/corruption/anti-bribery/The-Detection-of-Foreign-Bribery-ENG.pdf. Acesso em: 26 out. 2019.

também se encontram, e atrás de países como Moçambique e Quênia.[37] O *ranking* é realizado todos os anos e inclui 180 países.

A citada organização, também, indica que a América sofreu um decréscimo acentuado na liberdade de imprensa em 2019, em especial pela situação da Nicarágua, devido às ameaças contra os jornalistas que cobriam os protestos contra o presidente Ortega, e do México, onde pelo menos dez jornalistas foram assassinados em 2019. Devido à crescente onda de violência contra a imprensa, a RWB denunciou esse último país ao Tribunal Penal Internacional (ICC).[38]

Para a redução de episódios nocivos à liberdade de expressão e de imprensa, e a criação de um ambiente favorável aos *whistleblowers*, é fundamental que existam diretrizes governamentais protegendo a liberdade, a pluralidade e a independência da imprensa, além de leis autorizando o acesso a informações provenientes da Administração Pública. Uma boa prática nesse sentido é a Lei Brasileira de Acesso à Informação,[39] que serviu como um grande incentivo à transparência governamental e que facilitou o contato da população em geral com a atuação da Administração Pública.

## 4.4 Das recompensas (*rewards systems*)

Historicamente, os incentivos negativos assumiram um papel de maior destaque na intervenção estatal destinada a combater práticas ilícitas, mas as chamadas sanções positivas também podem ser consideradas formas viáveis para a regulação de comportamentos desejados ou indesejados pelo Estado.[40] Sobre o tema, Teresa Cristina de Souza avalia que o estabelecimento de gratificações para as denúncias bem-sucedidas é o que permite aos *whistleblowers*, bem como aos demais órgãos e associações ligados ao instituto, a igualdade de condições com os réus, em geral detentores de superioridade econômica.[41]

---

[37] REPORTERS WITHOUT BORDERS. *Brazil*. Disponível em: https://rsf.org/en/brazil. Acesso em: 11 set. 2020.

[38] REPORTERS WITHOUT BORDERS. *World Press Freedom Index* – A cycle of fear. 2019. Disponível em: https://rsf.org/en/2019-world-press-freedom-index-cycle-fear. Acesso em: 15 dez. 2019.

[39] Lei nº 12.527, de 18.11.2011.

[40] Nesse sentido, c. FERREIRA, Adriano Valente Torraca. *Métodos de incentivo à denúncia de ilícitos*: subsídios para a implementação de programas whistleblowing perante agências e órgãos reguladores. Dissertação (Mestrado em Direito) – Fundação Getúlio Vargas, Rio de Janeiro, 2018. p. 58.

[41] SOUZA, Teresa Cristina. Recuperação de valores devidos ao erário no direito norte-americano: qui tam action e false claims act. *Publicações da Escola da AGU: 2º Curso de*

Em complemento ao que defende Cássio Rocha de Macedo,[42] os critérios que seriam justos para operacionalizar o pagamento de recompensas na legislação brasileira seriam os seguintes: (i) a relevância e a originalidade das informações alcançadas pelo reportante; (ii) o montante do valor recuperado a partir da denúncia; (iii) a complexidade da atividade criminosa que foi descoberta, em decorrência da informação prestada pelo reportante; (iv) a efetiva colaboração do reportante na investigação dos fatos relatados; e (v) o volume de dinheiro envolvido.

Por outro lado, é importante que, para a avaliação do direito à recompensa, também se considere a forma de atuação do *whistleblower* durante a ocorrência dos fatos noticiados à autoridade investigativa. Por exemplo, no âmbito do programa da SEC,[43] o atraso injustificado para a realização do reporte e a interferência negativa do reportante em programas internos de *compliance* das empresas envolvidas reduzem as faixas de recompensas pagas aos *whistleblowers*. Entendemos que esses dois critérios negativos poderiam ser reproduzidos pela legislação brasileira, quando detalhar melhor o instituto.

## 4.5 Da proteção da identidade do reportante.

A possibilidade de o *whistleblower* relatar os fatos à autoridade e de ter a sua identidade preservada é, para a literatura, requisito fundamental para a sua proteção contra retaliações.[44] O Supremo Tribunal Federal (STF), ao revés, decidiu, em 2003, que o Poder Público não pode se esquivar de fornecer ao denunciado o nome do reportante.[45]

O debate se iniciou a partir de um pedido de informação perante o Tribunal de Contas da União, em que um cidadão requereu, visando

---

*Introdução ao Direito Americano: Fundamental of US Law Course* – Escola da Advocacia-Geral da União Ministro Victor Nunes Leal, ano IV, n. 16, v. 1, mar. 2012. p. 308.

[42] MACEDO, Cássio Rocha de. *Whistleblowing e direito penal*: análise de uma política criminal de combate aos crimes econômicos fundada em agentes reportantes. Dissertação (Mestrado) – Programa de Pós-Graduação em Ciências Criminais, Pontifícia Universidade Católica do Rio Grande do Sul, Porto Alegre, 2018. p. 98.

[43] Doddy-Frank Act. Sec. 922. 21F(b)(2) (SECURITIES AND EXCHANGE COMMISSION (SEC). *Doddy-Frank Act*. Disponível em: https://www.sec.gov/about/offices/owb/dodd-frank-sec-922.pdf. Acesso em: 15 jan. 2020).

[44] ROCHA, Márcio Antônio. Subsídios ao debate para a implantação dos programas de whistleblower no Brasil. *Revista de Doutrina da 4ª Região*, Porto Alegre, n. 75, dez. 2016. Disponível em: https://revistadoutrina.trf4.jus.br/artigos/edicao075/Marcio_Rocha.html. Acesso em: 20 jan. 2020.

[45] SUPREMO TRIBUNAL FEDERAL (STF). Plenário. *Mandado de Segurança nº 24.405/DF*. Rel. Min. Carlos Velloso, j. 3.12.2003. Disponível em: http://www.stf.jus.br/portal/processo/verProcessoPeca.asp?id=171666197&tipoApp=.pdf. Acesso em: 14 jan. 2020.

a ingressar com uma ação de ressarcimento por danos à honra e à imagem, o nome da pessoa ou da instituição que o havia denunciado em um procedimento anterior. O pedido foi negado pela Corte de Contas da União, que fundamentou a negativa na sua lei orgânica, Lei nº 8.443/92, que regulamenta seus procedimentos internos de recebimento e tratamento de denúncias.

No julgamento do mandado de segurança, contudo, o STF reconheceu a inconstitucionalidade do §1º do art. 55 da Lei nº 8.443/92, tendo o relator do *writ* afirmado que "o anonimato não é tolerado pela Constituição (art. 5º, IV)", e a reserva de identidade poderia "redundar no denuncismo irresponsável, que constitui comportamento torpe".[46] Em sua Resolução nº 16, de 2006, o Senado Federal suspendeu a expressão do citado artigo "manter ou não o sigilo quanto ao objeto e à autoria da denúncia".

Em 26.8.2019, foi aprovada a Lei nº 13.866, que inseriu um §3º no art. 55 da Lei nº 8.443/92, para reestabelecer a proteção à identidade do reportante, quando ela for imprescindível à segurança da sociedade e do Estado. Restabeleceu-se o que a decisão do STF havia reconhecido como inconstitucional no controle difuso.

Juliana Bonacorsi de Palma entende que, apesar de positiva, essa mudança é insuficiente, pois, para que a proteção da identidade seja garantida, é preciso que seja imprescindível à segurança da sociedade e do Estado, critério esse que não foi suficientemente detalhado pela lei.[47] Pensamos, contudo, que a alteração é suficiente para permitir que o sigilo seja mantido em situações excepcionais, tal como a Constituição da República permite na hipótese de ser imprescindível à segurança da sociedade e do Estado, *ex vi* do art. 5º, XXXIII da CRFB. A falta de detalhamento legal desta cláusula geral não obstaculiza o administrador a decidir pelo sigilo no caso concreto, bastando, para tanto, que o motive. Por outro lado, eventual definição legal sobre este conceito poderia acarretar mais restrições e dificuldades do que benefícios.

Outra controvérsia surgiu com a promulgação da Lei nº 12.527/11, a chamada Lei de Acesso à Informação (LAI). Foram registrados, por meio dessa norma, diversos pedidos de acesso à informação, em que

---

[46] SUPREMO TRIBUNAL FEDERAL (STF). Plenário. *Mandado de Segurança nº 24.405/DF*. Rel. Min. Carlos Velloso, j. 3.12.2003. p. 587-588. Disponível em: http://www.stf.jus.br/portal/processo/verProcessoPeca.asp?id=171666197&tipoApp=.pdf. Acesso em: 14 jan. 2020.

[47] PALMA, Juliana Bonacorsi de. O novo regime de proteção da identidade do reportante junto ao TCU. *Jota*, 18 set. 2019. Disponível em: https://www.jota.info/opiniao-eanalise/colunas/controle-publico/o-novo-regime-de-protecao-da-identidade-doreportante- junto-ao-tcu-18092019. Acesso em: 14 jan. 2020.

se requeria a divulgação da identidade do cidadão que denunciara a prática de condutas criminosas ou ímprobas. A Controladoria-Geral da União, entretanto, normatizou o entendimento de que o nome do reportante se trata de informação pessoal e não é passível de divulgação com fundamento na lei supramencionada. Essa decisão foi de observância obrigatória para todos os órgãos do Poder Executivo Federal que recebem e tratam denúncias.[48]

Algumas cortes internacionais, como a colombiana,[49] já se manifestaram quanto à utilização do princípio da proporcionalidade, a fim de restringir o direito de acesso à informação da identidade de terceiros, sendo estes *whistleblowers* ou meros agentes da lei. Importante ressaltar que o STF já decidiu que delações anônimas são constitucionais, desde que os fatos alegados se apresentem verossímeis e idôneos, podendo ensejar diligências preliminares conduzidas em procedimento sigiloso.[50]

A proteção da identidade daquele que leva ao Estado informações relevantes sobre atos ilícitos é a contrapartida do incentivo à participação cidadã na gestão pública e ao controle social,[51] e deve ser garantida de maneira expressa e absoluta, mormente nos casos de *whistleblowers* de boa-fé.

## 4.6 Da análise flexível quanto à boa-fé dos *whistleblowers*

Outra preocupação a ser considerada quando da criação de normas de proteção aos reportantes é a alusiva à boa-fé. As normas devem estimular os *whistleblowers* a agirem com propósitos honestos, e desincentivar um comportamento voltado exclusivamente para criar dificuldades a pessoas e empresas.

Esse receio pode ser observado no art. 33 da Convenção das Nações Unidas Contra a Corrupção, que ressalta, no tocante aos reportantes internos, os termos "boa-fé e em bases razoáveis", e na Convenção Interamericana de Combate à Corrupção que, em seu art. III, item 8,

---

[48] CONTROLADORIA-GERAL DA UNIÃO (CGU). *Instrução Normativa Conjunta n. 1 da Corregedoria-Geral da União e da Ouvidoria-Geral da União*. Disponível em: https://www.cgu.gov.br/sobre/legislacao/instrucoes-normativas. Acesso em: 20 jan. 2020.
[49] COLÔMBIA. Corte Constitucional da Colômbia. *Sentença T-1025/07, de 03 de dezembro de 2007*. Disponível em: https://www.corteconstitucional.gov.co/relatoria/2007/T-1025-07.htm. Acesso em: 14 jan. 2020.
[50] STF. Primeira Turma. Habeas Corpus nº 95.244/PE. Rel. Min. Dias Toffoli, j. 23.3.2010.
[51] CUNHA FILHO, Marcio Camargo. Revisitando a jurisprudência do Supremo Tribunal Federal em matéria de reserva de identidade de reportantes. *Revista de Doutrina e Jurisprudência*, Brasília, 2016. p. 237.

estabelece que os Estados-Parte estabelecerão "Sistemas para proteger funcionários públicos e cidadãos particulares que *denunciarem de boa-fé atos de corrupção*" (grifos nossos).

Sobre o tema, Theo Nyreod e Giancarlo Spagnolo defendem que a boa-fé e a intenção dos reportantes são essenciais para o êxito do programa *whistleblowing*, pois, eventualmente, pode ocorrer que: a) alguns participantes do mercado tentem prejudicar terceiros, e b) sejam feitas denúncias estratégicas e mal-intencionadas, bem como denúncias oportunistas.[52]

Com o escopo de evitar o comportamento desonesto do delator, os tribunais alemães têm reiterado que o trabalhador não possui a obrigação de descrever com exatidão os fatos ilícitos relatados, bastando que realize a denúncia ancorado no princípio da boa-fé, sob pena de, agindo contrariamente, ficar sujeito a sanções disciplinares diversas.[53] Na Romênia, há, ainda, responsabilização cível, pelo prejuízo causado à imagem da empresa no mercado.[54]

O sistema indiano, com ainda maior rigor, estabelece a prisão por até dois anos, além de uma multa, para qualquer pessoa que fizer denúncias de má-fé ou com ciência de que os fatos relatados são falsos e/ou incorretos.[55] Em estudo sobre as regras legais sobre o tema existentes nos estados da federação norte-americana, Robert Vaughn encontrou, em alguns deles, exigências de que a denúncia seja feita "sem malícia" ou "sem consideração de benefício pessoal", conceitos abrangentes que direcionam mais atenção ao *whistleblowers* do que aos fatos relatados.[56]

Essa abordagem, porém, é considerada controversa e, em nosso entendimento, não deve ser utilizada, pois transfere o foco da atenção para quem relata e não para quem deve ser investigado. E, na realidade, o objetivo máximo deve residir em se ter acesso à informação que conduza à apuração de fato relevante ao interesse público para a elucidação de um ilícito.[57] A mesma lógica se aplica ao ônus de prova,

---

[52] NYRERÖD, Theo; SPAGNOLO, Giancarlo. Recompensas para reportantes no combate à corrupção? Tradução de Reinaldo Diogo Luz. *In*: FORTINI, Cristina (Coord.). *Corrupção e seus múltiplos enfoques jurídicos*. Belo Horizonte: Fórum, 2018. p. 251-266.

[53] MOREIRA, Teresa. *Da esfera privada do trabalhador e o controlo do empregador*. Coimbra: Coimbra Editora, 2004. p. 342-343, nota 995.

[54] ASSIM, Raluca Dimitriu. The whistleblowing policies in Romania's Labour Law. *Bucharest University of Economic Studies*, v. 13, n. 3, p. 584-598, 2014. p. 589-590.

[55] India PID Bill (2010), Chapter VI, Section 16.

[56] VAUGHN, Robert G. State whistleblower statutes and the future of whistleblower protection. *Administrative Law Review*, v. 51, n. 2, 1999. p. 604.

[57] ROCHA, Márcio Antônio. Subsídios ao debate para a implantação dos programas de whistleblower no Brasil. *Revista de Doutrina da 4ª Região*, Porto Alegre, n. 75, dez. 2016.

que não deve ser do reportante. Dessa forma, a maioria dos países que possuem legislação sobre o tema decidiram por não reproduzir o rigor com a boa-fé da denúncia em seus ordenamentos.[58]

## 4.7 Relativização do dever de lealdade e confidencialidade

A Itália, em que pese as alterações legislativas dos últimos anos, que introduziram disposições específicas sobre os *whistleblowers*, reconhece, em seu Código Civil e em sua jurisprudência, a necessidade de prevalecer o dever de lealdade do funcionário com o seu empregador, e este dever compreende, também, o dever de sigilo quanto a informações relativas à organização da empresa e aos métodos produtivos.[59]

Em outros sistemas, como o germânico, os tribunais têm entendido que vigora um sistema subsidiário entre denúncia interna e externa, sendo exigido ao trabalhador que apresente a denúncia, primeiramente, aos sistemas internos de averiguação da empresa a que está vinculado, sob pena de quebra da confiança essencial para o prosseguimento da relação laboral.[60]

Nestes termos, temos posicionamento congruente com Leonardo Valles Bento, cuja tese é de que o direito de denunciar irregularidades se sobrepõe a qualquer dever de lealdade institucional, norma legal ou mesmo os chamados "acordos de confidencialidade", que não são exigíveis quando o objetivo for encobrir condutas ilícitas.[61] Comungamos, também, do entendimento de Diogo Miguel Duarte Silva, da Universidade de Lisboa, no sentido de que o empregado deve ser protegido, sobretudo, pelo seu direito à liberdade de expressão.[62]

---

p. 18. Disponível em: https://revistadoutrina.trf4.jus.br/artigos/edicao075/Marcio_Rocha.html. Acesso em: 20 jan. 2020.

[58] OCDE. *G20 Anti-Corruption Action Plan Protection of Whistleblowers*. Study on Whistleblower Protection Frameworks, Compendium of Best Practices and Guiding Principles for Legislation. 2011. p. 8. Disponível em: https://star.worldbank.org/ sites/star/files/study_on_whistleblower_protection_frameworks-_compendium_of_best_practices_and_guiding_principles_for_legislation.pdf. Acesso em: 20 jan. 2020.

[59] CIAN, Giorgio; TRABUCCHI, Alberto. *Commentario breve al Codice Civile*. 12. ed. Milão: Cedam, 2016. p. 2356.

[60] SCHMIDT, Matthias. 'Whistle blowing' regulation and accounting standards Enforcement in Germany and Europe – An economic perspective. *Humboldt University Business and Economics Discussion Paper*, n. 29, ago. 2003. p. 158. Disponível em: https://ssrn.com/abstract=438480. Acesso em: 20 jan. 2020.

[61] BENTO, Leonardo Valles. O princípio da proteção ao reportante: parâmetros internacionais e o direito brasileiro. *Revista Novos Estudos Jurídicos – Eletrônica*, v. 20, n. 2, ago. 2015. p. 794-795.

[62] SILVA, Diogo. *A proteção do whistleblower na relação jurídico-laboral*. Dissertação (Mestrado em Ciências Jurídico-Laborais) – Faculdade de Direito, Universidade de Lisboa, Lisboa,

## 5 A experiência internacional de sistemas *whistleblowing*

### 5.1 Estados Unidos da América

No ano de 2010, após a aprovação da *Dodd-Frank Wall Street Reform* e do *Consumer Protection Act*, o Congresso norte-americano implementou uma política de incentivos às denúncias de violações às leis federais aplicadas especificamente ao setor acionário, considerando a existência de regulamentações mais antigas de outros setores, como o *False Claims Act*.

A nova lei regulamentou, no âmbito da *Securities and Exchange Commission* (SEC), órgão semelhante à Comissão de Valores Mobiliários no Brasil, as regras sobre recompensas como contrapartida às informações prestadas pelos reportantes e as normas alusivas às formas de proteção oferecidas contra eventuais retaliações a eles dirigidas.

O programa norte-americano passou a oferecer, dessa forma, recompensas que variam entre 10% e 30% dos valores recuperados a partir de ações movidas pela SEC ou por outras autoridades,[63] montantes bem acima do que a já mencionada porcentagem brasileira, de 5%, que se aplica, apenas, a ilícitos penais ou administrativos de relevante interesse público.[64]

No relatório mais recente enviado pela SEC sobre o programa *whistleblower* para o Congresso norte-americano, consta que a referida comissão recebeu 5.200 denúncias de *whistleblowers* em 2018, número aproximadamente 76% superior ao de 2012, quando os números do programa começaram a ser contabilizados. Desde a criação desse novo procedimento para denúncias, foram destinados US$387 milhões de dólares ao pagamento de recompensas aos *whistleblowers*.[65] Além disso, conforme os dados do Departamento de Justiça dos EUA – mais especificamente, da *Civil Fraud Division* do *US Department of Justice* – houve, no país, somente no ano de 2018, a recuperação de US$2,1 bilhões, apenas em casos do *False Claims Act* e originados por *whistleblowers*.[66]

---

2017. Disponível em: https://repositorio.ul.pt/bitstream/10451/31884/1/ulfd133622_tese.pdf. Acesso em: 13 jan. 2020.

[63] Doddy-Frank Act. Sec. 922. 21F.(b)(1) (SECURITIES AND EXCHANGE COMMISSION (SEC). *Doddy-Frank Act*. Disponível em: https://www.sec.gov/about/offices/owb/dodd-frank-sec-922.pdf. Acesso em: 15 jan. 2020).

[64] Art. 4º, §3º da Lei nº 13.608, de 10.1.2018.

[65] SECURITIES AND EXCHANGE COMISSION (SEC). *2019 Annual Report To Congress*. p. 1-2. Disponível em: https://www.sec.gov/files/sec-2019-annual-report-whistleblower-program.pdf. Acesso em: 28 mar. 2020.

[66] DEPARTMENT OF JUSTICE (DOJ). *Justice Department recovers over $2.8 billion from false claims act cases in fiscal year 2018*. Disponível em: https://www.justice.gov/opa/pr/justice-department-recovers-over-28-billion-false-claims-act-cases-fiscal-year-2018. Acesso em: 2 jan. 2019.

## 5.2 Canadá

Em julho de 2016, o Canadá lançou seu próprio programa de proteção aos *whistleblowers*. Ainda que a legislação canadense permita que o *whistleblower* tenha participado dos ilícitos por ele delatados, ideia que não é acolhida pelo ordenamento jurídico ou pela doutrina brasileira, o programa pode servir como exemplo ao Brasil, a partir de uma análise dos valores recuperados e considerando o auxílio no combate à corrupção que o instituto protagonizou junto à *Ontario Securities Comission* (OSC).

O relatório divulgado pela OSC em 2018[67] indica que, entre a data da criação do programa e a divulgação do documento, as autoridades investigativas receberam uma média de duas denúncias por semana, sendo 7% referentes a investigações em andamento e 35% em compartilhamento com outra agência operacional da OSC ou outro órgão regulador para a tomada de ações futuras.

Em 27.2.2019, a OSC divulgou seu primeiro pagamento baseado no programa supracitado:[68] aproximadamente $7,5 milhões de dólares canadenses a três *whistleblowers*, cujo caso levado às autoridades foi mantido confidencial para proteção dos reportantes. As informações entregues para a agência foram classificadas como "de alta qualidade, tempestiva, específica e confiável", o que permitiu a recuperação dos valores desviados.

## 5.3 União Europeia

Para a *Blueprint for Free Speech*, o sistema *whistleblowing* mais efetivo entre os 28 países estudados na União Europeia é o da Irlanda,[69] que contabilizou, no *ranking* elaborado pela organização, 18 pontos de um total de 27.[70]

---

[67] ONTARIO SECUTIRITIES COMISSION (OSC). *OSC Whistleblower Program contributing to a stronger culture of compliance*. Disponível em: http://www.osc.gov.on.ca/en/NewsEvents_nr_20180629_osc-whistleblower-program-contributing-to-a-stronger-culture-of-compliance.htm. Acesso em: 20 out. 2019.

[68] ONTARIO SECUTIRITIES COMISSION (OSC). *OSC Awards $7.5 Million to Three Whistleblowers*. Disponível em: https://www.osc.gov.on.ca/en/NewsEvents _nr_20190227_osc-awards-to-three-whistleblowers.htm. Acesso em: 30 dez. 2019.

[69] O sistema é disciplinado pelo *Protected Disclosures Act* (2014) (OCDE. *The role of whistleblowers and whistleblower protection*. Disponível em: http://www.oecd.org/corruption/anti-bribery/OECD-The-Role-of-Whistleblowers-in-the-Detection-of-Foreign-Bribery.pdf. Acesso em: 20 jan. 2020).

[70] WORTH, Mark; DREYFUS, Suelette; HANLEY, Garreth. Gaps in the system: whistleblower laws in the EU. *Blueprint for Free Speech*, 2018. Appendix 1: Table 2 – part A. Disponível em:

Dos nove princípios que compõem uma legislação efetiva, o país citado cumpre, integralmente, cinco deles, quais sejam: (i) existência de normas de proteção para *whistleblowers* nos setores público e privado; (ii) existência de canais diversos para o envio de denúncias; (iii) proteção contra todos os tipos de retaliação no ambiente de trabalho; (iv) imunidade para o *whistleblower* em processos de violação do dever de lealdade e confidencialidade à empresa infratora; e (v) disponibilização de estatísticas públicas dos relatos recebidos.

A maioria dos países analisados, de modo contrário, mostram que ainda há, na Europa, um longo caminho para a construção de mecanismos ideais de proteção e incentivo à realização de denúncias. As leis, de modo geral, foram consideradas inadequadas e ineficientes.[71]

## 6 O contexto brasileiro de proteção e incentivos aos reportantes

### 6.1 A retaliação constante aos reportantes

Em 2015, Márcia Reis, uma ativista da Amarribo Brasil, foi presa ao protestar por maior transparência nas contas da cidade de São Paulo. Em circunstâncias semelhantes, o jornalista Evany José Metzker, no mesmo ano, foi assassinato em Minas Gerais após denunciar uma rede de prostituição infantil, tráfico de drogas e de corrupção na cidade de Padre Paraíso.[72]

O Comitê para a Proteção dos Jornalistas, uma organização sem fins lucrativos sediada em Nova York, indica que 42 jornalistas foram assassinatos no Brasil em decorrência de suas atividades profissionais no período compreendido entre 1992 e 2020. Desse total, aproximadamente 70% investigavam práticas corruptivas locais.[73]

---

https://www.changeofdirection.eu/assets/uploads/BLUEPRINT%20-%20Gaps%20in%20the%20System%20-%20Whistleblowers%20Laws%20in%20the%20EU.pdf. Acesso em: 13 jan. 2020.

[71] WORTH, Mark; DREYFUS, Suelette; HANLEY, Garreth. Gaps in the system: whistleblower laws in the EU. *Blueprint for Free Speech*, 2018. p. 42. Disponível em: https://www.changeofdirection.eu/assets/uploads/BLUEPRINT%20-%20Gaps%20in%20the%20System%20-%20Whistleblowers%20Laws%20in%20the%20EU.pdf. Acesso em: 13 jan. 2020.

[72] BRAZIL blogger known for reporting on corruption found decapitated. *The Guardian*, 20 maio 2015. Disponível em: https://www.theguardian.com/world/2015/may/20/brazil-blogger-known-for-reporting-on-corruption-found-decapitated. Acesso em: 12 jan. 2020.

[73] 28 JOURNALISTS Killed in Brazil. *Commitee to Protect Journalists (CPJ)*. Disponível em: https://cpj.org/data/killed/americas/brazil/?status=Killed&motiveConfirmed%5B%5D=Confirmed&type%5B%5D=Journalist&coverages%5B%5D=Corruption&cc_

A Transparência Internacional, diante desse cenário nem um pouco convidativo para reportantes, evidenciou que prisões injustificáveis e assassinatos são os principais riscos para os cidadãos e profissionais jornalísticos brasileiros que decidirem levar à imprensa ou às autoridades fatos ilícitos dos quais têm conhecimento. Em nível municipal, os riscos são, ainda, maiores, pois, como afirma a organização, os limites entre o setor público, privado e o crime organizado nem sempre são muito claros.[74]

Em complemento, a *Blueprint for Free Speech* analisou a legislação brasileira sobre o tema que estava vigente até o ano de 2015. O destaque foi a obrigação legal imposta aos servidores públicos para que estes relatassem episódios de corrupção que chegassem ao seu conhecimento, bem como sua proteção contra processos administrativos, criminais e cíveis decorrentes da denúncia.[75] A conclusão foi que o sistema brasileiro de proteção aos reportantes era, até então, "extremamente limitado".[76]

## 6.2 As *10 medidas contra a corrupção*

Em 2016, em resposta às críticas internacionais, a Associação Nacional dos Procuradores da República (ANPR) apresentou à Câmara dos Deputados, com o apoio de aproximadamente 2 milhões de assinaturas de cidadãos, o projeto de lei conhecido como as *10 medidas contra a corrupção*.

O objetivo do projeto era combater a impunidade e aprimorar as ferramentas de persecução criminal do Ministério Público e das demais autoridades brasileiras. O conceito de "reportante do bem" não estava no texto original, mas foi incluído pelo relator do projeto Deputado Federal Onyx Lorenzoni, após sugestão da Estratégia Nacional de Combate à Lavagem de Dinheiro e de Recuperação de Ativos.

---

fips%5B%5D=BR&start_year=1992&end_year=2020&group_by=location. Acesso em: 12 jan. 2020.

[74] TRANSPARENCY INTERNATIONAL. *Brazil needs effective protection for witnesses and victims of corruption*. Disponível em: https://blog.transparency.org/2015/11/12/brazil-needs-effective-protection-for-witnesses-and-victims-of-corruption/. Acesso em: 12 jan. 2020.
[75] Lei nº 2.527 de 2011.
[76] WOLFE, Simon; WORTH, Mark; DREYFUS, Suelette; BROWN; A. J. Breaking the silence – Strengths and weaknesses in G20 Whistleblower Protection Laws. *Blueprint for Free Speech*, 2015. Disponível em: https://blueprintforfreespeech.net/wp-content/uploads/2015/10/Breaking-the-Silence-Strengths-and-Weaknesses-in-G20-Whistleblower-Protection-Laws1.pdf. Acesso em: 18 jan. 2020.

A figura do "reportante do bem" foi adicionada pelo art. 16 do PL nº 4.850/16, *in verbis*:

> Art. 16. Toda pessoa natural tem o direito de relatar às Comissões de Recebimento de Relatos, constituídas nos termos deste Título, a ocorrência de ações ou omissões que:
> I - configurem o descumprimento de dever legal ou regulamentar;
> II - atentem contra:
> a) os princípios da administração pública, o patrimônio público, a probidade administrativa e a prestação de serviços públicos;
> b) os direitos e garantias fundamentais e demais direitos humanos, inclusive os decorrentes do disposto no art. 5º, §2º, da Constituição Federal;
> c) a organização e o exercício dos direitos sociais, de nacionalidade e políticos, e as relações de trabalho;
> d) a ordem econômica e tributária e o sistema financeiro;
> e) o meio-ambiente, a saúde pública, as relações de consumo e a livre concorrência;
> f) bens e direitos de valor artístico, estético, histórico, turístico e paisagístico, a ordem urbanística e o patrimônio cultural e social.

Em votação no plenário da Câmara dos Deputados, entretanto, foi aprovado o destaque proposto pelo Partido Republicano Brasileiro (PRB) para retirar a figura do *whistleblower* do projeto de lei. A principal crítica dos deputados foi quanto à possibilidade de o reportante do bem receber de 10 a 20% dos valores desviados do erário no caso de sua denúncia ter sido essencial para a recuperação dos valores. Em razão da proposta, o *whistleblower* foi apelidado pelos parlamentares de "corretor de propina".

Após uma série de destaques considerados estranhos ao texto das *10 medidas contra a corrupção*, como a inserção da responsabilização de juízes e membros do MP por abuso de autoridade, o Deputado Federal Eduardo Bolsonaro impetrou uma medida cautelar em mandado de segurança no Supremo Tribunal Federal (STF), argumentando a desvirtuação, na essência, do projeto de iniciativa popular e a usurpação da competência do STF por se tratar de matéria a ser regulada em Lei Orgânica da Magistratura (Loman).

O Ministro Luiz Fux, em 14.12.2016, deferiu liminar na Medida Cautelar no Mandado de Segurança nº 34.530/DF, para suspender os atos referentes à tramitação do projeto de lei de iniciativa popular de combate à corrupção, que se encontrava em tramitação no Senado

Federal após ser aprovado na Câmara dos Deputados. A partir de sua decisão, restou decidido que o projeto deveria retornar à Câmara, e, dessa vez, tramitar de acordo com o rito estabelecido para projetos de iniciativa popular. Da liminar, destaca-se o seguinte trecho:

> para além de desnaturação da essência da proposta popular destinada ao combate à corrupção, houve preocupante atuação parlamentar contrária a esse desiderato, cujo alcance não prescinde da absoluta independência funcional de julgadores e acusadores. [...].[77] [78]

## 6.3 A Lei nº 13.608/2018

Em 10.1.2018, foi promulgada a Lei nº 13.608/2018, que obriga as empresas de transportes terrestres que operam mediante concessão da União, dos estados, do Distrito Federal ou dos municípios a exibirem, em seus veículos, a expressão "Disque-Denúncia", acompanhada do número de telefone e expressões de incentivo à colaboração da população na elucidação de crimes.

A Lei nº 13.608/2018, também, garante o sigilo dos dados do reportante anônimo e altera regras da Lei nº 10.201, de 14.2.2001, provendo recursos para o Fundo Nacional de Segurança Pública, a fim de que haja recompensas pelo oferecimento de informações que sejam úteis para a prevenção, a repressão ou a apuração de crimes ou ilícitos administrativos.

Apesar de configurar um importante avanço no combate à corrupção, a Lei nº 13.608/2018 traz poucos detalhes sobre como funcionaria o sistema de averiguação das denúncias anônimas, de modo a evitar difamação ou denúncias caluniosas, como seriam calculadas as recompensas fornecidas aos "reportantes do bem", bem como qual órgão seria o responsável pela sua proteção, e em que moldes ela seria garantida.

---

[77] SUPREMO TRIBUNAL FEDERAL (STF). *Mandado de Segurança nº 24.405/2003*. p. 10. Disponível em: http://www.stf.jus.br/arquivo/cms/noticiaNoticiaStf/anexo/MS34530.pdf. Acesso em: 28 mar. 2020.

[78] Na época em que este artigo é escrito, o Projeto de Lei nº 3.855/2019 (antigo PL nº 4850/16), ainda aguarda apreciação do Plenário da Câmara dos Deputados. O tema do abuso de autoridade foi regulamentado pela Lei nº 13.869/2019, lei que não cuidou da matéria aqui comentada.

Portanto, em linha do que defende Adriano Ferreira,[79] entendemos que a Lei nº 13.608/2018 não criou, nesse momento, a figura do *whistleblower*, nem detalhou o instituto como seria preciso. Apesar disso, ficou evidente que há compatibilidade no ordenamento jurídico brasileiro para o pagamento de recompensas, em troca de informações valiosas para o Poder Público referentes à prática de crimes ou de ilícitos administrativos.

Dessa maneira, a fim de que o instituto fosse aplicado em consonância com as melhores práticas internacionais, tornou-se necessário um novo projeto de lei, que surgiu em 2019 e será melhor explicado a seguir.

## 6.4 O Pacote Anticrime

No início do ano de 2019, o Ministério da Justiça e Segurança Pública propôs o chamado Pacote Anticrime,[80] que, entre outras medidas, alterava algumas regras da referida Lei nº 13.608/2018, objetivando regulamentar e garantir proteção e recompensas ao que se denominou "informante do bem". O referido pacote foi aprovado em dezembro de 2019 na forma da Lei nº 13.964 e assim tratou do tema, *verbis*:

Art. 15. A Lei nº 13.608, de 10 de janeiro de 2018, passa a vigorar com as seguintes alterações:

> Art. 4º-A. A União, os Estados, o Distrito Federal e os Municípios e suas autarquias e fundações, empresas públicas e sociedades de economia mista manterão unidade de ouvidoria ou correição, para assegurar a qualquer pessoa o direito de relatar informações sobre crimes contra a administração pública, ilícitos administrativos ou quaisquer ações ou omissões lesivas ao interesse público. *Parágrafo único*. Considerado razoável o relato pela unidade de ouvidoria ou correição e procedido o encaminhamento para apuração, ao informante serão asseguradas proteção integral contra retaliações e isenção de responsabilização civil ou penal em relação ao relato, exceto se o informante tiver apresentado, de modo consciente, informações ou provas falsas.
>
> Art. 4º-B. O informante terá direito à preservação de sua identidade, a qual apenas será revelada em caso de relevante interesse público ou interesse concreto para a apuração dos fatos. *Parágrafo único*. A revelação da identidade somente será efetivada mediante comunicação prévia ao informante e com sua concordância formal.

---

[79] FERREIRA, Adriano Valente Torraca. *Métodos de incentivo à denúncia de ilícitos*: subsídios para a implementação de programas whistleblowing perante agências e órgãos reguladores. Dissertação (Mestrado em Direito) – Fundação Getúlio Vargas, Rio de Janeiro, 2018. p. 12.

[80] Lei nº 13.964, de 24.12.2019.

Art. 4º-C. Além das medidas de proteção previstas na Lei nº 9.807, de 13 de julho de 1999, será assegurada ao informante proteção contra ações ou omissões praticadas em retaliação ao exercício do direito de relatar, tais como demissão arbitrária, alteração injustificada de funções ou atribuições, imposição de sanções, de prejuízos remuneratórios ou materiais de qualquer espécie, retirada de benefícios, diretos ou indiretos, ou negativa de fornecimento de referências profissionais positivas.

§1º A prática de ações ou omissões de retaliação ao informante configurará falta disciplinar grave e sujeitará o agente à demissão a bem do serviço público.

§2º O informante será ressarcido em dobro por eventuais danos materiais causados por ações ou omissões praticadas em retaliação, sem prejuízo de danos morais.

§3º Quando as informações disponibilizadas resultarem em recuperação de produto de crime contra a administração pública, poderá ser fixada recompensa em favor do informante em até 5% (cinco por cento) do valor recuperado.

Como crítica, Leonardo Avelar e Pedro Sanchez chamam a figura criada pelo Pacote Anticrime de *"whistleblower* à brasileira".[81] Isso porque definições importantes, normalmente utilizadas em projetos de lei internacionais, ficaram de fora do texto final.

Por exemplo, o art. 4º-A restringiu a figura de "informante" a crimes contra a Administração Pública, ilícitos administrativos e atos lesivos ao interesse público, não permitindo que reportantes de crimes contra a corrupção privada, ilícitos e fraudes civis fossem enquadrados como *whistleblowers*.

Esse ponto é relevante, pois alguns dos maiores casos de corrupção mundiais, como o da Enron, nos Estados Unidos, iniciaram-se a partir de denúncias de fraudes em empresas privadas. Em suma, a recomendação internacional para uma legislação eficiente é de que a lista de crimes englobados pelo sistema de proteção ao *whistleblower* não seja muito restritiva.

Além disso, um erro crucial da nova redação do art. 4º-A da Lei nº 13.608/2018 foi a previsão de que "qualquer pessoa" pode ser enquadrada como *whistleblower*, incluindo, erroneamente, aqueles que possuem obrigação legal de investigação, como policiais ou *compliance officers*,

---

[81] AVELAR, Leonardo; SANCHEZ, Pedro. A figura do whistleblower no direito penal – No Brasil e no mundo. *Conjur*, 10 dez. 2019. Disponível em: https://www.conjur.com.br/2019-dez-10/opiniao-figura-whistleblower-direito-penal. Acesso em: 29 dez. 2019.

que podem ser beneficiados por informações recebidas em função de seus cargos. Essa abrangência demasiada pode gerar um problemático conflito de interesses entre o dever legal das autoridades e a possibilidade de recebimento de recompensas e proteção como *whistleblowers*.

A despeito de o *whistleblowing* ter sido, enfim, regulamentado em parte no Brasil, restaram muitas lacunas na norma, que terão de ser sanadas para uma aplicação responsável do instituto.

## 6.5 A Portaria nº 292/2019 e a proteção do reportante pela CGU

Com o objetivo de alinhar-se com as diretrizes da OCDE, o Conselho Administrativo de Defesa Econômica (Cade) promulgou a Portaria nº 292/2019, resguardando a identidade do autor de denúncias perante o conselho pelo prazo de 100 anos. O Cade deixa claro, porém, que a proteção dos dados pessoais é benefício conferido, apenas, aos reportantes que não tenham envolvimento direto com a conduta anticompetitiva (o que desconfiguraria o instituto do *whistleblower*, como já defendido no presente trabalho).

Nesse mesmo contexto, em 3.12.2019, o Poder Executivo Federal brasileiro editou o Decreto nº 10.153, a fim de estabelecer salvaguardas de proteção à identidade do reportante de ilícitos ou irregularidades cometidas contra a Administração Pública Federal.[82] A partir de agora, órgãos e entidades públicas terão de adotar medidas que garantam o sigilo da identidade das pessoas que fizerem denúncias de irregularidades por meio de suas unidades de ouvidoria.

De acordo com o citado decreto, quando as denúncias forem feitas contra agentes públicos que não desempenhem funções de ouvidoria, elas deverão ser encaminhadas imediatamente à unidade do Sistema de Ouvidoria do Poder Executivo Federal vinculada ao seu órgão ou entidade, que não poderá dar publicidade ao conteúdo da denúncia ou "elemento de identificação do reportante".

A fim de evitar o vazamento dessas informações, as unidades de ouvidoria que fazem tratamento das denúncias com elementos de identificação do reportante deverão ter um controle que registre os

---

[82] CONTROLADORIA-GERAL DA UNIÃO (CGU). *Governo federal publica decreto para proteger a identidade do reportante*. Disponível em: https://www.cgu.gov.br/noticias/2019/12/governo-federal-publica-decreto-para-proteger-a-identidade-do-reportante. Acesso em: 15 dez. 2019.

nomes dos agentes públicos que consultaram as denúncias e as respectivas datas de acesso.

## 7 Conclusões

Até a metade de 2019, a Organização Internacional do Trabalho classificava o sistema *whistleblowing* brasileiro como muito fraco, em especial, por falhas no resguardo da confidencialidade do reportante e pela proteção ineficiente garantida pela legislação, sem mencionar, muitas vezes, a proibição de retaliação no ambiente de trabalho.[83]

As alterações normativas acima explicitadas, como as na Lei nº 13.608/2018, a portaria editada pelo Conselho Administrativo de Defesa Econômica e o Decreto nº 10.153, que protege o sigilo dos reportantes no âmbito da CGU, parecem ter atenuado o problema.

Apesar disso, ainda se faz urgente, no Brasil, a elaboração de um sistema sólido apto a receber e endereçar adequadamente as denúncias recebidas, proteger os *whistleblowers* e destinar parte dos valores recuperados a partir das denúncias para gratificações, a fim de incentivar a colaboração da sociedade civil no desmantelamento de fraudes e demais atos contrários ao interesse público.

Dessa forma, precisamos de um modelo normativo que preveja, em favor do *whistleblower*, o resguardo do seu direito à liberdade de expressão, a confidencialidade de suas informações pessoais, a proteção contra retaliações em sua vida pessoal e profissional, a proteção contra a vulgarização da responsabilidade cível, criminal ou administrativa por suposta violação à lealdade, incentivos para a realização de denúncias no setor público e privado e gratificações pecuniárias em casos de denúncias bem-sucedidas.

## Referências

28 JOURNALISTS Killed in Brazil. *Committee to Protect Journalists (CPJ)*. Disponível em: https://cpj.org/data/killed/americas/brazil/?status=Killed&motiveConfirmed%5B%5D=Confirmed&type%5B%5D=Journalist&coverages%5B%5D=Corruption&cc_fips%5B%5D=BR&start_year=1992&end_year=2020&group_by=location. Acesso em: 12 jan. 2020.

---

[83] INTERNATIONAL LABOR ORGANIZATION (ILO). *Law and practice on protecting whistleblowers in the public and financial services sectors*. p. 42. Disponível em: https://www.ilo.org/wcmsp5/groups/public/---ed_dialogue/---sector/documents/publication/wcms_718048.pdf. Acesso em: 10 fev. 2020.

ASSIM, Raluca Dimitriu. The whistleblowing policies in Romania's Labour Law. *Bucharest University of Economic Studies*, v. 13, n. 3, p. 584-598, 2014.

AVELAR, Leonardo; SANCHEZ, Pedro. A figura do whistleblower no direito penal – No Brasil e no mundo. *Conjur*, 10 dez. 2019. Disponível em: https://www.conjur.com.br/2019-dez-10/opiniao-figura-whistleblower-direito-penal. Acesso em: 29 dez. 2019.

BENTO, Leonardo Valles. O princípio da proteção ao reportante: parâmetros internacionais e o direito brasileiro. *Revista Novos Estudos Jurídicos – Eletrônica*, v. 20, n. 2, ago. 2015.

BERGAMO, Mônica. Gilmar Mendes analisará investigação da PF sobre Glenn Greenwald. *Folha de S.Paulo*, 11 jul. 2019. Disponível em: https://www1.folha.uol.com.br/colunas/monicabergamo/2019/07/gilmar-mendes-analisara-investigacao-da-pf-sobre-glenn-greenwald.shtml. Acesso em: 18 jan. 2020.

BIGONI, Maria; FRIDOLFSSON, Sven-Olof; LE COQ, Chloé; SPAGNOLO, Giancarlo. Fines, leniency and rewards in antitrust. *Research Institute of Industrial Economics*, 2011.

BOYNE, Shawn Marie. Whistleblowing. *The American Journal of Comparative Law*, v. 62, n. 1, jul. 2014.

BRAZIL blogger known for reporting on corruption found decapitated. *The Guardian*, 20 maio 2015. Disponível em: https://www.theguardian.com/world/2015/may/20/brazil-blogger-known-for-reporting-on-corruption-found-decapitated. Acesso em: 12 jan. 2020.

CARRANZA, Carlos Jaico *et al*. *Whistleblowing*: Perspectives en droit suisse. Genève: Schulthess Médias Juridiques SA, 2014.

CHELSEA Manning volta à prisão após se recusar a prestar depoimento sobre caso WikiLeaks. *G1*, 16 maio 2019. Disponível em: https://g1.globo.com/mundo/noticia/2019/05/16/chelsea-manning-volta-a-prisao-apos-se-recusar-a-prestar-depoimento-sobre-caso-wikileaks.ghtml. Acesso em: 13 jan. 2020.

CIAN, Giorgio; TRABUCCHI, Alberto. *Commentario breve al Codice Civile*. 12. ed. Milão: Cedam, 2016.

COBB, Stephen. 10 things to know about the October 21 DDoS attacks. *We Live Security*, 24 out. 2016.

COLÔMBIA. Corte Constitucional da Colômbia. *Sentença T-1025/07, de 03 de dezembro de 2007*. Disponível em: https://www.corteconstitucional.gov.co/relatoria/2007/T-1025-07.htm. Acesso em: 14 jan. 2020.

CONSELHO EUROPEU. *Protection of Whistleblowers*. Recommendation CM/REC (2014) and explanatory memorandum. Disponível em: https://rm.coe.int/16807096c7. Acesso em: 20 jan. 2020.

CONTROLADORIA-GERAL DA UNIÃO (CGU). *Governo federal publica decreto para proteger a identidade do reportante*. Disponível em: https://www.cgu.gov.br/noticias/2019/12/governo-federal-publica-decreto-para-proteger-a-identidade-do-reportante. Acesso em: 15 dez. 2019.

CONTROLADORIA-GERAL DA UNIÃO (CGU). *Instrução Normativa Conjunta n. 1 da Corregedoria-Geral da União e da Ouvidoria-Geral da União*. Disponível em: https://www.cgu.gov.br/sobre/legislacao/instrucoes-normativas. Acesso em: 20 jan. 2020.

CUNHA FILHO, Marcio Camargo. Revisitando a jurisprudência do Supremo Tribunal Federal em matéria de reserva de identidade de reportantes. *Revista de Doutrina e Jurisprudência*, Brasília, 2016.

DÉCIMA VARA FEDERAL DE BRASÍLIA. *Inquérito Policial nº 1015706-59.2019.4.01.3400.* Disponível em: https://www.conjur.com.br/dl/juiz-rejeita-denuncia-glenn.pdf. Acesso em: 28 mar. 2020.

DEPARTAMENT OF JUSTICE (DOJ). *Justice Department recovers over $2.8 billion from false claims act cases in fiscal year 2018.* Disponível em: https://www.justice.gov/opa/pr/justice-department-recovers-over-28-billion-false-claims-act-cases-fiscal-year-2018. Acesso em: 2 jan. 2019.

DINES, Alberto. *Vínculos do fogo*: Antônio José da Silva, o Judeu, e outras histórias de Inquisição em Portugal e no Brasil. 2. ed. São Paulo: Companhia das Letras, 1992. Disponível em: http://www.indret.com/pdf/364.pdf. Acesso em: 30 dez. 2019.

FERREIRA, Adriano Valente Torraca. *Métodos de incentivo à denúncia de ilícitos*: subsídios para a implementação de programas whistleblowing perante agências e órgãos reguladores. Dissertação (Mestrado em Direito) – Fundação Getúlio Vargas, Rio de Janeiro, 2018.

HABIB, Sérgio. *Brasil*: quinhentos anos de corrupção – Enfoque sócio-histórico-jurídico-penal. Porto Alegre: Sergio Antonio Fabris Editor, 1994.

HATCHER, A. et al. *Temas de anticorrupção e compliance.* Corrupção na história do Brasil: reflexões sobre suas origens no período colonial. Rio de Janeiro: Elsevier, 2013.

HESCH, Joel D. Breaking the siege: restoring equity and statutory intent to the process of determining qui tam relator awards under the false claims act. *Thomas M. Cooley Law Review*, Michigan, v. 29, n. 2, jul./set. 2012.

INTERNATIONAL CHAMBER OF COMMERCE. *Guidelines on whistleblowing.* Disponível em: http://www.iccwbo.org/Data/Policies/2008/ICCWhistleblowing-Guidelines/. Acesso em: 15 dez. 2019.

INTERNATIONAL LABOR ORGANIZATION (ILO). *Law and practice on protecting whistleblowers in the public and financial services sectors.* Disponível em: https://www.ilo.org/wcmsp5/groups/public/---ed_dialogue/---sector/documents/publication/wcms_718048.pdf. Acesso em: 10 fev. 2020.

JOHNSON, Roberta Ann. *Struggle against corruption*: a comparative study. Gordonsville: Palgrave Macmillan, 2004.

MACEDO, Cássio Rocha de. *Whistleblowing e direito penal*: análise de uma política criminal de combate aos crimes econômicos fundada em agentes reportantes. Dissertação (Mestrado) – Programa de Pós-Graduação em Ciências Criminais, Pontifícia Universidade Católica do Rio Grande do Sul, Porto Alegre, 2018.

MAGRANI, Eduardo. *A internet das coisas.* Rio de Janeiro: FGV Editora, 2018. Disponível em: https://bibliotecadigital.fgv.br/dspace/bitstream/handle/10438/23898/A%20internet%20das%20coisas.pdf?sequence=1&isAllowed=y. Acesso em: 12 jan. 2020.

MOREIRA, Teresa. *Da esfera privada do trabalhador e o controlo do empregador.* Coimbra: Coimbra Editora, 2004.

NASCIMENTO, Rodrigo. O que, de fato, é internet das coisas e que revolução ela pode trazer? *Computerworld*, 12 mar. 2015.

NYRERÖD, Theo; SPAGNOLO, Giancarlo. Recompensas para reportantes no combate à corrupção? Tradução de Reinaldo Diogo Luz. In: FORTINI, Cristina (Coord.). *Corrupção e seus múltiplos enfoques jurídicos.* Belo Horizonte: Fórum, 2018.

OCDE. *G20 Anti-Corruption Action Plan Protection of Whistleblowers.* Study on Whistleblower Protection Frameworks, Compendium of Best Practices and Guiding Principles for Legislation. 2011. Disponível em: https://star.worldbank.org/ sites/star/ files/study_on_whistleblower_protection_frameworks-_compendium_of_best_practices _and_guiding_principles_for_legislation.pdf. Acesso em: 20 jan. 2020.

OCDE. *Recommendation of Council for Further Combating Bribery of Foreign Public Officials in International Business Transactions.* Disponível em: www.oecd.org/daf/anti-bribery/44176910.pdf. Acesso em: 26 out. 2019.

OCDE. *The detection of foreign bribery.* Disponível em: http://www.oecd.org/corruption/anti-bribery/The-Detection-of-Foreign-Bribery-ENG.pdf. Acesso em: 26 out. 2019.

OCDE. *The role of whistleblowers and whistleblower protection.* Disponível em: http://www.oecd.org/corruption/anti-bribery/OECD-The-Role-of-Whistleblowers-in-the-Detection-of-Foreign-Bribery.pdf. Acesso em: 20 jan. 2020.

OLIVEIRA, J. M. F. *A urgência de uma legislação whistleblowing no Brasil.* Brasília: Núcleo de Estudos e Pesquisas/CONLEG/Senado, maio 2015. Texto para Discussão nº 175. Disponível em: https://www12.senado.leg.br/publicacoes/estudos-legislativos/tipos-de-estudos/textos-para-discussao/td175. Acesso em: 11 jan. 2020.

ONTARIO SECUTIRITIES COMISSION (OSC). *OSC Awards $7.5 Million to Three Whistleblowers.* Disponível em: https://www.osc.gov.on.ca/en/NewsEvents_nr_20190227_osc-awards-to-three-whistleblowers.htm. Acesso em: 30 dez. 2019.

ONTARIO SECUTIRITIES COMISSION (OSC). *OSC Whistleblower Program contributing to a stronger culture of compliance.* Disponível em: http://www.osc.gov.on.ca/en/NewsEvents_nr_20180629_osc-whistleblower-program-contributing-to-a-stronger-culture-of-compliance.htm. Acesso em: 20 out. 2019.

ORGANIZATION OF AMERICAN STATES (OAS). *Text of the draft model law to facilitate and encourage the reporting of acts of corruption and to protect whsitleblowers and witnesses.* Disponível em: http://www.oas.org/juridico/english/draft_model_reporting.pdf. Acesso em: 11 jan. 2020.

PALMA, Juliana Bonacorsi de. O novo regime de proteção da identidade do reportante junto ao TCU. *Jota*, 18 set. 2019. Disponível em: https://www.jota.info/opiniao-eanalise/colunas/controle-publico/o-novo-regime-de-protecao-da-identidade-doreportante-junto-ao-tcu-18092019. Acesso em: 14 jan. 2020.

PARA MPF, diálogo mostra que Glenn Greenwald 'auxiliou, orientou e incentivou' hackers; relatório da PF diz que não há evidências de participação. *G1*, 21 jan. 2020. Disponível em: https://g1.globo.com/politica/noticia/2020/01/21/para-mpf-dialogo-mostra-que-glenn-greenwald-auxiliou-orientou-e-incentivou-hackers-relatorio-da-pf-diz-que-nao-ha-evidencias-de-participacao.ghtml. Acesso em: 21 jan. 2020.

RAGUÉS I VALLÈS, Ramon. ¿Héroes o traidores? La protección de los informantes internos (whistleblowers) como estrategia político-criminal. *InDret*, n. 3, 2006. Disponível em: https://dialnet.unirioja.es/servlet/articulo?codigo=2030885. Acesso em: 30 dez. 2019.

REGIONAL ANTI-CORRUPTION INITIATIVE. *B&H*: whistleblower reinstated after two-year suspension credits assistance from National Whistleblower Center. Disponível em: http://www.rai-see.org/bh-whistleblower-reinstated-after-two-year-suspension-credits-assistance-from-national-whistleblower-center/. Acesso em: 16 jan. 2020.

REPORTERS WITHOUT BORDERS. *Brazil.* Disponível em: https://rsf.org/en/brazil. Acesso em: 15 dez. 2019.

REPORTERS WITHOUT BORDERS. *World Press Freedom Index* – A cycle of fear. 2019. Disponível em: https://rsf.org/en/2019-world-press-freedom-index-cycle-fear. Acesso em: 15 dez. 2019.

ROCHA, Márcio Antônio. A participação da sociedade civil na luta contra a corrupção e a fraude: uma visão do sistema jurídico americano focada nos instrumentos da ação judicial qui tam action e dos programas de whistleblower. *Revista de Doutrina da 4ª Região*, Porto Alegre, n. 65, abr. 2015. Disponível em: https://revistadoutrina.trf4.jus.br/artigos/edicao065/Marcio_Rocha.html. Acesso em: 20 jan. 2020.

ROCHA, Márcio Antônio. Subsídios ao debate para a implantação dos programas de whistleblower no Brasil. *Revista de Doutrina da 4ª Região*, Porto Alegre, n. 75, dez. 2016. Disponível em: https://revistadoutrina.trf4.jus.br/artigos/edicao075/Marcio_Rocha.html. Acesso em: 20 jan. 2020.

ROTHSCHILD, Joyce; MIETHE, Terance. Whistleblower disclosures and management retaliation: the battle to control information about organization corruption. *Work and Occupations*, v. 26, n. 1, p. 107-128, 1999. Disponível em: https://www.researchgate.net/publication/249690500_Whistle-Blower_Disclosures_and_Management_Retaliation_The_Battle_to_Control_Information_About_Organization_Corruption. Acesso em: 20 jan. 2020.

SAAD-DINIZ, Eduardo *et al*. *Modernas técnicas de investigação e justiça penal colaborativa*. São Paulo: LiberArs, 2015.

SAVAGE, Charlie. Chelsea Manning to be released early as Obama commutes sentence. *The New York Times*, 17 jan. 2017. Disponível em: https://www.nytimes.com/2017/01/17/us/politics/obama-commutes-bulk-of-chelsea-mannings-sentence.html. Acesso em: 15 dez. 2019.

SCHMIDT, Matthias. 'Whistle blowing' regulation and accounting standards Enforcement in Germany and Europe – An economic perspective. *Humboldt University Business and Economics Discussion Paper*, n. 29, ago. 2003. Disponível em: https://ssrn.com/abstract=438480. Acesso em: 20 jan. 2020.

SECURITIES AND EXCHANGE COMISSION (SEC). *2019 Annual Report To Congress*. Disponível em: https://www.sec.gov/files/sec-2019-annual-report-whistleblower-program.pdf. Acesso em: 28 mar. 2020.

SECURITIES AND EXCHANGE COMMISSION (SEC). *Doddy-Frank Act*. Disponível em: https://www.sec.gov/about/offices/owb/dodd-frank-sec-922.pdf. Acesso em: 15 jan. 2020.

SILVA, Diogo. *A proteção do whistleblower na relação jurídico-laboral*. Dissertação (Mestrado em Ciências Jurídico-Laborais) – Faculdade de Direito, Universidade de Lisboa, Lisboa, 2017. Disponível em: https://repositorio.ul.pt/bitstream/10451/31884/1/ulfd133622_tese.pdf. Acesso em: 13 jan. 2020.

SOUZA, Teresa Cristina. Recuperação de valores devidos ao erário no direito norte-americano: qui tam action e false claims act. *Publicações da Escola da AGU: 2º Curso de Introdução ao Direito Americano: Fundamental of US Law Course – Escola da Advocacia-Geral da União Ministro Victor Nunes Leal*, ano IV, n. 16, v. 1, mar. 2012.

SUPREMO TRIBUNAL FEDERAL (STF). Plenário. *Mandado de Segurança nº 24.405/DF*. Rel. Min. Carlos Velloso, j. 3.12.2003. Disponível em: http://www.stf.jus.br/portal/processo/verProcessoPeca.asp?id=171666197&tipoApp=.pdf. Acesso em: 14 jan. 2020.

TRANSPARÊNCIA INTERNACIONAL. *Índice de percepção da corrupção 2019*. Disponível em: https://ipc.transparenciainternacional.org.br. Acesso em: 23 jan. 2019.

TRANSPARENCY INTERNATIONAL. *Brazil needs effective protection for witnesses and victims of corruption*. Disponível em: https://blog.transparency.org/2015/11/12/brazil-needs-effective-protection-for-witnesses-and-victims-of-corruption/. Acesso em: 12 jan. 2020.

TRANSPARENCY INTERNATIONAL. *Good Practice in Whistleblowing Protection Legislation (WPL)*. Disponível em: https://www.u4.no/publications/good-practice-in-whistleblowing-protection-legislation-wpl.pdf. Acesso em: 2 jan. 2019.

VAUGHN, Robert G. State whistleblower statutes and the future of whistleblower protection. *Administrative Law Review*, v. 51, n. 2, 1999.

WOLFE, Simon; WORTH, Mark; DREYFUS, Suelette; BROWN; A. J. Breaking the silence – Strengths and weaknesses in G20 Whistleblower Protection Laws. *Blueprint for Free Speech*, 2015. Disponível em: https://blueprintforfreespeech.net/wp-content/uploads/2015/10/Breaking-the-Silence-Strengths-and-Weaknesses-in-G20-Whistleblower-Protection-Laws1.pdf. Acesso em: 18 jan. 2020.

WORTH, Mark; DREYFUS, Suelette; HANLEY, Garreth. Gaps in the system: whistleblower laws in the EU. *Blueprint for Free Speech*, 2018. Disponível em: https://www.changeofdirection.eu/assets/uploads/BLUEPRINT%20-%20Gaps%20in%20the%20System%20-%20Whistleblowers%20Laws%20in%20the%20EU.pdf. Acesso em: 13 jan. 2020.

---

Informação bibliográfica deste texto, conforme a NBR 6023:2018 da Associação Brasileira de Normas Técnicas (ABNT):

ARAÚJO, Valter Shuenquener de; XAVIER, Leonardo Vieira; ARAÚJO, Karolline Ferraz Pereira de. A evolução do whistleblowing no direito brasileiro e internacional: quais os principais pontos de um sistema efetivo? *In*: DAL POZZO, Augusto Neves; MARTINS, Ricardo Marcondes (Coord.). *Aspectos controvertidos do compliance na Administração Pública*. Belo Horizonte: Fórum, 2020. p. 463-496. ISBN 978-65-5518-044-2.

# *COMPLIANCE* NO PODER JUDICIÁRIO

# *COMPLIANCE* E JUDICIÁRIO: NOTAS SOBRE COMO APLICAR O CONCEITO À FUNÇÃO ADMINISTRATIVA A CARGO DOS TRIBUNAIS

ALEXANDRE JORGE CARNEIRO DA CUNHA FILHO
FÁBIO HENRIQUE FALCONE GARCIA

## 1 Introdução

Uma boa parte das tarefas desempenhadas no âmbito dos Tribunais pode ser qualificada como atividade administrativa.

Se a missão-fim precípua a cargo de tais órgãos é a jurisdição, ou seja, o dizer o direito no caso concreto, todas as tarefas-meio que neles são desenvolvidas com o propósito de viabilizar àquela podem ser chamadas de atuações administrativas.

Trata-se de um conceito que doutrinariamente foi sendo construído por exclusão.

Enquanto ao Legislativo e ao Judiciário caberiam competências bem delimitadas em torno da ideia de lei-formal, à Administração incumbiria as residuais.

No mundo oitocentista, acreditava-se que o legislador produzia a lei, enquanto os gestores e os juízes a aplicavam.

O gestor o fazia de ofício no cumprimento da miríade de tarefas que a Constituição designava ao Executivo, enquanto o Judiciário agia sob provocação e com força de coisa julgada, dirimindo os conflitos através de uma aplicação o quanto possível mecânica da lei aos casos concretos submetidos à sua apreciação.

Esse desenho do que se convencionou chamar de separação de poderes não é isento de críticas, fugindo ao escopo deste estudo maior desenvolvimento a respeito.

Para nós é importante pontuar que, afora a jurisdição, tudo o que lhe dá suporte em nosso sistema pode ser qualificado de administração.

E, assim como a jurisdição, deve se submeter a mecanismos de controle vocacionados a garantir seu bom andamento.

## 2 *Compliance* – Conceito e sua vinculação ao bom exercício da função-alvo

O termo *compliance* pode ser entendido como o dever de atendimento a procedimentos vocacionados a evitar desvios no que se refere ao respeito a parâmetros de conduta estabelecidos para uma função-alvo,[1] em especial em um contexto de políticas dirigidas a evitar corrupção.

Embora em sentido técnico corrupção no nosso sistema seja uma conduta tipificada como crime cometido contra a Administração Pública, na praxe não é incomum empresas privadas adotarem códigos deontológicos, muitas vezes denominados "códigos de ética", a pautar o agir dos seus integrantes não só nas relações mantidas com o governo, mas também naquelas travadas com qualquer de suas parceiras comerciais no mercado de consumo.

Importante registrar que, para os agentes econômicos que organizam sistemas de *compliance* em suas estruturas de tomada de decisão, estes normalmente são vistos como uma engrenagem importante para, evitando fraudes, conferir-lhes eficiência na busca de seus fins, em conformidade com o tipo de governança esperado de tais entidades.[2]

---

[1] Com pequena variação foi nessa acepção que um dos autores do presente ensaio desenvolveu recentemente o tema, juntamente com Adriana R. Sarra de Deus, ao tratar de *compliance* no âmbito das empresas estatais (CUNHA FILHO, Alexandre J. C. da; DEUS, Adriana R. Sarra de. Compliance nas estatais – Notas sobre o sistema de controle e seus desafios contemporâneos. *Revista de Direito Recuperacional e Empresa – RDRE*, São Paulo, v. 14, out./dez. 2019). Ao longo deste estudo buscaremos, a partir de avanços obtidos naquela ocasião, discorrer sobre como a noção pode ser aplicada ao aparato judicial.

[2] Para um estudo sobre pontos de convergência e divergência na organização de sistemas de *compliance* no setor público e privado, ver ALMEIDA, Luiz Eduardo de. Compliance público e compliance privado: semelhanças e diferenças. *In*: NOHARA, Irene P.; PEREIRA, Flávio de L. B. (Coord.). *Governança, compliance e cidadania*. São Paulo: RT, 2018. p. 115-134. O autor afirma que esse tipo de sistema de controle desenvolveu-se em países de *common law* como

E no setor público, em especial no que diz respeito à atuação administrativa dos tribunais, não há motivo para que seja diferente.

Toda atividade de mapeamento de áreas mais suscetíveis de malversação de recursos do órgão, bem como o estabelecimento regras, orientações e instâncias de controle destinadas a evitar, identificar e reprimir tal mal, correspondem a medidas que devem estar insertas em um cenário mais amplo de bom andamento dos afazeres estatais.

O alerta, contudo, não é despiciendo.

Nossa gestão pública, como é de conhecimento geral, ainda está longe de oferecer um nível mínimo de qualidade em boa parte dos serviços que oferta à população, enfrentando sérias dificuldades para imprimir efetividade em sua atuação nos mais diversos setores da vida em comum.

As razões para tanto certamente são diversas, variando enormemente de órgão para órgão, dos meios materiais e humanos que eles têm à sua disposição, bem como da atividade-fim desempenhada por cada qual.

Apesar das distinções, um fator costuma se repetir por onde é que se veja incompetência do Estado: uma boa dose de indiferença do tomador de decisão estatal para com os efeitos gerados pelas suas escolhas na realidade.[3]

---

remédio para, no setor privado, evitar os chamados "conflitos de agência" potencialmente observados nas empresas, normalmente de grande porte, em que há a segregação entre a propriedade dos respectivos ativos e sua gestão por administradores profissionais (p. 116 e ss.). Neste contexto, para que o agente (gestor) aja em conformidade com os interesses do acionista (principal), este cria na organização um processo de tomada de decisão cercado de determinadas cautelas. Luiz Eduardo Almeida, destacando que o problema no âmbito da Administração Pública, embora tenha pontos de contato com aquele experimentado pelas empresas privadas, com este não se confunde, pontua que mesmo a realidade do universo corporativo no Brasil é bastante distinta da vivenciada nos Estados Unidos ou no Reino Unido. Confira-se a definição oferecida a respeito pelo estudioso: "[...] tratando-se do setor privado no Brasil, podemos afirmar que 'compliance' significa estar em conformidade com as exigências normativas, com as políticas internas estabelecidas e com as exigências éticas aplicáveis a cada atividade" (p. 124).

[3] Sobre o fenômeno, ver MARQUES NETO, Floriano de Azevedo. A superação do ato administrativo autista. *In*: MEDAUAR, Odete; SCHIRATO, Vitor Rhein (Coord.). *Os caminhos do ato administrativo*. São Paulo: RT, 2011. p. 89-113. Sobre a conveniência em se implantar sistemas de metas no âmbito da Administração Pública como instrumento a serviço da boa gestão, bem como sobre dificuldades, sobretudo culturais, existentes para que tanto vire realidade, ver ROSILHO, André J.; PINTO, Henrique M.; SUNDFELD, Carlos Ari. Programa de metas: uma solução municipal de transparência administrativa. *Interesse Público – IP*, Belo Horizonte, ano 12, n. 63, set./out. 2010. Ainda acerca do mesmo impasse, mas com foco na remuneração variável como ferramenta de estímulo a uma atuação mais performática por parte dos servidores, ver ARAÚJO, Alexandra F. de; COSTA, Rodrigo G. C. da. A reforma do Estado e a remuneração dos servidores – Elementos para o juízo de ponderação entre os princípios de eficiência e isonomia. *Revista Brasileira de Estudos sobre a Função Pública – RBEFP*, Belo Horizonte, ano 4, n. 10, p. 9-29, jan./abr. 2015.

Como a burocracia, segundo voz corrente na maioria dos nossos livros clássicos de direito administrativo, só faz o que está na lei, não agindo fora ou para além dela, o ambiente reinante em nossas repartições é de conformismo com o *script* normativo (e de medo da atuação fora dele).[4]

Por outro lado, confia-se de modo mais ou menos generalizado que, cumprindo-se fielmente leis, regulamentos e procedimentos, vai-se alcançar o interesse público.

Se no final do dia o objetivo visado não se concretiza, ou se se concretiza aquém das potencialidades decorrentes dos meios à disposição da autoridade, tal desfecho é visto como uma espécie de fatalidade, algo que escapa ao poder daqueles que, como autômatos, funcionam como mera *longa manus* do legislador.[5]

Mas se o tema deste ensaio é *compliance* no Judiciário, por que estamos falando do significado do princípio da legalidade para a atuação administrativa?

Porque para que a instituição de uma política de *compliance* contribua para o adequado desempenho da função-fim do órgão que a adota, ou seja, esteja a serviço de um modelo de governança (que pressupõe eficiência), esta não pode ser vista como um fim em si mesmo,[6] o que, contudo, acaba sendo uma tendência natural entre nós à vista da compreensão que normalmente se têm do dever de observância (muitas vezes irrefletida) a leis e regulamentos.

## 3 Funções administrativas a cargo dos tribunais – Foco na atividade-meio

A forma em que são organizadas as atividades-meio que dão suporte à jurisdição repercute, como é intuitivo, na qualidade do produto final do que os juízes entregam diariamente à sociedade.

---

[4] MENDONÇA, José Vicente S. de. Direito administrativo e inovação: limites e possibilidades. *In*: WALD, Arnoldo; JUSTEN FILHO, Marçal; PEREIRA, César A. G. (Org.). *O direito administrativo na atualidade* – Estudos em homenagem ao centenário de Hely Lopes Meirelles. São Paulo: Malheiros, 2017. p. 671-672.

[5] Para uma crítica dessa visão, defendendo um papel não meramente passivo, mas também criador do gestor na aplicação da lei parlamentar às situações sujeitas à sua apreciação, ver SUNDFELD, Carlos Ari. *Direito administrativo para céticos*. São Paulo: Malheiros, 2012. p. 132 e ss.

[6] Quanto a esse tipo de disfuncionalidade que marca a atuação de muitos de nossos órgãos de controle, ver MARQUES NETO, Floriano de Azevedo. Os grandes desafios do controle da Administração Pública. *Fórum de Contratação e Gestão Pública – FCGP*, Belo Horizonte, ano 9, n. 100, p. 7-30, abr. 2010.

Ainda que muitas vezes esses fatores simplesmente passem desapercebidos por parte de observadores menos atentos quando a atuação do órgão judicial ocorre a contento, não se pode esquecer da sua imprescindibilidade para o normal giro da máquina judiciária.

Espaço físico adequado, infraestrutura de informática eficaz e pessoal de apoio em número suficiente e com formação/perfil compatível com as tarefas de sua atribuição, para ficarmos em alguns dos exemplos mais marcantes, são insumos relevantíssimos para a boa performance dos afazeres de incumbência dos magistrados.

Esses recursos, por sua vez, não brotam na realidade como que por ação de um passe de mágica.

Eles, via de regra, só são incorporados à determinada unidade judicial após um burocrático processo de compra ou admissão, que pressupõe uma decisão acerca da sua necessidade/conveniência para a boa prestação do serviço público e de destaque de rubrica orçamentária para fazer frente às respectivas despesas.

Após ingressarem no inventário estatal, ainda há obrigação de os gestores alocarem tais bens nas diversas repartições sob sua supervisão segundo critérios técnicos[7] e fiscalizarem seu emprego de modo republicano, tendo em vista a missão-fim à qual eles estão preordenados.

Toda essa atividade instrumental ao exercício do poder que nosso ordenamento jurídico confere aos julgadores pode ser qualificada como "administrativa" e, envolvendo dinheiro e interesses de diversas ordens (público e privados), são passíveis de tentativas de desvios.

Eis a importância do desenvolvimento de sistemas de controle vocacionados a evitar a fraude em tal âmbito e, quando tanto não for possível, que ao menos promovam um ambiente em que as faltas cometidas possam ser prontamente identificadas e os seus responsáveis, punidos, com a pertinente reparação do dano causado ao erário.

Sobre este tipo de aparato, que pode ser denominado estrutura de *compliance*, teceremos as considerações a seguir.

## 3.1 Riscos de desvios – Identificação

A implantação de um sistema de *compliance* envolve, por si só, custos nada ordinários, de modo que, para ser eficiente, este deve ter porte compatível com a tarefa de sua incumbência, o que passa pela adequada formulação de seu escopo em dada organização.

---

[7] E que sejam o quanto possível de natureza objetiva.

Para tanto pressupõe-se o mapeamento de riscos da atividade controlada, ou seja, a identificação nela das principais oportunidades de malversação de recursos, de modo que se criem procedimentos e se agendem vistorias dirigidos a evitar sobretudo lesões mais expressivas ao bem jurídico tutelado.

Em especial em se tratando de setor público, não são poucos os exemplos de criação de estruturas de perfil maximalista, que pretendam tudo ver, saber e controlar, mas que, nada obstante, não concentrando seus esforços no mais importante,[8] além de criarem embaraços para o bom funcionamento do órgão, não logram êxito em impedir a ação de organizações criminosas que atuam em suas entranhas.

Tais unidades de fiscalização, embora possam possuir, em termos numéricos, produtividade no que se refere ao índice "punidos por gestão", não raramente deixam em segundo plano o ressarcimento do dano causado e a ideia de aprendizado institucional com a falta.

Para que esses fatores não só sejam levados em conta, como tenham papel de destaque em um programa de *compliance*, há necessidade de sua organização de modo estratégico à vista dos valores visados, com eleição de áreas de atuação prioritárias, em ciclos de atividades que sejam reavaliados de tempos em tempos.

Nos tribunais, assim como em qualquer organização pública e privada, setores de aquisição de bens e serviços, gestão imobiliária, custódia de pessoas ou coisas, recebimento e pagamento de valores, são exemplos de espaços que, à vista do interesse que podem despertar em malfeitores, normalmente reclamam atenção especial nas políticas de controle contra desvios.

## 3.2 Construção de ambiente favorável à mitigação de riscos

Mapeados os principais riscos de desvios na organização, cabe ao controle interno estabelecer normas de conduta aos seus

---

[8] Sobre o ponto, extremamente oportuna a proposta feita por Laura M. A. de Barros de compatibilização entre controles de meios (burocráticos) e aqueles vocacionados a exigir resultados do gestor, isso imaginando que seja dever inescapável da Administração a busca da satisfação das necessidades do usuário dos seus serviços: "propomos que o controle burocrático seja efetivado por amostragem, deixando de representar o foco principal da atividade administrativa de controle" (BARROS, Laura M. A. de. O índice de integridade da controladoria geral do Município de São Paulo como mecanismo de implementação e desenvolvimento da governança pública em nível local. *In*: CUNHA FILHO, Alexandre J. C. da; OLIVEIRA, André T. da M.; ISSA, Rafael H.; SCHWIND, Rafael W. *Direito, instituições e políticas Públicas* – O papel do jusidealista na formação do Estado. São Paulo: Quartier Latin, 2017. p. 496).

integrantes buscando minorar o potencial de essas ameaças se concretizarem, oferecendo-lhes treinamento periódico[9] voltado tanto à eficiência do seu agir[10] como ao acautelamento dos bens jurídicos sob sua responsabilidade.

A produção normativa a ocorrer em tal contexto,[11] normalmente consolidada nos chamados códigos de conduta, deve se voltar em especial a evitar situações de conflito de interesse,[12] ou seja, circunstâncias em que o decisor público possa ter a objetividade esperada de sua avaliação comprometida por expectativas ou sentimentos de ordem pessoal.

Presentes todas as vedações e recomendações de comportamento, de modo sistematizado, em uma compilação amplamente divulgada no órgão, costuma-se ainda apontar a importância para um programa de *compliance* da manutenção de um canal de diálogo com os usuários do serviço,[13] além de um destinado a receber denúncias acerca da prática

---

[9] Sobre tal aspecto, tratando de treinamentos em ambiente corporativo, mas em lições que podem ser aproveitadas, com a devida adaptação, no setor público, ver CARVALHO, André Castro. Criação da cultura de compliance: treinamentos corporativos. *In*: CARVALHO, André C.; BERTOCCELLI, Rodrigo de P.; ALVIM, Tiago. C.; VENTURINI, Otavio (Coord.). *Manual de compliance*. Rio de Janeiro: Forense, 2019. p. 79-115.

[10] No que se refere à negociação de contratos públicos de vulto com grandes empresas privadas, vale o alerta feito por Michael Moran no sentido de haver evidências de que nem sempre as autoridades administrativas têm formação e habilidades necessárias para bem desempenhar sua função. Tratando do universo do Reino Unido, o autor aponta problemas em três âmbitos de contratação pública naquele sistema: indústria de defesa, tecnologia da informação e privatização de transporte ferroviário (MORAND, Michael. *Politics and governance in the UK*. 3. ed. London: Palgrave, 2015. p. 82). Em nosso país as dificuldades para a Administração bem contratar seguindo a literalidade da Lei nº 8.666/93 são de conhecimento geral, legislação que apostou em um modelo de regulação detalhada de tal atividade (ROSILHO, André. *Licitação no Brasil*. São Paulo: Malheiros, 2013. p. 91 e ss.). Enquanto não se muda o marco legal, vale apostar na capacitação do material humano para melhor utilizá-lo com foco na eficiência das compras estatais, dado que vale para o setor público em geral e para os Tribunais em particular.

[11] Sendo importante ressaltar que deve haver preocupação da autoridade reguladora com qualidade, simplicidade, proporcionalidade e publicidade das normas produzidas em tal âmbito, para o que a observância de um devido processo prévio, com abertura de oportunidade para o levantamento de evidências (a partir de problemas de desvios já experimentados por uma repartição, por exemplo) e a realização de consulta pública, é o caminho mais adequado. A providência, aliás, passou a ser expressamente prevista em nossa legislação, como se observa do art. 29 do Decreto-Lei nº 4.657/1942 e do art. 5º da Lei nº 13.874/2019.

[12] CARVALHAES, Andréia R. S. N.; MENDONÇA, Diego G. Compliance enquanto procedimento para resolução de conflitos de interesses nas corporações. *In*: NOHARA, Irene P.; PEREIRA, Flávio de L. B. (Coord.). *Governança, compliance e cidadania*. São Paulo: RT, 2018. p. 291-300.

[13] Como as ouvidorias, que, se bem organizadas, podem funcionar como poderoso instrumento para o aprimoramento das atividades estatais, recebendo reclamações/sugestões dos usuários dos serviços e cobrando respostas e melhorias por parte dos gestores. Sobre a (tentativa da) instituição da figura entre nós, traçando um pouco da sua concretização

de crimes,[14] neste último caso, inclusive, com resguardo da identidade do denunciante.

Finalmente, deve-se destacar a relevância da existência de fluxos de trabalho adequados nas repartições públicas sensíveis, impedindo que a desorganização decorrente do acúmulo excessivo de serviço possa gerar ambiente profícuo à ação de aventureiros.

Quanto ao ponto, aliás, vale referir que a falta de informatização de inúmeras atividades públicas,[15] aliada a uma falta de visão estratégica de como essas devem ser estruturadas, sob a perspectiva material e humana, para bem se desincumbir de suas missões, é um dos principais problemas observados na Administração em geral, e na do Judiciário em particular[16], o que naturalmente corresponde a um obstáculo à eficiência do controle a incidir sobre as respectivas áreas de atuação.

---

em diversos sistemas jurídicos, ver MEDAUAR, Odete. *Controle da Administração Pública*. 3. ed. São Paulo: RT, 2014. p. 157 e ss. Segundo nossa experiência profissional, os pedidos de informação sobre andamento de processos/reclamações feitos pelo jurisdicionado à ouvidoria do Tribunal de Justiça do Estado de São Paulo recebem encaminhamento adequado na estrutura das varas, chegando prontamente aos juízes, que normalmente cobram os dados necessários às respostas dos diretores dos ofícios, encaminhando-as em até 10 dias aos respectivos interessados, em uma sinergia que tende a aperfeiçoar o funcionamento da burocracia cartorária.

[14] ALVIM, Tiago C.; CARVALHO, André C. Linha ética: funcionamento da denúncia, papel do denunciante e uso do canal de denúncias. *In*: CARVALHO, André C.; BERTOCCELLI, Rodrigo de P.; ALVIM, Tiago. C.; VENTURINI, Otavio (Coord.). *Manual de compliance*. Rio de Janeiro: Forense, 2019. p. 153-179.

[15] Sobre o ponto, relatando desafios existentes para informatização no nosso serviço público de saúde, no qual nem mesmo o número exato de usuários se consegue saber, em razão das dificuldades experimentadas para implantação de um cartão de acesso eletrônico, ver ARRUDA, Carmen Silvia L. de. Government discretion in digitizing public administration – The Brazilian perspective. *Eurojus.it*. Disponível em: http://www.eurojus.it/pdf/III.4-CARMEN-SILVIA-LIMA-DE-ARRUDA-Government-discretion-in-digitizing-public-administration-----the-Brazilian-perspective.pdf. Acesso em: 14 maio 2020 (em especial, p. 171 e ss.). A autora de modo bastante pertinente lança dúvidas sobre o porquê de a "fila" para atendimentos cirúrgicos em hospitais públicos poder ter diferentes durações para pacientes que contemporaneamente apresentam quadros clínicos análogos, o que cria um ambiente propício para fraudes através de sua manipulação (p. 175).

[16] Quanto ao Judiciário, um dos principais desafios existentes quanto ao volume incrível de processos que continuamente aportam nos nossos Tribunais é o de como lidar estrategicamente com os grandes litigantes e as lides repetitivas, assunto que ainda está em desenvolvimento embrionário entre nós. Para alguns apontamentos a respeito, ver MORAES, Vânila Cardoso André de (Coord.). *As demandas repetitivas e os grandes litigantes* – Possíveis caminhos para a efetividade do sistema de justiça brasileiro. Brasília: Enfam, 2016; CALÇAS, Manoel de Q. P.; NERY, Ana Rita de F.; DIAS, Maria Rita R. P.; DEZEM, Renata M. M. Monitoramento de perfis de demandas: um caminho na busca do planejamento do âmbito do Poder Judiciário. *In*: CUNHA FILHO, Alexandre J. C. da; OLIVEIRA, André T. da M.; ISSA, Rafael H.; SCHWIND, Rafael W. *Direito, instituições e políticas Públicas* – O papel do jusidealista na formação do Estado. São Paulo: Quartier Latin, 2017. p. 695/716; REFOSCO, Helena Campos. *Ação coletiva e acesso à justiça* – Uma análise da Reforma do Judiciário à luz de estudos de caso. Tese (Doutorado) – Faculdade de Direito, Universidade de São Paulo, São Paulo, 2017.

## 4 Controle interno: estruturação e funcionamento conforme resoluções nºs 308 e 309 de 2020 do CNJ

Em atenção à necessidade de construção de um ambiente favorável à mitigação de riscos, o Conselho Nacional de Justiça, acompanhando tendência indicada pelo Institute of Internal Auditors (IAA) e pela Organização Internacional das Entidades Superiores de Fiscalização, editou as resoluções nºs 308 e 309, ambas de 11.3.2020, destinadas à regulamentação dos mecanismos de auditoria interna dentro dos tribunais e conselhos integrantes do Poder Judiciário.

A Resolução nº 308/2020 obriga todos os tribunais e conselhos a constituírem unidades de auditoria interna, vinculadas à autoridade máxima de cada órgão e sujeitas ao controle do CNJ. A resolução procura estruturar um sistema de auditorias capaz de funcionar com elevado grau de autonomia e integração entre as unidades.

Assim, estabelece-se garantia de mandato bienal para os dirigentes de cada unidade, que, embora subordinados administrativamente à presidência dos respectivos órgãos, somente podem ser destituídos por decisão do órgão colegiado, com direito à defesa (art. 6º, §2º). Assegura-se aos dirigentes, também, padrão mínimo de vencimentos (CJ-3 ou equivalente) e às unidades, acesso livre a provas (art. 8º) e uma estrutura de relação funcional que, de alguma forma, tende a preservá-las de interferências espúrias. Essas unidades se subordinam administrativamente às respectivas presidências e funcionalmente, aos órgãos colegiados, *mediante apresentação de relatório anual das atividades realizadas*. Esse relatório, por seu turno, tem sua elaboração regulamentada nos termos do art. 5º, com consignação da relação entre auditorias realizadas, planejamento e identificação das fragilidades.

Alguns aspectos do ato normativo, contudo, podem suscitar divergências interpretativas.

O seu art. 7º, por exemplo, ao estabelecer impedimentos ao exercício do cargo, prevê uma limitação à condicionante negativa (prazo quinquenal),[17] sem mencionar a possibilidade de haver impeditivos

---

[17] "Art. 7º É vedada a designação para exercício de cargo ou função comissionada, nos órgãos integrantes do sistema de auditoria interna de que trata esta Resolução, de pessoas que tenham sido, nos últimos cinco anos: I - responsáveis por atos julgados irregulares por decisão definitiva de Tribunal de Contas; II - punidas, em decisão da qual não caiba recurso administrativo, em processo disciplinar por ato lesivo ao patrimônio público; e III - condenadas judicialmente em decisão com trânsito em julgado ou na forma da lei: a) pela prática de improbidade administrativa; ou b) em sede de processo criminal. Parágrafo único. Serão exonerados, sem necessidade da aprovação de que trata o §2º do art. 6º, os

diretos relacionados às condenações mencionadas. Parece-nos evidente que uma interpretação sistemática veda que um sujeito condenado por improbidade administrativa e com direitos políticos suspensos por prazo superior a cinco anos possa vir a ser designado para integrar unidade de auditoria, levando-se em conta somente a previsão do *caput*.

Nada obstante, de modo geral a Resolução nº 308/2020 traz elementos para aprimorar a condição de governança interna dos órgãos do Poder Judiciário, notadamente a partir da estrutura planejada para funcionamento do *Sistema de Auditoria Interna do Poder Judiciário – Siaud-Jud*.

Esse sistema, integrado por todas as unidades de auditoria dos demais órgãos colegiados do Poder Judiciário Nacional, forma uma espécie de estrutura integrada de gestores em diferentes níveis: o centro do sistema gira em torno do Conselho Nacional de Justiça que, por meio da Comissão Permanente de Auditoria, deve promover orientação técnica normativa e avaliação da funcionalidade das unidades de auditoria; depois, há órgãos setoriais, correspondentes às unidades de auditoria do próprio CNJ e dos tribunais superiores; no ramo mais estratificado, tem-se órgãos regionais, representados pelas unidades dos tribunais regionais federais, do trabalho, eleitorais e respectivos conselhos, além das unidades dos tribunais de justiça dos estados e do Distrito Federal.

O Siaud-Jud tem como escopo fornecer subsídios à governança do Poder Judiciário e à atuação do Conselho Nacional de Justiça, como órgão externo de controle. Para tanto, foi prevista a criação de um comitê de Governança e Coordenação (arts. 15 a 18), com composição distribuída entre membros das diversas unidades de auditoria.

Essa estrutura autonomizada do sistema em relação às gestões particulares dos tribunais cria condições para sua efetiva autonomia operacional, sem risco de ferir a independência de cada unidade administrativa, eis que organizada e designada internamente. Parece-nos que a elaboração da resolução, de modo geral, traz esperança para uma gestão preocupada com a efetividade na alocação de recursos.

A Resolução nº 309/2020, por seu turno, estabelece as diretrizes para exercício da atividade de auditoria e controle, denominada Diraud-Jud (Diretrizes Técnicas das Atividades de Auditoria Interna Governamental do Poder Judiciário).

A Resolução nº 309/2020 esclarece que o objeto da auditoria interna é assessorar o gestor para viabilizar tomada de decisões com

---

servidores ocupantes de cargos em comissão ou funções de confiança que forem alcançados pelas hipóteses previstas nos incisos I, II e III do *caput* deste artigo" (Disponível em: https://atos.cnj.jus.br/atos/detalhar/3288. Acesso em: 13 maio 2020).

vistas a melhorar a obtenção dos resultados almejados, a partir de uma perspectiva estrategicamente voltada para melhoria da gestão de riscos, controle e governança corporativa (art. 2º, I).

Entende-se que a estrutura de controle interno deve compreender três níveis de *linhas de defesa*: a primeira linha corresponde a um nível de controle primário, a ser empreendido pelos gestores responsáveis pela implementação de políticas públicas, e que visa à manutenção da eficiência dos órgãos de controle interno; implantação de ações corretivas para solução de desvios; mitigação dos riscos; dimensionamento dos órgãos de controle interno; e orientação para uma gestão preocupada com resultados. A segunda linha de defesa envolve os mecanismos de controle interno situados no nível da gestão, e que procuram implementar os objetivos fixados na primeira linha de defesa, seja promovendo intervenções para adequação das ações no primeiro nível de ação, seja desenvolvendo mecanismos de gerenciamento de risco e monitoramento das atividades desenvolvidas na primeira linha de defesa. Já a terceira linha de defesa, representada pela atividade das auditorias internas, procura avaliar as atividades desenvolvidas nas primeira e segunda linhas de defesa e oferece consultoria com base em postulados de autonomia técnica e objetividade (art. 2º, IV).

Para desenvolvimento dessas linhas de atuação, a Resolução nº 309/2020 estabelece um rol de princípios e preceitos voltados a conduzir a atuação dos integrantes das unidades de auditoria e a orientar os tribunais na elaboração de códigos de ética a serem observados em suas respectivas unidades.

Para além das normas de conduta que se espera de alguém que assuma função tão relevante na estrutura burocrática de controle, merecem destaque as normas que asseguram acesso a documentos, garantindo dever de auxílio das unidades auditadas, com o correspondente dever de sigilo sobre os fatos apurados e comunicação imediata aos tribunais de contas respectivos (art. 13), norma salutar porque desconcentra o poder de controle, ainda que a irregularidade tenha sido observada por um órgão interno. A resolução ainda prevê que, à vista de situações de obstrução ao livre exercício da auditoria, seja pela sonegação de documentos, impedimento de acesso ou ameaças de qualquer natureza, o fato deve ser comunicado ao titular da unidade de auditoria, que adotará as providências cabíveis, devendo comunicar imediatamente qualquer restrição de acesso à presidência do tribunal ou conselho ao qual está vinculado (art. 45, §§2º e 3º). É sintomática a falta de sanção para o agente que promove essa obstrução, justificável porque se trata de norma geral regulamentar, a ser aplicada em tribunais e conselhos situados em níveis federativos distintos, e com estatutos de serviços próprios. Não poderia, a resolução, inovar a ordem jurídica com inclusão de uma pena administrativa ou criminal, sem prévia cominação legal.

Também merecem encômios as normas que estabelecem impedimento para que se promova auditoria sobre processos em que operaram (art. 15) e que inviabilizam acumulação de funções próprias de gestão (art. 20). A contenção normativa aos poderes dos auditores permite que a atividade se desenvolva de forma mais independente, sem que possa, dos relatórios, extrair-se ilações políticas de natureza espúria. Evita-se a tentação, também, de se convolar, a unidade de auditoria, em órgão de gestão, capaz de constranger a atividade do gestor, já que esse não pode ser o objetivo de órgão dessa natureza.

Oportunas, igualmente, são as menções à planificação do trabalho dos auditores, por meio de um Plano de Auditoria de Longo Prazo (PALP), quadrienal, acompanhado de um Plano Anual de Auditoria (PAA); o primeiro tem objetivo de definir metas, orientar ações e distinguir os setores prioritários para atuação das unidades de auditoria, enquanto que o segundo opera em um nível de política aplicada de controle, com observância das metas e áreas traçadas em planejamento orçamentário, financeiro e estratégico e no PALP (isso levando em consideração planos, programas e políticas do tribunal ou conselho respectivo e legislação correlata, recomendações das corregedorias e demais órgãos de controle interno e externo, resultados das auditorias e diretrizes do CNJ, conforme previsto no art. 37 do ato normativo em comento).

O nível de detalhamento da resolução impressiona, porque, além dos planos de trabalho, há previsão de instrumentos destinados à execução detalhada das ações, como o programa de auditoria (art. 42) e a previsão de elaboração de papéis de trabalho (art. 43), muito frequentes em organismos internacionais de *accountability*, com o nome original de *working papers*. Esses documentos são relevantes porque, além de instruírem os relatórios de auditoria, indicam a metodologia da análise, as fontes de informação e todas as evidências que são reputadas importantes para a missão de controle e que, por isso, conferem transparência ao relatório.

Há previsão para que esses documentos permaneçam disponíveis aos tribunais e conselhos por dez anos, no mínimo, competindo às respectivas instituições definirem o destino após essa data (art. 44). Esses documentos, parece-nos, devem constar também do relatório preliminar, que é realizado durante o processo de consolidação dos resultados e elaboração do relatório final, e que é obrigatoriamente discutido com as unidades auditadas, a fim de se preservar ampla defesa no procedimento fiscalizatório.

A questão deve ser objeto de controvérsia, já que a instrução adequada do relatório preliminar, que permite a defesa da unidade auditada, atende a mandamento constitucional de observância da ampla defesa em processos administrativos.

Nada obstante, o art. 55, §2º, estabelece que o acesso a documentos gerados em decorrência das auditorias será assegurado após assinatura do relatório final.[18] A exegese adequada, a nosso ver, envolve compatibilizar essa disposição com a regra excepcional do art. 50,[19] que permite decreto de sigilo em razão de descoberta de informações sensíveis ou de natureza confidencial, cuja exposição possa resultar prejuízo para investigações ou procedimentos legais em curso, decretada pelo presidente do tribunal ou conselho. Parece-nos que, somente nesses casos, a unidade auditada não pode ter acesso aos papéis de trabalho, os quais, a pedido dos interessados, só seriam liberados após assinatura do relatório final.

Entendimento diverso poderia resultar em situação na qual o relatório preliminar, sem indicação precisa de metodologia ou de documentação que embasa suas conclusões, torne inviável a defesa da unidade auditada.

A resolução se preocupa, ainda, com a construção de elementos necessários à boa execução dos trabalhos, notadamente em relação à autonomia das unidades, já mencionada, à capacitação de seus membros, estabelecendo como obrigatória a formação de um plano de capacitação anual de auditoria (PAC-Aud), com carga horária mínima de 40 horas, e à previsão de formas de avaliação dos serviços, interna (autoavaliação) e externamente, com previsão de validação por órgão

---

[18] "Art. 55. O Relatório Final de Auditoria deverá incluir recomendações ao titular da unidade auditada para regularizar eventuais pendências, fundamentadas na análise das manifestações preliminares, quando cabíveis. §1º A unidade de auditoria interna deverá acompanhar a implementação das recomendações constantes do Relatório Final de Auditoria, considerando que a não implementação no prazo indicado pode implicar comunicação ao presidente do tribunal ou conselho. §2º O direito de acesso aos documentos gerados em decorrência da realização de auditorias será assegurado após assinatura do relatório" (Disponível em: https://atos.cnj.jus.br/atos/detalhar/3289. Acesso em: 14 maio 2020).

[19] "Art. 50. Quando os trabalhos de auditoria resultarem em informações sensíveis ou de natureza confidencial, sobretudo se a publicação dessas informações puder comprometer investigações ou procedimentos legais em curso, ou que possam ser realizados, o titular da unidade de auditoria interna deverá consultar o presidente do tribunal ou conselho sobre a necessidade de tratar o processo como sigiloso" (Disponível em: https://atos.cnj.jus.br/atos/detalhar/3289. Acesso em: 14 maio 2020).

independente. Estabelece-se, também, previsão de monitoramento contínuo das unidades auditadas, como meio de assegurar a eficácia dos trabalhos.

Registre-se, ainda, a previsão alvissareira para realização das reuniões do Comitê de Governança e Coordenação do Siaud-Jud por meio de videoconferência (Res. CNJ nº 308/2020, art. 18, §1º), acompanhando tendência do Conselho Nacional de Justiça de aprimorar experiências envolvendo teletrabalho, especialmente após advento da pandemia envolvendo o novo Coronavírus Covid-19.[20]

Essa estipulação denota preocupação com o uso adequado da tecnologia para redução de custos e otimização da força de trabalho, evitando-se deslocamento físico de pessoas, gastos com diárias e intercorrências que possam vir a impedir a presença de determinados membros do comitê nas sessões agendadas.

A Resolução nº 309/2020, por seu turno, estabelece, em seu art. 75, que as unidades de auditoria deverão utilizar todos os recursos tecnológicos disponíveis para o desempenho de suas atividades, evitando-se impressão de documentos e preferindo-se uso de sistemas informatizados, inclusive com previsão de acessibilidade *compartilhada, simultânea* e *remota*.[21]

Esses registros são importantes porque ilustram a introdução no âmago do sistema de controle de um componente cultural relevante, que quiçá se estenda à realização das tarefas controladas, em busca de um manejo mais sustentável dos meios disponíveis para o bom andamento dos afazeres públicos, em que predomine o foco na produção de resultados úteis à coletividade, em detrimento de modos de agir tradicionais que não necessariamente são os mais eficientes para a persecução dos objetivos a que se propõem.

Por fim, de forma salutar há uma previsão para disposições transitórias, notadamente porque grande parte dos órgãos de controle interno hoje existentes no Judiciário, agora transformados em unidades de auditoria (art. 74),[22] acumulava funções em outras linhas de defesa.

---

[20] Nesse sentido, confiram-se as resoluções CNJ nºs 313/2020 e 314/2020.

[21] "Art. 75. As unidades de auditoria interna deverão utilizar todos os recursos tecnológicos disponíveis visando eliminar, na medida do possível, a impressão de documentos e o trâmite de papéis. §1º As auditorias deverão ser conduzidas, preferencialmente, em todas as etapas, desde o planejamento até o monitoramento, por meio de sistemas informatizados. §2º A infraestrutura tecnológica será organizada e mantida com o foco na celeridade processual, na maior segurança de dados, na acessibilidade compartilhada, simultânea e remota, e na melhoria da gestão" (Disponível em: https://atos.cnj.jus.br/atos/detalhar/3289. Acesso em: 14 maio 2020).

[22] "Art. 74. As unidades de Controle Interno que realizam auditorias deverão adotar a denominação Auditoria Interna, seguindo os padrões estabelecidos no organograma de cada

Por isso, determinou-se a elaboração, pelos tribunais e conselhos, de um plano de ação para reorganização das atividades de tais setores, com oportuna separação das funções de gestão e controle (art. 76). Também houve previsão de prazos dilatados para elaboração de um Estatuto de Auditoria e um Código de Ética (120 dias) e edição dos atos administrativos destinados a conferir eficácia à resolução (180 dias) (arts. 77 e 78, respectivamente).

## 5 Conselho Nacional de Justiça – Atuação coordenada com o controle interno

Finalmente relevante tecer algumas considerações sobre o papel do Conselho Nacional de Justiça tanto para a estruturação como para o bom funcionamento dos programas de *compliance* a serem adotados pelos tribunais.

O teor das resoluções nºs 308 e 309 de 2020 denota, por si só, o papel central que o CNJ, em consonância com as missões que lhe foram conferidas pela Constituição,[23] arrogou-se em tal âmbito, perseguindo protagonismo na instituição de um sistema nacional de auditoria interna do Judiciário.

Nada obstante a importância da tarefa, deve-se ver com hesitação iniciativas que, sob o pretexto de maior eficiência, quando não de atendimento ao "clamor popular", simplesmente desconsiderem as atividades de controle que se dão localmente, avocando competências para apreciação de matérias que o conselho entenda prioritárias.[24]

---

órgão, devendo: I - atuar na 3ª linha de defesa do tribunal ou conselho; II - exercer exclusivamente atividade de auditoria e de consultoria; e III - atuar de forma a agregar valor, melhorar as operações e auxiliar os tribunais ou conselhos a alcançarem seus objetivos" (Disponível em: https://atos.cnj.jus.br/atos/detalhar/3289. Acesso em: 15 maio 2020).

[23] Art. 103-B da Constituição da República: "§4º Compete ao Conselho o controle da atuação administrativa e financeira do Poder Judiciário e do cumprimento dos deveres funcionais dos juízes, cabendo-lhe, além de outras atribuições que lhe forem conferidas pelo Estatuto da Magistratura: [...]" (Disponível em: http://www.planalto.gov.br/ccivil_03/Constituicao/Constituicao.htm. Acesso em: 15 maio 2020).

[24] Embora não se negue que a competência para avocação pelo CNJ de atividades das instâncias locais de controle encontra amparo no texto da Constituição, o que se defende é que tal prerrogativa não seja manejada de modo arbitrário. Sobre a autorização genérica existente a respeito para tal órgão, confira-se o teor do inc. III do §4º do art. 103-B da Constituição: "Compete ao Conselho [...] III - receber e conhecer das reclamações contra membros ou órgãos do Poder Judiciário, inclusive contra seus serviços auxiliares, serventias e órgãos prestadores de serviços notariais e de registro que atuem por delegação do poder público ou oficializados, sem prejuízo da competência disciplinar e correicional dos tribunais, podendo avocar processos disciplinares em curso, determinar a remoção ou a disponibilidade e aplicar outras sanções administrativas, assegurada ampla defesa"

Sobre o ponto vale registrar que a descentralização/desconcentração de serviços é uma técnica que acompanha o desenvolvimento da burocracia estatal com o propósito de imprimir-lhe maior efetividade. A razão é intuitiva.

Agentes que atuam próximos da matéria a ser resolvida normalmente estão em melhor condição de tomar decisões mais condizentes com as peculiaridades da realidade vivenciada em dado local, se comparada à condição daqueles que, em uma estrutura governamental centralizada, estejam funcionando em um único órgão de cúpula.

Assim, as unidades de auditoria de cada tribunal têm maiores subsídios e são, em princípio, competentes para examinar a realidade local, relegando-se a avocação de competências para hipóteses excepcionais, quando houver motivo que assim o justifique.

Essa é a leitura que se extrai não só da lógica da criação de diferentes órgãos na Administração, que pressupõe distribuição racional das competências entre si, sendo descabido atribuir poder discricionário livre às instâncias superiores para anular as funções dos órgãos de base sem motivação específica para tanto, como também é a interpretação que melhor se coaduna com os ditames da Lei de Processo Administrativo Federal.

O art. 15 da Lei nº 9.784/1999, vale lembrar, é expresso a respeito: "Será permitida, em caráter excepcional e por motivos relevantes devidamente justificados, a avocação temporária de competência atribuída a órgão hierarquicamente inferior".[25]

Se tanto não bastasse, em se tratando de Judiciário, a valorização das competências dos órgãos de controle locais e regionais ainda encontra uma razão política relevante: os tribunais estaduais, a despeito da feição nacional do Judiciário, conferida a partir da Emenda nº 7/77, com estrutura mantida na Constituição Federal de 1988, foram historicamente organizados como poderes de Estado, em uma estrutura federativa paralela à estrutura federal. Por isso, mantêm relação com os executivos e legislativos locais de modo a repercutir na estrutura organizacional, em uma condição quase federativa. Atuam sob a égide de legislações estaduais específicas e se relacionam com poderes Executivo e Legislativo correlatos, orientando-se em um microssistema político distinto do cenário nacional.

---

(Disponível em: http://www.planalto.gov.br/ccivil_03/Constituicao/Constituicao.htm. Acesso em: 15 maio 2020).

[25] Disponível em: http://www.planalto.gov.br/ccivil_03/leis/l9784.htm. Acesso em: 14 maio 2020.

Essas funções de controle interno, ainda que não com a mesma envergadura e independência da que se vislumbra no horizonte, sempre existiram nas Cortes.

Logo, em vez de se pretender simplesmente substituí-las pela competência de um único órgão central, o caminho mais adequado a se seguir nos parece ser o do trabalho sinérgico entre órgão central e o dos diversos tribunais, só cabendo àquele intervir diretamente em apurações em caso de insuficiência destes.

A arquitetura do Siaud-Jud parece estar sensível a esse tema, dispondo o CNJ como órgão *central* (e não *superior*) do sistema, que é integrado também por órgãos setoriais (unidades de auditoria interna do Conselho da Justiça Federal, do Conselho Superior do Trabalho e dos Tribunais Superiores (STJ, TST, TSE e STM); unidades de auditoria regionais dos TRFs, TRTs e TREs como unidades regionais do Conselho da Justiça Federal, do Conselho Superior da Justiça do Trabalho e do TSE, respectivamente; e órgãos regionais singulares (unidades de auditoria dos Tribunais de Justiça e do Distrito Federal, e dos Tribunais de Justiça Militar).

Essa arquitetura concêntrica, aliada às especificações de competência dos órgãos vinculados ao CNJ e à previsão de atuação de forma integrada/compartilhada, indireta e até terceirizada (art. 26, Res. nº 309/2020) entre as unidades, sugere uma distribuição de competência entre órgãos, apresentando-se o Conselho Nacional de Justiça como um órgão destinado precipuamente a dar suporte técnico, normativo e consultivo às ações das unidades que compõem o corpo executivo do Sistema de Auditoria Interna.

Se isso se dá com apuração de faltas disciplinares, correção de desvios, quanto mais se diga quanto à busca de soluções locais para problemas enfrentados pela jurisdição nos diferentes pontos do país.

Como sustentado neste estudo, as políticas de *compliance* não podem ser tidas como um fim em si mesmo, devendo sempre estar a serviço da governança das unidades judiciais, ou seja, da gestão eficiente dos recursos à sua disposição para o bom desempenho da função precípua que lhes cabe.

Embora seja fundamental que o CNJ esteja vigilante para que tanto ocorra, deve-se ter cautela para que sua atuação não se agigante de modo a desestimular os tribunais a melhorarem seus próprios serviços administrativos e de controle, sendo também criativos na busca de inovações que lhes permitam, conforme desafios peculiares a cada localidade, desenvolver melhor suas atividades em prol do cidadão.

## 6 Conclusão

Neste ensaio discorremos sobre como a ideia de *compliance* pode ser entendida no âmbito das funções administrativas que dão suporte ao exercício da jurisdição pelos tribunais.

Destacamos nossa visão no sentido de os respectivos programas terem que se inserir em um espectro mais abrangente de governança das cortes, ou seja, devem se preocupar não apenas com o cumprimento "cego" de regras e procedimentos, mas sobretudo com a necessidade de a respectiva observância gerar efeitos úteis para a organização pública e para a sociedade.

Após tratarmos da disciplina recentemente aprovada pelo CNJ para o sistema de auditoria interna para o Judiciário brasileiro, alertamos para a cautela que se deve ter para que o funcionamento do Conselho nacional em tal âmbito ocorra de modo sinérgico com o dos órgãos regionais e locais com atribuições de controle.

As detalhadas normas das resoluções nºs 308 e 309/2020 do CNJ, aliás, sugerem que esse caminho está sendo pavimentado, com prudência, pelo órgão de cúpula.

Bom que assim o seja.

Apenas dessa forma, imaginamos, será possível que a atividade em comento não só seja eficiente, como permita a eficiência das atividades controladas (tanto de gestão como de controle), o que não pode mais ficar em segundo plano na história do nosso país, em especial em um momento de grave crise sanitária a não deixar mais margem para disfunções estatais com as quais muitos foram se resignando com o passar dos tempos.

## Referências

ALMEIDA, Luiz Eduardo de. Compliance público e compliance privado: semelhanças e diferenças. *In*: NOHARA, Irene P.; PEREIRA, Flávio de L. B. (Coord.). *Governança, compliance e cidadania*. São Paulo: RT, 2018.

ALVIM, Tiago C.; CARVALHO, André C. Linha ética: funcionamento da denúncia, papel do denunciante e uso do canal de denúncias. *In*: CARVALHO, André C.; BERTOCCELLI, Rodrigo de P.; ALVIM, Tiago. C.; VENTURINI, Otavio (Coord.). *Manual de compliance*. Rio de Janeiro: Forense, 2019.

ARAÚJO, Alexandra F. de; COSTA, Rodrigo G. C. da. A reforma do Estado e a remuneração dos servidores – Elementos para o juízo de ponderação entre os princípios de eficiência e isonomia. *Revista Brasileira de Estudos sobre a Função Pública – RBEFP*, Belo Horizonte, ano 4, n. 10, p. 9-29, jan./abr. 2015.

ARRUDA, Carmen Silvia L. de. Government discretion in digitizing public administration – The Brazilian perspective. *Eurojus.it*. Disponível em: http://www.eurojus.it/pdf/III.4-CARMEN-SILVIA-LIMA-DE-ARRUDA-Government-discretion-in-digitizing-public-administration-----the-Brazilian-perspective.pdf. Acesso em: 14 maio 2020.

BARROS, Laura M. A. de. O índice de integridade da controladoria geral do Município de São Paulo como mecanismo de implementação e desenvolvimento da governança pública em nível local. *In*: CUNHA FILHO, Alexandre J. C. da; OLIVEIRA, André T. da M.; ISSA, Rafael H.; SCHWIND, Rafael W. *Direito, instituições e políticas Públicas* – O papel do jusidealista na formação do Estado. São Paulo: Quartier Latin, 2017.

CALÇAS, Manoel de Q. P.; NERY, Ana Rita de F.; DIAS, Maria Rita R. P.; DEZEM, Renata M. M. Monitoramento de perfis de demandas: um caminho na busca do planejamento do âmbito do Poder Judiciário. *In*: CUNHA FILHO, Alexandre J. C. da; OLIVEIRA, André T. da M.; ISSA, Rafael H.; SCHWIND, Rafael W. *Direito, instituições e políticas Públicas* – O papel do jusidealista na formação do Estado. São Paulo: Quartier Latin, 2017.

CARVALHAES, Andréia R. S. N.; MENDONÇA, Diego G. Compliance enquanto procedimento para resolução de conflitos de interesses nas corporações. *In*: NOHARA, Irene P.; PEREIRA, Flávio de L. B. (Coord.). *Governança, compliance e cidadania*. São Paulo: RT, 2018.

CARVALHO, André Castro. Criação da cultura de compliance: treinamentos corporativos. *In*: CARVALHO, André C.; BERTOCCELLI, Rodrigo de P.; ALVIM, Tiago. C.; VENTURINI, Otavio (Coord.). *Manual de compliance*. Rio de Janeiro: Forense, 2019.

CUNHA FILHO, Alexandre J. C. da; DEUS, Adriana R. Sarra de. Compliance nas estatais – Notas sobre o sistema de controle e seus desafios contemporâneos. *Revista de Direito Recuperacional e Empresa – RDRE*, São Paulo, v. 14, out./dez. 2019.

MARQUES NETO, Floriano de Azevedo. A superação do ato administrativo autista. *In*: MEDAUAR, Odete; SCHIRATO, Vitor Rhein (Coord.). *Os caminhos do ato administrativo*. São Paulo: RT, 2011.

MARQUES NETO, Floriano de Azevedo. Os grandes desafios do controle da Administração Pública. *Fórum de Contratação e Gestão Pública – FCGP*, Belo Horizonte, ano 9, n. 100, p. 7-30, abr. 2010.

MARQUES NETO, Floriano de Azevedo; PALMA, Juliana B. de. Os sete impasses do controle da Administração Pública no Brasil. *In*: PEREZ, Marcos Augusto; SOUZA, Rodrigo Pagani de (Org.). *Controle da Administração Pública*. Belo Horizonte: Fórum, 2017.

MEDAUAR, Odete. *Controle da Administração Pública*. 3. ed. São Paulo: RT, 2014.

MENDONÇA, José Vicente S. de. Direito administrativo e inovação: limites e possibilidades. *In*: WALD, Arnoldo; JUSTEN FILHO, Marçal; PEREIRA, César A. G. (Org.). *O direito administrativo na atualidade* – Estudos em homenagem ao centenário de Hely Lopes Meirelles. São Paulo: Malheiros, 2017.

MORAES, Vânila Cardoso André de (Coord.). *As demandas repetitivas e os grandes litigantes* – Possíveis caminhos para a efetividade do sistema de justiça brasileiro. Brasília: Enfam, 2016.

MORAND, Michael. *Politics and governance in the UK*. 3. ed. London: Palgrave, 2015.

REFOSCO, Helena Campos. *Ação coletiva e acesso à justiça* – Uma análise da Reforma do Judiciário à luz de estudos de caso. Tese (Doutorado) – Faculdade de Direito, Universidade de São Paulo, São Paulo, 2017.

ROSILHO, André J.; PINTO, Henrique M.; SUNDFELD, Carlos Ari. Programa de metas: uma solução municipal de transparência administrativa. *Interesse Público – IP*, Belo Horizonte, ano 12, n. 63, set./out. 2010.

ROSILHO, André. *Licitação no Brasil*. São Paulo: Malheiros, 2013.

SUNDFELD, Carlos Ari. *Direito administrativo para céticos*. São Paulo: Malheiros, 2012.

---

Informação bibliográfica deste texto, conforme a NBR 6023:2018 da Associação Brasileira de Normas Técnicas (ABNT):

CUNHA FILHO, Alexandre Jorge Carneiro da; GARCIA, Fábio Henrique Falcone. Compliance e Judiciário: notas sobre como aplicar o conceito à função administrativa a cargo dos tribunais. *In*: DAL POZZO, Augusto Neves; MARTINS, Ricardo Marcondes (Coord.). *Aspectos controvertidos do compliance na Administração Pública*. Belo Horizonte: Fórum, 2020. p. XX-XX. ISBN 978-65-5518-044-2.

# IDENTIFICAÇÃO E MITIGAÇÃO DE RISCOS DE *COMPLIANCE* NAS RELAÇÕES ENTRE OS ENTES PÚBLICOS E AS EMPRESAS PRIVADAS DURANTE A PANDEMIA DA COVID-19

PAULA LIPPI

## 1 Breve panorama da pandemia da Covid-19 no Brasil

Inevitável analisar, ainda que superficialmente, a situação acarretada pela pandemia da Covid-19, que vem provocando uma instabilidade jurídica e econômica de proporções nunca anteriormente vividas pelo nosso jovem país. Pode-se cogitar que ainda teremos um longo período de imprevisibilidade. Mas certamente veremos mudanças importantes no nosso modo de viver, trabalhar e relacionar-se.

Por essa razão, as lições que a pandemia nos proporciona são importantíssimas sob a perspectiva do direito administrativo, pois é necessário, na prática, aplicar e enfrentar as consequências do princípio da supremacia do interesse público para atender às demandas sanitárias e assistenciais à população.

Por outro lado, muitas empresas privadas brasileiras, que se encontravam esgotadas econômica e financeiramente, em decorrência da crise econômica e política que assola o país desde o ano de 2015-2016, buscam, na inovação de produtos e serviços e na drástica redução das suas estruturas operacionais, uma alternativa ao encerramento de suas atividades. Ademais, a iniciativa privada também assume um papel de extrema relevância, especialmente na manutenção da cadeia produtiva de alimentos e na prestação de serviços de saúde para a população.

Consequentemente, temos a decretação do estado de calamidade pública, com efeitos até 31.12.2020[1] além de medidas provisórias que se proliferam neste ambiente hostil, na tentativa de regular as situações de exceção assegurando: (i) a atuação mais ágil dos entes públicos para a tutela da vida e da coletividade, e (ii) que as empresas continuem executando suas atividades, para manter não só o abastecimento alimentar e de estruturas de atendimento à saúde, mas também mantenham ativa a economia – roda motriz da sociedade – evitando-se, assim, uma recessão profunda após a retomada das atividades.

Porém, é justamente nos momentos críticos e de maior insegurança política e econômica (quiçá legal) que surgem os oportunismos e as situações de que alguns poucos procuram tirar vantagem indevidas (e, por que não dizer, enriquecimento). São fraudes, ilícitos, atos de corrupção que podem passar despercebidos, em decorrência da flexibilização das leis e regras, trazendo lesão à Administração Pública direta ou indiretamente.

Nessa linha, veja-se que, segundo o Instituto Ética Saúde (IES):

> estima que pelo menos 2,3% de tudo que é investido na saúde se perca com fraudes [...] Ou seja, por ano, o país perde pelo menos R$14,5 bilhões, o que daria para construir 1400 hospitais de campanha com 200 leitos cada um ou comprar 290 mil respiradores mecânicos.

O diretor técnico do IES, Sérgio Madeira, ainda alerta:

> considerando a natureza desses novos gastos, com a agilidade necessária para conter a pandemia e seus efeitos perversos, as garantias convencionais estão em grande parte abolidas (Lei n. 8.666/1993, de licitações), prevalecendo as leis de mercado e, pior do que isso, a lei da selva, de acordo com a qual oportunistas e predadores estão tendo grandes oportunidades com a longa e difícil cadeia de suprimentos e com a simples desfaçatez.[2]

---

[1] Decreto Legislativo nº 6, de 20.3.2020, reconhecendo o estado de calamidade pública com efeitos até 31.12.2020, a fim de dispensar o atingimento dos resultados fiscais previstos para 2020, atendendo-se ao art. 65 da Lei Complementar nº 101 de 2000.

[2] FRAUDES na Saúde geram prejuízo de mais de R$14,5 bilhões por ano no Brasil. *Instituto Ética Saúde (IES)*, 4 maio 2020. Disponível em: https://eticasaude.org.br/Noticias/NoticiaDetalhe/355.

Emerge, assim, a necessidade de uma análise mais detida da situação de fragilidade em que se encontra o plano do *compliance*: responsabilização objetiva das pessoas jurídicas pela lesão à Administração Pública nacional e internacional, pelos atos praticados por seus colaboradores, fornecedores, dirigentes ou administradores.

Por conseguinte, este estudo visa identificar os riscos de *compliance* nesta relação entre os entes públicos e as empresas, durante o período em que a legislação brasileira sofre alterações pontuais em decorrência dos impactos da pandemia da Covid-19, bem como apontar as formas de mitigação desses riscos.

## 2 *Compliance*

### 2.1 Definições e delimitações temáticas

Parece inimaginável como algo tão simples pode ser complexo. O significado da palavra inglesa *compliance* corresponde a cumprir, portar-se de acordo. Com o que está previsto nas leis (*lato sensu*) e seus regulamentos (decretos, instruções normativas, resoluções, etc.), bem como cumprir o que é previsto pelas normas e regras internas da empresa – o que será denominado daqui em diante conjuntamente de "leis e regras".

Ocorre que indivíduos, empresas e até mesmo os entes públicos, por muitas vezes, procuram atuar no limite dessas leis e regras ou até mesmo "correr o risco" de violá-las, seja em busca de maior lucratividade, seja pela convicção de impunidade.

Assim, o *compliance* trata-se de um sistema de procedimentos internos, padrões e controles para evitar o descumprimento das leis e regras e, consequentemente, reduzir os riscos da empresa em todos os seus matizes (inclusive reputacional) além de, eventualmente, permitir reduzir penalidades.

Foram ações em variados ramos econômicos que construíram a estrutura de *compliance* atual. Entretanto, é nos anos 70 que se consolida o *compliance* nos EUA, com a promulgação do *Foreign Corrupt Practices Act* (comumente chamado de FCPA), logo após o escândalo do caso de *Watergate* – em que investigações subsequentes trouxeram à tona uma série de atos de corrupção praticados fora do território dos EUA por empresas privadas norte-americanas (quase sempre beneficiando governos com suas campanhas ou doações, para posteriormente obterem vantagens na exploração de suas atividades).[3]

---

[3] CRIMINAL DIVISION OF THE U.S. DEPARTMENT OF JUSTICE. *A resource guide to the U.S. Foreign Corrupt Practices Act*. [s.l.]: [s.n.], 2012.

O FCPA garantiu não só a punição das empresas privadas por atos de corrupção praticados fora do território dos EUA, mas também introduziu o mecanismo de programa/sistema de prevenção do ato ilícito, ao determinar às empresas privadas a responsabilidade de estruturarem mecanismos de controle da sua atividade (inclusive de terceiros prestadores de serviços ou mandatários), a fim de coibir práticas de corrupção e fraudes.

Dessa forma, proporcionaria às autoridades fiscalizadoras um foco de atuação em denúncias e investigações, deixando a atuação preventiva para a própria empresa. Em contrapartida, seria oferecida às empresas que adequadamente estruturaram seus programas de *compliance* a possibilidade de redução de multas e penalidades, em caso de violações ao FCPA. Além disso, a existência de programas de *compliance* nas empresas veio também a assegurar a elas maior competitividade em concorrências públicas ou privadas e em aquisições.[4][5]

Em paralelo e dando força à estrutura de "programa de *compliance*", vieram as normas rígidas do *Sarbanes-Oxley Act* (denominado SOX ou Sarbox), diante de milhares de fraudes contábeis ocorridas nos anos 90 nos EUA, a fim de obrigar as empresas privadas a possuírem mais controles internos, principalmente os contábeis e financeiros – mecanismos estes que foram se tornando cada vez mais robustos diante das complexidades dos mercados.

Nota-se que o *compliance* não está limitado ao mero combate da corrupção. Trata-se de uma estrutura de controles diversos, com a finalidade de se alcançar o cumprimento das leis e das regras de integridade da empresa. Sob esta perspectiva, os desdobramentos da aplicabilidade do *compliance* são vastos, não só na interação da empresa com entes públicos, como também nas relações trabalhistas, no direito da concorrência, na proteção de dados pessoais, no direito ambiental, inclusão e diversidade etc.

---

[4] NEVES, Edmo Colnaghi. *Compliance empresarial*: o tom da liderança. São Paulo: Trevisan, 2018. p. 117.
[5] A relevância do tema se fazia oportuna. Tanto que, em 1997, a Organização para a Cooperação e Desenvolvimento Econômico – OCDE – assinou a Convenção de Combate à Corrupção de Oficiais Públicos Estrangeiros em Transações de Negócios Internacionais com os 36 (trinta e seis) países signatários da OCDE, seguindo linha semelhante do FCPA e promovendo um movimento de mudança, principalmente nos países que também adotaram essa convenção (Argentina, Brasil, Bulgária, Colômbia Costa Rica, Peru, Rússia e África do Sul), que se comprometeram a criar e promulgar leis de punição às empresas que incorressem em práticas de corrupção. Para muitos, a semente da nossa "Operação Lava-Jato".

Entretanto, a análise deste artigo será voltada ao *compliance* anticorrupção, em face de sua intrínseca relação com a Administração Pública e, especialmente, em vista da atual urgência do tema, decorrente das ações a serem tomadas para a contenção da pandemia da Covid-19.

## 2.2 *Compliance* anticorrupção no Brasil

No Brasil, a Lei Anticorrupção – Lei nº 12.846/13 (também chamada de Lei da Empresa Limpa) foi promulgada em virtude do compromisso firmado com a OCDE e sem muita motivação política ou governamental. Tanto é que a sua regulamentação somente veio ocorrer pelo Decreto nº 8.420/15.

Em breve síntese, a Lei Anticorrupção tipificou diversos atos que, praticados por pessoas jurídicas e proporcionando lesão à Administração Pública nacional ou estrangeira (inclusive, que atentem contra o patrimônio público nacional ou estrangeiro, contra princípios da Administração Pública ou contra os compromissos internacionais assumidos pelo Brasil), passam a ser caracterizados como ilícitos, responsabilizando objetivamente a empresa no âmbito administrativo e civil, assim dispondo o art. 5º Lei nº 12.846/13:

> I - prometer, oferecer ou dar, direta ou indiretamente, vantagem indevida a agente público, ou a terceira pessoa a ele relacionada;
> II - comprovadamente, financiar, custear, patrocinar ou de qualquer modo subvencionar a prática dos atos ilícitos previstos nesta Lei;
> III - comprovadamente, utilizar-se de interposta pessoa física ou jurídica para ocultar ou dissimular seus reais interesses ou a identidade dos beneficiários dos atos praticados;
> IV - no tocante a licitações e contratos:
> a) frustrar ou fraudar, mediante ajuste, combinação ou qualquer outro expediente, o caráter competitivo de procedimento licitatório público;
> b) impedir, perturbar ou fraudar a realização de qualquer ato de procedimento licitatório público;
> c) afastar ou procurar afastar licitante, por meio de fraude ou oferecimento de vantagem de qualquer tipo;
> d) fraudar licitação pública ou contrato dela decorrente;
> e) criar, de modo fraudulento ou irregular, pessoa jurídica para participar de licitação pública ou celebrar contrato administrativo;
> f) obter vantagem ou benefício indevido, de modo fraudulento, de modificações ou prorrogações de contratos celebrados com a administração

pública, sem autorização em lei, no ato convocatório da licitação pública ou nos respectivos instrumentos contratuais; ou

g) manipular ou fraudar o equilíbrio econômico-financeiro dos contratos celebrados com a administração pública;

V - dificultar atividade de investigação ou fiscalização de órgãos, entidades ou agentes públicos, ou intervir em sua atuação, inclusive no âmbito das agências reguladoras e dos órgãos de fiscalização do sistema financeiro nacional.

A Lei Anticorrupção também regulou os procedimentos do processo administrativo de responsabilização (também denominado PAR),[6] bem como do acordo de leniência (quando a pessoa jurídica procura obter a redução e/ou benefícios das sanções no julgamento do PAR, mediante a colaboração com as investigações) e da responsabilização civil (judicial).

Já o Decreto nº 8.420/15, além de melhor desenvolver estes temas da Lei nº 12.846/13, trata no capítulo IV sobre o "programa de integridade" (também chamado pelas empresas de "programa de *compliance*"), que deve ser composto por um conjunto de mecanismos e procedimentos internos a ser criado "[...] com o objetivo de detectar e sanar desvios, fraudes, irregularidades e atos ilícitos praticados contra a administração pública, nacional ou estrangeira" – conforme o seu art. 41.

Verifica-se que o legislador brasileiro se inspirou no FCPA, com o objetivo de responsabilizar as pessoas jurídicas[7] por atos de corrupção contra a Administração Pública nacional ou internacional, bem como por fraudes, principalmente sob o plano de licitações públicas.

Nota-se que a adoção de um programa de integridade (ou programa de *compliance*) nas empresas não é obrigatória (exceto para as empresas que venham a ser processadas e julgadas pelo PAR, ou as que firmarem um acordo de leniência – art. 36, IV do Decreto nº 8.420/15). Entretanto há legislações estaduais e municipais que, ao regularem o processamento do PAR e/ou seus próprios processos de licitação,

---

[6] O processamento do PAR é difuso, ou seja, caberá à autoridade máxima de cada órgão ou entidade dos poderes Executivo, Legislativo e Judiciário processar e julgar, mediante ofício ou provocação, observados o contraditório e a ampla defesa (art. 8º da Lei nº 12.864/13). A Controladoria-Geral da União – CGU – possui competência exclusiva para processamento de atos praticados contra a Administração Pública estrangeira (art. 9º da Lei nº 12.864/13) e competência concorrente para processamentos no âmbito do Poder Executivo federal (art. 8º, §2º da Lei nº 12.864/13).

[7] Importante notar que a legislação anticorrupção brasileira está limitada às pessoas jurídicas. A responsabilização penal, civil e administrativa de pessoas naturais está prevista em outras legislações nacionais e não afasta a aplicação da primeira e vice-versa.

exigem das empresas um programa de integridade implementado, especialmente, para a participação em certames.[8]

É importante ressaltar que a existência de um programa de integridade efetivo na empresa trata-se de uma das maiores atenuantes (art. 18, V do Decreto nº 8.420/15) às pesadas multas e sanções previstas pela Lei nº 12.846/13 e pelo Decreto nº 8.420/15. Essas penalidades podem alcançar até 20% (vinte por cento) do faturamento bruto do exercício anterior à instauração do PAR (excluídos os tributos), ou três vezes o valor da vantagem pretendida ou auferida (art. 20 do Decreto nº 8.420/15).

Mas a adoção de um programa de integridade faz-se importante não somente pelo benefício das atenuantes em caso de julgamento em PAR, mas também por proporcionar a redução de riscos de *compliance* (e, consequentemente, a redução de custos e despesas de contenção de riscos materializados), melhorar o posicionamento competitivo e reputacional da empresa no mercado e facilitar a atração de investidores ou interesse de aquisições, pois, uma vez implementado e efetivo o programa de integridade, consequentemente, haverá mais transparência e solidez das atividades da empresa.

## 3 Fragilidade da atual situação de exceção e legislações aplicáveis

No início de 2020, diante do alerta de pandemia da Covid-19 pela OMS, os governos de diversos países buscaram ajustar suas legislações, a fim de flexibilizá-las de modo a proporcionar a rápida contratação de insumos, produtos e serviços emergenciais para o combate à doença, como medicamentos, equipamentos e aparelhos médico-hospitalares, *kits* de testes e exames etc.

A Organização Mundial da Saúde (OMS) declarou, em 11.3.2020, o *status* de pandemia para a Covid-19. O Brasil antecipou-se ao anúncio e, já em 6.2.2020, promulgou a Lei nº 13.979/20 para o enfrentamento à então emergência de saúde pública. Sequencialmente, uma série de medidas provisórias, decretos, portarias e resoluções foi sendo excepcionalmente publicada, demonstrando a real situação de exceção em curso. Somente em 20.3.2020 é que ocorreu a decretação do estado de

---

[8] APÓS quase 5 anos, metade dos Estados regulamentou lei anticorrupção. *Migalhas*, 26 jan. 2018. Disponível em: https://www.migalhas.com.br/quentes/273127/apos-quase-5-anos-metade-dos-estados-regulamentou-lei-anticorrupcao. Acesso em: 12 maio 2020.

calamidade pública, por meio do Decreto Legislativo nº 6, com efeitos até 31.12.2020.

A Lei nº 13.979/20[9] regula ações e medidas (inclusive de restrição de direitos) que podem ser tomadas pelo Ministério da Saúde e gestores locais de saúde (art. 3º). Também flexibilizou a regra geral e constitucional da licitação para contratações públicas (art. 37, XXI da Constituição Federal), possibilitando a dispensa de licitação (art. 4º) para atender às condições de:

> I - ocorrência de situação de emergência;
> II - necessidade de pronto atendimento da situação de emergência;
> III - existência de risco a segurança de pessoas, obras, prestação de serviços, equipamentos e outros bens, públicos ou particulares; e
> IV - limitação da contratação à parcela necessária ao atendimento da situação de emergência. (Art. 4º-B)

Tendo em vista o objetivo deste estudo, importante destacar as previsões da Lei nº 13.979/20 que potencialmente proporcionam fragilidade na relação entre os entes públicos e as empresas, podendo acarretar a ocorrência tanto de abusos, como de corrupção e fraudes: (i) requisição de bens e serviços, garantindo-se o pagamento posterior de indenização justa (VII do art. 3º); (ii) dispensa de licitação para aquisição de bens, serviços, inclusive de engenharia, e insumos (art. 4º); (iii) possibilidade de contratação de fornecedores com inidoneidade declarada ou com pena de suspensão do direito de participação em licitações ou de contratações com Poder Público (§3º do art. 4º); (iv) inexigência da elaboração de estudos preliminares para a contratação de insumos, bens e serviços considerados comuns (art. 4º-C); (v) apresentação de termo de referência simplificado ou de projeto básico simplificado, podendo haver inclusive dispensa da estimativa de preços e contratação por valores superiores desde que com justificativa (art. 4º-E); (vi) casos de dispensa de regularidade fiscal e trabalhista e requisitos de habilitação (art. 4º-F); (vii) redução pela metade dos prazos dos procedimentos licitatórios nas modalidades de pregão, eletrônico ou presencial, para aquisição de bens, serviços e insumos necessários ao enfrentamento da emergência (art. 4º-G); (viii) possibilidade de acréscimos ou supressões

---

[9] Notar que a Lei nº 13.979/20 está sendo alterada constantemente por medidas provisórias. Até o presente momento, apresentam-se alterações promovidas pelas medidas provisórias nºs 926, 951 e 928. A Lei nº 13.979/20 foi regulamentada pelo Decreto nº 10.282/20, que definiu os serviços públicos e atividades essenciais.

ao objeto do contrato, de até 50% (cinquenta por cento) do valor inicial atualizado pelo contrato (art. 4º-I); (ix) flexibilização da utilização do cartão de pagamento do governo para a execução de serviços de engenharia e compras em geral (art. 6º-A).

Flexibilizando ainda mais os procedimentos de contratações públicas, foi editada a Medida Provisória nº 961, em 6.5.2020, alterando os procedimentos para quaisquer contratações públicas durante o período de calamidade pública e eventuais prorrogações. Em síntese, tais procedimentos são: (a) aumento do limite dos valores das contratações com dispensa de licitação previstas pelos incs. I e II do art. 24 da Lei nº 8.666/93;[10] (b) pagamento antecipado e medidas e procedimentos para evitar inadimplemento; (c) aplicação do Regime Diferenciado de Contratações Públicas – RDC (Lei nº 12.462/11) para quaisquer licitações e contratações.[11]

Evidente, assim, o afrouxamento da legislação brasileira, para conceder mais celeridade às medidas e contratações administrativas a serem realizadas nesse período de exceção. Afinal, as contratações e ações administrativas possuem uma complexidade e maior morosidade na tomada de decisões, em prol da transparência e do controle da Administração Pública, buscando-se coibir corrupção, fraude, desvio ou mau uso do erário público.

Não é objetivo do presente trabalho analisar se o grau de flexibilização da legislação foi acertado para o presente estado de calamidade pública. Entretanto, deve-se ressaltar que a flexibilização desses procedimentos não pode afastar o cumprimento dos princípios administrativos previstos pelo art. 37 da Constituição Federal, quais sejam, legalidade, impessoalidade, moralidade, publicidade e eficiência, bem como de outros princípios reconhecidos pela doutrina,[12] como os da

---

[10] Notar que os valores estabelecidos pela MP nº 961/20 são bastante superiores aos previstos pela Lei nº 8.666/93, quais sejam: (i) obras e serviços de engenharia definidos em até R$15.000,00 (quinze mil reais) passaram para até R$100.000,00 (cem mil reais); (ii) outros serviços e compras do valor de R$8.000,00 (oito mil reais) para até R$50.000,00 (cinquenta mil reais) – um aumento de *mais de 500%* do valor nominal estabelecido pela Lei nº 8.666/93.

[11] O RDC trata-se de um regime licitatório mais eficiente e ágil, além de transferir para o participante do certame a responsabilidade de apresentar o projeto básico e detalhado, uma vez que o ente público somente apresentaria um anteprojeto. Sua utilização era limitada a alguns tipos contratuais, principalmente relacionados aos jogos olímpicos e ao Programa de Aceleração do Crescimento – PAC.

[12] BANDEIRA DE MELO, Celso Antônio. *Curso de direito administrativo*. 28. ed. São Paulo: Malheiros, 2011. p. 125-126 e DI PIETRO, Maria Sylvia Zanella. *Direito administrativo*. São Paulo: Atlas, 2012. p. 64-85.

supremacia do interesse público e da proporcionalidade, pois, mesmo em uma situação de exceção, as contratações públicas devem atender à sociedade da melhor forma possível – sem quaisquer desvios e ilícitos que irão prejudicar diretamente a saúde das pessoas que necessitam de auxílio neste momento, mas sim suprindo os direitos e as necessidades da população.

## 4 Identificação dos riscos de *compliance* durante a pandemia da Covid-19

A identificação de riscos de *compliance* configura um dos pilares de um programa de integridade[13] em qualquer empresa. O inc. V do art. 42 do Decreto nº 8.420/15 define como requisito de "existência e aplicação" (aqui entende-se melhor ler como eficácia ou efetividade) do programa a "análise periódica de riscos para realizar adaptações necessárias ao programa de integridade". Assim, exatamente porque a pandemia da Covid-19 traz para as empresas uma nova dimensão não só legislativa, mas também de negócios, entende-se necessário uma específica análise de riscos neste momento.

Para este estudo, limitar-se-á a análise dos riscos a qualquer ação ou omissão da empresa (executada por seus funcionários, alta administração ou terceiros) que proporcione a responsabilização da empresa segundo a Lei Anticorrupção (Lei nº 12.846/13) ou, ainda, que coloque em xeque a sua reputação.

Importante também que as empresas avaliem se estão submetidas à legislação estrangeira por força dos seus negócios. Isso porque, a depender da sua estrutura societária ou da sua atividade, as ações praticadas no Brasil poderão ser também investigadas e sancionadas no exterior.[14]

### 4.1 Fatores de risco

A seguir, serão analisados os fatores de risco durante a pandemia da Covid-19, ou seja, eventos que podem materializar os riscos,

---

[13] CONTROLADORIA-GERAL DA UNIÃO – CGU. *Programa de integridade* – Diretrizes para empresas privadas. Brasília: CGU, 2015. p. 7; 10-13.

[14] Como exemplo, a empresa pode ser sancionada pelo FCPA caso a empresa no Brasil possua *American Depositary Receipts* (ADR) negociadas nos EUA, ações de corrupção ou fraude ordenadas ou praticadas por cidadão norte-americano ou residente nos EUA, por pessoa em comando de empresa norte-americana ou com capital norte-americano ou ainda empresa em território norte-americano.

indicando-se consequentemente os riscos de *compliance* possíveis. Para tanto, necessitamos nos aprofundar sobre os negócios e procedimentos da empresa, compreendendo quais são os "pontos de contato" com a Administração Pública nacional (em quaisquer níveis, sejam em Administração Pública federal, estadual, municipal) ou internacional.

Consequentemente, os fatores de risco indicados a seguir são hipóteses que podem ou não se aplicar às empresas, a depender da sua relação com os entes públicos.

### 4.1.1 Contratações com dispensa de licitação e licitações[15]

A licitação ou a dispensa de licitação são casos clássicos de fatores de risco de *compliance*, uma vez que o ente administrativo é o contratante de um produto ou serviço de empresa privada. Nessa situação, a relação com os entes públicos ocorre diretamente e essa proximidade de contato favorece a ocorrência da corrupção (por meio de vantagens indevidas – oferta ou efetiva entrega de valores em dinheiro, presentes, bens e produtos e até mesmo serviços – em contrapartida a benefícios para a empresa) e de fraudes à licitação (direcionamento do certame, fracionamento, conluio dos participantes etc.),[16] [17] conforme prevê o art. 5º da Lei nº 12.846/13.[18]

---

[15] Em todas as modalidades previstas pela Lei nº 8.666/93, bem como pelo RDC da Lei nº 12.462/11.

[16] NEVES, Edmo Colnaghi. *Compliance empresarial*: o tom da liderança. São Paulo: Trevisan, 2018. p. 48.

[17] DIAS, Jefferson Aparecido; MACHADO, Pedro Antonio de Oliveira. *Atos de corrupção relacionados com licitações e contratos*. 2. ed. rev., ampl. e atual. Salvador: JusPodivm, 2016. p. 73.

[18] "Art. 5º Constituem atos lesivos à administração pública, nacional ou estrangeira, para os fins desta Lei, todos aqueles praticados pelas pessoas jurídicas mencionadas no parágrafo único do art. 1º, que atentem contra o patrimônio público nacional ou estrangeiro, contra princípios da administração pública ou contra os compromissos internacionais assumidos pelo Brasil, assim definidos: I - prometer, oferecer ou dar, direta ou indiretamente, vantagem indevida a agente público, ou a terceira pessoa a ele relacionado; [...] IV - no tocante a licitações e contratos: a) frustrar ou fraudar, mediante ajuste, combinação ou qualquer outro expediente, o caráter competitivo de procedimento licitatório público; b) impedir, perturbar ou fraudar a realização de qualquer ato de procedimento licitatório público; c) afastar ou procurar afastar licitante, por meio de fraude ou oferecimento de vantagem de qualquer tipo; d) fraudar licitação pública ou contrato dela decorrente; e) criar, de modo fraudulento ou irregular, pessoa jurídica para participar de licitação pública ou celebrar contrato administrativo; f) obter vantagem ou benefício indevido, de modo fraudulento, de modificações ou prorrogações de contratos celebrados com a administração pública, sem autorização em lei, no ato convocatório da licitação pública ou nos respectivos instrumentos contratuais; ou g) manipular ou fraudar o equilíbrio econômico-financeiro dos contratos celebrados com a administração pública; [...]".

Quanto maior for o volume de contratações da empresa com o Poder Público e o grau de dependência financeira dessas contratações por parte da empresa, maior é a exposição ao risco de *compliance*.

Pode-se dizer que, durante a pandemia da Covid-19, este fator aumenta ainda mais a exposição ao risco, pois os procedimentos de licitação estão dispensados para a "[...] aquisição de bens, serviços, inclusive de engenharia, e insumos destinados ao enfrentamento da emergência de saúde pública [...]",[19] desde que em atendimento a condições bastante amplas do estado de emergência de saúde,[20] bem como há ainda a dispensa de mecanismos de controle existentes para coibir contratações indevidas[21] ou a possibilidade de contratações de empresas envolvidas em processos administrativos exatamente por supostas práticas de ilícitos em licitações.[22]

Ressalta-se que a flexibilização dos procedimentos de contratação não está limitada aos bens e serviços destinados à emergência de saúde pública da Covid-19. Isso porque, com a edição da Medida Provisória nº 961/20 houve a regulação de novos procedimentos licitatórios para outras finalidades, sendo necessário, portanto, atento monitoramento por parte das empresas às contratações com dispensa de licitação, especialmente aquelas que tiveram seus valores aumentados.

O afrouxamento dos controles de licitação (permitindo inclusive a sua dispensa), a urgência na obtenção de bens, produtos e serviços, bem como o contato e a negociação direta entre os agentes públicos e representantes de empresas privadas (negociando qualidade, requisitos técnicos e preço) compõem uma conjunção de fatores que propiciam

---

[19] Art. 4º da Lei nº 13.979/20.
[20] "Art. 4º-B Nas dispensas de licitação decorrentes do disposto nesta Lei, presumem-se atendidas as condições de: I - ocorrência de situação de emergência; II - necessidade de pronto atendimento da situação de emergência; III - existência de risco a segurança de pessoas, obras, prestação de serviços, equipamentos e outros bens, públicos ou particulares; e IV - limitação da contratação à parcela necessária ao atendimento da situação de emergência".
[21] Como exemplo, as disposições da Lei nº 13.979/20: (i) possibilidade de aquisição de equipamentos usados (art. 4º-A); (ii) dispensa da elaboração de estudos preliminares para bens e serviços comuns (art. 4º-C); (iii) dispensa do gerenciamento de riscos quando da contratação (art. 4º-D); (iv) contratações somente com termo de referência simplificado e/ou projeto básico simplificado (art. 4º-E); (v) dispensa da estimativa de preços do termo de referência simplificado ou do projeto básico simplificados (art. 4-E, §2º); (vi) possibilidade de contratação com valores superiores à estimativa de preços desde que com justificativa (art. 4º-F); (vii) dispensa da contratada de documentação de regularidade fiscal e trabalhista e ainda requisitos de habilitação (art. 4º-F); (viii) redução pela metade dos prazos dos procedimentos de licitação na modalidade de pregão (art. 4º-G); (ix) dispensa de audiência pública de licitações com alto valor envolvido (licitação ou conjunto de licitações simultâneas ou sucessivas no valor superior a 100 (cem) vezes R$1.500.000,00 (um milhão e quinhentos mil reais) (art. 4º-G, §3º); (x) prorrogação das contratações de forma sucessiva (art. 4º-H).
[22] Art. 4º, §3º, da Lei nº 13.979/20.

a materialização de riscos de corrupção ou fraudes nas relações entre entes públicos e empresas privadas.

Em pouquíssimos meses dessa legislação em vigor, já é possível observar pela imprensa como pululam denúncias de suspeitas de corrupção e fraudes nos processos de aquisição de bens e serviços por entes públicos no Brasil em qualquer um dos seus níveis.

Procuradores do Ministério Público de diversos estados brasileiros estão se dedicando a investigações e processos. No estado de São Paulo, já há investigação da compra suspeita de máscaras descartáveis[23] e respiradores[24] com valores muito superiores aos praticados no mercado; no Amazonas há compra suspeita de respiradores por preços superiores aos praticados no mercado e requisitos técnicos inadequados;[25] em Santa Catarina, haverá investigação para apurar desvios de recursos na negociação de respiradores;[26] no Rio de Janeiro, investigação sobre valor de compra de respiradores[27] e irregularidades nas contratações dos hospitais de campanha.[28]

---

[23] COMPRA de máscaras pela prefeitura de Guarulhos será investigada. *UOL*, 15 abr. 2020. Disponível em: https://noticias.uol.com.br/ultimas-noticias/agencia-brasil/2020/04/15/compra-de-mascaras-pela-prefeitura-de-guarulhos-sera-investigada.htm. Acesso em: 15 maio 2020.

[24] TCESP vai apurar compra de respiradores pelo governo estadual. *TCESP*, 6 maio 2020. Disponível em: https://www.tce.sp.gov.br/6524-tcesp-vai-apurar-compra-respiradores-pelo-governo-estadual; e COMPRAS emergenciais na pandemia são investigadas em 11 estados e no DF. *Metrópoles*, 11 maio 2020. Disponível em: https://www.metropoles.com/brasil/policia-br/compras-emergenciais-na-pandemia-sao-investigadas-em-11-estados-e-no-df. Acesso em: 15 maio 2020.

[25] COSTA, Flávio. Sem apresentar dados, Amazonas defende compra de respiradores 'inadequados'. *UOL*, 23 abr. 2020. Disponível em: https://noticias.uol.com.br/saude/ultimas-noticias/redacao/2020/04/23/sem-apresentar-dados-amazonas-defende-compra-de-respiradores-inadequados.htm; e NASCIMENTO, Eliana. Após denúncias, Ministério Público de Contas do AM investiga se houve superfaturamento em compra de respiradores para rede pública. *G1*, 21 abr. 2020. Disponível em: https://g1.globo.com/am/amazonas/noticia/2020/04/21/apos-denuncias-ministerio-publico-de-contas-do-am-investiga-se-houve-superfaturamento-em-compra-de-respiradores-para-rede-publica.ghtml. Acesso em: 15 maio 2020.

[26] MOTTA, Raíssa. Justiça de Santa Catarina abre sigilo de investigação sobre fraude na compra de R$33 mi em respiradores. *Estadão*, 12 maio 2020. Disponível em: https://politica.estadao.com.br/blogs/fausto-macedo/justica-de-santa-catarina-abre-sigilo-de-investigacao-sobre-fraude-na-compra-de-rs-33-mi-em-respiradores/; e SECRETÁRIO da Casa Civil de Santa Catarina pede exoneração. *G1*, 10 maio 2020. Disponível em: https://g1.globo.com/sc/santa-catarina/noticia/2020/05/10/secretario-da-casa-civil-de-santa-catarina-pede-exoneracao.ghtml. Acesso em: 15 maio 2020.

[27] FIGUEIREDO, Pedro. MP e Polícia Civil do RJ prendem mais um suspeito de fraude na compra de respiradores. *G1*, 13 maio 2020. Disponível em: https://g1.globo.com/rj/rio-de-janeiro/noticia/2020/05/13/mp-e-policia-civil-do-rj-fazem-operacao-nesta-quarta-feira.ghtml; e BRONZATTO, Thiago. Jovem de 19 anos ganha contrato milionário de respiradores e não entrega. *Veja*, 28 abr. 2020. Disponível em: https://veja.abril.com.br/brasil/jovem-de-19-anos-ganha-contrato-milionario-de-respiradores-para-o-rio/. Acesso em: 15 maio 2020.

[28] GUIMARÃES, Arthur *et al*. Aquisição de hospitais de campanha tem proposta plagiada e 'concorrente' fantasma no RJ. *G1*, 17 abr. 2020. Disponível em: https://g1.globo.com/

## 4.1.2 Requisições administrativas de bens e serviços

Verifica-se que o art. 3º, VII da Lei nº 13.979/20 prevê a possibilidade de autoridades públicas de saúde realizarem a "requisição de bens e serviços de pessoas jurídicas" durante o período da pandemia da Covid-19, garantindo-se pagamento de "posterior indenização justa".

A figura da requisição administrativa é assegurada pela Constituição Federal no art. 5º, XXV e, em prol do princípio da supremacia do interesse público (sobre o interesse privado),[29] possibilita a autoridade pública competente, no caso de iminente perigo, a utilização compulsória e temporária de propriedade privada, assegurando-se indenização posterior em caso de dano, uma vez que o instituto pressupõe a devolução do bem.[30]

É sabido que a situação de emergência de saúde da pandemia da Covid-19 trouxe um aumento exponencial das requisições administrativas (principalmente de equipamentos e materiais voltados para assistência à saúde), havendo inclusive (estranhos) casos em que União e municípios estão discutindo acerca do direito sobre o mesmo bem particular.[31] Podem acontecer casos em que entes públicos, abusando do seu direito e infringindo princípios do direito administrativo, com a finalidade de "aproveitar o momento" de fragilidade, procurem capturar bens que outrora não seria possível,[32] para uma eventual e posterior "indenização".

Também pode acontecer de a requisição administrativa ser utilizada como espécie de ameaça pela autoridade pública, buscando pressionar as empresas a entregarem vantagens indevidas (sejam valores em dinheiro, bens e objetos) ao ente ou agente público, em troca

---

rj/rio-de-janeiro/noticia/2020/04/17/aquisicao-de-hospitais-de-campanha-tem-proposta-plagiada-e-concorrente-fantasma-no-rj.ghtml. Acesso em: 15 maio 2020.

[29] BANDEIRA DE MELO, Celso Antônio. *Curso de direito administrativo*. 28. ed. São Paulo: Malheiros, 2011. p. 96.

[30] Cabe notar que a requisição administrativa deve seguir os princípios do direito administrativo, bem como não poderão frustrar contratos e negócios já realizados.

[31] FRANÇOLIN, Andréa Pitthan. A requisição administrativa em tempos de Covid-19. *Migalhas*, 1º abr. 2020. Disponível em: https://www.migalhas.com.br/depeso/323162/a-requisicao-administrativa-em-tempos-de-covid-19. Acesso em: 11 maio 2020.

[32] TRINDADE Eliane. Após decisão judicial, prefeitura de Cotia (SP) confisca respiradores pulmonares de empresa. *Folha de S.Paulo*, 27 mar. 2020. Disponível em: https://www1.folha.uol.com.br/cotidiano/2020/03/prefeitura-de-cotia-sp-consegue-liminar-para-comprar-respiradores.shtml; e PETROCILO, Carlos. Justiça manda Prefeitura de Cotia devolver respiradores confiscados de empresa da cidade. *Folha de S.Paulo*, 27 mar. 2020. Disponível em: https://www1.folha.uol.com.br/cotidiano/2020/03/justica-manda-prefeitura-de-cotia-devolver-respiradores-confiscados-de-empresa-da-cidade.shtml. Acesso em: 11 maio 2020.

de não se efetivar a requisição administrativa que certamente traria prejuízos à empresa, mesmo tendo assegurada sua posterior reparação.

Ainda que se configure um verdadeiro absurdo, para não dizer uma chantagem, a materialização deste fato caracterizaria violação ao art. 5º, I da Lei Anticorrupção (nº 12.846/13), representando, portanto, a prática de corrupção pela empresa.

### 4.1.3 Doações

Doações de bens, produtos e serviços se intensificam muito em um período em que há um estado de emergência em saúde pública. Existem tanto solicitações dos entes públicos para as empresas (afastando-se, portanto, do instituto da requisição administrativa), como um interesse social generalizado das empresas em ajudar a comunidade localmente ou até mesmo nacionalmente, principalmente quando se trata de produtos e serviços pontualmente escassos (como por exemplo álcool gel e máscaras).

Ocorre que doações realizadas por empresas sempre demandam muita atenção quanto aos riscos de *compliance*, já que se operam facilmente quanto ao aspecto legal, porém podem ser um excelente véu para a entrega de vantagens indevidas aos agentes públicos (desde valores em dinheiro a produtos, serviços, presentes, refeições etc.) em contrapartida de algum benefício ou facilitação para a empresa no futuro – que pode ser a obtenção de licenças específicas, afrouxamento de fiscalização, preferência em contratações etc. – que também configuram corrupção e consequente violação do art. 5º da Lei Anticorrupção (Lei nº 12.846/13).

Destaca-se também que a doação pela empresa tem um caráter reputacional forte. Em poucos meses das medidas de combate à pandemia, foi possível ver diversas ações de empresas com caráter beneficente e que, possivelmente, têm um objetivo de criação ou recuperação de reputação – como os casos do grupo JBS;[33] Vale; Petrobras;[34] e Banco Itaú.[35]

---

[33] AMADO, Guilherme. Irmãos Batista abrem mão de abater doação de R$400 mi da JBS de acordo de leniência da J&F. *Época*, 13 maio 2020. Disponível em: https://epoca.globo.com/guilherme-amado/irmaos-batista-abrem-mao-de-abater-doacao-de-400-mi-da-jbs-de-acordo-de-leniencia-da-jf-1-24425983. Acesso em: 15 maio 2020.

[34] DOAÇÃO: Saúde distribui mais 870 mil testes de coronavírus. *Ministério da Saúde*, 8 abr. 2020. Disponível em: https://www.saude.gov.br/noticias/agencia-saude/46690-doacao-saude-distribui-mais-870-mil-testes-de-coronavirus. Acesso em: 15 maio 2020.

[35] ITAÚ e outras empresas anunciam doações para o combate ao coronavírus. *G1*, 13 abr. 2020. Disponível em: https://g1.globo.com/economia/noticia/2020/04/13/itau-e-outras-empresas-anunciam-doacoes-para-o-combate-ao-coronavirus.ghtml. Acesso em: 15 maio 2020.

## 4.1.4 Prestadores de serviço e terceirizados

A Lei Anticorrupção, em seu art. 2º, estabelece a responsabilidade objetiva da pessoa jurídica nos âmbitos administrativos e civil pelos atos lesivos praticados por terceiros em seu interesse ou benefício (exclusivo ou não).

Dessa forma, quaisquer fatores de risco apresentados anteriormente, mesmo se forem praticados por terceiros, seja pessoa jurídica ou natural, sendo no interesse ou benefício da pessoa jurídica, esta se responsabilizará objetivamente.

Novamente, ressalta-se que a responsabilidade da pessoa natural (inclusive a criminal) não é excluída caso a pessoa jurídica seja responsabilizada civil ou administrativamente (art. 3º da Lei nº 12.846/13).

## 4.2 Reputação

Em qualquer um dos fatores de risco analisados, existe o risco reputacional. Isso porque para ser responsabilizada e condenada por corrupção ou fraude a empresa precisa ser processada e julgada, civil e administrativamente.

Entretanto, em qualquer dos fatores de risco analisados, a mera denúncia ou indício de corrupção e/ou fraude poderão proporcionar severo dano reputacional à empresa, impactando no valor das suas ações (se negociadas em bolsa de valores); no consumo dos seus produtos e serviços; na perda de seu diferencial competitivo e de captação de crédito, entre outras.

## 4.3 Gradação do risco: impacto *vs.* probabilidade

Após a identificação dos fatores de risco e dos riscos, a empresa necessita avaliar o grau desses riscos, por meio da análise do seu impacto nas atividades da empresa (por exemplo, faturamento, fechamento de operações, fluxo de caixa, sanções e multas etc.) *versus* a probabilidade de ocorrência do risco (muito baixa, baixa, média, alta, muito alta).[36]

---

[36] FRANCO, Isabel. Gestão de riscos (risk managment). *In*: FRANCO, Isabel (Org.). *Guia prático de compliance*. 1. ed. Rio de Janeiro: Forense, 2020.

São, portanto, dois vetores que compõem uma matriz de risco[37] de *compliance* e possibilitam que a empresa possa melhor decidir sobre suas ações de controle interno, bem como seu apetite de risco.

Reitera-se que somente haverá possível risco de corrupção e/ou fraude caso a empresa possua relação com o ente público para desenvolver sua atividade empresarial. Neste estudo, destacaram-se os fatores de risco relacionados à Covid-19, porém em uma análise de riscos de *compliance* mais ampla, outros fatores poderiam ser identificados, como os relacionados com a necessidade de obtenção de licenças para o exercício da atividade ou funcionamento e até mesmo processos judiciais, por exemplo.

## 5 Mitigação dos riscos de *compliance*

### 5.1 Mitigação pelas empresas

Identificados os riscos de *compliance*, cabe à empresa desenvolver ações e controles internos que mitiguem os riscos apresentados, reduzindo-se assim a probabilidade de ocorrência do risco e, consequentemente, os efeitos da sua materialização, notadamente a responsabilização objetiva da empresa pelos atos ilícitos que proporcionaram lesão à Administração Pública (art. 5º da Lei Anticorrupção – Lei nº 12.846/13).

O próprio Decreto nº 8.420/15 estabelece no art. 42, VIII que o programa de integridade (aqui denominado programa de *compliance*) da empresa deve possuir "procedimentos específicos para prevenir fraudes e ilícitos no âmbito de processos licitatórios, na execução de contratos administrativos ou em qualquer interação com o setor público, ainda que intermediada por terceiros [...]".

Para definir tais procedimentos, a especificidade do perfil da empresa (como exemplo, sua estrutura e atividades) é fundamental. Entretanto, a seguir serão apresentadas ações e mecanismos gerais de controle em casamento aos fatores de risco apresentados no item 4, relacionados à pandemia da Covid-19.

5.1.1 Em qualquer circunstância de relacionamento com entes públicos, deve-se fazer o registro do pedido de reunião (preferencialmente por correio eletrônico ou agenda oficial), bem como proceder à elaboração de ata de reunião de todos os eventos e/ou contatos com

---

[37] Notar que neste trabalho está sendo analisado o risco inerente, ou seja, o risco identificado para a empresa sem considerar a existência de qualquer controle de mitigação. Para uma análise mais eficaz do risco de *compliance*, interessante avaliar o risco residual que consiste na identificação do risco existente, mesmo após a aplicação dos controles de mitigação da empresa.

autoridade administrativa, seja presencial, videoconferência ou telefone, listando-se os participantes. Preferencialmente, tais contatos e reuniões devem ser realizados com a presença de mais de uma pessoa da empresa, sendo vantajoso efetuar a sua gravação, desde que previamente autorizado.

5.1.2 Garantir a transparência dos contratos realizados com Administração Pública. Recomenda-se que ao contratar com a Administração Pública a empresa disponibilize os contratos assinados em seu próprio *site*, possibilitando o acesso de qualquer pessoa, inclusive terceiros. Naturalmente, deve-se cuidar para não disponibilizar dados sigilosos ou estratégicos da empresa.

5.1.3 Solicitar ao ente público justificativa detalhada sobre a dispensa de licitação, assim como do local de destinação e uma descrição da utilização dos bens, produtos e/ou serviços a serem entregues pela empresa ao ente público.

5.1.4 Documentar internamente a formação do preço do produto ou serviço da empresa, com a finalidade de, em caso de processo administrativo de responsabilização – PAR, poder demonstrar que os preços praticados independem do contratante e que variam de acordo com as especificidades do pedido (por exemplo, em virtude de qualidade e quantidade, logística, câmbio/importação, outros serviços agregados etc.).

5.1.5 Dossiê de documentos e relatórios documentando a evolução do contrato, entregas realizadas, medição de qualidade e quantidade, pagamentos realizados, garantias concedidas e levantadas, justificativa técnica de prorrogações ou modificações etc.

5.1.6 *Background-check* das pessoas da empresa envolvidas nas negociações e contratações com o ente público, com a finalidade de identificar possível conflito de interesses entre as partes envolvidas. Neste caso, pode haver uma fraude aos procedimentos de contratação para beneficiar uma empresa específica, como direcionamento da licitação ou contratação sem licitação.

5.1.7 Em caso de requisição administrativa, solicitar ao ente público justificativa detalhada da necessidade do uso e a justificativa da impossibilidade de se utilizar outros meios menos gravosos ao direito de propriedade e da livre iniciativa da empresa (como as formas de licitação e sua dispensa flexibilizadas pela Lei nº 13.979/20), sob o argumento de cumprimento ao princípio da razoabilidade[38] do direito administrativo.

---

[38] GONÇALVES, Fabiano. Requisição administrativa e a Covid-19. *Consultor Jurídico*, 22 abr. 2020. Disponível em: https://www.conjur.com.br/2020-abr-22/fabiano-goncalves-requisicao-administrativa-covid. Acesso em: 11 maio 2020.

5.1.8 Em caso de doações ao ente público, se possível:

5.1.8.1 fazer constar no termo de doação descrição detalhada dos produtos e serviços, condição, bem como sua destinação, número de pessoas beneficiadas ou, se possível, nome de bairro ou comunidade ou instituição. O objetivo do detalhamento é demonstrar que as doações serão destinadas à população ou a atividades do ente público.

5.1.8.2 condicionar a doação com o recebimento de informações rastreáveis sobre o destino da doação para que a empresa possa confirmar o procedimento realizado (destinatários especificados e localidade, por exemplo). Na impossibilidade, solicitar posteriormente ao ente público declaração sobre a destinação da doação.

5.1.8.3 condicionar a doação com a participação de representante da empresa na entrega das doações, possibilitando documentar por fotos, vídeos e/ou reportagens jornalísticas a efetivação da doação.

5.1.8.4 realizar a doação a ente público o qual não possui ou possuirá qualquer relacionamento com fiscalizações, concessão de licenças, contratações e/ou licitações etc. Alternativamente, quando viável, recomenda-se realizar doações à organizações da sociedade civil sem fins lucrativos e de interesse social (como organização da sociedade civil – OSC, organização da sociedade civil de interesse público – Oscip, associações ou fundações) para que estas possam distribuir tais doações de forma imparcial – afastando eventuais conflitos de interesse entre os entes públicos e as empresas.[39][40]

5.1.9 Documentação e controles robustos das contratações ou termos firmados com os entes públicos, quando (i) a empresa contratada estiver com inidoneidade declarada ou com o direito de participar de licitação ou contratar com o Poder Público suspenso ou (ii) houver a dispensa de documentação de regularidade fiscal e trabalhista ou, ainda, do cumprimento de um ou mais requisitos de habilitação, por se tratarem de casos de exceção de contratação previstos, respectivamente, pelos art. 4º, §3º e art. 4º-F da Lei nº 13.979/20. Nestes casos, importante documentar que a empresa é a única fornecedora do bem ou serviço ou ainda justificar a restrição a fornecedores e prestadores de serviço.

---

[39] CARRENHO, Ana Carolina. Faça doação em tempos de pandemia. LinkedIn, 6 maio 2020. Disponível em: https://www.linkedin.com/pulse/fa%C3%A7a-doa%C3%25A7%C3%A3o-em-tempos-de-pandemia-ana-carolina-carrenho/?trackingId=PoemrnVFRQWCZk6CRyz24Q%3D%3D.

[40] TRIBUNAL DE CONTAS DO ESTADO DE SÃO PAULO. Manual de repasses públicos ao terceiro setor. São Paulo: TCESP 2019.

5.1.10 Inserção de cláusula anticorrupção ou de pleno cumprimento da legislação anticorrupção brasileira em qualquer documento a ser firmado com entes públicos, desde contratos até os termos de requisição administrativa e doações, com a finalidade de reforçar o compromisso e a responsabilidade dos atos praticados sem violação à Lei nº 12.846/13.

5.1.11 Comunicação e treinamento de funcionários, gerentes, diretores, terceirizados e fornecedores sobre os fatores de risco e formas de mitigação (além dos demais pilares do programa de integridade), capacitando-os de forma periódica e com especial atenção ao atual momento de calamidade para as empresas que possuem maior grau de exposição aos fatores de riscos apresentados anteriormente. Isso porque são as pessoas que praticam os atos que poderão gerar a responsabilização da empresa e, assim, as pessoas necessitam estar devidamente apropriadas dos conceitos, riscos e melhores condutas a serem tomadas. Treinamentos remotos (*webinars*, *on-line* e EAD) e uma comunicação constante, divulgando apoio às áreas e canais de denúncia, são ferramentas válidas e efetivas.[41]

5.1.12 Canal de denúncias acessível a todos (inclusive terceiros), público (preferencialmente disponibilizado no *site* da empresa) e que assegure a não retaliação ao denunciante. É necessária a existência de um canal de denúncias, pois práticas ilícitas, normalmente, não deixam vestígios. Assim, o canal de denúncias é a forma de se iniciar um procedimento de investigação interna para apurar a ocorrência de violação à Lei Anticorrupção ou ao código de conduta e políticas da empresa e, consequentemente, aplicar medidas disciplinares, processos judiciais e/ou implementar ações para ajuste do programa de *compliance* ou criação de novos controles internos.

5.1.13 Implementação de um comitê de ética ou crise, a depender do porte da empresa, para que decisões de maior risco de *compliance* sejam tomadas de forma colegiada, possibilitando a tomada de decisões mais acertadas para a empresa.

## 5.2 Mitigação pela Administração Pública

A necessidade de observação e cuidados com o atual afrouxamento legislativo é proeminente. Preocupada com os possíveis desvios

---

[41] LIPPI, Paula. Treinamento para o compliance efetivo. *Compliance Transforma*, 31 jan. 2020. Disponível em: https://compliancetransforma.com.br/treinamento-para-o-compliance-efetivo/.

e ilícitos, bem como o incremento desarrazoado de preços de insumos que podem ocorrer durante este período de emergência, a Transparência Internacional (organização internacional contra a corrupção) mobilizou uma força-tarefa conjunta entre os seus capítulos latino-americanos, propondo orientações e recomendações para as contratações públicas em estados de emergência.[42]

Ao analisar a Lei nº 13.979/20, verifica-se que há uma preocupação do legislador com a possibilidade de corrupção e fraudes que podem ocorrer neste momento de vulnerabilidade, proporcionada pela necessidade de flexibilização, para contratações mais ágeis pelo Poder Público. Por essa razão, o legislador estabeleceu algumas ações/medidas para mitigar esses riscos, como: (i) limitação temporal das contratações com dispensa de licitação ao período de emergência de saúde pública (art. 4º, §1º, e art. 2º da Medida Provisória nº 961/20); (ii) publicidade em *site* oficial do governo das contratações e aquisições realizadas com base na Lei nº 13.979/20, com detalhamento do nome do contratado, o número de sua inscrição na Receita Federal do Brasil, o prazo contratual, o valor e o respectivo processo de contratação ou aquisição (art. 4º §2º).[43] (iii) utilização do sistema de registro de preços; a possibilidade de utilizar o regulamento federal de preço na ausência de regulação local; bem como o aproveitamento do sistema de registro de preços por outros órgãos e entidades (art. 4º, §§4º, 5º e 6º); (iv) contratadas são obrigadas a aceitar acréscimos e supressões do objeto contratado em até 50% (cinquenta por cento) do valor inicial atualizado do contrato (art. 4º-I).

Destaca-se ainda que o Governo Federal disponibiliza um canal de denúncias sobre as compras públicas por meio do portal *Fala.br* da Controladoria-Geral da União (CGU).[44]

---

[42] Quais sejam: (i) transparência e dados abertos das contratações e seu processo; (ii) administração dos recursos (tanto sobre origem dos recursos, como regras gerais de utilização dos recursos); (iii) prestação de contas; (iv) garantia da concorrência econômica (desincentivo à concentração ou monopolização de fornecedores de bens e serviços); (v) acompanhamento dos gastos públicos em situações emergenciais (TRANSPARÊNCIA INTERNACIONAL. *Contratações públicas em situações de emergência*: elementos mínimos que os governos devem considerar para reduzir riscos de corrupção e uso indevido de recursos extraordinário. São Paulo: Transparência Internacional, 2020).

[43] O Governo Federal já está utilizando o seguinte *site* como ferramenta de transparência às contratações relacionadas à Covid-19 desde 9.4.2020: GOVERNO lança site com detalhes das compras feitas com dispensa a licitação no combate ao Covid-19. *CGU*, 9 abr. 2020. Disponível em: http://governoaberto.cgu.gov.br/noticias/2020/4/ministerio-da-economia-lanca-site-para-divulgacao-e-monitoramento-das-compras-relacionadas-ao-novo-coronavirus. Acesso em: 15 maio 2020.

[44] FALA BR. *CGU*. Disponível em: https://sistema.ouvidorias.gov.br/publico/Manifestacao/SelecionarTipoManifestacao.aspx. Acesso em: 15 maio 2020.

Especificamente sobre a Lei nº 13.979/20 e suas alterações decorrentes da Medida Provisória nº 926, a Transparência Internacional Brasil juntamente com o Tribunal de Contas da União apresentaram diversas recomendações para conferir transparência às contratações emergenciais, tendo dedicado especial atenção aos *sites* dos entes públicos, sobre a forma de divulgação das informações desses contratos,[45] das quais destacam-se: (a) divulgação do *site* em redes sociais e canais de comunicação oficiais do governo; (b) informações mais detalhadas sobre a contratação, além das exigências mínimas da Lei nº 13.979/20; (c) inclusão de informações em até 2 dias úteis após a contratação ou despesa; (d) publicidade da justificativa de contratação nos casos de contratação de empresas inidôneas ou com pendências; (e) divulgação da prorrogação de contratos ou de seus acréscimos e supressões, incluindo-se suas justificativas; (f) elaboração de uma lista de bens, produtos e serviços de saúde relacionados diretamente ao combate da Covid-19 que podem ser adquiridos por meio de contratações emergenciais, com objetivo de facilitar o controle social e evitar desvios de recursos, devendo contratações fora da lista serem justificadas; (g) divulgação do edital e demais fases públicas das licitações realizadas na modalidade pregão (presencial ou eletrônico).

Nota-se que as medidas apresentadas estão todas relacionadas à transparência das relações, em especial as contratações com dispensa de licitação. Estas são necessárias não somente para possibilitar que a população tenha acesso às informações e possa exercer o seu direito de exigir e fiscalizar o melhor uso do erário público, mas também resguardar o agente público nas decisões tomadas –[46] possibilitando um mecanismo muito satisfatório de mitigação de riscos pela Administração Pública.

Contudo, agravando ainda mais a delicada situação, foi publicada a Medida Provisória nº 966/20 "desresponsabilizando" os agentes públicos nas esferas civil e administrativa, eliminando este mecanismo e proporcionando insegurança jurídica e vulnerabilidade à corrupção e fraudes.[47]

---

[45] TRANSPARÊNCIA INTERNACIONAL; TRIBUNAL DE CONTAS DA UNIÃO. *Recomendações para transparência de contratações emergenciais em resposta à Covid-19*. São Paulo; Brasília: Transparência Internacional Brasil; Tribunal de Contas da União, 2020.

[46] ARRUDA, Carmen Silvia Lima de. Transparência na administração pública para enfrentamento da Covid-19. *Jota*, 24 mar. 2020. Disponível em: https://www.jota.info/opiniao-e-analise/artigos/transparencia-na-administracao-publica-para-enfrentamento-da-covid-19-24032020. Acesso em: 14 maio 2020.

[47] XAVIER, Luciana Pedroso; PUGLIESE, William Soares. Medida Provisória 966/2020: rumo à "desresponsabilização" dos agentes públicos? *Consultor Jurídico*, 14 maio 2020.

E, no contrafluxo da transparência, dificultando ainda mais a fiscalização e controle do momento do afrouxamento dos controles promovidos pelas leis nacionais, a Lei nº 13.979/20 também restringiu a Lei de Acesso à Informação (Lei nº 12.527/11), suspendendo prazos de resposta e novos pedidos, além do não conhecimento de recursos interpostos contra a decisão de negar o pedido de informação (art. 6º-B).

## 6 Conclusões

A pandemia da Covid-19 trouxe uma importante flexibilização das legislações, tendo em vista o estado de calamidade pública e a necessária agilidade para tomada de decisões pelos entes públicos.

Contratações com dispensa de licitação, requisições administrativas e doações, apesar de aparentemente se configurarem formalizações jurídicas simples, possuem risco de *compliance* elevado, bem como demandam uma série de justificativas por parte do ente público, que podem dificultar a agilidade do procedimento ou torná-lo ainda mais frágil.

Assim, este momento configura-se como uma grande oportunidade para a racionalização da aceitação social de um comportamento ilícito (em especial fraudes em contratações e licitações e corrupção), já que as empresas estão sofrendo uma grande pressão para sobreviver ou manter a lucratividade dos seus negócios.[48]

Porém, alerta-se que o período de exceção não escusa qualquer ato ilícito porventura praticado, que poderá ser passível de investigação e processo de responsabilização criminal, civil e administrativo no futuro.[49]

Somente um programa de *compliance* devidamente implementado e eficaz poderá identificar os riscos de *compliance* da empresa e criar mecanismos de controle eficientes e uma cultura de integridade capaz de detectar problemas previamente e corrigi-los, bem como mitigar os seus riscos. Formando uma aliança com as ações e prevenções do ambiente privado, os princípios do direito administrativo e a transparência devem pautar as ações e decisões dos entes públicos.

---

Disponível em: https://www.conjur.com.br/2020-mai-14/direito-civil-atual-mp-9662020-rumo-desresponsabilizacao-agentes-publicos.

[48] NOBREGA, Antonio Carlos Vasconcellos. A integridade como estrutura paradigmática em tempos de Covid-19. *Consultor Jurídico*, 11 maio 2020. Disponível em: https://www.conjur.com.br/2020-mai-11/antonio-nobrega-integridade-tempos-covid-19.

[49] O art. 6º-C e D da Lei nº 13.979/20 prevê a suspensão dos prazos prescricionais para aplicação de sanções administrativas da Lei nº 12.846/13 e da Lei nº 8.666/93.

Assim, importante que o *compliance* permaneça ainda mais forte neste momento de vulnerabilidade, buscando criar uma cultura de integridade por meio da conscientização das pessoas que compõem as empresas e os entes públicos, valendo-se da sensibilidade do momento crítico de salvar vidas.[50]

## Referências

AMADO, Guilherme. Irmãos Batista abrem mão de abater doação de R$400 mi da JBS de acordo de leniência da J&F. *Época*, 13 maio 2020. Disponível em: https://epoca.globo.com/guilherme-amado/irmaos-batista-abrem-mao-de-abater-doacao-de-400-mi-da-jbs-de-acordo-de-leniencia-da-jf-1-24425983.

APÓS quase 5 anos, metade dos Estados regulamentou lei anticorrupção. *Migalhas*, 26 jan. 2018. Disponível em: https://www.migalhas.com.br/quentes/273127/apos-quase-5-anos-metade-dos-estados-regulamentou-lei-anticorrupcao. Acesso em: 12 maio 2020.

ARRUDA, Carmen Silvia Lima de. Transparência na administração pública para enfrentamento da Covid-19. *Jota*, 24 mar. 2020. Disponível em: https://www.jota.info/opiniao-e-analise/artigos/transparencia-na-administracao-publica-para-enfrentamento-da-covid-19-24032020.

BANDEIRA DE MELO, Celso Antônio. *Curso de direito administrativo*. 28. ed. São Paulo: Malheiros, 2011.

BRONZATTO, Thiago. Jovem de 19 anos ganha contrato milionário de respiradores e não entrega. *Veja*, 28 abr. 2020. Disponível em: https://veja.abril.com.br/brasil/jovem-de-19-anos-ganha-contrato-milionario-de-respiradores-para-o-rio/.

BRUNO, Cássio. Empresário é preso suspeito de fraude na compra de respiradores no Rio. *Veja*, 13 maio 2020. Disponível em: https://veja.abril.com.br/brasil/empresario-e-preso-suspeito-de-fraude-na-compra-de-respiradores-no-rio/.

CARRENHO, Ana Carolina. Faça doação em tempos de pandemia. *LinkedIn*, 6 maio 2020. Disponível em: https://www.linkedin.com/pulse/fa%25C3%25A7a-doa%25C3%25A7%25C3%25A3o-em-tempos-de-pandemia-ana-carolina-carrenho/?trackingId=PoemrnVFRQWCZk6CRyz24Q%3D%3D.

COMPRA de máscaras pela prefeitura de Guarulhos será investigada. *UOL*, 15 abr. 2020. Disponível em: https://noticias.uol.com.br/ultimas-noticias/agencia-brasil/2020/04/15/compra-de-mascaras-pela-prefeitura-de-guarulhos-sera-investigada.htm.

COMPRAS emergenciais na pandemia são investigadas em 11 estados e no DF. *Metrópoles*, 11 maio 2020. Disponível em: https://www.metropoles.com/brasil/policia-br/compras-emergenciais-na-pandemia-sao-investigadas-em-11-estados-e-no-df.

CONTROLADORIA-GERAL DA UNIÃO – CGU. *Programa de integridade* – Diretrizes para empresas privadas. Brasília: CGU, 2015.

---

[50] LIPPI, Paula. Compliance para sobreviver. *Migalhas*, 17 abr. 2020. Disponível em: https://compliancetransforma.com.br/compliance-para-sobreviver/.

COSTA, Flávio. Sem apresentar dados, Amazonas defende compra de respiradores 'inadequados'. *UOL*, 23 abr. 2020. Disponível em: https://noticias.uol.com.br/saude/ultimas-noticias/redacao/2020/04/23/sem-apresentar-dados-amazonas-defende-compra-de-respiradores-inadequados.htm.

CRIMINAL DIVISION OF THE U.S. DEPARTMENT OF JUSTICE. *A resource guide to the U.S. Foreign Corrupt Practices Act*. [s.l.]: [s.n.], 2012.

DI PIETRO, Maria Sylvia Zanella. *Direito administrativo*. São Paulo: Atlas, 2012.

DIAS, Jefferson Aparecido; MACHADO, Pedro Antonio de Oliveira. *Atos de corrupção relacionados com licitações e contratos*. 2. ed. rev., ampl. e atual. Salvador: JusPodivm, 2016.

DOAÇÃO: Saúde distribui mais 870 mil testes de coronavírus. *Ministério da Saúde*, 8 abr. 2020. Disponível em: https://www.saude.gov.br/noticias/agencia-saude/46690-doacao-saude-distribui-mais-870-mil-testes-de-coronavirus.

FALA BR. *CGU*. Disponível em: https://sistema.ouvidorias.gov.br/publico/Manifestacao/SelecionarTipoManifestacao.aspx.

FIGUEIREDO, Pedro. MP e Polícia Civil do RJ prendem mais um suspeito de fraude na compra de respiradores. *G1*, 13 maio 2020. Disponível em: https://g1.globo.com/rj/rio-de-janeiro/noticia/2020/05/13/mp-e-policia-civil-do-rj-fazem-operacao-nesta-quarta-feira.ghtml.

FRANCO, Isabel. Gestão de riscos (risk managment). *In*: FRANCO, Isabel (Org.). *Guia prático de compliance*. 1. ed. Rio de Janeiro: Forense, 2020.

FRANÇOLIN, Andréa Pitthan. A requisição administrativa em tempos de Covid-19. *Migalhas*, 1º abr. 2020. Disponível em: https://www.migalhas.com.br/depeso/323162/a-requisicao-administrativa-em-tempos-de-covid-19.

FRAUDES na Saúde geram prejuízo de mais de R$14,5 bilhões por ano no Brasil. *Instituto Ética Saúde (IES)*, 4 maio 2020. Disponível em: https://eticasaude.org.br/Noticias/NoticiaDetalhe/355.

GONÇALVES, Fabiano. Requisição administrativa e a Covid-19. *Consultor Jurídico*, 22 abr. 2020. Disponível em: https://www.conjur.com.br/2020-abr-22/fabiano-goncalves-requisicao-administrativa-covid.

GOVERNO lança site com detalhes das compras feitas com dispensa a licitação no combate ao Covid-19. *CGU*, 9 abr. 2020. Disponível em: http://governoaberto.cgu.gov.br/noticias/2020/4/ministerio-da-economia-lanca-site-para-divulgacao-e-monitoramento-das-compras-relacionadas-ao-novo-coronavirus.

GUIMARÃES, Arthur *et al*. Aquisição de hospitais de campanha tem proposta plagiada e 'concorrente' fantasma no RJ. *G1*, 17 abr. 2020. Disponível em: https://g1.globo.com/rj/rio-de-janeiro/noticia/2020/04/17/aquisicao-de-hospitais-de-campanha-tem-proposta-plagiada-e-concorrente-fantasma-no-rj.ghtml.

INSTITUTO BRASILEIRO DE GOVERNANÇA CORPORATIVA – IBGC. *Compliance à luz da governança corporativa*. São Paulo: IBGC, 2017.

ITAÚ e outras empresas anunciam doações para o combate ao coronavírus. *G1*, 13 abr. 2020. Disponível em: https://g1.globo.com/economia/noticia/2020/04/13/itau-e-outras-empresas-anunciam-doacoes-para-o-combate-ao-coronavirus.ghtml.

LIPPI, Paula. Compliance para sobreviver. *Migalhas*, 17 abr. 2020. Disponível em: https://compliancetransforma.com.br/compliance-para-sobreviver/.

LIPPI, Paula. Treinamento para o compliance efetivo. *Compliance Transforma*, 31 jan. 2020. Disponível em: https://compliancetransforma.com.br/treinamento-para-o-compliance-efetivo/.

MINISTÉRIO DA TRANSPARÊNCIA E CONTROLADORIA-GERAL DA UNIÃO. *Manual prático de avaliação de programa de integridade em PAR*. Brasília: CGU, 2018.

MOTTA, Raíssa. Justiça de Santa Catarina abre sigilo de investigação sobre fraude na compra de R$33 mi em respiradores. *Estadão*, 12 maio 2020. Disponível em: https://politica.estadao.com.br/blogs/fausto-macedo/justica-de-santa-catarina-abre-sigilo-de-investigacao-sobre-fraude-na-compra-de-rs-33-mi-em-respiradores/.

NASCIMENTO, Eliana. Após denúncias, Ministério Público de Contas do AM investiga se houve superfaturamento em compra de respiradores para rede pública. *G1*, 21 abr. 2020. Disponível em: https://g1.globo.com/am/amazonas/noticia/2020/04/21/apos-denuncias-ministerio-publico-de-contas-do-am-investiga-se-houve-superfaturamento-em-compra-de-respiradores-para-rede-publica.ghtml.

NEVES, Edmo Colnaghi. *Compliance empresarial*: o tom da liderança. São Paulo: Trevisan, 2018.

NOBREGA, Antonio Carlos Vasconcellos. A integridade como estrutura paradigmática em tempos de Covid-19. *Consultor Jurídico*, 11 maio 2020. Disponível em: https://www.conjur.com.br/2020-mai-11/antonio-nobrega-integridade-tempos-covid-19.

ORGANIZAÇÃO PARA A COOPERAÇÃO E DESENVOLVIMENTO ECONÔMICO – OCDE. *Convenção de combate à corrupção de oficiais públicos estrangeiros em transações de negócios internacionais*. Rio de Janeiro: OCDE, 1997.

PETROCILO, Carlos. Justiça manda Prefeitura de Cotia devolver respiradores confiscados de empresa da cidade. *Folha de S.Paulo*, 27 mar. 2020. Disponível em: https://www1.folha.uol.com.br/cotidiano/2020/03/justica-manda-prefeitura-de-cotia-devolver-respiradores-confiscados-de-empresa-da-cidade.shtml.

POLÍCIA faz operação para combater fraudes na venda de respiradores. *G1*, 9 maio 2020. Disponível em: https://g1.globo.com/jornal-nacional/noticia/2020/05/09/policias-de-quatro-estados-fazem-operacao-para-combater-fraudes-na-venda-de-respiradores.ghtml.

PRADO FILHO, Francisco Octavio de Almeida. Considerações a respeito da requisição administrativa. *Migalhas*, 31 mar. 2020. Disponível em: https://www.migalhas.com.br/depeso/323180/consideracoes-a-respeito-da-requisicao-administrativa.

SECRETÁRIO da Casa Civil de Santa Catarina pede exoneração. *G1*, 10 maio 2020. Disponível em: https://g1.globo.com/sc/santa-catarina/noticia/2020/05/10/secretario-da-casa-civil-de-santa-catarina-pede-exoneracao.ghtml.

TCESP vai apurar compra de respiradores pelo governo estadual. *TCESP*, 6 maio 2020. Disponível em: https://www.tce.sp.gov.br/6524-tcesp-vai-apurar-compra-respiradores-pelo-governo-estadual.

TRANSPARÊNCIA INTERNACIONAL. *Contratações públicas em situações de emergência*: elementos mínimos que os governos devem considerar para reduzir riscos de corrupção e uso indevido de recursos extraordinário. São Paulo: Transparência Internacional, 2020.

TRANSPARÊNCIA INTERNACIONAL; TRIBUNAL DE CONTAS DA UNIÃO. *Recomendações para transparência de contratações emergenciais em resposta à Covid-19*. São Paulo; Brasília: Transparência Internacional Brasil; Tribunal de Contas da União, 2020.

TRIBUNAL DE CONTAS DO ESTADO DE SÃO PAULO. *Manual de repasses públicos ao terceiro setor*. São Paulo: TCESP 2019.

TRINDADE Eliane. Após decisão judicial, prefeitura de Cotia (SP) confisca respiradores pulmonares de empresa. *Folha de S.Paulo*, 27 mar. 2020. Disponível em: https://www1.folha.uol.com.br/cotidiano/2020/03/prefeitura-de-cotia-sp-consegue-liminar-para-comprar-respiradores.shtml.

XAVIER, Luciana Pedroso; PUGLIESE, William Soares. Medida Provisória 966/2020: rumo à "desresponsabilização" dos agentes públicos? *Consultor Jurídico*, 14 maio 2020. Disponível em: https://www.conjur.com.br/2020-mai-14/direito-civil-atual-mp-9662020-rumo-desresponsabilizacao-agentes-publicos.

---

Informação bibliográfica deste texto, conforme a NBR 6023:2018 da Associação Brasileira de Normas Técnicas (ABNT):

LIPPI, Paula. Identificação e mitigação de riscos de compliance nas relações entre os entes públicos e as empresas privadas durante a pandemia da Covid-19. In: DAL POZZO, Augusto Neves; MARTINS, Ricardo Marcondes (Coord.). *Aspectos controvertidos do compliance na Administração Pública*. Belo Horizonte: Fórum, 2020. p. 521-547. ISBN 978-65-5518-044-2.

## SOBRE OS AUTORES

**Alexandre Jorge Carneiro da Cunha Filho**
Doutor e Mestre em Direito do Estado. Pesquisador vinculado ao Cedau. Professor da Escola Paulista da Magistratura. Juiz de Direito em São Paulo. *E-mail*: alexandre@alexandrecunhafilho.com.br.

**Ana Flávia Azevedo Pereira**
Advogada de *Compliance*, Penal Econômico e Investigações. Especialista em Direito e Processo Penal. Mestranda em Filosofia do Direito – PUC-SP. *E-mail*: pereiraaflavia@gmail.com.

**André Luiz dos Santos Nakamura**
Doutor em Direito Político e Econômico pela Universidade Presbiteriana Mackenzie (2018). Mestre em Direito do Estado pela Pontifícia Universidade Católica de São Paulo – PUC-SP (2012). Coordenador do Curso de Pós-Graduação *Lato Sensu* em Direito do Estado da Escola Superior da Procuradoria do Estado de São Paulo. Professor titular na Universidade Paulista (Unip). Professor palestrante no Curso de Especialização *Lato Sensu* de Direito Administrativo na PUC-SP (Coageae). Professor na Escola Superior da Advocacia (ESA/SP). Procurador do Estado de São Paulo. Conselheiro titular no Conselho de Defesa do Patrimônio Histórico, Arqueológico, Artístico e Turístico do Estado de São Paulo (CONDEPHAAT), Conselho do Patrimônio Imobiliário da Secretaria de Governo do Estado de São Paulo e Conselho Curador da Escola Superior da Procuradoria do Estado de São Paulo. Árbitro na Câmara de Mediação e Arbitragem Especializada – Cames. *E-mail*: alsnadv@gmail.com.

**André Melo Ferreira**
Graduado em Direito pela Pontifícia Universidade Católica de São Paulo (PUC-SP). Advogado. *E-mail*: andremf77@hotmail.com.

**Augusto Neves Dal Pozzo**
Professor de Direito Administrativo e Fundamentos de Direito Público da Faculdade de Direito da Pontifícia Universidade Católica de São Paulo (PUC-SP). Professor do Curso de Especialização em Direito Administrativo da Pontifícia Universidade Católica de São Paulo (PUC-SP). Doutorando em Direito Administrativo pela Pontifícia Universidade Católica de São Paulo (PUC-SP). Mestre em Direito Administrativo pela Pontifícia Universidade Católica de São Paulo (PUC-SP). Especialista em Direito do Estado pela Pontifícia Universidade Católica de São Paulo (PUC-SP). Professor convidado do Grupo de Investigación de Derecho Público Global de La Universidade da Coruña (España) como parte do cadastro permanente do Curso Euro-Brasileño de Contratación

Pública. Professor do Corpo Docente do MBA de Parcerias Público-Privadas e Concessões da FESPSP e London School of Economics and Political Science (LSE). Pós-Graduação Executiva em Infrastructure in a Market Economy pela Harvard Kennedy School. Pós-Graduação em Corporate Governance e Management Program for Lawyers pela Yale School of Management. Membro Fundador e Presidente do Instituto Brasileiro de Estudos Jurídicos da Infraestrutura (Ibeji). Membro do Comité de Coordinadores Nacionales da Red Iberoamericana de Contratación Pública. Coordenador da *Revista de Direito Administrativo e Infraestrutura* (RDAI). Coordenador da *Revista Brasileira de Infraestrutura* (RBINF). Diretor da *Revista Internacional de Direito Público* (RIDP). Diretor do Instituto de Direito Administrativo Paulista (Idap). Membro da Comissão Especial de Direito da Infraestrutura do Conselho Federal da Ordem dos Advogados do Brasil. Membro Benemérito do Instituto Amazonense de Direito Administrativo (Iada). Membro da Asociación Argentina de Derecho Administrativo (AADA). Membro da American Bar Association (ABA). Membro da International Bar Association (IBA). Membro do Instituto de Advogados de São Paulo (Iasp). Membro do Foro Iberoamericano de Derecho Administrativo (Fida). Associado Honorário do Instituto Brasileiro de Direito e Ética Empresarial (IBDEE). Autor de inúmeros artigos e obras na área do direito administrativo e infraestrutura. Sócio-Fundador da Dal Pozzo Advogados. Advogado, Estruturador de Projetos de Infraestrutura e Parecerista. *E-mail*: augusto@dalpozzo.com.br.

**Augusto Nepomuceno**
Advogado, Consultor e Parecerista em direito da infraestrutura e regulação. Sócio do Escritório Teodoro da Silva Advogados (tsadv.com.br). Advogado fundacional (Fabom/CBMERJ). Professor de Direito Administrativo. Doutorando em Direito (Unesa/RJ). Mestre em Direito Público Ucam/RJ. Especialista em Direto Administrativo pela UGF/RJ. Membro efetivo e parecerista do Instituto de Advogados Brasileiros (IAB). *E-mail*: professoraugustomn@gmail.com.

**Bruno Bartelle Basso**
Advogado e Procurador de carreira do Município de Florianópolis. Sócio-Fundador da GEP Soluções em *Compliance*. Mestre em Direito Constitucional e Processual Tributário pela PUC-SP. Especialista em Gestão de Riscos e *Compliance* pela Universidade Anhanguera. Certificação Profissional em Compliance Anticorrupção (CPC-A) LEC/FGV. Implementador Líder e Auditor Interno de Gestão Antissuborno - ISO 37001 (QMS Brasil). *E-mail*: brunobartelle@gmail.com.

**Carolina Reis Jatobá Coêlho**
Doutoranda pela PUC-SP. Mestre em Direito das Relações Internacionais pelo Uniceub/DF. Especialista em Direito Público pelo IDP/DF e Fundação Escola Superior do MPDFT. Consultora Jurídica da Caixa Econômica Federal em Brasília/DF. Professora do Uniceub/DF. *E-mail*: carolinarjcoelho@hotmail.com.

## Claudio Carneiro
Advogado, Consultor e Parecerista. Pós-Doutor pela Universidade Nova de Lisboa. Professor do Mestrado da UniFG/BA, do Mestrado e Doutorado da UAL (Portugal) e da FGV. Vice-presidente do *Ethical & Compliance International Institute*. Presidente da Comissão de *Compliance* do IAB e da Comissão de Direito à Educação da OAB/RJ. Membro da Comissão de Direito Lusófono do CFOAB. *E-mail*: professorclaudiocarneiro@gmail.com.

## Clóvis Alberto Bertolini de Pinho
Mestre em Direito do Estado pela Universidade de São Paulo (USP). Bacharel em Direito pela Universidade Federal do Paraná (UFPR). Professor do Centro Universitário UniOpet. Advogado em Curitiba. *E-mail*: clovis.pinho@vgplaw.com.br.

## Davi Valdetaro Gomes Cavalieri
Procurador Federal, carreira da Advocacia-Geral da União (AGU). Mestrando em Desenvolvimento no Estado Democrático de Direito pela Faculdade de Direito de Ribeirão Preto da Universidade de São Paulo – FDRP/USP. Especialista em Direito Público. *E-mail*: davi.cavalieri@agu.gov.br.

## Dinorá Adelaide Musetti Grotti
Mestre e Doutora em Direito do Estado pela PUC-SP. Professora de Direito Administrativo da PUC-SP, nos cursos de Graduação e Pós-Graduação em Direito. Membro do Grupo de Pesquisa Direito e Corrupção (PUC-SP-CNPq). *E-mail*: mugrotti@uol.com.br.

## Fábio Henrique Falcone Garcia
Doutor em Direito pela Universidade de São Paulo pelo departamento de Filosofia e Teoria Geral do Direito. Mestre em Direito pela Pontifícia Universidade Católica de São Paulo pelo departamento de Direito Constitucional. Integrante do Núcleo de Estudos de Direito Constitucional da EPM. Juiz de Direito em São Paulo. *E-mail*: fabiofalcone@hotmail.com.

## Gabriel Morettini e Castella
Mestrando em Direito Administrativo pela Pontifícia Universidade Católica de São Paulo (PUC-SP). Especialista em Processo Civil pelo Instituto Romeu Felipe Bacellar. Bacharel em Direito pela Pontifícia Universidade Católica do Paraná (PUCPR). Advogado. Membro fundador do Instituto de Direito Administrativo Sancionador Brasileiro. *E-mail*: gabriel_ca_stella@hotmail.com.

## Guillermo Glassman
Doutorando em Direito do Estado, subárea de Direito Administrativo pela Pontifícia Universidade Católica de São Paulo *E-mail*: glassman.adv@gmail.com.

**João Victor Tavares Galil**
Mestre em Direito Administrativo pela PUC-SP. Advogado em São Paulo.
E-mail: jvtgdireito@gmail.com.

**José Roberto Pimenta Oliveira**
Mestre e Doutor em Direito do Estado pela PUC-SP. Professor de Direito Administrativo da PUC-SP, dos cursos de Graduação e Pós-graduação em Direito. Líder do Grupo de Pesquisa Direito e Corrupção (PUC-SP-CNPq). Presidente do Instituto de Direito Administrativo Sancionador Brasileiro (Idasan). Procurador Regional da República na 3ª Região. Coordenador do Núcleo de Combate à Corrupção da PRR da 3ª Região (MPF). E-mail: joseoliveira@mpf.mp.br.

**Karolline Ferraz Pereira de Araújo**
Graduanda da Faculdade de Direito da Universidade do Estado do Rio de Janeiro (Rio de Janeiro-RJ, Brasil). E-mail: karollineferraz.dir@gmail.com.

**Leonardo Vieira Xavier**
Graduando da Faculdade de Direito Universidade do Estado do Rio de Janeiro (Rio de Janeiro-RJ, Brasil). E-mail: leonardovieirax@gmail.com.

**Lucas Aluísio Scatimburgo Pedroso**
Advogado, sócio da Fagali Advocacia, com atuação em Direito Administrativo, Elaboração e Gerenciamento de Programas de Integridade, reconhecidos pelo selo Pró-Ética, da CGU. Mestrando em Direito Administrativo pela Faculdade de Direito da USP. E-mail: lucas@fagali.com.

**Paula Lippi**
Mestre, Especialista e Graduada em Direito pela PUC-SP. Certificação Profissional em *Compliance* Anticorrupção (CPC-A) LEC/FGV; *Compliance* – Insper/SP; PON – Harvard Law School. Professora da ESA/OAB-SP, AASP e IBMEC. Membro do IBDEE e CWC. Fundadora da *Compliance* Transforma – Consultoria e Treinamentos. Advogada, Professora e Palestrante. E-mail: paulalippi@compliancetransforma.com.br.

**Pedro da Cunha Ferraz**
Graduado em Direito pela PUC-SP. Advogado. E-mail: pedrodferraz@hotmail.com.

**Pedro Luiz Ferreira de Almeida**
Mestre em Direito Administrativo pela PUC-SP. Advogado em São Paulo.
E-mail: pedroluizferreiradealmeida@gmail.com.

**Raphael Matos Valentim**
Advogado. Graduado em Direito pela Universidade Presbiteriana Mackenzie. Master of Laws (LL.M.) em Direito Societário pelo Insper. Especialista em Direito Digital e *Compliance* pela FGV. Membro do IBDEE. *E-mail*: raphaelvalentim@gmail.com.

**Ricardo Marcondes Martins**
Doutor em Direito Administrativo pela PUC-SP. Professor de Direito Administrativo da PUC-SP. *E-mail*: ricmarconde@uol.com.br.

**Roberta Volpato Hanoff**
Advogada graduada pela Universidade Federal de Santa Catarina (UFSC). Especialista em Direito Empresarial pela Fundação Getúlio Vargas (FGV). Auditora líder para as normas NBR ISO 19600:2014 e 37001:2016, de Sistemas de Gestão de *Compliance* e Antissuborno. *E-mail*: roberta@studioestrategia.com.br.

**Rodrigo Bordalo**
Doutor e Mestre em Direito do Estado pela PUC-SP. Professor da Universidade Presbiteriana Mackenzie (Pós-Graduação), do Centro Preparatório Jurídico (CPJUR), da Escola Superior da Advocacia OAB/SP, do Instituto Damásio de Direito (Pós-Graduação) e da Escola Paulista de Direito (EPD). Procurador do Município de São Paulo. Advogado no escritório Venturini, Bordalo e Albuquerque Advogados Associados. E-mail: rodrigobordalo@hotmail.com.

**Simone Zanotello de Oliveira**
Doutoranda em Direito Administrativo pela PUC-SP. Professora de Direito Administrativo e Linguagem Jurídica do Centro Universitário Padre Anchieta – Jundiaí-SP. *E-mail*: si.zanotello@terra.com.br.

**Thiago Henrique Nielsen**
Advogado graduado em Direito pela Universidade Vila Velha (UVV). Especialista em *Compliance*, Lei Anticorrupção Empresarial e Controle da Administração Pública pela Faculdade de Direito de Vitória (FDV). Auditor interno para a norma NBR ISO 27001:2013, de Sistema de Gestão de Segurança da Informação. *E-mail*: thiago.nielsen@studioestrategia.com.br.

**Valter Shuenquener de Araújo**
Doutor em Direito Público pela UERJ. Professor Associado de Direito Administrativo da Faculdade de Direito da Universidade do Estado do Rio de Janeiro (Rio de Janeiro-RJ, Brasil). Conselheiro do CNMP (2015-2020). Juiz Federal. *E-mail*: vsaraujo19@gmail.com.

Esta obra foi composta em fonte Palatino Linotype, corpo 10
e impressa em papel Pólen Bold 70gr (miolo) e Supremo 250g (capa)
pela Gráfica Laser Plus.